HISTOIRE DE LA VIE ET DES VOYAGES

DE L'AMIRAL

# CHRISTOPHE COLOMB

D'APRÈS DES DOCUMENTS DE L'ÉPOQUE

ET NOTAMMENT

SUIVANT L'HISTOIRE VÉRIDIQUE DE L'AMIRAL

ÉCRITE PAR SON FILS

DON FERNANDO COLON

PAR

## A. FOURNIER

PARIS
LIBRAIRIE DE FIRMIN-DIDOT ET Cⁱᵉ
IMPRIMEURS DE L'INSTITUT, RUE JACOB, 56
—
1894

HISTOIRE DE LA VIE ET DES VOYAGES

DE L'AMIRAL

# CHRISTOPHE COLOMB

## OUVRAGES DU MÊME AUTEUR

### TRADUCTIONS DE L'ESPAGNOL

Un Scandale, par Don Pedro Ant° de Alarcon. 1 volume, édité par L. Hachette et C¹ᵉ.

Le Chapeau à trois cornes, du même. 1 volume en manuscrit.

Miaou, par D. Perez Galdos. 1 volume en manuscrit.

Un Voyage de Noces, par Emilia Pardo Bazan. 1 volume en manuscrit.

*En préparation :*

Études historiques sur la Conquête des divers Royaumes de l'Amérique du Sud, et considérations sur l'Origine des Indiens.

Typographie Firmin-Didot et C¹ᵉ. — Mesnil (Eure).

HISTOIRE DE LA VIE ET DES VOYAGES

DE L'AMIRAL

# CHRISTOPHE COLOMB

D'APRÈS DES DOCUMENTS DE L'ÉPOQUE

ET NOTAMMENT

SUIVANT L'HISTOIRE VÉRIDIQUE DE L'AMIRAL

ÉCRITE PAR SON FILS

DON FERNANDO COLON

PAR

## A. FOURNIER

PARIS

LIBRAIRIE DE FIRMIN-DIDOT ET Cⁱᵉ

IMPRIMEURS DE L'INSTITUT, RUE JACOB, 56

1894

*A mon affectionné neveu*

*Georges* FOURNIER

A toi, mon cher neveu, qui t'es signalé par tant d'importants et utiles travaux, je dédie ce livre, dont tu m'as inspiré l'idée et procuré les éléments.

Acceptes-en la dédicace comme témoignage de ma vive gratitude et comme un affectueux souvenir.

A. FOURNIER.

# PRÉFACE.

L'ancien et le nouveau monde ont fêté, l'année dernière, l'anniversaire du départ de Christophe Colomb, pour aller à la découverte de terres inconnues. Nous avons pensé que le temps était favorable pour publier des notes qu'il nous a été donné de consulter concernant la vie et les voyages du célèbre navigateur.

Nous n'avons pas la prétention, après les remarquables travaux historiques de Washington Irwing et de Roselli de Lorgues, d'écrire une nouvelle histoire de l'illustre amiral, dont l'existence et les vicissitudes qui l'ont signalée sont devenues légendaires, mais, après avoir lu les documents qu'une bonne fortune nous a mis entre les mains, nous avons la croyance que beaucoup de détails intimes de cette odyssée merveilleuse, et marquée par tant de douleurs, ont échappé à l'attention des écrivains qui ont retracé ces événements, et nous avons la conviction que ces détails présentent assez d'intérêt pour être mis sous les yeux des lecteurs.

Un livre publié quelque temps après la mort de l'amiral, sous ce titre :

Historia del Amirante de las Indias, don Cristoval Colon, escrita por don Fernando Colon, su higo (1),

Nous a semblé particulièrement intéressant, en ce sens qu'il s'appuie sur des documents qui paraissent authentiques, car, en plusieurs endroits, il cite des passages entiers du journal de bord de l'amiral et des lettres intimes écrites au roi et à la reine d'Espagne.

Cet ouvrage qui vient d'être réimprimé à Madrid a été, lorsqu'il a paru, l'objet de nombreuses controverses; aujourd'hui encore il soulève des discussions quant à son authenticité, et quelques personnes contestent qu'il soit l'œuvre du fils de Christophe Colomb.

Il paraît très difficile aujourd'hui d'appuyer sur des preuves, une opinion certaine à ce sujet; on écrit facilement qu'une œuvre est apocryphe; mais, à trois ou quatre siècles de distance, il n'est pas aussi facile de fournir des preuves à l'appui d'une opinion si lestement formulée.

Il nous semble qu'on ne peut se former un jugement à cet égard que par les opinions émises à l'époque où l'ouvrage a paru, et nous devons dire que les raisons données alors pour ou contre cette authenticité nous semblent de nature à faire pencher la balance en faveur de l'affirmative.

La principale objection émise contre cette paternité, c'est qu'on n'a pas retrouvé le manuscrit original; ce n'est pas là, à notre avis, une raison convaincante; don Fernando, après la mort de son père, est revenu aux Indes, et, pendant un laps de temps considérable, il a constamment voyagé; on peut bien présumer que ce

---

(1) *Histoire de l'Amiral des Indes Christophe Colomb*, écrite par Don Fernando Colon, son fils.

manuscrit a été perdu dans ces multiples déplacements.

Quoi qu'il en soit, l'opinion contraire nous paraît basée sur des présomptions plus vraisemblables : d'abord, l'ouvrage est cité dans les œuvres publiées par Fernando Colon, et il donne, sur la vie et les événements survenus dans le cours des voyages de son père, des détails tellement circonstanciés, qu'il est difficile d'admettre qu'un étranger ait pu en avoir connaissance. Pour beaucoup de ces faits, ils ne peuvent émaner que d'un témoin oculaire; et il ne faut pas perdre de vue que Fernando a suivi son père, dans ce quatrième voyage qu'il a fait aux Indes, et qu'il a assisté aux douloureuses péripéties de cette périlleuse et pénible navigation; or, l'auteur fait le récit de ces vicissitudes avec tant de précision et d'exactitude, qu'il est impossible de ne pas reconnaître qu'il en a été le témoin. Qui pouvait mieux qu'un fils, ayant partagé ces périls et ces angoisses, en faire une véridique narration ?

Quant à nous, notre conviction est faite; et nous avons consulté avec trop de fruit ce livre, auquel nous avons fait des emprunts, pour ne pas l'attribuer à l'auteur dont il porte le nom.

Quant à la véracité des faits qui y sont racontés, elle ne saurait être contestée; elle est corroborée par la correspondance de l'amiral et, pour l'édification de nos lecteurs, nous avons traduit et publié les plus intéressantes de ces lettres.

Nous avons également traduit et publié deux documents importants : l'acte de constitution du majorat en faveur de son fils aîné et le testament de Christophe Colomb. Ces deux actes semblent élucider un point capital : la question si débattue de la ville natale de l'Amiral, qu'il déclare être la ville de Gênes, en faveur de laquelle il fait certaines dispositions. Nous ne voyons pas pourquoi on a mis en doute cette déclaration ?

Les événements survenus pendant les quatre mémorables et émouvants voyages du célèbre amiral ont été extraits de pièces authentiques et de son journal de bord, conservés par son fils.

Christophe Colomb était un homme d'une austère probité, d'une fidélité rare à ses devoirs, d'une foi sincère et d'une dévotion absolue à ses principes. Il pratiquait la religion catholique en chrétien imbu des préceptes de mansuétude de l'Évangile, ne recourant à la coërcition et à l'emploi de la force que lorsqu'il y était contraint par une nécessité inévitable. Sa vie est un exemple continuel d'abnégation, de courage et de persévérance.

Il n'est donc pas possible de mettre en doute la vérité et l'exactitude de la relation qu'il a laissée écrite, jour par jour, dans son journal de bord, des faits survenus et des observations faites dans ses voyages.

Nous avons, dans la narration de ces événements, conservé le caractère simple et naturel des documents où nous les avons puisés et, quand nous avons cité et traduit des passages entiers de ces pièces, nous en avons reproduit, textuellement, autant que nous l'a permis notre langue, sinon les expressions du moins le sens exact.

Nous avons eu la bonne fortune de posséder un recueil de lettres de l'amiral adressées à Leurs Majestés catholiques, à des personnages influents et à son fils Diego Colon qui était alors à la cour, au service du roi Ferdinand.

Toutes ces lettres confirment et corroborent les faits

que nous avons racontés, et les dernières à son fils, écrites de Séville, où il était malade, cloué sur son lit par la goutte, sont remplies de détails intimes, de recommandations précises, qui font connaître le caractère, les aptitudes et la persistance de cet homme remarquable à tous égards.

Sa préoccupation, pleine de sollicitude, pour la santé de la reine Isabelle, sa protectrice, son amour prévoyant et affectueux pour ses enfants, son désir constant et tenace de leur conserver ses honneurs, ses privilèges et ses biens, son dévouement au service de Leurs Majestés, son attention continuellement appliquée au bon gouvernement et au bien-être des contrées et des populations qu'il a découvertes, et son insistance opiniâtre auprès du roi pour qu'il se préoccupe de remédier aux abus qui déjà se commettent dans ces régions, toutes ces aspirations éclatent dans cette correspondance dont nous avons cru devoir reproduire la plus importante partie.

Nous espérons que nos lecteurs nous tiendront compte du soin consciencieux que nous avons apporté à reproduire le caractère des récits qui nous ont servi de guides et qu'ils éprouveront quelque satisfaction à connaître les idées, les manières de voir, l'état des connaissances et le point où se trouvaient les sciences, à l'époque où se passaient les événements que nous allons lui raconter.

Nous avons cru devoir conserver les noms espagnols, donnés par Colomb, aux îles et aux contrées découvertes, de même que les noms propres des personnages, des villes et des lieux cités dans le cours de notre récit, sont restés dans leur langue originaire.

A ce sujet, nous ferons remarquer, pour la bonne prononciation de ces noms, que, dans la langue espagnole *u* se prononce *ou* et *ñ*, surmonté d'un tréma, se dit comme *gn;* par exemple : *Guanahani* doit se prononcer *Gouanahani; Española* doit se lire *Espagnola;* nous ne savons pas pourquoi Washington Irwing l'orthographie *hispaniola;* ce mot n'est pas espagnol, mais dérivé du latin.

Enfin *e* est toujours fermé; il n'y a pas d'*e* muet en espagnol.

A. Fournier.

# HISTOIRE DE LA VIE ET DES VOYAGES

DE

# CHRISTOPHE COLOMB

## CHAPITRE PREMIER.

LIEU DE NAISSANCE DE CHRISTOPHE COLOMB. — SA FAMILLE. SA JEUNESSE.

Le lieu de naissance de Christophe Colomb a été le sujet de nombreuses controverses entre les écrivains qui se sont occupés de la vie du célèbre navigateur. Les uns le font naître à *Hervi*, d'autres à *Cugureo* et quelques autres à *Bugiasco*, petites localités aux environs de Gênes; dans le but de l'exalter, ses partisans disent qu'il est né à Savone ou à Plaisance, ville où l'on a trouvé des tombeaux aux armes des *Colombo*, véritable nom de sa famille, et où existaient alors des membres de cette lignée, personnes très honorables et dans une belle situation.

Enfin les auteurs les plus autorisés et les historiens modernes disent que, parmi les villes qui se disputent l'honneur d'avoir donné le jour à l'illustre amiral, c'est Gênes qui doit avoir la préférence.

Washington Irving, dans son remarquable ouvrage : *Vie et voyages de Christophe Colomb*, sans se préoccuper des discus-

sions soulevées à ce sujet, dit purement et simplement :
« Christophe Colomb naquit à Gênes vers 1435 ».

Roselli de Lorgues, dans son histoire de l'Amiral, après avoir mentionné les diverses opinions concernant ce point si discuté, et, après avoir donné les raisons évidentes de la prééminence de Gênes sur toutes les autres localités, écrit en lettres majuscules :

## CHRISTOPHE COLOMB EST NÉ A GÊNES.

Cependant une nouvelle version vient d'être émise, c'est que le célèbre marin serait né à Calvi, en Corse. Elle a été émise par un prêtre qui a écrit, lui aussi, son histoire de l'illustre génois.

N'ayant pas eu l'occasion de lire l'œuvre de ce nouveau venu, nous ignorons sur quels fondements il base cette étonnante prétention car, à notre avis, il ne saurait exister aucun doute sur le lieu de naissance de l'amiral, attendu que dans l'acte authentique, revêtu des formalités légales, par lequel il a constitué le majorat en faveur de son fils aîné, Diego Colomb, acte qui porte la date du 2 février 1498, Colomb déclare formellement *qu'il est né à Gênes ;* ce qui, selon nous, coupe court à toute discussion.

Nous lisons en effet, à la 5ᵉ page de cet acte, dont nous donnons d'ailleurs l'exacte traduction à la fin de notre récit :
« *Étant né à Gênes*, je suis venu en Castille pour leur service
« (des rois catholiques), et j'ai découvert pour eux, à l'ouest
« de la terre ferme, les Indes et les îles mentionnées ci-
« dessus. »

Aux pages XII et XIII, il ajoute : « Item, j'ordonne au
« dit Don Diego, mon fils, ou à la personne qui héritera et
« aura la suite, d'avoir et de maintenir tous, *dans la ville de*
« *Gênes*, une personne de notre lignée qui ait là sa maison
« et sa femme, et qu'on leur fasse une rente avec laquelle
« ils puissent vivre honorablement. »

Enfin, à la page XV :
« Item, j'ordonne au dit Don Diego, mon fils, ou au pos-
« sesseur de ce majorat, de s'occuper et de travailler pour

« l'honneur, la fortune et l'élévation *de la ville de Gênes*, et
« qu'il emploie toutes ses forces et tous ses biens à défendre
« et augmenter les possessions et la gloire de cette Répu-
« blique. »

Tout cela est absolument concluant et ne souffre aucune contestation : Gênes est la ville natale, et on doit y maintenir à tout jamais une famille et une maison qui y perpétue la descendance des Colomb, de même qu'on doit employer toutes ses forces et ses biens mêmes, à la gloire, à la fortune et à la grandeur de cette ville, ainsi qu'à la défense et à l'accroissement de cette République! Quel témoignage plus éclatant un citoyen peut-il donner de son attachement à sa patrie d'origine?

Nous ajouterons que, lorsqu'il se sauve d'un navire en flammes et qu'il gagne à la nage les côtes du Portugal, son premier soin, dès qu'il arrive à Lisbonne, est de rechercher la colonie génoise, où il retrouve des connaissances et des amis. Et il ne les oublie pas dans son testament, à la fin duquel se trouve un codicile, où sont inscrites plusieurs dispositions en faveur de quelques Génois ses compatriotes.

Après cela nous ne comprenons pas comment il a pu subsister quelques doutes à l'égard du lieu de la naissance du célèbre amiral ; il est vrai, qu'il existe des esprits pour lesquels la controverse et la discussion sont un besoin impérieux, et probablement les auteurs qui ont discuté ce point, aujourd'hui élucidé, ne connaissaient pas l'acte constitutif du majorat.

Donc, nous dirons avec les auteurs modernes; *Christophe Colomb est né à Gênes.*

Vers l'année 1435, dit Washington Irwing. Cette date nous semble moins certaine et nous hasarderons à cet égard quelques réserves ; mais aucun document ne nous apportant une lumière certaine, nous ne pouvons émettre que des conjectures sans fondement précis.

Nous nous bornerons donc à dire, en raisonnant sur cette date de 1435, que son premier voyage ayant eu lieu le 3 août 1492, Colomb aurait eu cinquante-sept ans, au début de sa navigation, ce qui ne nous semble pas admissible, à cause des difficultés, des fatigues et des obstacles qu'il devait prévoir dans un voyage inconnu jusque-là, et dont l'issue et les résultats étaient absolument en dehors de toute prévision. Or, les péripéties de ce premier voyage, les peines et les fatigues qui ont signalé cette traversée, les contrariétés que l'incertitude de la route, les vents contraires, les orages et par-dessus tout le mécontentement et l'indiscipline de ses équipages, ont accumulées sur la tête de l'amiral, les dangers courus, auraient-ils pu être affrontés, supportés et vaincus par un homme de près de soixante ans, avec l'énergie, le courage, la patience et l'abnégation que Colomb a déployés dans ce mémorable voyage?

Nous ajouterons, qu'en lisant le récit de son fils Don Fernando, concernant les circonstances qui ont signalé les actes préparatoires de cette merveilleuse entreprise, il est difficile de croire que ces travaux aient duré tant de temps, et tout semble indiquer au contraire, malgré la lenteur voulue de ceux qui avaient été commis à l'examen de ses plans, malgré les obstacles apportés par les opposants et malgré les hésitations du roi, que ces préliminaires de l'entreprise ont demandé moins de délais; le bas âge des enfants qu'il a laissés à la cour; celui de Don Fernando, qui, selon son historien, était né le 15 août 1488, encore adolescent quand il suivit son père à son quatrième voyage, tout démontre que cette date de 1435 doit être le fait d'une erreur. De nouveaux renseignements nous permettent de dire que la date de 1444 est aujourd'hui plus généralement admise par les commentateurs. Cette date se rapporterait mieux aux phases de la vie de Colomb qui aurait eu environ 48 ans lors de son premier voyage, ce qui nous semble bien plus raisonnable.

Nous n'insisterons pas davantage sur ce sujet; au cours de notre histoire, les faits nous apporteront peut-être quelque présomption nouvelle, à l'appui de notre manière de voir.

Une incertitude assez sérieuse existe, quant à la famille de Christophe Colomb; et à cet égard, les controversistes ont eu beau jeu.

Le changement de son nom de Colomb en celui de Colon qu'il effectua, en Espagne, autant pour se conformer à l'orthographe et à la prononciation de la langue du pays que pour obéir, ont dit quelques auteurs, à un sentiment de fierté qui le portait au désir de créer une lignée qui descendît de lui seul, ce changement donna lieu à de longues discussions. Certains auteurs, s'autorisant de ce nom de Colon, font remonter sa généalogie à un Colon qui prit le roi Mithridate et l'amena prisonnier à Rome. Ce Colon fut élevé à la dignité de consul et reçut, pour ce fait, les aigles du tribunat.

D'autres prétendent que ses parents étaient de simples artisans, et Washington Irwing adopte cette filiation : « Il était « fils de Dominique Colomb, cardeur, et de Susanne Fonta- « narossa, et il parait, dit cet auteur, que ses ancêtres avaient « exercé la même profession. »

Cette opinion est vivement combattue par ses partisans qui cherchent à démontrer que sa famille n'a jamais exercé de profession manuelle ou mécanique.

Voici, en substance, ce que dit, à ce sujet, son fils Don Fernando Colon :

« On eût voulu que j'écrivisse une longue relation des « faits et gestes de ces deux Colomb, ses parents, qui rempor- « tèrent une grande victoire sur les Vénitiens.

« Mais je me suis excusé de pareils soucis, parce que je « crois que l'amiral fut l'élu de Dieu, pour être le véritable « apôtre qui, à l'exemple des disciples du Christ, avait pour « mission de propager son nom parmi des peuples qui ne le « connaissaient pas ; et, pour cela, il l'avait fait naître au bord « de la mer et non dans des palais et dans les grandeurs.

Et l'auteur ajoute, selon ses idées de fervent catholique :

« Que la majeure partie de ces faits fut opérée par quelque « mystère, surtout en ce qui concerne la signification de son « nom : le nom de Colombo ou *Colombe* se rapportant à la grâce « du Saint-Esprit qu'il fit connaître au nouveau monde ; et ce- « lui de Christophe, venant de Christ, indique qu'il était aussi « le fils de Dieu, chargé de répandre sa parole, *en marchant* « *sur les flots*, vers des lieux où sa parole était inconnue. »

Ces appréciations témoignent de l'esprit religieux et mystique qui règnait à cette époque, et Christophe Colomb lui-même était fortement pénétré de cette pensée qu'il allait accomplir une mission divine et qu'il était destiné à porter à des peuples idolâtres, et à répandre parmi eux les principes de la vraie foi pour leur salut éternel.

Un certain auteur, *Agustin Justiniano*, avait écrit que Christophe Colomb, dans son jeune âge, s'était occupé de travaux mécaniques; mais il ajoutait, qu'ayant acquis les principes des lettres, dans son adolescence, il s'était consacré à l'art de la navigation, et qu'il était allé à Lisbonne où il avait appris la cosmographie que lui avait enseignée un de ses frères qui faisait des cartes marines.

Dans une longue dissertation, Don Fernando Colon combat vivement l'assertion relative à la profession mécanique de son père et, se fondant sur la seconde déclaration, il s'attache à démontrer qu'elle est en contradiction flagrante avec la première opinion, attendu que, si son enfance a été occupée de l'étude des lettres, et son adolescence de navigation et de cosmographie, il n'a pu se livrer à une profession manuelle, et il conclut ainsi :

« Mais je considère qu'il est mieux pour nous que nous
« tirions toute notre gloire de la personne de l'amiral, que
« d'aller rechercher si ses parents furent des marchands ou des
« chasseurs d'oiseaux, étant donné que des personnes de ces
« professions se trouvent par milliers, dans toutes les loca-
« lités, dont le souvenir s'éteint le troisième jour, même
« parmi les voisins et les parents, sans qu'on puisse vérifier
« leur existence et, par cette raison, j'estime que la qualité
« et la noblesse de nos ayeux me donneraient moins d'illus-
« tration que celle qui me revient d'être le fils d'un semblable
« père; surtout que, par suite des faits éclatants et remar-
« quables de sa vie, il n'eut aucun besoin des richesses de
« ses ayeux; d'ailleurs richesse et pauvreté ne sont pas les
« mobiles de la vertu, mais de la fortune. »

Quoi qu'il en soit, il paraît avéré que les parents de Christophe Colomb n'exerçaient pas de profession manuelle, qu'ils s'é- taient livrés à des opérations commerciales et maritimes; que des circonstances et les guerres de la Lombardie les avaient réduits à une excessive pauvreté que leur fils trouva le moyen de soulager, en maintes occasions. C'étaient d'ailleurs des gens honnêtes, vertueux et bons. Ils avaient eu quatre enfants dont Christophe était l'aîné. Ses frères Bartholomé et Diégo le suivirent dans son aventureuse existence, et il sera souvent question d'eux dans le cours de cette histoire; quant à sa sœur, on ne sait autre chose d'elle que son mariage avec Giacomo Bavarello, qui vécut dans l'obscurité. Nous ne saurions clore cette discussion sans citer l'opinion de Harrisse qui, après de minutieuses investigations, pratiquées dans les archives de Gênes, prétend y avoir découvert l'existence du père de Colomb, exerçant alors la profession de tisserand.

Christophe Colomb manifesta, dès son enfance, un goût prononcé pour l'étude des sciences, et son penchant pour la navigation se montra dès qu'il fut en âge de discerner une vocation.

Il apprit les lettres à l'université de Pavie, et, pour satisfaire son goût pour les sciences, son père lui facilita, autant que ses faibles ressources le lui permirent, l'étude de la géométrie, de la géographie et l'art de la navigation; il fit des progrès rapides pour le dessin. En sortant de l'université, il revint à Gênes et là, dit-on, il travailla avec son père, dans sa profession de cardeur, ce que conteste Don Fernando, comme nous l'avons dit plus haut, et ce qui d'ailleurs n'est guère probable, puisqu'il commença la navigation à l'âge de quatorze ans, sans doute à sa sortie des classes.

En général le penchant pour la mer se manifeste chez les hommes qui sont nés dans les ports, et dont la jeune imagination a été frappée par le spectacle continuel et mouvementé de l'onde si diverse dans son agitation; l'arrivée et le départ des navires, le va-et-vient des embarcations, la tumultueuse animation du port, le chargement et le déchargement des marchandises, les récits merveilleux des marins et surtout la vue de cette immense plaine d'eau tantôt immobile et brillante comme un miroir, tantôt agitée et mugissante comme une bête fauve, et parfois glauque et sombre comme une lame de plomb, tout concourt à séduire et à émouvoir l'esprit impressionnable de la jeunesse. Il n'est donc pas étonnant, qu'avec son ardeur aventureuse, ses aspirations vers des pays imaginaires, ses études dirigées dans cet esprit, Christophe Colomb ait songé à entreprendre des voyages qui étaient pour lui la préface de la grande œuvre qu'il rêvait de réaliser.

Et il n'est pas plus extraordinaire, qu'après le succès d'une expédition qui, pour l'époque où elle a été accomplie, était considérée comme une utopie extravagante, ou comme une tentative merveilleuse, l'éminent navigateur, grisé par son succès, ravi des choses étonnantes qu'il avait découvertes, étourdi par les démonstrations flatteuses, par les honneurs extrêmes qu'il recevait à son retour, ait conçu la pensée qu'il était chargé d'accomplir une mission divine et qu'il était un nouveau mandataire de Dieu, envoyé au Monde inconnu pour le salut de ses idolâtres populations.

# CHAPITRE II.

JEUNESSE DE COLOMB. — SES ÉTUDES. — PROPHÉTIES.

Les idées religieuses et mystiques étaient, en ce temps-là, celles de la plupart des peuples civilisés, et l'Espagne se montrait alors d'une ferveur extrême pour la religion catholique; c'était l'époque où l'on venait d'y instituer le Tribunal de l'Inquisition; c'était le temps de la guerre contre les Maures, où tous les esprits, empreints d'un religieux mysticisme, commentaient les prophéties, et où les rois voyaient, dans les conquêtes des pays situés au delà des mers, en même temps que l'appât des bénéfices temporels, la propagation de la foi chrétienne, dont ils s'enorgueillissaient d'être les soutiens.

D'un autre côté, la science qui, jusqu'à cette époque, était restée stationnaire et enfermée dans les couvents, où elle tournait dans le même cercle, se nourrissant des mêmes formules et se repaissant des mêmes idées, tendait à se répandre au dehors, et des savants, des chercheurs, émettaient des théories nouvelles; la sphéricité de la terre que l'on avait cru être une surface plate, sur laquelle le ciel était étendu comme une tente, la mesure de la circonférence du globe, les sciences exactes commençaient à se faire jour dans les esprits clairvoyants. Ceux-ci lisaient les anciens auteurs, Pline, Strabon, Mela, Ptolémée, et ils y retrouvaient les vestiges de connaissances qui avaient été gardées, comme dans des archives, dans ces trésors de l'esprit humain.

Les croyances religieuses poussaient les chercheurs à fouiller dans les livres sacrés, et la foi mystique qui régnait alors faisait rechercher les écritures qui flattaient les sentiments idéalistes de la catholicité de ces temps, à peine sortis des superstitions du moyen âge.

Les prophéties de l'Ancien Testament étaient surtout commentées avec passion, et on cherchait en elles des analogies, des rapprochements avec les événements de l'époque et avec les écrits des anciens philosophes.

On avait lu dans Timon, de Platon, qu'à une époque très reculée, peu de temps après le déluge universel, il existait, dans l'Océan Atlantique, une île immense, ayant plus de mille lieues de longueur, et qui s'étendait depuis le détroit de Gibraltar, près de Cadix, jusqu'à Saint-Domingue, ou l'île Espagnole; la grande île s'appelait île Atlantide et comprenait sept royaumes et plusieurs grandes villes, quand, au dire de prêtres égyptiens, dont Platon a rapporté le récit, elle disparut tout à coup sous les flots, entraînant avec elle les villes et leurs habitants.

Or, avant cet épouvantable cataclysme, et durant l'existence florissante de l'île alors inhabitée, les descendants de Japhet, fils de Noé, sous la conduite de Tubal, l'un des fils de Japhet, vinrent peupler l'Espagne et furent les premiers fondateurs de la nation Ibérique. Ils se répandirent ensuite dans l'île Atlantide et y créèrent plusieurs centres de population qui acquirent une importance assez grande pour y fonder les sept royaumes dont nous avons parlé ci-dessus, y construire des villes, y creuser des ports, et établir un courant de navigation avec les îles voisines et la côte ferme, dans lesquelles ils avaient déversé le trop plein de leurs populations.

Les Espagnols primitifs avaient donc été les premiers fondateurs des peuples qui habitaient ces contrées, et c'est d'eux que les Péruviens et les Mexicains ont tiré leur origine.

Nous avons trouvé dans un traité de l'origine des Indiens, écrit en 1681, par le docteur Diego Andres Rocha, auditeur de l'Audience royale de Lima, traité dont nous avons fait la traduction, de nombreuses citations à l'appui de ces assertions, et le savant docteur démontre, avec une grande autorité, que le naturel, le caractère, les habitudes, les mœurs et les usages des Indiens qui habitaient les îles et les terres découvertes par Colomb, Pizarre et Cortez, étaient absolument conformes à ceux des Espagnols primitifs; que les noms des localités, des villes, des rivières de ces contrées rappelaient ceux de l'Espagne primitive, et que leurs armes, leurs instruments de toute sorte, leurs vêtements et même leur langage (qui après plusieurs siècles, avait des parités étymologiques avec la langue basque, qui fut le premier idiome des Espagnols primitifs) avaient une grande analogie avec ceux des premiers Espagnols.

Plus tard, quand les Carthaginois dominèrent en Espagne, il s'établit naturellement entre les populations des Indes et les nouveaux Espagnols des relations suivies, non par l'île Atlantide, car elle n'existait plus alors, mais, par l'Océan Atlantique, le peuple carthaginois ayant, aux temps les plus reculés, de hardis et habiles navigateurs. Le sang carthaginois vint donc se mêler au sang espagnol, dans les Indes, comme il s'était mêlé, sur la terre Ibérique, pendant la domination et la naturalisation des Carthaginois.

D'un autre côté, lorsque Salmanazar emmena captives dix tribus de la Judée, un grand nombre de Juifs réussirent à prendre la fuite, et, de ces prisonniers, plus de trois cent mille, disent les historiens qui ont raconté cet exode, parcoururent de vastes contrées, traversèrent des rivières, franchirent des montagnes, et, après un long et pénible voyage, pendant lequel beaucoup d'entr'eux s'arrêtèrent ou moururent en route, les Juifs arrivèrent dans des pays inconnus où ils se mêlèrent avec les populations qu'ils y trouvèrent établies.

Or ces pays n'étaient autres que les Indes, où ils étaient arrivés par le Nord, après avoir franchi, on ne sait par quel moyen, le détroit qui sépare l'Amérique de la terre ferme.

C'est sur ces faits que s'exerçaient, au temps dont nous parlons, les commentaires des prophéties de la Bible qui semblent prédire les événements précités.

La première prophétie était celle de Moïse, dans le Deutéronome, où il dit : « J'invoque en témoignage le ciel et la
« terre que, dans peu de temps, vous devrez quitter le pays
« et les possessions que Dieu doit vous donner près du Jour-

« dain, et vous ne devez pas habiter cette terre, pendant
« plusieurs siècles; mais, au contraire, vous devez être
« abandonnés de Dieu et dispersés dans toutes les nations
« du Monde, et vous serez en petit nombre parmi ces peu-
« ples vers lesquels Dieu doit vous diriger (1) et vous con-
« duire; là, vous serez idolâtres.

« Après que vous aurez éprouvé tous ces malheurs et après
« plusieurs siècles, au temps suprême et au renouvellement
« du monde, vous reviendrez à votre Dieu, et il vous don-
« nera l'ouïe pour entendre sa voix et sa loi, parce que
« votre Dieu et Seigneur est miséricordieux et qu'il ne doit
« pas vous laisser sans secours, ni vous bannir éternellement
« de sa mémoire, et qu'il n'oubliera pas le pacte qu'il a
« fait avec vos frères. »

Les commentateurs voyaient, dans ce discours, la prédiction de l'invasion de Salmanazar, après la possession de la
terre promise durant quelques siècles, la mise en captivité
et la dispersion du peuple juif, la fuite d'une partie des captifs et leur arrivée dans des contrées lointaines, où ils rencontreraient, après quelques années, les descendants de
Japhet et de Tubal, dont ils adopteraient l'idolâtrie, jusqu'à
ce que vînt pour eux l'accomplissement des promesses divines et leur délivrance.

Or, cette délivrance était réservée, selon ces mêmes commentaires, aux hardis et courageux navigateurs que Dieu
devait conduire vers les frères qui gémissaient loin de leur
patrie; et on citait la malédiction prononcée par Moïse contre
son peuple :

« Toi, ton roi et tes parents, et tes fils, Dieu vous livrera
« à des peuples que vous ne connaîtrez pas.....

« Vous mettrez au monde des fils et des filles; et vous
« n'en jouirez pas, parce que d'autres les possèderont.

« Les étrangers, qui viendront sur vos terres, vous domi-

---

(1) Ces peuples étaient, selon les commentateurs, les descendants de Tubal, fils de Japhet, c'est-à-dire les Espagnols primitifs que les restes des dix Tribus juives descendant de Sem, fils de Noé, devaient rencontrer dans les Indes.

« neront; ils seront vos supérieurs et vous serez leurs infé-
« rieurs.

« Dieu amènera, de très loin, des gens, de l'extrémité,
« des fins de la Terre, semblables à des aigles, volant avec
« une grande impétuosité et avec un grand fracas, des gens
« dont vous ne comprendrez pas le langage et qui s'empare-
« ront de vos terres et de vos fruits.

« Dieu vous éparpillera parmi tous les peuples du Monde,
« depuis les plus hauts sommets, jusqu'à ses extrémités et
« vous servirez des idoles, que vous ni vos pères n'aurez pas
« connues.

« Et, parmi ces peuples auxquels Dieu vous aura livrés,
« vous n'aurez pas de repos, et vos pieds ne s'arrêteront pas;
« et Dieu remplira vos cœurs de crainte et de timidité, et
« vos yeux s'affaibliront, et jusqu'à vos âmes qui iront se
« consumant de tristesse, et, de jour et de nuit, vous serez
« tremblants. »

Ensuite c'était Esdras qui, décrivant une vision assez
extraordinaire d'un homme qu'il avait vu sortir du sein de
la mer, et rassembler une multitude de gens, ayant demandé
à un ange l'explication de sa vision, en reçoit la réponse
suivante :

« Et parce que tu as vu cet homme rassembler ainsi ces
« gens paisibles, sache que cette multitude, ce sont les dix
« tribus qui, au temps du roi Ossias, furent emmenées en
« captivité par Salmanazar, roi des Assyriens, qui après les
« avoir fait passer de l'autre côté du fleuve (il n'explique
« pas quel fleuve) les transporta bientôt dans une autre
« terre; mais ces gens se décidèrent à abandonner la foule
« des gentils et à passer dans d'autres contrées où n'auraient
« pas encore habité d'autres hommes, pour pouvoir conser-
« ver la règle de leurs lois, ce qu'ils n'avaient pas fait dans
« leur propre pays, et ils s'enfuirent, et ils se mirent dans
« d'étroits passages de l'Euphrate, et Dieu fit pour eux des
« miracles, en arrêtant les eaux du fleuve jusqu'à ce qu'ils
« fussent passés.

« Dans la région où ils résolurent d'aller, il y avait à par-
« courir une longue route, d'un an et demi de marche, et

« cette région ou ces contrées s'appelaient *Arsareth*. Alors,
« ces gens des douze tribus habitèrent ces régions d'Arsareth
« jusqu'aux derniers jours du monde, et, maintenant, quand
« ils commenceront à revenir de ces dites régions pour re-
« tourner à leurs terres, le Très-Haut arrêtera encore les
« eaux du fleuve (sans dire si c'est l'Euphrate) pour qu'ils
« puissent passer de nouveau. »

Puis venaient les prophéties d'Isaïe où l'on trouvait :

« Le Seigneur reviendra à conduire et à réunir le reste du
« peuple d'Israël qui était demeuré en captivité chez les
« Assyriens, et il l'amènera de ces lieux jusqu'aux îles de la
« mer.

« Dieu lèvera son étendard parmi les nations, pour attirer
« et réunir les fugitifs et les exilés d'Israël qui étaient dans
« les quatre parties du monde. »

Le même prophète dit « que Dieu fera des appels, comme
« un vrai pasteur, jusqu'aux extrémités de la terre à son
« peuple, pour le ramener, avec toute promptitude à ses
« maisons.

Puis il dit plus loin : « qu'il a vu certains hommes et des
« navires volant dans les nuages, et quelques *colombes* aux
« portes de ces vaisseaux. »

Les partisans de Colomb ne manquaient pas de se servir
de cette allusion pour affirmer sa prédestination à aller exécuter les ordres du Très-Haut.

« Et ces nuages et ces navires, ajoute le prophète, se diri-
« geaient vers les îles où se trouvaient les enfants d'Israël
« qui les attendaient pour les ramener dans leurs pays, *por-
« tant de l'argent et de l'or.*

« Et Dieu rassemblera son peuple et plantera son étendard
« au milieu de lui, et il l'enverra à la gentilité de la mer, en
« Afrique, en Italie, en Grèce et aux îles les plus éloignées
« qui n'avaient jamais entendu sa parole, et ils amèneront
« leurs frères qui se joindront aux autres enfants d'Israël,
« en les recueillant parmi toutes les nations du monde. »

Ce sont enfin les lamentations de Jérémie qui expriment
les douleurs, les privations, les souffrances et les conditions
d'abaissement qu'ont subies les exilés.

Et tous ces catholiques fervents qui se servaient des textes bibliques pour expliquer la mission divine de délivrance et de conversion à la foi chrétienne, étaient si pénétrés de l'idée qu'on allait accomplir un devoir sacré, comme la libération du tombeau du Christ, par une nouvelle croisade, qu'aucun des auteurs qui ont traité ce sujet n'a remarqué que la parole divine qu'on allait porter au nouveau monde n'était pas celle du Dieu d'Israël et de Juda, et que *ces frères*, dont les prophéties prévoyaient la délivrance, étaient les frères de ceux que Torquemada et l'Inquisition condamnaient aux bûchers comme hérétiques, les fils de Sem dont les descendants avaient fait crucifier le Créateur de la foi qu'on voulait leur inculquer.

« Oh ! profondeur de la sagesse et de la science du Très-
« Haut ! s'écrie l'auteur du traité de l'Origine des Indiens, le
« Docteur Andres Rocha, que nous avons mentionné plus
« haut, qui a ordonné qu'après tant de siècles passés, ces îles
« fussent rendues par Colomb à la couronne d'Espagne à la-
« quelle, indépendamment des droits que le Saint-Siège
« apostolique a concédés aux rois catholiques et de ceux de
« la conquête, à leurs risques et dépens, elles avaient déjà
« appartenu à juste titre et à bon droit, puisque, tant d'an-
« nées auparavant, elles étaient en leur possession et qu'elles
« avaient été peuplées par les premier rois d'Espagne.

Et il ajoute ensuite, en parlant des dix Tribus juives :
« que peu de siècles après la tranquille possession de la Terre
« promise, Dieu les livrerait, en captivité, à Salmanazar et
« les disperserait parmi tant de nations et en tant de pays,
« qu'ils en arriveraient à habiter à l'extrémité de la terre, où
« se trouvaient les peuples descendant de Tubal, avec les-
« quels, après quelques années, ils viendraient se rencon-
« trer, se mêler ensemble, sans pouvoir conserver la foi de
« leur première origine, en devenant idolâtres et oubliant
« presque en entier les prescriptions, les usages et les céré-
« monies de leur loi, jusqu'à ce que vînt pour eux l'accom-
« plissement des temps; *bien, qu'à la fin de ces temps, ils*
« *furent soumis à l'Église catholique!..* »

Et l'auteur n'ajoute aucune réflexion à cette conclusion qui est en contradiction flagrante avec les prophéties qui n'avaient pas prévu la conversion des tribus à la foi catholique.

Christophe Colomb avait-il, dans ses études, lu ces prophéties? Avait-il puisé, dans ces prédictions, cette pensée dominante qu'il allait remplir une mission d'apôtre, dans ces pays dont il se faisait un tableau si resplendissant? Nous l'ignorons, aucun des nombreux auteurs qui ont raconté sa vie et ses découvertes n'ayant élucidé ce point. On pourrait bien supposer que ses aspirations vers un but qu'il entrevoyait et qu'il se plaisait à colorer de toutes les séductions enfantées par son imagination, avaient été suscitées et entretenues chez lui, non seulement par les récits enthousiastes des voyageurs qui avaient déjà visité les côtes d'Afrique, ou par les descriptions hyperboliques faites sur la foi de rares explorateurs, des richesses du grand Khan de Tartarie, mais encore par les souvenirs qui pouvaient lui rester de ses lectures.

Quoi qu'il en soit, il est certain que, dès son adolescence, il avait manifesté un goût prononcé pour les sciences, qu'il s'était adonné avec passion à l'étude de la cosmographie et qu'une ardente curiosité, excitée par la tendance générale des esprits, à cette époque, et par son penchant immodéré pour la navigation, le poussait aux entreprises aventureuses.

Le court espace de temps qu'avaient duré ses études à l'université de Pavie ne lui avait pas permis d'y compléter son instruction; il en était sorti avec des éléments restreints des connaissances nécessaires pour la profession qu'il voulait embrasser; mais son intelligence, son imagination et son vif désir d'apprendre suppléèrent aux maîtres qu'il était obligé de quitter; il continua donc seul, au milieu des agitations d'une vie vagabonde, ses travaux scolaires, et il se perfectionna ainsi dans l'étude de la cosmographie, de la géométrie et surtout du dessin, appliquant ces sciences à la navigation qui faisait l'objet de ses plus chères espérances.

Colomb était une de ces riches natures, fortes et vigoureuses, ardentes et passionnées, allant droit au but qu'elles se proposent d'atteindre, ne se laissant pas détourner de la route qu'elles se sont tracée et qu'elles parcourent sans hésitation, sans distraction et l'œil fixé sur l'objet de leur attraction. Ces hommes, obligés dès le principe à combattre pour la vie, ne se laissent rebuter par aucun obstacle; habitués à la lutte, ils apprennent de bonne heure à triompher des difficultés, et, à force de combats et de victoires, ils arrivent à accomplir des actes surhumains et s'élèvent au plus haut rang par leur génie et leur opiniâtreté. Quand, à leur courage et à leur énergie, ces caractères joignent la foi, ils deviennent des forces indomptables et réalisent les conceptions les plus extraordinaires.

A ces dons de la nature, Colomb joignait une inébranlable fermeté, une patience extrême, une résignation à toute épreuve, une volonté irrésistible et une fervente piété. Avec ces qualités, il avait une belle prestance, de nobles manières, une figure avenante et un langage coloré et persuasif. Voici le portrait que retrace de lui son fils Don Fernando :

« L'amiral était un homme de belle conformation, d'une
« taille au-dessus de la moyenne, la figure allongée, les
« joues un peu saillantes, sans être ni trop gras ni trop
« maigre; il avait les yeux bleus, et d'un bleu de couleur
« vive; en son enfance, il avait la chevelure blonde; à
« trente ans, il avait déjà des cheveux blancs. Pour le man-
« ger et le boire, et pour l'ornement de sa personne, il était
« fort modeste et réservé; affable dans sa conversation avec
« les étrangers, et très agréable avec ceux de sa maison;
« digne et grave, il était tellement observateur des prati-
« ques de la religion que, pour les jeûnes et les prières
« aux offices divins, il pouvait être considéré comme
« profès en religion; si ennemi des jurements et des blas-
« phèmes que, moi, j'affirme que je ne lui ai jamais
« entendu prononcer un autre jurement que par San Fer-
« nando; et, lorsqu'il se trouvait le plus en colère contre quel-
« qu'un, son reproche était de lui dire : « Je vous donne à
« Dieu, pour avoir fait ou dit cela. » Si quelquefois il avait à
« écrire, il n'essayait pas sa plume sans écrire les paroles
« suivantes : *Jesus cum Maria sit nobis in via*, et avec une si
« belle écriture, qu'elle lui eût suffi pour gagner sa vie. »

Nous n'avons rien retranché de ce portrait d'un père célèbre, tracé par la main de son fils, et nous n'y avons rien ajouté, car il nous semble complet et nous le croyons surtout véridique. On verra d'ailleurs, dans le cours de cette histoire, combien sont justifiés les principaux traits de cette image.

Son caractère aventureux, ferme et entreprenant, et son penchant pour la navigation déterminèrent sa vocation. A l'âge de quatorze ans, il s'embarqua et fit quelques voyages, tantôt au levant ou au couchant, et l'on n'a que de très vagues et peu nombreux renseignements sur ces pérégrinations, pendant lesquelles il compléta ses études et il acquit des connaissances sérieuses et approfondies, sur la cosmographie et l'astrologie, sciences qui lui étaient d'une utilité indispensable pour sa carrière. La pratique constante de la navigation lui donna l'expérience technique et effective de la conduite des navires, et il apprit ainsi sa profession scientifiquement et activement.

Il a donné lui-même, dans ses premières lettres à LL. Majestés catholiques, des détails sur son existence avant sa venue en Espagne, et nous y trouvons quelques renseignements intéressants que nous croyons utile de faire connaître à nos lecteurs, car ils peuvent servir de jalons pour reconstruire par la pensée, les diverses étapes de cette vie si honorablement remplie et accidentée de tant de vicissitudes : ces citations serviront d'aillleurs à faire connaître quel savoir, quelle expérience, quelle habileté des choses maritimes Christophe Colomb avait acquis dans ces nombreux voyages, dans toutes les mers, que pratiquaient les marins de cette époque agitée.

« J'ai navigué, dit-il, pendant vingt-trois ans, sans quitter
« la mer; j'ai vu tout le Levant, le Couchant et au nord,
« l'Angleterre. Je suis allé en Guinée, mais, nulle part, je
« n'ai vu de si beaux ports que ceux de ces régions.

Cette lettre était écrite en 1495, de l'île Española.

« Dans mes nombreux voyages de Lisbonne à la côte de
« Guinée, j'ai reconnu que le degré correspond à 56 milles
« et deux tiers, et après, dans l'île de Scio, île de l'Archipel,
« j'ai vu extraire la gomme des arbres. »

Il dit, dans un autre passage, contrairement à l'opinion générale :

« J'ai été à la forteresse de Saint-Georges de la Mine, du
« roi de Portugal, qui se trouve sous la ligne équinoxiale,
« et je suis un bon témoin que cette région n'est pas inhabi-
« table, comme certains le prétendent. »

Et plus loin :

« J'ai vu quelques sirènes sur la côte de Manegatte; mais
« elles ne ressemblent pas aux femmes, comme les peintres
« les représentent. En l'année 1477, en février, j'ai navigué
« plus de cent lieues au dela de Tile, dont la partie australe
« est distante de la ligne équinoxiale de 73 degrés, et non
« pas de 63, comme le veulent certains auteurs, et elle n'est
« pas située en dedans de la ligne où l'inclut Ptolémée,
« mais bien plus à l'Occident, et les Anglais, principalement
« ceux de Bristol, apportent leurs marchandises dans cette
« ile qui est aussi grande que l'Angleterre. Quand je suis allé
« là-bas, la mer n'était pas gelée, et les marées étaient si
« fortes qu'elles montaient de 26 brasses et descendaient
« d'autant. »

Dans une autre lettre écrite en 1501, il s'exprime ainsi :

« Sérénissimes Princes, j'ai commencé à naviguer sur la
« mer dès mes plus jeunes années, et j'ai continué jusqu'à
« ce jour; cet art porte celui qui le pratique aux désirs de
« connaître les secrets de ce monde, et il y a déjà quarante
« ans passés que j'exerce cette profession. Dans tous les pays
« où j'ai navigué, mon trafic et mes pourparlers ont eu
« lieu avec des gens sages : des Latins, des Grecs, des In-
« diens, des Maures et d'autres différentes sectes, et j'ai
« toujours trouvé Notre-Seigneur très favorable à mon dé-
« sir de naviguer, et il a bien voulu me donner l'esprit et
« l'intelligence, et me faire comprendre beaucoup de choses
« de la navigation; il me donna des éléments suffisants
« d'astrologie, de géométrie et d'arithmétique; il me doua
« d'un esprit ingénieux et de l'adresse des mains, pour des-
« siner la sphère, les villes, les montagnes, les rivières, les
« îles et tous les ports, avec les sites convenables de la
« Terre. En ce temps-là, j'ai vu et étudié, dans tous les livres

« de cosmographie, d'histoire, de philosophie et d'autres
« sciences, de telle manière que Dieu Notre-Seigneur m'a
« ouvert l'entendement d'une main propice, et évidemment
« favorable à mon voyage aux Indes, et m'a mis au cœur
« une extrême volonté pour l'accomplir.

« Rempli de cet ardent désir, j'arrivai auprès de vos Altes-
« ses; tous ceux qui eurent connaissance de mon entreprise
« en nièrent la possibilité, et tous rirent et se moquèrent
« de mes projets. Les sciences que je possédais ne me fu-
« rent d'aucun secours et n'eurent aucune autorité; et la
« constance et la confiance, ainsi que la foi persistèrent
« chez vos Altesses seules. »

Et, dans une autre lettre qu'il écrivait à Leurs Majestés,
au mois de février 1495, il disait :

« Il m'est arrivé que le Roi *René* (que Dieu a déjà appelé
« à lui), m'envoya à Tunis pour prendre la galiote *Fernan-*
« *dina*, et, qu'étant arrivé près de l'île de Saint-Pierre, en
« Cerdagne, on me dit qu'il y avait deux navires et une cara-
« que avec la dite galiote, ce qui effraya mon équipage, le-
« quel décida de ne pas aller plus avant, mais au contraire
« de revenir sur ses pas et d'aller à Marseille chercher un
« autre navire et plus de monde; comme je ne pouvais, par
« aucun artifice, forcer la volonté de mes gens, je consen-
« tis à ce qu'ils demandaient et, tournant l'aiguille de la bous-
« sole, je fis déployer les voiles; c'était le soir et, le jour
« suivant, au lever du soleil, nous nous trouvions au cap
« de Carthagène, quand ils croyaient tous que nous allions
« à Marseille. »

# CHAPITRE III.

### PROJETS DE COLOMB. — ÉTAT DE LA SCIENCE A CETTE ÉPOQUE.

Il ressort clairement, des divers passages de ces lettres, que Christophe Colomb avait embrassé sérieusement la carrière maritime, et qu'il en avait fait sa profession. A cette époque, où les guerres, entre les rois et les princes, étaient à peu près continuelles, ces marins indépendants se mettaient au service des souverains qui voulaient les employer, et se battaient pour ceux qui les enrôlaient; armés en course, ils guerroyaient parfois pour leur propre compte, capturaient les navires marchands qu'ils pouvaient surprendre, sauf à partager leur butin avec la puissance dont ils étaient les sujets, soit avec celle dont ils avaient arboré le pavillon. Cette profession de corsaire libre allait aux hommes hardis, aventureux et entreprenants, et la situation de la ville de Gênes se prêtait admirablement à ces entreprises; beaucoup de Génois se livraient à ces courses hasardeuses et, parmi eux, on distinguait un marin renommé, audacieux, d'un courage indomptable, d'une habileté inouïe, rompu aux périls de la mer, ardent au combat, expérimenté dans les manœuvres de la navigation et tellement redouté qu'on se servait de son nom pour effrayer les enfants.

Il s'appelait Colombo, et pour le distinguer d'un frère plus âgé que lui et qui avait été aussi un marin habile, on le nommait le général Colombo le Jeune. Ce Colombo, parent de Christophe, quelques-uns disent son oncle, commandait une flotte qui avait son importance, car il ne craignait pas de s'attaquer à des forces imposantes, et on l'avait vu s'emparer une fois de quatre grandes galères vénitiennes qui revenaient des Flandres, et, après les avoir dépouillées de leurs chargements et de tout ce qui avait une valeur, les avait échouées sur le rivage.

Cet acte d'audace incroyable est raconté par Marco Antonio Sabelico, historien de ces temps-là, et s'était passé à l'époque de l'élection de Maximilien, fils de l'empereur Frédéric III, comme roi des Romains.

Ce Colombo eut une grande influence sur Christophe Colomb, car il navigua avec lui pendant quelque temps, et ce fut lui qui fut, sans le vouloir, la cause de sa venue en Portugal, et ensuite en Espagne.

Les quatre galères vénitiennes mises hors de combat et jetées à la côte par le général Colombo avaient été renflouées par les soins du roi de Portugal qui avait recueilli les équipages, les avait pourvus de vivres, de vêtements et les avait renvoyés dans leur pays, avec les quatre navires.

Or, ces quatre galères revenaient, une seconde fois, des Flandres, chargées de marchandises, quand Colombo le Jeune, apprenant leur retour, se porta à leur rencontre, et les découvrit entre Lisbonne et le cap Saint-Vincent. Le combat s'engagea vivement, et acquit bientôt une extrême violence ; on se battit avec acharnement des deux côtés, et les navires s'étant rapprochés furent aussitôt cramponnés les uns contre les autres, de telle façon que pendant le combat furieux qui se livrait, avec une ardeur et un courage réciproques, amis et ennemis passaient d'un navire à l'autre en se poursuivant et en combattant, se blessant, se tuant les uns et les autres, sans avantages marqués d'un côté ou de l'autre. La bataille continuait depuis le matin, soit à coups de feu, soit à l'arme blanche ; elle avait duré toute la journée, entassant sur les ponts des navires, des masses de morts et de blessés des deux côtés, quand le feu prit à une des galères vénitiennes accrochée au vaisseau sur lequel se trouvait Christophe Colomb.

Les deux navires, bord à bord l'un et l'autre, étaient fortement cramponnés et liés par des chaînes et des crocs en fer, il ne fallait pas songer à les détacher ni à leur porter secours, dans cette mêlée générale, et, par suite de l'intensité du feu qui, en peu d'instants, prit de très grandes proportions, sur les deux navires, il n'y eut plus d'autre moyen de salut que de se jeter à l'eau, soit pour mourir plus vite et ne pas souffrir les tortures du feu, soit pour se sauver si cela était possible.

Colomb était un très habile nageur; voyant la terre à deux lieues à peu près de l'endroit où le combat avait lieu, et le hasard, une fois dans l'eau, ayant amené à sa portée un aviron que le flot emportait, il s'en saisit et, tantôt se servant de cette rame pour se reposer, tantôt nageant vigoureusement, il atteignit le rivage où, fatigué et trempé, il se reposa un moment; mais, comme il ne se trouvait pas loin de Lisbonne où il savait qu'un grand nombre de ses compatriotes génois avaient leur résidence, il se rendit, du mieux qu'il lui fut possible, dans cette ville, où il se fit reconnaître de ses compatriotes, et reçut d'eux un accueil très affectueux et beaucoup de témoignages d'amitié.

Après qu'il se fut remis des émotions et des fatigues qu'il avait éprouvées, à la suite du terrible combat auquel il venait d'assister, Colomb se trouva si heureux des bonnes dispositions qu'il avait rencontrées auprès de ses concitoyens, qu'il résolut de se fixer à Lisbonne. Ses bonnes manières, sa belle prestance, son heureuse physionomie lui conquirent promptement des amitiés, et le hasard se chargea de lui procurer un établissement.

Malgré sa vie aventureuse et ses continuelles pérégrinations, Christophe Colomb avait conservé ses sentiments de piété, et n'avait pas laissé de pratiquer ses devoirs religieux; il allait régulièrement à la messe, au couvent de tous les Saints, où il fit la rencontre d'une dame de noble et illustre famille, qui s'appelait Doña Felipe Moñis; il lia conversation avec elle et leurs entretiens devinrent bientôt intimes et acquirent chaque jour plus d'intérêt; leurs relations devinrent tellement bienveillantes et affectueuses et prirent un caractère si attrayant que, peu de temps après, un mariage fut conclu avec la fille de la dame en question.

Son beau-père, Don Pedro Moñis Perestrelo étant mort, les nouveaux mariés allèrent habiter avec la veuve.

Dans cette nouvelle situation, Colomb put se livrer entièrement à ses goûts pour l'étude et satisfaire sa passion pour la cosmographie.

Don Pedro Moñis Perestrelo avait été un marin éminent; avec deux autres capitaines de vaisseau, et avec une licence du roi de Portugal, il était allé à la découverte; il avait été convenu qu'il serait fait trois parts des profits qui résulteraient de leurs voyages, et que chacun d'eux en aurait une qui lui serait attribuée par la voie du sort.

Cet accord fait, les trois marins, allant vers le sud-ouest, arrivèrent à l'île de Madère, la principale, et en firent deux parts, et la troisième part fut l'île de Puerto-Santo qu'ils avaient découverte en même temps.

Ces îles étaient inconnues jusqu'à cette époque; la possession fut prise au nom du roi de Portugal, et les trois marins furent nommés gouverneurs de la partie qui leur échut en partage.

Au tirage au sort, Don Pedro Moñis eut, pour sa part, l'île de Puerto-Santo dont il resta gouverneur jusqu'à sa mort.

La veuve Moñis, voyant la passion avec laquelle son gendre s'occupait des sciences ayant trait à la cosmographie, à l'astrologie, appliquées à la navigation, lui facilita ces études, et l'encouragea dans ces idées, en lui communiquant les écrits, les plans, les cartes marines et tous les documents relatifs à ces voyages, qu'avait laissés le feu gouverneur de Puerto-Santo; et toutes ces pièces, qui cadraient si bien avec ses goûts, ne firent qu'exciter encore davantage son penchant pour les voyages maritimes et corroborer sa résolution d'aller à la découverte.

A partir de cette époque, il ne pensa plus qu'à la navigation, s'informant des traversées des marins portugais qui se rendaient à la Mine et à la côte de Guinée, prenant plaisir à converser avec les capitaines de navire, les pilotes et les marins, des choses de la mer et de la conduite des navires, et se fortifiant, par ces entretiens, dans la pratique des théories à l'étude desquelles il se plaisait.

Il est à croire même que, durant son mariage, il quitta sa jeune épouse, pour aller lui aussi, à la Mine et à la côte de Guinée; mais aucune histoire, ni aucun écrit ne vient à l'appui de cette probabilité, et il n'y a, à ce sujet, que de simples présomptions, basées sur ses habitudes, sur ses antécédents nautiques et sur sa nature ardente et aventureuse, qui font supposer qu'il n'a pu rester quelque temps sans exercer ses entraînantes facultés.

Quoi qu'il en soit, il n'est pas douteux que son séjour en Portugal, son contact de chaque jour avec des marins, ses études et ses goûts tournèrent son esprit vers les entreprises, et que ses réflexions le portèrent à s'imaginer que, puisque les marins portugais allaient si loin vers le midi, il était possible d'aller plus avant en poussant à l'Occident, qu'il était bien probable que, de ce côté, on rencontrerait des terres inconnues et, pour corroborer ses pensées sur ces points, il consulta de nouveau les anciens auteurs qu'il avait déjà lus bien souvent; il pesa les raisonnements qu'il y avait déjà trouvés, à l'appui de sa pensée, les examina avec attention, et annota tous les indices, toutes les observations, toutes les présomptions qui étaient favorables ou se rapportaient à ses propres idées.

Il prenait note également de tout ce qu'il entendait dire par les gens de mer, de tous les faits racontés et qui se rapportaient à la navigation et à ses projets de voyage, de façon à s'en servir au besoin, et à profiter de ces leçons, quand il mettrait à exécution sa grande entreprise, qu'il caressait et mûrissait dans son imagination.

C'est à l'aide de ces investigations, de ce travail intellectuel non interrompu, qu'il en vint à avoir cette conviction bien arrêtée, qu'au delà des îles Canaries et du Cap-Vert, il existait, à l'ouest, d'autres îles et d'autres terres, vers lesquelles on pouvait se diriger, et que l'on découvrirait ainsi des contrées nouvelles, complètement inconnues des hommes de son temps, et probablement habitées par d'autres races dont on ne se faisait aucune idée.

Trois raisons principales militaient, dans son esprit, en faveur de l'existence d'autres terres que celles connues pour les trois parties du monde : l'Europe, l'Afrique et l'Asie.

La première était tirée de la sphéricité de la terre, qui pouvait être parcourue dans sa circonférence, de l'orient à l'occident; de telle sorte que les hommes, cheminant sur sa rotondité, ayant les pieds appuyés sur la croûte terrestre, se trouvaient dans certaines parties, pieds contre pieds, selon les endroits où ils habitaient, les uns opposés aux autres, c'est-à-dire à leurs antipodes.

La seconde raison venait de ce qu'il avait appris, par ses lectures d'écrivains autorisés, qu'on avait déjà navigué sur une grande étendue de l'eau répandue sur ce globe, et que, pour parcourir ce qui restait à découvrir, il n'existait plus que l'espace qui se trouvait au bout des Indes orientales, que Ptolémée et Marino avaient reconnu, jusqu'à ce que, suivant la voie de l'orient, ils seraient arrivés, par notre occident, aux îles Açores et du Cap-Vert, qui étaient alors les terres découvertes de l'occident les plus avancées.

La troisième raison était fondée sur cette considération que l'espace compris, entre l'extrémité de l'Inde et les îles du Cap-Vert, ne pouvait dépasser le tiers de la circonférence de la sphère et, comme Marino était arrivé, du côté de l'orient, à 15 heures environ sur 24 qui forment la totalité de cette circonférence, il ne restait plus à parcourir que 8 à 9 heures pour, de la fin de l'Inde, venir aux îles du Cap-Vert. Colomb remarquait que le point où s'était arrêté Marino, et qui formait le point extrême de son compte de 15 heures, n'était pas la fin de l'Inde, que cette fin se trouvait plus en avant et se rapprochait encore des Iles du Cap Vert susmentionnées, ce qui réduisait conséquemment l'espace inconnu; il en concluait donc que, si cet espace était la mer, on pouvait facilement le traverser en quelques jours de navigation et que, si c'était la terre, on la rencontrerait encore plus promptement, à l'Occident, car elle se rappocherait des dites îles (1).

---

(1) Ces considérations ont été extraites de mémoires ou de notes laissées par l'amiral, et nous leur avons conservé, en les traduisant, leur simplicité d'argumentation.

Ce raisonnement est appuyé par *Strabon*, dans le livre V de sa Cosmographie, qui dit que personne n'est encore arrivé avec une armée, à l'extrémité de l'Inde, que *Ctésias* affirme être aussi étendue que toute l'autre partie de l'Asie; *Onescrito* prétend qu'elle représente le tiers de la sphère; Néarque dit qu'il faut quatre mois de marche pour la traverser, et Pline est aussi d'avis qu'elle est la troisième partie de la terre. Il résultait, pour Colomb, de tous ces raisonnements, que l'Espagne, par l'Occident, était plus près de l'Inde que toute autre nation.

Une autre considération militait en faveur de la médiocre étendue de cette route; elle était basée sur l'opinion d'Alfragaño et de ses sectateurs, qui déclarent que la circonférence de la terre est moindre que celle admise par les autres auteurs et cosmographes, et n'attribuent à chaque hémisphère que $56\ ^2/_3$ milles, et conséquemment cette diminution de l'étendue du globe, réduisait encore proportionnellement l'espace que Marino n'avait pas visité et considérait comme étant inconnu, et par suite pouvant être traversé en peu de temps. Or, l'extrémité de l'Inde Orientale n'ayant pas été encore parcourue, il était évident que cette partie était attenante aux autres parties connues, et, qu'en y venant par l'Occident, on pouvait, avec juste raison, appeler Indes Occidentales les terres que l'on découvrirait de ce côté.

Cette opinion fut vivement combattue par l'archidiacre Rodrigo de Séville, et par quelques-uns de ses partisans qui soutenaient que ces terres ne devaient pas être appelées Indes, puisqu'elles n'appartenaient pas aux Indiens; mais Colomb avait plusieurs motifs pour leur donner ce nom : d'abord, parce qu'il croyait que ces contrées étaient la partie de l'Inde au delà du Gange dont aucun cosmographe n'avait déterminé les limites ni les confins avec des terres voisines, qu'on ne leur connaissait d'autres bornes que l'Océan, qu'elles ne portaient aucun nom puisqu'elles étaient inconnues, et, comme il était de notoriété générale que l'Inde possédait d'immenses richesses et que c'était un admirable pays et d'une incomparable fécondité, sous tous les rapports, il comptait que le prestige de ce nom lui faciliterait l'accès auprès des têtes couronnées, dont il était obligé de solliciter l'appui pour l'exécution de ses projets.

De nombreux savants, d'une autorité incontestée, à cette époque, prétendaient qu'il était possible d'aller, de l'Afrique et de l'Espagne, à l'extrémité de l'Inde, et que l'étendue de la mer à traverser n'était pas considérable. Aristotèles, dans le livre II, du Ciel et du Monde, dit que, des Indes, on peut aller à Cadix en peu de jours; Averroüs, parlant des mêmes contrées, et Sénèque, dans le livre I, des choses de la nature, traitant des objets que l'on apprend dans ce monde, en comparaison de ce qui s'acquiert dans l'autre vie, dit qu'un navire, partant de l'extrémité de l'Espagne, pourrait arriver aux Indes dans un nombre de jours très limité, avec un vent favorable.

Dans la tragédie de Médée, qui est attribuée à Sénèque, le chœur chante un couplet que l'on peut traduire ainsi:

Au cours des années, viendront des siècles, où l'Océan ouvrira ses flots, et une terre immense sera découverte, comme Tiphis et d'autres mondes, et alors Thulé ne sera plus la limite de l'univers.

Il n'est pas douteux, qu'en lisant de pareilles prédictions, qui s'accordaient si bien avec ses propres idées, Christophe Colomb se voyait le missionnaire prédestiné à la réalisation de la découverte de ces merveilleuses et vastes contrées.

D'un autre côté, Strabon, dans le premier livre de sa *Cosmographie*, dit que l'Océan entoure toute la terre; qu'il baigne l'Inde à l'Orient; à l'Occident, l'Espagne et la Mauritanie, et que, si on n'en était empêché par l'immensité de l'Atlantique, on pourrait naviguer d'un point à un autre, sur le même parallèle, et il le dit encore dans le livre II.

Pline aussi, dans son *Histoire naturelle*, chapitre III, prétend que l'Océan tourne autour de la terre, que sa largeur du levant au couchant, s'étend de l'Inde à Cadix. Le même auteur, au chapitre XXXI du livre 6, d'accord, en cela, avec Solino, au chapitre XLVIII, *des causes naturelles du Monde*, dit que, depuis les îles Gorgones, que l'on croit être celles du Cap-Vert, il y a quarante jours de navigation par la mer

Atlantique, jusqu'aux *îles Hespérides*, que beaucoup d'auteurs déclarent être les îles voisines des Indes Occidentales, c'est-à-dire Cuba et Haïti.

Cette opinion, qui était partagée par Christophe Colomb, est longuement discutée et très sérieusement accueillie par le docteur Diego Andres Rocha, dans son traité de l'origine des Indiens que nous avons déjà cité, et, en outre des auteurs ci-dessus mentionnés, il donne de nombreux extraits d'autres écrivains très autorisés qui concourent à démontrer la probabilité de cette croyance.

Marco Polo, explorateur vénitien, et Juan de Mandavilla, dans leurs voyages, disent qu'ils sont allés plus avant vers l'Orient que le point qu'indiquent Ptolémée et Marino, mais il est possible que ces deux navigateurs ne parlent pas de la mer occidentale; toutefois il ressort de ce qu'ils décrivent concernant l'Orient, que l'Inde n'est pas éloignée de l'Afrique et de l'Espagne. Pedro Héliaco, dans son traité de l'*image du Monde*, chapitre VIII de L'*étendue de la terre habitable*; Julio Capitolino, dans son ouvrage : *Des lieux habitables*, et d'autres nombreux traités, disent que l'Espagne et l'Inde sont voisines par l'Occident, et, dans le chapitre XIX de sa Cosmographie, le dernier auteur s'exprime en ces termes : « Sui-
« vant les philosophes et selon Pline, l'Océan qui s'étend
« depuis les bords de l'Espagne et de l'Afrique occidentale,
« jusqu'au commencement de l'Inde vers l'Orient, n'a pas une
« étendue considérable, et il est tenu pour certain qu'on
« peut le traverser d'un bout à l'autre, avec de bons vents,
« en peu de jours, et, par conséquent, le commencement de
« l'Inde à l'Orient ne peut être très éloigné de la côte occi-
« dentale d'Afrique. »

Toutes ces autorités et ces opinions concordantes, relativement à la facilité de traverser la mer, étaient bien faites pour enflammer l'imagination enthousiaste de Christophe Colomb, et, si l'on ajoute à ces encouragements ses entretiens journaliers avec les marins, ses constantes préoccupations de l'idée fixe de la grande entreprise, dans un pays où on ne s'entretenait, depuis plusieurs années, que de découvertes d'îles et de terres inconnues, et de voyages sur les côtes d'Afrique et aux îles reconnues, on comprendra combien devait travailler une tête ardente et qui ne rêvait que de la navigation, des pays lointains et des découvertes de nouvelles parties du monde.

On était alors sous le règne du roi Don Alfonso de Portugal, et les princes de cette famille souveraine s'occupaient, avec une extrême sollicitude, des péripéties et des progrès de la navigation active qui avait lieu entre le Portugal et les Iles, ainsi que sur les côtes d'Afrique.

# CHAPITRE IV.

### DÉCOUVERTES. — LE PRINCE HENRY DE PORTUGAL.

A cette époque, toute l'Europe était attentive aux découvertes qui avaient été effectuées, dans l'Océan Atlantique, cette mer qu'on appelait la mer Ténébreuse et qui, inconnue jusque-là des nations modernes, inspirait aux navigateurs une terreur superstitieuse, à cause de son immensité et des mystérieuses suppositions, que l'esprit religieux et mystique du temps imaginait, dans les profondeurs et l'infini de cette nappe d'eau que l'on croyait être la ceinture de l'Univers.

On racontait qu'un nommé Macham, d'origine anglaise, s'était enfui de son pays, emmenant avec lui son amante et se dirigeant vers les côtes de France, où le couple amoureux comptait trouver un abri. Mais, soit par inexpérience de la navigation, soit par des vents contraires, ou par toute autre circonstance, il fut poussé dans une direction différente et il aborda dans une île superbe, couverte d'une luxuriante végétation et d'un aspect très agréable. Cette île que l'on ne connaissait pas et qui n'était pas habitée, fut appelée île Madère. On ne dit pas ce que devinrent les amants fugitifs. Restèrent-ils à Madère? Furent-ils la souche de la première population de cette île? L'histoire est muette à cet égard, et la légende s'arrête à la découverte de l'île, qui aurait été ainsi la première terre reconnue dans l'Océan.

Mais cette légende est contestée par un grand nombre d'auteurs, qui prétendent que les premières îles découvertes, dans la mer Atlantique, furent les Canaries; les anciens avaient nommé ces îles *Fortunées*, à cause de leur belle et riche végétation, et l'on croit que c'est ce groupe qu'ils avaient aussi appelé le jardin des Hespérides, dont un dragon défendait l'accès et les pommes d'or qu'il produisait.

Nous avons déjà vu que de nombreux auteurs leur ont contesté ce nom; les uns voulant que les îles d'Hesper fussent Cuba et Saint-Domingue, et les autres attribuant cette dénomination aux Açores. Il est probable que cette discussion restera sans une conclusion certaine.

Quoi qu'il en soit, le groupe des Canaries, connu des anciens, avait été oublié, et le monde moderne en ignorait l'existence, quand, par une circonstance quelconque, si ce n'est pas le fait légendaire que nous venons de raconter, peut-être par la visite de quelque bateau poussé à l'aventure par les vents ou la tempête, ou découvert par un explorateur quelconque, ce groupe fut rendu à notre société nouvelle, vers le quatorzième ou le quinzième siècle.

Cette découverte eut son utilité, et il est probable qu'elle ne fut pas étrangère au grand mouvement qui se produisit en Europe, en faveur des explorations lointaines.

La merveilleuse température dont jouissent ces régions, l'admirable végétation qui se déploie sur ces terres généreuses, les fruits excellents qu'elles produisent, les ravissants oiseaux aux mille couleurs brillantes comme les pierres précieuses, les plantes exubérantes, tous ces avantages, exagérés par les récits des voyageurs et joints à l'attrait, au prestige de leur renom dans l'antiquité, avaient excité la curiosité; de hardis marins, des voyageurs entreprenants, se lancèrent à la recherche de ce paradis terrestre, en apprirent le chemin, et ces îles devinrent ainsi un premier jalon de l'exploration de cette mer mystérieuse, qui était restée si longtemps un sujet d'épouvante pour les timides nautonniers de ces temps-là.

C'est à la suite de cet entraînement et de l'habitude que contractèrent les marins, d'affronter les dangers de cet océan redouté, que le quinzième siècle dut les grandes découvertes qui furent faites sur la côte de l'Afrique, et dont les auteurs furent si noblement et si vigoureusement encouragés par les souverains du Portugal.

En ce temps, régnait dans ce pays un prince valeureux, Jean Ier, qui reçut le surnom *du Vengeur;* il avait épousé la princesse de Lancastre, Philippine, sœur de Henry IV d'Angleterre. De ce mariage naquit un fils qui devint célèbre, et par sa valeur personnelle et par la protection qu'il accorda aux hommes aventureux et entreprenants.

Dans une expédition que son père entreprit contre les Maures, il profita de son séjour à Ceuta, pour s'entourer de tous les renseignements qu'il lui fut possible d'obtenir sur les côtes d'Afrique.

A son retour en Portugal, il était plein de l'idée qui n'avait cessé de germer dans sa tête, depuis les informations qu'il avait reçues, de donner un développement très grand à ces explorations, qu'il jugeait profitables à son pays et devoir faire sa réputation personnelle.

Le prince Henry de Portugal était un homme studieux, intelligent, aimant les sciences et particulièrement versé dans les mathématiques; il connaissait de l'astronomie tout ce qui était alors appris, et dont les Arabes d'Espagne avaient en quelque sorte le monopole scientifique. Il s'était entouré de savants; il faisait sa société habituelle des hommes les plus érudits de son temps et, passionné pour tout ce qui se rapportait à la navigation, il avait fait de la science nautique une étude spéciale, et il avait, pour les marins et les explorateurs, une prédilection marquée.

Il avait, comme Christophe Colomb, lu les anciens auteurs, et il y avait surtout remarqué les passages se rapportant aux voyages maritimes. Ces lectures avaient amené chez lui la conviction qu'il était possible de contourner l'Afrique; on pouvait, par la mer Rouge, entrer dans l'Océan, et des Carthaginois, disait-on, venant de Gibraltar, avaient longé les côtes de l'Afrique et abordé en Arabie. Mais quelques auteurs n'avaient pas admis cette possibilité, et prétendaient que les mers formaient des lacs spéciaux et bordés de terres; selon eux, l'Afrique était un continent relié à l'Asie.

Ptolémée qui, à cette époque, était la suprême autorité géographique, partageait cette manière de voir, ce qui n'empêcha pas le prince Henry de garder ses convictions, que des auteurs moins anciens avaient adoptées également. Il persista donc dans son idée de faire le tour de l'Afrique et, pour se consacrer entièrement à l'étude de cette entreprise, dont il reconnaissait l'avantage et l'honneur, il quitta la cour, se retira dans les Algarves, près du cap Saint-Vincent, où il trouva, aux environs de Sagres, une retraite isolée où il appela les hommes les plus érudits de son temps, pour l'aider à mûrir ses projets.

En ce temps-là, l'Égypte et les contrées méridionales de l'Asie étaient les fournisseurs de l'Europe entière, pour les marchandises et les denrées nécessaires à son approvisionnement, en ce qui concernait les épices, les produits exotiques et les objets de luxe, tels que la soie, les parfums et les pierres précieuses. Les Lombards avaient, depuis longtemps, fondé, à Constantinople, de grandes maisons de commerce qui recevaient tous ces articles des lieux de production, et les expédiaient ensuite aux lieux de consommation. Venise et Gênes étaient les deux grands entrepôts de ces importations, et avaient acquis d'immenses richesses et une puissance commerciale incontestable, dans ce rôle de pourvoyeurs des autres nations; et c'était, de cette rivalité d'affaires, qu'était né l'antagonisme de ces deux républiques, qui étaient souvent en guerre l'une contre l'autre. Elles possédaient des agences dans les pays les plus reculés, en Russie, en Norwège, dans l'Inde et dans toutes les îles où se récoltaient les denrées propres à la consommation.

On comprend que des relations et des affaires si importantes et si étendues exigeaient de nombreux agents; que les expéditions des marchandises, en passant par tant de mains, devaient subir des retards, éprouver des avaries et supporter des frais considérables. Une grande partie des transports étaient confiés à des caravanes et soumis, par conséquent, aux hasards et aux dangers d'une longue route : il résultait de tous ces inconvénients de très grands frais qui grévaient les prix des marchandises, et elles arrivaient souvent détériorées et dans de mauvaises conditions de conservation et de fraîcheur. Les marchandises venant de l'Inde, passaient par le golfe Persique, descendaient l'Euphrate, l'Indus et l'Oxus, pour entrer dans la mer Caspienne et de là dans la Méditerranée. Les frais augmentèrent encore ainsi que les retards, après la conquête de l'Arabie par le Soudan d'Égypte; car il fallut alors que les commerçants se rendissent ou eussent des agents en Égypte, pour y acheter ces marchandises qui y étaient apportées, à dos de chameau, jusqu'au Nil, après avoir traversé la mer Rouge.

Créer une voie directe, en contournant l'Afrique, et éviter ainsi toutes ces lenteurs, épargner tant de frais et réduire les dangers et les hasards de la route, était une pensée séduisante; le prince Henry en avait entrevu la possibilité et recherchait les moyens de l'exécuter. Mais il avait à compter avec les habitudes prises, les préjugés de son temps et surtout avec l'hostilité des intérêts, dont un pareil projet devait modifier et annihiler les profits. Il avait surtout à lutter contre l'ignorance, les préventions et les hésitations des hommes de son temps dont il avait devancé les idées; son esprit actif, sa vive intelligence, sa pénétration intuitive étaient en avance du savoir de son siècle, et il se heurta contre la résistance d'adversaires intéressés à conserver leur position acquise, contre l'indifférence des inconscients, contre l'hostilité des entêtés qui, ne comprenant pas une pensée nouvelle, ne voulaient pas la laisser exécuter.

D'un autre côté, comme nous l'avons déjà expliqué, les navigateurs, n'ayant aucune idée de la traversée de la mer Atlantique, dont ils s'exagéraient l'étendue et les dangers, loin de témoigner le désir d'aller interroger cet espace inconnu, pour apprendre ce qu'il y avait au delà, se montraient au contraire fort peu disposés à s'aventurer, avec de petits navires, sans guide et au hazard, sur des flots dont ils ne connaissaient pas les allures, et où tout était menaçant et périlleux. Pour eux, dépasser le cap Nord, qui était depuis longtemps la limite extrême de leur marche en avant, était le comble de l'imprudence, car ils ne voyaient au delà que des vagues amoncelées, des courants impétueux, et des écueils perfides qui devaient les submerger, les entraîner ou les mettre en pièces.

D'ailleurs, la généralité des marins croyait; qu'au delà

de l'équateur, l'homme ne pouvait pas vivre, attendu qu'il n'y avait plus après que la zone torride, région brûlée par les rayons du soleil tombant verticalement sur la terre, et séparant ainsi les deux parties du globe par une sorte de muraille de feu que personne ne pouvait impunément franchir.

Le prince Henry, ne pouvant vaincre ces préjugés et se sentant impuissant à triompher de ces résistances, eut recours à l'instruction; pour arriver à mettre à exécution ses vastes desseins, il fonda un établissement d'éducation nautique ainsi qu'un observatoire, sous la direction d'un savant constructeur d'instruments et de cartes appliqués à la marine, et très versé dans la science maritime, Jacques de Mallorca. Cette institution, dirigée par un homme de savoir et d'expérience, produisit d'excellents résultats. Le compas, instrument nouveau, qui permit au capitaine d'un navire de se diriger pendant la nuit, reçut de notables améliorations; on perfectionna les cartes marines, et on créa une sorte de méthode de navigation qui fut pour la marine portugaise, un guide précieux, et lui donna plus d'assurance et de confiance en elle-même; les marins de cette nation, qui se distinguaient déjà par leur audace et leur esprit aventureux, dès qu'ils eurent acquis la certitude, qu'à l'aide de la science et des instruments perfectionnés, ils pouvaient voyager sur mer avec moins d'incertitude et plus de sécurité, d'ailleurs soutenus et excités par la munificence du prince, qui leur fournissait tant d'éléments de succès, se sentirent forts de ces appuis, s'élancèrent résolûment dans les entreprises lointaines, et étonnèrent le monde par leur hardiesse et leurs nouvelles conquêtes. Le cap Bogador doublé, la région des tropiques pénétrée, la plus grande partie de la côte d'Afrique explorée, du cap Blanc au cap Vert; la découverte des îles Açores, à 300 lieues du continent, furent les merveilleuses conséquences de cet élan général des navigateurs du Portugal, et portèrent à l'extrême le renom maritime et commercial de cette nation.

Le souverain pontife voulut appuyer de son autorité, alors toute-puissante, cette marche éclatante à la découverte de nouvelles contrées; par une bulle pontificale, il concéda au roi de Portugal la suprême autorité sur tous les pays découverts ou à découvrir par sa marine, dans la mer Atlantique et jusqu'à l'Inde, il accorda des indulgences plénières pour les hommes victimes de ces explorations; et menaça en outre des peines de l'Église ceux qui entraveraient ces opérations.

Cette sanction du pape était, à cette époque de foi catholique, d'une importance considérable et commandait, dans toute la chrétienté, la reconnaissance par les autres souverains, des droits qu'elle avait sanctionnés.

Le prince Henry ne put pas jouir de son œuvre ni accomplir les grands projets qu'il avait médités; la mort vint le surprendre au milieu de ses travaux, et au moment où il aurait pu, avec les éléments qu'il avait réunis et mis en action, donner à l'accomplissement de ses larges conceptions tout le développement qu'elles comportaient.

Il mourut le 13 novembre 1473.

En réfléchissant aux conséquences de cette mort prématurée d'un prince animé d'un si ardent désir d'élever son pays, par d'éclatantes découvertes, au-dessus des autres nations, et en songeant que, non loin de lui, végétait un homme imbu des mêmes aspirations, et qui rêvait d'être l'instrument d'exécution de ces mêmes explorations, on se demande pourquoi ces deux hommes: le prince, c'est-à-dire la volonté et le pouvoir, et le navigateur, soit le courage et l'exécution, ne se sont pas rencontrés et unis pour mener à bien de si glorieuses entreprises? Quelles merveilles n'eussent pas accomplies ces deux puissances réunies! Que d'hésitations, que de déboires, que de douleurs évitées pour l'homme de génie, Christophe Colomb, qui, dans l'ombre et l'humilité de sa condition, méditait et traçait les plans de ses conceptions! Et quelle gloire, quelle satisfaction pour le prince, d'avoir enfin trouvé un homme pour le comprendre et le compléter dans ses apirations!

Ces deux imaginations ne se sont pas réunies; et ce n'est que vingt ans après, que Colomb a pu, en 1492, au milieu des plus grandes difficultés, après des luttes opiniâtres avec les savants et les puissants de l'époque, mettre à exécution ses grands projets, dans des conditions restreintes, et partir, abreuvé de dégoûts, en butte à des hostilités latentes, qui n'ont fait que couver dans l'ombre et s'aviver par ses succès, pour éclater enfin et l'abattre à la fin de sa carrière.

Cependant Vasco de Gama avait réalisé, quelques années après la mort du prince Henry, l'objet des ambitieuses combinaisons de celui ci; avec une flotte de quelque importance, il avait doublé le cap de Bonne-Espérance et, suivant le plan que le prince avait tracé, il avait promené les vaisseaux portugais, le long de la côte méridionale de l'Asie, et montré au commerce du monde la voie conduisant à ces régions orientales, dont on racontait de si étonnantes merveilles.

Bien que le prince Henry n'eût pas vu la réalisation entière de ses plans, il avait cependant, avant sa mort, recueilli quelques fruits de ses recherches et de ses travaux, et quoique l'objet principal de son ambition, la création de la navigation, entre son pays et l'Inde orientale, ne se fût par réalisé de son vivant, il avait assisté néanmoins à d'importantes découvertes, qui avaient fait l'admiration du monde et élevé son pays, du rang le plus infime, au-dessus des nations les plus importantes. Et cet éclat, cette gloire, obtenus pacifiquement, par le génie, par le savoir et par les sciences, étaient l'œuvre d'un prince généreux, estimé et admiré, homme de génie possédant l'âme haute et le cœur bien placé, plein d'un amour ardent pour son pays, comme le démontre sa devise : « Le talent de bien faire est le seul digne de l'ambition des « rois. »

Cependant la mort du prince Henry avait laissé au Portugal une tâche immense à accomplir; les plans qu'il avait conçus et dont il avait combiné et décrit les moyens d'exécution, les contrées qu'il désirait faire visiter, les routes maritimes qu'il avait indiquées, les moyens d'exploration commerciale des pays découverts, tout était tracé et constaté dans des écrits qu'il avait laissés, comme instructions et comme guides, pour ceux qui seraient chargés de l'exécution de ses desseins; des compagnies avaient été formées avec des privilèges et des primes d'encouragement; les commerçants libres avaient été excités par des dons à fonder, dans les pays conquis, des établissements de toute sorte, et une transformation complète s'était opérée, dans ces contrées, auparavant peuplées de misérables noirs ou d'Arabes nomades, ne possédant que des huttes couvertes de paille ou de feuilles de palmier, et où s'étaient construites des habitations confortables, s'étaient créés des magasins, des factoreries, et s'étaient fondées des villes qui prenaient une certaine importance. L'imagination remplissait ces pays inconnus de richesses inouïes, de merveilles étranges, de végétations luxuriantes, d'animaux fantastiques, de métaux précieux, de diamants, d'émeraudes et de rubis; et, plus on découvrait, plus l'esprit se montait et imaginait de nouvelles surprises.

Lisbonne et les villes du littoral offraient une animation extraordinaire; des navires chargeaient des marchandises pour les transporter dans les pays d'outre-mer; d'autres bâtiments déchargeaient les denrées, les marchandises et les curiosités que l'on ramenait de ces contrées; les ports étaient encombrés d'une foule curieuse, remuante, agitée, au milieu de tous ces objets nouveaux pour elle; et cette foule assistait, anxieuse, à toutes ces opérations nouvelles pour elle, qui précédaient ou suivaient le départ ou l'arrivée des navires, dans un va-et-vient continuel.

Lisbonne regorgeait d'étrangers; les savants, les chercheurs d'aventures, les désœuvrés, les amateurs de curiosités y affluaient, pour être témoins de ces merveilles, et assister à cette élévation du Portugal, et quelques-uns, spéculateurs cosmopolites, dans le but de prendre part à cette curée, fruit d'une chasse d'une nouvelle nature.

C'est au milieu de cette affluence, que Christophe Colomb était arrivé à Lisbonne, y avait trouvé des amis, s'y était marié, et préparait dans le silence, au milieu des plans, des cartes et des écrits laissés par son beau-père, la mise à exécution de ses projets, comme nous l'avons expliqué plus haut.

# CHAPITRE V.

### CORRESPONDANCE AVEC PAULO TOSCANELLI.

C'est vers 1470 que Christophe Colomb était arrivé à Lisbonne, et nous avons décrit, dans un chapitre précédent, ses occupations après son mariage, et ses aspirations vers les voyages de long cours et les découvertes de pays inconnus.

Nous avons dit que, dans le cours de notre récit nous trouverions probablement des éléments de controverse relativement à la date de sa naissance en 1435.

Si l'on admettait cette date, Colomb alors aurait eu 35 ans, et tout semble contredire ce fait. Il était fort jeune, quand il a commencé à naviguer, et quand il s'est embarqué sur un des navires du général Colombo; il n'est pas à croire qu'il ait resté avec lui un si long espace de temps. Mais ce qui semble moins probable, c'est qu'il eût atteint et dépassé cet âge de 35 ans, quand il s'est marié. Il faut remarquer que dans ce temps-là, on se mariait jeune, qu'il n'y avait jamais, entre l'homme et la femme, une grande disproportion d'âge; que la fille de Pedro Moñis devait être jeune, et que sa famille n'eût pas consenti à l'unir à un homme de 35 ou 36 ans, qui alors eût été relativement un homme âgé, et cette probabilité s'affirmerait encore plus, si l'on admettait l'assertion de Las Casas : « qu'à trente ans, par suite de soucis et de cha-« grins, il avait les cheveux tout blancs, » assertion qui ne nous paraît pas démontrée.

Tout porte donc à croire, qu'en 1470, Christophe Colomb n'avait pas trente-cinq ans, et nous pensons, qu'en lui donnant alors l'âge de vingt-six ans, qui concorde avec la date de sa naissance en 1444, les époques mémorables de sa vie coïncideraient bien mieux avec l'âge qu'il devait avoir en ces temps-là ; d'autres faits viendront confirmer notre manière de voir.

Ceci posé, nous revenons à l'existence de Colomb à Lisbonne, dont son fils Fernando ne nous donne que fort peu de détails. Washington Irwing est plus explicite ; il nous montre Christophe Colomb dans son intérieur, peu fortuné, obligé, pour gagner sa vie et soutenir sa famille, de faire des cartes géographiques et de marine, art qui lui avait été enseigné par son frère Bartholomé, et dans lequel il était fort habile.

« La confection d'une bonne carte, dit cet auteur, à cette
« époque, exigeait un degré d'instruction et d'expérience
« suffisant pour faire remarquer un homme. La géographie
« venait seulement de sortir des ténèbres qui l'avaient en-
« veloppée pendant des siècles. Ptolémée était encore la prin-
« cipale autorité. Les cartes du quinzième siècle présentent
« un mélange de vérité et d'erreurs ; des faits transmis par
« l'antiquité, et d'autres dévoilés par les découvertes récentes,
« y sont confondus avec des fables populaires et des conjec-
« tures extravagantes. Dans un pareil temps, où les esprits,
« passionnés pour les découvertes maritimes, cherchaient
« tous les moyens qui pouvaient faciliter leurs entreprises,
« la science et l'habileté d'un cosmographe, tel que Colomb,
« devaient être bien appréciées, et la supériorité de ses car-
« tes devait donner à celui-ci une certaine notoriété dans le
« monde. »

Ces travaux lui avaient donné accès chez les érudits, et l'avaient mis en rapport avec des hommes éminents.

Ces relations, et le séjour qu'il fit à Porto-Santo, l'île échue en partage à son beau-père, lors de la découverte de Madère et de l'île en question, entretenaient ses idées portées vers la navigation. Des affaires de famille, un petit héritage à recueillir l'avaient amené à Porto-Santo, avec sa femme, et c'est là que naquit son premier fils qui fut appelé Diégo.

Colomb se trouvait sur la voie à suivre pour aller à la découverte ; il voyait souvent son beau-frère, Pedro Corrèo, marin expérimenté, marié avec une sœur de sa femme, et avec lequel il s'entretenait longuement de la mer, des voyages au long cours, et surtout de cette pensée constante, qui lui tenait au cœur, de l'exploration vers l'Occident, pour y découvrir les terres qui devaient se trouver au bout de cette mer ténébreuse qui, pour lui, recélait de si merveilleuses découvertes.

D'un autre côté, les marins portugais, qui allaient à la côte de Guinée, s'arrêtaient à Porto-Santo, et Colomb ne manquait pas de les voir au passage, de causer avec eux de marine et de voyages, et de suivre d'un regard envieux leurs navires, qui se dirigeaient vers les profondeurs de cet Océan qu'il désirait si ardemment parcourir.

Ces rapports continuels, avec des gens de la profession qu'il aimait par-dessus tout, excitaient encore plus son enthousiasme et le portaient de plus en plus à s'entourer des renseignements qu'il jugeait utiles au succès de cette entreprise.

C'est dans le but d'obtenir des détails précis, autant qu'il était possible alors, qu'il écrivit à Paulo Toscanelli, qui fut en grande partie le principal moteur de sa décision.

Ce savant docteur était l'ami de Fernando Martinez, chanoine de Lisbonne, et une correspondance suivie s'était établie entre eux relativement à la navigation qui avait lieu à la côte de Guinée, au temps du roi Alphonse de Portugal, et à celle qui pourrait être entreprise du côté de l'Occident.

Christophe Colomb eut connaissance de cette circonstance, et, curieux d'obtenir des renseignements sur ce sujet, pour lui très intéressant, par l'entremise de Lorenzo Giraldo, florentin qui se trouvait alors à Lisbonne, il écrivit, sans plus tarder, au maître Paulo ; il lui envoya une petite sphère, et lui communiqua son projet. Le docteur lui répondit immédiatement. Voici la traduction de sa lettre qui était en latin :

*A Christophe Colomb,*
*Paulo, physicien, Salut.*

« Je vois votre noble et grand désir de passer aux lieux où se produisent les épiceries ; c'est pourquoi, en réponse à votre lettre, je vous envoie la copie d'une autre lettre que j'ai écrite il y a quelques jours, à un de mes amis au service du roi de Portugal, avant les guerres de Castille, en réponse à une autre lettre que cet ami m'avait écrite, par ordre de Son Altesse, relativement au sujet en question, et je vous adresse une autre carte marine, semblable à celle que je lui ai envoyée; ces documents satisfont à votre demande. Voici la copie de ma lettre précitée :

« A Fernando Martinez, chanoine de Lisbonne, Paulo, physicien, Salut.

« J'apprends avec beaucoup de plaisir la familiarité qui règne entre vous et Son Altesse sérénissime et très magnifique, le Roi; et, bien que plusieurs fois j'aie traité du très court chemin qu'il y a d'ici aux Indes, où se produisent les épiceries, par la voie de la mer, chemin que je tiens pour être plus court que celui que vous parcourez pour aller à la côte de Guinée, vous me dites aujourd'hui que Son Altesse désirerait une déclaration ou démonstration, pour apprendre et pratiquer cette route. En conséquence, pouvant, la sphère en main, lui montrer le chemin, en lui faisant voir comment est le monde, je me suis décidé, pour plus de facilité et une plus grande compréhension, à indiquer, sur une carte semblable aux cartes marines, la route en question, et je l'adresse ainsi à Sa Majesté, tracée et peinte de ma main, et où se trouve indiqué la fin du couchant, en prenant depuis l'Irlande, au midi, jusqu'à l'extrémité de la Guinée, avec toutes les îles qui sont répandues sur cette route; en face j'ai indiqué, à l'Occident, le commencement des Indes, avec les îles et les lieux où vous pouvez aller. J'ai marqué jusqu'à quel point vous pouvez vous écarter du pôle arctique, par la ligne équinoxiale et en quel temps, c'est-à-dire combien de lieues vous aurez à parcourir, pour arriver à ces pays si fertiles qui produisent l'épicerie et les pierres précieuses. Ne vous étonnez pas que j'appelle ce pays de l'épicerie, l'Occident, bien que communément on croit que c'est au levant que se produisent ces denrées; mais ceux qui ont navigué vers le couchant, ont trouvé toujours à l'ouest les pays en question, tandis que ceux qui allaient au levant par terre, les trouvaient à l'Orient.

« Les lignes droites tracées, en long, sur ladite carte, indiquent la distance qu'il y a du couchant au levant; celles obliques, marquent la distance entre le nord et le sud. J'ai également retracé, sur la carte, beaucoup de contrées, dans certaines parties des Indes, où l'on pourrait aller, s'il arrivait quelque cas fortuit, comme des vents contraires ou toute autre circonstance imprévue, et enfin, pour que vous soyez bien renseigné sur toutes choses, je vous dirai ce que j'ai reconnu. Les îles dont nous avons parlé sont habitées par des commerçants qui trafiquent avec plusieurs nations; on trouve, dans leurs ports, un plus grand nombre de navires étrangers, que dans toute autre partie du monde. Du port de Zaiton seulement, l'un des plus beaux et des plus renommés de l'Orient, il part, tous les ans, plus de cinquante bâtiments chargés de poivre, sans compter les autres qui viennent remplis de toute sorte d'épiceries : Le pays est grand et peuplé, il comprend beaucoup de provinces et de royaumes qui sont sous la domination d'un prince appelé le Grand *Cam*, ce qui est la même chose que le Roi des Rois. Il a habituellement sa résidence au Catay; ses prédécesseurs désiraient commercer avec les chrétiens, et, il y a deux cents ans, ils envoyèrent des ambassadeurs au Pape, pour lui demander des maîtres qui leur enseignassent notre foi; mais ils ne purent arriver à Rome, et ils se virent obligés de s'en retourner, par suite des embarras qu'ils éprouvèrent dans leur voyage. Au temps du Pape Eugène VI, il vint un ambassadeur qui l'assura de l'affection qu'avaient envers les catholiques, les princes et les peuples de son pays. J'ai resté longtemps avec lui; il me parla de la magnificence de son Roi, des grands fleuves qu'il y avait dans son pays; on y trouvait, disait-il, deux cents villes, avec des ponts en marbre, édifiés sur les rives d'une seule rivière. Le pays est beau et nous devrions l'avoir déjà découvert, à cause des grandes richesses qu'il contient, de l'immense quantité d'or, d'argent et de pierres précieuses que l'on peut en extraire. Les habitants de ces contrées choisissent, pour les gouverner, les plus sages d'entre eux, sans considération de noblesse ni de fortune. Vous trouverez, sur la carte, qu'il y a, de Lisbonne à la fameuse ville de Quisay, en prenant la route directe par l'Occident, 26 espaces chacun de 150 milles. Quisay a 35 lieues de circuit; son nom signifie ville du Ciel; on y voit dix grands ponts en marbre, supportés par de fortes colonnes, d'une extrême magnificence; elle est située dans la province de Mango, près de Catay. De l'île *Antilla* jusqu'à celle de *Cipango*, on compte dix espaces qui font 225 lieues. Elle a une si grande abondance d'or et de pierreries, qu'on couvre les temples et les palais royaux avec des feuilles de ce métal. Je pourrais ajouter beaucoup d'autres choses mais, comme je vous les ai déjà dites, que je suis prudent et de bon jugement, je ne crois pas devoir les répéter ici. Je désire que ma lettre satisfasse son Altesse, à laquelle je vous prie de dire que je suis empressé et ponctuel à lui obéir, quand il me commandera quelle chose que ce soit. »

Florence, le 25 juin 1574 (1).

Voici maintenant une autre lettre du même Paulo, à Christophe Colomb, faisant suite à la première :

### DEUXIÈME LETTRE

*de Paulo (Toscanelli) physicien, à Christophe Colomb.*

« J'ai reçu votre lettre, avec tout ce que vous m'avez envoyé, ce dont je reste votre très obligé. J'approuve votre dessein de naviguer vers l'Occident, et je suis persuadé que vous aurez vu, sur ma carte, que le voyage que vous désirez entreprendre n'est pas si difficile qu'on le pense. Bien au contraire, la route est sûre par les parages que j'ai signalés. Vous en seriez complètement convaincu, si comme moi, vous aviez été en communication avec un grand nombre de personnes qui sont allées dans ces pays, et vous pouvez être sûr d'y trouver des royaumes puissants, un grand nombre

---

(1) Il est évident que le millésime de 1574 est le fait d'une erreur et que c'est 1474 qui est le véritable. Cette lettre ayant été écrite bien avant le voyage de Christophe Colomb qui eut lieu en l'an 1492.

de villes très peuplées, de riches provinces où abondent toute sorte de pierres précieuses; et vous causerez une grande joie au roi et aux princes qui règnent sur cette terre lointaine, en leur ouvrant une route pour communiquer avec les chrétiens, afin de se faire instruire dans la religion catholique et dans toutes les sciences que nous possédons. Pour cela et pour beaucoup d'autres raisons qui pourraient être indiquées, je ne m'étonne pas que vous ayez un si grand courage, de même que toute la nation portugaise, où il s'est trouvé toujours des hommes qui se sont signalés dans toute sorte d'entreprises... ».

Cette lettre augmenta naturellement le désir de Christophe Colomb, excita son courage et le confirma complètement dans son dessein d'entreprendre le grand voyage qu'il avait en vue.

# CHAPITRE VI.

### RÉCITS DE MARINS. — DÉCISION DE CHRISTOPHE COLOMB.

Nous devons reconnaître que le contenu de la première lettre du savant florentin était bien fait pour enthousiasmer l'imagination déjà excitée de l'ardent navigateur; ces églises, ces palais, à toitures de feuilles d'or, ces ponts de marbre, ces masses d'argent et de pierres précieuses, ces villes immenses, ces larges fleuves, ces pays d'une fertilité inouïe, avec leurs productions abondantes, tout cela offrait à l'esprit aventureux de notre héros un attrait irrésistible.

Mais on se demande comment Paulo avait pu communiquer avec un grand nombre de personnes ayant été dans ces contrées et vu les merveilles dont il parle? Quelles étaient ces villes magnifiques? Par où étaient venus ces ambassadeurs, dont l'un s'était entretenu avec lui, et lui avait raconté et décrit toutes les choses qu'il reproduit?

Il est évident qu'alors, il n'y avait que l'Inde et le Mexique dont la civilisation répondît à ces superbes descriptions; il était donc venu, avant les voyages de Colomb, des ambassadeurs de ce royaume, et des voyageurs avaient déjà visité ces superbes pays? Et ce commerce important dont il signale les chargements, avec quels pays s'opérait-il?

Colomb n'a rien trouvé de toutes ces splendeurs dans les pays qu'il a découverts, et où il n'a rencontré que des Indiens nus ou presque nus, à peu près à l'état sauvage, n'ayant aucune idée de civilisation, pas le moindre soupçon d'un art quelconque, à part quelques informes reproductions d'objets terrestres dont ils faisaient des idoles; une grossière superstition à l'égard de la divinité, d'une ignorance complète, sans la moindre intuition pour leurs rapports entre eux, et n'ayant guère que les instincts des animaux, quant à la généralité de ces populations dont quelques-unes étaient anthropophages.

Plus tard, à ses derniers voyages, quand il pénètre sur les bords du continent, il trouve bien un peu plus de civilisation ; les femmes filent le coton ; il y a des étoffes tissées, des ouvrages en fer ; l'or est quelque peu façonné, en épingles, en miroirs ; les maisons sont plus ornées et l'on y trouve des sièges travaillés. Mais que tout cela est loin des pompeuses et brillantes descriptions du savant florentin !

Il est donc bien certain que Colomb n'a pas eu la satisfaction de voir le pays où s'étalaient les richesses décrites par Paulo. Après lui, Pizarre a trouvé, au Pérou, un premier acheminement à la formation de villes importantes, au luxe d'ornementation, aux constructions vastes, enfin, les prémices d'un commencement de civilisation ; et ce n'est que plus tard que Fernand Cortez a pénétré dans le cœur du Mexique, où se sont réalisées les merveilleuses narrations du savant physicien de Florence.

Mais la question relative à ceux qui, avant les trois explorateurs précités, avaient vu toutes ces richesses et les avaient décrites, reste toujours sans solution, ainsi que nous ignorons par quelle voie étaient venus les ambassadeurs dont parle notre éminent physicien.

A tous ces motifs d'encouragement à tenter l'entreprise qu'il méditait, Colomb ajoutait le désir de se rendre maître de quelques îles ou de quelque terre, pour accomplir ensuite, avec plus de facilité, ses grands projets.

Il s'affermissait dans sa croyance par la lecture des ouvrages d'anciens auteurs qui disaient et ne mettaient en aucun doute que la plus grande partie de notre globe se composait de terres, et que conséquemment les eaux y étaient en moindre étendue ; et, comme les mondes connus alors ne confirmaient pas ces assertions, il en découlait qu'il existait des terres que l'on ne connaissait pas.

D'ailleurs, d'habiles pilotes habitués à la navigation des

mers occidentales, aux Açores et à Madère, pendant de nombreuses années, lui avaient raconté des faits, et indiqué certaines rencontres qui étaient pour lui, qui ne s'y trompait pas, des preuves évidentes qu'il y avait, du côté de l'Occident, des contrées inconnues.

Ensuite, Martin Vicente, pilote du roi de Portugal, lui avait dit que, se trouvant à 450 lieues du cap Saint-Vincent, à l'ouest, il avait sorti de l'eau un morceau de bois parfaitement travaillé, mais avec des outils qui n'étaient pas en fer; ce bois avait été poussé là par les vents d'ouest, et il venait certainement de quelque île inconnue.

Et Pedro Correo, son beau-frère, affirmait avoir vu, près de l'île de Puerto Santo, une pièce de bois semblable et venant aussi de la partie occidentale, et il ajoutait qu'il avait appris du roi de Portugal que, vers la même île, on avait trouvé dans l'eau, des espèces de roseaux si gros que, d'un nœud à l'autre, ils pouvaient contenir neuf bouteilles de vin; et Colomb en déduisait que, puisqu'on ne connaissait pas de terres qui produisissent de si gros roseaux, ils devaient nécessairement venir de quelque île non encore découverte. Il en était de même pour les pièces de bois travaillées avec des instruments non usités dans les pays déjà connus.

Ptolémée, dans le livre II de sa *Cosmographie*, chapitre XVII, dit qu'il y a de ces espèces de roseaux, dans les régions orientales des Indes.

Les habitants des Açores avaient aussi raconté que, lorsque le vent d'ouest soufflait, la mer entraînait, spécialement vers l'île *Graciosa* et à Fayal, des pins d'une certaine nature, qui ne se trouvaient pas dans ces îles, et que la mer rejetait sur leurs rivages.

Quelques autres ajoutaient que l'on avait trouvé, sur les bords de l'île des Fleurs, deux hommes morts dont la figure et le corps étaient différents de ceux des habitants de cette île. Colomb sut de même que les habitants du cap de la Verga, avaient vu des *Almadies*, ou petites barques couvertes, montées par des gens d'une race que l'on n'avait jamais vue dans ces parages.

Antonio Leme, marié dans l'île de Madère, lui avait raconté que, dans un voyage qu'il avait fait bien avant vers l'Occident, et dans des parages très éloignés, il avait rencontré trois îles ; mais Colomb n'avait guère ajouté foi à sa narration, sachant qu'il n'était pas allé au delà d'une centaine de lieues au loin, et qu'il avait pu prendre pour des îles, quelques écueils ou des bandes de nuages à l'horizon qui, à la mer, présentent souvent l'aspect de terres, dans l'éloignement.

Ce pouvait être d'ailleurs des îles flottantes formées par des racines d'arbres entremêlées, que le vent entraîne dans diverses directions et qui, dans l'idée de Colomb, pouvaient être assimilées aux îles de San Brandam, dont on racontait alors des merveilles, et dont on rencontrait des apparences bien avant dans les mers du Nord.

C'est probablement à cause de ces rencontres, ou par suite de toutes autres circonstances, que les habitants des îles de Fer, de l'île Gomera et des Açores, affirmaient que, tous les ans, ils voyaient quelques îles du côté du couchant. Ce fut à tel point qu'un capitaine de navire s'en alla de Madère en Portugal, demanda au roi une caravelle pour aller à la découverte d'un pays qui se montrait tous les ans, au loin, et dans les mêmes conditions, et les mêmes apparences. De telle sorte que, d'après ces dires conformes aux affirmations des habitants des Açores, ces îles furent marquées sur les cartes marines, sur des points où il n'existait aucune terre.

Aristotèle, dans son livre des choses de la Nature, dit bien que des marchands carthaginois ont navigué sur la mer Atlantique et sont arrivés à une île, d'une étonnante fertilité, que les Portugais ont inscrite sur leurs cartes, sous le nom de Antilla, mais sans être d'accord avec Aristotèle sur sa position. Ceux-ci la considéraient comme l'une des sept villes que les Portugais étaient allés habiter en l'année 714, quand les Maures avaient chassé d'Espagne le roi Rodrigue et s'étaient emparés de ce royaume. On raconte, qu'en ce temps-là, sept évêques, suivis de beaucoup de monde, s'étant enfuis à bord des navires, avaient, après une longue navigation, abordé dans ces contrées où ils construisirent sept villes et brûlèrent tous les navires, pour empêcher ceux qui les avaient suivis de quitter le pays.

Certains Portugais ont écrit que les pilotes de leur pays qui sont allés dans cette île, n'en sont plus revenus et que néanmoins, au temps de l'infant Don Enrique, un navire y avait abordé, et que l'équipage, après son débarquement, avait été emmené par les habitants à leur église, pour voir s'ils étaient catholiques; que, les ayant reconnus comme étant de leur religion, on les avait priés de rester avec eux quelques jours, jusqu'au retour de leur seigneur qui aurait grand plaisir à les voir. Mais ceux-ci, dans la crainte qu'on ne brûlât leur navire, s'étaient embarqués en toute hâte et, revenus dans leurs pays, ils avaient conté à l'infant ce qui leur était survenu. Au lieu d'une récompense sur laquelle ils avaient compté, ils eurent à subir de sévères réprimandes, de la part de l'infant, pour n'être pas restés auprès de ces peuples inconnus, et il leur fut enjoint d'y retourner; mais ces gens, ne pouvant se résoudre à ce voyage, se dérobèrent pour ne pas obéir à cette injonction. On ajoutait que, pendant la conduite de leurs compagnons à l'église, ceux qui étaient restés à bord avaient pris, pour les besoins de la cuisine, sur le rivage, du sable dans lequel ils avaient trouvé un tiers d'or.

Pedro de Velasco, natif de Palos, avait dit à Colomb, qu'étant parti de Fayal, à 150 lieues à l'ouest, il avait découvert l'île des Fleurs, en suivant quelques oiseaux qui s'envolaient vers cette île; qu'ensuite, au nord-est, il avait trouvé le cap Clara; qu'il y régnait de forts vents d'ouest et que la mer n'en était pas agitée, ce qui démontrait qu'elle se trouvait abritée par une grande terre à l'ouest; mais, comme on était alors au mois d'août, la crainte des *approches de l'hyver*, l'avait empêché d'aller plus avant. Ceci s'était passé plus de quarante ans avant l'époque de la découverte des Indes.

Un autre pilote du port de Santa Maria lui raconta que, dans un voyage qu'il avait fait en *Irlande*, il avait vu une terre qu'il avait prise pour un bout de la Tartarie; cette terre décrivait une courbe vers l'occident, et c'était probablement celle qu'on appelle aujourd'hui *Terre des morues*, où il n'avait pu arriver par suite du mauvais temps.

Ensuite un certain Pedro de Velasco, de la Galice, lui avait confirmé ce fait : il avait vu, disait-il, en allant en Irlande, du côté du couchant, une terre, qu'il crut être celle qu'avait tenté de découvrir Fernan Dolmos. Voici comment cette narration est consignée dans les papiers de Christophe Colomb ; nous donnons la fidèle traduction de ce document, où se trouve signalée une tentative de voyage d'exploration aux Indes, avant leur découverte par Colomb :

« Un portugais appelé Vicente Diaz, habitant de la ville
« de Tavira, venant de la côte de Guinée, et ayant dépassé
« l'île de Madère, vit ou crut voir une terre, et il en fit part à
« un marchand génois nommé Lucas de Cazzana, l'engageant
« à armer un navire pour aller en faire la conquête. Le mar-
« chand y consentit, obtint une licence du roi de Portugal
« et donna la mission à un de ses frères, qui s'appelait Fran-
« cisco et vivait en Sicile, d'armer ce navire pour cette dé-
« couverte. Ce dernier prit l'ordre et la commission en plai-
« santerie. Mais Lucas de Cazzana se chargea lui-même de
« ce soin, et partit peu de temps après à la recherche de
« cette terre ; il y passa toute sa vie et ne la trouva pas. »

Depuis, Francisco, le père de Lucas de Cazzana affirmait avoir connu deux fils du capitaine qui avait découvert l'île *Tercera*; ces fils, nommés Miguel et Gaspar de Corte Réal, avaient, à diverses époques, tenté de découvrir la terre en question, et ils avaient péri tous les deux dans cette entreprise, l'un après l'autre, et sans qu'on eût jamais su ce qu'ils étaient devenus.

Le même Gonzalo Fernandez de Oviedo, dans le troisième chapitre de son histoire, rapporte que les Indes occidentales avaient été découvertes bien avant le temps de Christophe Colomb, et il en fournit la preuve par les écrits d'Aristotèle concernant l'île Atlantique, et par les récits de Seboso relatifs aux Hespérides. Oviedo, qui ne savait pas le grec, s'était servi des ouvrages de Fr. Théophile de Ferraris, lequel, en vertu des assertions du philosophe, avait écrit dans ses *Merveilles de la Nature,* un chapitre qui s'exprime en ces termes : « On

« raconte que, bien au delà des colonnes d'Hercule, dans
« la mer Atlantique, quelques marchands Carthaginois,
« avaient découvert une île, couverte presqu'en entier
« d'arbres et de fleurs, n'ayant à cette époque, pour ha-
« bitants que des bêtes fauves, dans laquelle se trouvaient
« de grandes rivières très nombreuses, et de vastes éten-
« dues de terre produisant, en abondance, toutes sortes de
« choses nécessaires à la vie. Ces marchands, ayant trouvé
« le climat favorable, se résolurent à résider et à vivre
« dans cette île. Le sénat de Carthage, ayant appris cet
« événement, défendit, sous peine de mort, à ses sujets,
« d'aller dans ce pays, et ordonna de mettre à mort les pre-
« miers qui en avaient fait la découverte. Cet édit fut rendu,
« afin qu'aucune autre nation étrangère pensât à s'emparer
« de cette île et se déclarât ensuite son ennemie. »

C'est de ce passage que Fernandez de Oviedo, déduit que les Indes avaient été découvertes avant Christophe Colomb, en supposant, sans autre motif, que l'île en question était la Española ou Cuba.

Cette déduction ne nous semble pas être irréfutable; d'abord Ferraris a donné au texte d'Aristote un sens affirmatif qu'il est loin d'avoir, car le philosophe se sert de ces mots : « On dit qu'anciennement on découvrit une île, » et il n'y a pas là une affirmation; d'ailleurs rien, dans son écrit, ne donne à penser que cette île peut être l'île de Cuba ou de Saint-Domingue; c'est de la part d'Oviedo une simple supposition; et il nous paraît ensuite peu rationel qu'une terre, couverte de forêts et où ne se trouvent que des fauves, puisse être considérée comme très fertile, et surtout qu'elle produisît alors *toute sorte de choses nécessaires à la vie*. Il semble naturel que ces productions exigent quelque culture, et, puisque l'île était inhabitée, ce n'étaient pas les fauves qui pouvaient se livrer à cette culture.

Quant à l'édit promulgué par le sénat, il ne nous paraît pas avoir une grande portée, et nous ne voyons pas trop quel sentiment eût pu engager le sénat à défendre aux Carthaginois de prendre possession d'une île déserte et d'y résider. Par la crainte qu'elle ne fût ainsi connue des nations étrangères et que quelqu'une d'elles voulût s'en emparer? Mais, à cet égard, l'édit était une imprudence et pouvait précisément donner sujet à la prévision que le sénat redoutait, car il ne pouvait manquer d'être connu des autres peuples; et, en supposant que l'un d'eux formât le projet de s'emparer de l'île, il était bien préférable qu'elle fût occupée par un grand nombre de Carthaginois, pour la défendre contre une invasion. D'ailleurs il nous semble que la première possession de l'île par les Carthaginois rendait cette invasion d'autant moins probable, que les premiers occupants s'y fussent trouvés en plus grand nombre. En tout cas, cet édit était absolument contraire à la nature et à l'esprit aventureux de ce peuple, essentiellement navigateur et commerçant.

Si, comme le suppose Oviedo, cette île eût été la Española, c'est-à-dire Saint-Domingue, cette invasion eût été encore moins à redouter, car il y avait entre cette île et les peuples qui auraient pu tenter l'invasion, une étendue de mer très considérable, et il était peu probable qu'aucune des nations en question eût la pensée de porter ses armes dans des contrées si éloignées; elles n'avaient pas, à cette époque, les engins de navigation nécessaires pour une semblable expédition.

Il faut croire que, si cette découverte avait eu lieu, le sénat carthaginois en aurait maintenu la possession, comme il l'avait fait pour les îles *Casitérides*, aujourd'hui les Açores, que ce peuple a gardées longtemps inconnues, et dont il tirait secrètement tous les ans des quantités considérables d'étain.

Il peut bien se faire que ces îles soient celles dont Aristote avait parlé dans ses écrits.

Il est vrai que ce philosophe mentionne une île ayant de nombreuses rivières, larges et navigables, que ne possèdent pas les Açores; mais il dit aussi que cette île n'était peuplée que de bêtes fauves, et il n'y en avait pas à Cuba ni à Saint-Domingue, et les rivières de ces deux îles n'étaient point navigables. D'ailleurs elles se trouvaient dans des parages assurément inaccessibles aux bâtiments dont se servait la navigation de ce temps-là, et il n'était guère possible que les tempêtes ou les vents eussent entraîné ces petits navires jusque-là. En outre, les Carthaginois, étant essentiellement commerçants, n'avaient certainement aucune idée d'aller à la découverte de terres inconnues et dont ils ne soupçonnaient pas l'existence; ils ne s'éloignaient pas de leur pays, l'exiguïté de leurs vaisseaux, et leurs moyens de locomotion ne leur permettant pas d'entreprendre de longues traversées; ils considéraient alors, comme longs voyages, la navigation d'un point à un autre de la Méditerranée, par exemple celle de Jason, de la Grèce à Colchos, et les pérégrinations d'Ulysse sur la mer Méditerranée; leur peu d'expérience maritime, l'absence d'instruments indiquant les directions et les habitudes des navigations, leur rendaient à peu près impossibles des voyages au long cours.

Enfin, ce qui donne la certitude que les îles de Cuba où celle de Saint-Domingue ne peuvent être l'île abordée par les Carthaginois, c'est qu'il est presque impossible, aujourd'hui même, avec les connaissances nautiques et la perfection des instruments et des bâtiments qui servent à la navigation, d'arriver à ces deux îles, sans avoir vu auparavant les nombreuses îles qui les précèdent et les entourent, comme autant de forts détachés formant, en avant et autour d'elles, comme une ceinture défensive pour en interdire les abords.

A l'époque dont parle Oviedo, éviter cet assemblage d'îles était tout à fait impossible, et Oviedo ne fait mention d'aucune d'elles.

D'ailleurs l'île dont Aristote signale l'existence, pouvait très bien avoir subi le sort de cette île immense, *l'Atlantique*, que Sénèque, dans le VIe livre des *Choses de la Nature*, dit, d'après Thucydide, avoir été submergée pendant la guerre de Morée, en totalité ou en partie; Platon cite ce fait dans le *Timon*, et l'origine de ce récit venait des prêtres égyptiens.

Il peut donc se faire, qu'au temps où les Cartaginois naviguaient, des parties de cette Ile, qui s'étendait, d'après les auteurs en question, des colonnes d'Hercule jusqu'à la terre ferme, et avait, disent-ils, mille lieues de longueur, que des parties fussent restées à la surface des flots et formassent d'autres îles plus petites et qui, depuis ce temps, entraînées peu à peu par les effets du cataclysme qui avait englouti la terre dont elles faisaient partie, ou par de plus récentes convulsions terrestres, ont, à leur tour, disparu sous les flots. Et qui peut dire que toutes les îles, disséminées sur l'immense étendue de cette mer Atlantique, ne sont pas les sommets de la grande terre que l'Océan a couverte de ses eaux envahissantes?

Le même Oviedo prétend que les Espagnols ont été anciennement les maîtres des Indes. Il se fonde à ce sujet sur des autorités douteuses, en opposition avec Sénèque, lequel déclare, dans le livre précité, qu'il est difficile d'affirmer rien de certain concernant cette possession.

Voici les conjectures sur lesquelles l'auteur en question base son assertion :

*Estacio* et *Seboso* disent qu'il existe, vers l'Occident, à quarante jours de voyage des Gorgones, des îles appelées Hespérides, et Oviedo en infère que ces îles sont les Indes occidentales, et que le nom d'Hespérides leur a été donné par Hespero, roi d'Espagne; d'où il conclut que les Espagnols ont conquis les Indes.

Il faut reconnaître que ces prétendues preuves ne sont que des suppositions, les auteurs cités ne tirant pas de leurs assertions les mêmes conséquences.

Ainsi, Seboso ne dit pas que les îles Hespérides soient les Indes occidentales, et il ne dit pas non plus que Hespero fût le prince qui les avait conquises et qui leur avait donné son nom. Pour corroborer sa supposition, Oviedo se rejette sur *Higino*, qui n'a jamais écrit rien de semblable, car il se borne à dire, dans son livre de *l'Astronomie poëtique :* « On « peint Hercule en homme qui veut tuer le dragon qui gar- « dait les Hespérides. » Et plus loin, il ajoute : « Hercule, « ayant été envoyé par Euristée, pour s'emparer des pommes « d'or, aux Hespérides, et ne connaissant pas la route, alla « vers Prométhée, qui était enchaîné sur le mont Caucase, « il le pria de la lui enseigner, et il apprit de lui la mort « du dragon. » Or, d'après cela, il y aurait eu, en Orient, d'autres Hespérides, auxquelles Oviedo pourrait dire que Hespero avait donné son nom.

Il ajoute enfin, au chapitre des planètes, que Vénus est appelée Hesperus, parce qu'elle paraît après le coucher du soleil.

De toutes ces citations nous devons conclure que Higino, habitué au récit de fables poétiques, n'a pas une grande autorité concernant le sujet en question. Nous dirons également qu'Oviedo a basé son opinion sur des données bien incertaines. Ces déductions sont d'ailleurs en flagrante contradiction. Si les Espagnols avaient conquis les îles dont il s'agit dans l'antiquité, comment pouvait-il se faire que les Carthaginois les eussent trouvées, plus tard, désertes et peuplées seulement de bêtes féroces?

Cependant cette opinion que les Espagnols sont le premier peuple qui, dans l'antiquité, a peuplé les Indes occidentales, est soutenue et démontrée, à l'aide d'arguments très sérieux par des auteurs autrement autorisés que Oviedo, et leurs assertions, à ce sujet, ont une vraisemblance très plausible.

Le Docteur Diego Andrez Rocha, auditeur à l'Audience royale de Lima, dans son *Traité de l'origine des Indiens*, publié en l'année 1681, après avoir examiné les diverses opinions relatives à la source des populations indiennes qui est attribuée tantôt aux Chinois, aux Phéniciens et aux Carthaginois, établit que, selon toutes les probabilités, ce sont les Espagnols primitifs qui ont peuplé les Indes Occidentales. Et il cite, à l'appui de son assertion, un nombre considérable d'auteurs de grande autorité, notamment Platon.

Se fondant sur le récit de ce philosophe relatif à l'Ile Atlantique ou Atlantide, qui, disent divers historiens, était plus grande que l'Asie et l'Afrique réunies, et avait une étendue de plus de mille lieues, Andrez Rocha raconte que les premiers Espagnols, descendants de Japhet, fils de Noë, par leur roi Tubal, qui peupla l'Espagne, furent les premiers qui pénétrèrent dans cette île voisine de Cadix, en formèrent les premiers habitants, y fondèrent des royaumes et des provinces nombreuses, et de là, passèrent par mer à d'autres grandes îles, qui se trouvaient, après elle, voisines du continent formant les confins de la mer Atlantique, pénétrèrent sur ce continent et y fondèrent également des centres de population.

Ce continent, c'était le Mexique et le Pérou! et les grandes îles, Cuba et Haïti (1).

Le docteur Rocha appuie ses assertions sur la conformité de nature, d'usages et d'habitudes des Mexicains et Péruviens, avec ceux des anciens Espagnols, et il démontre cette conformité par des faits qui ne manquent pas de probabilité ni de justesse de déduction.

Les armes offensives et défensives étaient semblables; les vêtements de même forme; la chevelure longue, éparse ou en tresse.

Les habitudes farouches, grossières et agressives, tenant plutôt de la bête que de l'homme.

La nourriture exiguë, commune et souvent répugnante, dont les insectes, les vers et d'autres immondes animaux étaient les principaux aliments, avec les herbes et les fruits sauvages.

Les coutumes égales, ces peuples s'asseyant, mangeant et dormant sur le sol; très durs à la fatigue, souffrant avec courage la faim, la soif et la privation de sommeil.

Les femmes soumises aux durs travaux des champs.

La même idolâtrie; des dieux, grossièrement façonnés en idoles, qu'ils gardaient et adoraient dans leurs habitations; pratiquant les sacrifices humains et cherchant, dans les entrailles des victimes, hommes ou animaux, les pronostics de l'avenir.

L'usage de la monnaie leur était inconnu; ils échangeaient les produits, les uns contre les autres;

Enfin la ressemblance du langage dont la langue basque a été la mère commune; et le Docteur Rocha établit cette similitude par les noms des lieux, villes, rivières, et autres objets dont les dénominations sont identiques, et dont l'auteur fait une très longue nomenclature qui vient à l'appui de ses assertions.

---

(1) Nous avons déjà cité plus haut le livre d'Andrez Rocha et donné une idée de son opinion sur l'origine des Indiens.

Tout cela, dit notre auteur, est commun aux deux populations, et on a pu s'en convaincre, lors de la conquêtes des deux Royaumes.

Cette digression, relativement aux raisons qui avaient déterminé Colomb à entreprendre son long voyage, nous a entraîné un peu loin; mais nous comptons que nos lecteurs auront trouvé quelque intérêt dans ces différentes propositions, qui ont pour résultat de faire connaître quel était, à l'époque où se sont passés les événements que nous allons raconter, l'état de la science et des connaissances humaines, par rapport à la navigation, et concernant les questions soulevées par de semblables entreprises et leurs conséquences.

Et, ceci dit, nous reprenons le cours de notre récit.

# CHAPITRE VII.

**POURPARLERS ET PROPOSITION DE COLOMB AU ROI DE PORTUGAL.**

Christophe Colomb, comme nous l'avons déjà dit, avait étudié avec fruit les diverses sciences qui lui étaient utiles pour l'accomplissement de ses projets; il était versé dans la cosmographie, la géométrie et l'astrologie; il était donc armé pour aller droit à son but; passionné pour les voyages, il avait lu et consulté tous les auteurs anciens et nouveaux qui avaient traité ces sortes de sujets; il connaissait donc tous les faits et toutes les histoires que nous venons d'exposer, et il s'était formé à cet égard une opinion personnelle qu'étaient venus corroborer les communications des papiers et cartes de son beau-père, Pedro Moñis Perestrelo, les récits des pilotes, et les deux lettres de Paulo Toscanelli le Florentin.

Fort de ces encouragements et de ses propres convictions, enthousiasmé de l'espoir des découvertes qu'il entrevoyait, rempli de courage et de foi, il résolut de mettre ses projets à exécution et de traverser l'Atlantique, pour aller à la recherche des terres dont il prévoyait l'existence, au delà de cette mer qu'on appelait « la mer ténébreuse. »

Mais, pour mener à bien une telle entreprise, il était nécessaire d'avoir des moyens d'action autres que ceux qu'il possédait et, seul, un prince ou un roi pouvait disposer de pareilles ressources.

Plein de sa pensée, Colomb s'était transfiguré : ce qui dans le principe, n'était qu'une supposition, une probabilité, était devenu chez lui une certitude; et il en parlait avec une telle conviction et une assurance si ferme, que ceux qui l'écoutaient en étaient impressionnés. Toute sa personne se ressentait de cette transformation ; son visage était rayonnant, sa taille s'était redressée, et son maintien avait acquis une noblesse qui en imposait. Il s'était pénétré de cette idée qu'il était appelé à remplir la mission sacrée de porter la parole divine à des populations nouvelles, qu'il était le messager désigné pour unir le nouveau monde à l'ancien, et ramener l'idolâtrie à la foi chrétienne ; il se sentait l'égal sinon le supérieur du monde qui l'entourait et, noble et digne dans sa personne, clair et précis dans son langage, il traitait d'égal à égal avec les souverains.

Les contradicteurs ne lui manquèrent pas ; d'abord les ignorants qui, ne pouvant comprendre les raisons qui motivaient son assurance, prétendaient que Colomb devait posséder des informations secrètes sur l'existence des terres qu'il avait la certitude de trouver, et c'est alors que courut l'histoire d'un pilote que l'on disait avoir été recueilli dans la maison de Colomb, et qui, en mourant, lui avait légué des papiers où il avait trouvé, disait-on, les indications concernant les terres inconnues qu'il se flattait de découvrir. Cette supposition, œuvre de jalousie et de médisance, inventée pour rabaisser le mérite de l'explorateur, eut, pendant quelque temps, une certaine notoriété ; elle fut imprimée, et quelques écrivains l'ont rapportée, chacun à sa manière, mais elle n'avait aucun fondement, et elle n'était que la répétition des récits relatifs à l'île de Saint-Brandam ou aux terres entrevues et poursuivies par des pilotes, terres qui semblaient fuir devant eux et qui, en réalité, n'étaient que des amoncellements de nuages.

D'autres adversaires de Colomb ont prétendu que Martin Behem, en allant à la côte d'Afrique, avait été porté par des vents contraires vers l'Amérique du Sud où il avait atterri, et qu'il avait tracé la route qu'il avait suivie sur une carte que Colomb aurait eu en sa possession, et s'en serait servi pour dresser les plans de son expédition. Les circonstances qui ont signalé le premier voyage de l'illustre navigateur démontrent la fausseté de cette supposition qui était, parait-il, fondée sur un texte latin mal compris. Si Colomb avait eu un semblable document, il eût navigué directement vers le point de l'Amérique indiqué sur la prétendue carte, et n'aurait pas, comme il l'a fait, marché à l'aventure et abordé par hasard dans l'île Guanahani.

Ce qui est vrai, c'est que toutes les idées nouvelles sont toujours accueillies d'abord par l'incrédulité, ensuite par la jalousie, et deviennent, quand elles ont prouvé leur réalité, l'objet d'attaques malveillantes et souvent de haines prolongées.

Colomb l'éprouva cruellement.

C'est en 1474 qu'il avait à peu près accompli son travail, pour l'exécution du plan qu'il avait conçu, en vue de son voyage sur l'océan Atlantique. Cette date, fixée par la correspondance de Paulo Toscanelli, a son importance, en ce qu'elle prouve que, bien avant son départ, qui n'eut lieu qu'en 1492, Colomb était prêt à tenter son exploration; c'est l'absence des moyens d'exécution qui l'arrêtèrent, et nous voyons, dans la lettre à LL. Majestés catholiques, dont nous avons cité plusieurs passages, qu'il fit, en 1477, un voyage dans le nord de l'Europe, à cent lieues au delà de Thulé, dans une île que l'on suppose être l'Islande, à l'ouest du Thulé des anciens, et il s'écoula plusieurs années sans qu'il pût réaliser son projet.

Il s'était, dit-on, adressé à Gênes, sa ville natale, mais sa demande ne fut pas accueillie, Gênes ayant alors sur les bras une guerre avec la République de Venise; ses propositions au roi de Portugal, Alphonse, furent ajournées, à cause de la guerre entre l'Espagne et le Portugal qui occupait exclusivement le gouvernement. D'ailleurs, tout affairés aux découvertes de la côte d'Afrique, découvertes qui ne progressaient pas selon les désirs de la population, les esprits n'étaient pas à d'autres expéditions; bien que l'usage du compas se fût généralisé, la marine n'était pas encore familiarisée avec les longs voyages, et les capitaines ne s'aventuraient guère en pleine mer, et ne perdaient pas de vue les côtes.

Cependant le progrès faisait son œuvre : l'imprimerie venait d'être inventée, et la pensée humaine allait pouvoir se communiquer et se répandre avec plus de facilité; on allait vulgariser des ouvrages qui, depuis des siècles, se trouvaient enfouis dans les couvents, et la science allait avoir à sa disposition ces trésors d'érudition qui, jusque-là, avaient été exclusivement consacrés aux études des communautés; la lumière ne pouvant plus être mise sous le boisseau, allait se répandre dans le monde entier.

Jean II avait succédé à Alphonse sur le trône de Portugal. Comme son grand oncle, le prince Henry, il avait le goût des explorations, et il donna un grand développement aux voyages maritimes. Pour la protection de ses marins, il fit construire un fort à Saint-George de la Mina, et les conceptions du prince Henry, jusque-là mollement exécutées, allaient recevoir un renouvellement d'activité. La route de l'Inde était ouverte; il fallait en tirer parti pour compenser les frais considérables, et à peu près improductifs, déboursés pour les conquêtes de la côte d'Afrique.

Benjamin de Tudèle, juif espagnol, avait quitté Saragosse, en 1173, pour aller retrouver les tribus sémitiques répandues dans toute l'Asie, et qui avaient, au dire des prophètes, pénétré dans le nord de l'Amérique. Ce pieux et intrépide voyageur, visita tout le monde connu dans ce temps-là, passa en Chine et, de là, dans les îles du sud, que l'on croit être celles du Japon; il publia à son retour, un récit de ses voyages écrit en hébreu, qui fut traduit en plusieurs langues, et obtint un succès éclatant.

Cet ouvrage, qui venait après celui de Marco Polo, fut suivi des narrations des deux moines Caprini et Asselin, qui avaient été envoyés, en 1246 et en 1247, par le pape Innocent IV, en ambassade auprès du grand Khan de Tartarie avec la mission de le convertir à la foi catholique. A leur retour en Europe, ils avaient publié les récits de leurs voyages.

De son côté, Louis IX, roi de France, avait envoyé dans le même but, en 1253, au même souverain, un cordelier célèbre nommé Rubruquis ou Ruysbrock, qui fit paraître un journal relatant les circonstances de sa mission; le roi de France était alors en Palestine, occupé de sa croisade contre les infidèles, croisade qui eut une si malheureuse issue et, comme les missions précitées, ne produisit que des résultats négatifs.

Ces récits stimulaient l'ardeur du roi Jean. Pour la première fois, il y lut les faits merveilleux attribués au prêtre Jean, roi légendaire d'un royaume introuvable, que chaque voyageur plaçait dans une région différente, et auquel on attribuait d'immenses richesses, et une autorité fantastique. On avait cru retrouver ce souverain, en Afrique, à l'est de Bénin, dans un roi de ces contrées qui portait une croix au milieu de ses insignes royaux, et on lui avait envoyé une ambassade.

Ce mouvement surexcitait l'émotion des populations et, malgré toute cette agitation, on ne progressait que lentement, à cause des difficultés que présentait la navigation avec des vaisseaux mal outillés, et dont l'incertitude de la route à suivre rendait la direction plus hésitante et plus périlleuse.

Dans ces circonstances, le roi Jean eut recours aux savants, aux astronomes, aux cosmographes les plus réputés, pour trouver les moyens de doter les navires d'instruments plus exacts et plus efficaces, et les recherches de cette sorte de congrès scientifique aboutirent à l'application de l'astrolabe à la navigation.

Ce fut une révolution dans l'art de naviguer; le marin, pouvant calculer, par la hauteur du soleil, la distance de l'équateur, ne redouta plus de pénétrer dans l'immensité de l'océan; le pilote, qui auparavant n'osait pas s'éloigner des côtes, par la crainte d'être entraîné au large, sur une mer qu'il croyait être sans limites, et sur laquelle il avait la conviction de se perdre dans une étendue infinie, désormais assuré de sa position, le pilote, sûr de sa route, se livra, avec une confiance absolue, à cette immensité qui l'effrayait auparavant.

On peut s'imaginer que ces moyens nouveaux, le compas et l'astrolabe, ne trouvèrent pas Colomb indifférent, et cette fois, il n'hésita plus à proposer au roi de Portugal son plan d'exploration.

Il obtint facilement une audience de ce souverain, si désireux de favoriser les découvertes, et si disposé à croire aux merveilles qu'on rapportait des régions déjà explorées.

Admis en la présence du roi, Colomb, avec son assurance et sa conviction habituelles, lui exposa ses idées et lui demanda son appui, c'est-à-dire des vaisseaux armés, des approvisionnements et des hommes avec lesquels il se faisait fort de trouver, par la mer Atlantique, en allant vers l'ouest, une route plus courte que celle du Cap pour aller dans l'Inde; il lui développa sa théorie, relativement au prolongement des Indes, où l'on pouvait, selon ses idées, aborder par ce côté, et lui vanta les richesses de l'île de Cipango, où il pensait arriver avant d'atteindre la terre ferme.

Le roi, préoccupé de ses grands projets qui exigeaient des dépenses continuelles et de grande importance, l'écouta d'abord sans se laisser entraîner, mais, gagné peu à peu par les raisons sérieuses et convaincantes que Colomb lui donna, à l'appui de ses assertions, il ne résista plus, et consentit à l'examen de ses plans. Mais Colomb, avec ses idées de grandeur, demandait des titres et des honneurs, et ces conditions semblaient au roi des exigences extraordinaires.

Cependant, le projet, admis en principe, fut soumis à l'appréciation d'un conseil composé de deux savants cosmographes, Roderigo et Joseph, et du confesseur du roi, Ortiz de Cazadilla, évêque de Ceuta, castillan de naissance, et qui avait une grande réputation d'homme de science. Ce conseil rejeta le projet qui fut considéré comme une utopie extravagante.

Mais le roi, peu satisfait de cette décision, convoqua un nouveau conseil, où furent appelés les prélats et les hommes les plus instruits du pays.

L'historien Vasconcellos donne des détails intéressants sur les dicussions que souleva, dans ce conseil, la question qui lui était soumise.

L'évêque de Ceuta, conséquent avec sa première opinion, non seulement déclara le plan inexécutable, mais encore il demanda qu'on abandonnât toute idée de découvertes qui ruinaient l'État, éparpillaient ses forces dans des régions lointaines, et l'exposaient, en l'affaiblissant, à être attaqué

pas son adversaire le roi d'Espagne. « L'étendue d'un royaume,
« disait l'évêque, donnait aux rois moins de gloire que la
« sagesse et l'excellence de leur manière de le gouverner; le
« roi avait assez d'entreprises fructueuses, sans en chercher
« d'aléatoires, et la guerre contre les Maures suffisait pour
« entretenir la valeur de ses armées. » Le comte de Villa
Real releva très vivement les paroles de l'évêque qu'il qualifia d'insultantes pour les armées du Portugal, et qui, selon
lui, rabaissaient la gloire acquise aux souverains de ce
royaume, par les découvertes accomplies et qui faisaient l'orgueil de la nation : « Les rois de Portugal étaient assez riches
« pour entreprendre des explorations suivies de découver-
« tes profitables au pays. Alors même que le projet de Co-
« lomb fût une utopie, était-ce une raison pour délaisser les
« conquêtes faites sous la direction du prince Henry, et qui
« promettaient des résultats avantageux? Le commerce pro-
« fitait de ces découvertes, et le commerce enrichissait le
« pays. En paix avec toute l'Europe, le Portugal avait sa li-
« berté d'action pour les vastes entreprises. L'exploration de
« cet océan mystérieux, terreur des navigateurs, serait, en
« outre de la gloire qui en reviendrait à la nation, une oc-
« cupation efficace pour les marins portugais, et un stimulant
« contre l'inaction qui amène la paresse, source de tous les
« vices; les Portugais avaient affronté des dangers plus réels
« et plus terribles, et leurs âmes étaient à la hauteur des périls
« présumés de ces expéditions. D'ailleurs, dans la réalisation
« des projets de Colomb, se trouvait la mission de propaga-
« tion de la foi catholique, et il s'étonnait qu'un prêtre mît
« opposition à une semblable divulgation : Je suis soldat,
« disait-il, en terminant, et cependant j'ose prédire au roi le
« succès de cette entreprise, qui lui donnera un renom et
« une gloire au-dessus de celle des rois les plus heureux. »
Ce discours patriotique émut l'assemblée, et les observations de l'évêque de Ceuta furent annihilées, quant à la continuation des opérations en cours, mais le plan de Colomb
fut repoussé.
Le roi, dont l'esprit aventureux voyait, dans cette entreprise qu'il croyait réalisable, une satisfaction pour ses goûts

et un éclat inespéré pour son nom, ne céda pas à cette décision de l'assemblée, et persista dans sa résolution de tenter l'expédition.

Alors Cazadilla lui conseilla d'envoyer, sous prétexte de ravitailler les îles du Cap-Vert, un vaisseau muni de grands approvisionnements et de tous les instruments perfectionnés, avec mission de suivre les instructions que les plans de Colomb indiquaient, de naviguer vers l'ouest, suivant ses indications, aussi avant que possible, et de tâcher de découvrir cette terre promise que le Génois se faisait fort de trouver.

Pendant ce temps, on attermoierait avec Colomb, sous des prétextes plausibles, et on le ferait attendre avec des promesses pour l'avenir; on vérifierait ainsi si ses idées reposaient sur quelque fondement sérieux et, si l'on réussissait, on trouverait bien quelque raison pour motiver la découverte, dont on aurait ainsi tout le profit et tout l'honneur.

Le conseil manquait essentiellement de loyauté, et Jean II, séduit et emporté par son ardent désir d'éprouver la réalité de ces prévisions, se laissa entraîner à un acte d'improbité que son esprit de justice et son caractère droit devaient intérieurement réprouver; car il prenait à Colomb le fruit de travaux assidus, ses conceptions géniales, et dans le but de le priver des résultats qu'il espérait en obtenir pour lui seul.

On poussa la supercherie, jusqu'à demander à Colomb un plan complet de la navigation prévue, et ses cartes avec les indications de la route qu'il comptait prendre, et, une fois qu'on fut en possession de ces détails, on fit partir une caravelle dont le capitaine fut muni de tous les renseignements nécessaires pour, à partir des îles du Cap-Vert, but ostensible de son voyage, pénétrer dans l'océan Atlantique, et suivre les instructions contenues dans les cartes de Colomb. Mais tout n'alla pas selon les souhaits des auteurs de cette spoliation. Le temps se mit à l'orage, quand le navire se trouva en pleine mer; le pilote, en présence d'une mer démontée, de vagues énormes amoncelées, ayant devant lui une étendue immense, dont il ignorait la fin, effrayé de dangers inconnus, et entraîné par les murmures de son équipage, qui traitait d'insensé et d'impossible un voyage sans but déterminé, le pilote vira de bord, et revint à son port d'armement, en disant qu'il n'avait rien trouvé.

Cependant Colomb avait compris qu'on l'abusait, et le retour de la caravelle dont l'insuccès fut ébruité, acheva de le convaincre de l'odieuse machination qu'on avait tramée contre lui. On comprend son courroux et son indignation, quand il sut qu'on avait abusé de sa confiance, pour lui ravir sa gloire, et lui dérober l'honneur d'une entreprise qui, depuis des années, était son rêve et son idée de prédilection.

Le roi voulut reprendre les négociations; mais Colomb, indigné, ne voulut rien écouter. Sa femme était morte, quelque temps auparavant; aucun lien ne l'attachait plus au Portugal. Sans vouloir entendre ni explications ni propositions, et sans prendre congé du roi, qui eût pu empêcher son départ, il quitta ce pays où on lui avait témoigné si peu de bienveillance et tant de déloyauté. Il emmena avec lui son fils Diego et, avant de partir, il envoya son frère Bartholomé en Angleterre, pour tâcher d'obtenir du roi les moyens de mettre son projet à exécution.

On a supposé que le départ secret et précipité de Colomb avait eu lieu, autant par suite de son courroux contre la trahison dont il avait été victime, que pour se dérober à ses créanciers.

Navarrette a émis cette supposition d'après une lettre du roi Jean, l'invitant à retourner en Portugal et lui offrant toute garantie contre une poursuite quelconque. Il est vrai que Colomb, tout à son idée, et à ses travaux, avait bien pu négliger le soin de ses intérêts; mais l'envoi de son frère en Angleterre, qui n'avait pu s'effectuer sans argent, semble protester contre cette appréciation.

## CHAPITRE VIII.

RUPTURE AVEC LE ROI DE PORTUGAL, DÉPART POUR L'ESPAGNE.

C'est vers la fin de l'année 1484, que Colomb abandonna le Portugal, dit l'historien Washington Irwing. Si cette date est exacte, il se serait écoulé une dizaine d'années depuis l'époque où il mettait la dernière main à ses plans d'exploration. En effet, les lettres de Toscanelli sont de 1474, et ce furent ces lettres et la carte que ce savant lui envoya, qui le décidèrent à entreprendre ce voyage, et formèrent le couronnement de l'édifice qu'il avait construit dans son imagination.

On n'est pas bien fixé sur ce qu'il fit, pendant le temps qui s'écoula, entre l'époque de son départ du Portugal, et son arrivée en Espagne. Son fils Fernando est muet à cet égard, et il semblerait, d'après lui, qu'il alla directement d'un pays dans l'autre : « Il partit secrètement à la fin de « l'année 1484, dit-il, avec la crainte que le roi ne le fît « arrêter, car, voyant que ceux de la caravelle n'avaient pas « accompli leur mission, le roi voulait rentrer en grâce au- « près de l'amiral, et reprendre les négociations : Il vint en « Castille et, laissant son fils à Palos, dans un couvent ap- « pelé *la Rabida*, il arriva à Cordoue, où se trouvait la cour « et, avec son amabilité et sa douceur habituelles, il eut « bientôt contracté amitié avec les personnes favorables à « ses desseins, parmi lesquelles se trouva Luis de San « Angel, gentilhomme aragonais, notaire de la maison « royale, homme d'une grande prudence et de haute capa- « cité, et qui entra parfaitement dans sa conception. »

Mais certains auteurs prétendent qu'il se rendit d'abord à

Gênes, sa ville natale, pour tâcher de faire agréer lui-même la proposition qu'il avait adressée une première fois par écrit. La République de Gênes était alors engagée dans une guerre fatale; les Turcs lui avaient pris Caffa qui était son entrepôt en Crimée; la fortune semblait abandonner son pavillon, et l'inquiétude était générale; le gouvernement découragé n'était pas disposé, ni peut-être en état de se lancer dans des opérations lointaines, ayant besoin de toutes ses forces et de toutes ses ressources pour lutter contre l'ennemi qui le menaçait; il n'accueillit pas conséquemment la proposition de Colomb, qui eût pu conserver à son pays la suprématie maritime, qui jusque-là avait fait sa prospérité.

Après avoir, malgré sa situation précaire, pris des mesures pour assurer l'existence de son vieux père, il partit pour Venise, dans le but de proposer ses plans à cette république. Il échoua également auprès de ce gouvernement. Ici, on objecta la mauvaise situation du commerce.

Ainsi rebuté partout, il tourna ses regards vers l'Espagne, où il arriva dans l'année 1485, « où nous le trouvons, dit « Washington Irving, s'adressant aux nobles espagnols, « dont plusieurs possédaient d'immenses domaines, où ils « exerçaient une autorité presque indépendante. »

Ces nobles, grands d'Espagne, étaient comme nos anciens barons féodaux, de petits potentats; ils avaient leur cour, leurs féaux, leurs armées, leurs cours de haute et basse justice, leurs flottes et leurs ports. Dans leurs rapports avec les rois d'Espagne, ils se considéraient comme des alliés et non comme des sujets, et, dans les guerres contre les Maures, ils avaient servi la couronne, à la tête de leurs vassaux, plutôt en princes qu'en serviteurs; dans leurs palais, égalant ceux des rois, par leur luxe et leur train de maison, ils réunissaient les hommes de science, les écrivains de talent, les nobles gentilshommes, leurs féaux, donnaient des fêtes splendides, présidaient à des tournois, à des assauts d'armes, et parfois étaient en guerre les uns contre les autres.

Parmi cette noblesse orgueilleuse et fière, brillaient, au plus haut rang, les ducs de Médina Cœli et de Médina Sidonia ; c'étaient les plus hautes et les plus puissantes maisons d'Espagne, possédant d'immenses domaines et de grandes richesses.

Colomb, suivant ce récit, qui est emprunté à l'historien Navarrette, s'adressa d'abord au duc de Médina Sidonia qui s'éprit de l'entreprise, et y renonça ensuite, la grandeur du projet le lui ayant fait considérer comme une illusion.

Ce fut alors au tour du duc de Médina Cœli, qui fut également ébloui, mais refusa l'entreprise, pour ne pas aller sur les brisées du roi, à qui seul pouvait être réservé l'honneur d'une semblable opération. En conséquence, il écrivit à la reine Isabelle qui accueillit favorablement sa recommandation, et Colomb partit pour Cordoue, où nous avons déjà vu que résidait la cour; il était muni d'une lettre d'introduction pour la reine qui avait exprimé le désir de le voir; le duc de Médina Cœli demandait de prendre part à l'expédition, si elle s'effectuait, en récompense de sa renonciation en faveur de la couronne d'Espagne.

De ces deux versions quelle est la véritable? Dans la narration de Don Fernando, Colomb, à son arrivée en Espagne, frappe au couvent de la Rabida pour confier aux religieux son jeune fils, et ne pas l'exposer aux fatigues d'un long voyage, mais surtout, ce qui est très naturel, pour s'éviter les embarras et les soins d'un enfant, dans la vie active, incertaine et agitée qu'il devait prévoir.

Dans le récit de Navarrette, ce ne serait que quelques années plus tard que Colomb serait allé au couvent de la Rabida, et l'auteur ne dit rien du sort de son fils, pendant ses relations avec les deux ducs, auxquels il se serait adressé de prime abord.

Nous verrons plus tard, dans une lettre de Colomb à LL. Majestés catholiques, où il rappelle ce qu'il a fait depuis son arrivée en Espagne, qu'il n'y est pas question des ducs de Médina.

Il nous semble que, si le duc de Médina Cœli eût été l'introducteur de Colomb auprès de la reine, sa recommandation était une trop grande faveur pour que Colomb la passât sous silence.

Le récit de son fils nous paraît plus vraisemblable. Colomb était habitué à s'adresser aux rois ou aux chefs des États, avec lesquels il voulait traiter ; en Portugal, c'est par le roi qu'il commence son action ; à Gênes, à Venise, c'est au gouvernement qu'il fait ses propositions ; il écrit au roi de France, il envoie son frère au roi d'Angleterre ; il est donc naturel, qu'en Espagne, après avoir assuré l'existence de son fils, il aille droit à la cour où il doit trouver le roi et la reine, et là il rencontre un homme influent qui le met en rapport avec les souverains.

Nous penchons donc en faveur de la narration de Don Fernando, et d'ailleurs, puisque Colomb s'est trouvé promptement en présence de LL. Majestés catholiques, il n'est pas d'une suprême importance de savoir par quel canal il y a été introduit. Nous n'avons plus qu'à le suivre dans ses démarches et dans les diverses péripéties de cette campagne si active, si discutée, si intéressante, à la poursuite d'une idée, dont la réalisation a demandé sept années de luttes, de discussions et de travaux, avec une persévérance à toute épreuve.

A cette époque, l'Espagne commençait à s'unifier ; les deux royaumes, de Castille et d'Aragon, se trouvaient réunis par le mariage des deux souverains, Ferdinand et Isabelle la Catholique, et les forces combinées des deux États étaient engagées contre les Maures. Ces derniers, qui avaient si longtemps profité des divisions qui régnaient entre les souverains qui gouvernaient le pays, allaient se trouver en lutte avec les armées réunies de la péninsule. Le royaume catholique se dressait tout entier contre la domination arabe qui, refoulée dans les montagnes, allait être complètement expulsée de l'Espagne.

Ferdinand et Isabelle, unis tant par la communauté de leurs intérêts que par les sentiments de sympathie mutuelle qui les avaient rapprochés l'un de l'autre, gouvernaient, chacun son royaume, selon ses lois et ses usages, et s'unissaient, pour une action commune, comme deux puissances alliées. Souvent séparés par les soins de ces gouvernements distincts, ils se retrouvaient avec bonheur ; leurs caractères, leurs idées et leurs aspirations réciproques, ayant une analogie parfaite, et professant d'ailleurs l'un pour l'autre une extrême déférence.

Nous n'avons pas la prétention de faire ici un portrait complet et achevé de ces deux souverains dont l'histoire a retracé les traits et les caractères; nous nous contenterons de dire, qu'à des agréments personnels, une physionomie agréable et sereine et un air noble et fier, Ferdinand joignait un esprit ouvert et large, un jugement sain et sérieux; il avait la parole facile, avec une voix claire et sonore; d'un caractère égal, d'une science profonde, d'une dévotion extrême, d'une politique froide et habile, il dirigea son gouvernement, au point de vue de ses intérêts, plutôt qu'en vue de sa gloire et de son honneur; aussi fut-il jugé par les autres souverains selon ses actes envers eux : sage, prudent, pieux, ambitieux ou perfide.

Du reste, toutes ses entreprises furent couronnées de succès : à l'Aragon qui lui venait de son père, il joignit par son mariage la Castille, prit la Navarre après l'excommunication de ses souverains Jean et Catherine, par le pape Jules II; conquit Alger, Tunis et Tripoli, dont les gouvernants furent réduits à l'état de vassaux, et presque tous les chefs barbaresques subirent sa domination. Grenade conquise, l'expulsion des Juifs, l'inquisition instituée avec une implacable ténacité, lui valurent le surnom de roi très catholique; et, par dessus tout, Colomb avec l'Amérique lui apporta un surcroît de gloire et des richesses innombrables, et tous les frais de la première expédition furent faits par la reine Isabelle.

Celle-ci est une des plus rayonnantes physionomies qu'offre l'histoire de ces temps-là. D'une belle figure, douce et avenante, gracieuse de formes et de manières, de taille moyenne, pleine d'élégance et de dignité, suave et sérieuse à la fois, elle réunissait tout ce qui peut charmer : un beau teint, une chevelure brun doré, les yeux bleu clair et un air de bonté et de douceur qui n'excluait pas la résolution et la fermeté. Aimant son époux, jalouse de sa réputation qui lui était précieuse, active et courageuse, vertueuse et digne, elle prit part aux conseils et aux actes de son mari auquel elle était supérieure à tous égards.

Ce fut une reine bienveillante et une mère pleine de sollicitude pour son peuple qu'elle aimait, et qu'elle rendit heureux, s'occupant de ses besoins, s'inquiétant de ses souffrances, et s'ingéniant à les calmer et à les satisfaire. Bien que d'une piété rare, fanatique même selon son temps, mais hostile aux moyens violents, elle adoucissait autant que cela lui était possible, la sévérité du roi. Opposée à l'expulsion des juifs, ennemie de l'Inquisition, elle résista à ces décisions, et ne céda qu'aux objurgations de ses confesseurs; elle jugea indispensable au bien du christianisme la guerre de Grenade, à laquelle elle prit une part active et dominante, et elle usa de clémence envers les Maures vaincus. Souveraine admirée dans son existence publique, elle était simple et modeste dans sa vie privée; versée dans la littérature, les sciences et les arts, elle s'entourait avec bonheur des hommes éminents que leur intelligence et leur savoir recommandaient à son attention.

L'université de Salamanque lui dut son renom et sa prospérité; les savants, l'imprimerie naissante, les auteurs, furent encouragés et reçurent d'efficaces témoignages de sa protection éclairée; enfin, reine puissante et vénérée, femme accomplie, elle fut pour l'Espagne un génie bienfaisant et protecteur, qui sut diriger et activer les forces vives de la nation espagnole, et placer ce pays dans la voie qui le conduisit au faîte de la grandeur et de la renommée.

Lorsque Colomb arriva à Cordoue, la cour était dans une agitation inexprimable, au milieu des préparatifs de la guerre qui exigeait une activité et une décision rapide, par suite des nouvelles que l'on venait de recevoir, et qui annonçaient l'union des deux rois maures, Muley et Mohamet Boabdil, rivaux et ennemis la veille, et qui se coalisaient contre l'ennemi commun.

Tout ce que l'Espagne comptait alors de nobles et de chevaliers, tous les capitaines, illustrés sur maint champ de bataille, étaient accourus à l'appel des souverains, de tous les points des deux royaumes, avec des suites nombreuses, bien armées et bien équipées. On ne voyait, dans les rues et sur les places de la ville, que cavaliers et chevaux piaffant et caracolant; le bruit des armes retentissait de tous côtés; Cordoue n'était plus le séjour de la cour, mais un camp, où le son des trompettes se mêlait aux cris de guerre, et aux chants des soldats animés de l'ardeur des combats. Les religieux, les prêtres, les dignitaires de l'Église s'étaient joints à l'armée, et se montraient disposés à prendre part aux opérations qui devaient délivrer cette partie de l'Espagne du joug des infidèles.

Au printemps, le roi alla assiéger Loya, et la reine resta à Cordoue, pour surveiller et activer l'envoi des renforts et des vivres et s'occuper des soins du gouvernement.

Les hostilités, poussées avec vigueur, furent couronnées de succès; mais la révolte du comte de Lemos obligea les Souverains à partir pour la Galice, afin de vaincre l'insurrection, et ensuite ils allèrent passer l'hiver à Salamanque.

Pendant que s'accomplissaient ces événements, Christophe Colomb était resté à Cordoue, dans la maison du contrôleur du Trésor, Alonzo de Quintinilla, aux soins duquel il avait été confié à son arrivée. Il n'avait pu, durant tout ce temps, être présenté à la reine, mais il avait été mis en rapport avec le nonce du pape et son frère, précepteur des enfants royaux, tous deux très influents à la cour, Antoine et Alexandre Peraldini.

A l'aide de ces connaissances, avec ses bonnes manières, sa dignité, sa franchise et sa bonne foi, il se faisait des partisans parmi les hommes de science, et obtenait le respect de ceux même qui ne croyaient pas à ses idées.

C'est, pendant ce séjour inactif, qu'il se lia avec une dame de la ville, Béatrix Enriquez. Cette dame, issue d'une famille noble, mais paraissant réduite à une position médiocre, lui inspira une vive affection et, jusqu'à la fin de ses jours, Colomb eut pour elle une tendresse dévouée. De cette union, qui selon certains auteurs, semble ne pas avoir été légitimée, naquit son second fils, Fernando qui vint au monde en 1487.

Cette question de l'illégitimité de ce fils a été très controversée; à cette époque, une semblable origine était une tache indélébile et un obstacle presque insurmontable pour l'avenir de l'enfant naturel.

Certains auteurs contestent cette illégitimité et parmi eux Roselli de Lorgue est le plus affirmatif, quant au mariage de Colomb avec la mère de son fils; se fondant sur la piété reconnue de l'amiral, sur son caractère noble et désintéressé, il affirme qu'il n'est pas possible que celui-ci n'ait pas rempli tous ses devoirs d'honnête homme envers une femme aimée et respectée.

Don Fernando, dans son histoire de l'amiral, ne fait aucune allusion à cette situation, et parle toujours en fils légitime.

Cependant, un passage du testament de Colomb concernant l'acte de constitution du majorat, en faveur du fils aîné, semblerait indiquer que la situation de l'Amiral, à l'égard de Doña Béatrix, n'était pas régulière. Voici ce passage : « Et je « lui ordonne (à son fils Diego) de prendre en considération « ma recommandation en faveur de Béatrix Enriquez, mère de « Don Fernando, mon fils; qu'il pourvoie à ce qu'elle puisse « vivre honorablement, *comme une personne avec laquelle j'ai « contracté de grands devoirs*. Et que ceci soit fait à la décharge « *de ma conscience, parce que c'est un poids très lourd pour « mon âme; la raison de cela, il ne m'est pas permis de l'écrire ici.*

Que penser de ces paroles, écrites la veille de sa mort, le 19 mai 1506? Il est certain que le testateur est affligé d'un grand regret, en ce qui touche à ses devoirs envers la mère de son fils.

Cependant, nous lisons dans une étude biographique de la vie de ce fils, la phrase suivante : « Dans ses dernières dis- « positions, après s'être occupé d'accomplir envers Doña Béa- « trix Enriquez les devoirs que lui imposait sa conscience, « il appela son fils Don Fernando, à gérer le majorat qu'il « avait fondé, la lignée de Don Diego venant à manquer. »

L'institution du majorat étant du 22 février 1498, et portant la condition de succession que nous venons d'indiquer, il en résulte que Colomb avait accompli, avant cette date, ses devoirs envers la mère de son fils, c'est-à-dire avait contracté son mariage avec elle. Ceci démontrerait que le poids de sa conscience exprimé dans son testament, concernait la naissance illégitime de Don Fernando et le temps écoulé, depuis cette naissance, jusqu'à son mariage, et, pendant lequel il avait vécu avec elle, dans une situation irrégulière.

Cette explication justifierait en partie l'assertion de Roselli de Lorgues.

Nous ajouterons que ses deux fils furent admis comme pages auprès du prince Don Juan et, après sa mort, auprès de la reine; et il n'est guère probable qu'une princesse si pieuse eût admis dans sa maison, le second fils, s'il n'avait pas été légitimé.

Nous croyons donc, et ceci concilierait les diverses opinions, que le second fils est né d'une union illégitime qui a été régularisée par le mariage, avant la constitution du majorat, et pour rendre Don Fernando apte à succéder à son frère dans la possession de ce majorat, au cas où la descendance de Don Diego viendrait à manquer. Cette version explique tout, et concorde parfaitement avec les documents que nous avons cités.

A Salamanque, où Colomb suivit la cour, le contrôleur Quintinilla, dont il était devenu l'ami, usa de son influence pour intéresser à ses projets l'archevêque de Tolède, Pedro Gonzalez de Mendoza, savant distingué, d'un jugement sûr, éloquent et concevant bien les affaires. L'air noble et respectable, vêtu avec simplicité, mais avec élégance, de manières agréables et avenantes, cet homme était une puissance auprès des rois catholiques; on l'appelait le troisième roi d'Espagne, et il ne quittait pas les souverains qu'il suivait dans tous leurs voyages et même à la guerre. Un moment troublé par les changements que les plans de Colomb apportaient à la forme de la terre, suivant les Écritures saintes, il ne tarda pas à reconnaître qu'il n'y avait pas de péché à élargir le cercle des connaissances humaines, et il accorda une audience à Colomb, dans laquelle celui-ci expliqua ses plans, avec tant de précision et de force, que le prélat en comprit la grandeur, et, frappé de la distinction et des manières du navigateur, il pensa que ce projet était digne d'être écouté par les souverains, et sa présentation ne souffrit plus de difficultés. Dans cette audience, où la reine n'assistait pas, Colomb, animé par la solennité de l'entrevue, plein de foi dans son œuvre, développa, avec chaleur et avec éloquence, ses projets, et, grâce à son sang froid, son assurance et la possession complète de son sujet, il fut écouté et jugé favorablement par le roi. Celui-ci reconnut et apprécia les avantages que la découverte d'une route plus courte et plus directe, pour aller dans l'Inde, lui assurerait; il ne voyait pas sans envie les succès du roi de Portugal, et fut séduit par le désir de le dépasser et de lui ravir une part des profits du commerce de l'Inde.

Mais, toujours prudent et réservé, il voulut consulter, avant tout, les hommes compétents, et il chargea le prieur du couvent du Prado, Fernando de Talavera, confesseur de la reine, de réunir les savants, les astronomes, les cosmographes les plus éminents, pour conférer avec Colomb, examiner ses plans et lui faire un rapport des résultats de la séance.

Ce fut au couvent des Dominicains de Saint-Étienne, en 1486, qu'eut lieu cette célèbre conférence. Colomb y fut logé et traité très convenablement.

En ce temps, l'instruction et la science étaient l'apanage des monastères; le prêtre dominait partout; dans les conseils du souverain, dans les institutions scolaires, dans l'armée où souvent les dignitaires de l'Église endossaient le casque et ceignaient l'épée, pour aller, avec le commandement de corps d'armée, guerroyer contre les Maures ou les Sarrasins, et souvent contre les nations en guerre avec les souverains de leurs pays réciproques.

L'assemblée appelée à juger les plans du navigateur génois était composée de savants, de professeurs de sciences, et surtout de religieux et de dignitaires de l'Église.

Devant un semblable aréopage, Colomb sentit qu'il devait user de précautions oratoires, car il avait à redouter, en énonçant ses nouvelles idées sur la sphéricité de la terre, et sur l'existence de terres inconnues au delà de l'Atlantique, de heurter les croyances des religieux et de la plupart de ses juges qui, naturellement, étaient prévenus contre lui.

Dans le public, on le considérait comme un illuminé, et

souvent on ne lui avait pas ménagé les témoignages de cette opinion populaire.

Mais il espérait se faire écouter et comprendre des érudits et des lettrés, et, plein de confiance en la bonté de sa cause, il aborda l'assemblée avec assurance.

Humble marin, sans autorité, sans nom et de naissance obscure, sans l'aide d'affiliation à une institution scientifique, il comptait assez sur son éloquence pour avoir l'espoir de triompher de la plupart des préventions.

Mais il avait comme examinateurs des hommes imbus d'idées préconçues et enracinées dans leur tête, et contre lesquelles il était bien difficile de réagir : les uns, sans préjuger la possibilité de ses suppositions, apportaient une indifférence absolue dans l'examen de ces questions, tandis que les autres, ne considérant pas ces nouvelles théories comme fondées, à côté des opinions contraires de tant de savants qui, avant lui, s'étaient occupés des questions maritimes, ne virent chez lui qu'un présomptueux ou même un aventurier, voulant exploiter leur crédulité.

Les objections qui lui furent opposées étaient en général basées sur l'état des sciences à cette époque, sur les principes admis d'après les croyances religieuses. Les hommes érudits du temps, occupés de controverses théologiques, avaient perdu la notion et jusqu'au souvenir de la science des anciens, et, c'est avec des textes de l'Ancien et du Nouveau testament, qu'ils répondirent aux dissertations de Colomb. Les écrits des saints furent opposés à ses propositions : saint Augustin, saint Grégoire, saint Jérôme, saint Basile, saint Ambroise, et saint Chrisostome furent mêlés à cette lutte mémorable contre Platon, Pline et Ptolémée, et Lactance fournit, comme armes, des raisons de doctrine et de philosophie, en opposition à des démonstrations géographiques. On n'admettait pas les antipodes de l'autre hémisphère, que les savants de l'antiquité avaient pressentis : « Y « a-t-il quelqu'un d'assez fou, disait Lactance, pour croire « qu'il existe des antipodes, des gens qui marchent les pieds « en haut et la tête en bas? qu'il y a une partie du monde « où tout est sens dessus dessous, où les arbres croissent à

« l'envers, et où il pleut et il neige de bas en haut ? L'idée
« de la rotondité de la terre, poursuit-il, a été la cause de
« l'invention de cette fable des antipodes qui ont les pieds
« en l'air ; les philosophes, une fois entrés dans la voie de
« l'erreur, s'y engagent plus avant et soutiennent une sottise
« par une autre. »

Saint Augustin voit dans les antipodes une théorie contraire à la foi. Il y aurait donc des hommes qui ne seraient pas fils d'Adam : c'est en opposition avec la Bible qui donne à toute l'humanité un père unique.

Colomb, combattu par des citations des Écritures sacrées, très religieux lui-même, craignit un moment d'être accusé d'hérésie ; mais, comme la sphéricité de la terre et les antipodes étaient admis par certains membres de l'Assemblée, ceux-ci vinrent à son aide sur ces points, mais ils prétendirent qu'il était impossible d'aller dans l'autre hémisphère, à cause de la chaleur ardente de la zone torride ; qu'en supposant cet obstacle franchi, la distance était telle que le voyage durerait au moins trois ans, et qu'on mourrait de faim avant d'arriver, n'ayant pas de navires assez grands pour contenir les provisions suffisantes pour un si long trajet.

Certains, sur l'autorité d'Épicure, disaient que l'hémisphère nord était seul habitable, l'autre n'étant qu'un amas d'eau.

D'autres prétendaient que, si la terre était ronde, un navire qui aurait pu descendre de l'autre côté ne pourrait plus remonter, aucune force de vent n'étant capable de le faire gravir l'espèce de montagne qu'il aurait devant lui pour revenir.

Certes les professeurs de l'Université de Salamanque, alors très renommés, combattirent Colomb avec des arguments plus dignes de leur savoir, et quelques-uns de ces savants furent frappés des raisons données par l'humble marin, à l'appui de ses assertions ; mais les préjugés, l'ignorance et la superstition étaient les mobiles qui inspiraient la majorité de ses contradicteurs, et on n'en saurait être surpris, après avoir lu les absurdités émises par Lactance, et que nous avons citées ci-dessus.

Les réponses de Colomb à ces objections furent réservées mais claires et précises : « Les saints, dit-il, qui ont exprimé « leurs idées, d'après les livres sacrés, ont parlé au figuré, et « non comme hommes de science. Les écrits des pères de « l'Église, sont des homélies de piété qu'on vénère, mais « non des leçons de géographie ou de philosophie, pouvant « être discutées; les philosophes anciens, tout en croyant « les deux hémisphères habitables, pensaient que la zone « torride les séparait et leur défendait toute communication « l'un avec l'autre; erreur profonde, car il avait lui-même « été jusqu'à Saint-Georges de la Mina, en Guinée, presque « sous l'équateur, et avait trouvé que, non seulement cette « région n'était pas infranchissable, mais qu'elle abondait « en habitants, en fruits et en pâturages (1). »

L'air imposant, le maintien ferme, la parole assurée et l'attitude noble de Colomb, lorsqu'il prononça ces paroles, en imposèrent à cette haute Assemblée, qui n'avait d'abord vu en lui qu'un pauvre marin, et qui découvrait tout à coup en cet homme un inspiré, un missionnaire convaincu qui, s'étayant des Écritures saintes, des visions des prophètes, et leur citant les textes avec un élan d'enthousiasme, leur criait : « J'ai la mission divine de découvrir un nouveau monde et de lui porter la parole de Dieu. »

Diego de Deza, savant dominicain, fut le premier convaincu par les discours de Colomb; appréciateur du mérite, saisissant la valeur d'une idée, religieux sans intolérance ni bigoterie, professeur au collège de Saint-Étienne, ce moine qui devint plus tard archevêque de Séville, avait écouté l'humble marin avec attention, et, frappé de la force de ses arguments, il devint un de ses plus zélés partisans; il prit intérêt à son œuvre, se fit son défenseur auprès de ses collègues, et les força à l'écouter sans parti pris. Avec ce puissant appui, Colomb mit de son côté les savants, et obtint ainsi un concours efficace; mais comment concilier ses plans avec la cosmographie de Ptolémée, qui était le critérium de tous

---

(1) Washington Irwing, *Vie et voyages de Christophe Colomb,* tome 1er p. 80.

les savants, qui ignoraient encore que la théorie de l'érudit cosmographe allait être détruite par le système solaire de Copernic?

Cependant la majorité de l'Assemblée était hostile aux projets de Colomb; l'orgueil des uns, la bigoterie des autres, et l'esprit de routine de la généralité l'emportaient sur la perspicacité et le bon vouloir des partisans de ses projets.

La première réunion ne donna pas de résultat; elle fut suivie de plusieurs autres séances qui ne produisirent aucune décision; l'opposition persistait dans son hostilité; l'indifférence de la plupart des membres de l'Assemblée faisait traîner les choses en longueur et gagnait même les convaincus. Colomb éprouvait des angoisses cruelles et d'autant plus justifiées, que Fernando de Talavera qui avait été chargé de présider à ces assises, préoccupé des affaires de l'État, ne prêtait aux plans de l'explorateur qu'une médiocre attention.

## CHAPITRE IX.

### GUERRE CONTRE LES MAURES. — COLOMB SUIT LES ROIS CATHOLIQUES AU CAMP.

Au commencement du printemps de 1487, le confesseur de la reine nommé évêque d'Avila, suivit la cour qui était allée à Cordoue préparer la fameuse campagne de Malaga. Le congrès de Salamanque se trouva ainsi interrompu sans que les travaux eussent abouti.

Colomb désolé suivit la cour, et assista aux terribles péripéties de cette guerre de partisans; il passa son temps dans des alternatives énervantes; quand la guerre laissait aux souverains un peu de liberté, les conférences étaient reprises, mais bientôt les hostilités recommençaient, et les séances étaient encore interrompues.

Cette guerre de montagnes fut féconde en incidents émouvants. Le roi faillit être pris par Muley Boabdil, et la cour resta quelques jours sans nouvelles de lui, la reine en proie à de cruelles alarmes.

Au siège de Malaga, Colomb fut mandé par les souverains; il trouva la cour entourée de toute la noblesse, campée dans des tentes de soie, bloquant la ville étroitement, et l'enserrant dans un cercle qui s'approchait tous les jours des remparts et, de ses deux extrémités, touchait le rivage de la mer.

Le siège dura plusieurs mois avec des alternatives d'espérance et de déceptions; les assiégés se défendaient en désespérés et, sans une méprise, le roi et la reine étaient victimes du fanatisme d'un Maure qui s'était introduit dans le camp, pour les assassiner. Trompé par la richesse de la tente de Don

Alvaro de Portugal et de Doña Béatrix de Bobadilla qu'il prit pour la tente royale, ce Maure se rua sur ces deux personnages, qu'il crut être le roi et la reine, blessa grièvement Alvaro et frappa Doña Béatrix plus légèrement; il fut massacré par les gardes du camp.

Cette Doña Béatrix, favorite de la reine, et femme de grand mérite et d'une rare fermeté, avait pris beaucoup d'intérêt au projet de Christophe Colomb, et fut, auprès de sa protectrice, un précieux auxiliaire pour la réussite de son entreprise.

La ville de Malaga ayant capitulé, la cour fit son entrée triomphale dans la cité vaincue; l'évêque d'Avila était avec les souverains, qui retournèrent ensuite à Cordoue.

La capitulation avait eu lieu le 18 août 1487, et, pendant plus d'une année, Colomb suivit la cour dans ses voyages à Sarragosse, à Murcie, à Valladolid, et enfin à Medina del Campo.

Durant ces voyages, Colomb recherchait les occasions de parler de ses projets; mais comment se faire écouter, au milieu de ces réceptions, avec ces populations soulevées par les visites de leurs rois, entourés des hommages de leurs sujets, et suivis d'une cour brillante où personne ne s'occupait du malheureux explorateur, qui vivait, au milieu de tout ce bruit, triste, découragé et fatigué de cette indifférence ou de ce dédain pour une entreprise qui, selon lui, devait être la gloire de la nation qui l'aiderait à la réaliser?

Dans ces circonstances, il écrivit au roi de Portugal, dans le but de reprendre les négociations, et Jean II, en lui envoyant un sauf-conduit, l'engagea à revenir auprès de lui. A la même époque, Henri VII, roi d'Angleterre, l'invita également à se rendre à sa cour.

Mais le roi d'Espagne, soit qu'il eut connaissance de ces lettres, soit qu'il comprit que, lassé d'attendre, Colomb irait porter à d'autres souverains ses plans et ses projets, voulant le retenir à sa cour, lui fit compter une certaine somme par son trésorier, pour lui permettre de le suivre, en attendant le rapport qui devait lui être fait sur les séances du congrès et ses résultats.

En 1489, Colomb fut invité à comparaître devant une réunion de savants, siégeant à Séville, où il lui fut préparé un logement, avec ordre de l'héberger gratuitement, ainsi que dans toutes les villes par où il devait passer, lui et sa suite; ce qui n'était pas inutile, à une époque où les voyageurs ne trouvaient sur leur route aucun établissement pour se sustenter et se reposer.

Mais une nouvelle campagne vint encore empêcher la réunion d'avoir lieu, et cette fois, Colomb y prit part comme combattant : « On vit Colomb, dit Diego Ortiz de Zuniga, « combattre et donner des preuves de cette valeur qu'il joi-« gnait à sa sagesse et à une noble ambition. »

Dans cette campagne, qui marqua pendant la guerre de Grenade, et à laquelle la reine prit part avec toute sa cour et une nombreuse compagnie de prêtres et d'évêques, parmi lesquels se distinguait celui d'Avila, Colomb se fit remarquer par sa grande valeur. La présence de la reine, ses conseils et sa sollicitude eurent une influence décisive sur le sort de cette guerre qui, après la chute de Baza, dont le siège, vaillamment soutenu, avait duré six mois, se termina par la cession faite par le plus âgé des deux rois de Grenade, Muley Boabdil, aux souverains espagnols, de ses possessions et de ses droits à la couronne. Cette cession eut lieu le 22 décembre 1489.

Les rois catholiques n'avaient pas été détournés de leur but, et ne s'étaient pas laissé intimider par les menaces du soudan d'Égypte qui, par un message, apporté au camp par deux moines venus de la Palestine, enjoignait à LL. Majestés de cesser la guerre contre les rois de Grenade, sans quoi il mettrait à mort tous les chrétiens, brûlerait et pillerait les couvents et les églises, et détruirait le tombeau du Christ. Les deux religieux étaient de ceux commis à la garde de ce tombeau; ils racontèrent les vexations, les insultes et les souffrances que subissaient les chrétiens en Orient, par suite de l'orgueil et du mauvais vouloir du soudan, et ces récits excitèrent l'indignation de tous les chefs du camp espagnol, et encouragèrent leur ardeur pour de nouveaux combats contre les infidèles. Cette animation, et les discours des deux moines, firent naître dans l'esprit de Colomb l'idée, qu'il a inscrite dans l'acte du majorat, de consacrer une part des richesses qu'il comptait conquérir, à lever une armée pour aller arracher le Saint-Sépulcre aux infidèles.

Les fêtes qui suivirent la conclusion de la guerre ; l'entrée triomphale de Ferdinand et Isabelle à Séville, en 1489 ; les apprêts du mariage de l'infante Isabelle avec l'héritier présomptif de la couronne de Portugal, le prince Alonzo, mariage qui fut célébré au mois d'avril; les nombreuses et éclatantes fêtes qui précédèrent et suivirent ce mariage, et durèrent tout l'hiver et tout le printemps de 1490, où l'on ne s'occupa que de divertissements et de processions, empêchèrent de penser à Colomb, et l'examen de ses plans fut encore ajourné !

Durant tout l'été de 1490, Colomb fut réduit à vivre du produit des cartes géographiques qu'il faisait et vendait comme il pouvait; il recevait bien quelques subsides, lorsqu'il était appelé à la cour; il était alors attaché à la suite du roi, et hébergé tout le temps qu'il restait auprès de LL. Majestés, mais après, il fallait s'ingénier, et il n'avait d'autre moyen que son travail pour gagner sa vie. D'ailleurs les ignorants et les adversaires de son idée ne lui ménageaient pas les outrages et les humiliations; on le traitait de rêveur, d'aventurier, et les enfants mêmes se moquaient de lui, le prenant pour un fou.

Énervé par cette attente cruelle, inquiet de sa position qui s'aggravait tous les jours, et poussé à bout par le besoin, il résolut de faire cesser une incertitude qui le minait, et il demanda une réponse définitive avec fermeté et d'une manière positive.

On était alors à la fin de l'hiver, Colomb était à Cordoue, et LL. Majestés se préparaient à une nouvelle guerre dans la Vega de Grenade, et avaient résolu de ne pas s'arrêter avant d'avoir remporté une victoire décisive.

L'évêque d'Avila reçut l'ordre de convoquer une dernière réunion pour faire son rapport au roi; mais le prélat pri son temps, et remit enfin son rapport qui concluait à l'impraticabilité du projet de Colomb, lequel, d'après l'opinion de la majorité du jury, ne reposait que sur une illusion.

Mais LL. Majestés catholiques, malgré la sentence du congrès, reconnaissant que ce projet avait pour lui la partie intelligente de l'Assemblée, que les hommes éminents étaient ses partisans, entr'autres Don Diego de Deza, précepteur des princes, ne voulurent pas abandonner une entreprise dont le succès pouvait leur donner gloire et profit. D'ailleurs, les savants qui avaient accueilli avec faveur les observations du navigateur, aidés du professeur sus-mentionné, plaidèrent en faveur de Colomb, et les souverains donnèrent l'ordre à Talavera de faire savoir au solliciteur que les dépenses et les embarras de la guerre les empêchaient momentanément de s'occuper d'une opération si importante, mais qu'ils y donneraient suite, la guerre achevée.

Colomb, qui se trouvait à Cordoue, vint aussitôt à Séville, pour avoir la confirmation de cette fâcheuse nouvelle, qui, après une si longue attente, venait détruire toutes ses espérances, et les royaux époux lui tinrent le même langage. Considérant cette réponse comme une fin de non recevoir, l'explorateur, désolé d'avoir perdu un temps précieux, et ne comptant plus sur de vagues promesses, quitta Séville, maudissant l'ignorance et la bigoterie qui avaient, selon lui, modifié le bon vouloir primitif de LL. Majestés catholiques.

Notre héros, désespéré, résolut de quitter l'Espagne, partit à pied de Cordoue, emmenant son jeune fils, et ne sachant trop quel parti il allait prendre. Il se décida à se rendre à Huelva pour y trouver son beau-frère, afin de se concerter avec lui. Il n'était pas éloigné du terme du voyage, quand l'enfant demanda à boire; il s'arrêta à la porte du couvent de la Rabida, situé aux environs du port de Palos, et demanda au portier un morceau de pain et un verre d'eau pour l'enfant qui était fatigué et avait soif.

A ce moment même, se présentait le prieur du couvent, Juan Perez de Marchena, qui, saisi par l'air noble de l'inconnu, s'arrêta pour lui parler, et Colomb lui raconta ce qui lui était arrivé. Le prieur, qui n'était pas étranger à la science de la navigation, s'entretint avec intérêt des plans de son exploration, et fut étonné de la grandeur de ses projets et de l'étendue de ses connaissances. Il s'émut, lorsque Colomb lui dit que, lassé des lenteurs, des tergiversations et des obstacles contre lesquels il s'était heurté à la cour des rois catholiques, il quittait l'Espagne pour aller trouver un autre souverain, dont l'aide lui permît de mener à bien une pareille entreprise.

Désireux de voir son pays profiter des avantages de cette exploration, et alarmé de l'imminence de la perte irrémédiable des fruits de cette opération, il retint Colomb, et ne se fiant pas à ses propres lumières, il fit appeler un médecin de Palos, Garcia Fernandez, son ami, pour avoir son opinion. Celui-ci, également frappé des manières distinguées de l'inconnu, et reconnaissant en lui de vastes conceptions, convoqua au couvent des marins de Palos, renommés et cités par leurs voyages, et des conférences eurent lieu au couvent de la Rabida, dans lesquelles furent rapportés des faits qui venaient à l'appui des prévisions de Colomb.

Parmi les membres de cette réunion qui examinèrent les projets du Génois, avec l'attention et la déférence qu'ils méritaient, se trouvait un habile navigateur de Palos, Martin Alonzo Pinzon, chef d'une famille riche et célèbre par ses nombreuses et hardies expéditions. Celui-ci écouta sérieusement les détails fournis par Colomb sur ses projets, et eut, dans leur réussite, une foi si grande, qu'il offrit de faire partie de l'expédition et d'en payer les frais, si Colomb voulait reprendre ses pourparlers avec la cour d'Espagne.

Le prieur, fort de ces encouragements et comptant sur son titre d'ancien confesseur de la reine, pour avoir accès auprès d'elle, proposa de lui écrire et d'attendre sa réponse; Colomb y consentit, et l'on chercha un messager apte à remplir la mission qu'on avait à lui confier. Le pilote Sébastien Rodriguez fut choisi comme réunissant les qualités nécessaires pour s'acquitter convenablement de la remise de cette missive.

Le camp royal ayant été incendié, on avait fait construire devant Grenade assiégée, une ville militaire qui fut appelée

Santa-Fé : c'est là que le brave messager trouva la reine, et il remplit parfaitement sa commission.

Après avoir reçu la lettre du prieur, la reine lui répondit, le remerciant de ses bonnes intentions, et le mandant immédiatement auprès d'elle.

Quatorze jours après, le pilote était de retour avec cette bonne réponse, et le prieur se mettait en route pour Santa-Fé, où il trouva LL. Majestés surveillant le siège de Grenade ; il n'éprouva aucune difficulté pour être admis auprès de la reine, et, reprenant avec elle ses anciennes habitudes, il lui parla librement et chaleureusement en faveur de Colomb ; il lui montra celui-ci sous les couleurs les plus avantageuses, vanta son instruction, sa probité, ses capacités, à l'égard de l'entreprise projetée ; il fit valoir sa piété qui en ferait un missionnaire ardent et convaincu de la foi catholique, auprès des habitants des terres qu'il allait découvrir ; il lui dépeignit la gloire et l'honneur que ces conversions produiraient pour leur nom, et lui démontra les grands profits que la couronne et la nation espagnole en retireraient.

La reine, qui n'avait jamais été mise au courant des péripéties par lesquelles avait passé la proposition de Colomb, et d'ailleurs, plus enthousiaste que son époux, d'un caractère plus généreux, subissant aussi l'influence de la marquise de Moya, sa favorite, qui s'était passionnée pour le succès de Colomb, la reine qui avait toujours été favorable au noble marin, se laissa convaincre par l'ardent plaidoyer de son ancien confesseur, et s'enflamma de l'idée qu'elle pouvait être la protectrice d'une œuvre grandiose et sublime, et dont la réussite serait profitable à sa religion.

Elle invita Colomb à se rendre auprès d'elle ; donna ordre de lui compter vingt mille maravédis (1) pour ses frais de voyage, et pour renouveler ses vêtements, afin de reparaître dignement à la cour.

Le prieur Juan Perez, au comble de la joie, s'empressa de communiquer à ses amis ces excellentes nouvelles ; il

---

(1) Vingt mille maravédis faisaient un peu plus de 1100 francs de notre monnaie.

veilla à l'envoi des fonds qu'un habitant de Palos apporta au docteur Fernandez, et Colomb, de nouveau convenablement habillé, se procura une mule, et partit pour le camp royal de Grenade, le cœur rempli d'espérance.

Étrange caprice de la destinée! Ce que n'avait pu accomplir un roi puissant, aidé de toutes les intelligences du royaume d'Espagne, allait s'effectuer par l'entremise d'un humble moine auprès d'une femme!. Mais il faut bien le dire, cette femme était un cœur noble et généreux; elle avait une âme enthousiaste et délicate, et l'esprit vif et intelligent; et cette femme était une reine puissante, aimée et obéie de tout ce qui l'entourait!

Clémencin, auteur espagnol, dans son éloge de la reine catholique, nous dépeint ainsi cette présence de Colomb à la cour : « Un homme obscur, encore peu connu, suivait la « cour à cette époque. Confondu dans la foule des sollici- « teurs importuns, entretenant son imagination, dans les « recoins des antichambres, du magnifique projet de dé- « couvrir un monde, triste et morose, au milieu des réjouis- « sances générales, il voyait avec indifférence, presque avec « dédain, une conquête qui faisait bondir de joie tous les « cœurs et semblait avoir comblé tous les désirs; cet homme « était Christophe Colomb! »

Colomb avait été bien reçu à son retour à la cour, et avait été logé chez son ami Quintinilla, mais il était encore arrivé dans un moment où il était impossible qu'on s'occupât de lui. Grenade venait de se rendre; Boabdil, le dernier roi maure, avait quitté l'Alhambra, avait remis au roi et à la reine, les clefs de ce palais, demeure vénérée des souverains de sa race; et les rois catholiques, suivis de tous les gentilshommes espagnols, avaient pris possession de ce merveilleux séjour. C'était un triomphe mémorable; la domination musulmane, que huit siècles de luttes acharnées n'avaient pu réduire, vaincue enfin, cédait devant la monarchie chrétienne, et le drapeau espagnol allait remplacer le croissant sur les tours du palais maure, et la croix allait être plantée au haut des minarets, s'élançant vers les cieux.

C'était une joie délirante; les chants de triomphe, les cris d'allégresse retentissaient de toutes parts; les processions, entonnant les hymnes sacrés, les cérémonies de l'église, se mêlaient aux cris joyeux des soldats, aux réjouissances du camp; et les deux souverains, au milieu de tout ce que l'Espagne comptait de plus illustre : nobles, prélats, guerriers et les célébrités des arts et des sciences, recevaient les hommages de cette foule brillante qui les encensait comme des dieux.

Colomb était arrivé pour assister à toutes ces pompes; et il pouvait rappeler aux rois catholiques leur promesse de s'occuper de ses projets; la guerre contre les Maures était terminée; rien ne les empêchait plus de penser aux découvertes de nouveaux mondes. Aussi, ne reculèrent-ils plus devant leur parole, et des agents spéciaux furent chargés d'établir les conditions du contrat qui devait régir les intérêts communs. Ces conventions ne se traitèrent pas cependant sans tiraillements.

Comme avec le roi de Portugal, Colomb pénétré de la grandeur de son entreprise et, par sa nature, enclin aux honneurs et aux dignités, demandait le grade de grand amiral et le dixième de tous les bénéfices, tant de ceux provenant directement de la possession des terres découvertes, que de ceux produits par le commerce qui s'établirait avec les pays découverts; il voulait aussi être nommé vice-roi et gouverneur des régions soumises à la couronne.

Ces exigences rencontrèrent d'abord une résistance absolue; les agents nommés pour traiter avec lui s'indignèrent qu'un inconnu, étranger à leur pays, voulût être leur supérieur. On lui objecta que, ne possédant rien, il ne risquerait rien, et que, lors même qu'il ne réussirait pas dans son entreprise, il lui resterait toujours le grade et les fonctions qui lui seraient accordés.

A ces objections, Colomb répondit par une nouvelle proposition, celle de participer aux frais, pour un huitième, et de porter, en ce cas, au huitième sa part dans les profits; il comptait, pour sa participation, sur Alonzo Pinzon de Palos, qui avait promis de payer les frais de l'entreprise.

Aucune de ces propositions ne fut acceptée. Talavera surtout qui considérait Colomb comme un aventurier, un solliciteur d'antichambre, ou comme un halluciné sans fondement, ne pouvait supporter que cet inconnu d'hier devînt tout à coup un des plus hauts dignitaires du royaume. Il fit valoir auprès de la reine l'exagération et le ridicule de ces prétentions extraordinaires, même en cas de succès, et, dans le cas de non réussite, déshonorantes pour la royauté. Ces représentations produisirent sur l'esprit de la reine d'autant plus d'impression qu'elles émanaient de son confesseur, et d'un haut dignitaire de l'Église; elles modifièrent ses dispositions favorables à l'égard de Colomb, et elle lui fit proposer d'autres conditions, qui étaient encore honorables, mais que Colomb ne voulut pas accepter, s'en tenant rigoureusement à celles qu'il avait demandées.

Comme nous l'avons dit déjà plusieurs fois, Colomb était persuadé qu'il allait à la conquête d'un empire, et qu'il devait propager, dans le nouveau monde, la religion catholique; il se considérait comme le missionnaire de la parole divine, et ensuite comme l'ambassadeur des plus grands souverains de l'Europe; dans son idée, il n'y avait pas de dignité, il n'y avait pas de fonctions trop hautes, pour l'homme chargé de semblables missions; aussi tenait-il ferme sa prétention aux charges qu'il réclamait, et, ne songeant ni à sa pauvreté actuelle, ni au temps perdu, ni aux difficultés qu'il éprouverait auprès d'autres cours, pour faire admettre sa demande, il coupa court aux discussions, et déclara que sa dernière proposition était son *ultimatum*.

Il y avait dix-huit ans depuis sa première conception du projet qu'il nourrissait dans son imagination; cette entreprise avait été, pendant ces longues années, son unique préoccupation, son but absolu; il en avait fait sa chose et pour elle, il avait souffert la pauvreté, il avait supporté la raillerie, il avait dévoré l'insulte, il avait sollicité, mendié, il avait laissé ses enfants à la garde d'étrangers, il avait tout enduré sans se plaindre, et, au bout de cette lutte opiniâtre, après avoir un moment espéré toucher au but, il se voyait rebuté, raillé et obligé de reprendre sa vie de combat; c'était désolant!. Il prit congé de ses amis, monta sur sa mule et se dirigea sur Cordoue, dans le but de s'embarquer pour la France.

Ce départ causa à ses rares amis une douleur véritable, autant pour lui dont ils considéraient la situation comme très précaire, que pour le pays qui perdait ainsi l'occasion de conquérir, avec de nouvelles contrées, une gloire impérissable.

Parmi ses partisans se trouvait Louis de Saint-Angel, receveur des rentes ecclésiastiques, dans l'Aragon ; ému de la perte irréparable que le départ de Colomb allait causer à l'Espagne, il voulut l'éviter, et, avec Alonzo de Quintinilla, il courut chez la reine ; là, puisant dans la gravité des circonstances un courage et une éloquence qu'il n'eût pas possédés dans un autre moment, il dépeignit à sa souveraine les torts que la rupture des négociations avec Colomb allait faire subir à LL. Majestés et à leur pays. Il invoqua le courage et la hardiesse de la reine, dans des campagnes bien plus hasardeuses, périlleuses et compromettantes que l'entreprise de Colomb, peu onéreuse, en résumé, et autrement avantageuse ; il parla de la gloire de Dieu, du triomphe de l'Église, de l'extension de sa puissance et de la grandeur de son royaume ; il lui montra le regret, la honte et la douleur de voir un autre souverain accomplir cette noble mission. Il fit miroiter à ses yeux les avantages que le roi de Portugal tirait de ses découvertes, et l'occasion qui lui était offerte de le dépasser dans ses conquêtes. Il donna l'assurance que Colomb n'était pas un rêveur enthousiaste, mais un homme de haute science, d'un jugement sûr ; un esprit ferme et résolu, et que sa réussite était à peu près certaine, et, même en cas d'insuccès, la solution d'une question si intéressante, de savoir ce qu'il y avait au delà de cet océan mystérieux, immense, était digne d'être résolue par des princes éclairés, puissants, et qui avaient donné tant de preuves de leur amour pour la science et pour leur pays. Il rappela enfin l'engagement pris par Colomb de supporter le huitième des frais de l'entreprise.

La marquise de Moya, présente à l'entretien, excitée par l'éloquence de cet homme dévoué au service des souverains et au bien de son pays, vint à son aide, et tous deux parlèrent avec tant de conviction que la reine ne put résister à tant de démonstrations, et, voyant enfin la grandeur et les conséquences de cette exploration, elle décida qu'elle serait exécutée.

Mais le roi hésitait; le trésor était vide; la guerre avait tout absorbé; il fallait du temps pour réunir de nouvelles ressources. Comment entreprendre une opération en opposition avec les vues du roi et sans moyens d'action?

Les trois solliciteurs étaient dans une anxiété cruelle, quand tout à coup la reine, avec un élan d'enthousiasme s'écria : « Eh bien, ce sera mon entreprise à moi, je la ten-
« terai pour mon royaume de Castille, et je mettrai en gage
« mes joyaux pour avoir l'argent nécessaire! »

Ce fut un beau moment. Saint-Angel ravi, s'empressa de prendre acte de ces paroles, et déclara que le sacrifice de la reine pouvait s'éviter, attendu qu'il était prêt à faire l'avance des fonds que nécessiterait l'opération, ce que la reine accepta avec satisfaction. L'argent fut effectivement versé par le receveur de l'Aragon qui compta une somme de dix-sept mille florins, prise dans le trésor du roi; mais celui-ci, toujours intéressé, s'en dédommagea largement, en prenant une partie de l'or rapporté par Colomb, au retour de son premier voyage, or qui servit à dorer le plafond de son palais l'*Aljaferia* à Sarragosse, l'ancienne demeure des rois maures.

Cependant Colomb, monté sur sa mule, voyageait à travers la *Vega;* il était arrivé au pont de Pinos, et il se trouvait à deux lieues de Sarragosse, au bas de la montagne Elvira, quand il entendit derrière lui le galop d'un cheval et il se retourna pour voir le cavalier qui le suivait. C'était un courrier dépêché par la reine qui lui mandait de retourner à Santa-Fé. Notre héros eut un moment d'hésitation, craignant de nouvelles lenteurs et un nouveau désaccord, mais il fut rassuré par les paroles du courrier qui lui expliqua le revirement qui s'était opéré, grâce à la démarche de Saint-Angel et de Quintinilla, et les promesses formelles faites par la reine, et Colomb, persuadé que la fin de ses tribulations était enfin venue, rebroussa chemin et reprit la route de Santa-Fé.

Dès son arrivée, Colomb fut immédiatement admis auprès de la reine, et en reçut l'accueil le plus bienveillant, comme pour le dédommager des déboires qu'il avait subis. La reine se montra pleine d'ardeur et d'enthousiasme pour l'entreprise, et le roi, ne voulant pas demeurer en reste avec elle, finit par accorder son concours, quoique avec réserve et froideur, tandis qu'Isabelle se laissait entraîner par son cœur dans des élans généreux et pleins de grandeur d'âme; elle était en réalité l'ange protecteur de l'entreprise!

L'entente étant faite entre les deux souverains, le roi chargea leur secrétaire, Juan de Colona, de la rédaction de l'acte établissant les conditions convenues. Voici les termes de ce contrat :

1° Colomb aura pour lui-même, durant sa vie, pour ses héritiers et successeurs, à perpétuité, le titre d'amiral, dans tous les pays et continents qu'il pourra découvrir ou acquérir dans l'Océan, avec des droits et des honneurs semblables à ceux dont le grand amiral de Castille jouit dans son district.

2° Il sera vice-roi et gouverneur général de tous lesdits pays et continents, avec le droit de désigner, pour le gouvernement de chaque province, trois candidats parmi lesquels les souverains feront leur choix.

3° Il pourra se réserver le dixième des perles, des pierres précieuses, de l'or, de l'argent, des épices, de tous les autres objets et marchandises, de quelque manière qu'ils soient trouvés, achetés, échangés ou obtenus dans les limites de son amirauté, les frais étant d'abord déduits.

4° Il sera, lui ou son lieutenant, seul juge dans toutes les causes et disputes résultant du commerce entre ces pays et l'Espagne, à condition que le grand amiral de Castille ait une juridiction semblable dans son district.

5° Il pourra, cette fois, et toutes les autres dorénavant, entrer, pour son huitième, dans les frais des expéditions e recevoir le huitième des profits.

Cette dernière condition fut mise en raison de l'offre faite par Colomb, pour répondre au reproche qu'on lui avait fait de ne rien risquer dans cette expédition. Il remplit cet engagement en équipant un vaisseau, avec l'aide de Pinzon de Palos.

Cette convention fut signée par le roi et la reine, le 17 avril 1492, dans la plaine de Grenade, et une lettre de privilège en due forme, signée des deux souverains, relatant les mêmes conditions, fut remise à Colomb; elle était datée du 30 avril, et stipulait que les dignités et privilèges de vice-roi et de gouverneur seraient héréditaires, dans la famille de l'amiral, qui était autorisé, lui et ses héritiers, à mettre devant leur nom le titre de *Don* que les personnes de famille noble, ou d'une haute classe, étaient seules autorisées à porter à cette époque.

Bien que tous les actes ayant trait à cette convention aient été signés par le roi et la reine, ce fut cette dernière qui en supporta tous les frais, et tant qu'elle vécut, il n'y eut guère que les Castillans qui furent admis dans les pays découverts.

Avec sa haute piété et ses sentiments élevés, la reine ne voyait que la propagation de la foi chrétienne, et, dans sa généreuse ardeur, elle pensait au salut de cette multitude d'idolâtres qu'on allait faire entrer dans le giron de l'Église catholique, pour laquelle elle professait une vénération absolue.

Au milieu des préoccupations scientifiques qui hantaient l'esprit de Colomb, au milieu des soins nombreux et de l'attention continuelle qu'il devait apporter à l'armement de sa flotte, la pensée de l'apostolat religieux qu'il allait accomplir était caressée avec une prédilection marquée; à force de ruminer les conditions de cette mission, à force de repasser dans sa tête les textes des prophéties, il avait fini par s'identifier avec eux, et il était bien convaincu qu'il était l'homme choisi pour remplir l'ordre de Dieu pour la délivrance des tribus d'Israël.

Mais une autre perspective s'ouvrait devant lui : c'était la conversion du grand khan de Tartarie, dont les richesses merveilleuses faisaient l'objet de tant de légendes. Déjà des missionnaires avaient été envoyés dans ce but, et n'avaient pas réussi. Mais Colomb se croyait prédestiné à cette mission et, convaincu que par la route qu'il allait suivre, il arriverait à l'autre extrémité de l'Asie, il ne doutait pas de réussir, là où les autres avaient échoué, et comptait sur la protection du ciel pour opérer cette glorieuse conquête.

Quant au roi Ferdinand, il approuvait ostensiblement ces idées de propagation, parce qu'elles étaient alors répandues dans toutes les cours de l'Europe, et il s'y associait parce qu'elles servaient ses intérêts. En homme pratique, il savait que la puissance de l'Église était redoutable, et il en usait avec habileté pour l'agrandissement de ses États, sans se laisser emporter au delà d'une soumission calculée. Les richesses de la Tartarie le tentaient assurément plus que la conversion de son souverain à la foi chrétienne.

C'est pourquoi il écoutait sans s'émouvoir, les vastes conceptions de Colomb, relativement à la conquête de Jérusalem, que celui-ci comptait bien entreprendre, lorsqu'il aurait accompli sa mission providentielle dans l'Inde, et, comme il espérait en rapporter des trésors incalculables, il projetait de les employer à cette croisade qui l'occupa toute sa vie; à tel point que, dans ses dernières dispositions, il recommande à son fils Diego l'exécution de ce projet, dès que les revenus du majorat le permettront.

Cette conformité de pensées en faveur de la religion lui valut, de la part de la reine, une faveur qu'on n'accordait alors qu'aux gens de haute naissance : ce fut l'admission de son fils aîné Diego parmi les pages du prince Don Juan, héritier présomptif de la couronne.

Colomb avait décidé d'armer sa petite flotte dans le port de Palos, tant à cause de l'appui financier que lui prêtait Martin Alonzo Pinzon, qu'à cause du voisinage du couvent de la Rabida, dont le prieur lui avait témoigné un si vif et si efficace intérêt. Dans ce but, il avait pris congé de la cour, le 12 mai, et il était parti pour Palos, au comble du bonheur, et fier de devoir son succès à son savoir, à son courage et à sa patience.

La ville de Palos devait, en vertu d'un jugement intervenu par suite de quelque contravention, fournir à l'État, pendant un an, deux caravelles armées et équipées, et ces deux navires furent destinés à la petite flotte organisée pour l'entreprise de Colomb.

Celui-ci avait été nanti de tous les brevets, mandats et ordres, à l'effet de requérir tout ce qui lui serait nécessaire, et une ordonnance royale mandait à toutes les autorités d'obéir à ses commandements.

Dès son arrivée à Palos, il se rendit au couvent de la Rabida, où l'attendait l'excellent Juan Perez, qui le reçut avec les plus vives démonstrations de joie et d'amitié, et l'embrassa à plusieurs reprises.

Le lendemain, 24 mai, le prieur, que sa dignité et son caractère entouraient à Palos d'une extrême considération, l'accompagna à l'église de Saint-Georges, où avaient été invités à se rendre, l'alcade, les régidors et les principaux habitants. Et, quand tout le monde fut réuni, un notaire public lut, à haute voix, l'ordonnance qui mandait aux autorités de Palos de tenir deux caravelles prêtes à prendre la mer, dans un délai de huit jours, et de les mettre, avec leurs équipages, à la disposition de Colomb.

Colomb était en outre autorisé à armer et équiper un autre navire. Les marins, embarqués sur ces navires, seraient payés, comme les matelots de la marine de l'État, et recevraient une avance de quatre mois de solde; ils devaient être sous le commandement général de Colomb, obéir à ses ordres, et suivre la route qu'il leur indiquerait. Ils ne pouvaient, ni Colomb ni eux, toucher ni séjourner à Saint-George-la Mina, sur la côte d'Afrique, ni dans les pays découverts par les Portugais.

Le certificat de bonne conduite, donné par Colomb, constaterait l'accomplissement des devoirs de leurs engagements.

D'autres ordonnances, qui furent également lues par le notaire, enjoignaient aux autorités et aux habitants des côtes de l'Andalousie, de tous rangs et de toutes conditions, de prêter leur concours, à des prix raisonnables, pour l'équipement des navires, sous des peines déterminées, pour ceux qui s'y refuseraient ou mettraient obstacle à ces travaux. Les articles destinés à l'armement étaient déchargés de tous droits. Enfin les procès criminels, menaçant la personne ou les biens d'hommes engagés pour l'expédition, devaient être suspendus pendant leur absence, et ne pouvaient être repris que deux mois après leur retour.

Malgré les protestations d'obéissance des autorités, les ordres du roi ne s'exécutèrent pas sans difficultés. Quand on connut la nature et le but du voyage, les plus hardis reculèrent, et les maisons qui devaient fournir les navires refusèrent de les livrer, les considérant comme perdus.

Tous les marins redoutaient cette mer inconnue, dont on racontait des choses effrayantes; la population de Palos, au sein de laquelle se recrutaient les matelots les plus aventureux, familiarisée cependant avec les dangers de la mer, voyait avec terreur cette course au hasard, sur un océan sans limites, à la recherche de terres imaginaires; on répandait toute sorte de contes sur les périls qu'offraient ces flots inexplorés, et une agitation extrême, voisine de la révolte, se manifestait parmi la foule qui s'assemblait sur le port pour assister à l'armement des vaisseaux.

Il fallut toute l'énergie de Colomb et le bon vouloir des frères Pinzon, qui déclarèrent qu'ils prendraient part personnellement à l'entreprise, pour décider les plus audacieux à former le noyau des équipages. Malgré cette initiative, on n'avançait pas; les marins engagés désertaient et se cachaient; chaque jour c'était de nouveaux troubles, et deux mois s'étaient écoulés sans qu'on eût rien fait de décisif.

Les rois catholiques répétèrent leurs ordres, et il fut enjoint aux autorités et aux magistrats de ces localités d'user de la force, pour contraindre les possesseurs des navires à les livrer, et les matelots à s'embarquer et à suivre Colomb, là où il voudrait les conduire. On envoya un officier de la maison du roi, Juan de Penalosa, pour activer et surveiller l'exécution de ces ordres.

On lui donnait 200 maravédis par jour qui devaient être imposés aux récalcitrants, avec d'autres peines pour leur désobéissance.

Les deux Pinzon, alliés ou parents d'un grand nombre de familles de Palos, propriétaires de navires, marins expérimentés, multiplièrent leurs efforts et, comme ils jouissaient d'une haute considération et avaient une grande influence sur la population, ils entraînèrent à leur suite un certain nombre de marins qui s'embarquèrent avec eux sur le vaisseau qu'ils avaient fourni à l'expédition.

Les magistrats durent réquisitionner les deux autres navires qui étaient à la charge de la ville, mais les propriétaires de ces vaisseaux suscitèrent des désordres parmi les gens de l'équipage, et employèrent tous leurs efforts pour mettre obstacle à l'équipement et au départ de leurs navires ; ils parvinrent ainsi à détourner quelques matelots qui se laissèrent aller à leurs suggestions et quittèrent le bord.

Enfin, grâce à la coercition, au zèle des Pinzon et à l'énergique persistance de Colomb, on parvint à former les équipages. Mais, pour triompher de l'opposition générale, il ne fallut rien moins que l'autorité despotique du pouvoir qui, à cette époque, ne craignait pas de contraindre le commerce à des actes qui lui répugnaient ou étaient contraires à ses intérêts.

Les approvisionnements se firent ensuite moins difficilement, et Colomb y apporta une sévérité et une économie telles qu'on est étonné de la somme exiguë qui fut dépensée, en présence des hésitations que la cour avait témoignées pour se lancer dans cette expédition.

Colomb se contenta de trois vaisseaux, deux caravelles non pontées, l'avant et l'arrière hauts, ayant un gaillard d'avant et des cabines pour loger l'équipage. Un seul des trois navires avait un pont. Le hardi navigateur préférait les petits navires pour un voyage d'exploration, en ce qu'ils étaient plus maniables, exigeaient moins de monde, et permettaient de suivre les côtes et de remonter les fleuves et les rivières. Il fallait, avec de pareils navires, une grande habileté et une audace extrême, pour affronter l'immensité de l'Océan, avec ses écueils, ses flots soulevés, et ses tempêtes fréquentes et terribles.

Au commencement du mois d'août, toutes les difficultés, tous les obstacles surmontés, la petite flotte était prête. Colomb commandait l'expédition, et était monté sur le plus grand des trois navires, *la Santa-Maria,* armé et équipé exprès, et qui était ponté. Le deuxième vaisseau, *la Pinta*, avait pour capitaine Martin Alonzo Pinzon, avec son frère Francisco Martin, qui servait de pilote. Enfin le troisième navire *la Niña*, à voiles latines, était commandé par Vicente Yanez Pinzon, le troisième frère des Pinzon.

L'équipage se composait en outre de trois autres pilotes : Sancho Ruiz, Pedro Alonzo Niño, et Bartolomeo Roldan.

Un inspecteur général, Roderigo Sanchez, de Ségovie.

Un chef alguazil, Diego de Arana, de Cordoue.

Un notaire royal, Roderigo de Escobar, officier toujours attaché aux expéditions royales.

Un médecin et un chirurgien, et plusieurs particuliers courant les aventures, plusieurs serviteurs, et quatre-vingt-dix matelots, ce qui portait à cent vingt personnes la totalité des gens de l'expédition.

Avant le départ, Colomb fut saisi d'une émotion indicible; pénétré de l'importance de son exploration et de la responsabilité qui allait peser sur lui, prenant en quelque sorte à sa charge toutes ces existences qui se confiaient à lui, il sentit le besoin de se préparer à l'acte considérable qu'il allait accomplir.

Il se confessa au prieur Juan Perez, et reçut la communion; ses officiers et ses matelots suivirent son exemple, et, pleins d'effroi en considérant les dangers qu'ils allaient affronter, ils prièrent Dieu d'être leur protecteur et leur guide, et de leur donner le courage et la force nécessaires pour supporter les périls et les fatigues de cette inquiétante navigation.

La population de Palos qui assistait au départ, et dont la plupart des membres avait un parent ou un ami à bord des navires, était tristement impressionnée, et poussait des cris douloureux et des gémissements, et cette affliction générale réagissait sur les équipages déjà affectés et émus, et quittant leur terre natale et leur famille, avec la cruelle prévision de ne plus les revoir.

# CHAPITRE X.

### DÉPART DE CHRISTOPHE COLOMB, LE 3 AOUT 1492, POUR SON PREMIER VOYAGE.

Ce fut le 3 août de l'année 1492 que la petite flotille quitta le port de Palos, pour entreprendre le mémorable voyage qui devait mettre un nouveau monde en communication avec l'ancien continent.

Fidèle à ses habitudes de régularité et d'exactitude, Colomb commença la relation des événements qui marquèrent cette intéressante expédition. En écrivant ce journal des faits qui allaient se dérouler pendant cette exploration, Colomb, persuadé qu'il devait assister à des découvertes importantes, pensait agir comme César, rédigeant ses *Commentaires*, et ouvrait son récit par un exposé pompeux des causes et du but de son expédition. Voici la traduction de cet en-tête qui indique bien les idées sous l'empire desquelles agissait l'éminent navigateur :

« *In nomine D. N. Jesu Christi.* Comme les très chrétiens,
« très excellents et bien puissants princes, le roi et la reine
« des Espagnes et des îles de la mer, nos souverains, ont,
« dans la présente année 1492, mis fin à la guerre contre
« les Maures qui régnaient en Europe, et cela dans la grande
« cité de Grenade, où, le 2 janvier de cette année, j'ai vu
« les bannières royales d'Espagne plantées sur les murs de
« l'Alhambra, la forteresse de cette ville, tandis que le roi
« des Maures, sortant de sa capitale, venait baiser la main
« de LL. Majestés et du prince mon maître, comme, im-
« médiatement après, j'ai parlé à Vos Majestés des terres
« de l'Inde et d'un prince appelé le grand khan, c'est-à-dire

« le roi des rois, dans notre langue, et je leur ai représenté
« que ce dernier, et ses prédécesseurs, ont plusieurs fois fait
« demander à Rome des docteurs de notre sainte Foi, pour
« les instruire dans celle-ci, que le Saint-Père ne leur avait
« jamais envoyé aucun religieux, et qu'ainsi tant de gens
« étaient perdus, croyant à des idoles et suçant des doctrines
« de perdition. Pour ces motifs, Vos Majestés, comme catholi-
« ques et comme princes, partisans et protecteurs de la sainte
« foi chrétienne, et ennemis de la secte de Mahomet, ainsi
« que de toutes les idolâtries et hérésies, ont décidé de m'en-
« voyer, moi, Christophe Colomb, dans lesdites régions de
« l'Inde, pour voir ce prince et ce peuple, étudier leur na-
« turel et leur caractère, et découvrir les moyens à prendre
« pour les convertir à notre sainte religion; et vous
« m'avez ordonné de me rendre en Orient, non par terre,
« comme on en a l'habitude, mais par mer, en me dirigeant
« vers l'ouest, route où nous ne savons pas positivement
« que personne ait passé, jusqu'à ce jour. Vos Majestés
« donc, après avoir banni tous les Juifs de leur royaume et
« de leurs territoires, m'ont ordonné, dans ce même mois de
« janvier, de me rendre, avec des forces suffisantes, dans
« l'Inde, et dans ce but, m'ont accordé de grandes faveurs,
« m'ennoblissant, afin que je porte à jamais le titre de Don,
« me nommant grand amiral de l'Océan, vice-roi et gouver-
« neur perpétuel de toutes les îles et continents que je dé-
« couvrirai et acquerrai, ou qui, par la suite, peuvent être
« découverts et acquis dans l'Océan, et voulant que mon fils
« aîné me succède, et, ainsi de suite de génération en géné-
« ration, à perpétuité. Je suis donc parti de Grenade, le sa-
« medi 12 mai 1492, pour Palos, port de mer, où j'ai armé
« trois vaisseaux, propres à ce service, et je suis sorti de ce
« port, bien pourvu de provisions et de matelots, le ven-
« dredi, 3 août de cette année, une demi-heure avant le
« lever du soleil; j'ai pris la route des îles Canaries, pour de
« là diriger ma course et naviguer jusqu'à ce que j'arrive
« aux Indes, où je m'acquitterai de ma mission, auprès de
« ces princes, et j'exécuterai vos ordres.

« A ce propos, je me propose d'écrire, très ponctuelle-

« ment, durant ce voyage, et chaque jour, tout ce que je fe-
« rai, verrai ou éprouverai, comme il apparaîtra ci-après;
« je me propose également tout en consignant, la nuit, ce
« qui se sera passé dans la journée, et, pendant le jour, la
« navigation de la nuit; de dresser une carte dans laquelle
« je placerai les eaux et les terres de l'Océan, dans leur vé-
« ritable situation; en outre, je composerai un livre et je
« clôturerai le tout par un tableau, avec la latitude à l'é-
« quateur, et la longitude à l'ouest; surtout il sera essentiel
« que j'oublie de dormir et que je sois toujours attentif à la
« navigation, pour accomplir ces travaux, ce qui sera une
« grande préocupation (1).

Le vendredi, 3 août 1492, avant le lever du soleil, Colomb et sa petite flotte, franchirent la barre de Saltes, petite île de l'Odiel, au devant de Huelva, en direction du sud-ouest, vers les îles Canaries; et, de là, il comptait voguer à l'ouest, en suivant les indications de la carte que lui avait envoyée Paulo Toscanelli.

Cette carte et celles dressées par Colomb ne paraissent pas avoir été conservées, mais il existe un planisphère de Behem qui date de cette époque, et où l'on retrouve les données de la géographie du temps; les côtes de l'Europe y sont indiquées avec celles de l'Afrique, jusqu'à la Guinée, et, de l'autre côté de la mer Atlantique, on a marqué la fin de l'Asie ou de l'Inde, comme on le croyait alors. Une grande île Cipango, qu'on dit être le Japon, se trouve placée entre ces deux terres, à quinze cents milles de l'Asie, suivant Marco Polo. Colomb avait, dans ses calculs, porté cette île à mille lieues trop loin vers l'est; il la mettait à peu près où se trouve la Floride et il espérait que cette île serait la première terre où il aborderait.

Colomb, à peine en mer, eut une cruelle préoccupation, ce fut la crainte que lui inspiraient les hésitations et les terreurs des hommes qui composaient ses équipages; il redou-

(1) Ce journal, reproduit en abrégé par Las Casas, a servi à Don Fernando pour écrire l'histoire de son père, et c'est dans cette dernière histoire que nous avons puisé les détails circonstanciés de ses voyages; d'autres documents de l'époque nous ont également servi pour notre narration.

tait de les voir se buter contre la possibilité de mener à bien un voyage qu'ils avaient entrepris avec tant de répugnance, et se mutiner pour le forcer à abandonner son projet et à retourner en Espagne. Tant qu'il resta dans les eaux de l'Europe, il garda ces appréhensions, et le troisième jour de leur départ, des signaux de détresse de la *Pinta* parurent les justifier; on s'était aperçu que son gouvernail était brisé et détaché.

Cet accident, qui pouvait avoir des suites funestes, était-il le fait de la malveillance des propriétaires du navire qui avait été réquisitionné, et dont l'équipage avait été embarqué par force? Était-il le résultat d'un événement de mer? Colomb hésita entre les deux suppositions, vraisemblables l'une et l'autre. Le vent qui soufflait fortement ne lui permettait pas de porter secours à la caravelle, et il se trouvait dans une extrême anxiété, redoutant une révolte motivée par cet accident.

Mais Martin Alonzo Pinzon, qui commandait la *Pinta*, trouva le moyen de réparer le gouvernail, à l'aide de cordes, et l'on put continuer sa route. Malheureusement les cordes cédèrent le lendemain, et, en attendant qu'une nouvelle réparation fût opérée, on dut ralentir la marche des deux autres navires.

Colomb se décida alors à toucher aux îles Canaries, pour y remplacer la *Pinta* par un autre navire, et, dans le cas où il n'en trouverait pas, pour la remettre en état de naviguer. Quoique les pilotes prétendissent que ces îles étaient éloignées, il pensait, lui, qu'elles étaient à sa portée, et il avait raison, car le jeudi, 9 août, au point du jour, les trois navires aperçurent lesdites îles; mais, par suite des vents contraires, ce ne fut que le troisième jour qu'ils purent aborder la grande Canarie; il y laissa Pinzon avec la *Pinta*, afin qu'il se procurât un autre navire si c'était possible, et lui, emmenant la *Niña*, se dirigea vers la Gomera, dans le même but, espérant, s'il ne trouvait pas un autre bâtiment, dans l'une de ces îles, le trouver dans l'autre.

Mais leur espoir fut déçu des deux côtés; arrivé à la Gomera, le 12 août, le dimanche, il envoya une barque à terre, et, le jour suivant, la barque revint rapportant qu'il n'y avait, en rade, aucun navire, mais qu'on attendait Doña Beatrix de Bobadilla qui était à la grande Canarie, et devait revenir par le vaisseau de Grageda de Séville, bâtiment de 40 tonneaux, que l'on pourrait acheter, et qui serait bien approprié à ce voyage. L'amiral attendit donc deux jours, mais le navire ne se montrant pas, et une petite caravelle partant précisément pour la grande Canarie, Colomb envoya, par ce bâtiment, un de ses hommes, pour dire à Pinzon de réparer son navire et qu'il irait bientôt l'aider; mais l'envoyé ne revenant pas avec la réponse, l'amiral se décida à retourner à la grande Canarie, le 23 août, avec ses deux navires, et, le jour suivant, il rencontra la petite caravelle qui n'avait pu, par suite des vents contraires, arriver encore à la grande île, et, après avoir repris son envoyé, il passa, pendant la nuit, devant Ténériffe, et les équipages et lui virent s'élever de la montagne des flammes si énormes que les hommes en furent effrayés, mais l'amiral leur expliqua la cause et l'effet d'un si grand feu, en leur citant l'exemple du mont Etna, en Sicile, et d'autres montagnes qui produisent les mêmes éruptions.

Après avoir dépassé cette île, Colomb arriva, le samedi, 25 août, à la grande Canarie, où il retrouva Pinzon, qui, après avoir appris que Doña Beatrix était partie avec son navire, en avait éprouvé un vif regret; mais, prenant son parti, il s'était décidé à faire réparer la *Pinta*, en lui mettant un gouvernail neuf, le sien s'étant perdu dans la traversée qui avait été laborieuse. On changea aussi la voile latine de la *Niña* pour une voile ronde, afin qu'elle pût suivre les deux autres navires avec plus de sécurité.

Pendant que l'amiral faisait ces réparations et renouvelait ses provisions, il fût informé qu'on avait vu trois vaisseaux portugais, croisant à la hauteur de la Gomera, et ces navires, disait-on, avaient l'ordre de prendre l'amiral. Pensant que le roi de Portugal voulait ainsi le punir de l'avoir abandonné, Colomb se hâta de quitter ces parages et de gagner le large, redoutant quelque embûche qui pourrait le contrarier dans son exploration.

Les navires mis en état, l'amiral fit mettre voiles dehors et quitta la grande Canarie, le 1ᵉʳ septembre; le jour suivant, il était à la Gomera où le retinrent, pendant trois ou quatre jours, des calmes plats, ce qui le contraria très vivement, mais il en profita pour compléter sa provision d'eau et de bois, et, le 4 septembre, il partit enfin de cette île, pour entrer dans le grand Océan. C'était un jeudi, et cette date peut être considérée comme le point de départ de cette vaste entreprise, à cause des contrariétés qu'il avait éprouvées jusque-là.

Le dimanche, au point du jour, il se trouva à neuf lieues de l'île de Fer, et, à ce même instant, ils perdirent la terre de vue. Alors les gens des équipages se mirent à pousser des cris et des gémissements, en entrant dans cet océan immense, inconnu, et d'où ils craignaient de ne plus revenir.

Mais l'amiral tâcha de les réconforter; il leur représenta qu'ils allaient conquérir des terres et des richesses et, pour accroître leur espoir, et diminuer leurs craintes, il réduisait le compte des lieues parcourues, afin qu'ils ne connussent pas l'éloignement où ils étaient de leurs pays; ainsi, bien qu'ils eussent, ce même jour, fait dix-huit lieues, il leur dit qu'ils n'en avaient fait que quinze.

Ils continuèrent leur voyage et, le mardi, 16 septembre, au moment où le soleil disparaissait, à 250 lieues de l'île de Fer, vers l'ouest, ils virent flotter un mât de navire très gros et qui avait dû appartenir à un bâtiment de 120 tonneaux, et il paraissait qu'il était à l'eau depuis plusieurs jours. Dans ces parages, et plus avant vers l'occident, les courants, au nord-est, étaient très violents. La vue de ce débris raviva les terreurs des marins; étaient-ils destinés, eux aussi, à semer des épaves de leurs vaisseaux sur ces flots inhospitaliers? Ce mât flottant, reste probable de quelque vaisseau englouti dans cette mer funeste, n'était-il pas un présage du malheureux sort qui les attendait?

Une autre circonstance vint encore ajouter un présage nouveau à leurs tristes prévisions; ils avaient fait environ 50 lieues vers l'ouest, quand Colomb remarqua une variation sensible dans l'aiguille aimantée; celle-ci, au lieu de se tourner vers l'étoile polaire, à la tombée de la nuit, déviait de cinq à six degrés vers le nord-ouest, se fixant à un point invisible; le lendemain, au point du jour, elle avait varié un peu plus que la veille, et l'écartement augmentait à mesure que l'on avançait.

Colomb d'abord ne communiqua pas ses observations à ses compagnons, par crainte de les alarmer davantage, mais les pilotes s'étant aperçus de ces variations, les craintes des matelots se ranimèrent; la nature elle-même, dans ces régions inconnues, semblait les avertir des dangers qu'ils allaient courir; que deviendraient-ils si les instruments qui leur servaient de guide leur faisaient défaut, et quel serait leur sort s'ils allaient errer, sans observation possible, sur cette étendue d'eau infinie et inexplorée?

Colomb, ignorant les causes de ces variations qu'il remarquait pour la première fois, tâcha de leur en expliquer les raisons afin de les rassurer : selon lui, l'aiguille, en quittant l'étoile polaire, se tournait vers un autre point inconnu; le compas fonctionnait donc et n'était pas dérangé; la variation était due au mouvement de l'étoile polaire elle-même, qui, accomplissant sa révolution, comme les autres étoiles, décrivait un cercle autour du pôle et quittait conséquemment le point nord qu'elle occupait, pour y revenir, sa révolution accomplie. Cette explication, que Colomb avait puisée dans sa science particulière, calma leurs terreurs, par suite de la confiance qu'ils avaient dans le savoir de l'amiral, considéré comme un astronome éminent. On ne connaissait pas alors le système solaire de Copernic; cette explication était donc ingénieuse, et Colomb lui-même, après de nouvelles constatations, s'en contenta. Aujourd'hui, ce phénomène est devenu familier à nos marins; mais la cause réelle n'en est pas précisément déterminée, et, comme pour beaucoup d'autres mystères de la nature, elle échappe à nos lumières encore trop restreintes.

L'escadre était parvenue à environ trois cents lieues de l'île de Fer, quand, le samedi, 15 septembre, il tomba du ciel, à quatre ou cinq lieues des navires, une flamme merveilleuse, dans la partie du sud-ouest, bien que le temps fût doux comme en avril, les vents de nord-est au sud-ouest tempérés, la mer calme et les courants portant au nord-est. Les gens de la caravelle *Niña* dirent à l'amiral que le dernier vendredi, ils avaient vu planer au-dessus de leur navire, un héron et un autre oiseau appelé *rabo de Junco*, ce qui les avait réjouis, parce que c'étaient les premiers oiseaux qu'ils avaient vus, mais, le lendemain dimanche, ils furent encore plus émerveillés, ils rencontrèrent une grande quantité d'herbe dont la couleur variait entre le vert et le paille; cette herbe, qui se tenait à la surface de l'eau, semblait avoir été arrachée, depuis peu de temps, à quelque île ou à quelque rocher; mais, le jour suivant, ils n'en virent plus; beaucoup d'entre eux affirmaient qu'ils devaient être près d'une terre, surtout après avoir vu, dans cette herbe, un cancre ou crabe vivant. L'herbe, disaient-ils, était semblable à l'herbe queue de souris, mais elle n'avait pas de pied; les brins étaient longs et chargés de fruits pareils à ceux du lentisque. Ils avaient ensuite remarqué que l'eau de la mer était moins salée de moitié que celle déjà traversée, et, cette nuit-là, des thons en grand nombre avaient suivi le navire, et s'étaient approchés de si près, et avec tant de confiance, que les marins de la *Niña* en avaient tué un d'un coup de trident. Enfin, arrivés à trois cent soixante lieues de l'île de Fer, ils virent un autre *rabo* ou *paille-en-cul*, oiseau qui tire ce dernier nom d'une longue plume qui termine sa queue. Cet oiseau, que l'on appelle aussi bergeronnette de mer, ne s'éloignant guère de la terre, les marins en inféraient que l'on était près de quelque île.

Le mardi suivant, 18 septembre, la caravelle *Pinta*, meilleure voilière que les autres, se trouvait en avant; son capitaine s'arrêta pour attendre l'amiral et lui dire qu'il avait vu une quantité de grands oiseaux volant vers le couchant; qu'il espérait, par suite, rencontrer la terre à la nuit, et qu'il lui semblait l'apercevoir au nord, à quinze lieues de distance; mais, au soleil couchant, Colomb, reconnaissant que c'était un amas de nuages, ne voulut pas s'approcher de cette prétendue terre, malgré l'insistance des hommes, parce qu'elle ne se trouvait pas du côté où elle devait être, d'après ses calculs. Ce soir-là, ils mirent une bonette à leur voilure, le vent fraîchissant : ils avaient passé onze jours, pendant lesquels ils n'avaient pas cargué un pan de voile, et avaient toujours couru vent arrière vers l'Occident.

L'amiral ne pensait pas d'ailleurs être encore près du terme de son voyage; d'après ses calculs, ils avaient fait depuis la dernière des Canaries, environ trois cent soixante lieues, et, selon lui, la terre qu'il cherchait devait être bien plus éloignée.

Le beau temps, la mer calme et unie comme une glace, le vent propice, par une température douce, le voyage continuait, et les marins, excités par cette navigation facile, travaillaient avec zèle et une émulation intéressée, les yeux fixés à l'horizon, car les rois avaient promis une pension de 10 mille maravédis à celui qui découvrirait le premier la terre.

Certains signes semblaient annoncer des terres non éloignées; Colomb fit sonder à 200 brasses de profondeur et ne trouva pas de fond. Ne voulant pas perdre de temps à reconnaître des îles qu'il avait prévu devoir trouver sur son passage, il marcha résolument vers le point qu'il avait indiqué, sans hésitation, sans se détourner, désirant ne pas compromettre son autorité, en paraissant chercher sa route et se réservant, une fois l'Inde découverte, de revenir explorer ces mers et reconnaître les îles qu'il aurait laissées sur son chemin.

Les équipages cependant ne cessaient pas de murmurer et de se plaindre de la longueur du voyage; bien que l'amiral eût pris soin de réduire chaque jour le chemin parcouru, ils se savaient très loin de leur pays, et, ne voyant que le ciel et l'eau, redoutant de ne jamais revoir leur patrie, ils remarquaient, avec une extrême attention, chaque nouvel objet qu'ils découvraient, comme des gens qui s'étaient éloignés de leur pays et étaient venus plus loin qu'aucun autre jusqu'à ce jour.

Ainsi, le 19 septembre, au matin, un *onocrotale*, grand oiseau de mer, vint se poser sur le pont du navire et, le soir, il en vint un autre : c'était un espoir de l'approche de la terre.

Le jeudi, 20 du même mois, deux autres onocrotales vinrent également, suivis d'un troisième, un bon moment après; ils prirent ensuite un oiseau pareil au héron, mais celui-ci était noir, et avait, sur la tête, une houppe de plumes blanches, et les pieds palmés; ils tirèrent à bord un petit poisson, et virent une grande quantité de l'herbe dont nous avons parlé déjà. A la pointe du jour, trois petits oiseaux se posèrent à bord, en chantant, et s'en furent à la tombée de la nuit. La venue de ces oiseaux apportait quelque consolation aux gens des équipages : les grands oiseaux, pensaient-ils, peuvent s'éloigner plus facilement de la terre, tandis que les petits doivent venir d'un pays voisin. Trois heures après, ils virent un autre onocrotale qui venait du nord-ouest. Le jour suivant, le soir, ils en virent un autre, ainsi qu'une bergeronnette, et ils découvrirent, vers le nord, une telle quantité d'herbe que la mer en était couverte, aussi loin que la vue pouvait s'étendre. Quelquefois, la vue de ces objets apaisait leur ennui, et, d'autres fois, elle leur causait certaine frayeur, parce qu'il y avait une si grande quantité d'herbes qu'elles entravaient la navigation, et, comme la peur incite toujours les plus mauvaises idées, ils tremblaient d'avoir le sort de Saint-Amar, dans la mer Glaciale, qui ne laisse pas aux navires la possibilité de se mouvoir et, conséquemment, ils s'éloignaient le plus qu'ils pouvaient des endroits couverts de ces herbes.

Un autre jour, ils rencontrèrent une baleine et, le lendemain, le samedi 22 septembre, ils virent quelques pluviers. Ces jours-là, les vents passèrent au sud-ouest, un peu plus ou un peu moins vers l'ouest, et, quoique contraires au voyage de l'amiral, les équipages les considéraient comme favorables, parce qu'ils pensaient, qu'ayant toujours à l'aller les vents en poupe, ces vents persistants seraient opposés à leur retour; ils craignaient que ces vents de sud-ouest, propices à leur retour ne durassent pas assez longtemps pour leur faire parcourir la longue route qu'ils auraient faite, et, de là, de nouveaux murmures que l'amiral calmait, en leur disant que cet état de choses provenait de ce qu'ils étaient près de terre, ce qui empêchait les vagues de se soulever, et il leur donnait bien d'autres raisons; il a affirmé qu'il eut un besoin spécial de l'aide de Dieu, comme Moïse, quand il ramena d'Égypte le peuple juif.

Mais le dimanche suivant, 23 septembre, il s'éleva un vent d'ouest-nord-ouest qui souleva la mer, selon les désirs des équipages, et, à trois heures, ils virent voler une tourterelle au-dessus du navire, et, le soir, un onocrotale, un oiseau de rivière et d'autres oiseaux blancs; sur l'herbe, ils trouvèrent quelques petits crabes, et, le jour suivant, parut un autre onocrotale; un grand nombre de courlis venant de l'ouest, et quelques petits poissons passèrent près des navires, et les équipages en tuèrent un certain nombre, parce qu'ils ne mordaient pas à l'hameçon.

Et le voyage continuait toujours, et c'était toujours la même succession de gros et de petits oiseaux, de poissons et d'herbes marines, et la terre ne paraissait pas, et le mécontentement des marins augmentait.

Plus ils voyaient des signes qui semblaient annoncer la terre, et plus ils éprouvaient de frayeurs; groupés sur leurs navires, ils se communiquaient leurs pensées et s'excitaient mutuellement : « L'amiral, disaient-ils, avec sa folle entre-
« prise, avait le dessein de devenir grand seigneur, et cela
« au péril de leurs jours, en les exposant au danger de la
« mort; ils avaient rempli leurs obligations en tentant la
« fortune, et ils étaient si éloignés de la terre, n'ayant à leur
« portée aucun secours; étant allés plus loin qu'aucun autre
« navigateur, ils ne devaient pas, en continuant ce voyage,
« devenir eux-mêmes les auteurs de leur perte et s'ôter le
« temps de se repentir, parce qu'ils n'auraient ni vivres ni
« navires, ceux-ci étant si défectueux, qu'ils ne pourraient
« jamais ramener sains et saufs des hommes qui se trou-
« vaient si avant en pleine mer; ils ajoutaient que personne
« ne trouverait mauvaise leur conduite et, qu'au contraire,
« ils seraient estimés pour s'être exposés à une semblable
« entreprise, et s'être avancés si loin; que l'amiral étant
« étranger et sans protection, son projet ayant été désap-
« prouvé et dédaigné par tant d'hommes doctes et sages,
« n'aurait personne pour le soutenir; qu'eux, au contraire,

« seraient crus, s'ils mettaient la faute de l'insuccès sur le
« compte de sa mauvaise direction et de son ignorance, et
« que, quelques justifications qu'il pût présenter, aucune
« ne prévaudrait contre leurs dires. Quelques-uns allaient
« jusqu'à dire que, pour éviter toute discussion, il n'y avait
« qu'à le jeter à la mer, s'il ne voulait pas renoncer à ses
« projets, et qu'on raconterait après qu'il était tombé à l'eau,
« en regardant les étoiles et en consultant les signes du
« temps; que personne ne viendrait s'enquérir de la vérité
« sur ce point, et qu'il n'y avait d'autre moyen certain de
« salut que celui-là. »

Ils n'en continuaient pas moins leur navigation, en murmurant, exhalant leurs plaintes, et tenant conseil, chaque jour, sans se cacher de l'amiral, qui n'ignorait pas les mauvais desseins qu'ils nourrissaient contre lui. Et Colomb, tantôt avec de bonnes paroles, sans crainte de la mort, tantôt par des menaces, leur expliquait à quel châtiment ils s'exposeraient, s'ils mettaient obstacle à son voyage; il réussissait ainsi quelquefois à calmer leurs craintes et à déjouer leurs complots. En leur rappelant les espérances qu'il leur avait fait concevoir, il leur remettait en mémoire les signes qu'ils avaient vus des approches de la terre, il leur promettait que bientôt ils en auraient des preuves plus certaines; alors ils se reprenaient à rechercher attentivement ces signes, et chaque heure leur paraissait une année, jusqu'à ce que, le mardi 25 septembre, au coucher du soleil, s'entretenant avec Pinzon qui se trouvait près de son navire, celui-ci s'écria tout à coup : Terre! terre! Seigneur! que ma bonne fortune ne se perde pas! et il lui montra de la main du côté du sud-ouest, un corps, qui paraissait être une île, environ à 25 lieues de distance. Les équipages témoignèrent aussitôt une grande joie, et consolés de leurs douleurs, rendirent grâces à Dieu.

L'amiral qui, à cause de la nuit, avait cru à la possibilité du fait, désireux de faire cesser les angoisses de son monde, voulant les satisfaire pour qu'ils ne missent aucun obstacle à son voyage, marcha vers l'objet en question, et navigua ainsi une partie de la nuit, mais, le lendemain matin, on reconnut que c'était un amoncellement de nuages qui, maintes fois, ressemble à une terre.

On comprend le désappointement et la douleur des équipages, qui durent suivre de nouveau la route de l'ouest qu'ils continuaient à garder, tant que les vents n'étaient pas contraires, et, considérant avec attention les signes qui se présentaient, ils virent un onocrotale, un pluvier et plusieurs autres oiseaux semblables à ceux que l'on avait déjà rencontrés.

Le jeudi, 27 septembre, un autre onocrotale, venant du couchant et volant vers le levant, passa près des navires; de nombreux poissons dorés se montrèrent, et ils en tuèrent un. En même temps que ces poissons, il passa un oiseau de marais, et on remarqua que les courants n'étaient pas aussi forts ni aussi réguliers, pendant ces derniers jours, qu'ils avaient coutume de l'être auparavant; ils reprenaient leurs cours avec les marées; l'herbe était aussi moins abondante, sur la mer, que les jours précédents. Le vendredi, les hommes de tous les navires prirent beaucoup de poissons; le samedi, ils trouvèrent dans leur filet accroché et pris aux mailles un *rabi*, oiseau de mer qui, bien qu'appartenant aux aquatiques, ne s'arrête pas sur la mer, mais vole, dans l'air, à la poursuite des onocrotales qu'il harcèle, jusqu'à ce qu'il les oblige à se soulager le ventre, et se nourrit de leurs excréments qu'il gobe dans l'air; c'est au moyen de cette chasse et à l'aide de cette ruse, que cet oiseau s'alimente, non seulement dans ces mers, mais aux alentours du Cap-Vert. Peu de temps après, ils virent deux onocrotales et une infinité de poissons appelés hirondelles de mer, grands comme la main, lesquels, pourvus de deux petites ailes, rasent la surface de l'eau, avec la rapidité de la balle ou de la flèche tirée en l'air, et vont souvent s'abattre sur le pont des navires. Ensuite, on aperçut une longue traînée d'herbe du côté du nord, et, à midi, trois onocrotales poursuivis par un *rabi* acharné après eux.

Le dimanche matin, quatre oiseaux de mer passèrent ensemble, et on en conclut que, pour s'être ainsi réunis, il fallait que la terre ne fût pas éloignée, et cette supposition fut corroborée par le passage de quatre autres de ces oiseaux, qui s'effectua très peu de temps après, ainsi que par la vue de beaucoup d'herbe voguant de l'ouest-sud-ouest, à l'est-sud-est; d'autres virent un grand nombre de poissons-empereurs qui ont la peau très dure et ne sont pas comestibles.

Mais ces différents signes ne détournaient pas l'amiral de ses observations sidérales, et il remarqua que, dans ces parages, les deux gardes (1) se trouvaient, pendant la nuit, précisément à la hauteur du bras, au nord, et que le matin, au point du jour, elles étaient au dessous, du côté du nord-est. Cette observation lui causait une grande surprise, et il reconnaissait que, pendant toute la nuit, ces étoiles ne s'écartaient que de trois lignes, qui ne font que neuf heures et, chaque nuit, il renouvelait cette expérience.

Il observa aussi que, durant la première nuit, les aiguilles du compas ne dévièrent que d'un quart, et que, lorsque le jour venait, elles étaient vers l'étoile polaire, et ceci, à la grande surprise et à la confusion des pilotes, mais l'amiral leur expliquait que ce phénomène tenait au cercle que décrivait, autour du pôle, l'étoile en question, et cette explication les rassura un peu, car ils entrevoyaient, en observant cette différence, de grandes difficultés pour leur navigation, et redoutaient des périls extrêmes, à un si grand éloignement et dans des régions si différentes de leur pays.

Le 1er octobre, le lundi, un onocrotale vint se poser sur le navire et, deux heures avant midi, il en vint deux autres; les bandes d'herbes venaient alors de l'est et se dirigeaient vers l'ouest. Ce matin-là, le pilote du navire de l'amiral dit, qu'à l'ouest, on se trouvait à 578 lieues de l'île de Fer; l'amiral affirmait que c'était 584, alors qu'il savait qu'on avait fait 707 lieues, ce qui faisait, eu égard au calcul du pilote, une différence de 129 lieues. Les calculs des autres navires étaient bien différents; le pilote de la *Niña* dit, le mercredi suivant, qu'on avait fait 540 lieues, et celui de la Pinta en accusait 634, en défalquant le chemin parcouru

(1) Les deux étoiles les plus rapprochées du pôle arctique.

pendant ces trois jours; ils étaient, comme on le voit, bien loin de la vérité, car ayant eu toujours le vent en poupe, ils avaient fait beaucoup plus de chemin.

Mais, ainsi que nous l'avons dit déjà, Colomb passait sur ces erreurs, parce qu'il était bien aise de dissimuler la réalité du chemin parcouru, afin de ne pas attrister son monde qui n'eût pas manqué de se plaindre, s'il avait appris qu'il était si loin.

Le jour suivant, qui était le 2 octobre, ils rencontrèrent beaucoup de poissons et tuèrent un thon; ils virent aussi une grande quantité de petits oiseaux; l'herbe était vieille et presque réduite en poussière. Le lendemain, comme on ne vit plus ces mêmes volées d'oiseaux, dont il ne passa que quelques-uns très petits, on crut avoir dépassé quelques îles, en passant au milieu d'elles sans les apercevoir, et on s'imagina que ces vols d'oiseaux avaient lieu d'une île à l'autre, et les hommes voulaient aller d'un côté et d'autre, à la recherche de ces terres; mais l'amiral s'y refusa, ne voulant pas perdre un temps si favorable et résolu de poursuivre sa route jusqu'aux Indes, en droite ligne, et en allant toujours vers l'Occident; c'était la route qu'il avait toujours indiquée, et il avait la certitude que c'était la seule assurée; en la modifiant, il perdait l'autorité de son savoir et se discréditait auprès de ses gens.

Ceux-ci, affectés des désenchantements qu'ils venaient d'éprouver, par suite de l'évanouissement des terres qu'ils avaient cru voir, fatigués de ce long voyage et découragés de voir, en quelque sorte, fuir devant eux, à mesure qu'ils avançaient, cette terre promise qui sans doute n'existait pas, se révoltèrent à l'idée d'aller toujours en avant, sur une mer sans limite, et poussèrent des cris d'insubordination et de désobéissance.

Alors l'amiral, qui jusque-là avait usé envers eux de paroles consolantes et de moyens de conciliation, eut recours à son autorité et s'avançant vers les mutins avec dignité, il leur dit d'une voix ferme : « Nos souverains nous ont en-
« voyés pour découvrir les Indes; je sais la route qui doit
« nous y conduire, et rien ne m'empêchera de la suivre; nous

« irons en avant jusqu'à ce que nous les trouvions, et nous
« les trouverons ».

Ces fières paroles et l'attitude de Colomb en imposèrent aux mécontents et, comme à ce moment les vols d'oiseaux recommencèrent, que des hirondelles de mer s'abattirent sur le pont du navire, que des onocrotales s'approchèrent si près d'eux qu'un mousse put leur tirer un coup de pierre, la mutinerie s'apaisa et la navigation continua.

Le dimanche suivant, le 7 octobre, au lever du soleil, on aperçut un semblant de terre vers l'Occident, mais comme, elle était encore dans l'ombre, personne ne voulut être le premier à annoncer la nouvelle, dans la crainte, si c'était encore une illusion, de perdre la récompense de 30 écus de rente promise, par les rois catholiques, au premier qui verrait la terre.

Or, comme après la première déconvenue, l'amiral, pour éviter de nouvelles erreurs, avait défendu de crier terre sans qu'on en fût bien certain, sous peine de perdre tout droit à ladite rente, alors même qu'on la verrait plus tard réellement, les marins du navire de l'amiral, craignant de se livrer à une fausse joie, ne se hasardaient pas à crier : terre ! Mais les hommes de la caravelle Niña qui, meilleure voilière, était toujours en avant, croyant fermement que c'était la terre, tirèrent un coup de canon et hissèrent un pavillon, signal de vue de terre ; mais, en allant plus avant, leur joie s'évanouit, en reconnaissant que c'était encore un mirage.

Cependant, peu de temps après, la vue de grandes bandes d'oiseaux de toute espèce, et quelques volées d'oiseaux de terre qui, de l'ouest allaient vers le sud-ouest chercher leur nourriture, cette vue leur apporta quelque consolation.

L'amiral tenant pour certain, qu'à une distance si éloignée de la Castille, de si petits oiseaux ne pouvaient aller qu'à une terre peu lointaine, cessa de suivre la voie de l'ouest et tourna vers le sud-ouest, et il dit à ses hommes que, s'il changeait sa route, c'était parce que cette nouvelle direction n'était guère distante de sa route première ; qu'il était bon de suivre l'exemple des Portugais qui avaient fait leurs découvertes en suivant le vol des oiseaux; d'autant mieux que ceux qu'ils venaient de voir suivaient à peu près la direction vers le point où il avait toujours dit que se trouvait la terre, selon l'endroit où ils étaient placés, et, comme il le leur avait dit bien souvent, il n'espérait pas voir la terre avant d'avoir fait 750 lieues vers l'Occident, depuis les Canaries, qu'à cette distance on trouverait l'Espagnole, alors appelée Zipango, et il l'eût trouvée, sans aucun doute, s'il n'avait su qu'elle était au large du côté du nord, et c'est pour cela qu'il gardait la gauche vers le midi; cette île et d'autres îles des Caribes vers lesquelles volaient les oiseaux qu'ils avaient vus, étaient si peu éloignées que l'on voyait, depuis quelques jours, une grande abondance d'oiseaux de toutes sortes.

Le lundi, 8 octobre, vinrent près du navire une douzaine de ces oiseaux aux mille couleurs, qui chantent aux champs, et, après avoir voleté autour du vaisseau, ils poursuivirent leur route; ils virent également du bord des bâtiments une grande quantité d'autres oiseaux qui volaient vers le sud-ouest, et, ce même soir, des oiseaux de grande taille et des bandes d'oisillons furent vus venant du nord et volant directement vers le même point que les autres.

Ensuite, on rencontra des thons et le matin un pluvier, un onocrotale, un canard et d'autres petits oiseaux qui prenaient la même route que les autres.

Les hommes des équipages sentaient plus de fraîcheur dans l'air, qui était odorant comme au mois d'avril à Séville, mais leur anxiété et leur désir de voir la terre étaient si pressants, qu'ils ne se fiaient plus à aucun indice, de telle sorte que, le mercredi 10 octobre, quoiqu'ils vissent passer de nombreuses volées d'oiseaux de la même nature que les précédents, ils ne cessaient pas de se lamenter et restaient insensibles aux exhortations de l'amiral qui s'efforçait de remonter leur courage, leur affirmant qu'ils viendraient à bout de la mission que leur avaient donnée LL. Majestés Catholiques.

Quelques historiens, parmi lesquels se distingue Oviedo, ont exagéré les plaintes et la mutinerie des équipages, et c'est de ces exagérations qu'est née la légende qui représente Colomb, cédant à la révolte de son équipage, et attaché à l'un des mâts de son navire, attendant la mort, quand l'odeur des fleurs vient lui révéler l'existence d'une terre voisine et sauve sa vie, en lui apportant la certitude que le but de leurs efforts va être atteint.

Ni le journal de bord de l'amiral, tenu régulièrement jour par jour, ni l'histoire de sa vie écrite par son fils Fernando, d'après les documents authentiques qu'il a eus en sa possession, ni la correspondance de Colomb, et notamment la longue lettre qu'il adressa aux rois catholiques, lettre si explicite et si circonstanciée, concernant les événements de son premier voyage, ne mentionnent un fait semblable. Aucun historien du temps, ni Pierre Martyr, ni le prêtre de Los Palacios qui avaient connu l'amiral, ne rapportent rien de pareil.

Que certains ennemis de Colomb, ou des adversaires de ses projets, aient recueilli de la bouche de quelques mutins de ses équipages des racontars mensongers, et aient brodé là-dessus des récits à sensation, on ne doit pas s'en étonner; le succès de l'entreprise, la sanction éclatante des prévisions de l'amiral, et la réalisation de ses plans suscitèrent l'envie de ses contradicteurs, et créèrent cette hostilité implacable qui ne cessa de le harceler pendant toute sa vie. Le compte rendu du procès intenté au fisc par son fils aîné Don Diego, pour obtenir l'exécution du contrat signé par LL. Majestés, ne fait mention d'aucune déposition rapportant un événement de cette nature; Pedro Bilbao, l'un des marins embarqués, déclare « qu'il a entendu plusieurs fois des pi-
« lotes, des matelots, demander de revenir en Espagne,
« mais l'amiral leur avait promis des dons et les avait priés
« d'attendre encore deux ou trois jours et, qu'avant ce
« terme, il aurait découvert la terre ».

Mais cette déclaration est loin d'indiquer une révolte ouverte, et ne fait que constater les désirs des équipages, leurs plaintes et leurs aspirations si souvent exprimées, dans les documents que nous venons de citer.

Il est vrai que certains témoins, entendus dans le procès en question, ont déclaré que Colomb, découragé de ne rien découvrir, avait exprimé l'intention de revenir sur ses pas; mais, en cette circonstance, si le fait a quelque probabilité, il aurait cédé aux obsessions des Pinzon, plutôt qu'à ses propres appréciations. Ces dépositions étaient évidemment le fait d'opinions erronées, et peut-être malveillantes. En aucune circonstance, à aucun moment, dans ce premier voyage, Colomb n'a manifesté le moindre découragement; il a toujours fait preuve, au contraire, de la même ardeur, de la même confiance, de la même foi dans son œuvre. Ces déclarations, contredites par les faits et par les actes de Colomb, venaient sans doute de marins mécontents et disposés à déprécier les services de l'amiral. Mais les notes journalières du journal de bord, simples et précises, et dont on ne saurait contester la véracité, émanant de cet homme si droit et si religieux, ont servi à son fils pour écrire son histoire, et on n'y trouve aucune trace, aucun indice d'une révolte poussée à cet excès. A chaque plainte, à chaque murmure, à chaque résistance, Colomb a toujours trouvé, dans son imagination et dans sa fermeté, les moyens de consoler, de calmer et rappeler à son devoir, son équipage fatigué et découragé par ses déceptions.

Certes la situation de Colomb, à l'égard de ses hommes, était tendue, et elle empirait chaque jour. Mais il ne s'était guère trompé dans ses calculs, et les indices de l'approche d'une terre devinrent si évidents que la joie revint parmi tous ces hommes. Le jeudi 11 octobre, dans l'après-midi, les marins du navire amiral virent passer, tout près de leur bâtiment, un jonc vert, et puis un poisson vert, de l'espèce qui hante les rochers et ne s'en éloigne pas. Les hommes de la Pinta remarquèrent un roseau et un bâton coupé, et ils en recueillirent un autre ingénieusement façonné; ils arrêtèrent également une petite planche et une bande d'herbes de rivière. Ceux de la Niña avaient vu des indices semblables, de plus une branche d'aubépine chargée de baies mûres, et qui paraissait récemment coupée.

Alors l'amiral, après la prière du soir et le *Salve Regina*, qu'on ne manquait jamais de chanter à bord de son navire, rassembla tout son équipage sur le pont et, avec une grande solennité, lui rappela les bienfaits dont Dieu les avait comblés, en leur accordant un temps si favorable, une navigation si heureuse, et dans laquelle ils n'avaient éprouvé aucune contrariété, ni couru le moindre danger; il leur démontra l'évidence de la proximité de la terre, par tous les signes qu'ils voyaient à chaque instant, et il leur recommanda de veiller avec attention la nuit prochaine, leur remettant en mémoire le premier chapitre de la commission et de l'ordre qui leur fut donné aux Canaries, et qu'ils savaient fort bien, qu'en arrivant à 700 lieues à l'ouest, sans qu'on eût découvert une terre, on devait, après minuit, cesser de naviguer jusqu'au jour, et, à cause de leur grand désir de voir la terre, suppléer à leur ardeur par une navigation attentive, car il était à peu près certain qu'on découvrirait la terre cette nuit, que chacun de son côté fît bonne garde, car indépendamment de la pension de 30 écus promise par Leurs Altesses à celui qui le premier verrait la terre, il lui donnerait, lui, un jupon de velours.

Après avoir prononcé ces paroles, l'amiral se retira sur le gaillard d'arrière, et il se trouvait là, à dix heures du soir, quand il vit une lumière dans l'éloignement, mais il n'était pas assez sûr que cette lumière se trouvât sur la terre, pour donner le signal de la découverte; il appela donc Pedro Guttierez, maître de chambre du roi, et le pria de voir s'il apercevait une lumière, et celui-ci lui ayant répondu affirmativement, ils firent venir Rodrigo Sanchez de Ségovie pour qu'il examinât l'endroit où elle apparaissait, mais ce dernier, n'étant pas monté assez vite, ne put voir la lumière en question, et ils ne la virent plus après qu'une ou deux fois. Ils crurent donc que ce pouvait être une chandelle ou une torche de pêcheur ou de personnes en marche, et qui élevaient ou baissaient la lumière, ou qui allaient d'une case à une autre, parce que la lueur disparaissait et réapparaissait de suite, et avec tant de promptitude, que peu de marins crurent, à cause de ce signal, se trouver près de la terre.

Ils poursuivirent leur route, en se tenant sur leurs gardes, quand, à deux heures après minuit, la Pinta, qui était toujours en avant, à cause de sa supériorité comme voilure, donna le signal de terre, et ce fut Rodrigo de Triana, matelot, qui la vit le premier; elle se trouvait environ à deux lieues.

Mais la pension de 30 écus ne lui fut pas accordée, parce qu'elle revenait à l'amiral qui, le premier, avait vu la lumière dans l'ombre de la nuit.

Se trouvant si près de terre, tous les navires, restèrent en observation, considérant qu'ils avaient peu de temps à attendre le jour, pour jouir d'un objet si ardemment désiré.

Le jour venu, ils virent une île qui avait vingt-cinq lieues de long, plate, sans montagnes, couverte d'arbres très verts, avec une grande lagune au milieu, ayant une nombreuse population, qui courait à l'envi sur le rivage, surprise et émerveillée de voir les navires, dans la croyance que c'étaient de grands animaux, et ne voyant pas le moyen de savoir, d'une façon certaine, ce que c'était. De leur côté, les chrétiens n'avaient pas un moindre désir d'apprendre à connaître ces habitants; et ce désir fut bientôt satisfait, car l'amiral ordonna de mouiller les ancres, et se rendit à terre dans la barque armée, en déployant l'étendard royal; les capitaines des deux autres navires en firent autant, entrèrent dans leurs barques avec la bannière d'Espagne, sur laquelle était peinte d'un côté une croix verte et qui de l'autre côté portait deux couronnes encadrées par les noms des Souverains, D. Fernando et Doña Isabel.

Dès leur arrivée à terre, ils s'agenouillèrent et rendirent grâces à Dieu, en baisant le sol avec des larmes de joie; l'amiral se leva et donna à l'île le nom de : San Salvador. Ensuite, il en prit possession au nom des rois catholiques, avec la solennité et dans les termes usités en pareil cas, en la présence d'un grand nombre des habitants de l'île qui étaient accourus pour les voir (1).

Les chrétiens reconnurent Colomb comme amiral et viceroi, et lui jurèrent obéissance comme étant le représentant

---

(1) Tous les détails, observations et descriptions que nous allons donner concernant les voyages de Colomb et ses découvertes, sont rédigés et décrits d'après des documents de l'époque; nous avons cru devoir leur conserver leur caractère de naïveté et quelquefois d'ignorance, qui constate leur authenticité.

de LL. Altesses royales, avec la joie et la satisfaction qui étaient bien de circonstance, et en lui demandant pardon des injustices que, par leurs terreurs et leur manque de fermeté, ils avaient commises envers lui. Un nombreux concours d'Indiens étant venus pour assister à la cérémonie et voir cette fête de réjouissance, l'amiral reconnut que la population était pacifique, tranquille et simple; il leur donna quelques bérets en couleurs, des colliers de perles en verre, qu'ils mirent au cou, et d'autres objets de peu d'importance qu'ils apprécièrent plus que si c'eût été des pierres précieuses.

En prenant possession de cette première terre, dont il avait prévu l'existence, et dont il avait si exactement indiqué la position, Colomb dut ressentir une immense joie, car il pouvait dire comme César : « *Veni, vidi, vici :* je suis venu, « j'ai vu, j'ai vaincu. » Il avait en effet vaincu, car il avait triomphé de l'ignorance, des préjugés et de l'hostilité de ses contradicteurs; et de plus, il avait vaincu l'océan, sondé ses profondeurs et découvert ses mystères; et cette mer ténébreuse, que l'on croyait infinie et dont on redoutait l'inconnu, était enfin dévoilée, et il allait pouvoir reconnaître les richesses qu'elle cachait au monde.

Quelles pensées durent assaillir cette tête ardente et aventureuse, au moment où le jour vint lui montrer cette terre, objet de ses rêves et fruit de ses labeurs, récompense de ses fatigues et de ses angoisses !

Quelle surprise dut-il éprouver, en voyant, sur cette terre désirée, une végétation luxuriante, en sentant l'odeur des plantes, le parfum des fleurs, et en trouvant des hommes d'une race différente de la sienne, et qui lui témoignaient du plaisir à l'accueillir dans leur pays !

Quelle satisfaction dut-il ressentir, en pensant au retentissement que cette découverte, que cette réalisation de ses calculs et de ses espérances allait avoir, non seulement en Espagne et en Portugal, où il avait subi tant de contrariétés, où il avait soutenu tant de controverses, mais encore dans le monde entier, quand les souverains et les peuples apprendraient qu'un nouveau monde était découvert !

Et quelle gloire allait entourer désormais ce nom de Colomb, hier obscur et méprisé, aujourd'hui célèbre, vanté et dont la renommée allait s'étendre dans l'univers entier !

Et, lorsque, debout, l'étendard royal à la main, il le planta dans ce sol inconnu et qu'il venait de conquérir, quel orgueil légitime, quelle fierté bien justifiée durent envahir cette âme enthousiaste, généreuse et noble !

# CHAPITRE XI.

### DESCRIPTION DE L'ILE SAN-SALVADOR ET DE SES HABITANTS.

C'est le 12 octobre 1492 que Colomb vit, pour la première fois, la lumière qui lui montra le nouveau monde, et c'est le lendemain qu'il en prit possession.

La prière qu'il adressa à Dieu, quand il s'agenouilla sur la terre découverte, a été conservée, et Pizarre et Fernand Cortez s'en servirent, par ordre souverain, quand ils mirent le pied dans les royaumes du Pérou et du Mexique; voici la traduction de cette invocation transcrite en latin, dans les *Tables chronologiques* du Père Claudio Clement.

« Seigneur, Dieu éternel et tout puissant, par ton Verbe
« Sacré, tu as créé le ciel, la terre et les mers; que ton
« nom soit béni et glorifié; louées soient ta majesté et ta di-
« gnité, par ton humble serviteur, afin que ton saint nom
« soit répandu et prêché par lui, dans cette nouvelle partie
« du monde. »

Lorsque l'amiral était descendu à terre, il portait de riches vêtements, et il attira sur lui l'attention, par son air imposant, sa démarche noble, et par son manteau d'écarlate qui frappa les Indiens d'admiration. Déjà les armures brillantes, les casques étincelants, les étendards aux vives couleurs avaient saisi ces gens simples et primitifs, et leur première impression avait été la peur. Mais, voyant que ces hommes surnaturels ne leur faisaient pas de mal, et que leur figure était bienveillante et agréable, ils s'enhardirent au point de s'approcher d'eux, et d'assister à leurs cérémonies, non sans se prosterner à terre, en signe de respect et d'adoration.

Quand les Indiens furent entièrement rassurés sur les intentions des nouveaux venus, ils devinrent plus familiers, ils s'approchèrent des Espagnols, touchant leurs vêtements, leurs armes, passant leurs doigts dans leur barbe, examinant leurs mains et leur visage, dont la couleur blanche les étonnait ; et, comme Colomb et ses compagnons se prêtaient complaisamment à leurs attouchements, ils ne pouvaient se lasser de les admirer, les prenant pour des envoyés du ciel, venus sur la terre et portés dans les airs par leurs grandes machines, avec leurs larges ailes qui les soutenaient et les faisaient avancer.

Quand les Espagnols revinrent à leurs vaisseaux, les Indiens les suivirent jusqu'au rivage ; quelques-uns se jetèrent à l'eau et gagnèrent les navires à la nage, d'autres montèrent dans des barques qu'ils appelaient des canots, et qu'ils maniaient, à leur gré, fort adroitement, et accostèrent les navires, portant des perroquets et des pelotes de coton filé. Pour armes, ils avaient des sagaies, de petites lances et d'autres objets qu'ils échangèrent contre des chapelets, des perles de verre, des grelots et autres articles de peu de valeur. Dans leur simplicité naturelle, ces gens allaient tout nus, comme ils étaient venus au monde, et parmi eux, se trouvait une femme également sans vêtement.

C'étaient des hommes d'une trentaine d'années, de belle stature ; les cheveux épais, très noirs et non crépus, étaient coupés au-dessus des oreilles ; mais quelques-uns les portaient longs, tombant jusque sur les épaules et rattachés par un cordon autour de la tête, en forme de tresse ; leur physionomie était agréable et ils avaient bonne tournure ; cependant leur front très haut les déparait ; leur carnation bronzée comme celle des habitants des Canaries ou des paysans brûlés par le soleil, leurs beaux yeux bruns leur donnaient une apparence ferme ; de taille moyenne et de belle conformation, ils produisaient une impression favorable. Ils se servaient de diverses couleurs, noir, rouge, vert ou blanc, pour se peindre, les uns la figure, les autres le corps, d'autres le nez, et il y en avait qui n'avaient que les yeux peints. Leurs armes n'étaient pas comme celles d'Europe; ils ne les connaissaient même pas, puisque, lorsqu'on leur montrait une épée, ils la prenaient sans réflexion par le tranchant, et se coupaient les doigts naïvement. Ils n'avaient aucune idée d'objets en fer, les petites lances dont nous avons déjà parlé étaient en bois, avaient le bout pointu et durci au feu; elles étaient armées d'une dent de poisson en guise de fer. Quelques-uns avaient sur le corps des cicatrices d'anciennes blessures et, quand on leur en demanda la cause, ils répondirent qu'ils les avaient reçues, en se défendant contre les habitants d'autres îles qui étaient venus les attaquer. Ils paraissaient intelligents et avoir la parole facile, car ils retenaient et prononçaient bien les mots qu'on leur avait appris une seule fois. Il n'y avait dans l'île d'autres animaux que les perroquets, que les Indiens apportaient pour les échanger contre d'autres objets.

Le jour suivant, qui était le 14 octobre, une multitude d'Indiens vinrent sur la plage et, à l'aide de leurs canots, se rendirent aux navires. Ces canots étaient faits d'une seule pièce, creusés dans le tronc d'un arbre, de la même façon qu'une huche; dans les plus grands, on pouvait faire entrer quarante-cinq personnes; il y en avait de plus petits, et quelques-uns ne pouvaient contenir qu'un seul Indien; ils naviguaient au moyen d'une pelle faite comme celle d'un four, ou bien comme les lames de bois qui servent à teiller le lin. Ils n'assujettissent pas leurs rames comme nous, mais ils les plongent dans l'eau, et ramènent la pelle en droite ligne, comme le sapeur fait de sa bêche, et leurs canots sont si légers et confectionnés avec tant d'habileté, que, lorsqu'ils chavirent, ils se jettent à l'eau, comme dans leur élément et, nageant comme des poissons, ils les relèvent avec la plus grande facilité, vidant l'eau dont ils ont été remplis, en les maniant de côté et d'autre, comme un tisserand promène sa navette, et, lorsqu'ils les ont remis à flot, ils rejettent l'eau qui est restée, avec des calebasses coupées en deux et qu'ils emportent pour cet objet.

Ce jour-là, ils apportaient pour échange, une quantité des

objets que nous avons déjà signalés, et ils les donnaient pour quelque chose qu'on leur offrît, mais aucun d'eux ne possédait ni bijoux ni métaux précieux, sauf quelques lamelles d'or qu'ils portaient enfilées, en dehors et au dedans de leurs narines.

On leur demanda où ils avaient trouvé cet or, et ils répondirent que c'était dans la partie sud, où il y avait un roi qui possédait beaucoup d'objets et des vases d'or, et ils ajoutèrent, en montrant le midi et le sud-ouest, qu'il y avait de ces côtés beaucoup d'îles et des terres de grande étendue; et, comme ils avaient un grand désir d'emporter quelques-uns des objets que les Espagnols avaient apportés, et que leur pauvreté les empêchait d'offrir quelque chose en échange, lorsqu'ils étaient dans les navires, s'ils pouvaient prendre un objet, soit un couvercle de plat, soit une écuelle en verre, ils ne se gênaient pas pour la prendre et l'emporter, en se jetant à la mer. S'ils avaient apporté quelque objet, ils le donnaient pour un morceau de verre cassé ou pour une bagatelle semblable; l'un d'eux céda seize pelotes de coton filé pour trois *cuartos* de Portugal qui ne valaient pas un *cuatrin* d'Italie, et ces pelotes pesaient plus de vingt-cinq livres, et le coton était très bien filé.

Le jour s'écoula en faisant ces échanges, et, la nuit venue, les Indiens partirent et rejoignirent la terre. Nous devons faire remarquer que la générosité de ces insulaires ne provenait pas de ce qu'ils estimaient à un haut prix la matière de ce qu'on leur donnait, mais ces objets ayant appartenu aux chrétiens, devenaient des choses dignes d'une grande appréciation, parce qu'ils avaient la conviction que les Espagnols étaient descendus du ciel, et, pour cela, ils désiraient avoir quelque objet leur ayant appartenu, comme souvenir de leur venue.

Les Indiens donnaient quelquefois en échange une sorte de pain qu'ils appelaient *cassava*, et qu'ils faisaient avec une racine, *la yucca,* qui était leur principale culture; ils coupaient cette racine en petits morceaux qu'ils raclaient ou qu'ils râpaient; ils pressaient ensuite cette râpure, de façon à en former un gâteau large et mince qu'ils faisaient cuire longtemps et vigoureusement. Ce pain se conservait pendant un certain temps, et devait être trempé dans l'eau avant de le manger ; il devint, par la suite, une grande ressource pour les Espagnols, dans les circonstances difficiles. Ce pain, d'un goût fade, était fort nourrissant, mais l'eau qui restait de sa fabrication était un poison violent.

Il y avait, dans ces îles, une autre sorte de *yucca* qui n'était pas vénéneuse, et dont la racine était mangée bouillie ou rôtie.

Colomb rapportait à ses idées tout ce qui se passait sous ses yeux ; il était alors sous le charme de son succès. Comme il se croyait arrivé à l'extrémité de l'Inde orientale, il considérait l'île où il se trouvait comme une de celles décrites par Marco Polo. La contrée, qu'on lui signalait comme produisant beaucoup d'or, ne pouvait être que la fameuse île de Cypango, dont le Vénitien avait vanté les richesses ; le roi qu'on servait dans des vases d'or, c'était, pour lui, le grand khan de Tartarie ; les ennemis des Indiens chez lesquels il se trouvait, c'étaient, croyait-il, les soldats Tartares qui avaient fait les blessures dont il voyait les cicatrices.

Suivant ces appréciations, il donna le nom d'Indiens à tous les habitants des contrées qu'il découvrit, et les historiens qui ont raconté sa vie leur ont conservé cette appellation.

L'île que Colomb découvrit la première était appelée *Guanahani* par ses habitants ; Colomb l'appela San-Salvador, en raison de ce qu'elle avait été le salut, pour ses équipages, qu'elle avait sauvés de leur désespoir, et, pour lui, qu'elle avait garanti des conséquences que pouvait amener ce désespoir. Cette île conserve encore, pour la généralité des navigateurs, le nom de San-Salvador donné par Colomb ; les Anglais seuls l'appellent l'île des Chats. San-Salvador fait partie du groupe des îles Lucayes ou de Bahama, qui s'étend depuis la Floride jusqu'à la Española, couvrant le côté nord de Cuba.

La végétation de cette île était florissante ; des rivières, des ruisseaux aux eaux limpides, un grand lac, au milieu, y entretenaient la fraîcheur ; quelques villages formés de huttes ou cases, construites en terre et couvertes de feuilles de palmier, attirèrent l'attention des Espagnols, quand ils parcoururent l'île. Les habitants couraient après eux levant les bras et les yeux vers le ciel, se prosternant en guise d'adoration, leur offrant du pain, des fruits; ils suivaient les barques, dans leurs canots ou à la nage; ils appelaient les marins, les priant de débarquer et de venir à eux, et les considérant comme des envoyés du Ciel.

En visitant l'île, les Espagnols arrivèrent à un port qui pouvait contenir une grande quantité de navires; ils trouvèrent ensuite une péninsule qu'ils jugèrent très propice pour y construire un fort, attendu qu'avec un travail de quelques jours elle pouvait être isolée et entourée d'eau; il y avait là six cabanes d'indiens, avec des jardins splendides autour, aussi beaux que ceux de la Castille au mois de mai.

Cependant, comme ses gens étaient las de ramer, et ayant reconnu que cette île n'était pas la terre qu'il cherchait, qu'elle n'avait pas d'ailleurs assez d'importance, pour y fonder un centre de population, Colomb prit sept indiens, pour lui servir de guides et d'interprètes, et revint à ses navires.

Ensuite, il leva l'ancre, et la petite flotte se mit à reconnaître d'autres îles que l'on voyait de la péninsule, et qu'elle visita successivement.

Après en avoir exploré quelques-unes, toutes plates, verdoyantes, et paraissant bien peuplées, comme l'assuraient d'ailleurs les Indiens qu'ils emmenaient, les Espagnols arrivèrent à une autre île, située à sept lieues environ de leur point de départ, et que Colomb appela « *Santa Maria de la Concepcion* ». La partie de cette île, du côté de San-Salvador, pouvait avoir cinq lieues de côtes; l'amiral visita les contrées de l'est et de l'ouest qui avaient chacune plus de dix lieues de longueur, et, s'élevant vers l'ouest, il débarqua pour accomplir les mêmes cérémonies que dans la première île découverte. On était alors au 15 octobre.

Les habitants de l'île accoururent promptement pour voir les chrétiens, et ce fut le même étonnement et la même admiration que dans l'île de San-Salvador. L'amiral, voyant que toutes ces populations étaient semblables, cingla vers l'ouest, dans la direction d'une autre île, bien plus grande, près de la côte de celle qu'il venait de quitter.

Cette île, dont les parties nord-ouest et sud-ouest s'étendaient à plus de dix huit lieues, était très plate, avec de belles plages; Colomb l'appela *Fernandina*.

Avant d'y arriver, il avait rencontré, dans un canot, un Indien seul portant un morceau de pain, une calebasse remplie d'eau et un peu de terre semblable au sangdragon, avec laquelle les Indiens se peignent le corps, comme nous l'avons déjà dit; il avait aussi quelques feuilles sèches que les Indiens estiment beaucoup, parce qu'elles sont odorantes et saines et, dans une petite corbeille, il emportait un collier de grains de verre verts, avec deux petites monnaies de cuivre; ce dont on inféra qu'il venait de San-Salvador, qu'il avait passé à *la Concepcion* et se rendait à la *Fernandina*, pour donner connaissance de la venue des chrétiens dans cette dernière terre; mais, comme la traversée était longue, il vint droit aux navires, où on le recueillit avec son canot. L'amiral le traita fort bien, ayant l'idée, aussitôt arrivé à terre, de l'envoyer auprès des Indiens, avec quelques marins, comme ambassadeurs; c'est ce qu'il fit, après lui avoir donné quelques petits objets pour lui et pour distribuer aux habitants. Ces prévenances et le bon rapport que fit l'indien, concernant les Espagnols, décidèrent les naturels de la *Fernandina* à venir immédiatement aux navires, dans leurs canots, pour faire des échanges, dans les mêmes conditions et pour les mêmes objets, que ceux de San-Salvador.

Quand les bateaux débarquèrent les hommes pour faire de l'eau, les Indiens venaient leur indiquer eux-mêmes les sources ou les rivières, avec empressement et avec grande joie, et, allègrement, ils chargaient les barils sur leurs épaules, pour remplir les tonnes qui étaient dans les bateaux; il est vrai de dire que ceux-ci semblaient être des hommes d'un jugement plus sain et d'une intelligence plus ouverte que les premiers découverts. Ils traitaient mieux leurs échanges. Dans leurs habitations, ils se servaient de draps de coton, pour couvertures de leurs lits, et les femmes allaient vêtues d'une bande de coton et, d'autres, de drap tissé ressemblant à de la toile. Parmi d'autres sujets d'étonnement éprouvés par les Espagnols, à l'égard des merveilles de cette île, l'un des plus extraordinaires fut l'existence d'arbres avec des branches et des feuillages de différentes espèces, produits naturellement et sans avoir été greffés; il y avait des troncs d'arbre qui portaient quatre ou cinq natures de branches et de feuilles, aussi différentes les unes des autres que les feuilles des roseaux diffèrent de celles du lentisque. Enfin, ils remarquèrent des poissons de diverses formes, et de couleurs très délicates, mais ils ne virent d'autres animaux que des lézards et quelques couleuvres.

Ensuite, pour mieux explorer l'île, ils parcoururent la côte nord-ouest, et arrivèrent à un très beau port, à l'entrée duquel se trouvait une petite île, mais ils ne purent y pénétrer à cause de son peu de profondeur; d'ailleurs, ils ne s'en préoccupèrent pas, ne voulant pas s'éloigner d'un village que l'on apercevait à peu de distance; jusqu'à ce moment, ils n'avaient vu, même dans l'île la plus grande qu'ils avaient visitée, que dix ou douze cases, en forme de pavillon, dans lesquelles il n'y avait ni meubles ni ustensiles, et pas autre chose que les objets qu'ils offraient en échange, en venant aux navires; leur lit était une sorte de filet, en forme de balançoire suspendue; ils se couchent au milieu, après avoir fixé les deux extrémités à deux poteaux de la case.

Ils aperçurent quelques chiens dans le genre des mâtins ou chiens de basse-cour; ainsi que des braques qui n'aboyaient pas.

Cependant Colomb ne trouvait pas, dans toutes ces îles, les richesses que son imagination lui dépeignait, excitée par les récits de Marco Polo. A toutes les questions qu'il adressait à ce sujet à ses Indiens, ceux-ci répondaient, par signes, qu'il y avait, vers le sud, d'autres îles où régnaient des rois puissants, ayant des palais très richement ornés, et où l'or abondait.

Mais, soit que ces Indiens, dans leur naïve simplicité, s'exagérassent la splendeur de ces demeures et la grandeur de ces rois, soit que Colomb interprétât mal leurs gestes, aucune des îles qu'il visitait ne répondait aux pompeuses images qu'il avait entrevues.

Parmi les îles que ses Indiens lui avaient citées, l'île de *Saometo* semblait le mieux répondre aux descriptions du voyageur vénitien. Il se dirigea donc vers cette île, et navigua toute la journée du 19 octobre, pour y arriver; il la nomma *Isabela*, en l'honneur de sa souveraine.

Pour procéder par ordre dans l'application des noms aux îles qu'on découvrait, la première, que les Indiens appelaient *Guanahani*, reçut le nom de : *Gloria de Dios*. Selon l'amiral, Dieu la lui avait montrée pour le délivrer de périls imminents et, pour cela, il lui avait donné le nom de *San-Salvador;* la seconde, à cause de la grande dévotion qu'il professait pour la très Sainte Vierge, et pour la foi particulière que les chrétiens ont en sa puissance, fut appelée *Santa-Maria de la Concepcion;* la troisième s'appela *Fernandina*, et la quatrième reçut le nom *d'Isabela*, à cause du respect dû à la sérénissime reine, Doña Isabel. Ensuite l'île qui fut découverte la première, avant l'île de Cuba, fut nommée *Juana*, en souvenir du prince Don Juan, héritier du trône de Castille. En appliquant ces noms, Colomb se préoccupait de ses souvenirs spirituels et temporels.

Il est vrai de dire que la Ferdinanda se distinguait entre toutes ces îles par sa beauté, son étendue et sa fertilité. Des eaux abondantes, des prairies magnifiques, de beaux arbres, parmi lesquels il y avait un grand nombre d'aloës, des collines verdoyantes, des montagnes inconnues dans les autres îles qui étaient très plates, tout concourait à charmer l'amiral; amoureux de tant de merveilles, celui-ci débarqua pour procéder à la cérémonie de la prise de possession d'une terre si splendide et si agréable. On entendait le chant des rossignols et d'autres petits oiseaux, chant si suave que Colomb ne pouvait s'arracher à ce charme pour retourner à sa barque. Non seulement ces jolis oiseaux voletaient dans les branches des arbres, mais encore il en venait des bandes tellement nombreuses, qu'elles obscurcissaient l'air de leurs volées. La plupart étaient différents de nos oiseaux d'Europe.

Dans l'un des lacs nombreux de cette île fortunée, les marins virent un serpent de sept pieds de long et qui avait un pied de diamètre; poursuivi par les hommes, il s'enfonça dans l'eau, mais le lac n'étant pas profond, ils le chassèrent à coups de lance; ce ne fut pas sans émotion ni surprise, car il avait un aspect féroce et terrible. Plus tard, ils apprirent, par expérience, que c'était un excellent manger que les Indiens affectionnaient beaucoup; une fois dépouillé, la chair est très blanche, d'un goût agréable et très doux; les Indiens nomment ce serpent giwana.

Cette chasse achevée, et voulant mieux reconnaître cette terre, on laissa là le serpent pour le lendemain, et, poursuivant leur exploration, les Espagnols arrivèrent à un village dont les habitants, à leur vue, s'enfuirent vers les montagnes, emportant tout ce qu'ils pouvaient enlever de leur domaine. Mais l'amiral défendit que l'on touchât à aucun des objets qu'ils avaient laissés, afin que les chrétiens ne fussent pas considérés comme des voleurs; il en résulta que les Indiens, peu à peu revenus de leur frayeur, vinrent volontairement aux navires faire des échanges, comme avaient fait les autres.

Cependant Colomb cherchait le palais du monarque dont les Indiens lui avaient vanté la richesse; il passa plusieurs jours à cette investigation, sans découvrir la splendide demeure qu'il voyait en imagination. Cette vaine recherche commença à le désillusionner. Les Indiens lui avaient montré le sud, quand il leur avait demandé où se trouvaient les mines d'or, et ils lui avaient fait comprendre qu'il y avait, dans ces parages, une île très riche appelée *Cuba*, qui possédait des mines d'or, des pierres précieuses, avait un très grand commerce et où venaient de grands navires.

Son imagination s'exalta; cette île était certainement Cipango; les vaisseaux qui la visitaient appartenaient à la Tartarie. Il n'eut donc plus d'autre pensée que de trouver cette île, de l'explorer, dans le but de commercer avec elle.

On lui avait également signalé une autre grande île, nommée Bochio qui possédait, selon ses Indiens, d'immenses richesses.

Il se proposait donc de visiter ces deux îles, de reconnaître leur importance, et d'y séjourner le temps nécessaire pour établir les relations commerciales qu'il jugerait possibles; puis il devait gagner le continent, se rendre à la ville de *Quinsau*, l'une des plus riches capitales du monde, d'après Marco Polo, remettre au grand khan de Tartarie les lettres que lui avaient données pour lui LL. Altesses Royales, prendre ses réponses et retourner en Europe, dire aux rois catholiques : J'ai rempli ma mission!

Colomb caressait ces beaux projets, et il jouissait par avance de son triomphe, de l'humiliation de ses adversaires et de la joie de ses partisans.

C'est avec ces idées et l'imagination remplie de ces rêves brillants, se figurant toujours qu'il était près des côtes d'Asie, qu'il quitta l'île de Saometo pour aller à la recherche de l'île de Cuba.

L'amiral arriva à la côte nord de l'île de Cuba le 17 octobre, un dimanche, et, dès qu'il l'eut vue, il reconnut qu'elle était plus grande, plus belle, et était supérieure en tous points à celles qu'il avait visitées. La hauteur de ses montagnes, la verdure de ses collines, la variété des arbres, la fertilité des champs, l'étendue de ses campagnes, la grandeur et la beauté de ses rivières lui donnèrent une haute idée de ses avantages. Pour connaître les habitants de cette île, leur caractère, leurs mœurs et leurs habitudes, il jeta l'ancre à l'entrée d'une grande rivière, sur les bords de laquelle des arbres magnifiques, d'une hauteur prodigieuse, étaient couverts de fleurs et de fruits de différentes espèces, et sans analogie avec ceux d'Europe; une infinité d'oiseaux étrangers aux races espagnoles, et d'une incroyable aménité, voletait et chantait dans le feuillage; l'herbe était haute et ne ressemblait pas à l'herbe de Castille; cependant elle renfermait quelques pourpiers, des blettes et autres plantes de même espèce, mais elles n'y étaient point remarquées, à cause de leur différence de celles de nos pays.

S'étant rendu à deux petites cases que l'on apercevait non loin de là, Colomb les trouva vides, les habitants ayant fui, à la vue des Espagnols, laissant là leurs filets et leurs autres engins de pêche, ainsi qu'un chien qui n'aboya pas; mais on n'apprit rien d'important, car il fallut se contenter de voir les genres et les formes des objets à l'usage de ces Indiens.

L'amiral revint donc à ses navires et poursuivit sa route vers l'Occident. Il rencontra une autre rivière qu'il nomma *rivière des Mers;* elle était plus importante que la précédente, et sa grande largeur permettait l'entrée d'un fort navire bien à l'aise; ses bords étaient très peuplés, mais dès que les habitants virent les navires, ils s'enfuirent vers les montagnes, dont on voyait un grand nombre, hautes, arrondies et couvertes d'arbres et de plantes magnifiques, sous lesquelles les Indiens cachèrent tout ce qu'ils avaient pu emporter.

L'amiral, voyant qu'il ne pouvait entrer en relations avec les habitants, et considérant que, s'il allait à terre avec plus de monde, il ne ferait qu'accroître leur terreur, se décida à envoyer dans l'île deux de ses hommes accompagnés par un des Indiens de San-Salvador, qu'il avait emmenés avec lui, et par un autre Indien, de Cuba même, qui s'était risqué à venir en canot jusqu'aux navires. Il leur ordonna d'entrer dans l'île, de se mettre en communication avec les habitants, en usant de manières flatteuses envers ceux qu'ils rencontreraient en chemin, et, afin de ne pas perdre de temps pendant l'exploration de ses envoyés, il ordonna d'échouer le navire sur le rivage pour le radouber et, heureusement il se trouva que tout le bois qu'ils avaient pris pour faire les feux nécessaires pour le travail, était du bois résineux et que cette île en avait en grande abondance. Ce bois provenait d'un arbre qui, par son feuillage et par son fruit, ressemble au lentisque, mais il est bien plus grand.

Le navire réparé et en état de reprendre la mer, les deux envoyés revinrent et dirent qu'ils avaient été très bien accueillis.

Ils racontèrent que les cases étaient grandes, toutes construites en bois, en forme de pavillon, et couvertes de paille; qu'elles étaient habitées par tous les membres d'une même famille. Les notables de la cité étaient sortis pour les recevoir, et les avaient pris sous les bras, pour les conduire à la ville; on leur avait donné une grande case pour leur logement, et on les avait fait asseoir sur des sièges faits d'une seule pièce, et de forme singulière : ils représentaient un animal, avec des bras et des pattes courtes, la queue relevée pour s'appuyer, car elle était de la largeur du siège, afin qu'on y soit placé plus commodément, et avec une tête dont la face, les yeux et les oreilles étaient en or. Les Indiens appellent ces sièges : *duchi*.

Les chrétiens une fois assis, tous s'étaient également assis autour d'eux, sur le sol, et, l'un après l'autre, étaient venus leur baiser les pieds et les mains; puis ils leur avaient donné à manger quelques racines cuites, ayant goût de châtaignes, en les priant avec instance de demeurer avec eux, ou au moins de se reposer pendant quatre ou six jours dans leur case.

Ces politesses venaient surtout de ce que les Indiens qu'ils avaient emmenés avec eux leur disaient beaucoup de bien des chrétiens.

Ensuite, une foule d'Indiennes vinrent les voir et les Indiens sortirent de la case; les femmes alors, avec la même courtoisie et la même admiration, leur baisèrent les pieds et les mains, comme choses sacrées, et leur offrirent des présents qu'elles avaient apportés.

Quand ils retournèrent aux navires, beaucoup d'Indiens voulurent les accompagner, mais ils refusèrent de les emmener à bord, sauf le roi, son fils et un de ses serviteurs.

L'amiral les reçut avec grand honneur et les renvoya avec des présents.

Alors, les délégués lui dirent qu'en visitant l'île, à l'aller et au retour, ils avaient vu beaucoup de villages, où ils avaient reçu le même accueil amical; que ces villages n'avaient pas plus de cinq maisons ou cases réunies; que, dans les allées, ils avaient rencontré une foule de gens tenant à la main un tison enflammé pour s'éclairer et aussi pour faire du feu, avec des herbes sèches qu'ils portaient avec eux à cet effet, afin de cuire les racines qui étaient leur principal aliment.

8.

Ils avaient vu une grande variété d'arbres, différents de ceux de la côte, une infinité d'oiseaux rares, parmi lesquels cependant ils avaient reconnu des perdrix et des rossignols ; ils n'avaient rencontré aucun animal à quatre pattes, sauf *les chiens qui n'aboyaient pas.*

Les principales semences, c'étaient les racines déjà citées, des espèces de fèves et du maïs, ayant très bon goût, et dont ils faisaient une bouillie épaisse.

Quant aux produits, il y avait une énorme quantité de coton dont ils avaient vu des fils très bien filés ; la plante qui produit le coton, venait naturellement, sans semence et sans culture, comme les roses, et la capsule ne mûrissait pas en même temps, car, sur le même arbuste, il y avait des boutons clos, des capsules ouvertes et d'autres mûres. Les Indiens apportèrent de grandes quantités de coton filé aux navires et, pour une ceinture, ils en donnaient une corbeille pleine ; ils ne s'en servaient que pour leurs filets.

On leur demanda ensuite s'il y avait de l'or dans l'île ; ils répondirent que vers l'est, sur une terre appelée *Bochio*, il y en avait en grande abondance.

L'amiral, après ces explications, ne voulant pas s'arrêter davantage dans cette rivière, ordonna qu'on prît quelques Indiens, désireux qu'il était d'en emmener en Espagne, de différentes régions, afin qu'ils rendissent compte des choses de leurs pays. On en prit ainsi douze, hommes, femmes et enfants sans aucune difficulté, et ils montèrent à bord avec calme et sérénité, de telle sorte, qu'au moment de mettre à la voile, un Indien, le mari de l'une des femmes prises, vint en canot demander qu'on l'emmenât avec sa femme et son enfant, ce que l'amiral lui concéda avec plaisir.

# CHAPITRE XII.

### VOYAGE A L'ILE BOCHIO. — DÉCOUVERTES. — DESCRIPTION DES ILES ET DES HABITANTS.

Le même jour, l'amiral, sans plus tarder, se dirigea vers l'Orient pour aller à l'île *Bochio;* mais le vent de nord, très violent, le força de suivre la côte de Cuba, entre quelques îles très élevées qu'il appela, *del Principe;* il nomma cette mer *de Nuestra Señora;* les îles y étaient si près les unes des autres, qu'à peine un quart de lieue les séparait, et quelques-unes étaient à une portée d'arquebuse; les canaux entre elles étaient si profonds et tellement ombragés d'arbres et de plantes si fraîches, que c'était un charme de naviguer sous cette verdure; et, bien que ces îles n'aient pas d'habitants, on y trouve de nombreuses traces de feux allumés par des pêcheurs, attendu que, de l'île de Cuba, les Indiens ont coutume d'aller en canot par bandes, s'y régaler du poisson qu'ils pêchent dans les canaux, ainsi que des congres et autres animaux qu'ils y trouvent. « Il est vrai, ajoute le
« document duquel nous extrayons ces détails, que les In-
« diens mangent généralement beaucoup d'immondes bêtes,
« telles que de grosses araignées, des vers blancs qui s'en-
« gendrent dans les creux pourris des arbres, ou en d'autres
« lieux corrompus; des quantités de poissons crus, ou à peu
« près, auxquels, avant de les passer sur le feu, ils enlèvent
« les yeux pour les manger ; et ils se nourrissent aussi de
« beaucoup d'autres choses qui non seulement sont pour
« nous des objets de dégoût, mais encore suffiraient pour
« nous tuer, si nous nous avisions d'en manger. »

Dans l'une de ces îles, les chrétiens tuèrent un animal semblable à un blaireau; ils trouvèrent beaucoup de coquilles de nacre; et parmi une infinité de poissons, pris avec les filets, il s'en trouva un qui ressemblait à un porc, avec une peau très dure, excepté à la queue où elle était tendre; ils constatèrent également qu'entre ces îles la marée croissait et baissait plus sensiblement que dans les autres endroits où ils avaient passé, et que la haute et la basse mer avaient lieu à l'opposé des heures de l'Europe.

Le 19 novembre, l'amiral quitta le port *del Principe*, se dirigeant du côté du levant, vers l'île *Bochio* ou *Baveche*, mais le vent étant contraire, il se vit forcé de retourner sur ses pas et d'aller à la Isabela; il remarqua des bandes d'herbes comme celles qu'il avait vues dans l'Océan, et qui suivaient les courants sans les traverser.

Pendant ce trajet, le capitaine Martin Alonson Pinzon, ayant appris, par les Indiens qu'il avait à bord, que dans l'île de *Bochio* il y avait beaucoup d'or, se sépara sans autorisation de la flotille, et, sans que ni le vent ni tout autre cause l'y obligeât, il força de voiles pour arriver avant les autres, son navire étant très bon marcheur. La nuit venue, il disparut, et l'amiral resté avec deux navires et n'ayant pas le vent favorable pour arriver à l'île Bochio, retourna à l'île de Cuba, à un autre port qu'il nomma *Santa Catalina* et qui n'était pas loin de celui *del Principe*.

Dans cette rivière, il vit des pierres qui portaient des traces d'or, et des pins de si haute taille qu'ils pouvaient servir à faire des mâts de navire; il n'y manquait pas de bois propre à faire des planches, des pièces de navire et pour tout autre usage; et, suivant la côte plus au sud-est, pendant dix ou douze lieues, il rencontra plusieurs ports très favorables et de nombreuses et profondes rivières.

Voici, à ce sujet, ce qu'écrivait l'amiral aux rois catholiques : « Lorsque j'arrivai avec les barques, en face du « port, appelé *Puerto Santo*, il était à peu près midi; je « trouvai, à son embouchure, une rivière où pouvait com- « modément entrer une galère, et son entrée est placée de

« telle manière qu'on ne la voit que lorsqu'on s'en approche;
« la beauté et la profondeur de ses eaux m'engagea à jeter
« la sonde et je trouvai de cinq à huit brasses; et, ayant
« monté quelque peu avec ma barque, l'agrément de ses
« rives, la limpidité de ses eaux, qui laissait voir le sable
« du fond, les palmiers de diverses formes, les plus hauts
« et les plus superbes que j'aie vus, et les autres arbres
« grands et touffus, les oiseaux brillants de couleurs vives,
« les champs verdoyants, tout m'invitait à y demeurer.
« Ce pays, Altesses Sérénissimes, est si merveilleusement
« beau, qu'il les surpasse tous en magnificence, en charme,
« comme le jour, la nuit. C'est pourquoi, j'ai dit souvent à
« mes gens que, quelque effort que je fisse pour le décrire
« à Vos Altesses, ma plume ne pouvait parvenir à écrire toute
« la vérité, n'ayant pas des paroles suffisantes pour l'expri-
« mer; il est certain que je suis resté ébahi devant tant de
« beauté, au point de ne pouvoir la décrire, car j'ai fait con-
« naître déjà les arbres, les plantes, les ports et les qualités
« d'autres contrées, mais, pour celle-ci, tous affirment qu'il
« n'en est pas d'aussi belle. Et je me tais, afin que d'autres
« la dépeignent après l'avoir vue, car je reconnais mon im-
« puissance à retracer le mérite de ces lieux et qu'il serait
« heureux qu'une autre plume que la mienne pût les dé-
« peindre. »

En remontant la rivière dans sa barque, l'amiral vit un canot, fait d'un seul tronc d'arbre, qui était aussi grand qu'un bâtiment de douze bancs, et il aperçut aux alentours quelques cases dans lesquelles on trouva un pain de cire, une tête de mort, et deux corbeilles pendues après un poteau; et dans une autre se trouvèrent les mêmes objets, d'où on conclut que ces objets appartenaient au maître de la maison, car personne n'était là pour les renseigner, les Indiens s'enfuyant à leur approche. On trouva ensuite un autre canot semblable au précédent, mesurant 95 palmes de long, et qui pouvait contenir cent cinquante personnes.

L'amiral, après un parcours d'environ 17 lieues, à l'est, sur la côte de Cuba, arriva au cap oriental de l'île, qu'il appela Alfa, et le mercredi, 5 décembre, il traversa vers l'île

Bochio qui était à 16 lieues de l'autre île, à l'est; mais, contrarié par les courants, il ne put y arriver que le jour suivant, et il entra dans un port qu'il nomma : San-Nicolas, le saint du jour où il y abordait; ce port est grand, sûr et profond, entouré de grands arbres; mais la terre est parsemée de rochers et, à côté du port, il y avait une rivière très agréable. Dans le port même se trouvaient quelques canots; mais l'amiral, ne pouvant s'aboucher avec les habitants qui avaient fui, suivit la côte vers le nord, jusqu'à ce qu'il arriva à un autre port qu'il appela *Concepcion*, au sud d'une petite île qui depuis fut appelée *Tortugas* et qui est de l'étendue de la grande Canarie.

L'île Bochio était fort grande; la terre et les arbres rappelaient ceux d'Espagne; les filets jetés à l'eau, ramenèrent des saumons et d'autres poissons semblables à ceux de la Castille, ce qui détermina l'amiral à la nommer *la Española*, nom qui lui fut donné le dimanche, 9 décembre; et tout le monde étant désireux de visiter l'île, les Indiens se trouvant à pêcher sur la plage, trois hommes de l'équipage pénétrèrent dans le bois et tombèrent sur une compagnie d'Indiens tout nus comme ceux des autres îles; dès que ceux-ci les aperçurent, ils se mirent à fuir dans le bois, effrayés et courant avec tant de légèreté, n'étant embarrassés par aucun vêtement, que les chrétiens, courant après eux pour prendre langue, ne purent atteindre qu'une fillette qui avait, plantée dans le nez, une petite lamelle d'or.

Ils l'emmenèrent aux navires, où elle fut comblée de caresses et de cadeaux par l'amiral; et sans qu'elle manifestât la moindre contrariété, il l'envoya à terre avec trois des Indiens du bord et trois chrétiens, pour l'accompagner jusqu'à son village.

Le lendemain, il envoya neuf hommes bien armés qui marchèrent pendant quatre lieues et arrivèrent à une ville composée d'un millier de cases disséminées dans une vallée; dès que les habitants aperçurent les chrétiens, ils s'enfuirent vers les bois, mais l'Indien guide de San-Salvador, que ceux-ci avaient avec eux, courut après les Indiens et les appela si bien qu'ils vinrent à lui, et il leur dit tant de bien des chrétiens, leur contant qu'ils étaient venus du ciel, qu'ils s'approchèrent, rassurés et tranquilles; émerveillés et surpris, ils posaient leurs mains sur la tête des chrétiens, comme signes d'honneur, et ils apportaient des vivres et les leur donnaient, sans rien leur demander en échange, les priant de rester cette nuit avec eux; mais les chrétiens ne voulurent pas accepter leur invitation, avant d'être revenus aux navires, apporter la nouvelle que la terre était fort agréable, abondante en provisions, et les habitants bien plus blancs et plus beaux que tous ceux qu'ils avaient vus jusque-là, dans les autres îles, de bonne relation et de très affable conversation. Ils disaient que la terre où l'on recueillait l'or était plus loin, à l'est.

L'amiral, étant ainsi renseigné, quoique les vents fussent contraires, fit hisser et déployer les voiles et, le dimanche suivant, le 16 décembre, les navires, passant entre la *Española* et la *Tortuga*, rencontrèrent un Indien seul dans un petit canot, qui craignait d'être emporté par la mer tant les vagues étaient hautes et le vent violent; on le recueillit à bord et on le transporta à la Española, après lui avoir donné des présents; arrivé à terre, il conta aux Indiens les bons traitements qu'il avait reçus, et fit tant d'éloges des chrétiens, qu'à l'instant, il vint une foule d'Indiens vers les navires; mais ils ne portaient pas d'objets de valeur, sauf quelques petits grains d'or plantés aux oreilles et aux narines, et, leur ayant demandé, où ils le recueillaient, ils répondirent, par signes, que, plus loin, il y en avait une grande abondance.

Le lendemain, il vint un grand canot de l'île de la *Tortuga*, des environs du lieu où l'amiral avait déjà mouillé; il était monté par quarante hommes. Pendant ce temps, le cacique ou roi du port de la *Española*, voisin du lieu où les chrétiens se trouvaient, était sur la plage avec une foule de gens, faisant l'échange d'une feuille d'or qu'il avait apportée. Lorsque lui et les siens virent le canot, ils s'assirent par terre, en signe qu'ils ne voulaient pas combattre, et immédiatement la presque totalité des hommes du canot débarqua, et le cacique de la *Española* se leva seul, alla vers eux et, avec des paroles de menace, il les fit retourner à leur canot; ensuite, il leur jeta de l'eau à travers et, prenant des pierres sur le rivage, il les lança contre l'embarcation. Puis, comme ils paraissaient obéir et revenir à leur barque, il ramassa une pierre et la donna à un officier de l'amiral, pour qu'il la jetât à ceux du canot, afin d'indiquer à ceux-ci que l'amiral prenait le parti du cacique contre eux; mais l'officier ne la lança pas, attendu que les hommes du canot s'en retournèrent.

Après cet incident, le cacique, s'entretenant avec l'amiral de choses concernant l'île, que celui-ci avait appelée *Tortuga*, affirma qu'il y avait beaucoup plus d'or dans la *Española* que dans l'autre; qu'à *Baveche*, l'abondance de l'or était plus grande qu'en tout autre endroit, et que ce lieu pouvait être à une distance de quatorze journées du point où ils se trouvaient.

Le mardi, 18 décembre, ce même roi, qui habitait à cinq lieues de distance du lieu où se trouvaient les navires, vint à une heure de l'après-midi, à son village, qui était près de la mer et où quelques hommes, que l'amiral avait envoyés aux renseignements, étaient en train d'acheter des échantillons d'or. Voyant venir le cacique, ils retournèrent aux navires et dirent à l'amiral que le roi avait avec lui une escorte de 200 hommes, qu'il n'allait pas à pied, mais bien sur une espèce de brancard, porté par quatre Indiens, avec grande vénération, bien qu'il fût très commun.

Arrivé non loin du navire, après s'être un peu reposé, le roi monta à bord avec tout son monde.

En parlant de cette visite, l'amiral écrit à LL. Majestés catholiques : « Vos Altesses auraient été très réjouies, sans
« doute, de voir sa gravité, le respect qu'avaient pour lui
« les siens, bien qu'ils fussent tous entièrement nus. Dès
« que le roi entra dans le navire et qu'il sut que j'étais à
« l'arrière, en train de dîner, me prenant à l'improviste, il
« vint s'asseoir à côté de moi, sans me donner le temps de
« me lever pour le recevoir, ni de sortir de table; lorsqu'il
« entra dans la chambre, il fit un signe pour que tous
« demeurassent dehors, et ils le firent avec grande véné-
« ration, en s'asseyant sur le pont, à l'exception de deux

« vieillards qui, je crois, étaient ses conseillers, et qui
« vinrent s'asseoir à ses pieds; on me dit que c'étaient des
« caciques. Pensant qu'ils voudraient bien se rafraîchir, j'or-
« donnai qu'on leur offrît quelques plats de ce que je man-
« geais, et ils goûtèrent de tout, en envoyant le reste à
« leurs hommes qui également mangèrent de tous les plats.
« Il en fut de même pour la boisson, qu'ils portèrent seu-
« lement à la bouche et la donnèrent ensuite aux autres. Ils
« étaient tous d'une gravité remarquable, parlant peu; et,
« autant que je pouvais le comprendre, leurs paroles étaient
« sérieuses et réservées. Les deux vieillards regardaient les
« lèvres du cacique et parlaient avec lui et pour lui. Après
« le repas, un des principaux Indiens lui apporta, avec une
« grande cérémonie, un ruban semblable, pour la façon, à
« ceux de la Castille, bien que d'un travail différent; il le
« prit dans sa main et me le donna avec deux pièces d'or
« très habilement ouvrées. Je crois qu'ici, il y a très peu de
« cet or, bien que ces parages soient voisins, de la terre où
« il se produit et où il en existe de grandes quantités.
« Pensant qu'il serait agréable au roi d'avoir une couver-
« ture qui était sur mon lit, je la lui donnai, ainsi qu'un
« beau collier d'ambre que je portais au cou, plus une paire
« de souliers rouges et un flacon d'eau de senteur, dont il
« fut merveilleusement content. Ils me témoignèrent, lui et
« ses conseillers, un grand regret de ne pouvoir me com-
« prendre et de ce que je ne les comprenais pas non plus;
« pourtant j'entendis bien qu'il me disait que, si j'avais besoin
« de quelque chose, il mettait toute l'île à ma disposition.
« Alors, j'envoyai chercher mon portefeuille, où j'avais une
« médaille d'or sur laquelle étaient gravées les images de Vos
« Majestés, que je lui montrai, en lui disant que Vos Altesses
« régnaient sur la plus grande partie du monde, et qu'elles
« étaient de très grands princes, et je leur montrai les ban-
« nière royales, celles de la croix qu'ils apprécièrent beau-
« coup; et, alors, se tournant vers ses conseillers, il leur dit
« que : sans doute Vos Seigneuries étaient de puissants sou-
« verains, puisque, d'un lieu aussi éloigné qu'est le ciel,
« elles m'avaient envoyé, sans crainte, jusqu'à leur terre.

« Il se passa ensuite entre nous plusieurs choses que je ne
« compris pas bien, quoique je connusse qu'ils s'émerveil-
« laient de tout. Mais il était déjà tard, et ils désiraient par-
« tir; je les fis entrer dans la barque, avec de grands hon-
« neurs. Ensuite je fis tirer quelques coups de canon, et le
« roi, mis à terre, s'en retourna vers son brancard avec plus
« de 200 hommes, et un de ses fils, que l'un des principaux
« Indiens portait sur ses épaules. Il ordonna alors de donner
« à manger à tous les marins et à tous les hommes des équi-
« pages des navires qui se trouvaient à terre, et commanda
« qu'ils fussent bien traités. Depuis, un des nôtres a dit qu'il
« l'avait rencontré dans le chemin, faisant porter devant
« lui, par un des principaux Indiens, tous les objets que
« je lui avais donnés, et que son fils ne marchait pas à son
« côté, mais derrière lui, comme toutes les autres person-
« nes de son escorte; il avait aussi rencontré, avec une
« troupe aussi nombreuse, un frère du roi qui allait à pied,
« soutenu sous les bras par deux des principaux Indiens, et
« auquel j'avais également donné quelques petites choses,
« quand il était venu à bord après son frère. »

Cette lettre raconte ensuite les événements qui se passèrent dans l'île : qu'avec des vents faibles, il fut porté vers
*Santo Tomas* à la *Punta Santa*; que, n'ayant pas dormi depuis deux jours et demi, il alla se coucher, et que le timon-
nier, voyant le calme, mit à sa place un mousse, malgré son
expresse défense, à cause des bas-fonds et des écueils qui
régnaient sur toute cette côte; qu'à minuit, la mer calme
comme une glace, tout le monde avait gagné son lit, mais
les courants jetèrent le navire sur un banc de sable avec un
bruit tel qu'on eût pu l'entendre d'une lieue. Le mousse,
sentant le timon labourer le fond, se mit à pousser des cris
terribles; l'amiral, l'entendant crier, se leva immédiatement,
personne ne s'étant aperçu que le navire touchait. Malgré une
ancre mouillée à l'arrière, et les efforts des deux équipages,
celui de l'autre caravelle étant venu à leur aide, bien qu'on
eût abattu le grand mât, on ne put éviter l'échouement.

L'amiral était remonté sur le navire pour sauver l'équipage ce qui s'effectua sans accident. Il envoya ensuite deux

de ses hommes vers le cacique, pour demander du secours, et celui-ci, vint avec force démonstrations de compassion, amenant toute la population pour aider à renflouer le navire, si c'était possible; mais tout fut inutile, le bâtiment étant fortement engagé dans le sable.

Alors, à l'aide d'un grand nombre de canots, on procéda au déchargement du navire, et tout fut enlevé et porté, avec grand soin, près de l'habitation royale, où, en attendant qu'on débarrassât une case pour le mettre, on l'entassa avec précaution, et le roi en commit la garde à des hommes armés, afin que personne ne s'en approchât.

Et tous les Indiens pleuraient comme si cet événement les eût touchés.

« Tant est affectueuse, douce et pacifique cette popula-
« tion, dit l'amiral, en terminant sa lettre; je jure à Vos
« Altesses qu'il n'y en a pas de meilleure au monde. Les In-
« diens aiment leur prochain comme eux-mêmes; ils ont le
« parler doux, agréable, et toujours le sourire aux lèvres; et
« quoiqu'ils soient tout nus, Vos Altesses peuvent croire
« qu'ils ont des habitudes très modestes, qu'ils servent leur
« roi avec une grande dignité; et celui-ci a une telle majesté
« que c'est plaisir de le voir; ces Indiens ont d'ailleurs bonne
« mémoire et un grand désir d'apprendre, questionnant sou-
« vent pour se rendre compte des choses, de leurs causes et
« de leurs effets. »

Le mercredi, 26 décembre, le roi vint à la caravelle, voir l'amiral, lui témoigna toute la peine qu'il ressentait du malheur qui lui était survenu, et lui offrit tout ce qu'il pourrait désirer, lui disant qu'il avait mis trois cases à la disposition de ses gens pour enfermer tout ce qu'on avait sorti du navire. En ce moment, arrivèrent quelques Indiens d'une autre île pour troquer des feuilles d'or qu'ils apportaient; on leur donna en échange des grelots qu'ils estiment mieux que toute autre chose et, en même temps, des marins vinrent apprendre que beaucoup d'Indiens se rendaient au village, apportant des objets en or, et qu'ils les donnaient en échange d'autres bagatelles.

Le roi, voyant la satisfaction de l'amiral, à ces nouvelles, lui dit qu'il ferait venir une grande quantité d'or de *Cibao*, lieu où il se trouvait en abondance.

L'amiral, étant descendu à terre, le roi l'invita à manger l'*axis* et le *caraviche* qui sont leur principale nourriture, il lui donna quelques masques avec les yeux et de grandes oreilles en or, et d'autres objets de valeur qui se portent au cou.

Ensuite il se plaignit des Caribes, qui enlevaient ses sujets, pour l'esclavage, ou pour en faire leur nourriture ; mais il reprit courage quand l'amiral, lui ayant montré ses armes, lui dit qu'il s'en servirait pour le défendre.

L'artillerie lui causa une frayeur extrême et la peur des Indiens, en entendant un coup de canon, était si grande, qu'ils se jetaient à terre comme s'ils étaient morts.

L'amiral trouvant, dans cette population, tant d'affection, et, en même temps, considérant les quantités d'or que le pays paraissait posséder, calma sa douleur de la perte de son navire et se décida à établir, dans cette île, un centre de population chrétienne, en y laissant quelques-uns de ses hommes pour faire des échanges, reconnaître le pays, et prendre des informations sur ses habitants, en apprenant leur langue, afin que, lorsqu'il reviendrait de Castille, il retrouvât des hommes qui auraient veillé aux besoins de la population et au maintien des droits de seigneurie sur cette terre.

Il fut d'autant plus encouragé dans cette pensée, qu'un grand nombre des siens s'offrit volontairement à rester dans l'île, et il décida de construire un fort, avec les bois du navire perdu, dont il ne laissa aucune partie sans la mettre à terre et sans l'utiliser.

Ce qui le confirma encore plus dans sa résolution, c'est que le jour suivant, jeudi 27 septembre, il apprit que la caravelle *Pinta* était dans la rivière, vers le cap du levant de l'île ; et, pour s'en assurer, le cacique envoya un canot avec quelques Indiens et un des marins. Ceux-ci, ayant navigué l'espace de vingt lieues, sur la côte du bas, revinrent sans avoir pu avoir de nouvelles du navire, ce qui fit qu'on n'ajouta aucune foi aux paroles d'un Indien qui disait l'avoir vu quelques jours avant.

Ceci n'empêchait pas Colomb de donner des ordres pour la construction de la forteresse et des habitations, pour les hommes qu'il avait résolu de laisser à la Española; la fertilité et la richesse de ce pays, qu'il apprenait à connaître chaque jour de plus en plus, le caractère doux et serviable des Indiens qui apportaient régulièrement aux chrétiens des vivres, des masques et des objets en or, et surtout les renseignements qui lui étaient fournis sur d'autres provinces où l'on trouvait l'or en grande abondance, le fortifiaient dans ce projet de créer, dans cette île fortunée, un établissement durable, et qui serait le point d'attache des créations de l'avenir.

A la veille de son départ, l'amiral eut un long et sérieux entretien avec le roi qui se nommait *Guacanagari;* il lui parla surtout des Caribes dont ses sujets avaient une frayeur inexprimable; il lui dit que, pour lui être agréable et le rassurer, il allait lui laisser une compagnie de chrétiens qui, au moyen de leurs armes, auraient très aisément raison de leurs ennemis; et, pour lui démontrer la supériorité de ces armes, il fit tirer un coup de canon à boulet dont le projectile perça le navire de part en part. Le cacique resta stupéfait de ce résultat et remercia Colomb de la protection qu'il consentait à lui laisser.

L'amiral prit alors ses mesures pour organiser la défense de l'île; il fit enseigner aux Indiens le maniement des armes espagnoles dont le tranchant les intimidait, et il leur dit, qu'avec des armes semblables, ils pourraient, lorsqu'ils sauraient s'en servir, défier tous les Caribes, et n'avoir plus à craindre leurs agressions.

Il donna le commandement des hommes qu'il allait laisser dans l'île, à Diego Arana de Cordoue; il lui adjoignit, comme assesseurs dans le gouvernement, Pedro Guttierez et Rodrigo d'Escobar, qu'il institua gouverneur de la forteresse, et leur laissa 36 hommes avec des vivres et des marchandises, des armes, de l'artillerie et tout ce qui leur était nécessaire pour vivre et défendre leur forteresse et leurs maisons. Parmi les hommes qui restaient il y avait des charpentiers, des calfats, un médecin, un tailleur, un canonnier et des ouvriers de diverses professions, utiles pour la construction d'une ville et pour subvenir à l'existence d'une population. Il appela la forteresse la *Navidad* ou la *Nativité*.

Tous ces arrangements pris, Colomb se disposa à partir directement pour l'Espagne, sans s'occuper d'autres découvertes. Il redoutait qu'il ne lui arrivât quelque événement malheureux, n'ayant plus qu'un seul navire, depuis que Pinzon l'avait quitté, et il craignait, en cas d'accident, de ne pouvoir apprendre aux rois catholiques le succès de son entreprise, et les conquêtes qu'il avait faites pour eux.

Avant de suivre Colomb dans son voyage, pour retourner en Espagne, nous croyons qu'il est utile de jeter un coup d'œil en arrière et de résumer les faits survenus depuis son arrivée aux premières îles découvertes.

Le 12 octobre 1492, Colomb, pour la première fois, voit le Nouveau Monde, et, le 13, il prend possession de l'île de San-Salvador, appelée par les Indiens Guanahani. Puis, successivement, il découvre plusieurs autres îles auxquelles il donne des noms appropriés aux circonstances, jusqu'à ce que, poussé par les renseignements obtenus des naturels, il arrive à l'île de Cuba, cette reine des Antilles, et enfin à Haïti, qu'il appelle *la Española*, et où il fonde un établissement et construit une forteresse qu'il nomme *la Navidad*, dont il confie la garde à trente-neuf de ses hommes qu'il laisse dans l'île, à son départ pour retourner en Espagne, avec son plus petit navire *la Niña*, le seul qui lui reste après la défection de Pinzon et l'échouement de la *Santa-Maria*.

Il part, le 4 janvier, de la Española, emmenant une douzaine d'Indiens et d'Indiennes pris dans les diverses contrées qu'il a visitées; il emporte des types des divers produits de ces belles contrées, et surtout des objets en or et des morceaux d'or natif qu'il a échangés contre des bagatelles.

Certainement Colomb n'avait pas réalisé le rêve qu'il avait conçu; il n'avait découvert ni l'île de Cypango, ni la fin de la côte d'Asie, ni Cathay, ni trouvé le khan de Tartarie, et, à cet égard, on peut dire qu'il s'était trompé dans sa prévision du prolongement de la côte d'Asie jusque dans les parages qu'il avait atteints.

Mais il avait réalisé le principal objet de son voyage, la découverte d'une terre à l'ouest; il en avait trouvé, pour ainsi dire, les avant-gardes; et il n'est pas douteux, s'il avait persisté dans sa marche en avant, qu'il n'eût abordé le vrai continent américain, soit par la Floride qu'il touchait en quelque sorte, de l'île de Cuba, soit par le Mexique, dont il n'était séparé que par le golfe, et une traversée fort courte.

Nous ne croyons pas, comme le suppose Vashington Irwing, que Colomb, après son exploration de l'île de Cuba, qu'il a pu, au premier jour prendre pour cette île rêvée de Cypango, ait persisté dans son illusion du prolongement de la côte d'Asie, dont il ne fait aucune mention dans son journal de bord, et à laquelle son fils Fernando, ne fait pas la moindre allusion. Son départ pour l'Espagne est pour nous une présomption sérieuse qu'il avait reconnu son erreur, après avoir vu la naïve simplicité des Caciques et des populations de Cuba et d'Haïti qu'il ne pouvait confondre avec le khan de Tartarie, et les magnifiques villes dont Marco Polo avait donné la superbe description.

A cet égard, Washington Irwing, ou le Père Navarrette, auquel il emprunte ces réflexions, en font un visionnaire endurci, un illuminé, à la recherche d'un pays et de richesses fantastiques, dont, sous aucun rapport, les îles qu'il avait visitées ne pouvaient lui représenter l'image.

Colomb n'était pas un visionnaire; il avait une foi ardente pour sa religion; il avait puisé, dans ses lectures, une croyance cosmographique, et son caractère entreprenant et opiniâtre le portait à l'investigation, en vue de la solution du problème, que son imagination avait posé, et qu'il désirait éclaircir. Mais Colomb était un homme de bon sens, d'intelligence pratique, et surtout d'expérience nautique, et si, comme le prétendent les deux historiens précités, il avait persisté à croire que la côte d'Asie était à sa portée, il était assez résolu pour marcher en avant, afin de découvrir la terre de ses rêves. Mais, après l'exploration qu'il avait faite de plusieurs des îles découvertes, son savoir, son expérience ont dû lui faire reconnaître son erreur, et ce qui le démontre clairement, c'est qu'il n'en fait aucune mention, et, s'il en parle, c'est un reste d'habitude car il ne l'a pas inscrite dans son journal de bord, dans ses lettres, dans les cartes ou les plans tracés après son premier voyage.

C'est donc gratuitement, et d'après ses propres suppositions que le P. Navarrette, et, après lui, Washington Irwing, lui prêtent cette illusion tenace du prolongement de la côte d'Asie.

Non ! L'idée primitive de Colomb, telle qu'elle ressort des raisons qui l'avaient poussé à entreprendre son voyage, c'était que la mer Atlantique ne devait pas être infinie, et, qu'à l'Occident, il devait exister une terre; à ce point de vue, il n'avait pas commis d'erreur et, dans son premier voyage, il avait découvert les avant-postes de cette terre promise; ceci est hors de discussion.

Dans son récit du premier voyage de l'Amiral, le Père Navarrette, parlant des envoyés de Colomb pour explorer l'île de Cuba, dit :

« Ils trouvèrent, en route, beaucoup de monde, hommes
« et femmes, qui se rendaient à leurs villages; les hommes
« avaient toujours un tison à la main et certaines herbes pour
« recueillir leur fumée; ce sont des herbes sèches roulées
« dans une certaine feuille, également sèche, comme dans
« un rouleau fait en papier, comme ceux que font les enfants
« à la Pâque du Saint-Esprit; cette feuille allumée par un
« bout est sucée par l'autre bout; à l'aide de l'aspiration, on
« en absorbe ou l'on en reçoit la fumée à l'intérieur de la bou-
« che; avec cette fumée, les Indiens s'endorment les chairs
« ou s'enivrent et disent qu'ils ne sentent plus la fatigue. Ces
« espèces de rouleaux, comme nous les appellerons, eux
« les nomment *tabaccos*.

D'après ce récit, les Indiens de l'île de Cuba usaient déjà du tabac à fumer, et faisaient, grossièrement sans doute, des cigares roulés dans une feuille de tabac. Cette plante venait probablement sans culture, comme les autres herbes, et rien ne faisait prévoir alors la renommée universelle des *londrès*, des *puros*, des *regalia*, ni le développement considérable que prendrait, dans l'univers entier, la consommation de ce poison, suivant les uns, de cette panacée bienfaisante, selon les autres, et qui procure en tout cas, à ses adeptes, le délassement de l'esprit et une jouissance relative.

Le passage de Navarrette indique clairement que les Espagnols, à cette époque, ignoraient l'usage du tabac et, si nous rapprochons de ce morceau le récit de Fernando Colomb, nous y lisons : « Dans les chemins il y avait beaucoup
« de gens, qui portaient à la main un tison enflammé, pour
« s'éclairer ou faire de la lumière et s'enfumer ensuite avec
« certaines herbes qu'ils portaient avec eux à cet effet, ainsi
« que pour cuire les racines qui sont leur principal man-
« ger. »

Comme on peut en juger, Fernando, qui écrivait d'après le journal de son père, ne se doutait même pas de l'usage du tabac, et il semble, d'après son dire, que les herbes que portaient les Indiens avec eux, servaient plutôt à des fumigations qu'au *fumer*, comme l'explique le Père Navarrette.

Nous ne nous chargeons pas de décider lequel de ces historiens a donné la véritable explication.

Et pour compléter cette revue rétrospective des observations faites par Colomb dans ces pays enchanteurs, nous nous permettrons de citer le ravissant tableau qu'a tracé Washington Irwing, d'après les historiens du temps, des mœurs et du caractère des habitants de ces îles fortunées :
« Les indigènes vivaient dans cet état de simplicité sauvage
« et primitive que certains philosophes ont dépeint chaleu-
« reusement comme un idéal pour l'humanité (1); comblés
« des dons de la nature, ils ne connaissaient même pas les
« besoins factices. Une terre fertile produisait, presque sans
« culture, la plus grande partie de leurs aliments; leurs ri-
« vières et la côte abondaient en poisson, et ils allaient à la
« chasse de l'*utia*, du *guana* et d'un grand nombre d'oiseaux.
« Pour des gens ayant des habitudes frugales et modérées,
« c'était la richesse. Ils partageaient volontiers avec tous
« venants ce que la nature leur fournissait si généreusement;
« l'hospitalité, nous dit-on, était chez eux une loi naturelle,
« et universellement observée. Il ne fallait pas être connu
« d'eux pour recevoir du secours ; les portes étaient ouvertes

---

(1) Jean-Jacques Rousseau, dans son écrit des lois naturelles, met la vie primitive bien au-dessus de l'existence dans la civilisation.

« à l'étranger comme au maître de la maison, et aux siens. » Colomb, dans une lettre écrite à son protecteur, Louis de Saint-Angel, fait l'éloge de leur douceur, de leur libéralité, de la docilité avec laquelle ils écoutaient les exhortations religieuses, et de leur facilité à retenir et à réciter les prières, et il se flatte de parvenir aisément à les convertir à la foi catholique. « Il me paraît, ajoute-t-il, que, dans toutes ces îles, les « hommes se contentent d'une femme, mais ils en donnent « une vingtaine à leur chef. Les femmes semblent travailler « plus que les hommes. Je n'ai pas pu savoir si ces gens « possèdent individuellement quelque chose; je penche à « croire que chacun a sa part de tout, et spécialement des « provisions ».

Pierre Martyr affirme le fait de la communauté des biens chez les Indiens : « Il est certain, dit-il, que tout, la terre, « la lumière et l'eau, est commun entre ces gens-là, et que « la distinction du tien et du mien, origine de tous les cri- « mes, n'existe pas chez eux. Ils sont contents de si peu que, « dans un aussi grand pays, ils ont plutôt trop de biens que « trop peu; de sorte qu'ils paraissent habiter un monde « doré, où la misère est inconnue, vivant dans des jardins « ouverts, sans fossés, sans haies et sans murs. Ils agissent « honnêtement les uns envers les autres, sans lois, sans livres « et sans juges. Ils regardent comme un homme méchant et « pervers celui qui prend *plaisir* à maltraiter ses semblables. « Quoiqu'ils n'aiment pas le superflu, ils font provision des « racines avec lesquelles ils font leur pain, et sont habitués « à un régime simple qui entretient la santé et préserve des « maladies. »

Tous les historiens s'accordent sur ce point, que la vie de ces peuples est exempte de vicissitudes, d'ennuis et de tourments, et qu'elle se rapproche de la félicité des humains pendant l'âge d'or mythologique. Ils sont dociles et soumis au pouvoir absolu de leurs rois; mais, en général, ceux-ci sont d'un caractère doux, sans orgueil, sans besoins, et se sentent de l'influence de ce climat, agréable et tempéré, qui dispose à l'insouciance, à la bonté et au contentement de soi-même et des autres.

## CHAPITRE XIII.

#### RETOUR DE CHRISTOPHE COLOMB EN ESPAGNE.

Le vendredi, 4 janvier, au lever du soleil, Colomb mit à la voile, les barques suspendues à l'arrière du navire, et se dirigeant vers le nord-ouest, afin de sortir des bas-fonds. Il laissa de côté le port où restaient ses Espagnols et auquel il donna le nom de la forteresse « Port de *la Navidad.* » Ces bas-fonds persistent depuis le cap *Santo* jusqu'au cap de *la Sierpe*, soit environ six lieues, et s'étendent à trois lieues dans la mer. Toute la côte nord-ouest et celle du sud-est sont unies et, à quatre lieues dans les terres, le pays est plat jusqu'aux hautes montagnes qui viennent après immédiatement; il est peuplé d'un grand nombre de villages, avec une population considérable relativement aux autres îles.

Colomb arrriva bientôt à une haute montagne qu'il appela *Monte Cristo*, et qui se trouve à 18 lieues du cap *Santo*, de sorte que, pour aller à *la Navidad*, après avoir atteint le *Monte Cristo*, qui est arrondi comme un pavillon et ressemble à un écueil, on doit se tenir, en mer, à deux lieues de distance de la montagne, naviguer à l'ouest jusqu'à ce qu'on trouve le cap *Santo* : on sera alors à cinq lieues de *la Navidad;* on devra ensuite chercher les canaux qui se trouvent dans ces bas-fonds, y entrer et les suivre jusqu'à *la Navidad.* L'amiral avait jugé utile de consigner ces détails dans son journal de bord, afin qu'on sût où étaient établies la première population et la terre des chrétiens fondées dans ce monde occidental.

Comme les vents contraires forçaient l'amiral à naviguer

à l'est de *Monte Cristo*, le dimanche matin, un calfat qui se trouvait sur la hune du grand mât vit la caravelle « la *Pinta* » qui venait vent arrière, en direction de l'ouest : c'était le 6 janvier ; dès que le navire en vue arriva à l'endroit où se trouvait l'amiral, Martin Alonzo Pinzon sauta à bord de la *Niña* et, allant de suite vers Colomb, il chercha à lui donner les raisons de sa séparation ; il lui dit que c'était contre sa volonté, que son navire avait été poussé par les vents hors de sa route, malgré ses efforts et sa résistance, et qu'il lui avait été impossible de se maintenir à sa portée. C'étaient des prétextes pour colorer sa désertion, et Colomb n'en fut pas la dupe.

Bien qu'il fût persuadé que cet homme le trompait, et qu'il fût convaincu de ses intentions malicieuses et personnelles, se souvenant qu'en maintes circonstances il avait agi avec un sans-gêne extrême, l'amiral dissimula son mécontentement et parut croire aux raisons qu'il lui donna de sa fuite. Pour ne pas envenimer leurs rapports ni mettre obstacle à ses projets, ce qui n'eût pas manqué d'arriver, la plus grande partie de ses équipages se composant d'hommes du pays de Pinzon, et dont plusieurs étaient même ses parents, Colomb préféra patienter et attendre un temps plus favorable pour une explication, car il avait la certitude que, lorsqu'il s'était séparé de l'amiral, à Cuba, c'était avec l'intention d'aller le premier à l'île de Baveche, où les Indiens qui étaient avec lui sur sa caravelle lui avaient dit qu'il y avait beaucoup d'or. Mais s'étant convaincu de l'exagération ou plutôt de l'inexactitude de ces renseignements, ou bien n'ayant pu découvrir l'île en question, Pinzon était retourné à la Española qui, selon le dire de ses Indiens, possédait aussi des mines d'or.

La raison majeure de sa dissimulation avec ce capitaine, c'est, croyons-nous, que Colomb lui devait quelques obligations, concernant la réalisation de ses projets, dont ce commerçant avait facilité l'exécution, en armant et équipant à ses frais la *Pinta*, qui lui appartenait, et il n'est pas douteux que cette participation et la possession du navire lui donnaient une indépendance et une liberté d'action, sur lesquelles le négociant avait probablement compté pour faire ses affaires personnelles.

Quoi qu'il en soit, la navigation de Martin Alonzo Pinzon, loin de l'amiral, avait duré vingt jours, et il était allé à quinze lieues environ, à l'est de la *Navidad*, jusqu'à une rivière que l'amiral avait nommée *Rio de Gracia*, et là le capitaine était resté seize jours, recueillant beaucoup d'or, au moyen d'échanges, de la même manière que l'amiral l'avait pratiqué à la *Navidad*, et il en avait donné la moitié aux hommes de son équipage, pour les satisfaire et pour qu'ils restassent tranquilles, ainsi que pour s'assurer leur concours et leur dévouement; il avait gardé l'autre moitié pour lui, comme capitaine. Telle était le vrai de cette désertion; mais Pinzon, pour donner le change à l'amiral, lui dit qu'il n'avait rien de particulier à lui conter sur son équipée.

La réunion des deux navires eût pu, dans d'autres circonstances, modifier les projets de Colomb, parce qu'elle lui permettait de continuer ses explorations, mais la manière d'agir de Pinzon et sa duplicité lui prouvèrent qu'il ne pouvait guère compter sur ses compagnons, et il se décida à continuer son voyage de retour en Espagne.

Le temps ne lui laissant pas la faculté de passer au large de Monte Cristo, il envoya ses barques dans une rivière qui se trouve au sud-ouest de la montagne et qui roule de petites paillettes d'or; pour cela, il lui donna le nom de *Rio del Oro*. Cette rivière, qui est à 17 lieues de distance de la *Navidad*, est un peu moins large que le Guadalquivir devant Cordoue. C'est aujourd'hui la rivière de Santiago.

Le lendemain, on parvint à la rivière nommée par Colomb: *Rio de Gracia*. Cette rivière coulait dans le pays où Pinzon était allé chercher de l'or; cette contrée garda longtemps le nom de Martin Alonzo qui, le premier, était entré dans cette rivière; elle porte aujourd'hui le nom de *porto Caballo*, mais la plaine adjacente a conservé le nom de Martin Alonzo.

Les Indiens de cette région se plaignirent à l'amiral que Pinzon en partant, avait emmené de force quelques naturels du pays, parmi lesquels deux jeunes filles, pour les conduire en Espagne, et qu'ils étaient prisonniers à bord de la caravelle. Colomb, ne voulant pas qu'on accusât les chrétiens d'avoir enlevé, malgré leur volonté, des naturels des îles dont il avait pris possession, ceux qu'il emmenait avec lui, s'en allant en Espagne de leur plein gré, ordonna à Pinzon de remettre ses prisonniers en liberté; il leur fit donner des vêtements et quelques objets de fantaisie, afin de les dédommager des violences qu'on leur avait fait subir, et on les mit à terre heureux et satisfaits. Mais Pinzon ne se soumit pas à cet ordre sans une vive contrariété; il protesta vivement contre cet acte d'autorité, et en garda dans son âme une rancune sérieuse contre l'amiral.

On avait jusque-là louvoyé avec des vents contraires, mais, dans ces parages, les changements de vents sont fréquents, et l'orientation ayant tourné, on naviga, vent arrière, sans perdre la côte de vue, et on arriva à un cap que Colomb appela *Cabo del enamorado*, aujourd'hui connu sous le nom de cap Cabron.

Colomb rapporte, dans son journal, que, dans ces parages, il y avait beaucoup de tortues de grande taille, et qu'il aperçut de loin trois sirènes qui avaient, en effet, l'apparence de la femme, mais qui ne ressemblaient en rien aux sirènes décrites par les anciens; il en avait déjà vu sur la côte d'Afrique. On suppose que ces amphibies étaient des veaux marins qui, vus dans l'éloignement, ont pu prêter à cette illusion.

Le dimanche, 13 janvier, Colomb se trouvait en travers du cap *Enamorado* qui est dans le golfe de *Samana*, en partant de la *Española*; il envoya une barque à terre et, sur la plage, les Espagnols trouvèrent quelques Indiens, d'aspect féroce, armés d'arcs et de flèches, paraissant être des hommes de guerre.

Ces Indiens témoignèrent, à la vue des marins, un grand trouble, et manifestèrent une extrême épouvante; mais, ayant lié conversation avec eux, ils échangèrent deux arcs et quelques flèches, et on obtint, avec une grande difficulté, que l'un d'eux vînt à la caravelle, parler à l'amiral. Son langage ne démentit pas sa fierté, et on n'en avait jamais rencontré de si hautain, dans tous ceux que l'on avait vus un peu avant. Ce qui donnait à sa figure un caractère encore plus féroce, c'est qu'elle était peinte de noir; ces Indiens, comme nous l'avons déjà dit, ayant l'habitude de se teindre le visage et le corps, les uns en noir, d'autres en blanc, d'autres en rouge de différentes nuances. Ils portaient, en outre, les cheveux très longs et relevés sur le devant avec une aigrette de plumes de perroquet.

Comme la plupart des Indiens, ceux-ci vont complètement nus; celui qui était venu à la caravelle se tenait donc debout devant l'amiral, dans cet état de nature, et lui dit d'une voix ferme, qu'ils étaient tous de même dans ces contrées, ce qui fit croire à Colomb que c'étaient des Caribes et qu'ils n'étaient séparés de la Española que par le golfe.

L'amiral lui demanda donc où habitaient les Caribes, et l'Indien, lui indiquant, avec le doigt, le côté de l'Orient, lui fit connaître, par signes, qu'ils habitaient plus loin, dans d'autres îles où il y avait des morceaux d'or de la grosseur de la moitié de la poupe de la caravelle. Il raconta ensuite, suivant l'explication donnée par les Indiens qui étaient à bord, que l'île de Matanina n'était peuplée que de femmes, auprès desquelles venaient les Caribes, à une certaine époque de l'année, et, quand elles avaient enfanté des garçons, elles les livraient à leurs pères, pour les emmener avec eux. Toutes les réponses aux demandes qui lui étaient faites par signes ou par les Indiens du bord, étaient traduites par ceux-ci à l'aide des quelques éléments d'espagnol qu'on leur avait enseignés, depuis qu'ils étaient sur la caravelle.

Cet interrogatoire terminé, on lui donna à manger sur l'ordre de l'amiral; on lui fit présent de quelques petits objets, tels que des colliers de perles de verre, du drap vert et rouge, et on le renvoya à terre pour qu'il rapportât de l'or, dans le cas où ces Indiens en posséderaient.

Avant que la barque arrivât à terre, les Espagnols virent, cachés derrière les arbres, une cinquantaine d'Indiens tout nus avec les cheveux longs, dans le genre des dames de Castille et ayant sur le front des panaches de plumes de perroquet et d'autres oiseaux; tous ces hommes étaient armés d'arcs et de flèches.

Lorsque la barque toucha la terre, l'Indien qui était à bord fit signe à ces hommes de laisser leurs armes, ainsi qu'un gros bâton qu'ils portaient en guise d'épée; comme nous l'avons déjà dit, ces Indiens ne connaissent pas l'emploi du fer.

Dès que les chrétiens furent débarqués, ils commencèrent à acheter des armes, des arcs et des flèches, d'après les ordres de l'amiral, mais les Indiens, après en avoir vendu deux, refusèrent d'en céder d'autres, comme irrités de ce trafic; dans l'intention de prendre les chrétiens, ils coururent chercher leurs arcs et leurs flèches, là où ils les avaient laissés, et, s'étant munis de cordes pour les attacher, ils revinrent vers les Espagnols; mais ces derniers se tenaient sur leurs gardes, et, les voyant courir sur eux avec une extrême animation, bien qu'ils ne fussent qu'au nombre de sept, contre plus de cinquante Indiens ils les attaquèrent avec tant de vigueur, qu'après avoir blessé l'un d'eux d'un coup d'épée sur le nez et un autre à la poitrine, à l'aide d'une flèche, toute la bande s'enfuit épouvantée de l'audace des chrétiens, et terrorisée par les terribles blessures que faisaient leurs redoutables armes.

Dans leur fuite, ils jetèrent leurs arcs et leurs flèches, et les Espagnols en auraient tué ou blessé un grand nombre, si le pilote de la caravelle, n'avait pas empêché la poursuite, l'amiral lui ayant donné le commandement de ces hommes pour éviter tout conflit.

Mais cette échauffourée ne déplut pas à Colomb; il considéra que ces Indiens, ce qui semblait probable, étaient des Caribes, dont les autres Indiens avaient une si grande frayeur; dans la présomption de leur voisinage, avec ces hommes aventureux et hardis, comme l'indiquaient leur aspect, leurs armes et le coup qu'ils avaient tenté, il pensa qu'il en résulterait un grand prestige en faveur des chrétiens, quand les insulaires apprendraient que sept Espagnols avaient mis en fuite plus de cinquante Caribes, et qu'en conséquence ceux qui étaient restés à la *Española* seraient d'autant plus considérés et respectés. D'ailleurs cette escarmouche devait diminuer les craintes des indigènes à l'égard de leurs féroces ennemis.

Le soir venu, les Indiens allumèrent des feux dans les terres pour montrer qu'ils n'avaient point peur; la barque retourna à terre pour s'enquérir de leurs intentions, mais, malgré leurs avances, les Espagnols ne purent pas arriver à leur inspirer confiance, et se décidèrent à revenir à leurs navires.

Les arcs qu'ils avaient pris étaient en bois de teack, presque aussi grands que ceux de France et d'Angleterre, et les flèches étaient faites avec des jeunes pousses de roseaux, dont ils enlèvent la racine et qu'ils lancent par la pointe. Ces tiges sont solides et très droites et ont une brassée et demie de longueur; leur pointe est armée d'un bâtonnet d'un quart et demi, aigu et durci au feu, et ils mettent au bout une arête ou une dent de poisson envenimée.

Colomb appela ce golfe, nommé par les Indiens *Samana*, le golfe des Flèches.

Ces îles produisaient beaucoup de coton fin, et on y récoltait l'*axi* qui est un poivre très piquant, dont le grain est gros et rond; près de terre et à peu de profondeur poussait cette herbe qu'ils avaient rencontrée, dans leur traversée de l'Océan, et qu'ils avaient conjecturé devoir naître près du bord; une fois sèche, elle se détachait, et les courants l'emportaient vers la haute mer et au large.

Les Indiens que les Espagnols avaient mis en fuite n'étaient pas des Caribes, mais une race guerrière de montagnards, vivant dans une contrée qu'on appelait *Ciguay*, située le long de la côte, sur une étendue de vingt-cinq lieues environ; ils n'avaient aucun rapport avec les autres habitants de l'île, si doux et si paisibles; ils ne parlaient pas la même langue, et ils avaient l'air farouche, le caractère rude, indépendant et énergique.

Le lendemain de la bataille, les Indiens étant en nombre sur la plage, Colomb envoya une barque à terre, montée par une compagnie bien armée. Les Indiens vinrent à eux et ne leur témoignèrent ni rancune ni hostilité. Le cacique, qui était parmi eux, envoya aux Espagnols un collier d'écailles, en signe de paix et d'amitié; c'était un gage sacré pour eux dont les chrétiens ne connaissaient pas le prix.

Bientôt après, le cacique entra dans la barque et se fit conduire auprès de l'amiral, avec trois de ses guerriers. Colomb fut touché de cette démarche, accueillit cordialement le visiteur, et lui fit servir une collation, surtout du miel et des biscuits dont les Indiens sont très friands. Il lui fit visiter le navire, le combla de présents, et le fit remettre à terre, heureux et satisfait. Ne pouvant faire à bord une seconde visite, à cause de l'éloignement de sa résidence, le cacique envoya à l'amiral sa couronne d'or, en signe d'amitié.

Les chrétiens restèrent encore deux jours dans ces parages, et les Indiens ne cessèrent pas de leur apporter des fruits, des légumes et du coton. Ils étaient toujours armés de leurs arcs et de leurs flèches.

Quatre d'entre eux ayant parlé à Colomb d'îles très intéressantes situées à l'est, celui-ci alla les visiter sous leur conduite. Ils se dirigèrent au nord-est, où se trouvaient les îles des Caribes et des Amazones dont l'amiral voulait emmener en Espagne quelques naturels.

Après avoir fait seize lieues, les Indiens indiquèrent la route du sud-est et, dans cette direction, on allait vers Porto-Rico que les Indiens disaient être l'île des Caribes.

Mais tout à coup le vent fraîchit et devint favorable pour le retour en Espagne et, comme l'équipage murmurait de cette déviation de route, qu'il redoutait l'insubordination de ses gens, qu'il ne pouvait plus compter sur le dévoûment de Pinzon dont l'irritation n'était pas calmée, que ses navires étaient fatigués et qu'il avait encore à faire un long voyage qu'il importait d'abréger au lieu de l'allonger, Colomb renonça à tenter de nouvelles découvertes, et reprit la route de l'Espagne, au grand contentement de ses équipages.

Le mercredi, 16 janvier 1493, l'amiral partit du golfe des Flèches (Samana) avec un beau temps, pour retourner en Castille. Les deux caravelles faisaient beaucoup d'eau, et le travail des pompes était devenu très fatigant.

Après avoir perdu de vue la dernière terre qui était le Cap Saint-Telme, à vingt lieues du côté nord-est, ils virent une grande quantité d'herbe, comme celle vue auparavant et, vingt lieues plus loin, ils trouvèrent la mer à peu près couverte de cordilles, jeunes thons, dont ils virent une quantité considérable les deux jours suivants, c'est-à-dire, le 19 et le 20 janvier ; ensuite, ils aperçurent beaucoup d'oiseaux de mer, et on trouvait encore des bandes d'herbe de l'est à l'ouest, précisément dans les courants. Colomb, à ce sujet, avait déjà remarqué que ces courants vont prendre ces bandes d'herbe très loin et qu'ils ne suivent pas toujours la même direction, allant tantôt d'un côté et tantôt d'un autre, et tous les jours il en était de même, jusqu'à ce qu'ils eussent dépassé le milieu du golfe.

Poursuivant leur route, par un temps favorable, ils naviguèrent avec tant de célérité, qu'au dire des pilotes, ils se trouvaient, le 9 février, vers le sud des îles Açores ; mais l'amiral prétendait que ces îles étaient plus avant, au moins à 150 lieues, car ils trouvaient encore de nombreuses et fortes bandes d'herbe, qu'ils n'avaient vues, pendant le voyage d'aller, que lorsqu'ils étaient arrivés à 263 lieues, à l'ouest, après avoir dépassé l'île de Fer.

Après avoir ainsi navigué avec un temps favorable, le vent fraîchit chaque jour de plus en plus, et la mer commença à s'agiter, ce qui fit éprouver aux navires et aux équipages des fatigues inouïes ; le 14 février, pendant la nuit, ils allèrent, à l'aventure, où le caprice du temps et la mer voulurent bien les porter. Par suite de ce gros temps, la caravelle *Pinta*, sur laquelle était Pinzon, ne pouvant se maintenir à la mer, fut obligée de fuir dans la direction directe du nord, devant un furieux vent de sud, et l'amiral poursuivit sa route, au nord-est pour se rapprocher davantage de l'Espagne, ce que les hommes de la Pinta ne purent réaliser à cause de l'obscurité de la nuit, quoique l'amiral eût conservé son fanal constamment allumé.

Lorsque le jour survint, les deux navires s'étaient perdus de vue et chacun d'eux eut la conviction que l'autre avait sombré ; et alors, par suite de cette douloureuse croyance, les gens de l'amiral, pensant à leur religion, se mirent en prières, et firent vœu d'aller en pèlerinage à Notre-Dame de Guadaloupe, et le tirage au sort désigna l'amiral. Ils choisirent également, par la voie du tirage au sort, celui d'entre eux qui serait chargé d'accomplir un second vœu pour un autre pèlerinage à Notre-Dame de Lorette, et le nom sorti de l'urne fut celui de Pedro de la Villa, marin du port de Santa-Maria de Santona. Ils tirèrent au sort une troisième fois, pour indiquer celui qui veillerait pendant une nuit dans l'église de Sainte-Claire de Moguen, et ce fut encore l'amiral qui fut désigné; mais la tempête augmentant encore, tous les hommes de la caravelle firent vœu d'aller nu-pieds et en chemise, faire une prière à la première terre où ils trouveraient une chapelle de Notre-Dame, et, en outre de ces vœux faits par la généralité de l'équipage, il y eut plusieurs vœux particuliers, car la tempête croissait toujours, et le navire fatiguait horriblement, n'ayant pas pris de lest et une grande partie des vivres ayant été consommés. Pour suppléer à ce manque de stabilité, on imagina de remplir d'eau de mer tous les tonneaux et les récipients vides, ce qui produisit un certain résultat, et le navire put se maintenir sans danger de chavirer au milieu de cet ouragan si terrible.

Dans cette effrayante situation, l'amiral écrivit à ses Souverains. « J'aurais supporté cette disgrâce, avec moins de
« douleur, si ma personne seule eût été exposée au danger,
« car je dois ma vie au suprême Créateur, et je me suis
« trouvé si près de la mort, qu'un seul pas pouvait être le
« dernier et me livrer au trépas; mais ce qui me cause une
« peine infinie c'est de voir que Notre-Seigneur, m'ayant
« inspiré et donné la foi et la certitude du succès de mon
« entreprise, après avoir obtenu la victoire et lorsque mes
« contradicteurs allaient être confondus, que vos Altesses
« avaient été servies par moi avec gloire, et obtenaient un
« accroissement de leurs vastes États, sa divine Majesté
« voudrait tout détruire par ma mort. Cette situation serait
« plus supportable si je n'étais pas accompagné des gens
« que j'emmène avec moi et à qui j'ai promis le succès, et
« ces gens, se voyant en si grande affliction, maudissent le
« jour où ils sont venus avec moi, et bien plus encore d'avoir
« écouté mes paroles, quand, par menace et avec autorité,
« je les ai empêchés de revenir sur leurs pas, comme ils
« étaient résolus de le faire maintes fois; surtout, ce qui aug-

« mente ma douleur, c'est le souvenir de mes deux fils que
« j'ai laissés à Cordoue, pour leurs études, dénués de tout
« secours, sur une terre étrangère, sans que vos Altesses
« aient su que je leur ai rendu service, et qu'elles puissent
« en garder la mémoire. D'un côté, j'étais réconforté par la
« foi que j'avais en Notre-Seigneur, qui ne permettrait pas
« qu'une entreprise qui doit donner à son Église un si grand
« éclat, et que j'ai exécutée au milieu de tant de contradic-
« tions et avec tant de peine, restât incomplète par ma mort,
« et, d'un autre côté, considérant mes péchés pour lesquels
« Dieu voulait me priver de la gloire que j'aurais acquise en
« ce monde, je me trouvais perplexe et confus, à part moi,
« et je pensais à la bonne fortune de Vos Majestés qui, malgré
« la perte du navire et la mienne, pouviez trouver le moyen
« de sauvegarder les fruits de ma victoire, car il est possible
« que, par une voie quelconque, vous appreniez les résultats
« de mon voyage; dans ce but j'ai écrit sur un parchemin,
« avec la brièveté que le temps commandait, que j'ai quitté
« les terres que j'ai découvertes, comme je l'avais proposé; en
« combien de jours et par quelle route j'ai obtenu ce succès;
« la fertilité du pays, les quantités de ses habitants qui sont
« devenus et restent les vassaux de vos Altesses, qui êtes
« en possession de tout ce que j'ai découvert. Cet écrit fermé
« et scellé, je l'ai adressé à Vos Altesses, avec la promesse
« du paiement d'un port de mille ducats, à celui qui vous le
« présentera fermé, et ceci afin d'éviter que, s'il est trouvé
« par des étrangers, ils ne profitent de l'avis qui y est inclus,
« à l'encontre de la réalité de la promesse du port; et, à
« l'instant, j'ai ordonné de m'apporter un baril; j'ai enfermé
« le parchemin dans un pain de cire que j'ai mis dans le
« baril, et, celui-ci bien serré avec ses cercles, je l'ai jeté
« à la mer; tous ont cru que c'était un acte de dévotion, et,
« comme je pensais qu'il pouvait arriver que ce baril ne
« parvînt pas à être sauvé par des navires s'approchant de
« la Castille, j'ai fait un emballage semblable que j'ai placé
« au haut de la poupe du navire, afin que, si le navire est
« submergé le baril reste sur les flots, et vogue au caprice
« de la fortune. »

Ces indications écrites, dans un moment d'excitation produite par le péril, furent consignées par Colomb dans son journal de bord, comme un procès-verbal de la situation critique contre laquelle il se débattait.

Ces précautions prises, Colomb, un peu plus calme, continua de lutter contre la tempête, tenant toujours son navire, autant que le permettait la fureur de la mer à un vaisseau non ponté, dans la direction de l'Espagne. Le soir enfin, il aperçut, à l'ouest, un coin du ciel qui lui fit espérer une prochaine amélioration qui se réalisa effectivement, et il put continuer sa marche avec moins de difficulté.

Le 15 février, un vendredi, Ruiz Garcia du port de Santa-Maria de Santoña qui se trouvait sur la partie haute du navire, cria : Terre! Les pilotes et les marins jugèrent que c'était le rocher de *Cintra*, mais l'amiral, qui avait régulièrement fait son point et tenu ses notes avec exactitude, déclara que c'étaient les îles Açores, et que la terre qu'ils apercevaient non loin d'eux était une de ces îles. Mais, bien qu'ils en fussent rapprochés, la tempête les empêcha d'y aborder, et ils durent continuer à louvoyer avec un vent d'est jusqu'à ce qu'ils perdirent l'île de vue ; ils en découvrirent bientôt une autre, autour de laquelle ils tournèrent, pour se mettre à l'abri du mauvais temps et de l'ouragan, sans pouvoir aborder ni prendre un instant de repos, au milieu de continuelles fatigues ce qui fait dire à l'amiral dans son journal de bord :

« Samedi, 16 février, je suis arrivé, à la nuit, à une
« de ces îles, et la tempête m'empêcha de reconnaître la-
« quelle c'était. Je dormis un peu, parce que, depuis mer-
« credi jusqu'à ce jour, je n'avais pas dormi, ni pu dormir
« et, depuis lors, j'ai senti les nerfs de mes jambes souf-
« frants, pour avoir été constamment découvert, à l'air
« et à l'eau, et je me sentais mal à l'aise pour mon manger.
« Le lundi matin, après avoir mouillé, j'appris que cette île
« était *la Santa-Maria* des Açores, et tout le monde s'émer-
« veillait que j'eusse pu me sauver de cette cruelle tempête
« qui avait duré quinze jours continuels dans ces parages. »

## CHAPITRE XIV.

ARRESTATION DES HOMMES DE COLOMB DANS LEUR PÈLERINAGE.
ARRIVÉE A CADIX.

Lorsque les habitants de cette île connurent les découvertes de l'amiral, ils manifestèrent une grande joie et rendirent grâces à Dieu. Trois d'entre eux vinrent à bord, apportant des rafraîchissements, et adressèrent à Colomb des félicitations, en lui présentant les compliments du capitaine, gouverneur de l'île, qui se trouvait éloigné, dans la ville ; il n'y avait, en effet, au lieu du débarquement, qu'un hermite de Notre-Dame, selon le dire des habitants. Colomb, et les gens de l'équipage voulurent s'entendre avec lui relativement aux vœux qu'ils avaient fait le jeudi précédent, d'aller, nu-pieds et en chemise, à l'église de Notre-Dame qui se trouverait dans la première terre où ils toucheraient ; et ils désiraient l'accomplir, surtout dans une localité dont les gens et le capitaine témoignaient tant d'amitié et de compassion pour leurs hommes, sentiments d'autant plus appréciables qu'ils émanaient des sujets d'un roi si ami des rois catholiques. En conséquence, l'amiral pria ces trois envoyés d'aller à la ville pour s'entendre avec le prêtre qui avait la clé de l'hermitage, afin qu'il leur dît une messe.

Les trois délégués partirent fort satisfaits, dans la barque du navire, avec la moitié des hommes de l'équipage, pour commencer à accomplir le vœu, et l'autre moitié devait s'y rendre aussitôt que la première serait de retour. Mais, dès qu'ils parurent sur la plage, en chemise et nu-pieds, selon le vœu qu'ils avaient formé, le capitaine, qui s'était mis en embuscade, avec un grand nombre de gens de la ville, se rua sur eux, à l'improviste, les fit prisonniers, et saisit leur barque, sans le secours de laquelle, l'amiral, pensait-il, ne pouvait s'échapper de ses mains.

Cependant, l'amiral, qui attendait à bord, avec l'autre moitié de l'équipage, et qui, de l'endroit où se trouvait le navire, n'avait pu voir ce qui s'était passé sur le rivage, qu'un promontoire lui cachait, l'amiral, voyant qu'il était déjà midi, et que ses hommes ne revenaient pas, s'inquiéta de ce retard; il craignit qu'il ne leur fût arrivé un accident en mer ou, qu'à terre, il ne leur fût survenu des ennuis et, se souvenant de ses différends avec le roi de Portugal, il redouta quelque fâcheuse surprise.

Il leva l'ancre, et se dirigea vers une pointe d'où il pouvait voir la chapelle; dès qu'il y fut parvenu, il vit, rangés devant la porte de l'église, une troupe de cavaliers armés, dont une partie mit pied à terre, entra dans la barque qui était restée vide, et se dirigea vers le navire, avec l'intention bien visible de l'assaillir. En conséquence l'amiral, dans le doute de ce qui pouvait survenir, ordonna à ses hommes de prendre les armes, et de se tenir en garde, pour repousser une attaque, si elle avait lieu, sans montrer qu'il s'était mis en état de défense, afin que les Portugais s'approchassent avec plus d'assurance. Ceux-ci, quand ils arrivèrent près du navire, s'arrêtèrent et demandèrent une sauvegarde qui leur fut accordée, mais, craignant, malgré la foi donnée, qu'une fois entrés dans le navire, on ne les y retint, comme ils avaient eux-mêmes retenu les marins, et qu'on ne les gardât jusqu'à ce qu'ils les eussent rendus, les Portugais ne s'approchèrent de la caravelle que jusqu'à l'endroit d'où l'amiral pouvait les entendre.

Alors celui-ci leur dit qu'il était bien surpris de leurs intentions, et surtout de ne voir aucun de ses hommes qui étaient allés à terre, avec un sauf-conduit, dans leur barque; que sa surprise était extrême après les offres de service et les présents du gouverneur, et surtout après que celui-ci lui avait envoyé des délégués, pour le saluer et lui offrir ses compliments; il pria le capitaine qui était présent de considérer,

qu'avant d'agir d'une façon inusitée même envers des ennemis, et qu'aucune loi de la chevalerie ne saurait autoriser, il devait réfléchir qu'il allait offenser le roi de Portugal dont les sujets étaient parfaitement traités par les rois catholiques, ses maîtres, et étaient reçus avec courtoisie par les Espagnols, quand ils débarquaient chez eux; qu'ils résidaient sur la terre espagnole sans saufconduit, et avec autant de sécurité que s'ils étaient à Lisbonne, et l'amiral ajouta que LL. Altesses lui avaient donné des lettres de recommandation pour tous les princes, seigneurs et hauts personnages du monde entier; qu'il lui eût montré ses lettres, s'il s'était approché davantage; que, partout, lui et ses gens avaient été bien accueillis et avaient été respectés, et qu'il devait compter avec d'autant plus de raison sur un pareil accueil en Portugal, que le voisinage des deux royaumes et la parenté de ses souverains commandaient des égards réciproques envers leurs sujets. Que lui, particulièrement, comme grand amiral dans la mer océannienne, et vice-roi des Indes, découvertes depuis peu, qualités dont il lui avait montré les titres signés des noms royaux de ses souverains, scellés de leurs sceaux royaux (et il les lui montra de nouveau, quoique éloigné, en lui disant qu'il pouvait se rapprocher sans crainte) que lui, à ces titres et à cause de l'état de paix et de l'amitié qui existait entre ses souverains et son roi, il avait droit à être reçu avec honneur et avec courtoisie. Qu'il avait ordre de rendre aux navires portugais qu'il rencontrait tous les saluts et politesses qui étaient en son pouvoir. L'amiral prenant alors un ton plus élevé lui dit : « Alors même que, par obstination et contre le droit des
« gens, vous retiendriez prisonniers mes hommes, que vous
« avez arrêtés par surprise, cela ne m'empêcherait pas de me
« rendre en Castille, ayant encore assez de monde pour arri-
« ver à Séville, et, même pour vous faire beaucoup de mal,
« si la nécessité l'exigeait, et vous en seriez la cause, et vous
« recevriez le châtiment que vous méritez pour votre faute;
« et de plus votre roi vous punirait plus sévèrement pour
« avoir suscité une cause de guerre entre lui et les rois ca-
« tholiques. »

Le capitaine répondit, avec hauteur, qu'il ne connaissait

ni le roi ni la reine de Castille, et encore moins leurs lettres, qu'il n'avait pas peur de lui, l'amiral, et qu'il lui montrerait ce qu'était le Portugal.

À cette réponse, l'amiral se recueillit et se douta que, depuis son départ, il y avait eu quelque rupture entre les deux royaumes; il répliqua ensuite comme il convenait à ce fol orgueil du gouverneur.

Enfin, le capitaine se dressa sur ses pieds, avant de partir, et de loin il dit à l'amiral qu'il devait se rendre au port avec la caravelle, que tout ce qu'il faisait c'était par les ordres de son roi.

En entendant ces mots, l'amiral prit à témoin tous ceux qui étaient sur le navire; il appela une seconde fois le capitaine et les Portugais, et il jura qu'il ne débarquerait pas jusqu'à ce qu'il eût fait prisonnier cent Portugais pour les conduire en Castille et qu'il dévasterait leur île.

Après quoi, il revint au port qu'il venait de quitter, le temps ne lui permettant pas d'agir autrement.

Le lendemain, le vent augmenta, et, l'endroit où il se trouvait étant périlleux, il laissa ses ancres et, déployant les voiles, il se dirigea vers l'île San-Miguel, déterminé, dans le cas où il ne pourrait l'aborder, à cause du mauvais temps qui durait encore, de rester à la cape, non sans danger, car la mer était démontée et il ne lui restait que treize matelots et quelques mousses, tout le reste étant gens de terre, et les Indiens qui n'avaient aucune pratique de la manœuvre d'un navire. Mais l'amiral suppléait, par sa personne, à l'absence des gens de mer.

Ce ne fut pas sans un travail excessif et des fatigues extrêmes qu'il réussit à se maintenir en mer pendant la nuit: il avait perdu de vue l'île de San-Miguel; le temps s'était amélioré, de sorte que, lorsque le jour parut, il résolut de revenir à l'île Santa-Maria, pour y reprendre les ancres et obtenir la liberté de ses gens et la remise de sa barque.

Il y arriva le jeudi, 21 février, le soir, et peu de temps après, il vit arriver sa barque, avec cinq matelots; Colomb leur donna toutes sécurités pour aborder la caravelle et, comme la soirée était avancée, ils y passèrent la nuit.

Le lendemain matin, ils dirent qu'ils venaient de la part du capitaine pour savoir, d'une manière certaine, d'où venait le navire, où il allait et s'il naviguait par ordre et sous le pavillon des rois de Castille, ajoutant qu'en leur disant la vérité, on obtiendrait le libre passage.

Ce changement de langage et l'offre nouvelle, fit connaître clairement à l'amiral qu'il ne leur était pas permis d'arrêter son navire, et qu'il pouvait leur causer plus de mal qu'ils ne lui en avaient fait. Mais, dissimulant sa pensée, Colomb leur répondit en les remerciant de leur offre et de leur courtoisie, et leur dit qu'il était prêt à satisfaire à leur demande qui était conforme aux usages et aux lois maritimes; il leur montra la lettre générale de recommandation que les rois de Castille adressaient à tous leurs sujets, et aux autres princes, la commission et le mandat qui lui avaient été donnés, pour entreprendre ce voyage. Au vu de ces documents, les Portugais se retirèrent satisfaits, mirent ensuite en liberté leurs prisonniers et leur restituèrent leur barque. Ceux-ci apprirent à l'amiral qu'on disait dans l'île, que le roi de Portugal avait donné ordre à tous ses sujets d'arrêter Colomb par tous les moyens possibles.

Le capitaine de l'île n'avait donc fait qu'exécuter l'ordre qu'il avait reçu de son maître. En arrêtant les marins qui s'étaient rendus à la chapelle, il pensait que l'amiral était avec eux; l'ayant trouvé prêt à se défendre, quand il était allé à bord et en règle quant à sa commission, il avait consulté des légistes et, sur leurs conseils, il avait envoyé à bord les derniers délégués, avec la mission de conciliation qui avait mis fin à ce conflit.

Ainsi, le premier accueil qui était fait à Colomb, à son retour en Europe, était un acte d'hostilité et de haine, alors qu'il venait d'accomplir une mission civilisatrice et bienfaisante, et ce n'était que le prélude de l'injustice et de l'ingratitude qui devaient l'abreuver d'humiliations et de dégoûts.

L'amiral partit de l'île Santa-Maria, le 24 février, un dimanche, après avoir tenté vainement de prendre du bois et du lest, dont il avait grand besoin, et que le mauvais temps l'empêcha de charger. Le temps s'améliora pendant son voyage vers la Castille. Environ à cent lieues de la terre la plus voisine, une hirondelle vint s'abattre à bord du navire; les mauvais temps l'avaient probablement entraînée dans le golfe; on en eût la preuve le jour suivant, car il en vint un grand nombre, ainsi que quelques oiseaux de terre; ils virent également une baleine.

Le 3 mars, il s'éleva une violente tempête. Après minuit, les voiles furent arrachées et, se voyant encore en danger de mort, ils firent un vœu d'envoyer un pèlerinage à Notre-Dame de la Cinta, lequel irait, déchaussé et en chemise, à la sainte chapelle qui se trouve à Huelva. Ce fut encore l'amiral que désigna le tirage au sort. Le hasard semblait le choisir de préférence, comme celui dont la prière devait être la plus efficace, et être la plus favorablement accueillie; d'autres vœux particuliers furent faits par les gens de l'équipage.

Et le navire marchait toujours sans voiles, son mât dénudé, la mer terrible et le vent très violent, au milieu d'effroyables coups de tonnerre, des éclairs illuminant tout le ciel, qui semblaient à chaque moment devoir emporter la caravelle dans les airs. Au milieu des éléments déchaînés, ils eurent la chance de voir la terre à minuit.

La proximité de la terre ne leur offrait pas un moindre danger, avec la crainte de s'échouer, sans savoir où ils se trouvaient et s'ils pourraient se sauver; ils furent obligés de faire une voile de fortune pour se maintenir en mer contre la tempête, jusqu'à la venue du jour.

Dès le matin, ils reconnurent qu'ils étaient au delà du rocher de Cintra, aux confins du royaume de Portugal.

A la grande surprise et au suprême effroi des marins et des gens de cette terre, ils se virent obligés d'aborder, et tous s'émerveillaient qu'ils eussent pu échapper à une pareille tourmente, avec un tel navire, alors qu'on avait appris que beaucoup d'autres avaient péri, ces derniers jours, dans la mer de Flandres et dans d'autres endroits.

Il entra ainsi dans le fleuve de Lisbonne, le 4 mars, le lundi, et il monta au delà du Rastrillo. Au même instant, il envoya un courrier aux rois catholiques, pour les informer de son arrivée, et il en avisa aussi le roi de Portugal, lui demandant la permission de monter dans la ville, ne se sentant pas en sûreté contre les tentatives de ceux qui, sous le fallacieux prétexte des ordres du roi, voudraient attenter à sa liberté, en croyant annihiler le triomphe du roi de Castille, par les molestations causées à son amiral.

Le mardi, 5 mars, il vint à la caravelle, une barque amenant le patron d'un navire stationnaire que le roi de Portugal entretenait au Rastrillo pour servir de garde : il invita l'amiral à le suivre pour rendre compte aux ministres du roi de son arrivée, selon la règle et l'usage imposés aux navires de toutes les nations, qui venaient dans ce port.

L'amiral lui répondit « que les amiraux des rois catholi« ques n'étaient pas obligés de se rendre auprès de ceux « qui les appelaient; qu'ils ne devaient pas quitter leur « navire; qu'ils n'avaient à rendre de comptes à personne, « et qu'il était décidé à agir de la sorte. »

Le patron lui dit alors de vouloir bien au moins envoyer un homme du bord pour remplir les formalités; à quoi l'amiral répondit : « que c'était la même chose, alors même « qu'il n'enverrait qu'un mousse, et que c'était peine perdue « de lui demander d'envoyer quelqu'un du navire. »

Devant cette résolution, le patron lui demanda de lui montrer au moins les lettres et commissions des rois catholiques pour la constatation de ses dires et pour qu'il pût donner satisfaction à son capitaine-major.

Ceci paraissant juste, Colomb consentit à sa demande, et lui montra la patente de ses souverains, et le patron, satisfait, revint à son navire, rendre compte à son capitaine de ce qui venait de se passer.

A cette nouvelle, Don Alvaro de Acuna, commandant du stationnaire, se rendit aussitôt à la caravelle, avec un renfort de tambours, de fifres et de trompettes, et rendit à l'amiral de grands honneurs et lui offrit tous ses services.

Le lendemain, dès qu'on sut, à la cour, que Colomb était revenu des Indes, qu'il avait ramené avec lui des naturels de ce pays et que son navire était chargé d'or et d'objets curieux venant de ces contrées, une affluence énorme de visiteurs fondit sur la caravelle pour satisfaire leur curiosité et connaître les nouvelles qu'il rapportait. La caravelle étant trop petite pour contenir ce flot de personnages de tout rang et de toute condition, Colomb dut prendre des mesures pour les admettre les uns après les autres. Le fleuve était couvert d'embarcations de tout genre, allant et venant; on eût dit une population en fête se rendant à une cérémonie, et c'était une animation extraordinaire, des félicitations, des cris de joie, comme au lendemain d'une victoire; les uns rendaient grâces à Dieu d'un événement heureux pour l'humanité; les autres se plaignaient de ce que le succès de cette entreprise eût échappé au Portugal, à cause de l'incrédulité et de la défiance de leur roi.

Cette journée se passa au milieu d'un immense concours de monde, de visites continuelles et non interrompues.

Le jour suivant le roi ordonna de donner à l'amiral des vivres frais, et tout ce dont il pouvait avoir besoin, pour lui-même et pour ses gens, et le tout gratuitement. Il écrivit à l'amiral, le félicitant de son heureuse arrivée, et lui demandant de venir le voir, puisqu'il se trouvait sur ses terres.

Colomb eut un moment d'hésitation, mais, en réfléchissant à l'amitié qui régnait entre les deux cours, l'accueil favorable qu'il lui avait fait, et d'ailleurs voulant éviter tout soupçon de méfiance, concernant ses conquêtes, il se détermina à aller à Valparaiso où le roi se trouvait alors, résidence qui était située à neuf lieues de Lisbonne.

Il y arriva le samedi, 9 mars, à la nuit tombante; le roi ordonna à toute sa noblesse d'aller le recevoir, de lui faire un grand accueil, et lui-même le reçut avec beaucoup d'honneur, quand il se présenta devant lui, le faisant asseoir en sa présence, extrême faveur réservée seulement aux princes et aux grands seigneurs de la cour.

Sur sa demande, Colomb lui raconta son voyage, et lui décrivit les contrées qu'il avait découvertes; le roi l'écouta avec une grande attention, en manifestant, en apparence, beaucoup d'intérêt et de satisfaction, quoiqu'en lui-même il ressentît un ennui extrême de n'avoir pas accepté la proposition de Colomb, et d'avoir laissé à un autre souverain l'honneur d'un semblable succès.

« Mais, dit-il, après que l'amiral eut terminé son récit, « ces contrées font partie des Indes dont la possession m'ap- « partient, en vertu du traité de 1479, avec les rois d'Es- « pagne. »

L'amiral répondit qu'il ne connaissait pas ce traité; qu'il lui avait été interdit de faire des explorations sur la côte de Guinée et à la Mina, et que ses recherches avaient porté sur des points bien plus éloignés et dans une autre direction.

Le roi répliqua gracieusement que la question se règlerait amiablement entre les deux cours et qu'il n'y aurait pas de discussion.

En se séparant de Colomb, le roi le recommanda au Prieur de Crato, et celui-ci eut pour l'amiral les plus grands égards et les soins les plus empressés.

Le lendemain, Jean II questionna Colomb sur la nature, et les naturels des pays découverts. Il s'informa de la route qui l'y avait conduit; l'amiral lui donna, sans réserve, toutes les explications désirables et lui démontra, qu'avant sa découverte, ces contrées n'étaient connues de personne.

Mais le roi restait imbu de cette croyance, que ces régions étaient la suite de l'Asie et appartenaient conséquemment aux pays récemment découverts par son ordre, et où Colomb avait accédé par une route inconnue et plus courte que celle que prenaient ses explorateurs. Une bulle papale lui ayant donné toutes les terres des Indes, les contrées nouvellement découvertes devaient lui appartenir, si elles s'y rattachaient.

Naturellement ses conseillers et ses courtisans confirmèrent ces appréciations. La plupart d'entre eux s'étaient montrés hostiles à l'entreprise, et il leur était pénible de voir un succès qui démentait leur opposition; ils cherchèrent en conséquence, à nuire à Colomb dans l'esprit du roi, et, dans ce but, ils défigurèrent ses paroles et lui attribuèrent des sentiments tout autres que ceux qu'il témoignait. Son enthousiasme et sa joie de ses découvertes étaient de l'orgueil et du dédain pour la nation qui n'avait pas su ou n'avait pas pu prendre l'entreprise pour son compte. Ses récits exagérés étaient des insultes pour les Portugais ; les Indiens qu'ils avaient vus sur la caravelle étaient, de tous points, semblables à ceux des possessions portugaises. Les îles découvertes, ne se trouvant pas loin des îles Terceires, constituaient bien, en conséquence, une propriété du Portugal. Toutes ces insinuations pesaient sur l'esprit du roi et le tourmentaient.

Dans ces perplexités, quelques-uns, moins scrupuleux et plus résolus, allèrent jusqu'à proposer au roi d'assassiner Colomb. On lui susciterait une querelle et on le tuerait dans la bagarre ; il méritait la mort pour ses tromperies et la fausseté de ses découvertes.

Mais la loyauté et la noblesse de caractère du roi Jean repoussèrent cette odieuse proposition. On se demande même si elle a pu être faite, étant donné le naturel chevaleresque de Jean II. Mais les historiens qui la racontent sont des auteurs dignes de foi, et d'ailleurs, elle n'est guère plus honteuse que le projet mis en avant par d'autres conseillers. Ce projet, plus franc et plus hardi, consistait en une prise de possession immédiate des contrées découvertes, en vertu des droits conférés par l'acte déjà cité ; une expédition partirait le plus tôt possible, avant que Colomb retournât là-bas, et s'emparerait des pays en question : la possession acquise vaudrait mieux que toute autre revendication.

Cette proposition qui exigeait de la hardiesse et de la résolution, en même temps qu'une certaine astuce, convenait mieux à l'esprit du roi Jean qui n'était pas dénué de quelque ruse, même avec son caractère noble et magnanime. Les rois de cette époque, tout en suivant essentiellement les lois de la chevalerie, ne se privaient pas d'avoir recours à des moyens moins avouables, quand il s'agissait de sauvegarder leurs intérêts, et ils ne manquaient pas de bonnes raisons pour motiver leur conduite.

Le roi de Portugal résolut donc de mettre à exécution le projet de prendre, par la ruse et par la force, possession des pays découverts par Christophe Colomb, et donna le commandement de cette expédition à un capitaine expérimenté, Don Francisco de Almeida.

Cependant, Colomb, après cet accueil plein d'égards, retourna à son navire, escorté par Don Martin de Norona, avec une nombreuse suite de cavaliers et monté sur une mule, ainsi que le pilote qui l'avait accompagné et qui reçut du roi vingt ducats d'or, environ trois cent soixante francs de notre monnaie.

La reine lui ayant fait témoigner le désir de le voir, il s'arrêta au couvent de San Antonio à Villafranca ; il y fut accueili avec honneur. La reine lui demanda de lui faire le récit de son voyage, et il s'en acquitta parfaitement, au point d'émerveiller les dames de la cour qui entouraient la reine, et la souveraine elle-même qui écouta avec une vive curiosité et un intérêt marqué la narration du navigateur.

L'amiral, après avoir passé sa nuit à Liandra, reçut la visite d'un officier du roi qui lui dit que, s'il voulait se rendre par terre en Espagne, il était chargé de l'accompagner jusqu'à la frontière, et de le défrayer pendant toute la route. Mais l'amiral préféra rejoindre son navire et s'en aller en Espagne par mer.

Il remit à la voile le 13 mars, et, comme le temps s'était remis au beau, il arriva sans incidents, le 15 mars, au point du jour, à la barre de Saltes, et entra, à midi, dans le port de Palos, d'où il était parti le 4 août de l'année précédente. Il avait donc, en moins de sept mois, effectué ce voyage si redouté, si controversé, et si fécond quant à ses résultats.

# CHAPITRE XV.

### ARRIVÉE A PALOS ET RÉCEPTION DE CHRISTOPHE COLOMB.

Lorsque l'amiral débarqua de sa caravelle, il trouva, sur la plage, toute la population rangée en procession, et qui l'accueillit avec des cris de joie et des acclamations enthousiastes. Tous rendaient grâces à Dieu d'une si éclatante victoire, qui allait être, pour la religion chrétienne, la cause d'une immense propagation et, pour les états du royaume, le sujet d'un considérable accroissement.

Les habitants considéraient comme un événement providentiel et comme un grand avantage que l'expédition fût partie de leur port, et c'était pour la population un honneur extrême que la plus nombreuse partie des équipages, et la plus élevée, fût sortie de ce pays, bien que quelques-uns, à l'instigation de Pinzon, eussent agi en insubordonnés et avec quelque perfidie.

Lorsque l'amiral fut arrivé à Palos, Pinzon aborda quelque temps après en Galice; il voulut aller à Barcelone directement, avec le projet de rendre compte personnellement aux rois catholiques du succès de l'expédition. Mais ceux-ci lui firent savoir qu'il n'eût à se rendre auprès d'eux qu'en compagnie de l'amiral; que c'était l'amiral qu'ils avaient envoyé pour effectuer cette découverte, et que c'était lui qui avait seul qualité pour en raconter les événements.

Pinzon éprouva de ce contre-ordre un tel ennui et un si grand désappointement, qu'il revint dans son pays, malade, et mourut en peu de jours, par suite de l'affliction qu'il en avait ressentie.

Mais, avant son retour à Palos, Colomb en était parti pour se rendre à Séville, dans l'intention d'aller de là à Barcelone où se trouvaient les rois catholiques. Il ne put donc revoir Pinzon ni connaître sa malheureuse fin.

Pendant son voyage, les populations des villages où il passait se soulevaient et remplissaient les rues et les chemins, et partout il était forcé de s'arrêter, par suite de la joie et de l'enthousiasme qu'excitait son retour, et à cause de la curiosité générale, à la vue des Indiens et des autres objets inconnus et nouveaux qu'il apportait avec lui; c'étaient des cris de joie, des chants de triomphe, des actions de grâces à Dieu, qui ne discontinuèrent pas durant tout le voyage, qui fut allongé considérablement par cet immense concours des populations. Enfin, l'amiral arriva à Barcelone, au milieu du mois d'avril. Auparavant, il avait annoncé à LL. Majestés l'heureuse issue de son voyage.

Les souverains témoignèrent une joie et une satisfaction infinie de ce succès, et ordonnèrent que Colomb fût reçu avec solennité, comme un homme ayant rendu un si grand service à ses souverains.

Alors, toute la population de Barcelone, toute la noblesse et les seigneurs de la cour sortirent de la ville pour aller le recevoir, pendant que les rois catholiques l'attendaient, sur la place publique, dans toute leur grandeur et leur majesté, sur des sièges d'une richesse extrême et sous un magnifique dais de brocard d'or; et, lorsque l'amiral se présenta pour leur baiser les mains, ils agirent avec le cérémonial réservé aux seigneurs, faisant difficulté de lui donner la main, pour ne pas recevoir cet hommage, et, le relevant avec affabilité, ils l'invitèrent à s'asseoir.

Christophe Colomb était arrivé entouré et suivi de toute la noblesse qui était allé le recevoir; il les dominait de sa haute taille, et on le reconnaissait, dit l'historien Las Cazas, à son maintien noble et assuré; un sourire de satisfaction régnait sur son visage, auquel ses cheveux gris donnaient un air respectable. On eût cru voir un consul romain, montant au Capitole, après une victoire éclatante.

L'amiral, comme nous l'avons déjà dit, était pénétré de

la grandeur de la mission qu'il avait commencé d'accomplir. Il se sentait appelé à d'autres travaux, à d'autres fatigues, pour compléter ses découvertes, dont il venait de réaliser le prélude ; il avait le sentiment de la grandeur de son œuvre et la conscience de l'immense service qu'il rendait à ses souverains et à l'humanité tout entière ; et, se croyant appelé à une mission divine, il jouissait d'un triomphe qu'il savait avoir mérité et dont il voulait se rendre digne encore plus par la suite.

A ce moment solennel, toute la population réunie sur la place battit des mains et poussa des cris d'enthousiasme, unissant dans ses acclamations, les souverains qu'elle aimait et l'homme éminent qu'ils comblaient d'honneurs.

Les rois catholiques demandèrent alors à Colomb de leur faire le récit de son voyage et des événements qui s'étaient accomplis depuis son départ.

L'amiral, avec ce charme que donne une ardente conviction, leur raconta les péripéties de sa traversée, la découverte de la première terre et des îles qu'il rencontra successivement ; il décrivit les beautés de ces terres merveilleuses, la suavité du climat, avec cet enthousiasme qu'il avait éprouvé quand il les vit pour la première fois. Ensuite, il leur montra les objets qu'il avait apportés, des oiseaux et des animaux étrangers, des plantes diverses, de l'or en poudre et en pépites, des lingots et des objets d'or façonnés dans ces pays primitifs, et, enfin, il leur présenta, au nombre de six, les Indiens qu'il avait emmenés et auxquels les souverains firent des amabilités affectueuses. Ces Indiens, objets d'une curiosité générale, passionnée, et qui n'était jamais complètement satisfaite, étaient au nombre de douze, au départ de la Española ; trois étaient morts pendant la traversée et les trois autres, malades, étaient restés à Palos, Colomb n'ayant pas voulu les exposer aux fatigues du voyage.

Quand l'amiral eut terminé la narration qui avait excité un vif intérêt et avait été écoutée avec une attention extrême, il ajouta : « Ce ne sont là que les préliminaires de découver-
« tes plus importantes qui me restent à réaliser ; il existe,
« dans ces pays fortunés, de riches royaumes, des villes su-

« perbes que je dois explorer et que j'ajouterai à l'immense
« domaine de Vos Majestés, et il me reste à convertir à la
« vrai foi des nations entières qui attendent la parole di-
« vine que je dois leur apporter. »

Alors les souverains tombèrent à genoux, levèrent leurs mains vers le ciel et, les yeux mouillés des larmes de la foi et de la reconnaissance, ils rendirent à Dieu des actions de grâces pour les bienfaits dont il les comblait. Tous les assistants imitèrent leurs rois, et le peuple qui encombrait la place et les rues adjacentes se prosterna, à la vue de ce touchant spectacle, et l'on n'entendit plus, dans cette foule immense, que des cris de gratitude et des prières ardentes adressées au suprême dispensateur des biens de ce monde.

Alors les chantres de la chapelle royale entonnèrent le *Te Deum laudamus*, avec accompagnement de musique, et toute cette foule, souverains, seigneurs et gentilshommes mêlés au peuple, dans cet hymne de gratitude, répétèrent ce chant d'amour et de louanges, lequel, dit Las Cazas, « monta
« vers le ciel, comme si les assistants ravis se fussent élevés
« vers les sphères célestes ».

La cérémonie terminée, l'amiral fut reconduit à son hôtel par la foule des courtisans, au milieu des cris de joie et des acclamations du peuple; tous ces seigneurs ne se lassaient pas d'entendre les récits de Colomb et pendant plusieurs jours, celui-ci fut l'objet de leurs assiduités et de leurs gracieusetés. Le peuple le suivait dans les rues en l'acclamant, dès qu'il se montrait, et la foule se pressait autour de lui pour le voir de plus près.

Étrange revirement! A peine sept mois s'étaient écoulés, depuis que Colomb avait quitté cette cour, où la généralité le regardait avec dédain, le considérant comme un aventurier ou un visionnaire, et où il ne comptait que quelques amis, et aujourd'hui, aucune voix dissidente ne s'élevait pour contester son triomphe!

Nous nous trompons! Au milieu des ovations, la haine se cachait, mais, comme le feu sous la cendre, elle couvait et préparait ses attaques, pour lui faire cruellement expier ces moments de bonheur et de satisfaction.

Cependant l'ivresse du succès ne faisait pas oublier à Colomb ses projets d'avenir. Non seulement il pensait à l'organisation de la flotte qu'il devait commander pour son second voyage ; non seulement il occupait son imagination des découvertes qui lui restaient à faire, mais encore il ne perdait pas de vue son idée de la délivrance du Saint-Sépulcre. Dès le début de son expédition, il avait entretenu les rois catholiques de son projet ; aujourd'hui, avec la perspective des richesses immenses qu'il espérait conquérir, il se voyait à la tête d'une armée de 4,000 cavaliers et de 50,000 fantassins, équipés par lui et marchant à la conquête du divin tombeau. Il rappelle ce dessein dans une lettre adressée à LL. Majestés : il en reparle dans ses écrits et le transcrit, d'une manière précise, dans sa lettre de 1502, au pape Alexandre VI.

On ne saurait s'étonner que Colomb ait conçu ce projet, dans un temps où les princes, les guerriers et les gentilshommes avaient l'esprit porté vers les croisades et les entreprises en faveur de la foi chrétienne. Dans son plan de découverte, l'esprit religieux de Colomb mêlait la propagation de la parole sainte, et, se croyant à la veille de posséder des sommes considérables, il en faisait d'avance les applications à des entreprises pour lesquelles il croyait avoir reçu une mission divine.

Enthousiasmé de son œuvre, et sa pensée toujours tournée vers la réalisation de ses plans, Colomb voyait des instruments en quelque sorte obligés, dans les hommes appelés à lui prêter leur concours ; et peut-être, dans ses préoccupations, n'a-t-il pas assez tenu compte de ces concours et a-t-il, sans s'en douter, donné prétexte aux désertions ou aux révoltes qui ont eu lieu à son service ? Il faut remarquer que les hommes qui ont méconnu son autorité, avaient été ses égaux ; l'un d'eux, Martin Alonzo Pinzon, commerçant honorable et riche, a pu, dans le principe, se considérer comme son protecteur, et, à bon droit, a pu croire que sans lui, les plans de Colomb, eussent difficilement abouti. Il ne faut pas perdre de vue que le trésor royal était épuisé ; que la reine donna ses joyaux, et que cela ne suffisant pas pour armer et équiper une flotte, Martin Alonzo Pinzon apporta à l'expédition son navire *la*

*Pinta*, armé et équipé à ses frais, et qu'il avança de l'argent à Colomb, pour payer son huitième ; il put donc se croire l'un des chefs de l'entreprise, et obéir à Colomb, put lui paraître une charge ?

Nous ne voulons pas excuser sa défection ; et son départ, pour aller seul à la recherche des mines d'or, était une trahison ; mais cet homme était un marchand, son navire lui appartenait, et il a pu croire qu'il était maître de l'amener où bon lui semblerait, n'étant pas comme l'amiral, l'esclave du devoir et d'une pensée dominante. A son point de vue, Pinzon n'était pas un malhonnête homme ; sa mort à la suite de sa déconvenue, prouve qu'il n'était pas dépourvu de sentiments d'honneur et de dignité ; on ne meurt pas de douleur, si on n'a pas de cœur.

Il est regrettable qu'une faute ait fait perdre à cet homme l'occasion de figurer, comme aide, à la fête dont Colomb fut le digne héros.

Nous dirons, pour en finir avec un homme qui eût pu avoir un meilleur sort, que Charles-Quint se laissa convaincre par les protestations de ses descendants, qui firent valoir victorieusement les services de leur famille envers l'État, et démontrèrent que, sans la protection et le concours de Martin Alonzo et de ses frères, Colomb n'aurait pu accomplir son exploration.

Un des descendants de cette famille, marin exprimenté et hardi navigateur, Vicente Yanez Pinzon, suivant l'exemple de ses ancêtres, avait heureusement fait des expéditions et des découvertes nouvelles ; cette considération, la situation honorable de sa famille, qui vivait à Moguer, non loin de Palos, où elle possédait des vignobles et des terres, jointes aux services passés des trois frères, déterminèrent le roi à leur accorder le titre d'hidalgo, avec des armoiries et le droit de mettre devant leur nom le *Don* qui alors était réellement un signe nobiliaire.

La famille Pinzon a conservé ces privilèges avec soin ; elle continue de résider dans la petite ville de Moguer, dans une situation de fortune aisée et jouissant de l'estime générale, exemple rare de la perpétuité, de génération en génération dans une famille, d'une position florissante et d'une honorabilité non interrompue.

Il n'en a pas été de même du port de Palos, qui au temps de Colomb, avait, parait-il, une certaine importance comme ville maritime. Aujourd'hui, c'est un pauvre village dont la population n'excède pas 400 habitants, cultivateurs ou vignerons, et dont les relations maritimes n'existent plus.

Quant au couvent de la Rabida, où Colomb, désespéré, vint demander un morceau de pain et un verre d'eau pour son fils harassé, ce couvent est encore debout; il n'a plus pour commensaux que deux moines, un novice et un frère lai : *sic transit gloria mundi!*

La nouvelle de la découverte de Colomb fut bientôt répandue dans l'Europe entière; les ambassadeurs près des cours étrangères, les corps savants et le commerce se chargèrent de cette communication, qui causa dans le monde civilisé une stupéfaction générale et devint le sujet de toutes les conversations. Il n'y avait alors ni gazettes, ni journaux; les historiens seuls et les savants décrivirent l'émotion et la satisfaction qui fut universellement ressentie.

En 1493, Allegretti la mentionne dans ses annales de la ville de Sienne; la nouvelle était donnée par des lettres de commerçants Siennois qui étaient fixés en Espagne, et des voyageurs l'avaient confirmée.

Gênes, qui eût pu en avoir tout l'honneur, puisque l'expédition lui fut d'abord proposée par Christophe Colomb, l'apprit par ses ambassadeurs, Francisco Marchesi et Giovanni Antonio Grimaldi.

L'Angleterre, qui n'était alors qu'une puissance navale de deuxième ordre, l'apprit bientôt, et l'étonnement fut tel, qu'à la cour d'Henri VII, on déclara que c'était « un événement divin plutôt qu'humain. Sébastien Cabot qui, plus tard, découvrit l'Amérique du Sud, se trouvait alors à Londres et rapporte le propos.

Chacun, à son point de vue, trouvait, dans cette découverte des avantages relatifs :

Les savants y voyaient un nouveau champ d'études, car

l'existence de ces terres, à l'Occident, bouleversait le système de l'univers, tel qu'on le comprenait alors ;

Les commerçants en espéraient de nouvelles relations commerciales.

Les explorateurs, un vaste champ ouvert aux recherches.

Les voyageurs, un terrain nouveau d'aventures, et tous attendaient une nouvelle visite de ces terres inconnues où l'on n'avait fait que pénétrer et entrevoir des mystères qu'il fallait élucider.

Nous trouvons dans Washington Irwing une lettre adressée à son ami Pomponius Laertus, par Pierre Martyr, qui donne une idée des sentiments éprouvés par les savants, à l'occasion de cet événement : « Vous me dites, mon cher
« Pomponius, écrit ce savant, que vous avez sauté de joie
« et versé des larmes, à la lecture de l'épître dans laquelle
« je vous certifiais la découverte du monde jusqu'ici caché
« des antipodes. Vous avez eu les sentiments qui convenaient
« à un homme éminent dans la science, car je ne conçois
« pas d'aliment plus délicieux qu'une pareille nouvelle,
« pour un esprit cultivé et délicat. Je me sens singulièrement
« exalté, lorsque je m'entretiens avec des hommes intelli-
« gents, revenant de ces régions ; je suis comme un indigent
« qui devient tout à coup riche. Nos âmes souillées, avilies
« par les affaires ordinaires de la vie et les vices de la société,
« s'élèvent et s'améliorent, à la contemplation d'un spec-
« tacle aussi glorieux. »

Et cependant, dans cette expression générale de l'émotion que causait cette découverte, aucun savant ne trouva la réalité concernant les régions nouvelles. Comme Colomb, on croyait être à l'extrémité de l'Asie, et avoir trouvé la route la plus courte qui, selon les anciens auteurs, devait conduire de l'Espagne dans l'Inde. On ne se doutait pas encore qu'un nouveau continent allait sortir de cette première découverte, et que les îles de Haïti et de Cuba n'étaient que les sentinelles avancées de cette Amérique qui allait bientôt constituer la quatrième partie du monde.

Cependant l'ivresse universelle, les honneurs rendus à Colomb, les témoignages de considération et d'amitié qu'on lui prodiguait, et l'accueil affectueux qu'il recevait de tous côtés ne l'empêchaient pas de s'occuper des préparatifs de sa nouvelle expédition.

Des ordres avaient été donnés, à Barcelone, pour que rien ne fût négligé pour activer ces préparatifs. L'amiral désirait retourner sans retard à *la Española*, autant pour aller au secours de ceux qui étaient restés à *la Navidad*, que pour fonder dans ces contrées, de plus nombreuses et plus importantes cités, afin d'établir des relations pacifiques entre ces îles et les nouvelles qui avaient été découvertes successivement, et celles que l'on découvrirait dans l'avenir.

En outre, afin de n'éprouver aucune contestation ni aucun désagrément quant à la possession de ces terres, l'amiral donna le conseil aux rois catholiques de demander au Saint-Père, Alexandre VI, de consacrer cette possession par son approbation, et le Souverain Pontife accorda libéralement cette consécration, non seulement pour tout ce qui avait été découvert jusque-là, mais encore pour tout ce qui pourrait être découvert, en allant de l'Occident vers l'Orient, dans les contrées, où jusqu'à ce temps-là, aucun prince chrétien n'avait pris possession, défendant généralement à tous autres de pénétrer dans ces régions; et cette approbation fut confirmée l'année suivante, en termes très précis et dans des conditions tout à fait efficaces.

# CHAPITRE XVI.

CONFIRMATION DU CONTRAT PASSÉ AVEC LES ROIS CATHOLIQUES. EXTENSION DES HONNEURS ET PRIVILÈGES ACCORDÉS A COLOMB.

Les rois catholiques, convaincus que l'amiral était le principe et la cause de ces faveurs et de ces concessions de la part du Souverain Pontife, reconnaissant que cette expédition et ses heureux résultats leur donnaient la possession de toutes ces terres et la souveraineté sur tous ces peuples, se trouvèrent disposés à le récompenser par de nouveaux privilèges, en confirmation des premiers dont ils l'avaient gratifié.

Et, le 28 du mois de mai, ils confirmèrent les conventions antérieurement stipulées, et en termes clairs et précis, fixèrent les limites de son amiralat, de sa vice-royauté et de son gouvernement sur tous les pays dont le Pape avait consacré la possession.

Voici les termes de ces conventions :

« Don Fernando et Doña Isabel, par la grâce de Dieu, roi et reine de Castille, de León, d'Aragon, de Sicile, de Grenade, de Tolède, de Valence, de Galice, de Mayorque, de Minorque, de Séville, de Cordoue, de Corogne, de Murcie, de Jaen, des Algarves, d'Algésiras, de Gibraltar, et des îles Canaries, comte et comtesse de Barcelone, seigneurs de Biscaye, et de Molina, ducs d'Athènes et de Neopatria, comte de Roussillon et de Cerdagne, marquis d'Oristan et de Gociano, etc.

« Attendu que vous, Christophe Colomb, êtes allé par notre

ordre, découvrir et conquérir, avec quelques caravelles nous appartenant, et avec nos gens, certaines îles, et la terre ferme, dans la mer Océannienne, et qu'il est à espérer, qu'avec la faveur de Dieu, et par votre entremise et votre savoir, on découvrira et conquerra encore d'autres îles et terre ferme, dans ce même Océan, et qu'il est juste et raisonnable, puisque vous persistez à courir de si grands dangers, pour notre service royal, que vous en soyez recompensé, voulant vous faire honneur et profit de ces choses, notre volonté est que vous, Christophe Colomb, dès que vous aurez découvert et conquis lesdites îles et terre ferme, vous y soyez notre amiral, vice-roi et gouverneur, et que, dans l'avenir, vous puissiez vous appeler et titrer Don Christobal Colon, et laisser ces titres et ces charges à vos fils et à vos descendants, qui pourront se titrer et se nommer *Don*, amiraux et gouverneurs de ces îles et terres, et que vous puissiez user et vous servir desdites fonctions d'amiral, ainsi que de l'office susmentionné de vice-roi et de gouverneur desdites îles et terre ferme, selon que vous verrez que ce sera justice, et selon qu'en usent et s'en servent les amiraux de nos États, et vous pourrez punir les délits, et vous vous prévaudrez, vous et vos ayant-droits, desdits offices et de leurs dépendances ; et vous jouirez de leurs droits et de leurs salaires comme en jouit l'amiral major de nos États.

« Et à cette fin, par ce traité, fait en double, et signé par notre écrivain public, nous ordonnons au prince Don Juan, notre bien cher et bien-aimé fils, et aux enfants, ducs, prélats, marquis, grand maîtres des ordres militaires, prieurs et commandeurs castillans, de nos châteaux et forteresses, et à toutes les communautés, à tous les conseillers, et auditeurs de notre cour suprême de justice, et à tous jurés, consuls, écuyers et autres officiers de mer et prudhommes de nos cités, villages et autres lieux, et de ceux que vous pourrez découvrir, dès que vous aurez découvert et conquis des îles et terre ferme nouvelles, par vous-même, ou par la personne que vous aurez fondé de pouvoirs, de vous en reconnaître l'amiral, vice-roi et gouverneur, ainsi que votre fils, votre successeur et, de successeur en successeur, vos ayant-droits, afin que vous soyez et qu'ils soient, à tout jamais, amiraux, vice-rois et gouverneurs de ces îles et terre ferme, à perpétuité.

« Qu'ils usent, envers vous ou envers vos ayant-droits, de toutes les formes qui incombent à ces titres, qu'ils reconnaissent ou fassent reconnaître vos droits et dépendances; qu'ils vous rendent ou fassent rendre les honneurs, grâces, libertés, prééminences, prérogatives, exemptions, immunités et toutes autres faveurs attachées à ces fonctions d'amiral, vice-roi et gouverneur, qui vous sont dus, et qu'ils ne vous soulèvent aucune difficulté ni en laissent soulever, à votre égard, pour tout ce qui précède, que rien n'y manque, puisque nous, par le présent, dès ce jour et pour l'avenir, nous vous conférons lesdites charges d'amiral, de vice-roi et de gouverneur, à perpétuité, et que nous vous en donnons, pour toujours et à tout jamais, la possession et, de tous et de chacun d'eux, la pleine autorité, pour en user et les exercer, jouir de leurs droits et en toucher les salaires, de tous et de chacun, comme cela a été déjà dit; sur tout quoi, si vous le jugez nécessaire et le demandez, nous donnons ordre à notre chancelier, à nos notaires et aux autres officiers de nos sceaux, qu'ils vous en délivrent expédition, et scellent notre décret de privilège le plus ferme, valide et suffisant, que vous jugerez et réclamerez comme nécessaire, et que personne ne soit assez osé pour contrevenir à son contenu, sous peine de notre disgrâce, et d'une amende de 30 ducats, pour chaque contravention; et, en même temps, nous ordonnons à ceux qui en seront requis, de citer ceux qui contreviendraient, à comparaître en notre cour, où nous nous trouverons, en temps voulu, dans le délai de 15 jours, à partir du jour de la citation, sous peine précitée, et, sous la même peine, nous mandons et ordonnons à tout notaire public qui serait requis de faire le nécessaire, qu'il en donne témoignage, signé de son sceau, pour que nous sachions comment s'exécutent nos ordres.

« Donné en notre ville de Grenade, le 30 avril de l'année de la naissance de Notre-Seigneur Jésus-Christ 1492. »

Moi le Roi.                                    Moi la Reine.

« Moi, Juan de Colona, secrétaire du roi et de la reine, nos seigneurs, l'ai fait écrire, par leur ordre, annoté en règle par Rodericus, docteur.

« Enregistré par Sébastian de Olano Francisco, de Madrid, chancelier.

« Et aujourd'hui, puisque Dieu a voulu que vous ayez découvert un grand nombre desdites îles, et, attendu que nous espérons que par sa faveur et avec son aide, vous trouverez et découvrirez d'autres îles, ainsi que la terre ferme, dans cette mer Océanienne et dans les parties des Indes susmentionnées, comme vous m'avez supplié et demandé, pour récompense, de vous confirmer votre dit privilège, inclus dans le présent, ainsi que la faveur qui y est contenue pour que vous, vos descendants et vos successeurs, l'un après l'autre, et à la fin de vos jours, puissiez jouir et jouissiez desdites fonctions d'amiral, vice-roi et gouverneur de ladite mer Océanienne, des îles et terre ferme, tant de ce que vous avez trouvé et découvert que de ce que vous trouverez et découvrirez dans l'avenir, avec toutes les facultés, prééminences et prérogatives dont ont joui et jouissent les amiraux, vice-roi et gouverneurs qui ont existé et existent dans nos royaumes de Castille et de Léon, et qu'elles vous servent avec tous les droits et salaires attachés et appartenant aux dites fonctions, accordés et concédés à nos amiraux, vice-rois et gouverneurs, et que nous aurons à pourvoir, pour tout ce qui vient d'être rapporté, que notre faveur s'exécute. Et nous, prenant en considération les périls et risques auxquels vous vous êtes exposé pour notre service, en allant rechercher et découvrir les dites îles, et ceux que vous allez encore courir, pour rechercher et découvrir de nouveau d'autres îles et la terre ferme, mission pour laquelle nous sommes et espérons être bien servis par vous, et pour vous en accorder la faveur et le prix, par le présent, nous vous confirmons, pour vous, pour vos fils et vos decendants et successeurs, l'un après l'autre, aujourd'hui et pour toujours lesdites fonctions d'amiral de la dite mer Océanienne, de vice-roi et gouverneur desdites îles et terre ferme que vous avez trouvées et découvertes ou qui, par votre génie, se trouveront ou se découvriront, dans l'avenir, dans les parties des Indes, et c'est notre volonté que vous et, à la fin de vos jours, vos fils, vos descendants et vos successeurs, l'un après l'autre, aujourd'hui et pour toujours, ayez lesdites fonctions de notre amiral de ladite mer Océanienne, qui nous appartient, et qui commence à partir de la ligne que nous avons indiquée, et fait tirer, depuis les Açores jusqu'aux îles du Cap-Vert, du nord au midi, pôle à pôle, de telle sorte que tout ce qui se trouve compris dans ladite ligne en allant vers l'Occident, est nôtre et nous appartient, et c'est pourquoi nous vous faisons et créons amiral et aussi vos enfants et vos successeurs, l'un après l'autre, de tout ce qui a été désigné et perpétuellement; et nous vous faisons de même notre vice-roi et gouverneur et, à la fin de vos jours, vos fils, vos descendants et vos successeurs, l'un après l'autre, desdites îles et terre ferme découvertes, et qui se découvriront dans ladite mer Océanienne, dans la partie des Indes comme cela a été dit, et nous vous donnons la possession de toutes ces dites fonctions d'amiral, de vice-roi et gouverneur, pour toujours et à jamais, avec commission et autorisation de pouvoir user et exercer la fonction précitée d'amiral, dans la dite mer, en toutes ces choses, en la forme et manière et avec les prérogatives, prééminences, droits et salaires dont ont usé et usent, dont ont joui et jouissent nos amiraux des mers de Castille et de Léon, et ainsi, dans lesdites îles et terre ferme déjà découvertes, comme dans celles qui se découvriront, dans la dite mer Océanienne, dans lesdites parties de l'Inde, pour que les fondateurs de ces populations soient mieux gouvernés; et nous vous donnons l'autorité en question et la faculté, afin que vous puissiez, comme notre vice-roi et gouverneur, vous et vos lieutenants, juges, capitaines et autres officiers que vous créerez pour le service indiqué, user de la juridiction civile et criminelle, haute et basse, pouvoir absolu ou mixte, et que vous puissiez révoquer lesdits officiers et en mettre d'autres à leurs places si c'est de votre volonté, et, si cela vous semble convenable, pour le bien de notre service, lesquels pourront entendre, juger et résoudre tous procès et causes civiles et criminelles qui auront lieu ou se présenteront dans lesdites îles et terre ferme, qu'ils aient et prèlevent les droits et honoraires habituels de nos royaumes de Castille et de Léon, de leurs annexes et appartenant auxdits services, et vous, notre vice-roi et gouverneur, puissiez entendre et juger toutes lesdites causes et chacune d'elles, si telle est votre volonté, en première instance ou par voie d'appel, ou sur simple plainte, en connaître, les résoudre ou statuer à leur égard, comme notre vice-roi et gouverneur; et que vous puissiez faire et que vous fassiez, vous et vos dits fils, toute diligence de raison et les autres actes ressortant desdites fonctions de vice-roi et gouverneur et que, vous ou votre lieutenant et vos officiers que vous nommez à cet effet, puissiez prendre connaissance de ces causes et leur donner la solution que vous jugerez convenable à notre service et à l'administration de la justice, ce que vous pourrez et ils pouront faire et exécuter entièrement et avec juste exécution et effet comme ils pourraient et devraient le faire, comme s'ils étaient nommés par nous-mêmes, aux dits emplois. Mais notre volonté est que les cédules et les patentes que vous accorderez soient délivrées et exposées en notre nom, savoir : *Don Fernando et Doña Isabel, roi et reine de Castille, Léon, etc.*, qu'elles soient délivrées scellées de notre sceau, que nous vous ferons donner pour lesdites îles et terre ferme, et nous mandons et ordonnons à tous les citoyens et habitants, et aux autres personnes qui se trouveront dans lesdites îles et terre ferme, qu'ils vous obéissent comme étant notre vice-roi et gouverneur de ces contrées, à ceux qui arriveront là-bas, par lesdites mers, de vous obéir comme notre amiral de cette dite mer Océanienne, et qu'ils exécutent vos mandements et ordonnances, et se joignent à vous et à vos officiers pour l'exécution de vos arrêts, qu'ils vous donnent ou vous fassent donner toute aide et assistance que vous leur demanderiez ou dont vous auriez besoin, sous peine des punitions que vous leur imposeriez, lesquelles nous leur imposons par le présent, et nous vous donnons faculté, pour leur exécution, contre leurs personnes et leurs biens; et de même, c'est notre volonté que, si vous voyez qu'il convienne à notre service et à la bonne exécution de notre justice que les personnes qui auront été dans lesdites Indes et terre ferme, en sortent, n'y entrent ou n'y restent pas, et qu'elles viennent et se présentent devant nous, vous pourrez le leur ordonner de notre part, et les faire sortir desdites îles, et nous leur ordonnons nous-mêmes, par le présent, de sortir promptement de ces contrées et d'exécuter et prendre à tâche tout ce qui a été dit, sans chercher excuse ou se consulter à cet égard, et sans espoir d'obtenir de vous un autre mandement ou ordonnance; malgré tout appel ou supplique qu'ils fassent ou interjettent de votre arrêt. En vertu de toutes les choses susmentionnées et de toutes autres, dues ou ressortant à vos dites fonctions de notre amiral, vice-roi et gouverneur, nous vous donnons pouvoir suffisant, avec toutes ses incidences, dépendances et émergences, annexes et connexes, et nous ordonnons à notre chancelier, à nos notaires, et aux autres officiers, qui se trouvent à notre bureau des sceaux, que si vous le désirez, ils vous donnent, expédient, passent et scellent notre acte de privilège, concernant tous les objets susmentionnés, avec toutes les forces légales et les sécurités que vous demanderez et que vous jugerez nécessaires; et que personne n'ose faire quoi que ce soit contraire à cet acte, sous peine de notre disgrâce et de 30 ducats d'amende, pour notre chambre, pour chaque contravention; et, en outre de ceci, nous ordonnons que la personne à laquelle cet acte sera montré, soit assignée à comparaître devant nous, à notre cour, où nous nous trouverons dans le délai de quinze jours, premiers et consécutifs; avec la même punition et sous la même peine, nous mandons et ordonnons à tous notaires, requis à cet effet, d'en donner acte, signé de sa signature, pour que nous sachions comment s'exécutent nos mandements.

« Donné en la ville de Barcelone, le 28 mai de l'année de la naissance de Notre-Seigneur Jésus-Christ, 1493.

  Moi le Roi.     Moi la Reine.

« Je Fernando Alvarez de Toledo, secrétaire du roi et de la reine, nos seigneurs, ai fait écrire le présent par leur ordre.
     Pédro Guttierez, chancelier.

« Droit du sceau et d'enregistrement, néant, accordé. Rodericus, docteur.

« Enregistré, Alfonso Perez. »

En lisant cet acte et l'extension des pouvoirs à peu près illimités qu'il accorde à l'amiral, on est frappé de la facilité avec laquelle les rois catholiques avaient départi de telles faveurs; et, si on rapproche ces concessions de l'hésitation qui avait présidé aux premières négociations, on ne peut s'empêcher de reconnaître quelles profondes modifications le succès de Colomb avait apportées dans l'appréciation du roi et de la reine.

A cette époque, fort de sa victoire, Colomb eût obtenu tout ce qu'il aurait demandé; il ne formula aucune exigence. Toutes les faveurs dont il fut comblé vinrent de l'initiative des souverains. Quant à l'amiral, il accepta ce qu'on lui offrait, en sujet fidèle, reconnaissant, et plus heureux d'avoir accompli son projet, jouissant de son succès, bien plus pour la satisfaction intime qu'il en ressentait, que pour les avantages et les honneurs qu'il lui procurait.

Nous verrons, dans le cours de ses voyages, combien il fut l'esclave de son devoir et la victime de sa situation! Avec les privilèges et les pouvoirs illimités qu'il avait, il aurait pu écraser ses ennemis et triompher sans peine des obstacles qui lui étaient suscités. Sa loyauté chevaleresque, sa fidélité à ses rois, sa soumission à des ordres arrachés par l'intrigue à des souverains trop faciles à écouter les calomnies jalouses, vinrent l'entraver au milieu de ses travaux. Au lieu d'user de son autorité pour triompher de ses adversaires, et de suivre résolûment la voie que son génie lui avait ouverte, il alla lui-même au-devant des embûches qui lui étaient tendues, il courba la tête devant les intrigants, et tendit les mains aux fers dont on l'enchaîna, pour le renvoyer en Espagne et interrompre le cours de ses merveilleuses opérations.

Cependant, durant le séjour que Colomb fit à la cour, avant de repartir pour son second voyage, il put jouir, sans contestation, de la faveur de ses souverains et des honneurs que la population ne lui ménageait pas.

Mêlé à la société des plus nobles seigneurs espagnols, recevant chaque jour des témoignages de la bienveillance des souverains, il passait son temps au milieu des préparatifs de son prochain départ qui intéressaient très vivement la reine. Elle prenait un grand plaisir à s'entretenir avec lui, des découvertes accomplies, de ses projets ultérieurs, des régions nouvelles qu'il comptait explorer, et elle s'intéressait aux détails techniques de ses opérations.

Certes, ces quelques mois furent les plus beaux de sa vie : il sortait quelquefois à cheval avec le roi et le prince Jean, au milieu d'eux, et le peuple l'acclamait pendant ces promenades.

Enfin, pour mettre le comble aux honneurs qu'on lui rendait, on lui confectionna des armoiries; elles portaient les armes royales; un château et un lion, avec un groupe d'îles entourées d'eau; on y ajouta plus tard la devise suivante :

A Castilla y a Leon.
Nuevo Mundo dio Colon.

Parmi les personnages haut placés qui honoraient Colomb et le protégeaient, était au premier rang Pedro Gonzales de Mendoza, grand cardinal d'Espagne, noble, d'un haut caractère, d'une piété éclairée et d'une sérieuse instruction. C'était un des hommes les plus puissants du royaume, et la religion augmentait encore la faveur que lui donnaient son esprit et ses qualités.

Il recevait les plus grands personnages de la cour, et Colomb était souvent invité à ces réunions.

Dans un banquet où se trouvaient réunis un grand nombre de seigneurs, de diplomates et de hauts dignitaires, Colomb occupait la place d'honneur et racontait des péripéties de ses voyages.

— Dans tous ces faits, dit tout à coup un jeune étranger, je ne vois en résumé rien de bien extraordinaire, et il me semble que tout autre, à la place de Don Christoval, eût pu faire la même découverte.

Tous les regards se portèrent sur le jeune étourdi, et se fixèrent ensuite sur Colomb.

Celui-ci ne répondit pas d'abord à son interlocuteur, mais, prenant dans une corbeille un œuf, il le passa à son voisin, en le priant d'essayer de le faire tenir en équilibre sur l'un des bouts; n'ayant pu réussir à accomplir ce tour d'adresse le premier passa l'œuf à un second convive, et l'œuf alla ainsi de main en main, jusqu'à ce qu'il revînt à Colomb, sans qu'aucun des convives eût pu le maintenir debout.

Tous regardaient l'amiral dans l'attente de la réalisation du phénomène.

Colomb prit son couteau, décrivit à l'un des bouts une couronne qu'il enleva, et l'œuf placé sur la table sur cette partie devenue plane, resta parfaitement debout, sans osciller ni à droite ni à gauche.

— Dans tout, dit Colomb simplement, il ne s'agit que de trouver le moyen de réaliser ce qu'on veut faire; une fois ce moyen trouvé, la chose devient facile pour les autres.

Les assistants rirent de la simplicité de la leçon, mais le questionneur décontenancé ne riait pas, et semblait dire : ce n'est pas difficile ainsi!

C'est pendant ce séjour que fut attribuée la pension de 30 écus promise par les rois d'Espagne au marin de l'escadre qui le premier verrait la terre. Elle fut naturellement allouée à l'amiral qui avait vu avant tous la lumière qui brillait dans l'île *de Guanahani*.

Le marin qui avait vu la lumière après lui s'attendait si bien à recevoir cette pension qu'il en conçut un violent désespoir. Il quitta son pays, passa en Afrique, et, abjurant le christianisme, il embrassa la religion de Mahomet; et c'est à l'historien Oviédo que nous devons ce récit, qui a bien pu être créé par les adversaires de l'amiral. Cet auteur a accueilli parfois des faits inexacts et calomnieux à l'égard de Colomb.

La nouvelle expédition se préparait avec une fiévreuse activité, sous la surveillance de Juan Rodriguez de Fonseca, archidiacre de Séville, devenu successivement évêque de Badajoz, Palencia et Burgos, et enfin élevé à la dignité de patriarche des Indes.

Très influent par sa famille, homme de société, ingénieux,

et menant les affaires civiles en remplissant ses fonctions religieuses. Il jouissait d'une grande faveur et, durant trente années, il conserva la direction des opérations en destination des Indes.

Malheureusement pour Colomb, cet homme, à l'esprit méchant et jaloux, avait conçu, dès le principe, une envie démesurée contre l'étranger qui, selon lui, venait prendre la place d'un de ses concitoyens. Cette envie devint de la haine et, sa position lui en fournissant les moyens, il entrava ses expéditions et lui suscita des ennuis qui tournèrent au détriment de ses opérations et, par suite, empêchèrent le développement et la réussite complète des plans de l'amiral.

C'est à Séville que fut établie son administration; Francisco Pinella en fut nommé trésorier et Juan de Soria comptable; la douane appropriée à cette opération fut installée à Cadix. Une administration semblable devait être créée à la *Española* et correspondre avec celle de la mère patrie, et la comptabilité, combinée de façon que l'une fût la contre-partie de l'autre, en Espagne, pour l'armement et l'équipement des navires, et aux Indes, pour la réception et le compte rendu des cargaisons; le tout, sous la dépendance des contrôleurs du Trésor, les expéditions se faisant au compte du Trésor.

Ce contrôle s'opérait avec exactitude, et la comptabilité devait être tenue avec une rigoureuse ponctualité. Tout le commerce de ces nouveaux pays était réservé à l'État, et il était interdit, sous les peines les plus sévères, d'y pénétrer sans l'autorisation des rois catholiques, de Colomb ou de Fonseca; les Portugais avaient agi de même pour l'Afrique, et les Espagnols suivaient leur exemple. En ce temps-là, un esprit d'une étroite et malveillante jalousie présidait aux opérations du commerce, dans toutes les nations.

Le despotisme le plus absolu tenait les négociants sous l'autorité des gouvernements qui disposaient de leurs biens, selon leur bon plaisir ou leurs besoins; on réquisitionnait leurs marchandises, leurs navires, leurs équipages, quand le besoin s'en faisait sentir; on leur en payait le prix, mais l'État en fixait lui-même la valeur, et elle n'était pas toujours rémunératrice.

Aucune résistance n'était tolérée; la force avait raison des récalcitrants.

Par un ordre royal, Colomb et Fonseca avaient le droit de prendre, pour le service de l'entreprise, tous les navires ancrés dans les ports de l'Andalousie, fussent-ils en destination d'autres opérations. Capitaines, pilotes, équipages, provisions, munitions, objets d'armement et d'équipement, ils pouvaient tout réquisitionner, en payant un prix *raisonnable* qui n'était pas discuté. Ils avaient le pouvoir d'enrôler les officiers de tout grade, les soldats et les marins, en les payant, et toutes les autorités civiles et militaires avaient ordre de leur prêter aide et main-forte, en cas de besoin.

Pour parer à ces dépenses, une partie des dîmes de l'Église appartenant aux revenus royaux, le prix de bijoux vendus, ainsi que celui d'objets précieux, les produits des ventes des biens saisis aux juifs expulsés, furent consacrés à cet usage, mais ces ressources ne suffirent pas, et le trésorier Pinela dut couvrir le déficit par des emprunts. Les armes et les munitions furent prises dans les magasins militaires, largement approvisionnés, à l'occasion des dernières guerres.

Bernard Boyle, bénédictin, religieux renommé par ses talents et sa piété, fut mis à la tête de la mission, composée d'une douzaine d'ecclésiastiques dévoués et pleins d'une sainte ardeur pour la conversion à la foi catholique de ces malheureuses populations, ignorantes des voies du salut éternel. En ce temps-là, la destruction des croyances religieuses opposées au christianisme, la conversion des idolâtres, la conquête du tombeau du Christ, l'abaissement de l'islamisme étaient à l'ordre du jour des nations catholiques, et l'Espagne formait en quelque sorte l'avant-garde de la religion militante; l'installation de l'inquisition, l'expulsion fanatique des juifs témoignaient assez du zèle de ses souverains pour la religion catholique. On peut juger quelle pâture vint offrir à ces ardeurs la perspective de la conversion de ces innombrables populations vouées aux pratiques d'une sauvage idolâtrie, et quelle gloire allait rejaillir sur les souverains qui se chargeaient de ramener à la vraie foi des millions d'âmes vouées à la damnation éternelle! Conquête assurée par le caractère doux, paisible et soumis de ces populations, dont l'amiral ne se lassait pas de faire l'éloge!

La reine Isabelle avait pris à cœur cette tâche intéressante; sa sensibilité s'était émue à l'idée de cette innombrable multitude d'êtres condamnés, par la fatalité de leur situation, à des peines inexprimables, et elle s'était exaltée à cette pensée qu'à elle incombait le devoir de sauver tous ces malheureux de l'éternelle damnation; et elle avait commencé son œuvre de salut par l'éducation des six Indiens que l'amiral avait amenés.

Leur baptême s'accomplit pompeusement. Les souverains et l'héritier de la couronne furent les parrains et marraines. Ces néophytes devaient être, à leur retour dans leurs pays, des agents efficaces de la propagation du christianisme. L'un d'eux, que le prince Jean avait pris dans sa maison, étant mort, le religieux qui l'administra put dire que c'était la première âme indienne qu'il envoyait à Dieu!

Nous avons dit qu'à la suite de l'entretien que le roi de Portugal avait eu avec Christophe Colomb il avait résolu d'envoyer aux Indes une escadre pour prendre, le premier, possession des contrées découvertes, sous le prétexte qu'elles faisaient partie de ses possessions dans l'Inde, et qu'il avait mis à la tête de cette expédition Don Francisco de Alméida, l'un de ses capitaines les plus distingués.

De son côté le Roi d'Espagne avait, comme nous l'avons expliqué, fait sanctionner par le Souverain-Pontife sa prise de possession de ces pays.

Un conflit, à propos de ces conquêtes, allait éclater inévitablement entre ces deux puissances.

Le roi Jean, conseillé par des courtisans imprévoyants et trop zélés, après avoir laissé échapper l'occasion d'acquérir ces possessions à la couronne de Portugal, voulut se les approprier par la ruse, et, en secret, il fit armer et équiper une flotte importante, ostensiblement destinée au ravitaillement de ses possessions d'Afrique, mais dont le but spécial était de s'emparer des îles et des terres en question.

Mais le roi Ferdinand était trop fin politique pour se laisser prendre à cette surprise. Il flaira, dans le langage de l'ambassadeur portugais, qui avait été chargé de lui demander l'autorisation de se procurer en Espagne certains objets d'armement et d'équipement, le souverain flaira une supercherie. L'ambassadeur avait demandé au roi d'interdire à ses sujets la pêche au delà du cap Bogador, en attendant la délimitation des eaux entre les deux royaumes, et il avait effleuré la question de possession de l'empire des Indes, en parlant de l'accueil honorable et bienveillant fait à Colomb par son souverain.

Ferdinand ne se laissa pas tromper; il était déjà instruit des projets de son adversaire et, avant lui, il avait envoyé au roi de Portugal Don Lope de Herrera, pour le remercier de sa courtoisie envers son amiral, et lui demander d'interdire aux navires portugais de visiter ses nouvelles possessions, comme il avait défendu à sa marine d'explorer les régions de l'Afrique appartenant aux Portugais.

Dans le cas où l'expédition projetée serait partie ou prête à partir, l'ambassadeur devait remettre au roi une lettre portant défense expresse à la marine portugaise d'aborder dans ses possessions.

Pendant ce temps, le roi d'Espagne pressait l'armement de sa flotte, avec la conviction qu'une fois en mer, Colomb arriverait avant tout autre à ses découvertes; il n'y avait donc qu'à gagner du temps, et à partir avant les Portugais.

Mais le roi Jean avait des affidés à la cour de son adversaire, et il était instruit par des courriers successifs de tout ce qui s'y passait; il connaissait donc la double mission de l'envoyé espagnol et, pour l'empêcher de lui remettre la lettre de rupture, il lui fit bon accueil, l'amusa par des promesses, et envoya en Espagne deux nouveaux ambassadeurs pour s'entendre sur les questions qui les divisaient. Ils devaient proposer d'attribuer à l'Espagne les contrées au nord d'une ligne tirée des Canaries vers l'ouest, et au Portugal celles au sud de cette ligne, en exceptant celles appartenant à d'autres nations.

A ces offres, Ferdinand répondit par l'envoi de deux nouveaux ambassadeurs, en grand apparat, avec mission de demander la nomination d'arbitres ou la soumission de la question à la cour de Rome. Ces ambassadeurs, voyageant lentement, se firent précéder d'un courrier pour annoncer leur arrivée.

Mais Jean découvrit les motifs de cette lenteur et, quand l'ambassade fit solennellement son entrée et remit ses lettres de créance, il toisa avec dédain les deux envoyés et leur dit que leur mission n'avait ni pieds ni tête; l'un des ambassadeurs était boiteux et l'autre était sans consistance.

Le roi de Portugal était furieux de se voir joué; dans son dépit, il passa ostensiblement en revue ses troupes, et les ambassadeurs l'entendirent proférer des menaces; ils retournèrent en Espagne, sous l'impression des conséquences de son ressentiment.

La prudence l'emporta sur l'irritation. Il envoya à Sa Sainteté une ambassade pour exprimer ses griefs contre les empiétements de l'Espagne, dans les possessions que le pape lui avait concédées; mais le Souverain-Pontife, qui avait consacré la possession espagnole, ne voulut pas se déjuger : l'ambassadeur dut accepter la ligne de partage tracée d'un pôle à l'autre par le pape, et le roi de Portugal dut céder devant la politique sage de son cousin le roi d'Espagne.

Cependant, en prévision de quelque coup de tête du roi Jean, Ferdinand pressa Colomb de hâter son départ, et celui-ci, dont l'activité et le désir de partir n'avaient pas besoin d'être excités, ne se fit pas répéter l'ordre royal.

Muni de tout ce qui était nécessaire pour son voyage et pour la fondation des populations qu'il avait projetées, l'amiral quitta Barcelone pour se rendre à Séville, dans le mois de juin, et aussitôt arrivé, il activa tellement les apprêts de son expédition, qu'en peu de temps, dix-sept navires, grands et petits, furent disposés et pourvus de vivres en quantités considérables, et munis de tous les objets d'outillage et d'appareillage qui parurent nécessaires, pour la fondation de villes et villages, dans les contrées en question.

Des ouvriers de toutes les professions, des hommes de peine, des laboureurs furent engagés; quant aux gentilshommes, aux hidalgos, et autres gens de haut parage, il en était venu un si grand nombre, attirés par l'appât de l'or et l'attrait des autres curiosités de ces nouvelles terres, qu'on fut forcé d'en refuser un nombre très considérable, et qu'on ne put donner à tant de gens la permission de s'embarquer, au moins avant de savoir, d'une manière ou d'une autre, comment on s'arrangerait; et il ne fut pas possible de réduire assez le nombre des passagers sans qu'il atteignît le chiffre de quinze cents personnes grandes ou petites. Quelques-uns amenaient des chevaux, des ânes et d'autres animaux qui devinrent, par la suite, d'une grande utilité et d'une aide efficace, pour la population de ces îles.

## CHAPITRE XVII.

#### DÉPART DE L'AMIRAL POUR SON SECOND VOYAGE.

Dans ces conditions et avec cet apparat, l'amiral mit à la voile, dans le canal de Cadix, où la flotte avait été organisée, le 25 septembre de l'année 1483. Ses deux fils assistaient à son départ. Il se dirigea vers le sud-ouest, sur les îles Canaries, où il avait l'intention de prendre des vivres frais et les autres objets qu'il jugerait nécessaires.

Le 28 septembre, par un beau temps, il passa au-dessus du navire amiral des volées d'oiseaux de terre, des tourterelles et d'autres petits volatiles venant des Açores et allant hiverner en Afrique.

Il arriva aux îles Canaries le 1er octobre, d'où il s'éleva en mer pour aller à la Gomera, qu'il atteignit à minuit, et où il arriva le 5 octobre, et donna ordre de prendre, en toute hâte, ce qui était nécessaire pour les équipages et pour les navires.

Le lundi, 7 octobre, l'amiral continua son voyage, après avoir donné aux capitaines de chacun des navires sous ses ordres une commission fermée et cachetée, et qu'ils eurent ordre de n'ouvrir que s'ils étaient emportés par la tempête et séparés de la flotte. Dans cette missive, il leur indiquait la route à suivre pour aller à la ville de la Navidad, dans l'île la *Española*, et il ne tenait pas à divulguer, sans nécessité, les instructions concernant ce voyage.

Il naviguait par un beau temps, et le 24 octobre, il se trouvait à 400 lieues de la *Gomera*, et n'y rencontrait pas les mêmes herbes qu'il avait vues à son premier voyage. Au grand étonnement de tous, une hirondelle vint à bord et le même jour, le soir, on vit le feu Saint-Elme présentant sept lumières au-dessus des hunes, et pendant ce phénomène la pluie tombait à torrents et le tonnerre grondait avec éclats; les marins disaient que ces feux étaient le corps même de saint Elme et que lorsqu'il apparaissait la tempête n'offrait aucun danger.

Quoi qu'il en soit, Pline raconte que ces feux se montraient déjà aux marins romains, qui les appelaient Castor et Pollux, et Sénèque en fait également mention au commencement du premier livre des *Choses de la nature;* et, en ce temps-là, assurément, on ne croyait pas au corps de saint Elme.

Mais l'amiral, voyant un grand changement dans le temps, et les vents fraîchissant, considérant le trouble des vagues et les pluies torrentielles, se croyant d'ailleurs non loin de la terre, ordonna de carguer les voiles et recommanda à tous de faire bonne garde; on était alors au samedi 11 novembre. Le lendemain, au jour, on vit la terre à l'ouest, à sept lieues de distance de la flotte : c'était une île élevée, montagneuse, qu'il appela la *Dominica,* pour l'avoir découverte un dimanche, et, un peu plus loin et successivement, il en trouva une seconde au nord-est, une troisième au nord, et ensuite une quatrième. Tous les équipages, rangés à l'arrière des navires, entonnèrent ensemble le *Salve Regina Cœli,* et chantèrent d'autres prières, récitèrent des versets, avec une grande dévotion, pour rendre grâces à Dieu de ce que, après vingt jours de navigation, depuis la Gomera, ils étaient arrivés à cette terre qu'ils estimaient être à 750 ou 800 lieues de l'île précitée.

Sur la côte orientale de la Dominica, on ne trouva pas de place convenable pour le mouillage; on passa à une autre île que l'amiral nomma *Marie-Galante,* du nom que portait le vaisseau amiral; et Colomb prit possession de ce groupe d'îles, au nom de LL. Majestés catholiques et avec la solennité et les cérémonies habituelles.

Le lundi, 4 novembre, l'amiral partit de Marie-Galante, et trouva, du côté du nord, une autre île d'une grande étendue, qu'il appela *Notre-Dame de Guadeloupe;* ce nom fut donné, en signe de dévotion et à la prière des moines de cet ordre, auxquels Colomb avait promis de donner à une île le nom de leur communauté. Cette île était habitée par des Caribes anthropophages.

Trois lieues avant d'arriver à cette île, ils avaient vu un rocher très haut qui se terminait en pointe et d'où s'échappait une énorme masse d'eau, large, selon leur appréciation, comme une grande cuve, et qui tombait avec une telle violence et un si grand fracas qu'on l'entendait depuis les navires; cependant quelques-uns prétendaient que c'était une veine blanche de la roche à cause de son éclat, de sa chute brusque le long des flancs de la montagne.

Dès que les navires furent au mouillage, on envoya les barques à terre pour reconnaître un village que l'on apercevait près du bord de l'eau. On n'y trouva aucun Indien, parce qu'ils s'étaient tous enfuis dans les montagnes. Il était cependant resté quelques enfants, aux bras desquels les marins attachèrent quelques grelots, afin que la vue de ces objets rassurât leurs parents, quand ils seraient de retour.

Ils trouvèrent, dans les cases, un grand nombre d'oies semblables à celles d'Espagne, beaucoup de perroquets, au plumage bleu, vert, blanc et rouge, de la grosseur d'un coq ordinaire; ils y trouvèrent aussi des calebasses et un certain fruit qui ressemblait à une pomme de pin, comme celle d'Europe, mais plus gros et rempli à l'intérieur d'une chair semblable à celle du melon, plus odorante et plus douce. Ce fruit vient en pied, dans les champs, comme le lys ou l'aloës; cependant celui que l'on cultive est meilleur, comme on l'apprit plus tard (1).

Les Espagnols trouvèrent également, dans les cases, des herbes et des fruits différents de ceux d'Europe, des hamacs en filet de coton, des flèches et d'autres objets auxquels ils ne touchèrent pas, afin d'inspirer aux Indiens une plus grande confiance à l'égard des chrétiens. Mais ce qui les émerveilla le plus ce fut la découverte d'une tourtière en fer : « J'imagine, « dit ici Don Fernando, que ceci est le fait d'une erreur; la

---

(1) Il est facile de reconnaître, dans cette minutieuse description que nous empruntons à l'ouvrage de Don Fernando, le fruit délicieux l'*ananas*.

« terre et les pierres de ce pays, calcinées, sont d'une cou-
« leur de fer très brillante et celui qui les regarde légèrement
« et sans attention peut bien croire qu'elles sont en fer, alors
« qu'elles ne le sont pas. » C'est probablement ce qu'à première vue avait jugé le marin qui avait vu la tourtière, car depuis cette époque jusqu'alors, on n'avait jamais trouvé d'objets en fer aux mains de ces gens.

L'amiral a toujours consigné dans ses écrits que ces îles ne produisaient pas de fer, mais il est possible que les Caribes de l'île Guadalupe, poussant leurs courses jusqu'à la Española, eussent volé cet ustensile, lors de l'échouement de la *Santa-Maria*, pendant le déchargement, ou bien à bord de quelque autre vaisseau poussé par la tempête dans leurs parages, et qu'ils l'eussent emporté dans leur case, pour utiliser le fer.

Quoi qu'il en soit, les Espagnols, ce jour-là, ne prirent rien dans les cases des Indiens, et retournèrent à leurs navires respectifs.

Le jour suivant, le mardi 5 novembre, l'amiral envoya de nouveau deux barques à terre, afin de s'assurer si l'on pouvait mettre la main sur quelque Indien, et obtenir des renseignements sur le pays et quelques informations sur la distance et la position où se trouvait la Española.

Chaque barque revint avec un jeune Indien, et tous les deux dirent qu'ils n'habitaient pas cette île, qu'ils étaient d'une autre île appelée *Rouchen*, aujourd'hui *San-Juan*; que les habitants de la Guadalupe étaient des Caribes, et qu'ils les avaient pris dans leur propre pays.

Les barques étant revenues à terre pour reprendre quelques Espagnols qui y étaient restés, trouvèrent avec eux six Indiennes qui, dans leur fuite, pour échapper aux Caribes, s'étaient jetées au milieu d'eux, pour leur demander leur protection, et venaient de bonne volonté avec eux aux navires. Mais l'amiral, dans le but d'attirer les naturels de l'île et de leur inspirer confiance, ne les garda point à bord, mais, leur ayant donné des colliers de verre et des grelots, il les fit ramener à terre.

A peine étaient-elles entrées dans l'île, que les Caribes se jetèrent sur elles, leur enlèverent brutalement tout ce que Colomb leur avait donné, et les laissèrent tremblantes et appelant à leur aide les chrétiens, dont les barques venaient chercher de l'eau et du bois.

Aussitôt que les barques touchèrent la terre, les malheureuses sautèrent dedans, tendant les bras aux marins et les suppliant, par gestes, de les ramener aux navires pour les dérober à la férocité de leurs ennemis. Elles tâchaient de leur expliquer, par leurs signes, que ces Caribes mangeaient les hommes, qu'ils les avaient enlevées et les retenaient en esclavage, et qu'elles les fuyaient pour ne plus rester avec eux.

Les Espagnols, émus de leurs supplications, les emmenèrent avec eux et recueillirent aussi deux enfants et un petit garçon, qui s'étaient également échappés des mains de ces anthropophages. Au lieu de ces terribles sauvages qui avaient dévoré leurs maris et leurs enfants, et les gardaient en esclavage (les Caribes ne mangeant pas les femmes, mais les conservant pour les servir et pour leurs plaisirs), elles préféraient se jeter dans les bras d'êtres inconnus, étrangers et si différents de leur race. L'une d'elles fit comprendre que du côté du sud, il existait un grand nombre d'îles, les unes peuplées et les autres inhabitées, que l'on nommait *India* comme l'île où ils étaient, et que les autres étaient appelées : *Jaramachi, Cairoato, Huino, Buriari, Aruveira, Sixibel*; et ces Indiennes disaient que la terre ferme était très grande; que la *Española* portait le nom de *Guania*, parce que, dans d'autres temps, on venait de la terre ferme, faire du commerce avec les Indiens qui l'habitaient.

Elles racontaient également que le roi de l'île d'où elles s'étaient enfuies, était parti avec dix grands canots et trois cents Caribes pour visiter les îles voisines et enlever les hommes pour les manger.

Elles apprirent aussi à l'amiral où se trouvait la *Española*, et, bien que celui-ci l'eût indiquée sur sa carte marine, il ne laissait pas, pour plus sûre information, de demander des renseignements aux autres, dans le but de savoir ce qu'on disait de ce pays, et il serait immédiatement parti pour cette destination; mais on lui apprit qu'un capitaine du nom de

Marcos, avait sauté à terre, avant le jour, avec huit hommes, sans permission, et qu'il n'était pas revenu à son navire.

Il fallut donc envoyer du monde à sa recherche, et comme il était difficile de le découvrir dans l'épaisseur des bois qui couvraient l'île, l'amiral, ne voulant pas laisser ces hommes perdus dans une île inconnue, ni retenir un navire pour les attendre et les ramener, dans la crainte que celui-ci ne pût pas trouver la route de la Española, se décida à demeurer là le jour suivant.

Comme nous l'avons déjà dit, l'île était couverte de bois qui rendaient la recherche difficile; l'amiral ordonna donc à quelques hommes de s'armer d'arquebuses et de prendre des trompettes pour se faire entendre des égarés. Mais ceux-ci, après avoir erré dans l'île, pendant tout un jour, à peu près perdus dans les forêts, revinrent aux navires sans avoir rencontré leurs compagnons et sans que ces derniers eussent pu se procurer de leurs nouvelles.

Avant leur retour, le jeudi étant arrivé sans qu'on eût rien appris à leur égard, Colomb avait annoncé qu'il était décidé à partir et à les abandonner, puisqu'ils avaient quitté les navires sans permission. Il fit donc ostensiblement ses préparatifs de départ, afin de donner un exemple aux autres, par la crainte du châtiment; mais, se laissant toucher par les supplications des parents et des amis des hommes égarés, il consentit à attendre encore et pendant ce temps d'attente il occupa son monde à faire du bois et à prendre de l'eau, ainsi qu'au lavage de leur linge.

Il envoya en outre le capitaine Ojeda, avec quarante hommes, pour que, tout en recherchant leurs camarades, ils explorassent l'île et lui fournissent des détails sur sa nature et ses productions.

A sa rentrée, cette troupe rapporta qu'elle avait trouvé dans l'île, du maïs, de l'aloës, du sandal, du gingembre, de l'encens, et certains arbres qui, d'après leur odeur et leur goût, semblaient être de la canelle. On avait vu une grande abondance de coton; il y avait des faucons, et on en avait aperçu deux pourchassant des oiseaux; ils avaient vu aussi des hérons royaux, des milans, des palombes, des tourterelles, des perdrix, des oies, des rossignols et des corneilles.

Ils affirmèrent avoir traversé vingt-six rivières, dans un trajet de six lieues, et que, dans certains de ces cours d'eau, ils avaient eu de l'eau jusqu'à la ceinture. Il faut croire que, par suite des difficultés du terrain et de leur ignorance des lieux, ils avaient traversé plusieurs fois la même rivière.

C'est pendant que cette troupe parcourait les bois, émerveillée à la vue de cette admirable production, et que d'autres pelotons avaient été envoyés à la recherche des hommes perdus, que ceux-ci étaient revenus aux navires sans qu'aucun de ces détachements les eût rencontrés. C'était le vendredi, 8 novembre; ils dirent que c'était à l'épaisseur des bois qu'ils devaient de s'être égarés.

Mais l'amiral ne voulant pas laisser impunie une pareille faute, fit mettre le capitaine aux fers, et priva les autres d'une partie de leur ration. Il descendit ensuite à terre, et vit par lui-même les objets qu'on lui avait signalés et surtout, dans les cases, des grandes quantités de coton filé et en rame, des métiers pour le tisser. Il y avait également un grand nombre de têtes d'hommes coupées et pendues, et des corbeilles remplies d'ossements humains. Ces cases étaient les plus importantes, les plus abondamment fournies de vivres et des autres objets en usage chez les Indiens, que l'on avait déjà remarqués dans le premier voyage.

Le dimanche, 10 novembre, l'amiral ordonna de lever les ancres, et se dirigea vers le nord-ouest, au large de la côte de la Guadeloupe, pour aller à la *Española;* il arriva à une île qu'il nomma *Monserrato*, à cause de sa hauteur et il sut, par les Indiens qu'il avait gardés à bord, que les Caribes l'avaient dépeuplée et en avaient mangé les habitants.

De là il passa à une autre île qu'il appela *Santa-Maria la Redonda*, à cause de sa forme circulaire; les Indiens la nommaient *Ocamaniro;* les bords en étaient si droits et si lisses, qu'il semblait qu'on ne pouvait y aborder sans y pratiquer des escaliers. Il donna ensuite à la première île qu'il rencontra le nom de *Santa-Maria la Antigua*, qui était appelée par les Indiens *Jamaïca* et qui avait 27 lieues de côtes.

En poursuivant sa route vers le nord-ouest, il vit un grand nombre d'îles, dans la partie nord, et s'étendant vers le nord-ouest et le sud-est; toutes ces îles étaient très hautes, couvertes de forêts de beaux arbres. Il mouilla près de l'une de ces îles à laquelle il donna le nom de *San-Martin;* l'on recueillit une quantité de corail collé contre les ancres, et l'on conçut l'espoir fondé qu'on trouverait dans ces terres de nombreux produits très avantageux.

Bien que l'amiral fût désireux de savoir tout ce que pouvaient donner ces îles si diverses, il se décida néanmoins à suivre sa route vers la Española, afin de venir en aide à ceux qu'il avait laissés à la Navidad; mais, par suite de la violence du vent, il arriva, le jeudi 14 novembre, à une île dans laquelle il ordonna de prendre un Indien pour savoir où il se trouvait. Pendant que le bateau revenait à la caravelle, ramenant quatre Indiennes et trois garçons, qu'on avait pris, il rencontra un canot monté par quatre Indiens et une Indienne; ces derniers, voyant qu'ils ne pouvaient fuir avec leur barque, se mirent en état de défense et blessèrent deux Espagnols avec leurs flèches, décochées avec tant d'adresse et de force que l'une d'elles, lancée par l'Indienne, perça de part en part un bouclier. Les hommes du bateau attaquèrent vigoureusement le canot qui chavira et les Indiens s'étant jetés à la nage furent tous pris, bien que l'un d'eux se servît de son arc en nageant et tirât autant de flèches que s'il eût été à terre.

Ces Indiens avaient subi l'amputation de leur membre viril, opération pratiquée par les Caribes sur leurs prisonniers, pour les faire engraisser avant de les manger. Ces malheureux, dit Don Fernando, sont ainsi assimilés à nos chapons, que la même opération rend si dodus et si savoureux.

L'amiral partit de l'île où il s'était arrêté, poursuivit sa route au nord-ouest sud-est, et rencontra plus de cinquante îles dont la plus importante reçut le nom de *Santa-Ursula,* et les autres furent appelées *las once mil Virgines.*

Il aborda ensuite à une île que les Indiens appelaient *Boviquen,* et à laquelle il donna le nom de *San Juan-Bautista.*

## DÉPART DE L'AMIRAL POUR SON SECOND VOYAGE.

c'est aujourd'hui l'île de Porto Rico ; et il passa, avec sa flotte, dans un canal longeant cette île et se dirigeant vers l'occident. Dans ce canal, les équipages prirent beaucoup de poissons, parmi lesquels quelques-uns semblables à ceux des côtes d'Espagne. Ils virent passer des faucons, des oiseaux des champs, et en allant un peu plus en avant vers l'Orient, quelques marins visitèrent des maisons d'Indiens qui, dans leur manière, étaient bien construites, avaient leur entrée et leur façade tournées vers la mer, avec de longues avenues, une tour en bambou de chaque côté, et dont le toit était formé d'entrelacements de magnifiques plantes et d'herbes, comme les treillages des jardins de Valence, et le haut, du côté de la mer, présentait une terrasse élevée et bien construite, pouvant contenir dix à douze personnes.

On voit que Colomb se trouvait alors au milieu de ce vaste archipel d'innombrables îles qui, rangées en demi-cercle, semblent former une ligne de forts détachés pour défendre l'entrée du golfe du Mexique.

Les plus importantes de ces îles étaient occupées en ce temps-là, par de nombreuses tribus de Caribes ou Caraïbes, sauvages hardis, féroces, vigoureux, d'une fierté et d'une audace indomptables.

Cette race, bien différente des paisibles Indiens qui habitaient les autres îles, et dont la douceur, la soumission et la bienveillance avaient été tant vantées par Colomb, était la terreur de ces paisibles insulaires.

Sortant par troupes importantes des îles couvertes de forêts qui leur servaient de repaires, les Caribes envahissaient tout à coup, à l'aide de grands canots, les îles voisines et, comme un ouragan qui dévaste, en un clin d'œil, la terre couverte de riches moissons, ils massacraient les hommes, enlevaient les femmes qu'ils emmenaient dans leurs retraites, pour leur servir dans leurs besoins et dans leurs brutales amours. Partout où ils passaient, il ne restait plus aucun vestige de vie humaine, et la terre redevenait une solitude.

Dans ces conditions, il n'est pas douteux que, si aucun obstacle ne se fût dressé contre cette avalanche destructive et envahissante, en peu de temps, eu égard à la marche des siècles, la race indienne et paisible qui peuplait ces terres fortunées eût disparu, massacrée, dévorée par ces formidables ravageurs, qui ne se contentaient pas de tuer, mais mangeaient ces malheureux avec des raffinements de gloutonnerie.

Que la férocité et la cruauté de ces barbares aient été exagérées par la terreur des Indiens et par la haine des Espagnols, ce n'est pas douteux ; mais il ne nous paraît pas que l'on puisse révoquer les témoignages des uns et des autres, au sujet de leur anthropophagie, et assimiler à des reliques ataviques les membres encore palpitants de chair humaine, les crânes récemment coupés et dont le sang coulait encore, les jambes entières rôtissant au-dessus d'un feu flambant, cela nous paraît dépasser les limites de la supposition.

Cependant Washington Irwing prétend que les preuves de leur cannibalisme doivent être accueillies avec réserve : « Les marins, dit-il, sont des observateurs inexacts et né-
« gligents, et il ne faut pas oublier que les Espagnols avaient,
« dès le premier moment, considéré leurs ennemis comme
« des anthropophages. Les naturels de beaucoup d'îles et
« d'autres parties du nouveau Monde avaient l'habitude de
« conserver les restes de leurs parents et de leurs amis dé-
« cédés, tantôt le corps entier, tantôt la tête seulement, ou
« un des membres desséchés au feu, ou bien simplement
« les os. Quand on voyait ces restes dans les huttes des ha-
« bitants d'*Hispaniola*, contre lesquels il n'y avait pas de
« préventions, on les considérait, avec raison, comme des
« reliques ; mais, quand on les trouvait chez les Caraïbes,
« c'étaient des preuves irrécusables de cannibalisme. »

Qu'on nous permette quelques observations. Comme fait avéré, l'anthropophagie ne peut pas être mise en doute ; elle a donc pu exister aussi bien chez ces peuples sauvages et féroces, que l'on peut à peu près considérer comme des bêtes fauves, que chez les Lestrigons des anciens, les nègres africains, les naturels de la Calédonie et de l'Australie, dont les explorateurs les plus dignes de foi ont attesté les pratiques cannibalesques.

La race des Caraïbes était absolument différente des races

indiennes qu'elle détruisait, et il est démontré qu'elle n'avait pas les mêmes usages.

Il y a une différence complète entre la préparation des parties du corps humain que l'on veut conserver comme reliques et la cuisine sommaire des cannibales; et les morceaux, disposés pour être mangés, n'ont aucune analogie avec ceux que l'on veut conserver.

Les habitudes des cannibales étaient connues de tous les Indiens dont un grand nombre les avaient, sans doute, pu constater *de visu*, en fuyant ou se cachant pour échapper à leur cruauté.

La terreur qu'ils inspiraient était générale et elle était motivée, plutôt par la crainte de servir à leurs horribles festins, que par la peur de la mort que les Indiens les plus paisibles affrontaient sans trembler, dans leurs combats avec leurs ennemis ordinaires. Leur terreur venait donc d'un autre mobile, et il n'est pas douteux qu'elle était déterminée par les récits de ces abominables repas, qui leur avaient été faits par les femmes emmenées en esclavage, dont quelques-unes avaient pu se sauver, après avoir assisté à ces affreuses agapes.

« Le caractère belliqueux, inflexible de ce peuple, si dif-
« férent des nations pusillanimes dont il était entouré,
« ajoute Washington Irving, et sa vie errante, aventureuse,
« comme celle des hordes nomades de l'ancien monde, le
« recommandent à notre attention. »

Comment un peuple errant eût-il pu avoir la coutume de conserver les corps ou des parties des corps de leurs ancêtres? Ces usages ne peuvent être pratiqués que par des nations tranquilles et attachées à la terre qu'elles habitent.

Washington Irving semble mettre bien au-dessus des peuples doux, soumis et bienveillants, les hordes guerrières, ravageuses et meurtrières des Caraïbes qui « dès l'en-
« fance, étaient élevés dans le métier des armes; dont les
« *intrépides mères*, dès qu'ils savaient marcher, leur met-
« taient un arc dans les mains et les préparaient de bonne
« heure, aux entreprises hardies de leurs pères. Leurs loin-
« taines pérégrinations sur mer les rendaient observateurs

« et intelligents; tandis que les naturels des autres îles ne « savaient diviser le temps qu'au moyen du jour et de la « nuit, du soleil et de la lune, les Caribes avaient appris à « connaître assez les étoiles pour pouvoir calculer les épo- « ques et les saisons. »

Quelque estime que nous ayons pour le savoir et pour l'intelligence, nous avouons que, lorsque ces qualités sont employées à détruire, à dévaster et à massacrer, nous croyons que ces sauvages, alors même qu'ils ne mangeraient pas leurs semblables, après les avoir tués, ne sauraient être mis en comparaison avec les populations plus naïves qui, tranquilles et patientes, emploient leurs humbles moyens à faire fructifier la terre qu'elles habitent et sont, pour leurs voisins, des sujets de concorde, de paix et de bonnes relations, au lieu d'être des causes d'épouvante et d'horreur.

Nous avouons nos préférences : l'âge d'or a pour nous plus d'attraits que l'âge de fer. « Les Caraïbes, dit le même « auteur, émigrèrent des vallées reculées que renferment « les monts Apalachiens; les renseignements les plus anciens « les représentent les armes à la main, engagés constam- « ment dans les guerres, avançant et changeant toujours de « demeure, jusqu'à ce qu'ils fussent arrivés au delà de la « Floride. De là, quittant le continent septentrional, ils pas- « sèrent dans les Lucayes, puis, successivement, et avec le « temps, dans les différentes parties de ces îles verdoyan- « tes qui relient l'extrémité de la Floride à la côte de Paria, « dans le continent méridional. L'archipel qui s'étend de « Porto-Rico à Tabago était leur quartier général, et la Gua- « deloupe, en quelque sorte leur citadelle. Ils partaient « de là pour leurs expéditions, et répandaient la terreur de « leur nom dans les pays environnants. Ils débarquèrent, « par milliers, dans l'Amérique du sud et conquirent une « partie de la terre ferme. On a découvert des traces de leur « passage bien avant dans la vaste contrée que traverse l'Oré- « noque. Les Hollandais trouvèrent des tribus de Caraïbes « sur les bords de l'*Ikouteka* qui se jette dans le *Surinam*, le « long de *l'Esquibi*, du *Maroni* et d'autres rivières de la « Guyane, et dans les plaines où serpente le *Cayenne*. Il pa-

« raîtrait même que ces sauvages vagabonds atteignirent
« les bords de l'Océan méridional. Parmi les aborigènes du
« Brésil, il y en avait qui s'appelaient Caraïbes, et se fai-
« saient remarquer, au milieu des autres Indiens, par leur
« hardiesse, leur subtilité et leur esprit entreprenant.

Cet exode rappelle la marche des Juifs, allant conquérir le pays de Chanaan, brûlant ou détruisant sur leur passage, toutes les villes, et massacrant leurs habitants.

# CHAPITRE XVIII.

### ARRIVÉE DE COLOMB A LA ESPAÑOLA. DÉSASTRES A LA NAVIDAD.

Le vendredi, 22 novembre, l'amiral arriva à *la Española*, à la côte nord, et, sans perdre de temps, il envoya à *Samana* un des Indiens, natif de ce pays et qu'il avait emmené avec lui en Castille.

Cet Indien, converti à la foi catholique et baptisé en Espagne, s'était offert à l'amiral pour retourner dans son pays, se faisant fort d'amener ses compatriotes à embrasser la religion catholique et à vivre en paix avec les chrétiens. Colomb, espérant que les récits de cet homme des merveilles qu'il avait vues en Europe et de la bienveillance dont il avait été l'objet auprès des chrétiens, seraient un aide puissant à ses exhortations, pensant que la vue du nouvel état de leur congénère exercerait une salutaire influence sur cette population qu'il avait trouvée si bienveillante, Colomb l'avait fait vêtir de beaux habits, l'avait pourvu d'objets de parure, et lui avait fait les plus sérieuses recommandations. L'Indien était parti, promettant de remplir fidèlement sa mission : mais soit que le contact avec ses frères ou les souvenirs du passé lui eussent fait oublier ses promesses, soit qu'il eût péri victime de quelque accident, on n'eut plus de lui aucune nouvelle.

Un des marins blessés pendant le combat avec les Indiens étant mort, l'amiral envoya deux barques à terre pour enterrer son corps, ce qui eut lieu sous la protection de deux caravelles que l'on fit approcher du rivage.

Plusieurs Indiens qui se trouvaient sur la plage, envoyés par un cacique pour offrir à l'échange de l'or, voulurent voir l'amiral; mais celui-ci, pressé d'arriver à *la Navidad*, leur distribua quelques présents et reprit sa navigation.

Lorsqu'il atteignit le cap de l'Angel, il alla mouiller au port de Monte-Christo; une barque qu'il envoya à terre trouva, à l'embouchure de la rivière, les corps de deux hommes, l'un jeune et l'autre vieux; celui-ci avait au cou une grosse corde de jonc et les bras étendus et attachés par les mains à un pieu en forme de croix, mais l'état de décomposition des cadavres empêcha de distinguer si c'étaient des Espagnols ou des Indiens. Cette vue causa une triste impression aux arrivants.

L'amiral, informé de cette lugubre découverte, en éprouva un douloureux pressentiment, et attendit avec impatience le lendemain pour dissiper son inquiétude, mais le jour suivant, les hommes envoyés à la recherche, dans plusieurs directions, trouvèrent deux autres corps dont l'un portait la barbe et indiquait surabondamment qu'il était espagnol.

Colomb fut vivement ému de ce nouvel indice de quelque malheur arrivé à la *Navidad*, mais quelques Indiens vinrent alors à bord amicalement et, sans manifester le moindre embarras, se mêlèrent aux gens de l'équipage, touchant leurs vêtements et disant d'un air important : *Camisa, Jubon*, fiers de montrer qu'ils connaissaient les noms espagnols de ces objets.

L'air simple et naturel de ces visiteurs éloignait tout soupçon qu'ils fussent les auteurs des attentats que faisaient prévoir les sinistres trouvailles qu'ils venaient de faire, et l'amiral en conclut que, si les habitants de l'île s'étaient livrés à l'égard des chrétiens à des actes de violence et d'hostilité, ils ne seraient pas venus près de lui avec cette hardiesse et cette désinvolture. Il fut donc soulagé d'une angoisse poignante, en acquérant la conviction que les habitants de la Española n'avaient pas trahi sa confiance.

Le jour suivant, dès que le mouillage fut opéré à l'entrée du port, après minuit, un canot aborda le vaisseau amiral et l'un des Indiens qui le montaient demanda à parler à l'amiral. Celui-ci prévenu, ordonna qu'on l'introduisît auprès de lui ; mais les Indiens refusèrent d'entrer avant de l'avoir vu et de l'avoir reconnu. L'amiral se vit donc dans l'obligation de sortir pour les entendre.

Aussitôt qu'il se montra sur le pont, deux des Indiens sautèrent à bord ; ils portaient sur la tête deux masques en or qu'ils s'empressèrent de remettre à Colomb de la part du cacique Guacanagari, et ils lui dirent que leur maitre les avait chargés de lui offrir ses recommandations les plus sincères ; qu'il serait venu en personne le voir s'il n'en eût été empêché par une blessure qu'il avait reçue.

Colomb leur demanda alors des nouvelles des gens qu'il avait laissés à la *Navidad*, et l'un des Indiens, qui était un cousin du cacique, lui raconta, non sans une certaine hésitation, que quelques-uns des chrétiens étaient morts à la suite de maladies, que certains autres s'étaient séparés du gros de la compagnie, après des querelles qui avaient amené des batailles entre eux ; que d'autres avaient enlevé quatre ou cinq femmes et avaient fui, avec elles, dans la campagne, sans que depuis on eût d'eux aucune nouvelle, mais qu'on les croyait morts. Comme Colomb n'avait d'autre interprète que l'Indien des Lucayes dont l'idiome n'était pas le même que celui de la *Española*, ce fut tout ce que l'amiral put déduire de ces communications.

N'ayant plus rien à attendre de ce côté et ne pouvant d'ailleurs, à cette heure, prendre aucune détermination, Colomb les congédia après leur avoir donné quelques cadeaux, et remis des présents pour le cacique ; ils quittèrent alors le navire.

Malgré leur gravité, ces nouvelles ôtèrent à Colomb tout soupçon à l'égard des naturels de la *Española* ; ni le cacique, ni les Indiens n'avaient failli à la confiance qu'il avait en leur loyauté et leur douceur ; le malheur arrivé à ses compagnons semblait devoir être attribué à leurs divisions et à des ennemis du dehors.

Le jeudi, 28 novembre, l'amiral entra avec sa flotte dans le port de la *Navidad ;* c'était dans l'après-midi, et le port se trouvant au devant de la ville, il vit immédiatement les causes et l'étendue du désastre; tout était brûlé; le fort ni les maisons n'existaient plus, et leurs débris calcinés jonchaient la terre dans un inexprimable désordre.

Tout était silencieux dans ce lieu si animé, au moment où Colomb l'avait quitté, l'an dernier; alors les Indiens venaient en foule sur la plage ou dans le port, en canot ou à la nage, et il y avait, entre eux et les chrétiens, un échange continuel de bons rapports.

A présent, pas un Indien aux alentours, pas un canot dans le port; un silence de mort pesait sur ces ruines dévastées, et aucun bruit ne venait animer cette lugubre solitude.

Ce fut une grande douleur pour l'amiral de voir en descendant à terre le lendemain, ces maisons qu'il avait édifiées avec tant d'espérance, cette forteresse construite dans un but si noble, tous ces préludes d'un établissement d'avenir, gisant à terre, rompus, détruits, dévorés par le feu, mis à sac et dévastés.

Et il ne restait plus âme qui vive à qui l'on pût demander les causes et les péripéties de ce désastre!

L'amiral entra, avec quelques bateaux, dans la rivière, et, se rappelant qu'il avait recommandé en cas d'attaque, de jeter dans le puits de la forteresse les objets de valeur, il ordonna de le vider, pendant qu'il allait remonter la rivière et en explorer les bords.

Dans ce parcours, Colomb ne put mettre la main sur aucun Indien; tous s'étaient enfuis dans les montagnes ou dans les bois et, lorsqu'il revint de son infructueuse navigation, le puits vidé n'avait fourni aucune révélation; on n'y avait rien trouvé.

Les recherches dans les ruines, et aux environs, amenèrent la découverte de quelques lambeaux de vêtements ayant appartenu aux chrétiens.

En retournant aux navires, ils trouvèrent sur la plage trois autres corps que l'on reconnût pour des chrétiens, à quelques restes de leurs vêtements; leur mort paraissait remonter à un mois.

Comme ils continuaient leurs investigations, afin de retrouver des papiers ayant appartenu aux morts ou d'autres objets à leur usage, l'amiral vint à la rencontre d'un frère du cacique Guacanagari qui se trouvait là avec quelques Indiens; ceux-ci savaient déjà quelques mots d'espagnol et connaissaient, par leurs noms, les chrétiens qui étaient restés dans cet endroit.

Ces Indiens racontèrent que les Espagnols avaient commencé par avoir entre eux des discussions et des querelles; que chacun d'eux s'était mis à enlever les femmes et à voler tout ce qu'il pouvait, et il arriva un jour que Guttierez et Escobedo tuèrent un nommé Jacobo. Ensuite ils étaient partis avec d'autres compagnons et leurs femmes, et ils étaient allés chez un cacique nommé Caonabo qui est le roi du pays des mines d'or; celui-ci les fit mettre à mort.

Il ne restait plus à la *Navidad* que Diego de Arana et dix hommes qui lui étaient demeurés fidèles, et qui avaient, sous ses ordres, persisté à garder la forteresse, le restant s'était disséminé dans diverses parties de l'île.

Caonabo, qui était né Caraïbe, avait conservé de son origine l'audace et la férocité, comme il en avait l'intelligence et la ruse; il avait projeté de surprendre de nuit les hommes qui gardaient la forteresse, de les massacrer et de brûler le village et le fort.

Les Espagnols, confiants dans le naturel doux et soumis des habitants de l'île, ne prenaient plus aucune précaution; et leurs maisons, comme le fort, étaient ouvertes à tous venants.

Caonabo arriva, pendant la nuit, au cœur de la place, avec une nombreuse suite d'hommes armés; ils s'étaient cachés dans les bois pendant leur marche, et lorsqu'ils jugèrent que les Espagnols étaient endormis, ils attaquèrent le fort, en poussant des cris formidables, et y mirent le feu; les cases du village où dormaient les autres chrétiens eurent le même sort, et ceux-ci réveillés par les cris des assaillants et par le crépitement des flammes, surpris sans avoir pu se mettre en état de défense, tombèrent sous les coups de leurs ennemis ou périrent dans les flammes. Quelques-uns, ayant réussi à quitter leurs huttes enflammées, s'enfuirent vers la mer et, poursuivis par les Indiens, furent tués où se noyèrent.

Guacanagari, accouru au secours des chrétiens avec les hommes qu'il avait pu réunir, combattit avec courage et lutta désespérément contre les assaillants; mais, peu habitué aux combats, et ses Indiens n'étant pas d'une nature militante, ils ne purent tenir contre l'intrépidité et l'ardeur de leurs ennemis; ils furent bientôt mis en déroute, le cacique fut blessé, et son village fut entièrement brûlé.

Cette narration s'accordait avec les récits que d'autres Espagnols, envoyés par l'amiral pour avoir des nouvelles, venaient lui rapporter. Ceux-ci étaient allés jusqu'au village principal, où ils avaient trouvé Guacanagari malade des suites de la blessure qu'il avait reçue.

Le cacique leur avait déclaré qu'il ne lui avait pas été possible de marcher pour aller voir l'amiral, et il leur avait fait le récit des événements survenus aux chrétiens; il leur avait dit notamment, qu'à peine l'amiral était parti pour la Castille, la discorde s'était mise parmi eux; chacun d'eux voulait garder pour lui l'or échangé; et, non contents des femmes que leur avait données le cacique, ils entendaient s'approprier celles qui leur convenaient; d'abord, séparés par bandes, ils s'étaient répandus dans différentes parties du pays; ensuite, quelques basques s'étant réunis, étaient allés dans une province voisine, où ils avaient tous péri. Guacanagari avait affirmé que c'était là absolument la vérité des faits qui s'étaient accomplis, et qu'il pouvait l'assurer à l'amiral; qu'il priait instamment celui-ci de venir le voir, car il se trouvait tellement malade qu'il ne pouvait sortir de chez lui.

L'amiral, désireux de questionner lui-même le cacique et de l'entendre raconter les événements survenus pendant son absence, se rendit à son invitation. Il le trouva couché dans son hamac, entouré de ses femmes. Guacanagari fut extrêmement heureux de sa visite et, dès qu'il vit l'amiral, il se mit à fondre en larmes, et lui exprima tout le regret qu'il avait de n'avoir pu aller le voir lui-même et, lui montrant sa jambe entourée de bandages, il lui dit combien il avait éprouvé de peines après son départ, et lui renouvela le récit qu'il avait fait à ses gens.

Colomb, pour donner au cacique une haute idée de la

puissance de ses souverains, s'était fait accompagner de la plus grande partie des officiers de sa flotte, tous couverts de leurs plus riches vêtements et les militaires de leurs armures les plus brillantes.

Guacanagari fut ébloui à la vue de cette importante escorte et protesta d'autant plus de son attachement et de son dévouement. Et, à ce propos, il raconta les efforts qu'il avait faits pour secourir les compagnons de l'amiral, efforts inutiles et impuissants, les Espagnols ayant été surpris et mis à mort ou en fuite, lorsqu'il arriva sur les lieux du combat.

Il ajouta que, lui et les siens, avaient été blessés, pour défendre les chrétiens; il montra sa blessure à l'appui de ses paroles, et Colomb put se convaincre par lui-même et en visitant ensuite les autres blessés, que leurs blessures provenaient d'armes indiennes, des zagaies, des flèches avec des arêtes de poisson.

A la fin de leur entretien, le cacique donna à l'amiral huit ceintures ornées de pierres blanches, vertes et rouges, et une autre ceinture avec des broderies d'or, une couronne royale également en or, trois petites calebasses remplies de grains et de pépites d'or; le tout pouvant avoir un poids de quatre marcs.

En revanche, l'amiral lui fit présent de quelques objets, des grains de verre, des grelots, des miroirs, des épingles, des aiguilles et quelques bijoux de cuivre que le cacique estimait bien au-dessus de la valeur de l'or, et dont le prix total allait à quelques réaux. Aussi Guacanagari, ému de tant de générosité, voulut, quoique malade, accompagner l'amiral, et il alla avec lui, voir la flotte où il reçut un accueil très amical.

On peut se figurer l'impression de surprise et de satisfaction que ressentit le cacique à la vue des dix-sept vaisseaux ancrés et en ligne dans le port de la Navidad, avec leurs pavillons et leurs flammes flottant dans l'air, au haut et le long des mâts, et ces équipages nombreux, les hommes d'armes et leurs chevaux, et la foule des gentilshommes, des religieux et des autres personnages accourue sur le pont des navires pour voir le roi des Indiens.

La vue des chevaux fut surtout, pour le cacique et sa

suite, un sujet d'étonnement mêlé de crainte. Ils n'avaient jamais vu dans leur île des animaux de cette taille et de cette conformation; ils n'osaient pas s'en approcher, et lorsqu'un des chevaux piaffait ou caracolait, ils s'enfuyaient tous en tremblant.

Les Espagnols leur avaient cependant parlé de leurs montures, mais ils n'avaient pu se figurer des bêtes d'une si noble et si fière allure, et ils craignaient d'en être dévorés.

Colomb reçut le cacique à bord du vaisseau amiral, qui était un navire ponté et d'un fort tonnage, et le lui fit visiter dans toutes ses dispositions; le chef indien était dans un état d'admiration indicible, et, lorsqu'il vit, dans une partie du navire, les Caraïbes que Colomb avait faits prisonniers et qui étaient enchaînés, il ne put s'empêcher d'exprimer sa surprise, et se recula instinctivement, par suite de la frayeur en quelque sorte innée que ces cannibales lui inspiraient. La prise de ces barbares par les Espagnols constituait, pour le cacique, un acte de vigueur et de puissance incomparable.

Les animaux domestiques, les porcs, les moutons, les poules, dont Colomb se proposait l'acclimatation dans les Indes, les ustensiles divers et les produits de l'industrie de l'ancien monde, qu'il apportait au nouveau, ravissaient le cacique par leur étrangeté.

Il remarqua bientôt les femmes indiennes que l'amiral avait accueillies à son bord, alors qu'elles fuyaient la tyrannie des Caraïbes. Guacanagari, par suite de son caractère affectueux, avait un penchant pour la femme; il considérait celles-ci avec compassion, et s'entretint avec elles assez longuement; l'une d'elles attira surtout son attention par ses manières indiquant une supériorité sur ses compagnes; le cacique lui témoigna un vif intérêt, autant à cause de sa malheureuse situation que par suite de sa distinction.

Colomb fit ensuite servir une collation et manifesta envers son hôte la plus grande confiance; il était désireux de renouer avec lui les relations amicales qui s'étaient établies entre eux, pendant son premier séjour; mais un nuage avait passé et obscurci ou altéré cette primitive affection. Guacanagari et ses sujets avaient été fâcheusement impressionnés par les excès commis par les Espagnols, après le départ de Colomb ; le prestige qui, dans le principe, avait entouré les chrétiens d'une auréole surnaturelle, s'était évanoui, en présence de leurs déprédations et de leurs vices ; les semences de religion que l'amiral avait jetées dans l'esprit du cacique, loin de germer et de fructifier, s'étaient amorties, et lorsque Colomb voulut lui faire porter une médaille de la Vierge, il la repoussa comme un objet pernicieux et ne l'accepta que par condescendance pour son hôte.

Habitué d'abord aux physionomies souriantes et affables de l'amiral et de ses premiers compagnons, Guacanagari ne retrouvait plus, dans les figures et les manières des nouveaux arrivants, la même cordialité, et il n'avait pas manqué de remarquer une certaine défiance empreinte sur les visages des Espagnols qui l'entouraient.

Nous devons rapporter ici un incident que raconte Washington Irwing, et dont ne fait aucune mention Don Fernando. Ce récit est tiré d'une lettre du docteur Chanca, qui faisait partie de la seconde expédition, mais dont le nom ne figure pas dans le récit de Don Fernando.

Comme nous l'avons dit plus haut, Colomb, à la nouvelle du désastre survenu à la Navidad, avait conçu quelque défiance à l'égard de Guacanagari, défiance bientôt dissipée par l'attitude et l'état du cacique. Mais l'entourage de l'amiral, qui n'avait pas été témoin de l'affectueux dévouement de l'Indien, pendant le premier séjour des Espagnols dans l'île, n'avait pas aussi aisément chassé les soupçons qu'il avait conçus, et ces soupçons s'étaient corroborés pendant la visite qu'on avait faite au village et à la résidence du cacique.

Mû par un sentiment de compassion, l'amiral avait fait examiner l'état de la jambe de Guacanagari et aucune trace de blessure n'apparut quand on eut ôté le bandage, mais le cacique, lorsqu'on touchait l'endroit blessé, poussait des cris de douleur. Un certain temps s'étant passé depuis la bataille, la guérison extérieure avait pu s'effectuer, en laissant à l'intérieur une inflammation douloureuse ; le cacique avait pu d'ailleurs être blessé par un coup de pierre ou de bâton qui eût déterminé une contusion et non une blessure.

Parmi les assistants se trouvait le Père Boyle, moine fougueux et ardent, partisan des moyens radicaux de l'Inquisition, pour réprimer ou punir les attentats contre la religion et contre l'autorité ; le cacique lui inspirait une extrême défiance, et il opinait pour s'emparer immédiatement du malheureux Indien et lui infliger une sévère punition ; mais Colomb, qui n'avait eu qu'à se louer des bons procédés de Guacanagari, ne voulut pas user de rigueur et déclara qu'il ne croyait pas à la culpabilité du cacique, et qu'en tout cas il était plus prudent de conserver avec les Indiens de bons rapports que de se les rendre hostiles par des mesures de rigueur. Si le roi indien avait exagéré sa participation au combat et sa blessure, son village brûlé et ses sujets réellement blessés indiquaient suffisamment qu'ils avaient porté secours aux Espagnols, et qu'ils en avaient été les victimes.

Il ajouta qu'il valait mieux le surveiller et agir avec lui comme par le passé, pour en obtenir le concours de sa population, concours indispensable, les Espagnols étant d'ailleurs en force pour réprimer tout acte d'hostilité, le cas échéant. Cette politique de conciliation prévalut.

Toutefois, une minorité, à laquelle le Père Boyle paraissait communiquer ses soupçons, conservait sa méfiance et conseillait à Colomb de retenir à bord le cacique ; mais l'amiral ne suivit pas ses avis, et lorsque l'Indien quitta le navire, il le reconduisit à terre en lui prodiguant les témoignages de la plus sincère amitié.

Le lendemain, quelque agitation se manifesta dans la population indienne ; le cacique envoya à bord pour savoir le temps que l'amiral comptait rester dans le port de la *Navidad ;* Colomb répondit qu'il partirait le lendemain. On avait remarqué qu'un frère de Guacanagari, qui était venu le soir, sous prétexte d'échanger de l'or, avait longuement causé avec les Indiennes, et surtout avec Catalina, celle que le cacique avait distinguée, et à laquelle les Espagnols avaient donné ce nom.

A minuit, les gens de l'équipage et tout le monde à bord étant endormis, de ce premier sommeil qui anéantit les sens, Catalina éveilla ses compagnes, et toutes, malgré la grosse mer et l'éloignement du rivage, qui était à trois mille de distance du navire, s'aidant des cordages et des agrès, glissèrent le long du bord et se jetèrent hardiment à la mer, pour gagner la terre à la nage. Mais l'homme du quart les ayant entendues, et ayant donné l'alarme, les matelots réveillés sautèrent dans les barques, se mirent à la poursuite des fugitives et en reprirent quatre ; les autres réussirent à se sauver dans les bois, avec l'intrépide Catalina.

Le lendemain, au jour, l'amiral envoya du monde réclamer ses captives au cacique, et lui enjoignit de les faire rechercher, si elles n'étaient pas auprès de lui. Mais à l'arrivée des Espagnols le village était abandonné, et Guacanagari était parti, avec tous ses sujets, emportant tout ce qui leur appartenait, et tous s'étaient réfugiés dans l'intérieur de l'île.

Il était évident que l'agitation qu'on avait remarquée parmi les Indiens, les entretiens du cacique et de ses envoyés avec les prisonnières, n'avaient eu d'autre but que de les délivrer, et qu'un complot avait été tramé entre eux à cet effet ; le cacique, touché de la situation de ces malheureuses, peut-être épris des charmes de la belle Catalina, leur avait facilité leur fuite, et puis, redoutant le courroux de l'amiral et de ses gens, s'était enfui pour les éviter ou jouir en paix de sa conquête.

Il va sans dire que cette fuite confirma les soupçons contre Guacanagari, et qu'il fut considéré, par la généralité des Espagnols, comme un traître et comme l'auteur ou le complice du meurtre de leurs compagnons.

Ces événements, survenus à peu près au débarquement des Espagnols, avaient une certaine importance, et il est surprenant qu'ils ne soient point relatés dans l'histoire de Don Fernando. Colomb n'a-t-il pas jugé ces faits assez graves, pour les insérer dans son journal ; ou bien, affecté de leur fâcheuse influence, quant aux soupçons qui pesaient sur Guacanagari, qu'il avait considéré comme un ami dévoué, n'a-t-il pas voulu flétrir la mémoire de ce chef qu'il avait tant loué ?

Il est juste d'ajouter que des renseignements obtenus ultérieurement confirmèrent le récit du cacique, et des faits qui se passèrent dans la suite vinrent le justifier entièrement, quant à la part qu'il avait prise au désastre de la *Navidad*.

# CHAPITRE XIX.

FONDATION DE LA VILLE ET DE LA FORTERESSE DE LA ISABELA.

Après tous ces déboires, le malheur éprouvé sur cette terre fatale, où il avait perdu son navire *la Santa-Maria*, où ses compagnons avaient été massacrés, terre malsaine, d'ailleurs, par le voisinage de marais, l'amiral se décida à chercher un lieu plus convenable, pour y fonder une ville et un siège de gouvernement, afin de soumettre l'île à la domination espagnole.

Il quitta *la Navidad*, le samedi 7 décembre, se dirigeant vers la côte du levant, où il arriva le soir non loin des îles de Monte-Christo; il y passa la nuit et, le jour suivant, étant déjà par le travers de Monte-Christo, il passa entre les îles dont nous avons déjà parlé. Bien que peu fournies d'arbres, ces îles étaient fort belles, car, en ce temps-là, elles étaient couvertes de fleurs; sur les arbres et dans les fourrés, on trouvait des nids d'oiseaux, les uns avec leurs œufs, les autres ayant déjà des petits, et on y voyait toute la végétation printanière.

De là, il alla mouiller dans une rade commode, d'une belle étendue, abritée d'un côté par des rochers, et de l'autre par une vaste forêt, et placée au confluent de deux rivières de grandeur inégale, entre lesquelles s'étendait une belle plaine convenable pour toute sorte d'établissements. Non loin de là, on voyait un village d'Indiens qui pouvait être d'un secours utile pour le travail et pour les approvisionnements.

Ce lieu parut réunir tous les avantages désirables pour la

fondation projetée : les eaux étaient abondantes et les rivières profondes, la terre était fertile, le climat doux et tempéré, et le poisson, en quantité, promettait une source féconde d'alimentation. Il n'était pas éloigné de *Cibao,* la terre promise où, d'après les Indiens, l'or naissait à la surface du sol et où les fleuves roulaient des pépites d'or.

L'or était, pour tous les Espagnols, venus la plupart par ambition ou cupidité, le suprême attrait, la panacée souveraine qui avait entraîné à la suite de l'amiral, tout ce monde si différent de professions et d'aspirations. Pour quelques enthousiastes idéalistes, qui, à l'exemple de Colomb, s'étaient joints à lui pour la gloire, la généralité n'avait pensé, en affrontant les éventualités périlleuses de la mer immense et inconnue, qu'à la possession des jouissances préconisées et des richesses entrevues. Colomb lui-même n'était pas insensible à cet appât de l'or, toutefois chez lui cette acquisition rapide de la fortune n'avait aucun but personnel, mais bien la noble satisfaction de combler ses souverains d'immenses avantages, par la possession de terres innombrables et de trésors inouïs; et surtout il voyait, au bout de sa campagne, la réalisation de son objectif constant, la délivrance du Saint Sépulcre. C'est là sans doute ce qui conciliait son amour de la justice et de l'équité avec ce désir immodéré de la récolte de l'or, et qui lui fermait les yeux sur l'inégalité des échanges qui s'opéraient avec les Indiens, entre des bagatelles de valeur presque nulle, et les objets d'or que l'ignorance des naturels leur apportait si bénévolement.

On comprend l'impatience de tous ces coureurs d'aventure et leur désir de quitter leurs navires pour fouler cette terre enchantée et courir, par eux-mêmes, à la réalisation de l'objet de leurs rêves. Le désir de sortir de leurs geôles flottantes était excité d'ailleurs par l'ennui et les souffrances d'un voyage si long.

Le projet de fondation d'une ville avait fait embarquer des ouvriers de toutes les professions, des architectes, des dessinateurs et, en outre, une multitude de curieux, de désœuvrés et de coureurs d'aventure avaient suivi cet entraînement. Tout ce monde, et la troupe armée envoyée pour la conquête ou pour la défense des terres conquises, n'étaient pas habitués à la navigation et voyaient avec ennui se prolonger leur détention à bord.

Ce fut donc par un cri de délivrance que fut accueilli l'ordre de débarquement. En un instant le rivage fut couvert de monde ; les soldats et leurs officiers, les ouvriers et les artisans, les religieux et les gens partis volontairement, s'élancèrent joyeusement sur la plage, en poussant des cris de liberté ; on débarqua des provisions et on mit à terre les animaux qui, les chevaux notamment, avaient énormément souffert de leur réclusion. On se figure aisément l'animation, le tumulte, le bruit qui régnèrent en un moment, sur cette terre auparavant si tranquille, quand elle eut été inopinément envahie par cette avalanche humaine, se félicitant, se bousculant, se cherchant et se réunissant par groupes ; les uns s'asseyant à terre, les autres gambadant en poussant des cris de bonheur.

Un plan avait été dressé, et on l'appropria aux exigences du terrain ; des rues furent tracées, des places indiquées, et l'on se mit à bâtir l'église d'abord, des magasins pour les provisions et la résidence de l'amiral.

La pierre, le bois, le plâtre, les roseaux furent employés pour ces constructions auxquelles prirent part presque tous les passagers et les gens des diverses professions ; une activité fébrile animait cette multitude qui devait former la population de la première ville chrétienne bâtie, sur une terre du nouveau monde, par ses propres habitants.

Les religieux vinrent bénir, avec la solennité habituelle de ces sortes de cérémonies, les premières pierres des édifices qui constituaient les premières assises de l'établissement des Espagnols, sur cette terre conquise où s'éleva la première église surmontée d'une croix, symbole de la foi chrétienne qui devait se répandre si promptement dans les diverses contrées de cet immense continent.

Des maisons particulières, construites en bois, avec des entrecloisonnements de plâtre, couvertes en roseaux et avec des feuilles de palmier, s'élevèrent autour des premiers édifices, en suivant les tracés du plan adopté.

Une grande activité, le désir général de la création d'un point d'appui, d'un centre de population, et le concours de toutes les bonnes volontés eurent bientôt raison des difficultés inhérentes à la fondation d'une ville, sur un terrain vierge non préparé et où tout dut être apporté, le pays n'offrant d'autres ressources que le bois qu'il fallut couper et approprier, la terre qu'il fallut manier, la pierre à extraire, l'eau à puiser, et des roseaux ou des herbages. La ville fut rapidement construite, et elle reçut le nom de *la Isabela*, à la mémoire de Son Altesse, la reine d'Espagne, qui s'appelait *Isabelle*.

Colomb se multiplia pendant ces travaux; il veillait à tout, surveillant l'exécution des plans, pourvoyant aux besoins, résolvant les difficultés, prévoyant les obstacles. Il fit utiliser le grand fleuve qui se trouvait à une portée d'arbalète de la ville, en faisant creuser un canal pour amener les eaux dans la ville même, et il songea à établir des moulins sur les bords de ce cours d'eau.

Mais tous ces soins, joints aux fatigues qu'il avait éprouvées dans la traversée et à la peine qu'il avait ressentie de la mort de ses anciens compagnons et de la destruction de la *Navidad*, altérèrent sa santé; il tomba malade et s'alita.

Cette maladie le força d'interrompre son journal, sur lequel il inscrivait jour par jour tout ce qui survenait; et, du 11 décembre au 12 mars, aucun fait ne se trouve relaté sur ce précieux mémorial. Cependant, sa maladie ne l'empêcha pas de s'occuper des services de sa flotte et de mettre en ordre les dispositions relatives à la population; il y pourvut le mieux qu'il lui fut possible.

Pendant le mois de janvier, il envoya Alonzo de Ojeda à la recherche des mines de Cibao, et, le 11 février, il renvoya en Castille douze navires de la flotte, avec leurs chargements de divers objets et de l'or; il en donna le commandement au capitaine Antonio de Torres, frère de la nourrice du prince Don Juan, qui était un homme de grande honorabilité, d'un jugement très sain, et auquel les rois catholiques témoignaient une extrême confiance.

Le chargement de ces navires consistait surtout en échantillons de plantes, de fruits et d'autres produits divers de ces contrées, susceptibles de devenir, par la suite, des éléments de trafic commercial. Quant à l'or, c'était celui qu'on avait recueilli par les échanges susmentionnés ou ramassé dans les ruisseaux ou les rivières de l'île; tout cela ne constituait pas des trésors, mais Colomb avait accompagné cet envoi d'un long mémoire, où il décrivait la beauté et la fertilité de l'île, et où il annonçait qu'il prenait ses mesures pour en recueillir de grandes quantités, d'après les explorations d'Ojeda et de Gorvalan dont il citait les rapports, dépeignant les contrées aurifères sous les plus riantes couleurs.

En attendant que la colonisation espagnole produisît les choses nécessaires à la vie, les Espagnols n'étant pas habitués à la nourriture des Indiens, il était nécessaire d'envoyer d'Espagne de nouveaux approvisionnements; les vivres pris au départ avaient été avariés et on avait perdu beaucoup de vin; les navires renvoyés emportaient le reste pour leur voyage. Colomb demandait, en conséquence, en attendant les récoltes à venir des champs ensemencés et des vergers plantés, qu'on lui envoyât sans retard des vivres frais. Il demandait également des armes et des munitions, des médicaments, des vêtements, des chevaux de trait et de guerre, et enfin des ouvriers, des hommes de profession et des techniciens, pour l'extraction, la fonte, la purification et l'essai de l'or.

L'amiral envoya encore en Espagne, par cette occasion, les Indiens et les femmes pris dans l'île des Caraïbes, avec la recommandation de leur enseigner la langue espagnole et de les convertir au christianisme.

Après leur éducation, il demandait qu'on les renvoyât aux Indes, pour servir d'interprètes et de propagateurs des usages de la civilisation, auprès des populations indigènes; il espérait que leur intelligence, leur audace et leur esprit d'initiative les mettrait à même d'être, pour les Européens, des intermédiaires efficaces.

Suivant cette idée, il proposait d'envoyer en Espagne tous les Caraïbes que l'on pourrait prendre; et là, considérés comme esclaves, on les élèverait, de gré ou de force, dans la foi catholique ; il offrait d'échanger ces esclaves contre du bétail qui serait expédié à la Isabela, afin de l'acclimater dans ces contrées. Ce projet était accompagné d'un plan d'organisation et de réglementation de cet échange d'hommes contre des animaux, et d'une stipulation de prix pour chaque sauvage envoyé en Espagne. On peut s'étonner qu'une combinaison de cette nature ait pu surgir dans l'esprit d'un homme intelligent, éclairé, juste et bon comme Colomb ; mais il faut tenir compte qu'à cette époque les idées religieuses étaient si exaltées, que les droits de l'humanité n'étaient considérés qu'à l'égard des hommes qui pratiquaient la foi catholique ; les autres, païens, idolâtres, juifs ou musulmans, étaient ou des âmes à sauver, en les convertissant, ou des corps à brûler pour le salut de leurs âmes.

Quelque éclairé que fût Colomb, il était trop bon catholique pour ne pas être imbu de ces mêmes idées, et il se disait qu'en débarrassant le pays de ces Caraïbes il enlevait aux Indiens paisibles, doux et soumis à l'évangélisation, des sujets d'incorrigible terreur ; et en même temps, en les soumettant à l'enseignement et à la pratique de la foi catholique, il sauvait leurs âmes de la damnation éternelle.

Il faut dire que ce projet ne fut pas exécuté ; l'esprit bienveillant et le cœur charitable de la reine se révoltèrent à l'idée de l'échange de ce bétail humain, et surtout à la coercition à exercer, pour la conversion de ces Indiens, dont elle s'était faite la protectrice, et qu'elle ne voulait christianiser que par la persuasion et la douceur.

C'est le 2 février 1494, que les navires réexpédiés mirent à la voile. Les lettres encourageantes de l'amiral, du R. P. Boyle, du docteur Chanca, et d'autres personnages venus avec la flotte, corroborées par les détails donnés par Gorvalan qui avait, en même temps que Ojeda, visité le pays des mines, et était revenu en Espagne, tous ces témoignages favorables ranimèrent les espérances, et ces grandioses projets de construction de villes, de cultures de terres vierges, de civilisation de sauvages, de conversion d'idolâtres enflammaient les imaginations.

Les princes, la noblesse, les savants de tous les pays se

félicitaient à l'envi, de cette communication de la civilisation du vieux monde à un monde nouveau, et une admiration générale saluait le nom de Colomb comme le Messie de l'esprit humain. Pierre Martyr écrivait alors à Pomponius Lœtus : « Colomb a commencé à bâtir une ville, comme il me l'a « dernièrement écrit, et à propager nos plantes et nos ani- « maux. Qui de nous désormais parlera avec extase de Sa- « turne, de Cérès ou de Triptolème, voyageant par toute la « terre, pour répandre les inventions nouvelles parmi les « hommes? ou des Phéniciens qui fondèrent Tyr et Sidon? ou « des Tyriens eux-mêmes qui, poussés par leur esprit aven- « tureux émigrèrent au loin, pour bâtir de nouvelles cités « et former de nouveaux États ! »

Quelques jours après, Ojeda revint de son voyage d'exploration; il raconta que, le second jour après son départ, il avait passé la nuit auprès d'une gorge de montagnes, dont la traversée offrait des difficultés, et qu'ensuite, à chaque lieue de distance, il avait trouvé un cacique; que tous l'avaient accueilli avec une extrême courtoisie. Enfin, le sixième jour, il était arrivé aux mines de Cibao, au moment même où les Indiens venaient d'extraire d'un petit ruisseau des pépites d'or, comme ils le faisaient habituellement dans d'autres cours d'eau de la contrée, où ils trouvaient beaucoup d'or.

Ces renseignements favorables réjouirent extrêmement l'amiral, qui apprit ainsi, avec satisfaction, que les mines d'or n'étaient pas un rêve et se trouvaient à sa portée. Se sentant en bonne santé, il résolut de se rendre dans ces contrées, de voir par lui-même la disposition du pays, et de reconnaître ce qu'il y aurait à faire pour tirer parti de ces richesses.

Mais plusieurs de ses gens étaient tombés malades; fatigués d'un long voyage, auquel le plus grand nombre n'était pas habitué, épuisés pas une nourriture peu abondante et avariée à la fin du voyage, tourmentés par les tempêtes qui les avaient assaillis le dernier jour, et habitués à une vie tranquille, dans un pays bien cultivé, jouissant d'un climat tempéré, ils s'étaient trouvés transplantés dans des régions vierges de culture, sans abri, sans maisons pour les garantir des exhalaisons de terres chaudes, mais humides, exposés aux émanations de bois épais, et où les rayons du soleil ne pénétraient pas pour en vivifier l'air, éprouvés par les vapeurs des cours d'eau, échauffés le jour par les rayons d'un soleil ardent, ces hommes avaient été obligés de se mettre immédiatement à l'œuvre pour bâtir une ville, préparer des terrains, disposer des jardins, ensemencer ou planter des vergers, et un grand nombre d'entre eux n'avaient pu résister à tant de fatigues, et surtout au changement de nourriture et de climat.

A ces causes physiques étaient venues se joindre des déceptions morales. Parmi les passagers volontaires, beaucoup étaient partis sur la foi de légendes dorées; l'Asie et ses merveilles, Cipango et ses richesses, Cathay et ses jouissances, le grand Khan les avaient bercés de riantes espérances, et ils avaient cru aller dans un pays de fées, où il n'y avait qu'à jouir et à s'enrichir sans rien faire.

Au lieu de ces illusions, au lieu de riches cités, de palais dorés, d'odalisques ravissantes, et des plus enivrantes délices, ils arrivaient dans une île couverte de forêts sombres, impénétrables, peuplées d'Indiens nus, vivant dans des huttes, se nourrissant de racines, de poisson et de fruits, quelques-uns mangeant leurs semblables; et en outre, il fallait travailler pour s'abriter, travailler pour se nourrir, travailler pour recueillir cet or qui, au départ, miroitait à leurs yeux comme les étoiles au ciel! Quelle déception! C'était bien fait pour les **rendre malades!**

## CHAPITRE XX.

#### VOYAGE DE COLOMB AUX MINES D'OR.

Cependant Colomb, après avoir mis ordre à toutes choses, et pris des mesures pour les soins à donner aux malades, partit de la Isabela, le 12 mars, pour aller visiter les mines de Cibao.

Il prit avec lui tous les hommes en état de soutenir les fatigues d'une marche pénible, à travers un pays neuf, et sans voies de communication, laissant à la ville une bonne garde, et la plus grande partie des équipages des cinq navires qu'il avait conservés, deux vaisseaux et trois caravelles; il avait d'ailleurs fait transporter à bord du vaisseau amiral toutes les armes et les munitions, afin de les mettre à l'abri de toute agression ou de toute tentative de révolte ou d'émancipation, comme celle qui avait été fomentée, pendant sa maladie, par quelques désillusionnés de passagers qui avaient cru, ainsi que nous l'avons déjà dit, qu'une fois à terre, il n'y avait plus qu'à se baisser pour ramasser l'or et les pierreries à pleines mains.

Bernardo de Pisa, chef de justice de la cour, qui était venu aux Indes, en qualité de trésorier du roi, s'était mis à la tête des insurgés, avec le dessein de s'emparer des cinq navires restés, et de retourner avec eux en Espagne.

L'amiral, instruit du complot, se contenta de mettre en prison ce Bernardo, et de le garder sous les verroux, en attendant son renvoi en Espagne, avec un procès-verbal constatant, non seulement son crime de rébellion, mais encore des faussetés écrites par lui contre Colomb, et dont on avait trouvé les copies dans un recoin caché du navire; les autres inurgés subirent des punitions diverses, selon le degré de leur participation à la révolte; mais ces peines furent légères, eu égard aux fautes commises.

Avant de partir pour son exploration, il confia à son frère, Diego Colomb, le soin de veiller au service du gouvernement, ainsi qu'aux besoins et à la conservation de la flotte, lui laissant le personnel et les hommes nécessaires pour s'acquitter de cette mission; et, après lui avoir donné ses dernières instructions, il se mit en route pour Cibao.

L'expédition emportait les matériaux, les bois et les ferrements nécessaires pour construire une forteresse, afin de maintenir cette province sous son autorité, et de se défendre contre toute agression de la part des Indiens. L'amiral voulait ainsi protéger et garantir les hommes qu'il laisserait aux mines pour recueillir l'or, et ôter aux Indiens toute velléité de renouveler, à l'égard de ceux-ci, l'attentat commis envers les trente-huit hommes laissés à la *Navidad*. C'est dans ce but qu'il avait emmené avec lui tous les hommes valides pour montrer aux Indiens la puissance des Espagnols, et leur faire comprendre que, lors même qu'ils réussiraient à molester quelques chrétiens rencontrés isolément, son gouvernement et les hommes chargés de le représenter avaient les moyens plus que suffisants pour châtier et punir les agresseurs.

Pour leur imposer encore davantage, et leur donner une haute idée de son pouvoir, il conduisait sa troupe bien armée, en ordre de combat, et traversait les villages, tambours et trompettes en tête, battant et sonnant, et les enseignes déployées.

Dans ces dispositions, il passa la rivière voisine de la Isabela; une lieue plus loin, il traversa de même une autre rivière moins large, et il s'arrêta, pour passer la nuit, dans une belle plaine très étendue et située à trois lieues environ de la ville espagnole; la campagne très fertile s'étendait jusqu'au pied d'une montagne abrupte, qui pouvait avoir de hauteur deux portées d'arbalète.

Au bas de cette montagne s'ouvrait une gorge offrant un

passage difficile et sans chemin tracé, les Indiens n'ayant pas l'habitude de faire des routes, et se contentant des sentiers étroits que leurs pas finissaient par former, dans les passages les plus usités.

Colomb envoya en avant un détachement, avec les outils et les instructions nécessaires pour ouvrir et aplanir un chemin, au milieu du défilé; et ce fut la première route tracée et disposée, dans ce pays sauvage et raboteux. L'amiral nomma ce passage : *Puerto de los hidalgos;* Gorge des Hidalgos, c'est-à-dire des gentilshommes.

Après avoir traversé ce défilé, Colomb et son escorte se trouvèrent dans une vaste plaine qu'ils parcoururent le jour suivant, pendant un espace de cinq lieues, et ils allèrent camper, pour passer la nuit, sur les bords d'un grand fleuve que les gens traversèrent dans des canots et sur des radeaux. L'amiral nomma ce cours d'eau, que les Indiens appelaient *Yaqui,* et qui va se déverser à la mer, près de Monte-Christo, *rio de las Cañas,* fleuve des Roseaux. Il ignorait que c'était le même fleuve qu'il avait déjà traversé et appelé *Rio del oro.* Il rencontra ensuite plusieurs villages, dont les cases, couvertes de paille, étaient rondes et avaient des portes si basses qu'on était obligé de se baisser pour entrer dans l'intérieur.

En pénétrant dans ces cases, les Indiens qui accompagnaient l'amiral prenaient tout ce qui était à leur convenance parmi les objets qui s'y trouvaient, sans que les maîtres du logis y trouvassent à redire, comme si tout était commun; et il en était de même des Indiens de cette localité qui, en s'approchant des Espagnols, leur prenaient tout ce qui leur plaisait, croyant que c'était aussi l'usage chez eux; mais ils ne tardèrent par être détrompés, les Espagnols les repoussant lorsqu'ils se montraient trop familiers.

Ils traversèrent ensuite, au moyen du chemin que traçaient leurs pionniers, une chaîne de montagnes couverte de superbes forêts, remplies d'oiseaux des champs, d'arbres magnifiques et de plantes sylvestres : des aloës, des caneliers, des bananiers et des pins d'une hauteur prodigieuse.

Pendant tout ce voyage, au milieu d'une nature luxuriante,

de paysages enchanteurs, les habitants des pays qu'ils traversaient, qui voyaient pour la première fois les Espagnols, ressentaient une admiration mêlée de frayeur.

Lorsque, au sortir de la gorge des Hidalgos, Colomb rangea sa troupe en bataille, les cavaliers en avant, les drapeaux flottant au vent; que, sur son ordre, les trompettes sonnèrent et les tambours battirent, les Indiens accourus au bruit des instruments, à la vue de ces costumes brillants, des casques et des cuirasses reluisant au soleil, des chevaux piaffant et hennissant, qu'ils prenaient pour des monstres ne faisant qu'un corps avec leurs cavaliers, les Indiens crurent à une apparition surnaturelle. Ils levaient les bras vers le ciel, gesticulant et dansant ou tombant à genoux, les mains jointes, dans des poses d'adoration; ou ils se mettaient à courir, en poussant des cris de joie et revenaient se planter, en extase, en face des cavaliers, pour s'enfuir au loin quand les chevaux soufflaient ou poussaient des hennissements.

Le 14 mars, l'amiral traversa une autre rivière, qu'il nomma encore rivière d'or, à cause des paillettes d'or que ses gens ramassèrent pendant le passage, qui avait offert quelques difficultés.

La troupe arriva bientôt à un grand village, dont les habitants, en entendant les tambours et les trompettes, et en voyant arriver la brillante escorte, s'enfuirent vers les montagnes ou se barricadèrent dans leurs cases, en mettant un roseau en travers de la porte, et se croyant en sûreté, parce qu'ils considéraient cette fermeture comme une grande défense.

Suivant l'usage établi chez eux, aucun Indien n'oserait forcer une porte fermée par cette espèce de barrière.

De là, il rencontra un très beau fleuve auquel il donna le nom de *rio Verde*, ses rives étant couvertes de cailloux ronds très luisants et très unis, et il y campa pour passer la nuit.

Le lendemain, en continuant son voyage, il rencontra plusieurs villages qu'il traversa, et dont les cases avaient leurs portes fermées à l'aide d'un roseau mis en travers, comme celles du précédent; et comme les hommes se trouvaient fatigués, on s'arrêta, le soir, au pied d'une haute montagne que Colomb nomma *passage de Cibao*, parce que, au delà de cette gorge, se trouve le commencement de la province de Cibao; et, à cet endroit, depuis la première montagne dont ils avaient passé le défilé, on compte onze lieues, en allant vers le midi.

Le jour suivant, Colomb et son escorte suivirent un sentier raboteux et difficile, où les chevaux durent être conduits à la main, et de là il envoya à la Isabela des mules pour rapporter du pain et du vin, car les vivres commençaient à diminuer, et le voyage devenant plus long, les souffrances s'accroissaient. Ainsi que nous l'avons déjà dit, les hommes, n'étant pas habitués à vivre de la nourriture des Indiens, avaient alors besoin des aliments de la Castille; plus tard, vivant au milieu d'eux et accoutumés au climat de ces contrées, ils reconnurent, par expérience, que les vivres des Indiens étaient mieux appropriés à la température du pays, et d'une plus facile digestion, bien que n'ayant pas autant de substance que ceux qui venaient de Castille.

Les envoyés aux provisions étant de retour, l'amiral passa le défilé de la montagne, le 16 mars, et il entra dans la province de Cibao, pays rude et montagneux, rempli de pierres et couvert d'une profusion d'herbes, que sillonnaient, en les arrosant, de nombreux ruisseaux qui roulaient de l'or dans leurs eaux transparentes.

En avançant dans la contrée, l'âpreté du terrain s'accroissait, les montagnes devenaient plus hautes et les ruisseaux roulaient plus de grains d'or, qu'ils entraînaient de la cime des monts. Cette province, grande comme le Portugal, possédait de nombreuses mines.

Mais, en revanche, quelle différence avec la superbe végétation qui avait charmé les yeux des Espagnols pendant le voyage! Les arbres de la plaine étaient rabougris, et leur feuillage maigre n'avait aucune analogie avec les arbres touffus des contrées qu'ils venaient de quitter; seuls, les grands pins qui décoraient le faîte des montagnes avaient une certaine majesté. Quelques rares vallées, étroites et resserrées, et au fond desquelles coulait un ruisseau aux eaux claires et bruyantes, offraient la verdure des bois et de l'herbe fraîche qui croissaient sur ses bords.

Les Indiens, déjà visités par Ojeda, et connaissant les Espagnols, vinrent en foule et par tous les chemins au devant de l'amiral et de sa brillante escorte, leur apportant des vivres et des grains d'or, sans rien demander en échange, ni sans manifester la moindre crainte, et témoignant leur admiration pour les beaux costumes et les armes reluisantes des cavaliers.

Mais l'amiral, voyant qu'il était à 17 lieues environ de la Isabela et qu'il en était séparé par une chaîne de montagnes abruptes; que, par suite, les communications seraient difficiles avec la métropole, même du point où ils se trouvaient, résolut de s'arrêter à cet endroit. L'or qui coulait dans les ruisseaux, des pierres de belles nuances, des traces de métal qu'il avait pris pour du cuivre, du marbre, du jaspe, du lapis lazuli, entrevus dans ses investigations, le convainquirent que ces montagnes et ces terrains recélaient des mines importantes et de diverses natures, et pouvaient donner lieu à une exploitation considérable.

Ayant trouvé un site propice et dans une belle situation, au bord d'une rivière, nommée la Yanique, l'amiral fit construire dans cet endroit une forteresse en bois et en terre très solide, de façon à ne pas redouter les assauts des naturels du pays, et fit creuser, dans la partie que la Yanique laissait sans défense, un fossé très profond pour protéger ce point. La forteresse reçut le nom de Saint-Thomas.

L'établissement des Espagnols dans cette partie de l'île, attira les Indiens désireux d'avoir quelques objets des chrétiens, et l'amiral ayant fait savoir que, contre de l'or il donnerait toutes les curiosités qu'il possédait, les naturels fouillèrent toutes les rivières, tous les ruisseaux et rapportèrent une quantité considérable de poudre d'or, et des morceaux assez gros qu'ils échangèrent contre des grelots et des perles de verre.

Ces Indiens firent connaître que les grosses pépites d'or se trouvaient dans un pays plus éloigné et d'un accès très pénible.

Pendant les travaux du fort, en creusant la terre, les ouvriers avaient découvert, à deux brasses de profondeur, des nids de foin, dans lesquels, au lieu d'œufs, ils avaient trouvé trois ou quatre petites pierres rondes, de la grosseur d'une orange, arrondies avec un certain art, et qui semblaient destinées à servir de boulets à des pièces d'artillerie. Cette découverte causa une grande surprise, qui s'augmenta encore, quand on trouva dans une rivière qui coule au bas de la montagne, des pierres de diverses couleurs et des morceaux de marbre très beau, ainsi que du jaspe pur.

Avant de revenir à la *Isabela*, l'amiral envoya Juan de Luxan, officier de cavalerie, explorer le pays, avec une petite troupe de soldats. Quelques jours après, l'explorateur lui rapporta qu'il avait trouvé le pays moins âpre qu'on ne l'avait cru, dans le principe. Il renfermait des vallées propres à la culture, et le sol était fertile, au point que les montagnes même étaient couvertes d'herbes hautes et abondantes; il avait trouvé de grands pieds de vigne enlacés aux troncs des arbres et chargés de grappes de raisin mûr, et d'un goût exquis; des cours d'eau grands ou petits, coulant au fond de chaque vallée, charriaient des paillettes d'or. Les forêts, exhalant des senteurs vigoureuses, révélaient l'existence d'arbres ou de plantes produisant des épices.

En quittant le pays des mines, Colomb donna le commandement du fort à Pedro Margarit, cavalier en qui il avait une grande confiance, et que dans sa dernière lettre, il avait recommandé à LL. Majestés. Il lui laissa cinquante-six hommes, et, après de sérieuses recommandations, pour la surveillance et la bonne garde de la forteresse, il partit, le 21 mars, pour retourner à la *Isabela*.

Le lecteur nous permettra d'ouvrir ici une parenthèse, pour lui faire connaître ce que sont devenus, après plusieurs siècles, ces premières fondations de la domination espagnole dans le nouveau Monde; voici ce que rapporte à ce sujet Hencken, dans une lettre écrite en 1847, et dont Washington Irving cite des fragments :

Une forêt recouvre aujourd'hui la place où fut bâtie la ville *Isabela;* des débris de l'église, du magasin et de l'habitation de Colomb, construits en pierres de taille, existent actuellement au milieu de ces bois; les piliers de l'église sont encore debout. La forteresse est également en ruines; il reste un pilier rond, de maçonnerie solide, de dix pieds de haut et d'égal diamètre, qui supportait, dit-on, une galerie de bois qui circulait autour du faîte de l'édifice, au centre duquel était placé le drapeau espagnol. L'auteur de la lettre dit avoir arraché cette précieuse relique pour l'envoyer au destinataire de sa lettre.

Quant au fort Saint-Thomas, M. T. S. Heneken dit qu'il en reste des traces, qu'il a retrouvées par hasard en visitant un village espagnol du nom de *Hanique*, où il entendit prononcer le nom de *la Fortaleza*. En visitant l'endroit indiqué, dans une épaisse forêt longeant les bords *du Hanique*, Heneken reconnut le détour de la rivière, le fossé très bien conservé, l'entrée du fort et les chemins couverts conduisant, de chaque côté, au bord de l'eau, avec une belle esplanade tapissée de gazon. La disposition du terrain, aujourd'hui couvert d'arbres, n'a pas changé. Mais les jolis villages habités par une population d'Indiens, heureux et paisibles, n'existent plus; quelques misérables huttes abritant de pauvres Espagnols les ont remplacés.

Quelle émotion a dû éprouver ce correspondant, en retrouvant les vestiges des premiers établissements fondés par les Espagnols, sous la conduite de ce génie surhumain qui, à force de volonté, de savoir et de fatigue, au milieu d'une hostilité flagrante et d'obstacles inouïs, parvint à découvrir ces îles fortunées et, durant plusieurs années, consacra sa vie à régénérer ces populations ignorantes et à leur apporter les bienfaits de la civilisation!

Il n'est pas possible, en s'identifiant avec l'existence de cet homme admirable à tous égards, de ne pas s'éprendre pour lui d'un sentiment d'affection, et de ne pas ressentir une émotion poignante, à la vue des lieux où il a vécu et où il a si noblement dépensé sa force et son savoir!

En retournant à la *Isabela*, Colomb rencontra sur les bords de la rivière Verte, beaucoup d'Indiens qui se dirigeaient vers la forteresse, portant des vivres et des approvisionnements, ce qui le rassura sur le sort des hommes qu'il avait laissés dans l'établissement.

Le passage de la rivière exigea quelques jours, pour trouver un endroit favorable, et Colomb les passa au milieu des populations indiennes qui habitaient ces contrées, s'informant de leurs usages, de leurs mœurs, de leurs pratiques religieuses, mangeant leur pain, goûtant leurs herbages et leurs légumes, et les traitant avec la plus extrême bienveillance.

## CHAPITRE XXI.

#### RETOUR DE COLOMB A LA ISABELA.

Le 21 mars, un samedi, Colomb arriva à la *Isabela* qu'il retrouva en pleine production. Les vergers, semés à peine depuis deux mois, donnaient déjà des melons d'un goût excellent et d'une parfaite maturité; des concombres venus en vingt jours. Une vigne sauvage, qu'on avait cultivée, avait produit des raisins d'un grain rond et de très bon goût.

Le jour suivant, le 31 mars, un colon récoltait des épis de blé d'une semence faite au mois de janvier; les *garbanzos*, pois chiches, étaient plus gros que ceux que l'on avait semés, et enfin les semences de toutes les plantes naissaient, au troisième jour de leur mise en terre, et on les récoltait, bonnes à manger, vingt-cinq jours après.

Les arbres de graine poussaient au bout de sept jours, et les sarments eurent des bourgeons dans le même espace de temps, les pampres ensuite et, au bout de vingt-cinq jours, ils donnaient des grappes de verjus.

La canne à sucre naquit également en sept jours. Cette exubérance de production était due à la température de la terre, qui était, à l'égal de celle de Castille, plutôt froide que chaude, tandis que les eaux des rivières sont limpides, saines et fraîches. L'amiral était enchanté de cette température et de la fertilité de la terre; le caractère des Indiens de la localité était bon, soumis et serviable.

On était au 1<sup>er</sup> avril, un mardi, quand vint à la *Isabela* un homme de Saint-Thomas, envoyé par Margarit, lequel apprenait à l'amiral que les Indiens prenaient la fuite, attendu qu'un cacique nommé Caonabo se proposait de venir mettre le feu à la forteresse.

L'amiral, qui connaissait le naturel peureux des Indiens, fit peu de cas de ces avis; il comptait surtout sur les chevaux dont les naturels avaient une peur atroce, craignant d'en être mangés. A ce sujet, leur frayeur était telle qu'ils n'osaient pas entrer dans les cases où on les avait installés.

Toutefois, pour ne pas être pris au dépourvu, Colomb, qui avait résolu d'aller à la découverte de la terre ferme, se décida à envoyer des secours, afin de laisser en sécurité l'établissement nouveau, et le mercredi, 2 avril, il fit partir 70 hommes, avec des vivres et des munitions, en destination de la forteresse; vingt-cinq de ces hommes formaient l'escorte et les autres devaient aider à la création d'une autre route, celle qui existait présentant de grandes difficultés, surtout pour le passage à gué des rivières.

Cette expédition accomplie, en attendant la mise en état des navires destinés à la prochaine exploration, l'amiral s'occupa des dispositions à prendre pour l'organisation de la *Isabela*; il établit le plan des rues, au centre desquelles il mit une place très convenable.

La rivière se trouvant un peu éloignée de la ville, il en fit amener les eaux par un large canal, à l'extrémité duquel il fit creuser un grand bassin pour l'établissement et le service de moulins; de cette manière, la ville s'approvisionnait d'eau commodément et sans difficulté, comme sans fatigue, chose essentielle pour des gens qui avaient subi tant de déboires, et dont un grand nombre étaient encore malades et avaient besoin de ménagements. Or, des approvisionnements d'Espagne il ne restait qu'un peu de vin et de biscuit, tant par le gaspillage toléré par les capitaines que par suite de la température de ces pays, qui ne permettait pas de conserver longtemps les provisions.

Cependant, ils avaient à profusion des approvisionnements de la contrée; mais, n'y étant pas habitués, ils trouvaient que ces vivres ne leur étaient pas salutaires.

Toutes ces considérations déterminèrent l'amiral à ne laisser dans l'île que 300 hommes; ce nombre lui paraissant bien suffisant pour assurer la sécurité et la tranquillité de la région, étant donné le naturel doux et paisible et le caractère de soumission des Indiens.

Le biscuit diminuant chaque jour, et n'ayant plus de farine pour en faire, il se hâta de construire ses moulins, afin de pouvoir moudre le blé récolté, bien que depuis quelque temps, dans un rayon d'une lieue et demie autour de la ville, il ne fût pas tombé assez d'eau pour les faire marcher, et, pour cela, comme pour tous les autres travaux, il fallait constamment harceler les ouvriers pour obtenir la main-d'œuvre, attendu que tous tâchaient d'éviter le travail.

Colomb se décida aussi à envoyer dans les campagnes tous les hommes en bonne santé, à l'exception des chefs et des officiers, afin que, dans ces excursions au milieu des Indiens, ils se fissent connaître et apprécier, et qu'ils s'accoutumassent peu à peu à leur nourriture, car de jour en jour les approvisionnements d'Espagne diminuaient.

Dans ces circonstances, il envoya à *Saint-Thomas* le capitaine Ojeda pour remplacer Margarit dans le gouvernement de la forteresse, attendu que c'était lui, Ojeda, qui, l'hiver précédent, était allé explorer la province de Cibao, qui dans la langue indienne signifie *terre de rochers;* que cette excursion n'avait pas été sans fatigue, et qu'il l'avait accomplie d'une façon très satisfaisante.

Ojeda fut chargé de conduire à Margarit les hommes nécessaires pour parcourir la campagne, avec une troupe suffisante pour inspirer le respect, et il lui remit une longue lettre avec les instructions utiles et des recommandations pressantes pour sa conduite et celle de ses hommes envers les Indiens, lui enjoignant d'agir avec eux avec réserve et bonté, de les traiter toujours avec douceur et de respecter leurs usages et leurs croyances; de ne rien exiger par force, et de n'avoir recours aux armes qu'en cas d'attaque; d'agir avec égard envers les caciques, de gagner leur amitié et leur confiance. Surtout de maintenir dans son armée la plus rigoureuse discipline, et de commander à ses soldats le respect des biens des Indiens, et notamment la réserve envers leurs femmes; de payer enfin tout ce qu'ils recevraient des

Indiens, et d'insister avec bonté s'ils refusaient le payement. Il devait interdire à ses hommes les échanges contre de l'or.

Le capitaine quitta la *Isabela* avec tout son monde, au nombre d'environ 300, le 29 avril; et après avoir traversé la rivière de l'Or, il fit prisonnier le cacique de cet endroit, son frère et son neveu, et les envoya enchaînés à l'amiral; il fit couper les oreilles, sur la place publique, à un des Indiens de cette contrée, en punition de sa désobéissance.

Voici ce qui était arrivé :

Le capitaine avait demandé au cacique de cette localité de lui donner cinq Indiens pour porter de l'autre côté de la rivière, quelques vêtements de ses hommes, et celui-ci les lui ayant fournis, les Indiens, une fois arrivés de l'autre côté de l'eau, au lieu d'attendre l'arrivée de la troupe, s'étaient enfuis et étaient retournés au village, emportant avec eux les effets qu'on leur avait confiés.

Le cacique, au lieu de les punir, voulut garder pour lui les vêtements et refusa de les rendre; ce manque de foi irrita le capitaine, et le détermina à leur infliger les châtiments susmentionnés.

Mais le cacique qui se trouvait de l'autre côté de la rivière, voyant son collègue en cet état et s'autorisant des services qu'il avait rendus aux chrétiens, se décida à les suivre à la *Isabela*, afin d'intercéder pour eux auprès de l'amiral.

Celui-ci l'accueillit avec bienveillance, mais il donna l'ordre que l'on conduisît les prisonniers, les mains liées, sur la place publique, où leur condamnation à mort fut prononcée.

A cet arrêt, l'autre cacique, fondant en larmes, s'approcha de l'amiral et, tendant vers lui des bras suppliants, implora sa clémence et demanda leur grâce, en promettant et garantissant par signes que jamais ils ne commettraient un autre délit.

L'amiral se rendant à ses supplications, consentit à leur accorder leur grâce et les fit mettre tous en liberté.

A ce moment, arriva à la *Isabela* un des cavaliers de Ojeda qui raconta, qu'après la prise du cacique, des Indiens de cette localité avaient fait prisonniers cinq Espagnols qui retournaient à la *Isabela*; que lui seul, s'était rué, avec son cheval, sur la troupe d'Indiens, qui étaient au moins au nombre de quatre cents et les bonds de l'animal les avaient tellement épouvantés, qu'ils avaient fui de toutes parts, laissant là leurs prisonniers auxquels il avait ainsi rendu la liberté; deux des Indiens avaient été blessés dans le feu du combat.

Comme il avait passé la rivière, ayant vu les Indiens courir de nouveau vers les chrétiens pour les reprendre, il fit mine de s'élancer encore contre eux, pour leur tenir tête, et les Indiens s'enfuirent à la vue des mouvements du cheval, craignant qu'il ne passât la rivière d'un bond, ou en volant.

Une des principales préoccupations de l'amiral, en quittant la *Isabela*, c'était le mécontentement qui régnait parmi cette foule de gentilshommes qui l'avaient suivi, entraînés par les illusions de la jeunesse, par la curiosité, par le besoin d'activité, et par les aventureuses aspirations vers des événements merveilleux. Déçus dans leurs espérances, ils étaient en proie à un abattement moral plus funeste que la maladie. Quelques-uns souffraient aussi d'un mal inconnu jusqu'alors et qu'on supposa provenir de l'abus des femmes indiennes, mais dont la cause et surtout la guérison restèrent longtemps un problème.

Les remèdes apportés d'Espagne étaient à peu près épuisés; les vivres manquant, Colomb avait été forcé de rationner tout le monde, et, avec son esprit de justice et d'égalité, personne, ni les nobles ni les officiers n'en furent exceptés.

On comprend quelle fut l'indignation de cette jeunesse, habituée aux jouissances des familles riches, venue là pour son plaisir, et qui se trouvait, sans faveur, sans appui, confondue avec les ouvriers, les marins, les soldats et les paysans, forcée de donner la main aux travaux urgents, malgré sa répugnance et ses refus!

Beaucoup de ces jeunes gens, appartenant à de nobles et puissantes familles, moururent faute de soins qu'on ne pouvait leur donner, succombant sous les coups de maladies qu'on ne pouvait combattre, ou victimes de fatigues au-dessus de leurs forces, et accablés par la douleur causée par leur isolement et leur impuissance.

Ce ne fut pas une des moindres causes de l'hostilité et de

l'impopularité qui se dressèrent contre Colomb, et assurément les correspondances d'adieu de ces fils de famille, mourant de faim ou de douleur, sur la terre étrangère, et accusant de leur mort l'orgueilleux Génois qui les avait entraînés par ses hallucinations mensongères, furent les puissants ferments de cette haine qui commença sourdement et, grandissant de jour en jour, finit par terrasser celui qui en était l'objet.

Les historiens de l'époque reflètent cette animosité : Las Cazas, Herrera, prétendent que Colomb fut trop absolu, trop rigoureux, trop sévère observateur de la règle imposée par la nécessité. « Il y a des circonstances, dit l'un d'eux, où la « justice devient de l'oppression et où la sévérité de la loi « doit être mitigée. »

Et, à ce propos, les deux historiens précités racontent une légende répandue dans l'île et afférente au sort de ces nobles fils de famille :

« Après son abandon par les Espagnols, la ville de la *Isa-* « *bela* était tombée en ruines, et devint, pour le peuple, un « lieu de terreur. On y entendait des voix terribles, on y voyait « des choses effrayantes ; les champs voisins furent aban- « donnés ; deux Espagnols entrèrent un jour, par hasard, « dans la ville désolée, et en parcoururent les rues encom- « brées des ruines des maisons écroulées. Dans une rue re- « culée, ils virent deux rangées d'hommes, qu'à leur mine « altière ils reconnurent pour des hidalgos ; ils étaient ri- « chement vêtus, à l'ancienne mode de Castille, l'épée au « côté et leurs larges chapeaux sur la tête. Étonnés de voir « ces nobles dans ces lieux déserts, ils les saluèrent et leur « demandèrent d'où et quand ils étaient venus. Les cavaliers « gardèrent le silence, mais ils saluèrent en portant la main « à leurs chapeaux, et quand ils soulevèrent leurs sombreros, « leurs têtes se détachèrent de leurs épaules, et ils restèrent « debout, cadavres décapités ; ensuite ils s'évanouirent dans « l'air. »

L'effroi des deux Espagnols fut tel qu'ils en faillirent mourir, et restèrent fous pendant plusieurs jours.

Les historiens qui rapportaient une semblable légende

étaient imbus eux-mêmes de l'esprit superstitieux du temps; et, en sacrifiant la mémoire de l'illustre amiral à d'injustes rancunes, ils ne pensaient pas aux tourments, aux angoisses, aux embarras et aux obstacles de toute nature contre lesquels avait à lutter cet homme héroïque, qui avait alors à pourvoir à tant d'exigences et de besoins !

Résolu d'aller à la découverte de la terre ferme, l'amiral forma un conseil pour le remplacer dans le gouvernement de l'île; le conseil était composé de Don Diego Colomb, son frère, avec le titre de président, du Père Boyle et de Pedro Fernandez, comme régents; Alonzo Sanchez Carvagal, recteur de Barra, et Juan de Luxan, gentilhomme de Madrid, au service des rois catholiques, complétaient ce conseil.

Afin que le pain ne manquât pas, faute de farine, il activa la construction des moulins, bien que des pluies continuelles eussent grossi les rivières, au point de contrarier ses travaux.

Ces pluies, disait l'amiral, étaient la cause principale de l'humidité et conséquemment de la fertilité de cette terre, fertilité si merveilleuse qu'au mois de novembre on mangeait des fruits d'une seconde production des arbres, qui donnaient ainsi deux récoltes par an. Les herbes et les semences produisent des fruits et des fleurs en même temps et fleurissent continuellement; en tout temps, il existe, sur les arbres, des nids d'oiseaux avec des œufs et des petits, et, chaque jour, on avait de nouvelles preuves de cette abondance, apportées par les hommes que l'amiral envoyait régulièrement dans toutes les parties de l'île.

Dans le but de compléter ses investigations, l'amiral résolut d'explorer les côtes de l'île de Cuba, afin de s'assurer si c'était la terre ferme ou une île, et, prenant avec lui trois navires, il mit à la voile, le 24 avril, et alla mouiller, le même jour, à Monte-Christo, à l'ouest de la *Isabela*. Le vendredi, il entra dans le port de *Guacanagari*, pensant y trouver le cacique; mais celui-ci, ayant aperçu les navires, s'était enfui, de peur de se rencontrer avec Colomb, et ses Indiens protégèrent sa fuite, en disant qu'il ne tarderait pas à venir. Colomb, ne voulant pas se retarder pour des causes de peu d'importance, quitta le port, le 25 avril, et alla en droiture à l'île des Tortues, à plus de six lieues, à l'occident. Il resta en panne, les voiles pendantes, durant toute la nuit, aux alentours de cette île, avec un calme plat et des courants dont l'impétuosité croissait avec la marée.

Le lendemain, il se vit contraint, par la violence de ces courants, à courir de l'ouest à l'est, et à monter dans le fleuve Guadalquivir, qui se trouve dans la même île, afin d'attendre des vents favorables, pour traverser les courants qu'il avait trouvés l'an dernier, très rudes à surmonter vers l'Orient, dans ces mêmes parages.

Le temps s'étant mis au beau, il arriva, le 29 du même mois, au port de Saint-Nicolas et de là il traversa et atteignit l'île de Cuba dont il commença à explorer la côte méridionale, et, après avoir navigué, pendant une lieue, au delà du Cap Fort, il entra dans un autre port qu'il nomma le Grand-Port, dont l'entrée était très profonde et avait au moins 150 pas d'ouverture.

Colomb jeta l'ancre dans ce port, y renouvela sa provision de poisson frais, prit quelques rats d'Inde, et en sortit le jour suivant, le 1er mai, pour aller le long de la côte, où il trouva des ports très commodes, de fort belles rivières et de très hautes montagnes.

Dès qu'il eut perdu de vue l'île des Tortues, il rencontra de nombreux bancs de la même herbe qu'il avait vue dans le golfe, en venant d'Espagne et à son retour, ainsi que pendant sa navigation sur la côte.

Un grand nombre d'Indiens venaient aux navires, en canots, pour voir les hommes descendus du ciel ; ils apportaient de leur pain, de l'eau, du poisson frais, et donnaient le tout avec grande joie, sans rien demander en retour. Mais l'amiral, dans le but de les renvoyer satisfaits, donna ordre de leur payer le tout, en leur faisant cadeau de colliers de perles de verre, de grelots, de petites clochettes, et d'autres objets de même valeur.

A son arrivée dans le port, qu'il avait nommé le Grand-Port, il s'était passé un fait qui explique la hardiesse et la bienveillance des Indiens à l'égard de ces nouveaux venus.

Non loin de la plage, les Espagnols avaient aperçu deux huttes et des feux allumés en divers endroits. Colomb débarqua pour communiquer avec les habitants et prit avec lui le jeune Indien, Diego Colomb, celui qui avait été baptisé en Espagne et qui lui servait d'interprète; quelques hommes bien armés les accompagnaient.

Arrivé sur la plage, Colomb se dirigea vers les huttes qu'il trouva désertes; les habitants avaient fui en apercevant les navires.

Mais les feux abandonnés brûlaient encore et servaient à cuire des poissons, des couleuvres, des rats de mer enfilés dans des broches de bois; d'autres poissons et autres animaux étaient pendus aux branches des arbres, attendant, sans doute, leur tour de cuisson. C'étaient évidemment les préparatifs de quelque repas destiné à un grand nombre de convives.

Ces apprêts semblèrent aux Espagnols, qui depuis quelque temps étaient à la ration, un de ces repas fantastiques trouvés dans une île enchantée par le héros d'un conte des fées, et sans hésitation, les hommes qui suivaient Colomb, se jetèrent sur le poisson cuit, laissant de côté les autres mets qui leur souriaient peu, quoique plus tard ils reconnurent l'excellence de quelques-uns de ces animaux qu'ils considéraient comme immondes.

Après avoir assouvi leur appétit, les Espagnols se répandirent dans l'île et aperçurent une soixantaine de naturels debout sur une colline et les regardant avec curiosité. A quelques signes que les chrétiens leur adressèrent, pour les engager à venir à eux, les Indiens s'enfuirent vers les montagnes. Il n'en resta qu'un plus hardi, mais s'apprêtant à s'enfuir au moindre péril.

Sur l'ordre de l'amiral, le jeune Indien qui l'accompagnait alla vers l'indigène et l'engagea à venir vers lui. En entendant cet appel, en sa propre langue, l'Indien hésita, interdit, et peu après vint auprès de son congénère; celui-ci lui fit connaître alors la nature et le caractère de la mission que les chrétiens venaient accomplir dans leur pays et, après avoir écouté ses explications, l'Indien alla informer ses compatriotes de ces communications. Peu de temps après, la plus grande partie de la population était rassemblée autour des nouveaux venus, et leur prodiguait les marques les plus touchantes de bienveillance et de respect.

Ils racontèrent qu'au moment où les chrétiens avaient paru, ils préparaient un grand festin, en l'honneur d'un cacique des environs. Avec le caractère doux et soumis des naturels de ces îles, ils ne se montrèrent ni surpris ni contrariés de la brèche que les Espagnols avaient pratiquée dans leurs victuailles, et ils se mirent en devoir de la réparer, par une pêche nouvelle et en continuant leur cuisson.

Les Indiens des îles voisines furent bientôt informés de la venue des chrétiens, et c'est à ces nouvelles, transmises de province en province, que ceux-ci devaient l'accueil cordial et sans hésitation qu'ils avaient reçu des populations de la côte de l'île de Cuba.

Colomb avait passé la nuit dans le port où il avait jeté l'ancre; il avait demandé à un grand nombre de naturels où se trouvait le pays de l'or, et tous lui avaient répondu, en lui indiquant le côté du sud, qu'il existait dans cette direction, une grande île où l'on trouvait beaucoup d'or. Ces renseignements, concordant avec ceux qui lui avaient été fournis, dans le premier voyage, semblaient viser l'Ile *Baveche* qui lui avait été signalée; et, d'après ces nouveaux renseignements, il résolut d'aller à la recherche de cette île merveilleuse.

# CHAPITRE XXII.

### DÉPART DE COLOMB A LA RECHERCHE DE L'ILE BAVECHE.

Le samedi, 3 mai, Colomb mit à la voile par un temps favorable; le lendemain, il aperçut dans l'éloignement les formes vaporeuses de hautes montagnes et, en approchant peu à peu, il vit sortir des vapeurs lointaines les silhouettes plus distinctes d'arbres majestueux, la verdure des prairies et des bois, les éclats brillants des eaux et la teinte rougeâtre des terrains; une île élevée lui apparaissait, et plus il avançait, plus elle lui semblait belle et fertile. Lorsqu'il fut près de cette île superbe, elle lui parut la plus merveilleuse de toutes celles qu'il avait déjà visitées.

Sur les eaux, on voyait une multitude innombrable de canots, de toutes dimensions, montés par de nombreux Indiens, armés de lances en bois, qui poussaient des cris et brandissaient leurs armes, en s'approchant des navires; et le lendemain, quand l'amiral envoya les barques pour sonder l'entrée du port, une foule de canots sortit à leur rencontre, remplis de gens armés pour leur défendre l'entrée. Les marins, ne voulant pas engager les hostilités avec les naturels qu'ils désiraient au contraire traiter amicalement, revinrent aux navires.

L'amiral, désireux de conserver de bonnes relations avec ces populations, quitta ce port qu'il avait nommé *Santa-Gloria*, à cause de la beauté du pays, et alla chercher sur la côte une rade plus hospitalière, et où il pût radouber son vaisseau qui avait besoin de réparations; il ne tarda pas à trouver un port qui lui parut commode; mais là comme à l'autre, quand la barque envoyée pour sonder s'approcha du rivage, deux barques chargées d'Indiens lui défendirent l'accès et lui lancèrent des javelots, sans atteindre les hommes qui la montaient et que Colomb rappela au navire.

Néanmoins, jugeant l'entrée du port assez profonde, l'amiral y entra avec son navire et les deux caravelles, et jeta l'ancre à un endroit qui lui parut convenable.

Aussitôt une multitude d'Indiens accourut sur la plage poussant des cris féroces, brandissant leurs javelots et les lançant dans la direction des navires, qu'ils ne pouvaient atteindre, à cause de la distance.

Ces Indiens, peints de diverses couleurs, surtout en noir, quelques-uns vêtus de feuilles de palmier, et tous coiffés d'aigrettes en plumes, étaient loin de ressembler aux paisibles habitants de la Española, mais ils avaient l'air belliqueux et arrogant des Caraïbes.

Ces démonstrations hostiles décidèrent l'amiral à leur infliger une correction. Réfléchissant que la patience pourrait leur inspirer plus d'audace, en leur laissant croire qu'ils intimidaient les chrétiens, Colomb, dans l'impossibilité de les atteindre, vu l'éloignement des navires qui ne pouvaient s'approcher de la terre, envoya les trois chaloupes chargées d'hommes bien armés qui, arrivés à portée d'arbalète, leur envoyèrent une pluie de flèches qui en blessèrent quelques-uns, et les autres effrayés prirent la fuite.

Les Espagnols descendirent alors à terre, et la plage fut bientôt débarrassée de leurs belliqueux ennemis.

Colomb se rendit alors sur le rivage et prit possession de l'île au nom des rois catholiques, et la nomma *Santiago*; le port fut appelé *Puerto Bueno*.

L'île n'en a pas moins conservé son nom primitif de *Jamaïca*, la Jamaïque.

Les hostilités terminées, une multitude de canots, venus des lieux circonvoisins, s'approchèrent des navires, portant des vivres et d'autres objets qu'ils offraient d'échanger, et qu'ils donnaient pour quoi que ce soit qu'on voulût bien leur offrir.

Le lendemain, au jour, six Indiens se montrèrent sur la

plage faisant des signes de paix. L'amiral les envoya prendre avec une barque et les accueillit cordialement; c'étaient des envoyés des caciques portant des propositions d'amitié. Colomb accepta leurs offres, remit à leurs envoyés quelques présents pour leurs chefs, et les renvoya satisfaits.

A partir de ce moment, la rade ne cessa pas d'être couverte de canots, grands et petits, venant de tous les côtés, apporter aux navires des provisions d'une qualité supérieure à celles des autres populations; et, pendant trois jours que les chrétiens passèrent dans ce port, ce ne furent que protestations d'amitié et de dévouement de la part de ces Indiens qui d'abord s'étaient montrés si hostiles.

Le port où se trouvait Colomb était en forme de fer à cheval, bien abrité par les arbres des forêts qui l'entouraient, et le navire de l'amiral put y être réparé convenablement.

Cette opération terminée, le vendredi 9 mai, l'amiral leva l'ancre, et parcourut la côte, sans s'éloigner du rivage, et constamment suivi par une multitude de canots, dont les Indiens venaient le long du bord, offrir leurs vivres et tout ce qu'ils avaient, tant ils étaient désireux de posséder quelque chose ayant appartenu aux chrétiens.

Les vents contraires empêchant les navires de naviguer suivant le désir de l'amiral, celui-ci résolut de retourner à Cuba, et de ne plus quitter cette île sans avoir reconnu, en explorant ses côtes, si décidément c'était une île ou la terre ferme.

Le 14 mai, il quitta les rives de la Jamaïque, et reprit la direction de Cuba. A ce moment, un jeune Indien monta à bord du navire et déclara qu'il voulait aller en Espagne. Derrière lui venaient une multitude d'Indiens, ses parents et ses amis, le suppliant de renoncer à son dessein et de retourner avec eux dans l'île; mais, quelques instances qu'ils fissent, malgré leurs prières et leurs larmes, il demeura insensible à leurs supplications et inébranlable dans sa résolution, et, pour couper court aux gémissements et aux pleurs de ses sœurs et des siens, il courut se cacher dans un coin obscur du vaisseau où on ne pût le découvrir.

L'amiral, touché de sa constance, après avoir cherché à

consoler sa famille, le garda à bord et recommanda qu'il fût bien traité et qu'on eût soin de lui.

Après avoir quitté la Jamaïque, le 14 mai, Colomb arriva à un cap de l'île de Cuba, qu'il nomma *Cabo de la Cruz*. Pendant qu'il suivait la côte, une tempête terrible se déchaîna, accompagnée de coups de tonnerre effrayants et d'éclairs éblouissants. A cause des nombreux bancs de sable, des canaux qui se croisaient, les navires coururent de graves dangers, et les équipages subirent de grandes fatigues, obligés de se garantir de ces deux périls qui exigeaient des manœuvres opposées. En effet, à cause de la tempête, il eût fallu carguer les voiles, tandis qu'il était nécessaire de les maintenir déployées pour fuir les bancs de sable. Il est certain que, si ce temps déplorable eût duré huit à dix jours, les navires ni les équipages n'auraient pu y résister.

Le plus fâcheux, c'est que, dans ces parages, au nord comme au nord-est, plus on avance et plus on rencontre des iles basses et plates, qui ont à peu près une lieue d'étendue, les unes couvertes d'arbres et les autres sablonneuses et si basses, qu'à peine on les distingue à la surface de l'eau; il est vrai que plus on appproche de Cuba, plus ces îles s'élèvent et plus elles sont superbes.

Ces terres étaient si nombreuses que Colomb renonça à leur donner un nom à chacune; il appela le groupe entier : Jardin de la Reine.

Le jour suivant, on en rencontra encore un plus grand nombre, mais ces dernières plus hautes, plus importantes et plus belles que les précédentes; elles étaient séparées par des canaux très profonds, par lesquels les navires étaient obligés de passer; on compta ce jour-là cent soixante-dix de ces îles, tant au nord-est qu'au nord-ouest et au sud-ouest.

Dans quelques-unes, on vit de grandes bandes de grues, de la grosseur et de la forme de celles d'Espagne, mais rouges comme l'écarlate. Dans d'autres, on trouva des quantités énormes de tortues, et une infinité de leurs œufs ressemblant à des œufs de poule : les tortues les déposent dans un trou qu'elles creusent dans le sable, et les recouvrent de ce même sable, jusqu'à ce que le soleil, en les réchauffant, les fasse éclore, et les petits sortent de leur coquille; avec le temps, ils se couvrent de leur écaille comme d'un bouclier. Des corbeaux, et une multitude d'autres oiseaux, se voyaient sur les branches des arbres, et chantaient très agréablement.

L'air était si doux et si embaumé qu'il semblait émaner de champs de roses, et respirer les plus suaves odeurs du monde. Mais la navigation était périlleuse et difficile, à cause de ce dédale de canaux à traverser, et au travers desquels les navires devaient chercher leur passage, ce qui exigeait un travail pénible et demandait un temps considérable.

Un jour, on vit, dans l'un de ces canaux, une barque de pêcheurs indiens, qui, sans témoigner la moindre crainte, et sans faire un mouvement, attendirent tranquillement une barque du navire qui se dirigea vers eux, et lorsque celle-ci se fut rapprochée, les Indiens lui firent signe de s'arrêter un moment et d'attendre qu'ils eussent terminé leur pêche. Leurs procédés de pêche parurent si étranges aux Espagnols, que ceux-ci s'arrêtèrent pour leur donner satisfaction, et en même temps, pour les regarder : les Indiens tenaient à la main, attachés par la queue, quelques petits poissons, de ceux qu'on appelle *reversos*, et ils les plongeaient dans la mer; les petits poissons nageaient presque à la surface de l'eau et s'enfonçaient ensuite pour s'accrocher aux gros, et quand ceux-ci les avaient happés, et que les Indiens sentaient qu'ils étaient pris, par une arête que les petits poissons ont sur le haut de la tête et qui s'étend jusqu'au milieu du dos, ils tiraient à eux le fil et attiraient ainsi ensemble le gros poisson avec le petit.

Les Espagnols virent prendre ainsi une tortue qui avait le petit poisson planté dans son gosier; les Indiens prennent habituellement les tortues par le cou afin d'éviter leurs morsures. Avec leur mode de pêche, ils vont jusqu'à enlever de très gros poissons et même, dit-on, des requins.

Aussitôt la tortue recueillie dans le canot, avec deux autres poissons qu'ils avaient pris auparavant, ce qui compléta leur pêche, les Indiens s'approchèrent rapidement de la barque, pour s'informer de ce que souhaitaient les Espagnols.

Ceux-ci leur demandèrent de venir avec eux aux navires et ils y consentirent sans hésitation.

L'amiral les reçut avec une grande affabilité, et ils lui apprirent que, dans ces parages, il existait une infinité d'îles; ils lui offrirent tout ce qu'ils avaient, mais Colomb ne voulut prendre que le poisson, le restant consistant en filets de pêche, des hameçons et des calebasses pleines d'eau, qu'ils portaient avec eux, pour boire. Il leur donna quelques petits objets, et ils le quittèrent très satisfaits.

L'amiral continua son trajet avec l'intention de ne pas prolonger par trop son exploration, attendu que les provisions commençaient à décroître. S'il avait été abondamment pourvu, il aurait essayé de revenir en Espagne par l'Orient, car il n'était pas encore, disent quelques historiens, revenu de l'idée que les îles et les côtes qu'il visitait étaient l'extrémité des Indes Asiatiques. Cependant, il se sentait très fatigué; il avait une mauvaise et exiguë nourriture; depuis qu'il avait quitté l'Espagne jusqu'à ce jour-là, 19 mai, il n'avait pas dormi dans son lit, sauf, une huitaine de nuits, pendant lesquelles il dut s'aliter, étant malade. Si, en d'autres temps, il avait éprouvé de grandes fatigues, elles n'étaient pas comparables à celles qu'il était obligé de subir alors, par le fait de cette navigation difficile, au milieu de ce labyrinthe d'îles, qui étaient en si grand nombre que, dans les premiers vingt jours du mois de mai, il en avait visité soixante-onze, sans compter celles qui ne se trouvaient pas sur la route.

Non seulement cette multitude d'îles que l'on apercevait de tous côtés présentaient de réels dangers pour la navigation, mais ce qui était encore plus fatiguant, c'était de voir tous les soirs s'élever de ces îles, du côté de l'est, un brouillard suivi de pluies torrentielles, de grêle, accompagnées de violents coups de tonnerre et de formidables éclairs. Puis, au lever de la lune, tout ce tumulte des éléments s'évanouissait, se résolvant sur un autre point en pluie ou se changeant en vents variables.

Les vents du soir, dans ces parages, sont si habituels, que non seulement l'amiral en profita à cette époque pour sa navigation, mais qu'il retrouva ces mêmes vents, en 1503, quand il découvrit la côte de Veragua. Ces vents s'élèvent généralement le soir et soufflent pendant la nuit de la partie du nord; et au lever du soleil, ils tournent à l'est et suivent la marche du soleil, jusqu'à ce qu'ils arrivent à l'ouest, au coucher du soleil, pour passer au nord pendant la nuit.

Le jeudi 22 mai, l'amiral se dirigea vers l'ouest, en passant entre une infinité d'îles, et il arriva à une île plus importante qu'il appela Sainte-Marthe; il descendit à terre, afin de se rendre à un village qu'il avait aperçu, mais il n'y trouva aucun habitant; tous les Indiens de cette localité passaient leurs journées à la pêche; les cases étaient bien pourvues de poisson, seule nourriture de ces insulaires; il y avait quelques gros chiens semblables aux dogues, et qui se nourrissent aussi de poisson.

Ne voyant personne à qui parler, Colomb retourna à son navire, et remit à la voile, se dirigeant vers le nord-est et passant toujours entre une multitude d'îles, dans lesquelles on voyait des grues rouges comme l'écarlate, des perroquets et d'autres oiseaux, des chiens pareils à ceux dont nous venons de parler, et une grande quantité d'herbe semblable à celle qu'il avait rencontrée avant de découvrir la première terre.

Cette traversée, entre de nombreux bancs de sable, et cette innombrable quantité d'îles, nécessitait une attention soutenue et un travail constant, de la part de l'amiral; il fallait souvent virer de bord, tantôt à l'est, tantôt au nord, ensuite au midi, selon la direction des canaux, et, bien qu'on ne cessât de sonder à chaque moment, avec attention et promptitude, qu'il y eût constamment une vigie à la hune pour signaler les écueils, les navires ne laissaient pas de râcler le fond, plusieurs fois, à cause des nombreux bancs de sable qui, de toutes parts, se trouvaient dans les canaux. Enfin, après une pénible et longue navigation, il aborda à l'île de Cuba, et envoya les barques à terre pour faire de l'eau dont on avait grand besoin.

Aucun village n'était en vue, sur le point couvert de bois où ils avaient touché terre. Un marin s'étant aventuré dans les bois avec une arbalète pour tuer un animal, trouva une trentaine d'Indiens, armés de lances et de bâtons qu'ils portent en guise d'épées et les appela *Macanas* : « Parmi eux, « raconta ce matelot, il y en avait un, en vêtement blanc qui « lui tombait jusqu'aux genoux, et deux autres vêtus de « tuniques semblables leur allant jusqu'aux pieds ; tous les « trois étaient blancs comme les Espagnols ; il ne leur parla « point, attendu qu'à la vue de tant de monde il avait été in- « décis et il s'était mis à crier pour appeler ses compagnons ; « alors les Indiens s'étaient enfuis et n'étaient pas revenus. »

Le jour suivant, l'amiral envoya du monde pour avoir quelques détails à ce sujet, mais les envoyés ne purent pas aller plus loin qu'à une demi-lieue, à cause du fouillis inextricable de grandes herbes, des lianes, des fourrés impénétrables d'arbres et des terrains bourbeux et marécageux dont toute cette côte est formée ; et à deux lieues de là, on ne voyait que collines et montagnes. On ne trouva sur la plage que des traces peu nombreuses laissées par des pêcheurs, et une grande quantité de grues pareilles à celles d'Espagne, mais ayant le corps plus gros.

De là, Colomb se porta, avec les navires vers l'Occident, et il vit quelques cases sur le rivage ; quelques Indiens en sortirent et, prenant des canots, vinrent aux navires, portant de l'eau et d'autres provisions, de celles dont ils font usage et qu'on leur paya généreusement.

L'amiral retint à bord un de ces Indiens, afin d'obtenir des renseignements sur la route à suivre, sur les naturels de Cuba, et si c'était une île ou une terre ferme.

L'Indien répondit sans hésiter que Cuba était une île, mais si grande que personne n'en avait vu la fin. Il dit ensuite que le cacique ou roi de la partie occidentale de l'île ne parlait à ses sujets que par signes ; que ses vassaux lui étaient très soumis et très obéissants pour tout ce qu'il leur ordonnait ; que toute cette côte était très basse et bordée d'un grand nombre d'îles.

Colomb reconnut plus tard la vérité de ces renseignements.

Le jour suivant, qui était le 11 juin, l'amiral, pour passer d'un canal dans un autre, fut obligé de se servir des câbles pour remorquer les navires et les faire passer sur un banc de sable qui se trouvait à une brasse de profondeur et dont la largeur était celle de deux navires et, de cette façon, il put se rapprocher de Cuba.

Il y avait, sur le rivage, des tortues tellement grandes qu'elles mesuraient deux ou trois brasses de longueur, et en si grand nombre qu'elles couvraient tout le rivage et la mer elle-même.

Ensuite, au lever du soleil, on vit une volée de corbeaux de mer, tellement épaisse qu'elle obscurcissait le jour; ils venaient de la haute mer et se dirigeaient vers Cuba où ils s'arrêtèrent et descendirent à terre. On vit aussi beaucoup de palombes et des oiseaux de différentes espèces.

Le jour suivant, il passa sur les navires des nuées de papillons, tellement serrés que l'air en était chargé, et ce passage dura jusqu'au soir; une grande pluie qui survint les dispersa.

D'après des documents émanant de personnages qui auraient été dans l'intimité de Colomb, certains auteurs prétendent, comme nous l'avons déjà dit, qu'au temps où il parcourut cet archipel des Antilles, où la navigation était si difficile et si pénible, il conservait encore l'idée qu'il se trouvait à l'extrémité de l'Inde et, se livrant, d'après ces auteurs, aux illusions de son ardente imagination, il songeait toujours qu'il n'était pas éloigné de ces riches et éblouissants royaumes, de ces villes magnifiques aux palais couverts d'or. Imbu de cette croyance, il ajoutait foi à tout ce qui lui était raconté et l'embellissait au gré de ses rêves; interprétant selon ses visions le langage par signes à l'aide duquel il s'entretenait avec les Indiens, il voyait dans leurs récits la confirmation de ses prévisions; et, poussant ses illusions jusqu'à leurs limites extrêmes, il croyait à la possibilité de faire le tour de la terre et de revenir en Espagne par la Méditerranée, après avoir visité le tombeau du Christ à Jérusalem.

Nous n'avons pas à notre disposition les documents d'où ces auteurs ont tiré cette manière de voir, mais, dans toutes les pièces que nous avons consultées, nous ne trouvons aucune mention qui nous autorise à admettre ces observations. Il ressort, au contraire, des faits et des circonstances qui ont marqué cette période, que Colomb, fatigué, souffrant, très préoccupé des obstacles qu'il rencontrait à chaque pas, dans cet inextricable dédale d'îles, de canaux, de courants et de vents contraires, n'avait pas l'esprit disposé aux rêveries; sans cesse aux prises avec des difficultés de toute nature que lui suscitait cette végétation exubérante qui allait jusqu'à obstruer de ses lianes, de ses racines entremêlées des troncs d'arbres venus dans l'eau, les canaux où il se frayait un passage, malgré les bancs de sable, il n'avait ni le temps de penser à l'Inde asiatique, ni l'esprit assez libre pour rêver à des voyages imaginaires; il avait à lutter contre des réalités trop urgentes et qui nécessitaient une présence d'esprit continuelle, des décisions promptes et variant selon les nouveaux périls qu'il lui fallait éviter ou surmonter.

Nous trouvons la preuve de notre opinion dans les ressources qu'il sut créer avec des instruments imparfaits, dans les efforts qu'il mit en œuvre, et dans la sagacité et le savoir qu'il déploya, pour lutter contre tant d'éléments contraires à sa marche, pour en triompher, et ramener sains et saufs ces frêles navires à la ville qu'il avait fondée.

Il n'est pas admissible que, dans des moments si pénibles, Colomb eût la tête tellement absorbée par ses rêveries, qu'il donnât une croyance absolue et même extravagante à des récits invraisemblables ou à des signes qu'il ne comprenait pas. Las Cazas prétend, relativement à l'histoire du matelot, qui avait vu trois hommes vêtus de tuniques blanches, qu'on n'avait jamais entendu parler, dans l'île de Cuba, d'un cacique habillé de blanc ni de vêtement d'autre couleur; et il va jusqu'à supposer que le matelot a fait un conte, pour flatter les idées de l'amiral, ou qu'il a pris une bande de grues pour des hommes vêtus de blanc. Il nous semble que c'est aller bien loin chercher une raison à un fait qui ne nous paraît pas absolument impossible, dans un pays où l'on récoltait, où l'on filait, où l'on tissait parfaitement le coton, et nous croyons qu'il était vraisemblable que, pour certaines cérémonies, des caciques, des médecins ou des prêtres portassent des vêtements blancs. Ni les grues, ni les flamands n'ont l'apparence d'hommes vêtus de tuniques, et l'histoire ne dit pas que l'Espagnol fût tellement effrayé qu'il ait pu commettre une pareille erreur. On verra d'ailleurs plus loin qu'un vieux cacique, s'entretenant avec Colomb, lui dit formellement que le cacique de la région où ils se trouvaient, était dans l'usage de porter un vêtement blanc.

Quant à Colomb, dès qu'à force de peine, de vigilance et de fatigue, il fut sorti du labyrinthe d'îles qu'il avait traversé, au lieu de songer à poursuivre sa chimère, il se décida à retourner à la *Isabela*.

« L'amiral, voyant que la côte de Cuba s'étendait fort
« loin à l'Occident, dit son fils Don Fernando, et que la na-
« vigation sur cette côte était remplie de difficultés, à cause
« de la quantité innombrable d'îles qui existaient de tous les
« côtés, les vivres commençant d'ailleurs à se raréfier, ce
« qui l'empêchait de prolonger son voyage, il se détermina
« à retourner à la ville qu'il avait laissée en construction à
« *la Española* ».

Colomb partit donc de Cuba, le 13 juin, et, comme il avait besoin d'eau et de bois, il s'arrêta à l'île *Evangelista*, éloignée de soixante-dix lieues de la Dominique, et où il se pourvut de tout ce qui lui était nécessaire.

Parti de cette île, il se dirigea en droiture vers le sud, espérant trouver une meilleure route de ce côté, et il entra dans le canal qui lui parut le plus facile et le moins obstrué, mais il avait fait à peine quelques lieues que le canal se trouva fermé.

A cette vue, les gens de l'équipage éprouvèrent un sentiment de tristesse et de crainte de se voir ainsi bloqués et pris de toutes parts, manquant de vivres et sans secours.

Mais l'amiral, connaissant leur caractère facile à se laisser abattre, prit un air joyeux et leur dit qu'il remerciait Dieu de l'obliger à revenir sur ses pas et à l'endroit qu'il venait de quitter, attendu que, s'il eût continué son voyage dans la direction qu'il voulait prendre, il pouvait se faire qu'il fût arrivé à quelque passage très difficile et où il aurait pu perdre ses navires et se trouver sans vivres et sans secours;

tandis qu'à présent, il pouvait facilement revenir sur ses pas et aller chercher une autre route.

Ainsi, à la grande satisfaction de tous ses hommes, il retourna à la *Evangelista*, et le mercredi 23 janvier, il en repartit, se dirigeant vers le nord-ouest, pour toucher à quelques îles qui se trouvaient à cinq lieues de distance.

En allant plus avant, il se trouva tout à coup dans une mer dont l'eau était si blanche, qu'on eût dit être sur un banc de sable; il y avait deux brasses de profondeur. Il navigua ainsi pendant sept lieues, dans cette eau blanche et épaisse comme du lait; ils étaient tous étonnés de voir la mer de cette couleur qui éblouissait la vue de ceux qui la regardaient; on avait alors trois brasses de fond.

Quatre lieues plus loin, l'eau devint noire comme de l'encre, avec cinq brasses de profondeur, jusqu'à ce qu'il se trouvât par le travers de Cuba, et alors, tournant à l'est, avec un vent faible, il rentra dans les canaux et les bancs de sable, poursuivant sa route avec difficulté.

Un moment après, pendant qu'il écrivait son journal de bord, son navire heurta contre un banc de sable avec tant de force qu'il s'y engagea très profondément. N'ayant pu l'en sortir avec les ancres et les autres appareils, on fut obligé de le tirer avec des chaînes par l'arrière, et on fut assez heureux pour l'arracher ainsi du banc où s'il s'était ensablé; mais ce ne fut pas sans avarie, par suite des coups qu'il avait donnés en s'enfonçant dans le sable. Enfin, sorti de sa prison, il fut mis à flot et, profitant du vent, évitant les bancs de sable, il put flotter sur cette mer blanche, par deux brasses de fond, profondeur qui ne croissait ni ne diminuait que lorsqu'on était sur un banc où l'eau était nécessairement moins profonde.

En dehors de ces obstacles, chaque soir, au coucher du soleil, des pluies torrentielles produites par le voisinage des montagnes et des lacs qui sont près de la mer, venaient encore s'ajouter à ces embarras incommodes et ennuyeux, et qui durèrent jusqu'à ce qu'il s'approchât de la partie orientale de l'île de Cuba, où il était allé à son premier voyage. Il retrouva là cette odeur suave des fleurs qui l'avait tant charmé, la première fois qu'il avait abordé cette île.

Le 7 juillet, il descendit à terre, pour entendre la messe, à laquelle assista avec une extrême dévotion, un vieux cacique ; et, la messe finie, ce chef expliqua, par signes, et le mieux qu'il lui fut possible, que c'était un acte méritoire, de rendre grâce à Dieu, car les âmes des hommes bons allaient au ciel, tandis que les corps demeuraient sur la terre ; que les âmes des méchants descendaient dans l'enfer. Il ajouta, entre autres choses, qu'il avait habité la *Española* et la Jamaïque, où il connaissait les principaux Indiens ; qu'il avait très souvent visité les côtes occidentales de Cuba et que le cacique de cette région portait des vêtements comme ceux d'un prêtre.

Ainsi qu'on peut en juger, les paroles de ce cacique viennent corroborer le récit du matelot espagnol controversé par Las Cazas et démentent, d'une façon précise, l'assertion de ce dernier, qu'on n'avait jamais entendu parler à Cuba de cacique portant des vêtements.

Le vieux cacique dit ensuite à Colomb qu'il avait appris son arrivée avec des forces considérables, pour soumettre ces contrées, mais qu'il ne devait pas être orgueilleux de sa puissance, et qu'il ne fallait pas qu'il fît du mal à ceux qui ne lui en avaient jamais fait.

Colomb le rassura à ce sujet, en lui répondant ; il affirma qu'il n'était venu dans ces pays, que pour leur enseigner la vraie religion, sauver leur âme des peines éternelles, et les défendre surtout contre leurs mortels ennemis, les Caraïbes.

Le vieillard accueillit avec joie ces assurances. C'était un esprit ouvert et plein d'enthousiasme. Aussi, lorsque le Lucayen, l'Indien interprète de Colomb, lui eut raconté plus tard, les merveilles qu'il avait vues en Espagne, et décrit la splendeur et la puissance des rois catholiques, le vieux cacique fut pris d'un tel désir de contempler ces choses miraculeuses, qu'il demanda à Colomb de l'emmener avec lui, malgré son âge, et il ne renonça à ce dessein que vaincu par les larmes et les supplications de sa famille.

Nous ne passerons pas sous silence un document que le Père Navarette affirme exister encore, et qui témoigne de la croyance que Colomb partageait, avec les gens de ses équipages, que Cuba était la terre ferme.

Cet acte authentique dressé sur la demande de l'amiral, par le notaire Fernan Perez de Luña, qui se rendit à bord des autres navires, pour avoir le témoignage des capitaines et des officiers de terre et de mer de l'escadre, ainsi que l'opinion des matelots et des mousses, constate que la terre qu'ils ont devant les yeux est un continent, une extrémité des Indes et, qu'en allant plus avant, en longeant les côtes, on trouverait les peuples civilisés de ces contrées. Que si quelqu'un en doutait, il eût à exprimer son opinion pour qu'elle fût discutée.

Les capitaines et les pilotes des deux caravelles, et les maîtres du vaisseau amiral étaient des marins habiles et des hommes de science ; après avoir consulté leurs cartes, et réfléchi mûrement, ils déclarèrent qu'il ne pouvait y avoir une île aussi étendue ; qu'ils avaient parcouru la côte sur un espace de trois cent trente-cinq lieues ; qu'elle s'étendait encore à perte de vue, du point où ils étaient arrivés, et que, conséquemment, ce ne pouvait être qu'un continent.

Ils signèrent donc tous et, comme sanction de cette déclaration, l'acte stipulait une amende de 10 mille maravédis pour les officiers, et pour les marins ou mousses cent coups de fouet et la langue coupée, pour celui qui contredirait l'acte en question.

Un procès-verbal, dressé par le notaire et joint à l'acte, porte les noms de tous les signataires.

Cet acte fut dressé près de la baie Philipina, appelé par d'autres baie de Cortès.

On doit supposer, d'après les indications des mesures d'étendue, qui toutes sont considérables, que Colomb et les géographes de cette époque tenaient compte, dans leurs calculs, de toutes les courbes et des sinuosités des côtes qu'ils parcouraient. Il ne faut donc point considérer les mesures d'étendue données par Colomb comme celles prises d'après nos usages, ou il faudrait les taxer d'exagération (1).

(1) Cet acte, s'il a existé, donnerait raison à l'opinion émise que Colomb

L'amiral quitta cette contrée le 16 juillet, avec des vents terribles et des pluies diluviennes; il arriva bientôt près du cap de *la Cruz*, à Cuba, où il fut assailli par une pluie si considérable et tellement néfaste, tombant en averses telles que le pont des navires était couvert d'eau. On put heureusement carguer les voiles et mouiller les ancres, mais l'eau qui entrait dans les navires par les plats bords, arrivait en si grande abondance, que les hommes ne pouvaient s'en rendre maîtres, au moyen des pompes, d'autant moins d'ailleurs que, harassés de fatigue et affaiblis par la pénurie des aliments, ils sentaient leurs forces s'épuiser; car ils n'avaient d'autre ration qu'une livre de biscuit moisi, un verre de vin par jour, pour chacun d'eux, et il fallait se maintenir avec cela à moins qu'ils ne pêchassent quelques poissons, qui ne pouvaient se conserver d'un jour à l'autre, à cause de la chaleur et de la délicatesse de la chair des poissons de ce pays, qui se corrompt très facilement.

Cette nourriture exiguë était la même pour tous, et l'amiral dit dans son journal de bord : « Et moi aussi, je suis soumis « à la même ration. Que Dieu veuille que ceci soit pour son « saint service, et pour celui de Vos Altesses, car, en ce qui « me concerne, je ne m'exposerais pas à tant de fatigues; « car il ne se passe pas de jour où je ne voie que nous cou- « rons tous à la fin de notre existence. »

Dans cette cruelle situation, il arriva, le 18 juillet, au cap de *la Cruz*. Ils furent accueillis par les Indiens avec de grandes démonstrations de joie et d'amitié; ils leur apportèrent de leur *cazabi*, leur pain habituel, fait avec des racines râpées, de grandes quantités de poissons, et des fruits de toute espèce en abondance.

Ces provisions ranimèrent les forces des gens des équipages et remontèrent leur courage; mais les vents étant toujours contraires pour aller à la *Española*, le 22 juillet, il partit de là pour la Jamaïque, dont il longea la côte ouest, tout près de terre; il jouit encore de la magnifique vue de cette île

persistait à croire que les terres découvertes étaient la fin de l'Asie. Encore faudrait-il en connaître la teneur et la date?

et en admira l'étonnante fertilité. De lieue en lieue, il rencontrait des ports excellents; toute la côte était peuplée de villages, dont les habitants suivaient les navires, dans leurs canots, et leur apportaient leurs provisions habituelles, et celles-ci étaient plus appréciées par les Espagnols que celles des autres contrées.

Le ciel pur, l'air tempéré, le climat doux étaient, dans cette île, semblables à ceux des autres pays, car dans cette partie occidentale de la Jamaïque, il survenait aussi, tous les soirs, des pluies abondantes, qui duraient une heure, plus ou moins.

L'amiral attribuait ces averses à l'influence des vastes forêts et des grands arbres; l'expérience est venue à l'appui de cette manière de voir : aux Canaries, à Madère et aux Açores, le même phénomène se produisait tous les soirs dans le principe, mais depuis qu'on a aménagé les forêts et qu'on a coupé beaucoup d'arbres, les averses ne se produisent plus avec la même régularité et ne sont plus si abondantes.

L'amiral naviguait ainsi le long de ces côtes verdoyantes; mais, avec les vents contraires, il était obligé de s'arrêter et de se rapprocher tous les soirs de la terre. Cette terre était si agréable, si verte, elle produisait tant de fruits et tant de provisions de bouche, et surtout elle était si peuplée, qu'il était convaincu qu'il n'en existait pas d'autre aussi favorisée. Il remarqua particulièrement un endroit situé près d'un canal qu'il appela canal *de las Vacas*, parce qu'il y a là huit îles tout près de la terre, et celle-ci est aussi haute qu'aucune autre de celles qu'il avait vues. Cette contrée, à l'air vif, très peuplée, d'une étonnante fertilité et d'une beauté ravissante, devait avoir, selon le jugement de l'amiral, quatre-vingts lieues de circonférence, quoique, lors de sa découverte, il n'avait pas cru qu'elle eût plus de vingt lieues de long, sur une lieue de large. Amoureux de sa beauté, il conçut le désir d'y faire un séjour un peu prolongé, afin d'en reconnaître les qualités.

Mais il ne put mettre son projet à exécution, à cause de la pénurie de ses vivres et du mauvais état de ses navires qui faisaient eau de toutes parts.

En conséquence, dès qu'il vit un peu de beau temps, il partit et se dirigea du côté de l'est; il navigua si bien que, le mardi, 19 août, il perdait de vue l'île, allant en droiture vers la *Española*, et il donna au cap le plus oriental de la Jamaïque le nom de *cabo de Fano*.

Pendant que l'amiral se trouvait à la Jamaïque, ancré dans ce canal des huit îles, qu'il appréciait si spécialement, il reçut la visite d'un cacique, suivi de nombreux serviteurs, qui portaient des rafraîchissements. Ce chef lui adressa une infinité de questions sur l'Espagne, ses habitants, ses usages et sa puissance, et Colomb lui exposa, selon son habitude, ses bonnes intentions pour son pays; mais l'interprète lucayen lui fit un éloge pompeux des rois catholiques et des merveilles de la Castille.

Le jour suivant, les trois navires étaient à la voile le long de la côte, lorsqu'on aperçut trois canots qui venaient vers les navires; l'un des trois bateaux, très orné, se tenait au milieu des deux autres qui paraissaient l'escorter; dans ce bateau, le cacique en question, assis, était entouré de sa famille, qui se composait de sa femme, de deux filles, dont l'une, âgée de 18 ans, était fort belle, de deux fils et de cinq de ses frères. Les deux filles étaient nues selon l'usage, avec un air très modeste. La suite se composait d'un Indien porte-étendard, deux autres battant du tambour, deux autres sonnant de la trompette, et six autres gardes du chef. Tous portaient des casques de plumes avec des aigrettes en plumes, artistement faits; ils avaient la figure peinte de la couleur de leurs plumes.

Quand les canots arrivèrent près des navires, le cacique, suivi de toute sa cour, monta à bord du vaisseau amiral; il portait ses plus beaux atours; un cordon de pierres de couleur ceignait sa tête et se rattachait sur le devant, par un bijou d'or; à ses oreilles pendaient deux plaques d'or; une énorme plaque de guanin, or à bas titre, fermait à son cou un collier de perles ou grains blancs très estimés par les Indiens. Il portait une ceinture de pierres semblables à celles du diadème. Sa femme, parée des mêmes ornements, avait un tablier de coton très court et des bandes de la même étoffe, autour des bras et des jambes.

Les filles n'avaient pas d'ornements; la fille aînée seule portait une ceinture de petites pierres à laquelle pendait un carreau en pierres de couleurs variées, et attachées à un réseau.

Le cacique, en entrant dans le navire, distribua quelques présents aux officiers et aux hommes du bord.

Dès que l'amiral parut pour le recevoir, le cacique alla vers lui et lui déclara que, pénétré de la puissance des rois qu'il représentait, il était décidé à l'accompagner en Espagne, avec sa famille et ses serviteurs, pour aller rendre hommage à ses souverains, et voir le pays dont on racontait des merveilles.

Colomb fut étrangement surpris de cette résolution, mais pensant aux déceptions qui attendaient ces sauvages naïfs et simples, au contact des hommes civilisés, il les dissuada de mettre leur dessein à exécution, en leur disant qu'il prenait leur pays sous sa protection, qu'il le considérerait particulièrement, lui et sa famille, mais qu'il avait à s'occuper de beaucoup de choses avant de revenir en Espagne, et qu'il les prendrait avec lui quand il partirait.

Sur ces assurances, le cacique, avec tout son monde, remonta dans ses canots et reprit le chemin de son gouvernement.

# CHAPITRE XXIII.

### RETOUR DE COLOMB A LA ESPAÑOLA.

Le mercredi, 20 août, Colomb aperçut la pointe occidentale de *la Española*, à laquelle il donna le nom de *Cabo de San-Miguel*. Ce cap était à la distance de 30 lieues du cap oriental de la Jamaïque, que les marins appelaient alors cap *Tiburon*, ignorant le nom de *cabo de Fano* que lui avait donné Colomb; c'est aujourd'hui la pointe Morant.

Les deux caravelles qui suivaient le vaisseau amiral, ayant été contrariées dans leur marche, n'étaient plus en vue; on était à la fin d'août, et près d'une île très élevée que Colomb appela *Altovelo*.

Cette élévation permettant à la vue de s'étendre au loin sur la mer, l'amiral envoya quelques hommes à terre, pour tâcher de découvrir les deux navires égarés; mais ils eurent beau sonder l'horizon de tous côtés, ces gens ne virent aucune des caravelles.

Ils se mirent en devoir de retourner à leur vaisseau et, en revenant à leur barque, ils tuèrent une dizaine de loups de mer, qui étaient endormis sur la plage; ils prirent beaucoup d'oiseaux et quelques palombes; l'île étant inhabitée, les animaux y vivaient sans défiance et se laissaient approcher et tuer à coups de bâton.

Les jours suivants, les Espagnols renouvelèrent cette chasse, en attendant les deux navires attardés, lesquels, depuis le vendredi précédent, naviguaient très péniblement; ils arrivèrent enfin, après quelques jours d'attente, et les trois bâtiments réunis se rendirent à l'île de *la Beata* qui est éloignée de celle de *Altovelo* d'une douzaine de lieues, au levant, et de là, ils passèrent, en longeant la côte de la *Española*, en vue d'une délicieuse contrée, formant une vallée ravissante, à un quart de lieue environ de la mer, et tellement peuplée, qu'on eût dit une seule ville d'une lieue de longueur; il y avait, dans la vallée, un lac de cinq lieues d'étendue, de l'Orient à l'Occident.

Les Indiens de cette localité, connaissant déjà les Espagnols, vinrent aux navires dans leurs canots et dirent à l'amiral qu'ils avaient, dans leur village, quelques chrétiens de la Isabela et qu'ils étaient en bonne santé.

Cette nouvelle réjouit le cœur de Colomb et, malgré cet avis, lorsqu'il fut un peu plus loin, il envoya à terre neuf hommes, avec ordre de traverser l'île, en passant par les ports de Saint-Thomas et de la Madeleine, tandis qu'avec les trois navires, il poursuivait sa route le long de la côte, vers l'Orient.

Arrivé à une plage où l'on voyait un grand village, l'amiral envoya les barques à terre pour faire de l'eau; mais, en les apercevant, les Indiens sortirent des bois, armés d'arcs et de flèches, ayant dans les mains des cordes, et indiquant, par signes, qu'elles étaient destinées à lier les chrétiens qu'ils allaient prendre.

Mais aussitôt que les barques arrivèrent à terre, les Indiens jetèrent leurs armes et coururent vers les chrétiens, s'offrant pour remplir leurs tonneaux et demandant avec intérêt des nouvelles de l'amiral.

En quittant cette région, les Espagnols poursuivirent leur voyage le long de la côte; ils rencontrèrent, un peu plus loin, un énorme poisson, ayant la forme d'une baleine, et qui avait, dans sa gorge, une coquille de la dimension d'une grande écaille de tortue. Ce poisson élevait fièrement hors de l'eau sa tête, de la grosseur d'une tonne, et il avait une queue longue comme celle du thon, et deux ailerons passablement longs sur les côtés.

L'amiral était d'avis que la rencontre de ce poisson pronostiquait un changement de temps; d'autres Indiens étant venus corroborer ce présage, il rechercha un port pour se mettre à l'abri, et, le 15 septembre, il aperçut une île, à l'est de la *Española*, et très rapprochée de cette dernière; les Indiens l'appelaient *Adamanaï*.

La tempête ayant éclaté, Colomb se réfugia dans le canal qui sépare cette dernière île de la *Española*, et il mouilla au milieu de ce canal, près d'une petite île située entre les deux.

Cette nuit-là eut lieu une éclipse de lune; l'amiral observa que la différence qui existait entre ce lieu et Cadix, était de cinq heures et vingt-trois minutes.

Le mauvais temps ne discontinua pas; Colomb persista jusqu'au 20 septembre à rester au même mouillage, mais non sans éprouver de vives craintes pour les deux caravelles qui, n'ayant pu trouver place dans ce refuge, avaient été forcées de tenir la mer pendant la bourrasque, à laquelle, fort heureusement, elles purent résister, et elles revinrent enfin saines et sauves.

Dès que les trois navires furent réunis, ils naviguèrent de conserve, jusqu'à la partie la plus orientale de la *Española*; ils passèrent près d'une petite île que les Indiens appelaient *Amona*, située entre la *Española* et *San-Juan*.

Là, le journal de bord de l'amiral se trouvant interrompu, on ne sait pas comment il arriva à la *Española*; tout ce qu'on peut inférer, c'est qu'en allant de l'île *Amona* à San-Juan, Colomb fut atteint d'une maladie grave, compliquée de fièvre et de délire, qui le priva tout à coup de la vue, de l'usage de ses sens et lui ôta toute mémoire.

Dans ces tristes circonstances, les capitaines et les officiers de la flottille se réunirent et décidèrent de ne pas continuer ce voyage d'exploration des îles voisines et de celles des Caraïbes; ils se déterminèrent à rentrer à la *Isabela*, et ils y arrivèrent en cinq jours, à la date du 29 septembre.

L'amiral resta là malade pendant cinq mois, et cette grave maladie fut attribuée aux souffrances, à la fatigue et aux grands travaux auxquels il avait été soumis, pendant ce voyage, passant des semaines entières sans dormir et en proie aux inquiétudes les plus cruelles.

Enfin, au bout de ce long martyre, il recouvra la santé et

reprit ses forces; il put alors se remettre à ses travaux, et s'occuper de son œuvre qui, pendant son absence, avait été fort compromise par les dissensions, les jalousies et les convoitises des hommes auxquels il en avait confié le soin.

Lorsque la flottille rentra dans le port de la *Isabela*, elle fut reçue avec des cris de joie, mais qui se changèrent en plaintes, quand on vit l'état dans lequel on ramenait l'amiral.

Celui-ci, inerte, dévoré par la fièvre, ne reconnaissait personne, ne révélait sa vie que par des gémissements, et il était à craindre que son tempérament usé par les fatigues, ne résistât pas à cette dernière secousse.

Heureusement, il lui était arrivé, pendant son absence, un soutien énergique, une âme affectueuse et ferme, un bras solide pour le soutenir, et un caractère vigoureux pour l'aider et le défendre au besoin.

Ce sauveur providentiel n'était autre que son frère aîné, Bartholomé, que Colomb avait envoyé à la cour d'Angleterre, pour proposer au roi son projet de découverte pendant que lui-même travaillait à son succès, auprès des rois catholiques.

Le lecteur doit se souvenir du départ de ce frère dévoué, qui avait jusque-là partagé l'existence de Christophe Colomb, qui l'avait aidé dans les temps difficiles, avec les produits de son travail, l'avait soutenu dans les moments de défaillance et de besoin, et était devenu son bras droit dans l'entreprise difficile qu'il comptait exécuter.

Ce Bartholomé Colomb était lui-même un homme de mérite et de savoir. Avec un esprit moins enthousiaste que celui de son frère, mais hardi, vif, décidé, et rempli de courage, il mettait immédiatement à exécution les plans qu'il avait conçus; d'un tempérament robuste, de haute taille, d'une musculature forte et vigoureuse, il était superbement constitué et en imposait par son air résolu. Sa physionomie un peu rude, mais belle, n'était pas adoucie par la bienveillance comme celle de son frère, et cependant il était bon et généreux, capable de sacrifices au besoin, mais sachant compter et conduire une affaire avec sagacité et avec prudence. Son abord était rude et sévère, et ses manières brusques n'étaient pas faites pour lui concilier ceux qu'il était appelé à commander; mais il n'était ni méchant, ni fier, ni rancunier; il s'apaisait aussi facilement qu'il s'emportait. Marin expérimenté, il connaissait à fond, et pour les avoir pratiquées, toutes les parties techniques de sa profession; de bonne heure, il avait appris la théorie de la navigation; et la confection des plans et des cartes de marine l'avaient puissamment aidé dans ses études, qu'il avait poussées aussi loin que son frère, qu'il égalait presque pour son savoir. Il écrivait passablement et connaissait la langue latine; sans avoir reçu une instruction complète, il avait, comme son frère, et peut-être avec lui, au moins pendant qu'ils étaient ensemble, étudié les livres qui se rapportaient à leurs goûts, et, avec la pratique et l'expérience, ils avaient tous deux acquis ce qu'une instruction tronquée ne leur avait pas enseigné. Avec une tête moins ardente, un esprit moins aventureux, un cœur moins facile à émouvoir, Bartholomé était plus pratique, connaissait mieux le monde, et apportait, dans la gestion des intérêts, plus d'habileté, plus de sagesse, et cette adresse si nécessaire pour le succès, quand elle est secondée par les circonstances. Il n'avait pas, sans doute, comme Colomb, le génie qui invente et qui crée, mais il avait plus que lui l'esprit d'ordre et de concision, qui administre et dirige les affaires.

Ce portrait que nous avons retracé d'après le dessin que nous en a laissé l'historien Las Cazas qui l'avait connu, doit donner à nos lecteurs une idée exacte du précieux compagnon qui arrivait si à propos, pour aider Colomb dans la mission dont il avait accepté la dure responsabilité. Bartholom n'avait pas été heureux dans la perpétration de la négociation hasardeuse que son frère lui avait confiée, en l'envoyant proposer au roi d'Angleterre l'exécution de ses projets.

Son neveu, Fernando Colomb, donne quelques détails sur ce voyage dont les événements sont généralement peu connus. Nous lui empruntons les principaux faits qui suivent :

Bartholomé Colomb, s'était embarqué pour l'Angleterre, sur la demande de son frère, et se rendait à Londres, quand le navire qui le portait fut attaqué et pillé par des corsaires, et Bartholomé, dépouillé lui-même de tout ce qu'il possédait, fut réduit à un état de misère si extrême, qu'il dut recourir à sa profession de confection de cartes marines pour gagner sa vie.

On ne dit pas où il reprit cette profession. Est-ce en Angleterre, en Espagne ou en France, en Italie ou au Portugal? le récit de Fernando est muet à ce sujet. Toujours est-il que ce ne fut qu'au bout de quelques années qu'il put être présenté au roi d'Angleterre.

Une note, inscrite de la main de Bartholomé, sur la marge d'un vieux livre écrit par Pedro de Aliaco (livre qui a été retrouvé récemment dans la bibliothèque Colombine de Séville, et qui a appartenu à Christophe Colomb) semble indiquer que Bartholomé aurait accompagné Barthélémy Diaz, lors de la découverte du cap de Bonne-Espérance.

Cet écrit, où le frère de Colomb raconte l'arrivée de Barthélémy Diaz à Lisbonne, et, énumérant ses découvertes, dit que Diaz a découvert un territoire de 600 lieues, partie au nord et partie au sud, jusqu'au cap qu'il avait nommé le cap de Bonne-Espérance, qui était à 45 degrés au delà de l'équateur; il est à 3,100 lieues de Lisbonne. Cet écrit se termine par ces mots : « toutes choses auxquelles je fus présent. »

Ce n'est que sa propre présence que Bartholomé peut indiquer, car son frère était alors à la cour d'Espagne; c'était en décembre 1487.

Quoi qu'il en soit de l'existence de ce frère pendant ces quelques années, il est certain qu'il ne vit Henry VII que quelques années après avoir quitté son frère. Le roi l'avait reçu et écouté avec intérêt; il avait obtenu un contrat pour l'exécution du plan de Colomb, et il en rapportait les conditions à son frère, croyant le trouver encore en Espagne, lorsqu'il apprit, en arrivant à Paris, la nouvelle de la découverte, le retour de son frère en Espagne, la rentrée triomphale qu'il avait faite dans ce pays, les ovations qu'il avait reçues de la population entière, et son séjour à la cour, entouré d'honneurs et comblé de prévenances par les souverains, par les seigneurs, par la noblesse, et suivi par le peuple espagnol, qui l'acclamait à son passage.

Le roi de France, Charles VIII, l'avait bien accueilli, et comme il lui avait raconté sa situation, et qu'il était sans argent pour continuer son voyage, le souverain lui fit compter cent écus pour lui venir en aide.

Mais il n'arriva pas à temps à Séville; son frère était en mer pour son second voyage. Alors il alla prendre les deux fils de Christophe Colomb, Diego et Fernando, qui venaient d'être admis, comme pages, dans la maison du prince Don Juan, et il se rendit à Valladolid, où la cour se trouvait réunie.

La gloire de Christophe Colomb faisait de sa famille des personnages importants; Bartholomé fut reçu par les souverains avec distinction, et, appréciant sa grande expérience de marin et ses qualités personnelles, le roi et la reine lui confièrent trois vaisseaux, dont ils lui donnèrent le commandement, pour porter des approvisionnements aux pays qui venaient d'être conquis par son frère.

Mais là encore, il était arrivé après le départ de son frère pour ses explorations.

On peut se figurer la joie et le bonheur que ressentit Colomb, quand, au réveil de l'espèce de léthargie qui l'avait envahi, il vit, près de son lit, son frère Bartholomé qui lui arrivait si opportunément dans un moment où il avait tant besoin d'être secondé!

Avec son caractère passionné et affectueux, l'amiral considéra ce retour inespéré comme une faveur de Dieu, qui ne l'avait jamais abandonné, et qui, dans tous les moments critiques de sa vie, l'avait constamment protégé, et lui témoignait aujourd'hui sa faveur, en lui ramenant ce frère dont la force, la fermeté et la sagesse lui avaient toujours été si favorables!

Son frère Diego avait bien été pour lui un aide dévoué et l'avait secondé de toutes ses facultés, mais son caratère doux et tranquille ne lui permettait pas de dominer et de dompter le naturel turbulent et indépendant des hommes qu'il avait à gouverner; il avait donc, pendant l'absence de Colomb, laissé déborder les aspirations de cette population avide de liberté ; les passions, les convoitises s'étaient donné libre carrière, et des groupes s'étaient formés, prêchant la division et la révolte.

Le caractère de Bartholomé, comme on a pu le voir, n'était pas de nature à tolérer de pareils abus. Vigoureux, ferme et sévère, il n'était pas homme à souffrir l'anarchie, et il se fût jeté courageusement au milieu d'une foule de séditieux, se sentant de force à les dompter.

L'amiral vit donc, dans son frère, le bras fort et solide qui lui était nécessaire dans la situation où il se trouvait, et il remercia Dieu de le lui avoir envoyé.

Dans les circonstances fâcheuses qu'il traversait, malade, accablé de fatigue, bourrelé d'ennuis de toute sorte, par suite de l'état dans lequel il avait retrouvé sa population, il chargea Bartholomé de le suppléer et le nomma *adelantado*, c'est-à-dire préfet général, afin qu'il pût l'aider d'une manière efficace, dans la conduite de ce monde indiscipliné et prompt à la révolte.

Cette nomination, faite sans le consulter, froissa le roi Ferdinand, qui était fort jaloux de son autorité; mais, comme elle avait eu lieu sous la pression de circonstances urgentes, et pour soutenir et aider l'amiral dont les forces étaient affaissées, le souverain approuva plus tard cet acte qui avait eu lieu en quelque sorte par force majeure. Colomb put alors se reposer et vivre avec quelque quiétude d'esprit, bien que sa maladie le fît cruellement souffrir, et qu'il ne laissât pas d'éprouver de poignantes inquiétudes, pas suite de la situation fâcheuse dans laquelle il avait retrouvé *la Española*.

Voici ce qui s'était passé pendant son absence :

Le lecteur se souvient sans doute qu'en partant, Colomb avait donné à Pedro Margarit, en qui il avait grande confiance, le commandement d'un corps de 360 hommes d'infanterie et de 14 cavaliers, avec la mission de parcourir l'île, pour la soumettre à la domination des rois catholiques et pour inculquer à la population l'obéissance à l'autorité chrétienne; la province de Cibao, d'où l'amiral attendait de grands avantages, lui avait été spécialement recommandée.

Margarit, au lieu de se conformer à ces ordres, agit tout différemment.

Après le départ de l'amiral, sans se préoccuper de visiter l'île et de venir en aide à la population, le capitaine alla s'installer, avec tout son monde, dans *la Vega réal*, la plaine royale, à une dizaine de lieues de la *Isabela*.

Cette diversion suscita des querelles et des jalousies avec les autorités de la ville ; Margarit prétendit que les membres du conseil institué par l'amiral, lui devaient obéissance, et il leur adressa à ce sujet, des lettres très acerbes et désobligeantes.

Mais les membres du conseil ayant résisté à ses prétentions, et, voyant qu'il ne lui était pas possible d'obtenir la supériorité qu'il désirait, le capitaine, sans attendre l'amiral auquel il eût dû rendre compte de sa conduite, s'embarqua sur l'un des premiers navires retournant en Espagne, et partit avec eux, ne rendant aucun compte de sa gestion, et ne laissant aucun ordre à la troupe dont le commandement lui avait été confié.

Margarit avait été d'ailleurs encouragé dans ses prétentions à l'égard du Conseil, par les mécontents qui se trouvaient parmi les officiers de sa troupe. Ces jeunes cavaliers avaient été froissés, comme nous l'avons dit plus haut, de l'égalité que Colomb leur avait imposée : le noble Espagnol n'a jamais consenti à être traité comme le peuple. Ceux-ci conservaient donc contre l'amiral un profond ressentiment de cette prétendue humiliation. Colomb n'était pour eux qu'un étranger, anobli de hasard, et l'autorité de son frère avait encore moins de prestige.

A ces soutiens venait se joindre un concours puissant, celui du père Boyle, l'un des membres du Conseil. Ce religieux, d'un caractère ombrageux, avait conçu contre Colomb une antipathie injustifiable. L'amiral lui avait toujours témoigné beaucoup d'égards, mais il faut croire qu'il avait éprouvé en arrivant à la Española, les mêmes déceptions qui avaient exaspéré les nobles colons ; qu'habitué en Espagne à une existence douce et agréable, il ne put se faire à la vie de privations et de fatigues qu'ils avaient dû subir, et qu'il désirait retourner en Castille, retrouver son bien-être primitif. Cet homme n'avait pas d'ailleurs le zèle et la vocation du missionnaire, et il saisit avec bonheur cette occasion de satisfaire sa rancune et de revenir à ses chères et douces habitudes.

Fort de cet aide puissant, Margarit ne ménagea plus rien; il avait lui-même en Espagne de hautes protections, et ni lui ni le religieux ne redoutaient les conséquences de leur désertion, qu'ils pensaient colorer de leur zèle pour le bien de l'État, en rejetant sur Colomb les causes de la fâcheuse situation de la colonie; ils s'emparèrent donc de l'un des navires qui avait amené Bartholomé et, avec quelques autres mécontents, ils partirent pour la Castille.

Il résulta de cet abandon que le corps se dispersa; chacun s'en alla de son côté, chez les Indiens, à sa convenance, leur prenant leurs biens, leur ravissant leurs femmes, et leur causant toute sorte de molestations.

Cette conduite, si différente de celle qu'ils avaient attendue de ces hommes tant admirés dans le principe, exaspéra les Indiens, et les excita à la vengeance. Ils attaquaient et tuaient ceux qu'ils trouvaient isolés ou par petits pelotons.

De cette manière, un cacique, du nom de Guatigana, en fit périr une dizaine, et fit mettre en secret le feu à une maison où se trouvaient une quarantaine de malades.

Mais à l'arrivée de l'amiral ce misérable reçut le châtiment que sa conduite inhumaine lui avait mérité.

D'un autre côté le cacique Caonabo, qui ne pardonnait pas aux Espagnols leur usurpation sur ses terres, et qui était irrité de ce qu'ils avaient construit, au cœur de son royaume, le fort de Saint-Thomas, désirait vivement trouver les moyens de le détruire; habile à la guerre, hardi et courageux, disposant d'une armée d'Indiens aguerris, il cherchait le moment opportun de surprendre la petite garnison; le départ de Margarit, la dispersion de sa troupe, lui fournirent cette occasion; il réunit environ dix mille Indiens, et, marchant dans les bois, il arriva inopinément aux environs de la forteresse.

Mais le commandant, Alonso de Ojeda, était un autre

homme que celui de la Navidad. La guerre contre les Maures l'avait habitué aux ruses des Barbares, et il ne se laissa pas surprendre.

Ojeda avait conquis en Espagne par sa témérité, son audace poussée jusqu'à la folie, son caractère fougueux, ses aventures hardies, ses duels retentissants et ses folles équipées, où maintes fois il avait risqué sa vie, une réputation bien justifiée de bravoure irréfléchie, d'insouciance du danger, augmentée par une croyance superstitieuse à l'invulnérabilité. Il portait toujours avec lui une image de la Vierge que l'évêque Fonseca lui avait donnée, et, après avoir invoqué la Vierge, en priant devant cette image, il avait la foi qu'il ne courait aucun danger; et alors, sans réflexion, sans hésiter, il se jetait au milieu des ennemis, bravant la mort qui le menaçait de tous côtés, où il se livrait aux plus extravagantes entreprises. De petite taille, il était d'une force prodigieuse, et, sous ce rapport, il avait accompli des actes miraculeux.

Tel était l'adversaire que Caonabo espérait surprendre et qu'il trouva solidement retranché dans sa forteresse de pierre et de bois, contre laquelle les massues et les flèches ne pouvaient rien obtenir.

Alors, le rusé cacique résolut d'affamer la garnison, en dispersant ses soldats dans les bois, et formant autour du fort une sorte de cordon sanitaire, pour intercepter les vivres que les Indiens venaient apporter à la garnison. Ce siège dura trente jours, pendant lesquels les cinquante hommes enfermés dans la citadelle eurent à souffrir cruellement.

« Un jour, raconte Oviédo, un Indien dévoué réussit à
« pénétrer dans le fort; il apportait à Ojeda une paire de
« pigeons ramiers; les officiers qui l'entouraient affamés,
« regardaient les volatiles d'un air de convoitise — C'est
« pitié, dit le commandant, mais il n'y a pas là de quoi nous
« régaler tous, et je ne veux pas, moi, bien dîner pendant
« que vous mourez de faim; il ouvrit la fenêtre et lâcha les
« pigeons. »

Cependant, durant ce siège, il avait montré un courage et une présence d'esprit extraordinaires; aucune des ruses du cacique n'avait pu le trouver en défaut, et, à chaque sortie, il lui avait tué un grand nombre de soldats; toujours en tête des siens, frappant sans pitié, entouré d'ennemis abattus, il n'avait pas reçu une égratignure; aussi les siens le suivaient avec confiance, et Caonabo, avait vu périr sous les coups de ce démon incarné, ses plus intrépides guerriers, et son armée s'affaiblissait considérablement; ses Indiens fatigués d'une si longue guerre, le quittaient, et il se vit obligé de lever le siège. Il se retira plein d'admiration pour ce chef qui l'avait si pleinement déjoué.

Mais Caonabo avait trop à cœur de délivrer son pays des envahisseurs qui l'opprimaient, pour abandonner ses idées de révolte, et il conçut le projet de coaliser contre eux tous les caciques de l'île, de lever une armée formidable, en appelant tous leurs sujets sous les armes, et d'attaquer, par surprise, la Isabela, d'en massacrer les habitants, dont il avait été à même, dans ses investigations secrètes, de remarquer l'imprévoyance et l'insuffisance pour la défense de la cité.

Il comptait renouveler, de cette manière, son exploit de la Navidad et débarrasser l'île de ses tyrans; car, pensait-il, une fois ce groupe important exterminé, on aurait facilement raison des autres établissements et des hommes disséminés dans les campagnes, en les attaquant isolément et les tuant les uns après les autres.

On verra plus loin le résultat de cette combinaison qui ne manquait pas d'habileté et offrait des chances de réussite.

Cependant Colomb, s'occupait de pacifier l'île qui, à son retour, se trouvait dans un état d'excitation indescriptible. Les exactions des Espagnols avaient causé une irritation générale contre eux, et il était à craindre que ces excès ne facilitassent l'exécution des projets sinistres de Caonabo.

Le premier soin de l'amiral fut de remédier au désordre causé par la défection et le départ de Margarit et du Père Boyle, en rassemblant les hommes qui s'étaient dispersés dans les diverses parties de l'île.

En outre, l'amiral fit arrêter les Indiens les plus compromis, et les envoya en Castille, avec les quatre navires qu'il expédia en Espagne, sous le commandement d'Antonio de Torres, le 24 février 1496.

Enfin il infligea des punitions diverses à d'autres Indiens qui avaient maltraité les chrétiens, dans d'autres parties de l'île, punitions proportionnées, selon leur culpabilité.

Le retour de l'amiral mit donc un frein à la rébellion des Indiens, et arrêta en même temps les malversations des Espagnols; sans cela, on aurait eu à déplorer de plus sanglants conflits.

Les diverses parties de l'île étaient en effet en révolution complète; les Espagnols commettaient d'abominables excès, à tel point qu'ils étaient exécrés des Indiens qui leur avaient voué une haine mortelle. Ils refusaient donc toute obéissance, et les caciques avaient pris la détermination de ne pas se soumettre aux lois des chrétiens, et la contrainte pour leur imposer ces lois présenta d'excessives difficultés.

Les quatre principaux caciques, sous la domination et l'autorité desquels vivaient tous les autres, étaient Caonabo, que nous connaissons déjà par le désastre de la Navidad, par son attaque récente du fort, si bien défendu par Ojeda, et dont nous venons de raconter les projets hostiles et menaçants; Guacanagari, l'ami primitif de Colomb; Becchio, et Guarionex. Chacun de ces quatre chefs avait soixante-dix à quatre-vingt caciques subordonnés, qui, bien qu'ils ne fussent tenus à aucun tribut, étaient forcés de suivre leurs chefs à la guerre, quand ceux-ci les appelaient.

Guarionex avait sous son autorité le centre de la plaine royale, pays riche et fertile, couvert de villages considérables, avec de belles rivières, roulant des paillettes d'or apportées par les torrents des montagnes de Cibao; de superbes forêts alternaient avec les champs cultivés par les Indiens et faisaient de cette région un jardin délicieux. La famille de ce cacique avait régné, de père en fils, sur ces belles contrées, depuis un temps immémorial, et son nom se trouve parmi les fondateurs de ces peuples primitifs.

Guacanagari, l'ami de Colomb, avait le gouvernement d'une grande étendue de terre située le long des côtes du nord; elles étaient comprises dans la plaine royale, au nord, partie que l'on a appelée plaine du cap Français, devenu le cap Haïtien; ces terres s'étendaient depuis le cap Saint-Nicolas, à l'ouest, jusqu'à la rivière *Yaqui* que Colomb avait nommée *Monte-Cristo*. Ce pays était connu sous le nom de *Marien*.

Une troisième région, la Maguana, sur le versant des montagnes de Cibao, où se trouvaient les mines d'or, longeait les côtes du sud, s'étendant de la rivière Ozema jusqu'aux lacs, et allant englober une partie du centre de l'île. Cette partie de l'île avait pour roi le fameux cacique Caonabo, dont nos lecteurs connaissent déjà le caractère sauvage et belliqueux.

Le quatrième cacique, Becchio, avait pour apanage le plus vaste et le plus peuplé des territoires de la *Española*. Il était situé dans le sud de l'île; il comprenait toute la côte occidentale, jusques et y compris le cap *Tiburon*; il avait pris son nom d'un vaste lac appelé *Xaragua*, situé dans la contrée. Ses habitants semblaient être d'une race supérieure à celles des autres Indiens de l'île; leur taille était mieux prise, leur figure plus belle, leur physionomie plus agréable, leurs manières plus aisées, plus élégantes; ils s'exprimaient en un langage plus doux, et tout en eux annonçait une origine différente de celle des populations des autres parties de la *Española*. Ce peuple descendait-il directement et sans mélange des premiers fondateurs de ces populations, des Espagnols primitifs, des Carthaginois, venus par l'Atlantide, ou des dix Tribus juives arrivées par le nord de l'Asie? Question insoluble, car ces populations n'avaient ni histoire ni traditions!

Il y avait une cinquième région, habitée par des Indiens souvent visités par les Caraïbes, leurs voisins, et qui, dans les luttes qu'ils avaient été forcés de soutenir avec ces terribles sauvages, avaient acquis la valeur guerrière et l'intrépidité nécessaires à leur défense; à ce contact, ils avaient appris à se servir de l'arc et des flèches, dont, comme leurs cruels ennemis, ils empoisonnaient les pointes, disait-on, parmi les autres Indiens. Le cacique qui les gouvernait se nommait *Colubanama* et la région, située à l'est de l'île, s'étendait de la baie de *Samana* à la rivière *Yuna* et jusqu'à *l'Ozéma*. Cette population semblait ne pas faire partie de l'espèce d'alliance qui régissait les quatre premiers royaumes, et paraissait ne pas être soumise aux mêmes obligations; elle restait isolée et se suffisait à elle-même, tandis que les autres se soutenaient entre elles, et même s'aidaient également dans leurs travaux, pour l'ensemencement des champs et la récolte des fruits et des moissons.

Mais aussitôt que Guacanagari, le seigneur de la partie de l'île où avait été construite la Navidad, eut appris le retour de Colomb, il vint lui rendre visite et protesta de nouveau de son dévouement et de son amitié. Il dit à Colomb qu'il n'avait pris aucune part aux conseils ni aux actes des autres chefs; qu'il en avait pour témoins les chrétiens qui résidaient sur ses terres, où ils avaient toujours reçu bon accueil et y étaient bien traités; qu'une centaine de ces Espagnols y résidaient alors et y étaient depuis longtemps; qu'il les avait toujours pourvus de tout ce qui pouvait leur être agréable, qu'il avait veillé à ce qu'ils fussent bien servis et, qu'à cause de cela, il s'était attiré la haine et l'inimitié des autres caciques; que Becchio particulièrement lui avait témoigné son hostilité, en tuant une de ses femmes, et que Caonabo lui en avait enlevé une autre. Et il ajouta qu'il espérait que l'amiral lui ferait rendre cette dernière, et lui prêterait aide et secours pour venger les injures qu'il avait subies.

L'amiral, qui ne pouvait, sans verser des larmes, penser à la destruction de la *Navidad* et à la mort de ses compagnons, résolut de s'informer de la vérité des allégations et des plaintes de Guacanagari, décidé, si ces faits étaient vrais, à lui venir en aide. D'ailleurs, en mettant la division entre les caciques, et en ayant l'un d'eux avec lui, il affaiblissait les autres, et pouvait plus aisément les soumettre et châtier les Indiens révoltés, en punissant les meurtriers de ses compagnons qu'il considérait comme ses enfants.

Il promit donc à Guacanagari sa protection, à la condition qu'il se joindrait à lui avec les caciques, ses subordonnés, et avec tous ses sujets, ce que celui-ci accepta avec satisfaction et se mit en mesure d'accomplir.

Le 24 mars 1495, Colomb, ayant mis tous ses hommes sur le pied de guerre, et s'étant adjoint Guacanagari avec les siens, partit de la Isabela pour aller à la rencontre de ses ennemis.

L'entreprise était difficile et périlleuse, car les trois chefs indiens pouvaient disposer d'une armée de cent mille Indiens, et Colomb n'avait à opposer à cette innombrable multitude que 200 hommes d'infanterie, vingt cavaliers et vingt chiens corses, dressés pour les batailles, et qui étaient d'un secours efficace; il ne comptait pas sur les bons Indiens de Guacanagari dont il connaissait la timidité, mais il savait aussi qu'à part quelques compagnons de Caonabo, que celui-ci avait habitués à la guerre, tous les autres étaient du même naturel que ceux qui étaient avec lui et leur cacique son allié.

Colomb ne comptait donc que sur sa petite armée; il la divisa en deux corps, mit l'un sous les ordres de son frère, le préfet général, et garda le commandement de l'autre; son plan était d'assaillir ses ennemis de plusieurs côtés à la fois, espérant qu'une impétueuse attaque contre cette multitude d'hommes disséminés dans la campagne, que le bruit des coups de feu entendus dans diverses parties, effrayeraient les Indiens, mettraient le désordre dans leurs rangs et qu'ils s'enfuiraient épouvantés.

Le succès le plus complet répondit à son attente. Les deux corps d'infanterie s'étant jetés de deux côtés sur cette masse irrégulière firent chacun leur trouée dans la foule, en déchargeant contre elle leurs arbalètes et leurs arquebuses et, afin qu'elle ne pût se rallier, les cavaliers et les chiens corses les assaillirent à leur tour, et la panique devint générale; les Indiens, fous de terreur, voulant fuir de toutes parts, se heurtaient les uns contre les autres, sans songer à se défendre, entraînant leurs chefs, tournant, au milieu d'une confusion indescriptible, et tombant sous les coups des Espagnols qui en tuèrent un grand nombre.

Colomb ne poursuivit pas sa victoire, et fit cesser le carnage dès qu'il vit son triomphe complet et l'entière déroute de ses ennemis. On fit plusieurs prisonniers, parmi lesquels se trouva Caonabo, le cacique, le principal instigateur de la révolte et qui fut pris avec ses enfants et ses femmes.

Dans l'interrogatoire auquel il fut soumis, Caonabo avoua qu'il avait fait périr vingt des chrétiens restés avec Arana à la *Navidad*, lors du premier voyage de Colomb; que depuis, sous les dehors de l'amitié, il avait réussi à visiter la ville *Isabela*, dans le but d'étudier les moyens de l'attaquer et de lui faire subir le sort de la forteresse et des maisons du premier établissement.

L'amiral, déjà informé des actes criminels de ce cacique, fit dresser une instruction complète de ces aveux, tant pour ses premiers crimes que pour la seconde rébellion ; à ces actes, vinrent s'ajouter les plaintes des gens qu'il avait molestés. Mais, ne voulant pas prendre sur lui le châtiment d'un personnage de cette importance, et satisfait de la vigoureuse répression infligée aux coupables, il retint en prison Caonabo et son frère, et les envoya en Espagne avec le dossier en question, laissant aux rois catholiques le soin de prononcer sur leur sort.

Cette éclatante victoire, les emprisonnements qui l'avaient suivie, la répression sévère qui en avait été la conséquence, inspirèrent à la population une salutaire terreur ; il ne restait plus dans l'île que 630 chrétiens, parmi lesquels il se trouvait un grand nombre de malades ; ce qui n'empêcha pas l'amiral de parcourir la campagne dans tous les sens, et d'obtenir, sans avoir de nouveau recours aux armes, la soumission entière des Indiens. Tous s'engagèrent à payer aux rois catholiques le tribut qui leur avait été imposé, et qui se résumait en ces termes :

Tous les Indiens résidant aux pays de Cibao, où se trouvent les mines d'or, devront, dès l'âge de quatorze ans, fournir au gouvernement une gourde remplie d'or en poudre, et les autres, 25 livres de coton ; et, pour contrôler le payement de ces tributs, on fit frapper une médaille de cuivre que la Trésorerie remettait, à titre de reçu, à chaque Indien, quand il venait acquitter son tribut ; et chacun d'eux était tenu de porter cette médaille attachée à son cou, afin qu'on sût, rien qu'à sa vue, qu'il avait obéi à la loi. Tout Indien rencontré sans sa médaille était un réfractaire et puni comme tel, à moins qu'il ne justifiât de la possession de la dite médaille, oubliée ou restée dans sa case.

Cette mesure, rigoureusement appliquée, produisit de bons résultats, et tout annonçait une pacification générale, lorsque d'autres événements vinrent susciter de nouveaux troubles et semer parmi les vainqueurs de funestes divisions.

Jusque-là, tout était tranquille dans l'île, depuis la prise de Caonabo; les chrétiens pouvaient tranquillement parcourir la campagne, seuls, ou par petits groupes, sans crainte d'être inquiétés ou maltraités; les Indiens revenus à leur naturel doux et pacifique, leur rendaient tous les services qu'ils désiraient; ils s'offraient même à leur être agréables et utiles, et Colomb, avec sa foi ardente, rendait grâces à Dieu de cette heureuse situation, l'attribuant à sa toute-puissance et à la bonne fortune des rois catholiques. Sans cela et sans l'aide du Tout-Puissant eût-il été possible, pensait-il, que deux cents hommes, en partie malades et mal armés, eussent pu triompher de cette innombrable foule, sans que la Divine Majesté l'eût soumise à leurs coups, et l'eût livrée entre leurs mains? Et, pour lui, l'évidence de cette faveur miraculeuse ressortait de la situation fâcheuse et pénible à laquelle ses troupes avaient été réduites par la maladie, par les souffrances de toute sorte, par la mort d'un grand nombre de ses compagnons; de telle sorte que, sans la faveur divine, ni la force, ni le savoir, ni le courage, ni la supériorité des armes des Espagnols n'auraient pu avoir raison de cette multitude, quelque lâche qu'elle fût, car elle aurait pu les étouffer par son immensité.

Nous remarquons avec quelque surprise que Washington Irwing ne fait mention de cette bataille décisive à laquelle, d'après Don Fernando, était due la pacification de l'île, qu'après la prise du terrible cacique Caonabo; comme conséquence de cet enlèvement, qu'il attribue à Ojeda, l'armée des Indiens aurait été, d'après lui, commandée par un frère du cacique; et cet historien raconte un combat livré par Ojeda avec des forces très médiocres, contre sept mille guerriers indiens, commandés par un frère du cacique Caonabo, alors prisonnier à la *Isabela;* mais, selon lui et d'après Las Cazas, Oviedo et Herrera, il prétend que la prise de Caonabo aurait eu lieu par suite d'une ruse combinée et exécutée par l'intrépide Ojeda.

Celui-ci voyant l'inquiétude de l'amiral concernant l'hostilité de ce cacique astucieux, courageux et habile, aurait proposé à l'amiral de s'emparer de lui par la ruse, et, suivi de dix cavalers bien armés, avec sa témérité habituelle, il se serait rendu à la résidence de ce chef redouté, où, sous prétexte de proposition de paix et d'amitié, et profitant de l'admiration qu'il lui avait inspirée, lors du siège de la citadelle, il aurait conquis les bonnes grâces du cacique, par son adresse, sa force et son agilité.

Ojeda, profitant de l'influence qu'il avait acquise sur Caonabo, l'engagea à venir avec lui à la *Isabela*, pour sceller le contrat d'amitié avec l'amiral, et, pour le décider, il lui aurait offert de lui donner la cloche de la chapelle de la ville.

Cette cloche était pour tous les Indiens le sujet d'une continuelle admiration; quand ils en entendaient les sons, appelant les chrétiens à la messe, et qu'ils voyaient ceux-ci se rendre en foule à l'église, ils se figuraient que la cloche parlait et que les Espagnols accouraient à sa voix; selon eux c'était encore un instrument venu du ciel.

C'était donc, pour le cacique, un présent inestimable, et il ne sut pas résister au désir d'en avoir la possession; mais, toujours défiant et rusé, il se fit accompagner par une troupe armée fort nombreuse.

Ils se mirent donc en route et, dans une halte auprès de la rivière Yaqui, Ojeda montra à Caonabo une paire de menottes en acier poli d'un brillant extraordinaire, en lui disant que c'était un ornement royal venu du ciel, et qu'il le lui donnerait après qu'il se serait purifié dans l'eau de la rivière, et qu'il rentrerait dans son royaume paré de ces ornements, et monté sur le cheval d'Ojeda.

Ébloui par l'éclat de ces espèces de joyaux, le cacique se jeta à l'eau et après le bain se laissa mettre le redoutable engin, et on l'attacha à Ojeda, après l'avoir hissé en croupe sur le cheval du commandant.

Lorsque Caonabo fut ainsi assujetti, Ojeda fit caracoler son cheval et son escorte l'imitant, les guerriers de la suite du cacique se reculèrent avec terreur pour éviter les ruades. Alors, enfonçant ses éperons dans les flancs de son cheval, Ojeda s'élança dans la forêt emportant son prisonnier, pendant que ses dix cavaliers, l'épée nue, le suivaient dans cette course effrénée, menaçant de tuer le cacique s'il poussait un seul cri pour appeler les Indiens à son secours.

Ils firent ainsi, soixante lieues environ, à travers bois, évitant les villes indiennes et arrivèrent, après des fatigues inouïes, à la *Isabela* ou Ojeda remit son prisonnier à l'amiral, dont la satisfaction fut grande, en voyant en son pouvoir cet ennemi implacable de sa domination.

Caonabo ne manifesta aucun trouble en se voyant sans défense aux mains des envahisseurs de son pays; il conserva son air fier et hautain et se vanta des massacres qu'il avait accomplis contre les chrétiens.

Qu'on nous permette, à ce sujet, quelques observations; si cet exploit qui paraît être une légende a eu lieu, comment se fait-il que Colomb ne l'ait pas consigné dans ses mémoires? Comment, avec sa justice et sa véracité habituelles, aurait-il prétendu que le terrible cacique avait été pris à la grande bataille dont son fils décrit si minutieusement les péripéties?

Pourquoi les auteurs que nous avons cités ne mentionnent-ils qu'après l'enlèvement de Caonabo, cette bataille au centre de l'île, bataille si probable et si nécessaire à la pacification du pays? Pourquoi se bornent-ils à citer avant des combats partiels, dans des contrées situées aux extrémités de l'île, et avec des chefs de second ordre, combats qui ne pouvaient avoir une influence décisive sur la situation troublée du pays?

Il faut bien se pénétrer de cette observation que toutes les histoires, écrites au temps de Colomb ou peu après sa mort, ont été publiées sous l'influence de deux courants contraires : ou l'éloge absolu, exagéré de ses partisans, ou l'hostilité préconçue et haineuse de ses adversaires, et, fait singulier, extraordinaire! ses ennemis étaient généralement les religieux et les hauts dignitaires de l'Église; et Christophe Colomb était un homme d'une piété exemplaire, pratiquant ses devoirs religieux avec ponctualité, rempli de vénération et d'égards pour le clergé!

Mais sa découverte avait bouleversé toutes les idées

reçues sur la configuration de la terre, et renversait les croyances admises sur l'origine des mondes ; tout ce qui pouvait rabaisser sa gloire et amoindrir la valeur de l'amiral était donc accueilli avec passion et rapporté avec soin par les écrivains hostiles, et il faut bien reconnaître que presque tous les historiens, surtout en Espagne, étaient des religieux.

Lorsque Las Cazas, dont l'ouvrage est la source où ont puisé tous les autres, arriva dans l'Inde, Colomb avait perdu son prestige; il était en lutte avec l'administration, pour faire reconnaître ses droits, et obtenir la restitution des sommes qui lui étaient dues; presque toutes les charges ou fonctions de l'État se trouvaient aux mains du clergé, et le gouvernement des Indes était au pouvoir de ses partisans. Faut-il s'étonner qu'un évêque, écrivant l'histoire d'un ennemi, ait recueilli tous les faits qui lui étaient défavorables et négligé ceux qui devaient rehausser sa gloire?

Aujourd'hui l'histoire de cet homme illustre doit être impartiale; mais où puiser les documents nécessaires pour rétablir les faits dans leur réalité absolue? D'un côté, la louange est excessive, et de l'autre, c'est un dénigrement de parti pris, et les faits eux-mêmes sont dénaturés! Il faut donc choisir, entre les deux partis, les probabilités admissibles, et se tenir en garde contre les hyperboles, de quelque côté qu'elles se montrent.

## CHAPITRE XXIV.

#### PRÉOCCUPATIONS DE L'AMIRAL ET OBSERVATIONS.

La victoire que nous avons racontée dans le chapitre précédent et les sages mesures prises par l'amiral avaient ramené dans l'île une tranquillité absolue.

Mais les Espagnols souffraient cruellement du manque de provisions. Depuis leur installation à la *Isabela*, et leurs incursions dans l'île, la consommation s'était accrue dans d'effrayantes proportions, et la production, au lieu d'augmenter pour suffire à ces nouveaux besoins, avait plutôt diminué, par suite du trouble et des perturbations qui s'étaient produites chez les Indiens, et les avaient distraits de leurs occupations habituelles.

De leur côté, les Espagnols, uniquement préoccupés de chercher les mines d'or, ou travaillant à l'édification de leurs villes ou de leurs forteresses, Colomb parcourant les mers à la poursuite d'autres découvertes, n'avaient pas songé à mettre à profit l'admirable fertilié de cette terre vierge. Leur insouciance et leur imprévoyance, à cet égard, les avaient placés dans une cruelle situation; ils allaient manquer de vivres, et ceux des Indiens, outre qu'ils étaient peu de leur goût, allaient également leur faire défaut, et d'ailleurs ne pouvaient suffire à leurs besoins; un Espagnol consommait en un jour plus que vingt Indiens.

Colomb éprouvait donc de cruelles angoisses et s'épuisait en efforts de toute nature, pour remédier à une position si inquiétante, quand ils virent apparaître les flammes aux couleurs espagnoles de quatre navires qui cinglaient vers le port de *la Isabela*. Ces quatre vaisseaux, sous les ordres du capitaine Antonio de Torres, étaient chargés de vivres et de provisions de toute espèce, et portaient, en même temps, des ouvriers des professions les plus utiles, des pêcheurs, des meuniers, des jardiniers, des laboureurs et d'autres états convenant à l'exploitation d'une colonie.

Ferdinand et Isabelle avaient remis au capitaine, à l'adresse de l'amiral, des lettres fort aimables, où ils le félicitaient de ses découvertes, approuvaient et louaient hautement ses actes, en reconnaissant le bien-fondé de ses prévisions et le priant de continuer l'organisation de la colonie à laquelle ils disaient prendre le plus vif intérêt ; ils proposaient l'établissement d'une correspondance régulière par l'envoi mensuel d'un navire, tant d'Espagne que de *la Isabela*.

Les souverains lui annonçaient le règlement amiable du différend soulevé par le roi de Portugal, au sujet de la possession des terres qu'il avait découvertes, et lui indiquaient la ligne convenue pour séparer les nouvelles conquêtes des deux États ; mais, avant d'arrêter définitivement cette démarcation, les rois catholiques, désireux d'avoir l'avis des hommes compétents, le priaient de revenir en Espagne, afin de prendre part aux réunions qui devaient avoir lieu pour arrêter définitivement les conventions et, dans le cas où il ne pourrait quitter *la Española*, d'envoyer à sa place son frère Bartholomé ou tout autre praticien compétent, et qu'il le munît des plans et des cartes nécessaires pour fixer les points en litige.

Le capitaine Torres était porteur d'une autre épître, émanant des souverains, et adressée à la population de l'île, pour lui mander de prêter obéissance à Colomb comme à leurs rois, sous menace d'encourir leur mécontentement, et de subir une amende de 10 mille maravédis, pour chaque faute commise.

Ces lettres et ces témoignages de confiance apportèrent à Colomb quelque consolation ; mais, d'un autre côté, la désertion de Margarit et de Boyle, ainsi que des autres mécontents, ne laissaient pas de le tourmenter, car il avait connaissance des plaintes envoyées en Espagne et que ces deux transfuges allaient soutenir de leur influence et de leur animosité, dans le but de dissimuler leur défection et leur désobéissance.

Colomb ne se faisait pas d'illusion, et il jugeait que sa qualité d'étranger le plaçait dans une situation inférieure; il ne comptait à la cour qu'un très petit nombre de partisans, qui ne seraient pas assez forts pour lutter contre les puissantes influences qu'allaient soulever contre lui les deux transfuges qui étaient la cause première de l'insuccès de ses efforts.

Il résolut donc, pour déjouer les calomniateurs et, en même temps, pour obéir à l'ordre de ses souverains, et assister aux séances de la commission chargée de fixer la ligne de démarcation en question, il résolut de hâter le départ des navires de Torrès et de partir avec eux pour la Castille.

Mais sa maladie, ravivée par les fatigues de la bataille et par les ennuis qu'il éprouvait, le retint dans son lit, et il ne put mettre son projet à exécution. D'un autre côté, il ne lui était pas possible de se priver du concours de Bartholomé qui lui était indispensable.

Il envoya son frère Diego en Espagne, pour le remplacer aux séances de la commission, et le défendre au besoin auprès de LL. Altesses, s'il était calomnié.

Il chargea les navires de tous les objets précieux, d'utilité ou de curiosité, qu'il put réunir, pour prouver à ses souverains les avantages que pouvaient offrir ces magnifiques pays; et, pour dédommagement des dépenses que leur coûtait cette conquête, il leur envoya environ cinq cents Indiens, prisonniers qu'il avait faits dans les divers combats que lui et Ojeda leur avaient livrés.

Il fallait que Colomb eût bien à cœur d'indemniser des frais de l'exploration les souverains qui pourvoyaient aux besoins de la colonie, pour se décider à sacrifier ainsi des malheureux qui n'avaient commis d'autre crime que celui de se défendre contre les malversations d'envahisseurs qu'ils avaient bien accueillis, dans leur pays, et qui les récompensaient par des mauvais traitements.

Mais, en ce temps-là, le droit du plus fort était absolu, et le principe du *Væ victis*, malheur aux vaincus, était la règle des combats. Les nouvelles conquêtes des Portugais avaient d'ailleurs habitué l'Europe à ces usages barbares, et la traite des nègres de la côte d'Afrique était un des profits les plus importants de leur souveraineté dans ces contrées.

Les barbares, les infidèles et conséquemment les sauvages avaient été mis au ban de la civilisation ; les prisonniers faits dans ces guerres étaient traités comme esclaves, vendus sur les marchés publics au plus offrant. La philosophie du temps, la théologie et l'Église approuvaient ces actes, et Ferdinand n'avait pas traité autrement les prisonniers maures, dans la pensée qu'il propageait la foi catholique, en présence des nombreux religieux qui suivaient ses armées dans cette guerre sainte. On faisait même des *razzias* dans le pays musulman et, avec les troupeaux, on enlevait non seulement les guerriers qui défendaient leur pays, mais encore les paisibles habitants des campagnes, et on conduisait tout, hommes et bêtes, sur le marché de Séville, où ils étaient vendus pêle-mêle. On avait ainsi vendu à l'encan, bien qu'on eût payé une partie de leur rançon, onze mille habitants de Malaga pris après la reddition de la ville, et sans distinction de sexe ni d'âge, en punition de la résistance désespérée de ses défenseurs. Dans d'autres circonstances, la défense héroïque d'une ville assiégée eût valu à ses défenseurs la sortie de la ville avec les honneurs de la guerre.

Colomb avait donc des précédents qui justifiaient à ses yeux l'action malheureuse qu'il commettait inconsciemment, imbu qu'il était des usages de son temps.

Cependant les tributs imposés aux Indiens n'étaient pas payés très exactement ; dans certaines contrées comme la plaine royale, où il n'y avait pas d'or, car il n'existait de mines que dans les montagnes, les naturels n'ayant pas l'habitude de recueillir ce métal, pouvaient difficilement payer cette partie du tribut. Le cacique Guarionex avait offert de l'acquitter au moyen de récoltes de grains provenant de la culture d'une zone de terrains à déterminer.

Mais l'amiral qui ne voyait que l'or capable de satisfaire les convoitises de la cour, désireux de prouver, par de forts envois de ce métal, la richesse des pays conquis, refusa cet arrangement et préféra n'exiger que la moitié du tribut imposé.

Cette exigence inusitée chez Colomb, eut pour résultat de désaffectionner les Indiens et d'exciter le mécontement; ils se voyaient traités en esclaves, dans leur pays, par ces étrangers qu'ils avaient accueillis comme des messagers du ciel.

Pour se mettre en garde contre ce mécontentement, l'amiral augmenta ses moyens de défense; il mit en bon état les forts existants, et en fit construire un autre dans la plaine royale auquel il donna le nom de *Magdalena*, un quatrième au défilé del *Puerto de los hidalgos*, qui est aujourd'hui le Pas de Marney; enfin, le plus considérable fut édifié, sous le nom de *Concepcion*, dans une autre partie de la plaine, à quinze lieues du fort *Esperanza*, sur le territoire de Guarionex.

Ces signes d'une domination implacable étaient pour les Indiens des sujets de désespoir. Ces populations naturellement indolentes, ne pouvaient se résigner à une vie de travail régulier; habituées à errer dans leurs forêts, à vivre des fruits de leur terre féconde, à voguer dans leurs canots sur leurs rivières, à nager, à pêcher, enfin à mener une existence vagabonde, au gré de leurs désirs, ils ne pouvaient se faire à ce joug rigide et pesant, qui leur imposait la dure loi d'un labeur journalier, pour arriver à payer le tribut détesté. Plus de fêtes, plus de jeux, plus de danses, plus de repos dans les bois et le long des ruisseaux, pour fuir la chaleur du jour, et au lieu de ces naïfs délassements, de cette liberté si douce, il leur fallait chercher péniblement les paillettes d'or, dans les rivières, cultiver leurs champs et en donner les produits à des maîtres qui les opprimaient. Dans ces contrées brûlées par un soleil torride, habitués à une nourriture insubstantielle, le travail continu les fatiguait, et ils s'endormaient sur les sillons.

Leur insouciance, leur gaieté, leur douceur et leur soumission firent place à une mélancolie apathique, à une résistance passive, et à une irritation latente, qui les empêchait de se livrer au travail; au lieu de leurs chants légers et joyeux, ils se berçaient de ballades tristes, où ils déploraient leur captivité.

Ils avaient cru d'abord que les chrétiens ne séjourneraient pas dans leurs pays; mais, lorsqu'ils virent se fonder une ville et des forteresses s'élever sur divers points de l'île, ils comprirent vite que leurs oppresseurs allaient s'établir définitivement chez eux, et alors désespérés, impuissants à lutter contre cette domination toute-puissante, ils conçurent le projet de forcer, par la famine, leurs vainqueurs à se retirer. Ils cessèrent la culture de leurs champs, détruisirent les récoltes, abattirent les fruits des arbres et dévastèrent la campagne en se retirant dans les forêts.

Mais les Espagnols n'étaient pas gens à se laisser abattre par ces moyens opiniâtres; endurcis, inflexibles, ils souffrirent de cette disette imprévue, mais, usant des ressources que leur fournissaient les approvisionnements de leurs navires, ils poursuivirent les Indiens dans leurs forêts, les suivirent sur les montagnes où ils se réfugiaient, les femmes portant leurs enfants dans leurs bras, et où ils périrent par milliers de fatigue, de faim et de désespoir.

Enfin, ceux qui restèrent, convaincus qu'ils ne pouvaient échapper à cette puissante domination, reprirent le chemin de leurs habitations et de leurs terres, et se courbèrent sous l'impitoyable joug de ces hommes de fer qui leur inspiraient une telle terreur, qu'un seul d'entre eux imposait aux Indiens les corvées les plus pénibles, jusqu'à se faire porter par eux à dos d'homme.

Dans cet effrayant et douloureux conflit, le cacique Guacanagari n'avait pas cessé de témoigner aux Espagnols l'amitié qu'il leur avait vouée, et il était devenu, pour les autres chefs, un sujet d'exécration. Il fut dès lors en butte à leurs insultes et à leurs mauvais traitements, et Colomb, presque toujours occupé d'explorations ou de voyages en Europe, n'était pas là pour le défendre.

Quand les Espagnols sévirent contre les Indiens pour le payement du tribut, et pendant la poursuite implacable dans les bois et dans les montagnes, la situation du malheureux cacique devint intolérable. Accablé d'ennuis, impuissant à protéger ses sujets contre les exactions de ses alliés devenus des tyrans, il se reprocha de les avoir encouragés à rester dans son pays, et, brisé de fatigue, succombant sous la douleur, il s'enfuit dans la montagne pour se dérober à l'hostilité des autres caciques, et ne pas être témoin des angoisses de son peuple; et il y mourut de misère et de regret, par suite de l'ingratitude et des exactions des chrétiens.

La soumission des Indiens amena un peu de calme dans la colonie, et Colomb put se rendre compte des ressources que présentait cet admirable pays, au point de vue de sa production et du trafic à établir avec la métropole.

Il parcourut alors les diverses parties de l'île et reconnut qu'elle possédait quelques mines de cuivre, indépendamment de ses mines d'or. Parmi les plantes, il découvrit l'indigotier; dans les arbres, il vit l'ébénier, le cèdre, l'arbre à gomme et, dans les produits du sol, l'ambre, l'encens, et diverses épiceries dont quelques-unes à l'état sauvage et que la culture pourrait améliorer; il vit aussi du gingembre, de la canelle, et plusieurs espèces de mûriers blancs, dont les feuilles qui durent pendant toute l'année servent à nourrir les vers à soie; il trouva ensuite une infinité d'arbres et de plantes dont il était possible de tirer profit.

L'amiral et les hommes qui le suivaient, en s'entretenant avec les Indiens, apprirent à connaître leurs usages, et il en a laissé dans son journal la description suivante :

« Quant à leurs pratiques religieuses, je n'ai trouvé chez
« eux que peu d'apparences d'idolatrie, quoique leurs rois,
« qui sont en très grand nombre, possèdent une case ou
« maison, où ils ne mettent autre chose que certaines statues
« qu'ils appellent *cemis*. Cette case est exclusivement desti-
« née aux cérémonies et aux prières, comme nos églises :
« Il s'y trouve une table d'un beau travail, ronde et creusée
« en forme de plat, dans laquelle ils mettent certaines pou-
« dres qu'ils posent sur la tête de leurs *cemis*, avec une grande
« cérémonie; ils enfoncent ensuite dans leurs narines, un
« roseau à deux branches, à l'aide duquel ils aspirent cette
« poussière. Aucun de nous ne comprend les paroles qu'ils
« prononcent alors, mais l'absorption de cette poudre leur
« ôte l'usage de leurs sens et les enivre. La statue en ques-
« tion reçoit un nom, probablement celui de leur père, de

« leur aïeul, peut-être de tous les deux, pour ceux qui n'en
« ont qu'une ; d'autres en possèdent jusqu'à dix, toutes en
« mémoire de leurs ascendants. J'ai reconnu que certaine de
« ces statues était plus honorée que les autres, et les caciques,
« ainsi que les populations, se flattent de posséder un *cemi*
« plus puissant que celui des autres. Ils ne permettent pas
« aux chrétiens d'entrer dans ces cases, et cachent leurs *cemis*,
« de peur qu'on les leur prenne ; ce qui est le plus plaisant,
« c'est qu'ils ont l'habitude de se voler leurs *cemis*, les uns
« aux autres. Il advint un jour que les nôtres pénétrèrent,
« avec les Indiens, dans une de ces cases ; aussitôt le *cemi*
« commença à crier avec force et à parler dans leur langue :
« la statue était creuse et renfermait un tuyau communi-
« quant avec un coin sombre de la case, où un Indien, caché
« derrière des branches feuillées, faisait dire à la statue ce
« que voulait le cacique. Pour savoir ce qu'il en était, nos
« hommes renversèrent la statue d'un coup de poing, et
« découvrirent le mystère. Le cacique, à cette vue, supplia
« les nôtres de ne rien dire aux Indiens, parce qu'avec ce
« stratagème il les tenait en obéissance. Ceci, pourrai-je
« dire, a bien une couleur d'idolâtrie, au moins pour ceux
« qui ignoraient la ruse des caciques. Quant à ceux-ci, c'était
« pour eux un moyen d'imposer à leurs sujets les tributs
« qu'ils voulaient.

« La majeure partie des caciques possède aussi trois pier-
« res, pour lesquelles, eux et leurs vassaux, ont une grande
« dévotion : l'une, disent-ils, fait naître les fruits et les lé-
« gumes ; l'autre fait accoucher les femmes sans douleur, et
« l'autre obtient le soleil ou la pluie quand cela est néces-
« saire. J'ai envoyé à Vos Altesses trois de ces pierres, par
« Antoine Torres, et j'en apporterai trois autres.

« Lorsque les Indiens meurent, leurs obsèques se font de
« diverses manières : pour les caciques, on ouvre leurs corps
« et on les sèche devant le feu pour les conserver ; pour d'au-
« tres, on ne conserve que la tête, ou bien on les brûle, dans
« la case où ils sont morts. Lorsqu'ils sont à toute extrémité,
« on ne les laisse pas finir et on les étouffe ; cela s'opère par
« les caciques entre eux ; pour d'autres, on les jette hors de

« leur case; quelques-uns sont placés sur un hamac en filet
« qui leur sert de lit; on les laisse seuls, sans venir jamais
« les revoir. Ceux qui sont sérieusement malades sont portés
« au cacique, et celui-ci décide si on doit, ou non, les étouf-
« fer. Sa sentence est exécutée.

« Je me suis extrêmement préoccupé de leurs croyances,
« et de savoir où ils croient aller après leur mort. Je l'ai de-
« mandé spécialement à Caonabo, le principal roi de *la Es-*
« *pañola*, homme âgé, de grand savoir, et d'esprit très sub-
« til, et il m'a dit qu'ils vont dans une certaine vallée; que
« chaque principal cacique croit être dans son pays, affir-
« mant qu'on y retrouvait ses parents et tous ses aïeux, qui
« y mangent, possèdent des femmes, et y goûtent des plai-
« sirs et des joies. D'autres m'ont fait des réponses analogues.

« J'ai fait recueillir par le Fr. Roman, tous leurs rites et
« leurs anciennes coutumes, et je joins son écrit aux pré-
« sentes. »

# CHAPITRE XXV.

## CROYANCES ET PRATIQUES RELIGIEUSES, COUTUMES ET USAGES DES INDIENS.

Voici les principaux extraits de cet écrit :

Chacun des Indiens observe un mode particulier de superstition : ils croient qu'il y a dans le ciel un être immortel, que personne ne peut voir, qui a sa mère, et n'a pas eu de commencement. Ils le nomment *Jocabunagus Maoracon* et sa mère, *Atubei Jemao*, *Guacar*, *Apito et Zuimaco*; ils savent de quel côté ils sont venus, et où la lune et le soleil ont pris leur origine, comment la mer s'est faite et où vont les morts.

Ils croient que les morts leur apparaissent lorsqu'ils sont seuls, et non quand ils sont plusieurs réunis; toutes ces croyances leur ont été inculquées par leurs ascendants, puisqu'ils ne savent ni lire, ni compter, sinon jusqu'à dix.

### I. — VENUE DES INDIENS.

La plus grande partie des Indiens qui ont peuplé *la Española* sont sortis d'une des deux grottes de la montagne *Canta*, grotte appelée *Cacibagiagua;* le gardien nommé *Marocael* ayant manqué un jour, le soleil l'emporta. Ce gardien était chargé de répartir et d'envoyer dans l'île les gens de la grotte, et son absence leur causa beaucoup de mal.

### II. — SÉPARATION DES HOMMES ET DES FEMMES.

*Guagugiona* avait envoyé *Gadruraba* chercher l'herbe

*Digo*. Le soleil l'enleva et le changea en oiseau, le *Giahuba Bagiael* qui chante comme le rossignol.

### III. — SUITE.

*Guagugiona*, ne le voyant pas revenir, et irrité, résolut de partir, et il dit aux femmes : Laissez vos maris et allons dans d'autres pays; emportons beaucoup de joyaux; laissez vos enfants et prenons avec nous seulement les herbes, et ensuite nous reviendrons les chercher.

### IV. — SUITE.

*Guagugiona*, parti avec toutes les femmes, à la recherche d'autres pays, arriva à *Matinino* où il laissa les femmes et s'en fut à une autre région appelée *Guanin*. Les enfants avaient été laissés près d'un ruisseau, et, quand ils eurent faim, ils se mirent à pleurer et à appeler *mama*, et ils demandèrent à teter en criant : *Too, too*. Les hommes ne pouvant les satisfaire, les enfants furent transformés en petits animaux qu'on appelle *Tona*.

### V. — RENVOI DES FEMMES A LA ESPAÑOLA.

*Guagugiona*, en emmenant les femmes, avec celles de leur cacique, nommé *Anacacugia*, avait pris avec lui son beau-frère; ils entrèrent dans la mer et, étant dans le canot, *Guagugiona* dit à son beau frère : « Vois quel beau colimaçon il y a dans l'eau » et, comme celui-ci se penchait pour regarder, il le prit par les pieds et le jeta dans la mer; il garda ainsi toutes les femmes pour lui seul.

### VI. — RETOUR A CANTA.

*Guagugiona*, étant à *Guanin*, vit une femme qu'il avait laissée dans la mer, ce qui lui causa un grand plaisir et, après s'être lavé, il chercha un endroit écarté, où il l'appela près de lui, et il lui permit de s'en aller quand elle le lui demanda; elle s'appelait *Guabonito*, et il changea son nom en celui de *Biberaci Guagugiona*, et il lui donna beaucoup de *guaninis* ou grains d'or et des bracelets de pierres précieuses, pour qu'elle les mît à ses bras, et les grains d'or pour ses oreilles, percées quand elle était enfant.

On dit que l'origine de ces grains d'or vint de *Guabonito*, *Albéborael*, *Guagugiona* et du père d'*Albeborael*. *Guagugiona* resta sur la terre avec son père qui se nommait *Hianna*. Celui-ci avait un autre fils appelé *Hia Guaili Guanin*, ce qui signifie : fils de *Hianna*, et qui depuis s'appela *Guanini*, et donna son nom aux grains d'or.

### VII. — VENUE DES FEMMES A LA ESPAÑOLA.

Les hommes restés seuls, cherchant les traces de leurs femmes, virent un jour, en se lavant, tomber des arbres, entre les branches, des espèces d'êtres qui n'étaient ni hommes ni femmes ; ils voulurent les prendre, ils s'enfuirent comme des aigles. Mais le cacique leur ayant donné quatre Indiens teigneux, ayant les mains très rudes, ceux-ci les prirent et les retinrent, pendant que l'on tenait conseil, comment on en ferait des femmes, la nature de la femme ou de l'homme leur faisant défaut.

### VIII. — FORMATION DE LA FEMME.

Ils cherchèrent un oiseau qu'on appelle *Juriri*, lequel perce les arbres et qui se nomme pic en Europe. Ils attachèrent les mains et les pieds des êtres saisis, avec un oiseau sur le corps à un endroit si approprié que, croyant que ces êtres étaient des arbres, le pic, en perforant, forma la nature de la femme qui leur manquait.

### IX. — CRÉATION DE LA MER.

Jaya, dont on ne connaît pas le nom propre, avait un fils nommé Jayael qu'il avait renvoyé parce que celui-ci voulait le tuer. Au bout de quatre mois, le père tua son fils, et mit ses ossements dans une calebasse qu'il jeta sur le toit de sa case, où elle resta quelque temps. Or il advint que sa femme lui ayant demandé de voir son fils, il prit la calebasse et l'ouvrit; il en sortit une grande quantité de poissons, grands et petits.

Et, Jaya étant allé voir ses possessions, quatre enfants d'une femme nommée *Hiva Tahuvava*, sortis jumeaux du ventre de leur mère, morte en couches, vinrent chez lui.

X. — LES QUATRE FRÈRES ET LEURS FAITS ET GESTES.

Et ces quatre fils, dont l'un était rogneux, allèrent près de la calebasse, dans laquelle était le fils Jayael, transformé en poisson; et il n'y eut que *Dimivan*, le rogneux, qui osa la prendre, et ils se gorgèrent de poissons; mais, pendant qu'ils mangeaient, entendant revenir Jaya, et voulant remettre la calebasse à sa place, ils s'y prirent si mal qu'elle tomba par terre et se brisa; et on dit qu'il en sortit tant d'eau que la terre en fut couverte, et, avec cette eau, une grande quantité de poissons, et ce fut là l'origine de la mer. Ils quittèrent cet endroit et ils rencontrèrent un homme qui s'appelait *Conel* et qui était muet.

XI. — SUITE DES FAITS ET GESTES DES QUATRE FRÈRES.

Ceux-ci arrivèrent à la porte de *Basamanaco*, et *Dimivan* voyant ses frères devant lui, entra dedans, pour voir s'il pouvait prendre quelque *cazabi*, qui est le pain que l'on mange dans ce pays; et lorsqu'il demanda le *cazabi* à *Ayamavaco*, celui-ci porta sa main à son nez, et lui jeta sur les épaules une calebasse remplie de *cogioba*, poudre à purger, qu'il avait faite le jour même, il le renvoya avec un coup sur la tête au lieu de pain, étant très irrité de ce qu'il lui demandait.

*Dimivan* alla conter à ses frères ce qui lui était arrivé, et le coup qu'il avait reçu sur la tête et sur les épaules, et qui le faisait beaucoup souffrir. Et les frères regardèrent ses épaules et les trouvèrent très enflées, et l'enflure augmentant toujours, ils l'ouvrirent avec une hache de pierre, et il en sortit une tortue vivante, et alors ils se construisirent une case, et ils y apportèrent la tortue.

Ensuite on dit que la lune et le soleil sortirent d'une grotte qu'on nomme *Jovovava*, qui est dans le pays d'un cacique appelé *Maucia Tibuel*. Cette grotte, ornée de feuillages et d'autres choses de même nature, est en grand honneur. Il y avait deux *cemis* en pierre, de la grandeur d'une demi-brassée, et il paraît qu'ils suaient et étaient appelés *Bainiacl* et *Maroya*; ils étaient en grande vénération, et on dit que, lorsque la pluie manquait, on allait les prier, et qu'il pleuvait immédiatement.

### XII. — RÉSIDENCE DES MORTS.

Les Indiens croient qu'il y a un lieu où vont les morts, qu'il s'appelle *Coaibai* et est situé dans l'île même, dans la partie que l'on nomme *Soraya*. On dit que le premier qui s'en alla à *Coaibai* fut *Machetaurie-Guanana*, seigneur de ce lieu, maison et habitation des morts.

### XIII. — FORMES ET PRATIQUES DES MORTS.

On dit que les morts sont enfermés le jour et sortent pendant la nuit; qu'ils mangent un fruit appelé *guabara*, qui a le goût de la pomme; que, le jour, ils sont en pierre, et que, la nuit, ils se changent en fruits, sont en fête et vont en compagnie des vivants. On les reconnaît à leur ventre, si on n'y trouve pas de nombril, parce que les morts n'en ont plus. Ce qui trompe quelquefois, parce que, par inadvertance, on prend des femmes de leur compagnie, et quand on veut les embrasser, elles disparaissent subitement.

Les vivants sont appelés *Gociz* et les morts *Opia*. On dit qu'ils apparaissent souvent sous la forme de l'homme ou de la femme, et on affirme que, si l'on veut se disputer avec eux, ils disparaissent au début de la lutte, et qu'alors on étend ses bras dans le vide, ou contre des arbres auxquels on reste suspendu, ce que tous croient, les grands et les petits. Ils croient aussi qu'ils leur apparaissent sous la forme de leur père, de leur mère, de leur frère, de parents ou sous d'autres formes.

### XIV. — CAUSES DE CES PRATIQUES.

Ces croyances sont enseignées aux Indiens par les *buhitibus*, espèce de charlatans qui disent avoir commerce avec les morts, déclarent savoir l'avenir, connaître les secrets et guérir les maladies. Leur instruction consiste en anciennes chansons qu'ils chantent, en s'accompagnant avec un instrument en bois appelé *baiohabao*, d'une demi-brassée de long et autant de large, concave, fort et très pénétrant; la partie instrumentale a la forme de tenailles, et l'autre partie, celle d'une massue; de sorte que l'instrument entier ressemble à une calebasse à long cou. Il a un son tellement fort qu'on l'entend d'une lieue de distance; ils enseignent aux enfants à jouer du dit instrument, et à chanter leurs chansons en s'accompagnant.

### XV. — PROFESSION DES BUHITIBUS.

La plupart des Indiens, sinon tous, ont de nombreux *cemis* de diverses sortes : pour quelques-uns, ce sont les os de leurs parents, en bois ou en pierre, quelquefois de formes différentes, qui parlent ou font naître les semences, ou amènent la pluie.

Lorsque l'un d'eux est malade, on l'amène au *buhitibu*, le charlatan en question, lequel est obligé de faire lui-même la diète qu'il ordonne au malade, et de conformer sa figure à l'air de la maladie : il doit se purger comme le malade, avec la poudre de *cogioba*, en l'aspirant par les narines. Cette poudre les enivrant, ils n'ont plus le sentiment de leurs actes ni de leurs paroles, et tiennent les propos les plus hors de raison, en affirmant qu'ils parlent avec les *cemis*, et que c'est la cause de leur maladie.

### XVI. — FAITS ET GESTES DES BUHITIBUS.

Quand les *buhitibus* vont voir un malade, avant de sortir de chez eux ils se barbouillent la figure de noir, afin de leur en imposer; ensuite, ils prennent quelques petits os et un peu de chair, qu'ils ploient ensemble, et se les mettent dans la bouche.

Quand le buhitibu entre dans la case du malade, tout le monde se tait; les enfants, s'il y en a, sont mis dehors, afin qu'ils ne fassent pas de bruit et ne troublent pas le médecin dans son office. Il ne reste dans la case qu'un ou deux des principaux habitants.

Le *buhitibu* met dans sa bouche quelques herbes qu'il a apportées, enveloppées dans une peau d'oignon, puis il se met à chanter, et après avoir allumé une lumière il exprime le jus de ses herbes.

Ceci fait, après un instant de repos, le *buhitibu* se lève et se dirige vers le malade, qui est assis au centre de la case, et tourne deux fois autour de lui. Ensuite il se met en face, et lui prend les jambes, en palpant ses muscles jusqu'aux pieds. Puis il tire avec force, comme s'il voulait les disjoindre, et, de là il va à la porte de sortie et dit : « Va-t-en à la montagne » ou « à la mer », selon qu'il le juge à propos. Et, après avoir soufflé, comme s'il soufflait après une paille, il se retourne, joint les mains, ferme la bouche et agite les mains, en tremblant, comme s'il faisait grand froid; il souffle ensuite sur ses mains, et en aspire l'air, comme quand on suce la moelle d'un os, et il va sucer ainsi le malade, au cou, à l'estomac, aux épaules, aux mains, au ventre et à beaucoup d'autres parties du corps.

Cela fait, il se met à tousser, il gesticule, comme s'il avait bu une chose amère; il crache dans ses mains ce qu'il a mis dans sa bouche, et, si c'est du manger, il dit au malade : « Fais attention, tu as mangé quelque chose qui a causé ta « maladie, tu vois comme je te l'ai sortie du corps; ton « *cemi* te l'avait mise parce que tu ne lui as pas adressé de « prière, ou que tu ne lui as construit aucun temple ou que « tu ne lui as fait aucune donation. Si le *cemi* est en pierre, il lui dit de le bien garder. Ils ont quelquefois la conviction que ces pierres ont certaines vertus, qu'elles aident beaucoup à l'accouchement des femmes, et ils les conservent avec grand soin, entourées de coton et placées dans une corbeille; ils leur donnent à manger de ce qu'ils mangent, et ils agissent de même avec les *cemis* qu'ils ont dans leur case. Les jours de fête solennelle, ils apportent des quantités de nourriture, de la viande, du poisson, du pain, et d'autres victuailles, et les laissent dans la case du *cemi*, afin qu'il mange, et, le jour suivant, après le repas du *cemi*, ils remportent à leur case ce qu'il a laissé, et ainsi Dieu les aide. Comment le *cemi* mange-t-il de toutes ces choses puisqu'il est en pierre ou en bois?

### XVII. — ERREURS DES MÉDECINS.

Lorsque ces pratiques accomplies, le malade n'en meurt pas moins, si le mort a de nombreux parents, ou s'il est seigneur, ayant des vassaux et pouvant lutter contre le *buhitibu*, (car les faibles n'osent pas s'attaquer à ces médecins), voulant s'assurer si le malade est mort par la faute du médecin, ou si celui-ci n'observa pas la diète qu'il avait prescrite, ils prennent une herbe appelée *guèie* ou *zachon*, à feuilles larges et épaisses, comme celles du *basilicon* et en expriment le suc; ils coupent les ongles du mort et ses cheveux sur le front, ils les broient entre deux pierres, et en font une poudre qu'ils mêlent avec le suc de l'herbe en question, et font absorber ce mélange au mort par la bouche ou par les narines, en lui demandant si le médecin a causé sa mort, s'il a observé la diète, et ils répètent ces demandes, jusqu'à ce que le mort parle aussi clairement que s'il était en vie; ils lui disent que le médecin lui demande s'il est vivant, puisqu'il parle si clairement, et il répond qu'il est mort. Dès qu'ils ont su ce qu'ils voulaient, ils le remettent dans sa sépulture.

Ils ont un autre mode de savoir ce qu'ils désirent, ils font un grand feu comme celui des charbonniers, et quand le bois est réduit en braise, ils jettent le mort dans ce feu clair, et le couvrent de terre, comme les charbonniers couvrent le charbon, et ils le laissent là le temps qu'ils jugent à propos. Ils lui adressent alors leurs questions et le mort répond qu'il ne sait rien; ils le questionnent ainsi dix fois, et il répond; après quoi, il ne parle plus, même quand on lui demande s'il est mort.

Lorsqu'ils découvrent le feu, la fumée monte jusqu'à ce qu'on la perde de vue; elle pétille en sortant du foyer, elle est ensuite refoulée en bas et entre dans la case du *buhitibu*, qui tombe malade aussitôt, parce qu'il n'a pas observé la diète, son corps se couvre de plaies et se pèle, signe évident que le malade est mort par sa faute.

### XVIII. — VENGEANCE DES PARENTS.

Selon les réponses du mort, les parents réunis attendent le *buhitibu* et, à grands coups de bâton, lui cassent les bras et les jambes, et lui fendent le crâne, le laissant pour mort: mais, la nuit, des couleuvres lèchent ses plaies et, trois jours après, les os des bras et des jambes se sont ressoudés, de telle sorte qu'il peut se lever, marcher peu à peu, et se rendre à sa case. Ceux qui le revoient lui demandent : tu n'es donc pas mort? et il répond que les *Cemis*, sous forme de couleuvres, sont venus à son secours, ce qui désespère les parents du mort; et si ceux-ci le suprennent une autre fois, ils lui crèvent les yeux et lui coupent les testicules : ce sont là, selon eux, les seuls moyens de tuer un médecin.

### XIX. — CONFECTION DES CEMIS, EN PIERRE OU EN BOIS.

Ceux en pierre se font de la manière suivante :
Un passant voit un arbre dont la racine remue; il s'arrête tremblant, et demande ce qu'il y a : « Va trouver le *buhitibu* et il te dira qui je suis. » L'Indien va trouver le médecin, et lui raconte ce qu'il a vu, et le charlatan accourt, s'asseoit près de l'arbre et prise la *cogioba;* puis se levant, il énumère ses titres et lui demande : « Qui es-tu? Que fais-tu là? Que
« veux-tu de moi? Pourquoi m'as-tu appelé? Dis-moi si tu
« veux que je te coupe, et je te donnerai une case avec une
« succession. » D'après la réponse de l'arbre, il le coupe et confectionne l'idole, dans la forme qu'il lui a indiquée; puis il lui construit sa case et lui fait la *cogioba* plusieurs fois par an, quand il fait les prières, afin de l'honorer et d'obtenir ou d'apprendre certaines choses, comme pour lui demander des richesses.

Pour savoir s'ils obtiendront la victoire sur leurs ennemis, le cacique et les principaux Indiens se rendent à une case qui leur est exclusivement réservée ; le seigneur fait le premier la *cogioba* et tous gardent le silence, pendant l'opération. Celle-ci achevée, le cacique fait une prière et reste quelque temps la tête penchée, et les mains sur ses genoux ; puis il relève la tête, et les yeux vers le ciel, il parle, et tous répondent ensemble à haute voix, en rendant grâces : alors, enivré par la *cogioba* qu'il a prisée par le nez et lui a envahi le cerveau, il dit qu'il s'est entretenu avec le *cemi* et qu'ils auront la victoire, ou que leurs ennemis s'enfuiront, ou qu'il y aura une grande mortalité, des guerres, la famine, selon ce que l'ivresse lui inspire... Quel jugement peuvent-ils porter, quand ils avouent qu'ils voient les cases sens dessus dessous, et les hommes marcher sur la tête, les pieds en l'air ?

Les *cemis* en pierre sont de diverses formes et sont réputés les plus efficaces : les uns ont la forme d'un gros navet, avec les feuilles étendues par terre et longues comme celles des câpriers. Les autres ont trois pointes, et ressemblent à la *yuca*, patate d'Amérique, ou à une rave ; quelques-uns ont six à sept pointes, et n'ont pas de point de comparaison.

### XX. — LES CEMIS BUGIA ET BRAIDAMA.

Le *cemi Bugia* fut brûlé pendant une guerre. On le lava avec du suc de *yuca*, ses bras repoussèrent, et ses yeux s'ouvrirent de nouveau ; on appela ce nouveau *cemi Braidama* ; ceux qui l'avaient créé tombèrent malades, parce qu'ils ne l'avaient pas empêché de manger de la *yuca*. Quand quelqu'un était malade, le *buhitibu* que l'on consultait, prétendait que *Braidama* l'avait fait manger avec ceux qui prenaient soin de sa case, et il affirmait le tenir du *cemi* lui-même.

### XXI. — LE CEMI DE GUAMORETE.

En construisant la case de *Guamorete*, homme éminent, on mit, sur le faîte, un *cèmi* qu'il possédait, et qui s'appelait *Corocote*. Dans une guerre, les ennemis incendièrent la case, et on dit que le *cemi* s'éleva dans les airs et vint se poser à la distance d'une portée d'arbalète.

Lorsqu'il était placé au faîte de la case, il descendait, dit-on, la nuit, et allait dormir avec les femmes.

Après la mort de *Guamorete*, le *cemi* vint au pouvoir d'un autre cacique, et il alla encore dormir avec les femmes, et on ajoute qu'il lui poussa sur la tête deux couronnes, ce qui donnait la certitude qu'il était le fils de *Corocote*.

### XXII. — LE CEMI OPIGIEGUOVIRAN.

Celui-ci appartenait à un homme supérieur que l'on nommait *Cavavaniorava* et qui avait un grand nombre de sujets.

On dit que ce *cemi* avait quatre pieds, comme ceux d'un chien; il était en bois; souvent il se levait la nuit pour aller dans les bois, où on allait le chercher, et on le ramenait attaché avec des cordes de jonc; mais il revenait aux bois. Quand les Espagnols arrivèrent dans l'île, il s'en alla vers une lagune; on suivit ses traces, mais on ne le vit plus et on ne sait ce qu'il est devenu.

### XXIII. — LE CEMI GUABANCEX.

Ce *cemi* était sur la terre d'un grand cacique, nommé *Aumatex*; celui-ci, dit-on, est une femme; il est en pierre et il a deux autres *cemis* en sa compagnie, dont l'un est son porte-voix, et l'autre commande aux vents et aux eaux. Lorsque *Guabancex* se courrouce, il met en action les vents et les eaux; il renverse les cases et déracine les arbres; le premier des deux *cemis* précités s'appelle *Guatauba*, et le second, *Coatrisquia*, et celui-ci recueille les eaux des vallées, les élève sur les hautes montagnes, d'où il les laisse courir en cascades qui inondent le pays.

### XXIV. — LE CEMI TARAGUBAOL.

Ce dernier appartient à un des principaux caciques de la *Española;* on lui donne plusieurs noms; voici comment il a été découvert. Dans l'ancien temps, on ignore à quelle époque, des sujets du cacique rencontrèrent à la chasse un animal qui se mit à fuir devant eux; ils le poursuivirent, et il les conduisit dans une fosse : comme ils le regardaient, ils virent un tronc d'arbre qui semblait vivant. Un des chasseurs vint trouver le cacique et lui raconter le fait. Celui-ci se rendit sur les lieux, et reconnut la vérité de ce récit.

Alors, on construisit, près du tronc d'arbre, une case d'où, dit-on, le *cemi* sort souvent et se rend à l'endroit où il a été trouvé; et, quoiqu'on aille l'y rechercher, et qu'on l'attache, il y retourne malgré ces obstacles.

## XXV. — AFFIRMATIONS ET CROYANCES.

Un des caciques s'appelait *Cacibaquel*, père de *Guarayonel*, et un autre *Gamanacoel*. Il a été dit, au commencement de cet écrit, que celui qui est dans le ciel est *Cacibu* qui accomplit un jeûne dans cet endroit, ce que font d'ailleurs tous les Indiens, qui restent enfermés pendant six ou sept jours, sans prendre d'autre nourriture que des sucs d'herbes, avec lesquels ils se lavent également; ce temps écoulé, ils prennent quelques aliments pour se soutenir, ils racontent alors qu'ils ont vu certaines choses, effets de la débilitation du corps et de la tête.

Ces jeûnes se pratiquent en honneur de leurs *cemis*, pour avoir la victoire, pour obtenir des richesses, ou pour tout autre objet de leurs désirs.

Et l'on dit que ce cacique, ayant parlé à *Jocuwaghama*, celui-ci lui dit : que quiconque resterait vivant après sa mort, jouirait peu de temps de son domaine, parce qu'il viendrait, sur leur terre, des hommes habillés qui les domineraient, ou les tueraient, ou les feraient mourir de faim.

Les Indiens avaient d'abord cru que ce seraient les cannibales; mais, considérant que ceux-ci ne faisaient que piller et s'enfuir, ils reconnurent que c'était d'autres hommes qu'avait annoncés le *cemi;* et maintenant ils croient que c'est l'amiral et les gens qu'il amène avec lui.

Le pauvre frère Roman raconte ici que, se trouvant au fort que Colomb avait fait construire, à la *Magdalena*, Dieu, par son humble entremise, avait éclairé de la foi catholique, toute une famille de gens principaux de l'île, qui, avant, se nommaient *Marolis* et dont le chef était *Guavavoconel*, ou fils de *Guavaenechin*, avec ses enfants, cinq garçons, ses serviteurs et ses favoris, vivant tous dans la même case; ils étaient seize personnes. De ses cinq fils, l'un était mort, et les quatre autres reçurent l'eau du baptême.

Le premier Indien qui mourut baptisé, fut *Gunticaba*, que nous appelâmes Jean; et il mourut en état de grâce, car il disait à sa mort : Je suis le serviteur de Dieu; et son frère, Antonio, mourut de la même manière; et aujourd'hui toute cette famille, dont une partie est restée vivante, est chrétienne.

Quand l'amiral était revenu à la Magdalena, pour secourir Artiaga qui était assiégé par les sujets d'un cacique nommé *Caonabo*, le frère Roman fut envoyé par lui, vers un autre cacique appelé *Guarionex*, afin d'apprendre sa langue qui était entendue dans toutes les parties de l'île, et il partit avec un Indien qui connaissant deux langues, lui servit d'interprète : « Dieu, dit-il, dans sa bonté, me donna pour compa« gnon le meilleur des Indiens, et pratiquant la sainte foi « catholique, et ensuite il me reprit ce compagnon que je « considérais vraiment comme mon fils, ou comme mon « frère, et qui était *Juai Cabana*, et dont le nom chrétien « fut celui de Jean : Que Dieu soit béni pour me l'avoir donné, « et me l'avoir repris ! »

Ici le frère Roman raconte longuement son voyage à la Isabela, où il attend la venue de l'amiral; puis il part, avec son compagnon, sous la conduite et la protection de Juan de Agiada, gouverneur de la forteresse *la Concepcion*, que Colomb avait fait construire à une demi-lieue de l'endroit où il allait résider; comment il passa deux ans avec le cacique *Guarionex*, qui se montra d'abord de bonne volonté pour apprendre la foi catholique et les pratiques du Christianisme, et encouragea le frère à faire des prosélytes parmi ses sujets. Mais, plus tard, entraîné par les remontrances des principaux de la terre, qui le blâmaient d'obéir aux chrétiens pervers, qui s'étaient emparé de ses possessions par la force, et lui conseillaient de ne plus s'occuper des chrétiens, sinon pour s'entendre et se conjurer ensemble pour les tuer, parce qu'ils étaient insatiables, et qu'eux avaient résolu de ne suivre en aucune façon leurs ordres.

Voyant sa défection, le frère Roman se résout à partir et se rend auprès d'un autre cacique *Maviatue* qui lui témoigne le désir de se faire chrétien. Mais, en partant, il confie la garde de la case des prières, où il laisse quelques images pour leur servir dans leurs oraisons, à la famille du premier Indien de *Guarionex*, Juan Mateo, qui s'était fait chrétien et auxquels se joignirent sept autres Indiens qui persistèrent tous dans la foi catholique.

Cependant six hommes envoyés par *Guarionex*, à la case, pour détruire les images, et n'y trouvant que quelques enfants pour les garder, les enlevèrent de force, malgré leur résistance.

### XXVI. — CONSÉQUENCES DE CET ENLÈVEMENT.

En sortant de la case, les envoyés de *Guarionex*, enterrèrent les images et, après les avoir couvertes d'ordures, ils s'écrièrent : « A présent les fruits seront bons et abondants ! » « Et ils avaient commis cette vilenie, parce que : disaient-« ils, le produit de ce champ ne pouvait être bon, ayant été « semé par les méchants. »

Les enfants, témoins de ces indignités, en avertirent leurs parents, lesquels portèrent leurs plaintes à Bartholomé Colomb, le frère de l'amiral, qui gouvernait alors cette île, par ordre de ce dernier, et celui-ci ordonna une enquête, et, ayant appris la vérité, fit prendre ces malfaiteurs et les fit brûler, en punition de leur crime.

Mais cet acte de justice ne fut pas de nature à ôter de l'esprit des autres sujets les mauvais desseins qu'ils nourrissaient contre les chrétiens, et ils avaient fixé, pour leur accomplissement, le jour où ils viendraient acquitter leur tribut.

Mais, leur trahison ayant été découverte, tous les conjurés furent pris. Ils n'en persévérèrent pas moins dans leurs mauvaises intentions car, après leur mise en liberté, ils mirent à mort quatre hommes, ainsi que Juan Mateo et Antonio son frère, qui avaient été baptisés, et ils se portèrent ensuite où avaient été enfouies les images, et ils les mirent en pièces.

Ici, le bon frère Roman raconte un fait qu'il signale comme un miracle. Nous lui laissons la parole :

« Quelques jours s'étant écoulés, le seigneur de ces cam-
« pagnes envoya cueillir *l'agi*, racine semblable au navet ou
« au radis, et, dans l'endroit où avaient été enterrées les ima-
« ges, il avait poussé deux ou trois *agis*, comme si on les eût
« placés l'un sur l'autre, en forme de croix, et il n'était pas
« possible qu'aucun homme trouvât une croix semblable;
« elle fut découverte par la mère de Guarionex, qui était
« bien la plus mauvaise femme que j'aie connue dans ces
« régions, et qui considéra cette croix comme un grand mi-
« racle, et elle dit au Castillan de la forteresse de la *Con-
« cepcion* : Dieu a fait ce miracle au lieu où on a enterré les
« images, et il sait pourquoi. »

Le frère dit ensuite comment les premiers Indiens se firent chrétiens, et il indique les pratiques qui s'accomplissaient pour leur conversion.

Les caciques étaient les plus réfractaires à la parole divine, et s'opposaient, de toutes leurs forces, à la propagation de la foi parmi leurs sujets, et le bon frère réclame des gens pour les châtier pour leur entêtement. Il déclare que cette opposition a été pour lui un sujet de grandes fatigues, et de vives préoccupations.

Après l'eau du baptême, on enseignait aux nouveaux chrétiens : qu'il y a un Dieu qui a créé toutes les choses, et a créé le ciel et la terre, ce qu'ils croyaient très facilement.

Quelques-uns étaient plus difficiles à convaincre, et il était nécessaire de déployer avec eux plus de persistance, et d'employer des arguments plus efficaces et plus subtils ; d'autres qui, dans le principe, avaient montré de la docilité, se fatiguaient et finissaient par se moquer des saintes doctrines.

Le pauvre frère se lamente de n'avoir pas assez de propagateurs pour enseigner la sainte foi et refréner les résistances : « Il eût, dit-il, fait beaucoup plus de prosélytes, s'il
« avait eu à sa disposition plus de personnes aptes à le se-
« conder. »

Il cite un cacique principal appelé *Mahuviativire* qui, depuis trois ans, persiste dans sa bonne volonté d'être chrétien, et a déclaré qu'il n'aura jamais plus d'une femme, alors que ses pareils en ont deux ou trois et les principaux dix, quinze ou vingt.

Ici finit l'écrit du bon frère Roman, et il termine en disant : « qu'il ne demande, pour la diligence qu'il y a mise,
« aucune rémunération spirituelle ou temporelle; plaise à
« Dieu, Notre-Seigneur que, si ceci est pour son service, de
« me donner la grâce de persévérer et, dans le cas contraire,
« de m'ôter l'entendement. »

Fin de l'œuvre du pauvre ermite.

Fr. Roman Pane.

# CHAPITRE XXVI.

**VOYAGE DE COLOMB. — RETOUR EN ESPAGNE.**

Nous reprenons le cours de l'intéressante histoire de l'amiral Christophe Colomb, où nous l'avons interrompue, pour le résumé de l'écrit qui précède :

Après avoir pacifié l'île, édifié la ville de *la Isabela*, encore peu considérable, construit trois forteresses dans le pays, l'amiral prit la résolution de retourner en Espagne, pour rendre compte aux rois catholiques de plusieurs choses qui lui semblaient convenables pour leur royal service, et surtout concernant les fausses informations que la malignité et l'envie ne cessaient de leur insinuer, au préjudice de son honneur et de ses intérêts.

Il s'embarqua le jeudi 10 mars, le matin, avec 200 de ses hommes et trente Indiens, sur les deux caravelles, la *Santa-Cruz* et la *Niña*, les mêmes avec lesquelles il avait découvert l'île de Cuba. Comme les vents d'est contrariaient sa marche, ayant besoin de vivres, il s'arrêta et jeta l'ancre, le 9 avril, à *Marie-Galante* et, de là, il se rendit à la *Guadalupe*, et envoya les barques à terre. Mais avant qu'elles abordassent, il sortit d'un bois un grand nombre de femmes, armées d'arcs et de flèches, ornées de panaches, s'apprêtant à défendre la côte. A cette vue, la mer étant d'ailleurs démontée, les marins, sans aborder la terre, envoyèrent deux des Indiens pris à *la Española*, qui gagnèrent le rivage à la nage, et que les femmes interrogèrent concernant les chrétiens.

Apprenant qu'ils ne voulaient qu'échanger, contre des vivres, les objets qu'ils apportaient, elles les engagèrent à se rendre avec les navires, à la côte nord, où étaient leurs maris qui leur donneraient tout ce qu'ils voudraient.

En naviguant près de la terre, ils virent une multitude d'Indiens munis d'arcs et de flèches qu'ils lançaient contre eux, avec beaucoup de bruit et une grande animation, mais sans aucun résultat, leurs traits n'atteignant pas les navires.

Cependant, s'apercevant que les barques se disposaient à aller à terre, les Indiens se retirèrent et s'embusquèrent dans les bois, et, lorsque les marins débarquèrent, ils les attaquèrent pour les empêcher d'aborder. Mais, effrayés de quelques coups d'arquebuse que l'on tira sur eux des barques, ils se dispersèrent et s'enfuirent dans les bois, abandonnant leurs cases et leurs champs, où les chrétiens pénétrèrent, enlevèrent ou détruisirent tout ce qu'ils trouvèrent. Et, comme ils avaient appris leur manière de faire le pain, ils se mirent à pétrir la pâte et à faire du pain, de telle sorte qu'ils s'approvisionnèrent de tout ce dont ils avaient besoin. Parmi les choses qu'ils trouvèrent dans les cases, il y avait des perroquets, du miel, de la cire et du fer, avec lequel ils avaient fait de petites haches qui leur servaient à partager les objets; ils trouvèrent également des métiers à tisser où ils fabriquaient leur literie; les cases étaient carrées au lieu d'être rondes, comme celles des autres îles, et dans l'une d'elles, ils découvrirent un bras d'homme prêt à rôtir et embroché.

Pendant qu'on faisait le pain, l'amiral envoya quarante hommes dans l'île pour la parcourir et la visiter, afin de le renseigner sur sa disposition et ses richesses; ils revinrent le jour suivant emmenant dix femmes et trois garçons qu'ils avaient pris; les autres habitants avaient fui à leur approche.

Parmi les prisonnières, l'une était la femme d'un cacique qu'un Canarien, que Colomb avait amené des îles Canaries, avait poursuivie sans pouvoir l'atteindre, malgré son agilité et sa hardiesse; le voyant seul, la femme s'était élancée vers lui pour le prendre; une lutte s'était engagée, où le Canarien avait eu le dessous, et, sans le secours de quelques-uns des chrétiens, elle l'eût étranglé.

Ces Indiennes entourent leurs jambes de fils de coton pour les faire paraître fortes; elles appellent *cairo* cet ornement qu'elles considèrent comme une grande gentillesse, et qu'elles serrent de telle façon que la partie enveloppée reste très mince, quand elles la débandent.

A la *Jamaïca*, les hommes et les femmes se bandent ainsi les jambes et les bras jusqu'à l'aisselle.

Les femmes sont très grasses dans ces parties et bien proportionnées pour le reste du corps.

Dès que les enfants peuvent marcher, on leur donne un arc et des flèches pour leur apprendre à les lancer.

Elles portent toutes les cheveux longs, dénoués et tombant sur les épaules, et elles n'ont aucune partie de leur corps couvert.

La femme du cacique racontait que cette île était entièrement peuplée de femmes et que c'étaient des femmes qui s'étaient opposées au débarquement, qu'il n'y avait parmi elles que quatre hommes d'une autre île qui s'étaient trouvés là par hasard. A certaines époques de l'année, les hommes des autres îles avaient la coutume de venir cohabiter avec elles, comme cela avait lieu dans une autre île, appelée *Matinino*, dont nous avons déjà parlé précédemment, et où se pratiquent les usages que l'on attribue aux amazones.

En outre de la force et du courage que ces Indiennes possédaient, elles avaient plus d'intelligence et de savoir que les Indiens des autres îles, qui ne connaissaient que le jour, tant que durait le soleil, et la nuit, par la lune, tandis que celles-ci comptaient le temps, à l'aide des étoiles, disant le moment *où se lève le Charriot, où telle autre étoile va à la montagne, et que c'est alors le moment de faire telle chose ou telle autre.*

Après avoir fait tout le pain nécessaire, s'être approvisionné d'eau et de bois, pour un voyage de vingt jours, l'amiral quitta la Guadalupe, le 20 avril, se dirigeant vers la Castille; mais, ayant jugé que cette île était là comme une escale, à la porte des autres îles, et, voulant se rendre favorables les Indiennes qui l'habitaient, il mit à terre celles qu'il avait prises, en leur faisant des présents pour les dédommager des dégâts qu'elles avaient subis.

La femme du cacique seule préféra le suivre en Espagne,

en emmenant sa fille, en compagnie des autres Indiens venant de la *Española*, parmi lesquels se trouvait le roi Caonabo, que nous avons déjà cité, comme un homme supérieur et d'une haute notoriété dans l'île.

La navigation ayant été retardée par les vents contraires, car on ignorait alors, qu'en inclinant vers le nord, on trouvait les vents favorables, les équipages et les gens étant très nombreux, on commença le 20 mai à souffrir du manque de vivres; la ration de chacun ayant été limitée à six onces de pain, et un quart et demi d'eau, sans autre chose, et bien qu'il y eût dans la caravelle une dizaine de pilotes, personne ne savait où l'on se trouvait. L'amiral seul était certain d'être un peu à l'ouest des îles Açores, comme il le disait dans son journal de bord : « Ce matin, les aiguilles flaman-
« des étaient tournées vers le nord, comme d'habitude,
« au quart, et les génoises qui ordinairement sont d'accord
« avec elles, ne regardaient qu'un peu le nord, en allant vers
« l'est, ce qui est l'indice que nous nous trouvions à cent
« lieues ou un peu plus à l'ouest des îles des Açores; parce
« que, lorsque nous avons été à cent lieues, la mer portait
« peu d'herbes et de petites branches éparses, les aiguilles
« flamandes allaient vers le nord, au quart, et les génoises
« pointaient le nord, et, quand nous avons été plus à l'est-
« nord-est, elles ont changé. »

Ceci se réalisa promptement; le dimanche suivant, 22 mai, en faisant le point, il acquit la certitude qu'il était à cent lieues des Açores.

Et le 8 juin, ils arrivaient en vue de *Odimira* qui se trouve entre Lisbonne et le cap Saint-Vincent, et alors l'amiral, à la grande surprise des pilotes, qui avaient l'habitude de courir vers la terre, fit carguer les voiles, par crainte des écueils, vu qu'ils se trouvaient au cap Saint-Vincent, ce qui excita les rires des marins, dont quelques-uns affirmaient qu'on était dans le canal des Flandres, d'autres sur les côtes d'Angleterre, et ceux qui se trompaient le moins, vers la Galice, et qu'il fallait marcher, car il valait mieux périr sur les côtes que mourir de faim en mer.

La disette des vivres était arrivée à un tel point que beaucoup de marins proposèrent de manger les Indiens qui se trouvaient à bord, et d'autres, afin de réserver le peu qu'on leur donnait pour les gens de l'équipage, demandaient qu'on jetât les Indiens à la mer, et ils l'eussent fait eux-mêmes, si l'amiral n'avait montré une grande fermeté pour les en empêcher, en leur disant que ces Indiens étaient leurs semblables, qu'ils étaient chrétiens et devaient être traités comme les autres.

Heureusement, le lendemain, ils aperçurent la terre, la terre qui leur avait été tant de fois promise et qui leur sauvait la vie.

Colomb fut alors acclamé par tous et considéré comme un homme supérieur, comme un homme ayant des inspirations divines, et cette supériorité lui assura le respect et l'obéissance des gens de mer.

# CHAPITRE XXVII.

### ARRIVÉE DE L'AMIRAL A LA COUR ET SA NOUVELLE EXPÉDITION POUR LES INDES.

L'amiral, dès qu'il eut touché la terre de Castille, commença à prendre ses dispositions pour se rendre à Burgos où se trouvait la cour.

Les souverains présidaient alors aux noces du prince Don Juan, leur fils et l'héritier de la couronne, avec Marguerite d'Autriche, fille de l'empereur Maximilien. Celui-ci venait d'arriver avec une suite nombreuse de seigneurs et avait été reçu avec la plus grande solennité.

La cour d'Espagne avait reçu, pour ces fêtes, les princes et les seigneurs les plus haut placés, et tout ce que l'Europe comptait d'illustrations s'était donné rendez-vous à Burgos, pour assister à ce célèbre mariage.

Dès qu'il fut présenté à LL. Majestés, Colomb leur offrit de riches présents, composés d'objets précieux et des curiosités les plus intéressantes des Indes; il y avait une quantité d'oiseaux rares et de diverses espèces, des arbustes, des plantes, des instruments et d'autres choses en usage chez les Indiens, dans leurs maisons et dans leurs fêtes. Les masques d'or, les ceintures brodées d'or et de perles, une grande quantité d'or en poudre, en gros et petits morceaux, tels que la nature le produit, furent alors fort remarqués. Des pépites d'or, grosses comme des œufs de palombe, appelaient alors l'attention, tandis que plus tard on trouva des morceaux qui pesaient plus de trente livres.

Les rois catholiques furent charmés de toutes ces richesses, qu'ils estimèrent valoir un grand prix, et les reçurent avec une grande satisfaction, en témoignant à Colomb leur gratitude pour ses éminents services.

L'amiral leur fit ensuite le rapport des événements accomplis, leur détailla les avantages qu'on pouvait retirer des Indes, les transactions d'affaires auxquelles ces contrées pouvaient donner lieu, et termina sa relation en leur témoignant le désir de retourner promptement à son poste, dans la crainte que, pendant son absence, il ne survînt quelque désastre ou quelque catastrophe, notamment par suite de la disette d'une foule d'objets d'Europe dont les colons avaient besoin.

Cependant les propos malveillants tenus par Margarit et le Père Boyle, commençaient à porter leurs fruits. Trois années s'étaient écoulées depuis la découverte, et l'élan de reconnaissance envers son auteur avait eu le temps de se calmer; l'opinion variable de la foule commençait à revenir des merveilles de l'entreprise, et le retour à Cadix des aventuriers partis avec Colomb, sous des auspices si brillants, et revenus malheureux, hâves et fatigués, n'avait pas peu contribué à refroidir l'enthousiasme primitif.

L'amiral chercha à combattre ces calomnies; il vanta les nouvelles découvertes faites à la *Española*, surtout celle des mines d'or trouvées au sud, mais on l'écoutait avec froideur; les propos des aventuriers et leur triste déconvenue avaient bientôt raison d'un moment d'enthousiasme, et le public prévenu revenait à ses fâcheuses dispositions.

Les dénonciations du religieux et de Margarit, fondées sur les plaintes des colons, étayées de l'influence de ces deux hommes, avaient porté un coup terrible à la popularité de l'amiral, et le public avait accueilli comme vraies leurs accusations relatives au travail excessif dont on avait, disaient-ils, accablé les colons, aux punitions corporelles infligées aux marins et aux soldats, aux humiliations faites aux fils des nobles familles, sans indiquer les causes et les nécessités qui les avaient amenées.

Les révoltes des Indiens furent attribuées à l'absence de Colomb et à la faiblesse de son frère, tandis qu'elles avaient eu pour cause l'insubordination et les exactions des Espagnols.

Ces calomnies parvinrent jusqu'aux souverains, et le roi, dont le caractère méfiant accueillait facilement les rapports de la malveillance, voulut s'éclairer au sujet de ces plaintes.

On envoya donc à la *Española* un agent fondé de pouvoirs suffisants pour prendre, en l'absence de l'amiral, le gouvernement de l'île et, si celui-ci était de retour, faire une enquête relativement aux faits dénoncés, et, à son retour en Espagne, faire un rapport de ce qu'il aurait appris.

On préparait l'envoi d'une flotte avec des provisions pour le ravitaillement de l'île; on mit à bord un homme de confiance pour en faire la distribution sous les ordres et la surveillance de l'amiral. Enfin, contrairement au privilège concédé à Colomb dans son contrat, on proclama une autorisation générale, permettant à tous les Espagnols d'aller s'établir à la *Española*, d'y voyager et faire du trafic, sous certaines conditions.

Les navires avaient Cadix pour point de départ; les passagers libres recevaient, à l'arrivée, des terres et des provisions pour un an; les terrains et les constructions qu'ils y élevaient devenaient leur propriété, l'or qu'ils recueilleraient était réparti un tiers à la couronne, deux tiers pour eux; les rois n'avaient que le dixième des autres produits. Les ventes se feraient par des agents nommés par les souverains, et le receveur royal percevrait les taxes.

Deux commissaires, nommés par les officiers royaux de Cadix, seraient mis à bord des navires d'entreprise particulière.

La couronne avait à sa disposition le dixième du tonnage des navires de cette catégorie, et elle avait également le dixième des chargements de retour.

Comme on peut le voir, ces dispositions annihilaient les avantages concédés à Colomb par la charte royale; en compensation, on lui donnait le droit de fréter, pour son compte, autant de navires que le commerce particulier en enverrait aux Indes.

Ce fut à la sollicitation de marins compagnons de voyage

de l'amiral, et surtout de Vicente Yanez Pinzon, que ces autorisations furent accordées, et sur leur offre de faire les voyages et de prendre à leur compte tous les frais et risques de ces entreprises; le gouvernement espagnol, obéré par les guerres passées, supportait avec difficulté les frais considérables des découvertes de Colomb, et l'offre du commerce libre venait à propos pour le soulager et lui donner encore des profits; il accorda donc facilement toutes les licences demandées. Colomb, lésé dans ses privilèges, protesta contre cette atteinte à ses droits et contre la concurrence que des aventuriers allaient pouvoir faire à ses découvertes si patiemment et si savamment préparées.

Il est certain que ces expéditions, sans ordre, sans règle et sans frein, furent les principales causes des désordres qui se manifestèrent, à la suite des explorations des Espagnols, dans le nouveau monde.

C'est à l'époque où cette première infraction aux conventions faites avec Colomb, était commise, que Torres revint de la *Española*, avec ses quatre vaisseaux chargés de marchandises, d'or et de curiosités.

Diego Colomb, venu à bord de l'un de ces navires, remit aux souverains la correspondance de son frère qui l'accréditait auprès du congrès de délimitation, en son lieu et place. Cette correspondance et les rapports d'Antonio Torres venaient fort à propos pour rassurer la cour et le public, sur le sort de l'amiral, et apportaient une diversion efficace aux préoccupations que les dénonciations de Margarit avaient fait naître dans l'esprit des souverains.

Au lieu de laisser à Fonseca la liberté qu'ils lui avaient donnée de choisir l'agent contrôleur qu'on devait envoyer à la *Española*, les rois catholiques désignèrent eux-mêmes Juan Aguado pour remplir cette mission.

Cet Aguado était revenu de la *Española* avec une recommandation spéciale de l'amiral auprès de LL. Majestés, et celles-ci, en le choisissant, pour faire l'enquête en question, crurent être agréables à Colomb, en lui envoyant son recommandé qui lui devait ainsi de la reconnaissance.

Comme nous l'avons déjà dit, Fonseca, le surintendant du

conseil des Indes, nourrissait contre Colomb une haine implacable, qui s'était accrue et corroborée des délations de Margarit et de Boyle, et des rapports de tous les mécontents.

Diego Colomb avait rapporté de l'Inde, pour son compte, et pour son frère, de l'or et quelques curiosités. Fonseca les fit saisir, en vertu de ses pouvoirs; mais les souverains lui écrivirent d'avoir à les restituer, et de s'excuser auprès de l'amiral, afin de dissiper le mauvais effet de cette saisie intempestive. Cette humiliation augmenta encore l'animosité du surintendant.

Les souverains évitaient soigneusement tout acte qui put froisser les susceptibilités de l'amiral; toutefois ils adoptèrent des mesures propres à maintenir le bien-être de l'île. Ils écrivirent à l'amiral de ne pas recevoir plus de cinq cents personnes à la *Española*, un nombre supérieur étant une charge pour eux; de distribuer les rations, tous les quinze jours; de ne pas punir les colons par la suppression de nourriture, ceux-ci ayant besoin d'être sustentés, à cause de leurs travaux, et des fatigues d'un climat chaud et auquel ils n'étaient pas encore habitués.

Ensuite LL. Majestés envoyèrent Pablo Belois, fondeur expérimenté, pour remplacer le routinier Cedo, et le nouveau titulaire fut pourvu des instruments et appareils nécessaires, pour l'extraction et le traitement des métaux précieux; il eut en outre un salaire élevé et jouit de certains privilèges.

Le Père Boyle et d'autres religieux qui désiraient rentrer en Espagne furent remplacés par des prêtres; la reine était toujours préoccupée de la conversion des Indiens. Dans sa religieuse compassion pour le peuple de ces pays qu'elle considérait comme sa conquête, elle intervint pour empêcher la vente des cinq cents Indiens amenés par Torrès, et que Fonseca avait déjà reçu l'ordre de vendre sur le marché de Séville. Fonseca reçut l'ordre d'attendre. On discuta la question de la justice de cette vente aux yeux de Dieu; mais la bienveillante Reine trancha la question en donnant l'ordre qu'on les ramenât dans leur pays, et que désormais on traitât les Indiens avec bonté. Mais cet ordre n'eut qu'un effet platonique; les excès des chrétiens et le ressentiment des naturels avaient créé, entre les deux races, un abîme de défiance et de haine. Quatre caravelles, chargées d'approvisionnements de toutes sortes partirent d'Espagne en août 1495, emmenant Juan Aguado et Diego Colomb qui retournaient à la Española. La flotille arriva *à la Isabela* dans les premiers jours d'octobre. Colomb était alors dans l'intérieur de l'île, occupé de rétablir l'ordre.

Juan Aguado, à peine arrivé, voulut faire acte d'autorité. Au lieu de se borner à l'enquête ordonnée, il prit le gouvernement de l'île, fit arrêter quelques personnes, demanda des comptes aux fonctionnaires nommés par Colomb, sans s'occuper de Bartholomé qui avait l'intérim du gouvernement. Celui-ci, surpris, demanda en vertu de quelle autorité il agissait, à quoi Aguado répondit qu'il montrerait sa commission à l'amiral; mais, après réflexion, pour éviter tout doute, il fit proclamer l'ordre royal qui était ainsi conçu :
« Cavaliers, écuyers et autres personnes, qui êtes à nos ordres
« dans les Indes, nous vous envoyons Juan Aguado, notre
« gentilhomme de chambre, qui vous parlera de notre part :
« nous vous enjoignons de lui donner créance. »

Aguado, comme on a pu le voir, devait à Colomb son élévation; celui-ci aurait dû compter sur des égards, dans l'accomplissement du mandat qu'il avait reçu. Mais, d'un esprit faible et vaniteux, Aguado, fier de sa haute dignité, voulut user de la puissance que lui conférait son mandat. Il déclara à tous ceux qui l'approchaient qu'il avait pleins pouvoirs pour faire une enquête sévère sur les faits qui avaient eu lieu, et il laissa entendre que la faveur de Colomb était passée.

Alors, ce fut un déchaînement de toutes les colères, de toutes les passions de ceux qui avaient reçu des punitions pour des fautes ou des délits commis par eux. Les condamnés devinrent accusateurs, et Aguado put recueillir ainsi une foule de témoignages contre l'administration de l'amiral. Ainsi furent reproduits tous les griefs, toutes les plaintes que les mécontents avaient formulées contre Colomb, et Aguado, sans examen ni contrôle, s'empressa de les enregistrer.

Non seulement Aguado accueillit ainsi, sans aucune vérification, toutes les récriminations que la haine, la jalousie, le ressentiment, et même le souvenir des souffrances endurées accumulèrent contre l'amiral; mais encore il s'entoura de tous les malveillants qui lui firent une sorte de cour et allèrent, dans toutes les parties de l'île, proclamer son importance et la chute prochaine de Colomb, de telle sorte que l'on disait partout qu'un autre amiral avait été nommé et que Colomb avait été condamné à mort.

L'amiral apprit ainsi l'arrivée et la conduite étonnante de celui qu'il avait recommandé; il se hâta de revenir à la *Isabela*. Naturellement, Aguado redoutait une vive explication; mais l'amiral, que les rudes épreuves qu'il avait subies avaient rendu calme et docile à la raison, ne voulant pas d'ailleurs compromettre sa dignité dans des discussions avec un inférieur, et respectant ses souverains jusque dans leur injustice, reçut leur envoyé avec affabilité et le traita avec honneur, en faisant lui-même proclamer sa lettre de créance, et en se montrant disposé à lui faciliter l'accomplissement de sa mission.

Aguado qui avait compté sur une discussion pour avoir un prétexte de dissentiment avec l'amiral, fut déconcerté par son attitude conciliante et digne.

Il essaya de fausser cette entrevue dans un procès-verbal qu'il fit rédiger après coup, mais les personnes qui avaient assisté à la réception avaient été trop impressionnées par la déférence inattendue de l'amiral, pour qu'elle pût être mise en doute.

Colomb n'en continua pas moins à laisser Aguado s'occuper de l'administration sans en montrer aucune contrariété, paraissant obéir à la volonté de son souverain, ce qui fit croire d'autant plus à une disgrâce, et excita davantage la malveillance de ses ennemis qui servaient leurs propres intérêts, en suivant les inspirations de leur haine contre l'amiral.

D'un autre côté, les Indiens, imputant à Colomb leurs souffrances actuelles et les impôts dont ils étaient surchargés, se figurèrent, qu'en changeant de gouverneur, leur situation serait améliorée. *Manicatoez*, frère de *Caonabo*, réunit chez lui un certain nombre de caciques et une plainte fut rédigée en commun, dans laquelle l'amiral était formellement accusé d'être la cause de leur insurrection, et conséquemment d'avoir produit tous les malheurs dont ils étaient victimes.

Cette plainte mit le comble à l'échafaudage de griefs accumulés par les soins d'Aguado contre l'amiral, et le délégué se crut ainsi suffisamment armé pour amener la disgrâce de Colomb et de ses frères. Il se proposa donc de repartir pour l'Espagne à bref délai, et Colomb résolut de partir avec lui; il sentait le besoin d'aller combattre à la cour, ce tissu de calomnies, qu'il craignait non sans quelque raison, devoir exercer sur l'esprit de LL. Majestés une funeste influence à son égard; il pensait qu'il était nécessaire d'aller exposer à ses souverains les circonstances réelles des déceptions qu'il avait subies, et les véritables causes des événements survenus.

Mais, avant son départ, un terrible cyclone, comme il en surgit quelquefois dans les régions tropicales, vint s'abattre sur l'île et les environs. Ces effrayants ouragans, que les Indiens nomment *furicanes* ou *uricanes*, ne sont pas rares dans ces parages et causent des ravages inoubliables; détruisant tout sur leur passage, arbres, maisons, récoltes, et frappant les populations d'un indicible effroi.

Voici comment Washington Irwing raconte cette épouvantable tempête :

« A midi, un vent furieux se leva à l'est, balayant, sur
« son passage d'épaisses masses de vapeurs; il rencontra un
« autre vent qui soufflait de l'ouest et une lutte terrible s'engagea. Les nuages étaient incessamment déchirés par des
« éclairs ou plutôt par des masses de feu; tantôt ils étaient
« entassés dans le ciel, tantôt ils rasaient la terre, remplissant l'air de ténèbres plus profondes que celles de la nuit.
« Partout où passait la trombe, des arbres étaient fracassés,
« dépouillés de leurs branches et de leurs feuilles; ceux
« de taille gigantesque, qui opposaient de la résistance,
« étaient déracinés et lancés à de grandes distances. Des bosquets tout entiers, arrachés des montagnes, avec de la
« terre et des quartiers de roc, tombaient dans les vallées
« avec un fracas épouvantable, et barraient le cours des ri-

« vières. Les bruits affreux, que l'on entendait dans l'air et
« sur la terre, le grondement de la foudre, la lueur des
« éclairs, les sifflements du vent, le craquement des arbres
« remplissaient tous les cœurs d'effroi ; et bien des insulaires
« crurent la fin du monde venue ; quelques-uns se réfugiè-
« rent dans des cavernes ; leurs frêles habitations avaient été
« balayées de la surface du sol, et l'air était rempli de
« troncs, de branches d'arbres, et même de quartiers de ro-
« chers dispersés par la tempête. Lorsque l'ouragan attei-
« gnit le port, il fit tourbillonner les vaisseaux qui s'y trou-
« vèrent à l'ancre et rompit leurs câbles ; trois coulèrent à
« fond avec leurs équipages ; les autres furent ballottés en
« tous sens, jetés les uns contre les autres et lancés, tout
« désemparés, par la mer houleuse qui, en certains endroits,
« inonda le pays, à la distance de trois ou quatre milles. La
« tempête dura trois heures. Lorsqu'elle fut passée et que le
« soleil eut reparu, les Indiens s'entre-regardèrent, dans
« une terreur muette. Jamais ils n'avaient vu, ni eux ni leurs
« ancêtres, un aussi effroyable orage. Ils crurent que Dieu
« avait déchaîné ce fléau pour punir les cruautés et les cri-
« mes des blancs, et déclarèrent que ceux-ci avaient dérangé
« l'air, l'eau, la terre, pour troubler leur existence paisible
« et désoler leur île. »

Le seul navire qui résista à ce terrible ouragan fut la
*Niña*, qui fut mis dans un pitoyable état ; les quatre vaisseaux de Torrès et deux autres furent coulés ou brisés sur
les côtes ; il ne fallait donc pas songer au départ, avant d'a-
voir d'autres bâtiments.

On répara la Niña, et Colomb donna l'ordre de construire
une autre caravelle avec les débris des navires jetés à la
côte. Tandis qu'il attendait la confection de ce vaisseau et la
réparation de l'autre, un événement heureux vint apporter
quelque consolation aux ennuis qui le dévoraient.

Un jeune homme se présenta un jour devant lui, implo-
rant son pardon, pour une faute qu'il avait commise il y
avait quelque temps, et pour laquelle il avait déserté avec
quelques-uns de ses compagnons ; il ajouta que, pour mériter sa grâce, il lui ferait connaître de riches mines d'or et

un pays admirable, et bien plus salubre que celui où il avait construit *la Isabela*.

L'adelantado, Bartholomé, qui était présent à l'entretien, reconnut alors en ce jeune homme un Aragonais nommé Miguel Diaz, qui avait été à son service, et qui avait disparu avec quelques amis, à la suite d'un duel où il avait grièvement blessé un autre Espagnol; il lui demanda pourquoi ils avaient fui et ce qu'ils étaient devenus pendant le temps de sa disparition; l'Aragonais répondit : « Craignant d'être arrêtés et punis, croyant avoir tué mon adversaire, mes amis et moi nous gagnâmes les bois, pour nous dérober aux recherches.

« Après avoir erré à l'aventure, dans quelques parties de l'île, nous arrivâmes à un village situé sur la côte du sud, près de l'Ozema, où nous fûmes reçus avec bonté par les habitants, et où nous avons séjourné pendant quelque temps. Cette contrée avait pour cacique une indienne jeune et jolie, qui eut l'idée de me trouver à son goût et me témoigna une véritable affection; cet amour me toucha et, de mon côté, je ressentis pour elle une sympathie assez vive; des relations intimes ne tardèrent pas à suivre notre entraînement mutuel, et nous avons vécu ensemble jusqu'à présent dans un bonheur sans mélange.

« Mais le souvenir de mon pays, de mes compagnons, est venu me hanter, et je me suis senti triste d'être loin de mes amis, du monde civilisé, et je rêvais au moyen de revenir vous retrouver, quand ma jeune cacique, me voyant préoccupé, et devinant le sujet de mes peines, m'a révélé, dans l'espoir de garder son époux avec elle, l'existence de mines d'or très riches, dans un pays admirable, très sain, avec une belle rivière et un port magnifique. J'ai visité les mines, j'ai parcouru le pays, et je viens vous offrir de mettre toutes ces richesses à votre disposition, espérant qu'en faveur de cette communication je pourrai obtenir mon pardon du meurtre que j'ai commis, dans un moment de colère et en me battant loyalement. »

L'amiral écouta ce récit avec intérêt; le désir qu'il avait d'apporter aux rois catholiques des preuves de la richesse de ces contrées, le portait à la possession des mines, et la position insalubre de *la Isabela* l'engageait à chercher un meilleur site pour y créer un établissement. D'ailleurs, l'adversaire de Diaz avait été guéri de sa blessure; tout concourait à le faire accéder aux désirs de l'Aragonais.

L'amiral lui répondit donc que, si ce qu'il venait de raconter était exact, il lui accorderait sa grâce, et qu'il prendrait la cacique et lui-même sous sa protection.

Il envoya de suite son frère Bartholomé avec Miguel Diaz et une escorte, sous les ordres de Francisco de Garay, pour aller visiter le pays en question, et s'assurer de la réalité des faits annoncés par l'Aragonais; des guides indiens accompagnèrent la petite troupe parfaitement armée.

L'adelantado, parti de *la Isabela*, se rendit d'abord au fort de *la Magdalena* et ensuite, après avoir traversé la plaine royale, au fort de *Concepcion;* la troupe atteignit ensuite une chaîne de montagnes qu'ils traversèrent par un long défilé, et se trouvèrent, au sortir de la gorge, dans la plaine de *Bonao;* au bout de cette plaine, ils rencontrèrent une belle rivière, arrosant de fertiles campagnes, et dont tous les affluents roulaient des paillettes d'or. En côtoyant cette rivière, en allant vers son embouchure, les paillettes d'or devenaient plus nombreuses et plus grosses, et partout où se portèrent leurs investigations, l'or était plus abondant que dans aucune autre partie de l'île, même dans la province de *Cibao;* ils parcoururent un rayon de six milles toujours avec les mêmes résultats; la terre était partout mélangée d'or à sa surface, et tout annonçait une abondante récolte de ce métal. De profondes excavations, semblables à des ouvertures de mines, paraissaient annoncer des travaux faits antérieurement pour rechercher des filons ou faire des entrées de mines. Les Indiens, n'ayant pas la moindre idée de ce travail, et se contentant de rechercher l'or à la surface de la terre, ces excavations furent pour les Espagnols un sujet de préoccupations.

Selon les promesses de la jeune cacique, les Espagnols reçurent dans le pays un accueil très amical, et toutes les assertions de Diaz se trouvant ainsi réalisées, la petite troupe revint auprès de l'amiral, lui rapporter les résultats de ses investigations; ce rapport favorable fut pour Colomb un baume salutaire, et calma ses inquiétudes.

Aussitôt il prit ses dispositions pour construire, près de la rivière *Hayna*, un fort, dans le voisinage des mines, et il envoya des hommes compétents pour faire une exploration sérieuse du pays minier. Les excavations remarquées par les envoyés éveillèrent dans son esprit les souvenirs du passé, et se rappelant l'antique Ophyr, d'où Salomon tirait l'or qui servit à l'ornement de son temple, il se demanda si la *Española*, n'était pas cette terre fortunée? Il n'avait pas encore, semble-t-il, renoncé à cette idée que Cuba était une des extrémités de l'Inde asiatique, et il croyait être sur la voie des découvertes des vastes pays aurifères de l'antiquité.

Quant à l'Aragonnais Diaz, il va sans dire qu'il reçut sa grâce, et l'amiral le prit en amitié et le chargea de remplir, dans cette partie de l'île, une fonction importante dont il s'acquitta parfaitement. Il resta d'ailleurs auprès de sa jeune épouse, qui avait embrassé le christianisme pour se marier avec lui; elle avait été baptisée sous le nom de *Catalina*. De ce mariage naquirent deux enfants qui furent élevés dans la foi catholique. (Oviedo et Charlevoix, dans leurs ouvrages sur les Indes et Saint-Domingue, racontent ce fait.)

La nouvelle caravelle, construite avec les débris des navires brisés par l'ouragan, était terminée; on la nomma la *Santa-Cruz*, et Colomb fit ses apprêts de départ avec Aguado.

Nous avons déjà précédemment raconté les péripéties de ce voyage pendant lequel mourut le cacique Caonabo, que Colomb amenait en Espagne.

L'amiral, appréciant le caractère et l'intelligence de ce chef indien, avait cherché à le réconcilier avec les Espagnols; il lui avait promis, s'il voulait renoncer à ses idées belliqueuses, de le présenter aux rois catholiques, et de le ramener ensuite dans son pays, de lui rendre ses honneurs et son titre, à la condition de reconnaître la domination espagnole; mais le fier cacique était demeuré sourd à ses avances et, gardant son attitude sombre et farouche, il avait détourné la tête et n'avait pas répondu. Retiré dans un coin du navire, il paraissait indifférent à ce qui se passait autour de lui et, un jour, on l'avait trouvé mort, sans qu'on eût remarqué en lui d'autre symptôme de maladie qu'une profonde tristesse et un abattement absolu.

Ainsi s'était éteint le seul chef indien qui, dans cette terre conquise, avait compris le but de la domination étrangère et qui, nouveau Vercingétorix, avait voulu éviter à son pays la honte de l'esclavage; seul de tous les caciques, il avait prévu les douleurs que cause l'envahissement de la patrie, les travaux imposés par le servage; il avait voulu lutter, et, ne pouvant communiquer à ses sujets son ardeur guerrière, il avait eu recours à la ruse, pour se délivrer des hommes en qui il voyait des oppresseurs. Il eût pu, avec un peuple plus fier, plus vigoureux, triompher de la poignée d'envahisseurs qui s'était hasardée à la conquête d'un pays inconnu; mais, abandonné des siens et laissé seul au combat, il avait été pris, et il avait préféré mourir qu'aller courber la tête devant le souverain vainqueur. Triste héros inconnu, possesseur naguère de richesses inouïes, et expirant de douleur, au fond de la cale d'un navire, ignoré du monde et oublié de tous ses compatriotes dont il avait voulu défendre la liberté.

# CHAPITRE XXVIII.

### SÉJOUR DE COLOMB EN ESPAGNE AVEC AGUADO.

Nous avons déjà dit, dans les deux derniers chapitres, comment Colomb était arrivé en Espagne, et nous l'avons laissé au moment où il avait présenté aux rois catholiques les riches présents qu'il avait rapportés des Indes, à leur intention.

Ces beaux présents, l'assurance avec laquelle Colomb avait fait le récit des événements accomplis, récit qui leur avait présenté sous un nouveau jour des faits dénaturés par la malveillance, et surtout les espérances des richesses futures et des avantages que réservait l'avenir et que les magnifiques produits rapportés faisaient entrevoir, impressionnèrent vivement LL. Altesses, et contre-balancèrent dans leur esprit le fâcheux effet des calomnies qu'on leur avait débitées sur le compte de l'amiral.

Comme cela avait été convenu, Aguado avait pris le commandement de la *Niña*; il avait fait le voyage de conserve avec la *Santa-Cruz*, et on avait ramené sur les deux navires, cent vingt-cinq Espagnols qui voulurent revenir dans leur pays pour revoir leurs femmes et leurs enfants, qu'ils avaient laissés en partant.

Le rapport d'Aguado, rédigé d'après les plaintes qu'il avait si complaisamment accueillies, et n'étant que la répétition des malveillances déjà édictées contre l'amiral, n'eut aucune influence sur l'esprit des souverains, et Colomb put facilement le réfuter, et faire justice de l'arrogante supériorité que l'envoyé avait cru devoir témoigner envers le gouverneur et envers ses frères, qui n'étaient pas ses subordonnés.

Il semblait donc que Colomb avait reconquis, auprès des rois catholiques, une partie de la faveur dont il avait joui. Malheureusement, la défiance habituelle du roi n'était qu'assoupie, et, tout en montrant à l'amiral un air bienveillant et satisfait, il conservait en lui-même une réserve cauteleuse, et gardait par devers lui le dessein de prendre des précautions, s'il les jugeait utiles et opportunes.

Ces hésitations amenèrent naturellement des retards pour l'expédition des navires que Colomb avait demandés; à la cour d'Espagne tout se faisait lentement, et, malgré les instances et les démarches pressantes de l'amiral, ce ne fut que onze mois après son retour, que deux navires furent prêts et expédiés sous le commandement de Pedro Fernando Coronel.

Ces deux vaisseaux partirent, le 28 février 1498, et l'amiral demeura pour activer, par ses démarches, le départ du restant de la flotte qui lui était nécessaire pour son retour aux Indes; mais, quelque activité qu'il déployât, à quelques sollicitations qu'il eût recours, il se passa encore une année, dans ces préparatifs et, durant ce temps, il alla de Burgos à Médina del Campo, où la cour séjourna en 1499.

Il profita de ce séjour pour obtenir des rois catholiques d'excellentes dispositions, tant pour le bien-être du gouvernement des Indes, que pour les relations futures de la colonie avec la métropole. A cet égard, les souverains firent preuve d'un extrême bon vouloir, et témoignèrent à Colomb leur grand désir de récompenser ses bons services et de le traiter selon son mérite. Mais toutes ces belles promesses, pour ce qui le concernait personnellement, restèrent d'aimables paroles et ne reçurent aucun accomplissement. Cela n'empêcha pas le roi de prêter de nouveau l'oreille aux rapports des malveillants, et de donner carrière à son esprit soupçonneux et défiant.

Nous retrouvons ici la haineuse hostilité de l'évêque Juan de Fonseca, qui profita de sa position de surintendant du conseil des colonies pour retarder, sous toutes sortes de prétextes, les apprêts et l'armement de cette malheureuse flotte, si ardemment réclamée. Ce fonctionnaire vindicatif, devenu plus tard archevêque de Séville, le chef et l'âme de la cabale qui cherchait à perdre Colomb dans l'esprit du roi, donna, dans cette occasion, un libre cours à cette aversion qui grandissait chaque jour et dont les motifs restèrent toujours ignorés.

Durant ce laps de temps, le prince Don Juan mourut, et les fils de Colomb, qui servaient comme pages dans sa maison, se trouvèrent tout à coup privés de leurs fonctions. Mais la gracieuse reine Isabelle, qui n'avait jamais cessé d'estimer Colomb, et qui, malgré toutes les calomnies, s'était toujours montrée pour lui une bienveillante protectrice, recueillit les deux enfants et les admit dans sa maison, pour servir de pages, au même titre qu'auprès du prince Don Juan. Ils y entrèrent le 11 novembre 1499.

En plusieurs circonstances, nous avons pu constater l'intervention bienfaisante de cette excellente reine dans les affaires du nouveau monde. Ici encore, comme un génie tutélaire, elle apparut, avec la volonté de venir en aide à l'amiral, de le sortir de la pénible attente à laquelle le forçait l'indifférence du roi, occupé à des négociations qu'il jugeait plus importantes que le gouvernement d'un pays étranger et si loin de sa surveillance.

Comme nous l'avons déjà expliqué, autant par le mauvais vouloir de Fonseca que par suite des préoccupations de la cour, le départ de la flotte promise à Colomb avait été considérablement retardé.

L'une des principales causes, c'était la pénurie du trésor royal épuisé par les dépenses extraordinaires de la guerre contre la France, en vue de la conquête du royaume de Naples.

D'un autre côté, le mariage des infants d'Espagne exigeait aussi de grandes dépenses.

On entretenait en Italie une grande armée, qui, sous le commandement de Gonzalve de Cordoue, aidait le roi de Naples à reconquérir son royaume, dont Charles VIII l'avait dépouillé, et une autre armée protégeait l'Espagne, dont les frontières étaient menacées par les Français. D'un autre côté, il fallait défendre, au moyen de la flotte espagnole, les côtes qui pouvaient être attaquées, et une flotte de plus de cent vaisseaux, avec une armée de vingt mille hommes, ayant à sa tête et dans ses rangs la plus grande partie des nobles du royaume, escortait la princesse Jeanne, fiancée à l'archiduc d'Autriche, Philippe, et qui se rendait en Flandre trouver son fiancé. Cette magnifique flotte devait ramener la sœur de l'archiduc, fiancée au prince Don Juan.

On comprend qu'au milieu de telles occupations et de tout ce tumulte la flotte de Colomb fût reléguée au dernier plan, alors que ses ennemis employaient tous leurs efforts pour l'empêcher de compléter son œuvre.

Cependant on avait donné l'ordre de compter à l'amiral six millions de maravédis, pour armer et équiper ses navires, et il allait toucher cette somme, quand on apprit l'arrivée à Cadix de Pedro Alonzo Nino, avec ses trois navires chargés d'or et d'articles de grande valeur.

Le roi, alors, donna ordre de compter la somme de Colomb, en la prélevant sur les produits de ces cargaisons, et il disposa des six millions pour relever la forteresse de Salza.

La déception de Colomb fut cruelle. Les cargaisons consistaient en quelques petites parties d'or, échantillons des produits des nouvelles mines, quelques joyaux et objets de curiosité, et la valeur principale était représentée par une grande quantité de prisonniers indiens, qui devaient être vendus et formaient la somme importante indiquée par le capitaine Nino.

Les dépêches de Bartholomé réclamaient des secours, l'île étant dans une situation critique, et le rapport de Nino confirma ces nouvelles déplorables.

Les ennemis de l'amiral ne manquèrent pas d'en profiter et reprirent leurs malveillantes assertions : grands frais et petits profits, c'était leur cri de guerre, et tout semblait venir à l'appui de leurs affirmations.

Cependant après le mariage de Don Juan avec la princesse Marguerite, ramenée de Flandre par la flotte, mariage célébré avec la plus grande pompe, on pensa aux colonies, et c'est alors que la reine prit une autre fois sous sa protection cette entreprise dont elle avait soutenu les premiers pas.

Elle voulut déterminer et fixer les privilèges et les avantages de l'amiral; elle le fit confirmer dans tous ses droits et fit consacrer de nouveau les faveurs et les dignités que lui conférait l'acte de Santa-Fé. On lui offrit un vaste domaine à la *Española*, avec le titre de duc ou de marquis. Colomb, alléguant l'envie et la haine que sa situation actuelle lui avait suscitée, eut la sagesse de refuser. Il accepta néanmoins d'être dégagé de sa part de frais qui l'avait forcé de contracter des dettes, les profits jusque-là n'ayant pas été à la hauteur des dépenses; il abandonnait par contre ses droits sur les cargaisons reçues, et recevait le remboursement de la somme qu'il avait payée la première année. On lui allouait, pendant trois ans, le huitième du produit brut de chaque voyage et un dixième en sus, une fois les frais déduits. Il fut, de plus, autorisé à créer un *majorat* à son fils aîné, et assurer ainsi la transmission de ses biens à ses descendants. Cet acte fut dressé quelque temps après, en 1498, à Séville; on en trouvera la traduction, *in extenso*, à la fin de cet ouvrage.

Un édit royal révoqua l'autorisation donnée à tous de faire des découvertes, de s'établir et de trafiquer dans le nouveau monde; acte qui avait si fortement blessé l'amour-propre de l'amiral.

Le titre d'adelantado, conféré à Bartholomé, fut confirmé par une lettre du roi.

L'amiral fut autorisé à recruter, pour le bien de la colonie, trois cent cinquante hommes de toutes professions militaires ou maritimes, civiles et de métiers, avec trente femmes pour instruire les Indiennes des usages espagnols. La charité de la gracieuse reine s'étendit jusqu'aux Indiens; elle défendit avec la plus grande opiniâtreté de réduire à la servitude la partie inoffensive de la population, et, bien que la loi civile et les lois de l'Église permissent l'esclavage envers les prisonniers de guerre, ce ne fut qu'avec une peine extrême qu'on lui arracha son consentement à cet acte de vandalisme.

Elle ordonna que l'instruction religieuse fût donnée à ces peuples, et qu'on usât envers eux d'indulgence et de bonté.

Que le tribut imposé fût prélevé sans violence, et que les contrevenants fussent traités avec douceur.

Enfin, elle recommanda à l'amiral, dont la sévérité avait été l'objet de tant de plaintes, d'agir avec mansuétude et d'employer les moyens de conciliation, plutôt que la coërcition, à moins que le salut général ne l'exigeât.

Malheureusement Colomb se heurta à des difficultés d'une autre nature; le prestige du nouveau monde et de ses richesses avait disparu, par suite des plaintes et des calomnies répandues dans le public; l'amiral eut beaucoup de peine pour trouver des navires, mais surtout pour recruter ses équipages et ses troupes. On recourut alors aux réquisitions; les officiers de la couronne eurent l'ordre de prendre les vaisseaux jugés convenables, avec leurs équipages, en fixant eux-mêmes les prix et les gages qu'ils jugeraient équitables. Enfin on alla jusqu'à commuer en la déportation, plus ou moins longue, selon la faute, crime ou délit, les punitions infligées aux condamnés, et l'on peut juger quels équipages Colomb put recruter dans ces conditions!

Une autre cause de retard provint des changements apportés dans le personnel du conseil des Indes. On en avait confié la direction à Torres que ses prétentions firent révoquer, et Fonseca fut rétabli dans cette fonction, ce qui obligea à refaire toutes les pièces d'expédition qui avaient été signées par Torres et Colomb.

C'est pendant ce travail que survint la mort de Don Juan qui plongea la reine dans une douleur affreuse, et lui interdit pendant quelque temps de s'occuper des affaires du royaume. Mais cette mère désolée, aussi courageuse que bienveillante, surmontant son affliction, pensa encore à Colomb, et songeant à l'abandon et à la misère dans lesquels devaient être plongés les chrétiens de la Española, elle donna des ordres formels pour qu'on expédiât, sans délai, des navires de secours, et c'est alors, au commencement de

1498, que partirent les deux premiers bâtiments dont nous avons déjà annoncé le départ.

Nous avons dit aussi que Colomb, resté pour activer le départ des six autres vaisseaux, avait encore subi de très longs retards suscités par l'évêque Fonseca et ses créatures, qui étaient chargés de la surveillance des équipements et des départs des navires. Les insolences de ces subalternes, les outrages dont ils abreuvèrent l'amiral, les obstacles suscités à tout propos l'avaient découragé, et il eut, un moment, l'idée de tout abandonner; mais le souvenir des bontés de la reine, la crainte de redoubler l'affliction dont elle était accablée, triomphèrent de son abattement, et il résolut de tout supporter pour éviter de causer quelque ennui à sa bienfaitrice. Il s'arma de courage et, malgré les efforts de ses ennemis pour le déconcerter, il vint à bout de ce déplorable travail.

Pour démontrer combien Colomb avait eu à souffrir d'outrages, pendant cette laborieuse besogne, Las Cazas cite un fait déplorable qui se passa au moment de l'appareillage des navires.

Un Maure, ou juif converti, appelé Ximeno Breviesca, avait été, pendant le cours de cet armement, celui des affidés de Fonseca qui s'était le plus distingué par la violence et l'inconvenance de ses insultes; trésorier et comptable de l'évêque, il avait avec Colomb des rapports continuels, et, à l'exemple de son patron, il y mettait la plus insigne grossièreté. Le jour où la flotte s'apprêtait à mettre à la voile, cet homme, voulant mettre sans doute le comble à ses indignités, insulta Colomb d'une façon outrageante, en présence de son équipage; alors l'amiral, hors de lui, le saisit, le renversa, et le frappa violemment, ne pouvant maîtriser son courroux et vengeant ainsi les outrages et les violences qu'il avait dû subir. Il avait fallu que Colomb fût poussé à bout pour avoir perdu son sang-froid habituel, et s'être laissé emporter à une si terrible colère.

Cet emportement fut naturellement exagéré, et Fonseca ne manqua pas de s'en faire une arme pour charger l'homme à qui il avait voué une implacable inimitié, et son rapport affecta d'autant plus LL. Majestés, que cette scène violente avait eu lieu presque en leur présence.

On se servit ardemment de cet acte pour démontrer la brutalité de l'amiral, et ce fut une arme de plus qui vint s'ajouter aux griefs prétendus des mécontents et des malveillants, qui n'avaient pu se plier à l'obéissance et à la discipline du service qu'ils avaient contracté.

Le 30 mai 1498, Colomb mit à la voile en toute hâte, dans le canal de San-Lucar de Barrameda, à la tête de six navires chargés de victuailles, et de tous les approvisionnements nécessaires pour le ravitaillement de la population qu'il avait laissée à la Española.

Le jeudi, 7 juin, il arriva à l'île de Puerto-Santo, où il entendit la messe, et où il s'arrêta pour prendre du bois, faire de l'eau, et avoir les autres objets dont il avait besoin.

Il poursuivit ensuite sa route en droiture vers l'île de Madère, où il parvint le jour suivant, 10 juin.

Il fut reçu dans la ville de Funkal, par le capitaine de l'île qui l'accueillit et le traita de son mieux, et il resta auprès de ce capitaine quelques jours, afin de se pourvoir de ce qui pouvait lui manquer; le samedi, après midi, il mit à la voile, et, le mardi, 19 juin, il arriva à la Gomera où il trouva un vaisseau français qui s'était emparé de deux navires castillans.

Dès qu'il eut aperçu la flotte de l'amiral, le vaisseau français prit la fuite avec sa prise; Colomb, pensant que c'était des navires marchands qui s'enfuyaient de crainte d'être pris, probablement à cause de leur origine française, ne daigna pas les poursuivre, mais, étant déjà loin et reconnaissant son erreur, il envoya trois navires à leur poursuite. A la vue des trois vaisseaux qui les suivaient, les Français effrayés abandonnèrent l'un des navires marchands, et s'enfuirent avec l'autre, sans que les vaisseaux de l'amiral pussent les atteindre, et ils auraient pu parfaitement emmener l'autre, s'ils ne l'avaient pas abandonné déjà, parce que, lorsque l'amiral parut devant le port, ils n'eurent pas le temps, dans le trouble qui les saisit, de mettre à bord assez de monde; ce navire n'avait donc reçu que quatre Français, au moment de la fuite, et il y était resté six Espagnols; ceux-ci, voyant le secours qui leur arrivait, se jetèrent sur les Français et les mirent à fond de cale, avec l'aide des gens de l'amiral. Les quatre navires revinrent au port, et Colomb laissa le sien au capitaine qui le commandait, et livra les prisonniers au gouverneur de l'île, pour les échanger contre six Espagnols que le vaisseau français avait emmenés.

Pressant ensuite son expédition, l'amiral mit à la voile le jeudi, 22 juin, se dirigeant vers l'île de Fer, et là il se décida à diviser sa flotte et à envoyer trois de ses navires à la Española, tandis qu'avec les trois autres il se rendait aux îles du Cap-Vert, afin d'aller de là découvrir la côte ferme.

Il donna le commandement de ces trois navires, l'un à Pedro de Arana, le neveu de celui qui était mort à la Navidad, l'autre à Alonzo Sanchez de Carvajal, de la ville de Baeza, et le troisième à un de ses parents, nommé Juan Antonio Colomb; il leur donna des instructions spéciales pour ce qu'ils avaient à faire, leur ordonnant de prendre chaque semaine, et chacun à son tour, le commandement général; et ensuite il prit lui-même, avec ses trois navires, le chemin des îles du Cap-Vert.

Le changement de climat, par suite de son approche du Tropique, détermina chez lui un violent accès de goutte dans une jambe, et, quatre jours après, la fièvre se déclara; mais malgré cette indisposition, il conserva la tête saine et continua de noter les espaces qu'il parcourait et les changements du temps, comme il l'avait fait depuis le commencement de ses voyages.

Le 27 juin, il aperçut l'île du Sel, l'une des îles du Cap-Vert, et, passant devant elle, il se dirigea vers une autre, appelée île de *Buena Vista*, nom qui paraît une contradiction avec sa nature triste et misérable. Il jeta l'ancre dans un canal, à l'ouest, près d'une petite île qui se trouve à côté et possède six ou sept maisons, pour l'habitation des lépreux qui vont là pour se guérir, et pour ceux qui résident dans l'île.

Comme le navigateur éprouve une grande joie quand il aperçoit la terre, de même ces malheureux sont heureux lorsqu'ils voient apparaître un navire. Ils accoururent tous sur le rivage pour voir ceux de l'amiral et parler aux gens de l'équipage, leur offrant tout ce qui pouvait leur être nécessaire.

L'amiral envoya une barque à terre, afin de se pourvoir d'eau, et l'officier portugais qui gouvernait cette île, apprenant que les gens de l'équipage étaient espagnols, se mit entièrement à leur disposition.

Il vint ensuite à bord pour parler à l'amiral et lui offrir ses services, ce dont celui-ci le remercia; il donna l'ordre qu'on le traitât avec égards, et lui fit servir quelques rafraîchissements, vu que, sur cette terre stérile et qui ne produit rien que des chèvres, on vit très misérablement.

L'amiral s'informa auprès de l'officier portugais du traitement que l'on pratiquait pour les lépreux. Celui-ci lui dit que l'air de ces contrées, étant fort doux, c'était là le premier élément de santé; le second, c'était la nourriture. Il venait dans l'île une grande quantité de tortues, pendant les mois de juin, juillet et août; elles sortaient de l'Éthiopie, et comme les plages de l'île étaient très sablonneuses, elles y restaient de préférence; la plupart étaient de grande dimension; elles venaient, la nuit, dormir sur le sable et y déposer leurs œufs; alors, les gens de l'île sortaient avec des lanternes ou des torches allumées, cherchant les traces laissées sur la terre par les tortues, et, arrivés ainsi près d'elles, ils les tournaient sans dessus dessous. Les tortues, fatiguées de leur longue route, dorment si profondément qu'elles ne sentent pas l'approche du chasseur, qui d'ailleurs ne leur fait aucun mal.

Les tortues, une fois retournées, ne peuvent plus se remettre sur leurs pattes, et restent à l'endroit où elles se trouvent placées; le lendemain, les hommes vont ramasser celles qui leur conviennent et laissent les petites en liberté. La chair de ces animaux est très bonne pour les malades et leur sang sert à faire des frictions, qui sont très salutaires. Les malades n'ont pas d'autre nourriture, l'île étant desséchée et stérile, sans arbres, sans eau, les habitants n'ont pour boisson que l'eau saumâtre et louche des citernes.

Le gouverneur raconta à Colomb qu'il vivait dans cette île avec quatre compagnons, et que leur seule occupation consistait à tuer des chèvres et à les saler, pour les envoyer en Portugal. Il y avait, disait-il, une telle abondance de ces chèvres dans la montagne que, dans certaines années, ils en tuaient pour une valeur de trois ou quatre mille ducats. Toutes ces chèvres provenaient de huit qu'avait apportées un des gouverneurs de l'île nommé Rodrigo Alonzo, notaire du roi de Portugal.

Les chasseurs restaient quelquefois quatre ou cinq mois sans manger de pain, et ne se nourrissaient pas d'autre chose que de viande de chèvre ou de poisson. Il avait donc apprécié d'autant plus les rafraîchissements que Colomb lui avait fait servir.

L'amiral eut l'idée de s'approvisionner de ces chèvres salées et, dans ce but, il alla, avec le gouverneur et quelques-uns de ses compagnons, visiter l'établissement où on les préparait.

Là, il apprit qu'il fallait quelque temps pour tuer les chèvres dont on avait besoin, les apprêter ensuite et les saler; et, comme il avait hâte de continuer son voyage, il ne voulut pas rester si longtemps. Le samedi, le dernier jour de juin, il quitta Buena-Vista, pour aller à Santiago, qui est la principale île du Cap-Vert.

Il y arriva le jour suivant, à l'heure de vêpres, et il resta là près d'une église, d'où il envoya à terre, acheter quelques vaches et quelques bœufs pour les amener à la Española; mais, réfléchissant à la difficulté qu'il éprouvait pour s'approvisionner, vu la hâte qu'il avait de partir, tout retard lui étant préjudiciable, il ne voulut pas attendre plus longtemps, d'autant plus que l'île avait les trois quarts de ses habitants malades, à cause des brumes épaisses et chaudes qui régnaient dans ces parages, et il craignait que l'épidémie se communiquât à ses équipages.

Colomb avait en vue, cette fois, une route différente de celle qu'il avait déjà suivie; il se proposait de gouverner au sud-ouest jusqu'à l'équateur, de profiter ensuite des vents alizés, pour aller à quelque terre inconnue, ou de se laisser porter vers la Española. Il supposait qu'au sud des îles découvertes il devait exister d'autres terres; les renseignements que lui avaient fournis les Caraïbes, la courbe que formait la côte sud de Cuba et d'autres indices le confirmaient dans cette pensée. Le roi de Portugal lui avait également exprimé l'opinion qu'il y avait un continent dans la mer du sud.

L'amiral en inférait que ces terres situées plus au sud, et par conséquent plus chaudes, devaient produire des choses plus rares et de meilleure qualité. Jayme Ferrer, joaillier de la reine, lui avait écrit qu'il avait appris, dans ses voyages, que les objets les plus précieux, l'or, l'argent, le diamant, les pierreries et les fines épices se trouvaient dans les pays situés sous l'équateur, et dont les habitants avaient la peau noire ou très foncée.

Les habitants de la Española lui avaient parlé d'hommes noirs jetés sur leurs côtes, et dont les lances étaient garnies d'une pointe en guanin, ou or à bas titre, et ce métal, essayé en Espagne, avait donné 18 parties d'or, 6 d'argent, et 8 de cuivre. Il y avait donc, dans le pays de ces noirs, des mines de ces métaux; il fallait trouver ces contrées.

Il quitta donc l'île de Santiago, mais les courants, très forts dans ces parages, ne lui permirent pas de suivre cette direction, et le 7 juillet, il était encore en vue de l'île du Feu, une des îles du Cap-Vert, terre très haute du côté du sud, et où l'on voit un pic très élevé, semblable à un clocher d'église, et qui lance des flammes, quand souffle le vent d'est, comme le pic de Ténériffe, le mont Vulcain ou le Mongibel.

Ce fut la dernière terre chrétienne qu'il vit; ensuite, à cinq degrés de la ligne, le vent tomba et, pendant huit jours que durèrent les calmes, il navigua au milieu de brouillards épais, par une chaleur torride embrasant les navires, où personne ne pouvait rester sur le pont, de telle sorte que, sans un peu de pluie et le brouillard qui tombaient le soir, ils eussent été tous suffoqués. Cette horrible chaleur ayant fait éclater un grand nombre de vases, rompu les cercles des tonneaux, les grains s'étaient échauffés et les vivres avariés, ce qui décida l'amiral à tourner un peu vers l'Occident; mais, après avoir dépassé la ligne de sept degrés, il se remit à naviguer au levant.

Là, vers le milieu de juillet, il prit la hauteur du pôle, avec le plus grand soin et d'une manière exacte, et se trouva émerveillé de la différence incroyable qu'il reconnut, en comparaison de la position que, dans ses autres voyages, il avait constatée, dans la parallèle des Açores. Il écrit dans son journal : « Les deux étoiles arctiques se trouvant là du
« côté droit, c'est-à-dire à la bande de l'orient, l'étoile du
« nord était alors plus basse, et de là elle allait en s'éle-
« vant, de telle façon que, lorsque les deux arctiques étaient
« sur la tête, elle montait de deux degrés et demi, et, quand
« elle passait de l'autre côté, elle s'abaissait de nouveau de
« cinq degrés, comme elle avait monté, ce que j'avais ex-
« périmenté plusieurs fois avec beaucoup de soin, et par un
« temps extrêmement convenable; afin de vérifier ce qui
« m'était arrivé au même point où je me trouvais, dans la
« zone torride, et où j'avais reconnu un résultat tout diffé-
« rent, puisque les étoiles arctiques étant sur la tête, je trou-
« vais alors que l'étoile polaire était montée de six degrés;
« et lorsque les arctiques passaient du côté gauche, dans le
« délai de six heures, l'étoile polaire se trouvait au nord, à
« la hauteur de onze degrés. Le matin, les étoiles arctiques
« ayant passé aux pieds, bien qu'on ne les vît pas à cause de
« l'abaissement du pôle, la tramontane se trouvait à six
« degrés au-dessus de l'horizon, de sorte que la différence
« était de dix degrés; et elle *décrivait* un cercle dont le
« diamètre était dix [degrés]; il n'en avait *là-bas* que cinq
« (dans l'observation faite aux Açores); elle s'abaissait [en-
« suite] pour se trouver en son point le plus bas, quand les
« étoiles arctiques étaient à gauche, ici [au contraire] c'est
« quand elles sont sur la tête. Il me sembla difficile d'en
« comprendre la raison.... » et il ajoute après qu'il ne la
« comprit « complètement que lorsque, l'examinant mieux,
« il dit qu'il lui semble qu'en ce qui concerne la description
« de la marche de l'étoile, on peut dire que, dans l'équi-
« noxial, on la voit justement, et plus elle va vers le pôle

« plus elle paraît petite, parce que le ciel se voit plus obli-
« quement.

« Quant à la déclinaison vers le nord, je crois que l'étoile
« a la clarté des quatre vents, de même que les aimants qui,
« en communication avec le levant, montreront le levant,
« et, autrement, le couchant, le nord, ou le midi; et, par
« suite, celui qui fait les aiguilles, couvre avec du drap
« l'aimant, de façon qu'il ne reste pas en dehors, si la par-
« tie septentrionale n'est pas à sa portée, et c'est ce qui
« donne à l'aimant ou l'acier la vertu de se tourner vers le
« nord (1). »

Le mardi, dernier jour de juillet de l'année 1498, l'amiral ayant navigué pendant plusieurs jours vers l'Occident, pensant que les îles des Caraïbes étaient au nord, se décida à quitter cette route et à retourner à la Española. L'eau lui manquait, les vivres étaient avariés, et il craignait qu'il fût survenu dans l'île, en son absence, quelques désordres, ou dissensions entre les gens. Il prit, en conséquence, la direction du nord, espérant trouver sur sa route, quelque île de Caraïbes où ses équipages pourraient se rafraîchir.

---

(1) Il nous a paru intéressant de citer presqu'en entier ce passage, qui donne une idée de l'état où se trouvait alors la science astronomique; nous l'avons traduit aussi littéralement que possible. Si quelques phrases semblent obscures dans notre langue, il faut l'attribuer au langage de l'époque très succinct, et souvent amphibologique dans sa brièveté. Nous espérons que les techniciens se retrouveront au milieu de cette confusion d'étoiles, de degrés, etc. C'est pour eux que nous avons transcrit cette description, extraite du livre de bord de **Christophe Colomb**.

## CHAPITRE XXIX.

ARRIVÉE DE COLOMB A LA TERRE FERME, CÔTE DE PARIA.

Un matin, en suivant cette route, un marin nommé Alonzo Perez Ricardo, monté dans les hunes, aperçut la terre, à quinze lieues de distance; c'étaient trois montagnes réunies, et l'on reconnut ensuite que c'était une terre unique, d'une grande étendue, et dont l'œil ne pouvait voir la fin. Les équipages se mirent en prière, comme d'usage, et saluèrent avec joie cette terre bienvenue que l'amiral nomma *la Trinidad*.

Naviguant dans la partie occidentale de l'île, il rencontra, sur son passage, un rocher qu'il appela *la Galera*, à cause de sa forme semblable à celle d'une galère allant à la voile, et ses trois navires étant réduits chacun à une barrique d'eau, et ne trouvant pas là d'endroit propice pour s'en approvisionner, il suivit la côte, en allant à l'ouest, et il s'arrêta à une pointe qu'il appela *la Playa*, où il débarqua ses équipages, avec de grandes démonstrations de joie, et où ils purent faire de l'eau à un magnifique ruisseau.

Mais, sur ce point, ils ne trouvèrent pas de monde ni aucun village, bien que, sur toute la côte, qu'ils avaient laissée derrière eux, ils eussent vu de nombreuses cases et des villages; cependant ils découvrirent des traces de pêcheurs qui s'étaient enfuis à leur approche, en laissant quelques engins de pêche. Ils virent aussi des empreintes de pas d'animaux, paraissant être des chèvres, et trouvèrent la carcasse de l'une d'elles, mais, la tête étant sans cornes, ils pensèrent que ce pouvait être la dépouille d'un chat ou d'un singe.

Le premier août, les navires marchant entre les deux pointes précitées, à gauche, du côté du midi, ils virent la côte ferme, à 25 lieues de distance, mais ils crurent que c'était une autre île et, dans cette croyance, l'amiral la nomma *Isla-Santa;* il était bien loin de croire que cette île était la terre ferme qu'il cherchait depuis si longtemps, et qu'il voyait pour la première fois.

La terre qu'ils apercevaient, depuis *la Trinidad*, à l'endroit où ils se trouvaient, avait une étendue d'environ trente lieues, de l'est à l'ouest, sans aucun port, mais le pays paraissait très beau; les arbres, l'eau, les cases, les nombreux villages, semblaient offrir une grande aménité. Les courants étant très rapides et la marée haute, ils restèrent là toute la journée; mais, n'ayant pu communiquer avec les habitants pour avoir des vivres, ni prendre toute l'eau qui leur était nécessaire, ni faire à ses navires quelques réparations indispensables, l'amiral suivit la côte, le lendemain, se dirigeant vers une pointe qui paraissait, à l'Occident, et qu'il appela *la Arenal;* il estimait que les vents d'est, qui règnent dans ces parages, ne viendraient pas ainsi contrarier les allées et venues de ses barques.

Mais, avant qu'ils atteignissent cette pointe, ils virent une barque montée par vingt-cinq Indiens qui les suivait, dans leurs eaux et qui s'arrêta à une portée de fusil. Les Indiens se mirent alors à pousser des cris; et, comme il n'était pas possible de comprendre leurs demandes, on leur montra quelques objets pour voir s'ils les connaissaient, par exemple des vases en métal, des miroirs qui plaisent beaucoup aux Indiens.

Comme, après s'être un peu rapprochés, à la vue de ces objets, ils hésitaient cependant à venir à bord, l'amiral donna ordre de faire monter le tambour et la grosse caisse, et leur commanda de battre une danse et à quelques hommes de danser. Mais alors, les Indiens se mirent en attitude de combat, prirent leurs arcs et lancèrent quelques flèches contre les danseurs; ceux-ci laissant là leur danse, leur ripostèrent avec leurs arbalètes, sur l'ordre de l'amiral, afin de punir leur attaque, et de ne pas s'exposer à leur mépris. La retraite leur fut pénible ; ils se mirent au large et suivirent un des autres navires, *la Vachina*, s'en approchèrent sans crainte ni hésitation, et le pilote étant descendu dans leur canot, et leur ayant fait quelques présents, qui leur furent très agréables, ils lui dirent que, lorsqu'ils descendraient à terre, ils leur donneraient des provisions et du pain ; le pilote ayant paru y consentir, ils se dirigèrent vers la terre pour l'attendre ; mais, quand ils le virent monter à bord du vaisseau amiral où il allait demander la permission d'aller à terre, ils crurent à une trahison et ils s'éloignèrent rapidement dans leur canot. On ne les revit plus.

L'amiral, en tournant du côté sud, s'était figuré qu'il trouverait sur la côte, qu'il supposait être en face de la côte d'Afrique, le même climat, la même nature et la même race d'hommes que celle qui peuple cette partie du monde, c'est-à-dire des nègres, aux cheveux crépus et laineux, tandis que les Indiens qu'il venait d'apercevoir étaient relativement blancs, bien faits, portaient les cheveux longs et rattachés avec des cordons comme ceux des femmes, et avaient des traits plus fins et plus réguliers que ceux des autres îles. Sans être vêtus, ils portaient une ceinture ou bandeau qui couvrait leurs parties, et un morceau de la même étoffe leur entourait la tête.

Quant au climat, il ne ressemblait pas à celui de l'Afrique, et devenait plus tempéré, à mesure qu'il s'approchait de la ligne de l'équateur ; bien qu'on fût en juillet, les nuits étaient froides au point d'être obligé de se vêtir comme dans l'hiver. D'abondantes rosées, tombant chaque soir, dans ces contrées de la zone torride, produisent ce refroidissement de la température.

Toutes ces constatations détruisaient absolument les assertions du joaillier Ferrer, et Colomb, obligé d'abandonner les idées qu'il avait conçues, d'après cette théorie, dut reconstituer, dans sa fertile imagination, tout un autre système d'observations concernant les nouveaux sujets qu'il avait sous les yeux.

Dès que les navires furent mouillés à la pointe de l'Arenal, Colomb envoya les barques à terre pour prendre langue et faire de l'eau ; mais, la côte étant très basse, et sans qu'on y vît un seul habitant, on ne put obtenir aucun bon résultat.

Le lendemain, les hommes qu'on envoya à terre reçurent l'ordre de creuser des trous dans le sable afin d'y faire venir l'eau. Arrivés sur la plage, ils trouvèrent les trous tout creusés et remplis d'une eau bien limpide, et ils pensèrent que c'était l'œuvre des habitants de ces contrées ; ils prirent la provision d'eau qui leur était nécessaire, et retournèrent aux navires.

Il fut alors résolu qu'on irait à l'embouchure d'un autre canal que l'on apercevait vers le nord-ouest, et que Colomb appela *Boca del Dragon*, afin de le distinguer de celle où il se trouvait, et qu'il avait nommée *Boca de la Sierpe*.

Ces embouchures formaient les deux pointes de la Trinidad, et se trouvaient en face de deux autres pointes de la terre ferme, les unes au nord, les autres au sud. Celle, où l'amiral avait jeté l'ancre, possédait au centre un rocher qui reçut le nom de *el Gallo*.

A l'embouchure du canal de *la Sierpe*, l'eau débouchait avec une telle violence, dans la direction du nord, qu'on eût dit que c'était l'embouchure d'un grand fleuve ; dans le passage entre la pointe Arenal et la pointe de la rive opposée, l'eau se brisait et écumait de façon à faire croire que ce passage était rempli de rochers sous-marins.

Les navires, ayant été solidement amarrés, il survint à un moment un flot si impétueux, qu'il causa un effroi général ; au même instant, de la rive opposée, appelée Paria actuellement, s'échappait un autre courant venant en sens inverse, et les deux flots, courant l'un vers l'autre comme pour se livrer bataille, se rencontrèrent au milieu du passage, et se heurtèrent avec un horrible fracas. Du choc de ces deux masses d'eau s'éleva dans l'air une haute montagne liquide et couverte d'écume qui, au grand effroi des équipages, se dirigea vers les navires, menaçant de les engloutir ; mais heureusement, en heurtant le vaisseau de l'amiral, elle s'éleva dans l'air et se brisant en millier de flocons écumeux, elle retomba dans la mer sans causer aux navires des dégâts sérieux. Un seul perdit ses ancres qui furent projetées sur la côte, sans qu'il pût déployer ses voiles et se dérober au danger, tant l'équipage fut saisi d'épouvante.

A la vue du péril qu'il venait de courir, l'amiral quitta la pointe de *la Sierpe* et se dirigea vers celle du Dragon, qui est au nord-ouest de la Trinidad et à l'est de Paria; mais il ne sortit pas de ce côté; il longea la côte sud de Paria, en allant vers l'ouest, croyant toujours que cette terre était une île, et espérant sortir du côté du nord pour aller à la Española; il la nomma *Isla de Gracia*.

La côte de Paria offrait de très beaux ports, très rapprochés, et le pays paraissait fertile et bien cultivé; des massifs d'arbres à fruits, de vastes forêts et de belles rivières, donnaient à la campagne un aspect séduisant. La mer sur laquelle il naviguait, était calme et limpide, et il fut très surpris, en la goûtant, de la trouver douce. L'eau des nombreuses rivières qui se jetaient dans ce golfe ôtait à la mer son goût salé habituel, et la tranquillité de ses flots faisait ressembler celle-ci à une immense rade entourée par la terre ferme de plusieurs côtés.

L'amiral n'avait pu encore s'aboucher avec les naturels de ce nouveau pays; depuis la rencontre des Indiens dans leur canot, il n'avait pas vu un être humain sur ces rivages. Les Espagnols descendus à terre avaient trouvé des traces de pas, mais n'avaient vu aucun Indien; il est probable que la vue des navires et des hommes qui les montaient les mettait en fuite.

Il longea ainsi la côte pendant plusieurs lieues, mouillant de temps en temps, pour faire reposer ses équipages, et envoyant les barques à terre, pour faire de l'eau; ils y trouvaient beaucoup de fruits semblables à ceux des autres îles; ils y voyaient de beaux arbres, des mêmes espèces que celles déjà connues, mais aucun naturel ne se montrait, et, si les champs cultivés n'avaient pas démontré le contraire, on se serait cru près d'une terre inhabitée.

Le dimanche, 5 août, l'amiral ne voulant pas lever l'ancre un jour de repos, envoya les barques à terre, et quand elles revinrent à bord, les hommes rapportèrent les mêmes découvertes.

Le lendemain, désireux de ne pas perdre de temps, il abandonna son mouillage, suivit la côte en aval, sans entrer dans aucun port, sur une étendue d'environ quinze lieues et, à ce point, il jeta l'ancre dans une rivière près d'une côte plus basse; aussitôt un canot monté par trois hommes s'avança, et vint le long du bord de la caravelle *el Correo*; or, le pilote, connaissant le vif désir de l'amiral de prendre langue avec ces Indiens, sous prétexte de vouloir leur parler, sauta dans le canot et, avec l'aide de quelques hommes du navire, s'empara des trois Indiens et les emmena, avec leur canot, à l'amiral.

Celui-ci les accueillit avec gracieuseté, leur fit force caresses, et les renvoya à terre chargés de présents. A cette vue, une multitude d'Indiens, qui encombraient le rivage, sautèrent dans les canots et accoururent vers les navires, apportant les objets qu'ils possédaient pour faire des échanges. Mais, dans ces choses pareilles à celles des autres îles, il n'y avait ni boucliers, ni flèches empoisonnées, ces Indiens n'ayant pas l'habitude de s'en servir.

Les boissons de ces peuplades étaient une liqueur blanche comme du lait, et d'autres qui tiraient sur le noir et avaient le goût de vin de verjus ou de raisins point mûrs; on ne put connaître les fruits qui les produisaient. Les habitants de cette terre portaient des tissus de coton de diverses couleurs, bien teints, en grande et petite largeur; mais ce qu'ils estimaient le plus, des objets qu'on leur offrait, c'était le laiton et les grelots.

Ces populations paraissaient plus policées et plus traitables que celles de la Española; elles couvraient leurs nudités avec un morceau d'étoffe, de celles ci-dessus mentionnées, de couleurs variées, et en portaient un autre enroulé autour de la tête; les femmes avaient la tête nue, ainsi que les autres parties du corps, comme celles de la Trinité. On ne vit d'ailleurs là autre chose de remarquable que de petits miroirs en or, qu'ils portaient attachés autour du cou.

L'amiral, ne voulant pas se retarder plus longtemps, pour

visiter ces terres, et connaître leurs usages et leurs productions, fit prendre six Indiens qu'il emmena avec lui, et, croyant toujours que c'était une île, il la nomma île de Grâce. Mais, voyant ensuite qu'on découvrait une autre île, au midi, une seconde, non moins grande au couchant, toutes très élevées, ayant leurs champs ensemencés, de nombreuses populations, dont les naturels portaient au cou plus de miroirs que les précédents, beaucoup de grains d'or, et dont les femmes avaient aux bras des fils d'or, avec des perles grosses et petites très bien enfilées, et dont on acheta quelques-unes, pour les envoyer aux rois catholiques, l'amiral crut devoir s'arrêter là pour examiner avec plus d'attention de si favorables indices, et s'assurer de ce que renfermait une si importante région. Il envoya donc les barques à terre, où se trouvait réunie toute la population du pays, qui était accourue pour voir les nouveaux bâtiments, qui se montraient à leurs yeux pour la première fois.

Tout ce monde s'empressa autour des chrétiens et leur témoigna tant d'affabilité et de bonté, que ceux-ci se laissèrent conduire à une case peu éloignée où on leur donna à manger et à boire une grande quantité de leur vin. De cette case, qui devait être le palais du roi, on en conduisit quelques-uns dans une autre case, celle de son fils, où on les traita de la même façon.

Tous ces Indiens étaient en général plus blancs que tous ceux qu'on avait rencontrés jusqu'alors, de plus belle figure et de meilleure conformation; ils portaient leurs cheveux coupés jusqu'au milieu de l'oreille, à la mode de Castille.

Ils dirent que leur terre se nommait *Paria*, et, questionnés sur les provenances de l'or et des objets qu'ils portaient, ils répondirent que l'or venait dans d'autres îles, à l'occident, peuplées d'hommes qui mangeaient leurs semblables; que les perles se trouvaient dans les coquilles des huîtres, qui se pêchaient, à l'ouest de la terre de *Gracia*, et plus loin vers le nord.

En poursuivant sa route à l'ouest, l'amiral trouvait chaque fois la mer moins profonde, tellement qu'ayant, à leur point de départ, quatre ou cinq brasses, ils en vinrent à n'en plus trouver que deux et demie, à la basse mer, parce que le flux et reflux était là différent de celui de la Trinité, où la haute mer croissait de trois brasses, tandis que là, la croissance se bornait à une brasse; là-bas l'eau était à moitié douce, et ici, elle était semblable à celle de la rivière.

D'après ces indices, l'amiral ne voulant pas exposer son navire qui était de 100 tonneaux et exigeait trois brasses d'eau pour naviguer, envoya à la découverte, la petite caravelle, *Correo*, pour trouver un passage à l'Occident.

Celle-ci revint le lendemain, le 11 août, et son capitaine rapporta, qu'au bout occidental de cette mer, il avait trouvé une embouchure de fleuve de deux lieues d'étendue, du midi au nord, et, dans cette embouchure, un golfe rond, avec quatre petits golfes, à côté les uns des autres; que chacun d'eux donnait issue à une rivière, dont les eaux rendaient douce l'eau de toute cette mer; que celle de là-bas était encore plus douce que celle du point où se trouvait l'amiral, et il ajouta que cette terre que l'on croyait être des îles était une seule terre, un continent, et que partout ils avaient trouvé quatre ou cinq brasses d'eau et tant d'herbe, pareille à celle du golfe, que c'est à peine s'ils pouvaient s'ouvrir un passage.

L'amiral, reconnaissant qu'il ne pouvait sortir du côté de l'Occident, vira de bord vers l'Orient, avec l'intention de passer par le détroit qu'ils avaient trouvé entre la terre de Paria et la Trinité, au levant, à la pointe de l'île, et qu'il avait appelée le cap *Boto*.

Le danger que ses navires avaient couru à la pointe de *la Sierpe*, lui faisait redouter ce passage, et il y allait avec hésitation et avec prudence. Cette précaution était d'autant plus nécessaire que, quand il s'y engagea, le vent était tombé, et les courants violents emportèrent les navires avec tant de rapidité qu'il redoutait, à chaque moment, de les voir brisés contre les rochers ou jetés sur le sable.

Mais, grâce à Dieu, ce qui faisait le danger devint la cause de leur salut.

Les courants impétueux suppléèrent au vent et portèrent ses navires en pleine mer; de là, sans se retarder davantage, il commença à naviguer vers l'Occident, en suivant la côte nord de Paria, pour traverser ensuite vers *la Española;* c'était le 13 août, un lundi.

Durant ce voyage, il aperçut encore de nouvelles terres de belle apparence, avec de nombreux villages dont les habitants se montrèrent fort traitables. Ces terres, bien cultivées, annonçaient un pays riche et fertile; il voulait s'assurer si ces contrées étaient des îles, ce qu'il croyait encore, ou si c'était bien la terre ferme. L'étendue de ces côtes, la quantité et l'importance des rivières qui ne pouvaient être alimentées, dans des îles, de volumes d'eau si considérables, le convainquirent enfin que c'était bien la terre ferme qu'il côtoyait. Il se souvint alors de ce passage d'Esdras : « Des sept « parties de la terre, il n'y en avait qu'une qui était entière- « ment couverte d'eau. » Il se rappela aussi que les Indiens des îles Caraïbes lui avaient dit que, du côté du sud, il y avait une terre ferme très étendue.

Naviguant alors à l'ouest de la côte de Paria, il s'éloigna de plus en plus de cette terre dans la direction du nord-ouest, entraîné de ce côté par les courants que les calmes l'empêchaient de surmonter.

Le mercredi, 15 août, il laissa au sud, le cap qu'il avait appelé *Cabo de las Conchas,* à cause des quantités de coquillages et d'huîtres qu'on trouvait dans ces parages; il découvrit, en passant, les îles *Margarita* et *Cubagua;* la première si bien nommée pour les innombrables quantités de perles que l'on a recueillies entre ces deux îles (en latin *margarita* est le nom de la perle). L'abondance de ces perles est si grande, dans ces localités, que les Indiennes en portent autour de leur cou des colliers de plusieurs rangs; et elles en font si peu de cas, qu'elles donnent ces colliers pour un grelot, pour un morceau cassé de faïence peinte. Par ces échanges, Colomb en recueillit environ trois livres qu'il envoya, comme échantillons, aux rois catholiques.

L'amiral avait lu, dans Pline, que la perle était formée d'une goutte de rosée recueillie dans l'huître qui la fécondait de façon à en faire une perle. Les rosées étant fréquentes dans ces contrées, il en concluait qu'elles étaient la cause de l'abondance des perles qu'on y recueillait. En voyant, le long des côtes, pendre dans l'eau, et à la surface, des branches d'arbre couvertes d'huîtres, il se figurait qu'elles venaient au-dessus de l'eau, pour recueillir les gouttes de rosée qui tombaient chaque soir.

Dans cette traversée, il rencontra un groupe de six îles qu'il appela *las Guardias*, et ensuite trois autres auxquelles il donna le nom de *los Testigos* et, comme on découvrit de nouvelles terres, en suivant la côte de Paria, l'amiral dit « qu'il ne peut pas rendre un compte bien exact de toutes « ces découvertes et de leurs particularités, attendu que, « par suite des veilles continues, ses yeux sont injectés et « voilés de sang, et qu'il est forcé de prendre la plus grande « partie de ses notes sur les rapports des pilotes qui sont « avec lui ».

Le lundi, 20 août, l'amiral mouilla à l'île *la Beata*, qui est à trente lieues environ de la rivière Ozema, où il pensait trouver le nouveau port qu'il avait chargé son frère de faire construire. Les vents contraires et les courants l'empêchaient d'avancer aussi promptement qu'il l'eût voulu; il écrivit donc une lettre à son frère, pour le prévenir de son arrivée, et envoya à terre pour chercher un Indien et le charger de porter sa missive. Il en vint six à bord, et Colomb fut ému en voyant l'un d'eux armé d'une arbalète espagnole : de nouveaux malheurs étaient-ils survenus? Cette arme avait-elle été prise à un Espagnol tué dans quelque soulèvement?

Après l'envoi de sa lettre, Colomb continua son voyage et, surpris de se trouver si avancé du côté de l'ouest, il remonta vers l'est dans la direction de *la Española*.

Dans sa route, il vit arriver vers son navire une caravelle, sur laquelle il reconnut son frère qui, après la réception de sa lettre, était venu au-devant de lui.

Les deux frères s'embrassèrent avec joie, ils s'aimaient vivement, et leurs épreuves réciproques les avaient fortement unis. Ils avaient, l'un et l'autre, pendant cette dernière séparation, éprouvé de sérieuses contrariétés, et ils avaient besoin d'épancher mutuellement leurs cœurs ulcérés. Bartholomé aimait et vénérait Christophe, dont il reconnaissait la supériorité, et celui-ci affectionnait son frère et prisait en lui sa fermeté, sa haute raison et son activité.

Mais l'amiral était bien changé. Vieilli avant le temps par les fatigues qu'il avait endurées; la tête congestionnée de ses rêves, de ses illusions et de ses découvertes; l'esprit constamment surexcité par ses aspirations et ses désirs, l'âme avait usé le corps; et plus il avançait, plus les obstacles se multipliaient, et plus la haine et l'envie s'acharnaient à contrarier ses projets. D'une robuste et forte constitution à l'origine, il avait subi les atteintes de coups si multipliés, qu'il en était affaissé, et il arrivait cette fois *à la Española*, accablé par la goutte, dévoré de fièvre, et presque aveugle à force d'avoir fatigué sa vue. Mais son énergie n'avait pas faibli, son imagination, toujours ardente, voyait dans l'avenir les résultats avantageux de ses découvertes, et il comptait sur son frère pour en obtenir la réalisation.

## CHAPITRE XXX.

#### ARRIVÉE DE L'AMIRAL A SANTO-DOMINGO.
#### RÉBELLION DE ROLDAN, JUGE GÉNÉRAL DE L'ILE.

A son arrivée à *la Española*, la vue presque perdue, l'amiral espérait y goûter le repos et y jouir de la tranquillité dont il avait tant besoin ; il pensait trouver sa population calme et s'occupant des travaux entrepris. Mais son attente fut cruellement déçue ; toutes les parties de l'île étaient en révolution ; un grand nombre des hommes qu'il avait laissés étaient morts, et il n'en restait plus que 160, tous atteints du mal, qu'on nommait alors le mal *français*. Un grand nombre d'autres s'étaient révoltés à la suite de Roldan, juge général de l'île *Española*, et qui faisait partie du conseil du gouvernement institué par l'amiral à son départ.

Il ne trouva dans le port que les trois navires qu'il avait envoyés des Canaries, pour porter secours à la colonie, comme nous l'avons dit plus haut.

Afin d'édifier le lecteur sur les faits qui s'étaient passés dans l'île, depuis le départ de l'amiral, nous allons procéder par ordre et nous reporter à l'époque de sa mise à la voile, au mois de mars 1496. Il s'était écoulé trente mois depuis ce jour jusqu'à son retour dans la colonie.

Alors la population chrétienne laissée dans l'île, espérant que l'amiral serait bientôt de retour, demeurait calme et paisible, comptant être bientôt secourue. La première année s'écoula sans apporter les secours attendus, et alors, comme ils manquaient de tous les objets venant d'Espagne, les privations se firent sentir, les maladies augmentèrent, le mécontentement et les plaintes commencèrent, et les excitations vinrent encore les animer. Le chef de cette agitation fut Francisco Roldan, natif de Torre Ximeno, à qui l'amiral avait donné une notable autorité, en le nommant juge supérieur, fonction importante et très respectée des chrétiens, ainsi que des Indiens. Il était aisé de prévoir, qu'entre lui et le préfet que Colomb avait investi du gouvernement de l'île, il s'élèverait des dissidences qui porteraient atteinte à cette volonté unique et ferme qui est indispensable pour la bonne direction du gouvernement.

Roldan ne tarda pas à concevoir la pensée de se rendre maître de l'île, avec le dessein de tuer les deux frères de l'amiral, les seuls qui pouvaient lui offrir la plus sérieuse résistance à ses projets, et il attendit une occasion favorable.

Pour se conformer aux ordres de l'amiral et construire la forteresse projetée, dans la contrée des nouvelles mines, au bord de l'Ozema, l'adelantado se rendit dans cette province appelée Suraña, située à l'ouest, et éloignée de la *Isabela* d'environ 80 lieues. Roldan resta au siège du gouvernement, sous l'autorité de Don Diego, second frère de l'amiral, que le gouverneur avait mis à sa place, ce dont Roldan conçut un vif ressentiment. A tel point que, lorsque le préfet ordonna au cacique de cette province de payer le tribut dû aux rois catholiques, Roldan commença ses menées secrètes, pour se former un parti, sans toutefois lever de suite l'étendard de la rébellion, pour laquelle il lui fallait trouver un prétexte. Cependant Bartholomé choisit un emplacement favorable, dans un endroit dont les terrains renfermaient beaucoup d'or; il se mit à l'œuvre pour édifier la forteresse qu'il nomma *San-Christoval* (Saint-Christophe), prénom de son frère.

Pendant ce temps, Roldan avait trouvé le prétexte qu'il cherchait pour soulever un conflit avec Don Diego.

Le préfet avait fait construire une caravelle pour l'envoyer en Espagne, mais, faute d'agrès et d'appareils nécessaires pour sa mise à l'eau, la navire restait sur le chantier.

Roldan répandit le bruit que c'était un autre motif qui retenait à terre la caravelle, et qu'il fallait s'entendre pour réclamer son lancement immédiat, afin d'aller en Espagne, rendre compte de leurs travaux, et, sous prétexte du bien-public, il insistait fortement pour qu'on la mît à l'eau sans retard. Mais Don Diego s'y opposa, à cause du manque des objets indiqués ci-dessus.

Alors Roldan s'entendit avec quelques hommes de son parti pour que, malgré la volonté de Don Diego, la caravelle fût lancée sans aucun délai. Ils alléguaient « que le préfet
« et son frère s'opposaient à la mise à l'eau, afin de main-
« tenir leur autorité et les garder toujours sous le joug, sans
« qu'il y eût là un navire pour aller informer les rois ca-
« tholiques de leur tyrannie ; qu'ils savaient bien tous com-
« bien le préfet était cruel et redoutable, et la dure et mal-
« heureuse vie qu'il leur faisait subir, les condamnant à
« labourer la terre, à construire des forteresses, et qu'il n'y
« avait plus d'espoir que l'amiral revînt leur apporter aucun
« secours ; qu'ils feraient donc bien de s'emparer de la cara-
« velle et de conquérir ainsi leur liberté ; qu'ils ne devaient
« pas, sous l'appât d'une solde qu'on ne leur payait jamais,
« vivre sujets d'un étranger, alors qu'ils pourraient jouir
« d'une existence heureuse et tranquille, et, en même
« temps, très avantageuse, car ils se répartiraient également
« tout ce qu'on récolterait et qu'on échangerait dans l'île ;
« qu'ils se feraient servir par les Indiens comme ils vou-
« draient, sans être retenus par un frein quelconque, comme
« ils avaient été tyrannisés jusqu'à ce jour, puisqu'on leur
« défendait de prendre une Indienne pour leur femme ; qu'on
« leur imposait les trois vœux religieux, sans compter les
« jeûnes et la discipline, ainsi que la prison et les châti-
« ments qui leur étaient infligés pour le moindre excès ; que
« lui, ayant l'autorité de roi, prenait sous sa responsabilité
« tout ce qui pourrait arriver, sans qu'il pût leur incomber
« aucun préjudice de tout ce qu'il leur disait, et qu'il les
« exhortait à suivre ses conseils, car ils ne pouvaient se
« tromper en les écoutant. »

Ces paroles avaient produit leur effet : un grand nombre d'hommes se groupèrent auprès de Roldan, et un jour, le préfet étant revenu de Suraña à la Isabela, quelques-uns projetèrent de le poignarder, et se munirent d'une corde pour l'étrangler après, mais l'arrestation de *Baraona*, un indien ami des principaux conjurés, et la fermeté du préfet déjouèrent leurs intentions et empêchèrent leur exécution.

Roldan, voyant qu'il n'avait pu arriver à ses fins par la mort du préfet, et que sa conspiration était découverte, résolut de s'emparer de la forteresse et de la terre de la *Concepcion*, ce qui lui donnerait, pensait-il, la facilité d'assujettir l'île.

Tout semblait concourir à la réussite de ce projet : le voisinage de la forteresse, l'absence du préfet, le départ de Don Diego avec 40 hommes pour aller apaiser une sédition d'Indiens révoltés et menaçant de tuer les chrétiens. Sous prétexte d'aller châtier les insurgés, Roldan réunit ses affidés, dans la propriété d'un cacique de son parti, et se disposa à marcher sur la forteresse ; mais le commandant Ballester, ayant eu vent de ce qui se passait, se mit en état de défense, manda au préfet le danger qu'il courait, et celui-ci, en grande hâte, accourut se jeter dans le fort, avec tout le monde qu'il put raccoler.

Des pourparlers s'engagèrent alors ; Roldan, avec hauteur et irrévérence, réclama la mise à l'eau de la caravelle ; le préfet répondit qu'elle manquait d'agrès et d'apparaux pour naviguer ; que c'était exposer la vie des hommes sans profit ; qu'eux, n'étant pas marins, ne pouvaient le comprendre et que lui, homme de mer, savait parfaitement que ce lancement était impossible et inutile, et que tous les marins l'entendraient ainsi.

Ces pourparlers n'eurent pas de résultat. Roldan se retira courroucé, protestant qu'il ne ferait que ce que le roi lui commanderait ; que, vu leur haine, il ne pouvait attendre de lui aucune justice ; qu'il allait se retirer dans un lieu à sa convenance ; et il prit le chemin de la *Isabela*, accompagné de 65 hommes.

N'ayant pu réussir à mettre à l'eau la caravelle, il saccagea le magasin, s'empara des armes, des habillements et des vivres, sans que Don Diego Colomb, qui était dans la ville, pût l'en empêcher. Celui-ci, se voyant en danger, regretta un moment de ne pas s'être réfugié dans la forteresse avec les quelques hommes qu'il avait avec lui. Roldan lui avait promis obéissance, s'il voulait prendre parti avec lui contre son frère; et, sur son refus, il eût bien voulu l'attaquer, mais il en fut détourné par la crainte des secours envoyés par le préfet et, sortant de la place, avec tous les mutins ils enlevèrent les troupeaux qu'ils trouvèrent à leur portée, tuèrent, pour manger, ceux qui leur convinrent, et emmenèrent le reste pour provision, pendant le voyage qu'ils entreprenaient vers la province de *Suraña*, d'où le préfet était accouru quelques jours auparavant. Cette province leur offrait un séjour agréable, la terre étant la plus fertile et la plus délicieuse de la *Isabela;* ses naturels, eu égard aux autres populations de la Española, étant plus intelligents, plus instruits, et les femmes plus belles et de plus agréable conversation que les autres.

Toutefois, désirant montrer leurs forces et ne pas attendre que le préfet eût augmenté ses renforts, ils se déterminèrent à passer à la *Concepcion*, avec l'espoir de surprendre la forteresse, de tuer le préfet, qui s'y trouvait enfermé, et en cas de non réussite, tout au moins d'en faire le siège.

Le préfet fut bientôt instruit de ce qui se tramait contre lui, et il se prépara à la défense; il anima les siens par ses discours, leur promit des récompenses, leur attribua à chacun deux esclaves pour leur service, et, bien qu'il redoutât que les promesses de Roldan en séduisissent quelques-uns, mais, comptant sur sa propre valeur, sur ses bonnes dispositions et sur sa fermeté pour maintenir ses hommes à sa dévotion, et décidé à user de ses armes avec sa raison et son expérience, après avoir mis en bon ordre ses gens, il sortit de la place pour assaillir les révoltés pendant leur marche.

Mais Roldan, voyant toutes ses dispositions contrariées et ses espérances déçues, aucun des hommes du préfet ne désertant pour venir à lui, rebroussa chemin pour se replier sur Suraña, n'ayant pas le courage de l'attendre, tout en l'attaquant par des insultes de paroles, auprès des populations indiennes qu'il rencontrait sur sa route, le vouant à la haine de leurs habitants et les excitant à la révolte contre lui, en leur disant « qu'il s'était séparé de lui, parce qu'il était « cruel et vindicatif, autant envers les chrétiens que contre « les Indiens ; que son avarice était intolérable ; que les char- « ges et les tributs qu'il leur imposait étaient exorbitants ; « que leur importance, s'ils en avaient profité, serait très « considérable ; que c'était contraire à la volonté des rois « catholiques, qui ne demandaient à leurs sujets que l'o- « béissance et la liberté, en les maintenant en paix, sous « leur justice, et que, s'ils craignaient de ne pouvoir se « défendre seuls, lui et ses amis, et d'autres qui se join- « draient bien à lui, viendraient les aider et se déclare- « raient leurs protecteurs et leurs défenseurs ».

En parlant ainsi, ils résolurent d'entraver le payement du tribut; il en résulta qu'on ne put le recouvrer des Indiens habitant des contrées éloignées de la résidence du préfet, et on ne le réclama pas non plus aux autres habitants, afin de ne pas les irriter et d'éviter leur adhésion au soulèvement.

Mais cette condescendance eut pour effet d'encourager Guarionex, qui était le cacique supérieur de la province, à assiéger la ville et la forteresse de *la Concepcion*, après la sortie du préfet, dans le dessein de mettre à mort les chrétiens qui la défendaient.

Pour obtenir plus aisément ce résultat, Guarionex s'entendit avec les autres caciques, ses amis, pour que chacun d'eux tuât les chrétiens qui se trouveraient dans sa province; ceux-ci, à cause de l'étendue des terres, étant forcés de se diviser en petites compagnies, de huit ou dix hommes, offraient aux Indiens, en les attaquant à l'improviste, quelque chance de n'en pas laisser un seul vivant. Il fut d'ailleurs convenu, qu'à la pleine lune, chacun serait prêt à exécuter les siens.

Mais un des principaux caciques, ambitieux de réputation, désireux de montrer son zèle, et croyant la besogne facile, n'attendit pas la pleine lune, et assaillit les chrétiens avant le temps convenu; mais, repoussé et maltraité, il prit la fuite et alla chercher du secours auprès de Guarionex; mal lui en prit, car celui-ci, courroucé de son intempestive équipée, qui découvrait sa conjuration, le mit à mort. Les chrétiens, ainsi avisés, se tinrent sur la défensive.

Cette désorganisation causa une douloureuse déconvenue parmi les rebelles de Roldan. Ceux-ci avaient conseillé et encouragé cette trahison, et s'étaient rapprochés de Guarionex, dans l'espoir d'envelopper le préfet dans le massacre, et, en s'unissant au cacique, de coordonner ses dispositions. Voyant que le coup n'avait pas réussi, et ne se croyant plus en sûreté dans cette province, ils se retirèrent à Suraña, en publiant partout qu'ils étaient les protecteurs des Indiens, alors qu'ils faisaient œuvre de véritables bandits, sans autre frein que leur volonté et leurs appétits désordonnés, dérobant tout ce qui leur tombait sous la main ; et Roldan leur chef invitait les caciques à récolter le plus qu'ils pourraient, parce qu'il voulait protéger les révoltés et défendre leur liberté.

Cependant le préfet et son frère Don Diego éprouvaient de vives inquiétudes au sujet du maintien de leurs hommes à leur dévotion. Ceux-ci, gens de basse extraction, envieux du bon temps et de la douce vie que leur faisait entrevoir Roldan, courroucés des châtiments infligés aux délinquants, indisciplinés, n'écoutant plus les ordres des supérieurs et voyant impunis les outrages des révoltés, étaient dans une agitation difficile à calmer, et le retard dans la venue des navires apportant des nouvelles d'Espagne et des secours en hommes et en approvisionnements augmentaient encore leurs inquiétudes.

Enfin arrivèrent les deux navires, qu'à force d'instances Colomb avait pu faire partir un an après son arrivée en Espagne. Les renforts en hommes et en provisions que ces navires apportaient, et surtout les nouvelles de Castille annonçant que l'amiral était en bonne santé et s'occupait de l'envoi d'autres navires et des dispositions favorables aux établissements indiens, ranimèrent les esprits et redonnèrent une vigueur nouvelle aux hommes restés près du préfet ; ils revinrent à leur obéissance primitive et reprirent leur service avec fidélité, se soumirent, comme d'habitude, aux punitions encourues, et les anxiétés du préfet et de son frère se trouvèrent calmées, d'autant plus que les révoltés de Roldan, redoutant le châtiment de leur défection, désireux de connaître les nouvelles d'Espagne, et de s'approvisionner de ce qui leur manquait, résolurent d'aller à Santo-Domingo où les navires étaient arrivés, avec l'espoir d'entraîner à leur suite quelques-uns des nouveaux débarqués.

Mais le préfet, ayant appris leur intention et se trouvant plus près du port, se mit en devoir de leur barrer le chemin et, après avoir établi des postes solides à tous les passages, il arriva au port, visita les navires et donna les ordres nécessaires pour la circonstance.

Désirant vivement que l'amiral retrouvât, à son retour, l'île tranquille, il proposa de nouveau à Roldan qui se trouvait à six lieues de distance, avec sa troupe, de nouvelles conditions qu'il envoya par le capitaine Pedro Fernando Coronel, l'un des commandants des navires qui venaient d'arriver.

C'était un homme honorable et d'une certaine autorité, et il espérait que ses paroles auraient plus d'influence en ce que, comme témoin oculaire, il était en mesure d'affirmer l'arrivée de l'amiral en Espagne, le bon vouloir des rois catholiques pour son élévation, et le favorable accueil qu'il en avait reçu.

Mais les chefs de la conjuration, redoutant l'impression que les paroles de cet ambassadeur pourraient faire sur les esprits des révoltés, ne le laissèrent point parler en public, ils le reçurent dans le chemin, armés de leurs arbalètes avec leurs traits, de sorte qu'il ne put dire que peu de mots aux rebelles qui se présentèrent pour l'écouter. Ils se séparèrent ainsi, sans que cette démarche eût produit le moindre résultat. Toutefois, redoutant les conséquences de leur rébellion au retour de l'amiral, Roldan et les principaux chefs de son entourage ne manquèrent pas d'écrire aux amis qu'ils avaient encore auprès du préfet, de vouloir bien intercéder pour eux et obtenir leur grâce.

# CHAPITRE XXXI.

### ARRIVÉE DES TROIS NAVIRES ENVOYÉS PAR COLOMB DES ILES CANARIES.

Cependant les trois navires que Colomb avait détachés de son escadre, aux Canaries, et expédiés en avant, venaient d'aborder au port de Suraña, par suite de l'ignorance des pilotes, quant à la situation de Santo-Domingo leur port de destination.

Ils y trouvèrent Roldan et sa bande et celui-ci, voyant que les navires étaient hors de leur route, et que, conséquemment, les capitaines ne connaissaient pas sa situation, leur dit qu'il était détaché dans cette province, par ordre du préfet, pour s'approvisionner de vivres et surveiller les Indiens, et plusieurs de ses conjurés entrèrent dans les navires; mais un secret confié à tant de monde est bientôt divulgué, et le capitaine Alonzo Sanchez Carvajal, le plus avisé des trois commandants, présumant un dissentiment, entreprit de ramener Roldan; ses exhortations n'eurent aucun succès. Roldan s'étant abouché avec plusieurs des arrivants pour les engager à se mettre dans sa compagnie, en corrompit quelques-uns et accrut ainsi ses forces.

Les trois capitaines se décidèrent alors à envoyer par terre, à Santo-Domingo, les travailleurs qu'ils avaient transportés, la mer, les vents et les courants étant contraires à la navigation vers ce port.

Ce fut Juan Antonio Colomb qui fut chargé de conduire ces hommes au nombre de quarante. Arana revint aux navires et Carvagal resta à terre, dans l'espoir qu'il finirait par convaincre Roldan.

Mais, aussitôt débarqués, les travailleurs allèrent en grand nombre se joindre aux rebelles, et six ou sept seulement restèrent avec Colomb. Celui-ci, furieux de cette désertion, alla trouver Roldan et lui dit qu'il avait mission des rois catholiques d'amener ces hommes à leurs travaux, et qu'il ne pouvait les laisser avec lui, inoccupés, sans encourir un blâme du préfet; qu'il eût donc à lui rendre ses ouvriers. Mais Roldan lui répondit qu'il ne lui était pas possible de contraindre ces gens à le quitter, qu'il était là, avec sa compagnie, en observation; et Colomb, reconnaissant qu'il n'obtiendrait aucune concession et qu'il n'avait aucun moyen de coercition, retourna aux navires, avec les hommes restés avec lui, et raconta à ses collègues ce qui lui était arrivé. Les deux capitaines mirent aussitôt à la voile, en destination de Santo-Domingo, par un temps horrible, qui contraria extrêmement leur voyage et retarda considérablement leur arrivée.

Quant au navire de Carvajal qui était resté terre, la mer le maltraita cruellement et, jeté sur un banc de sable, il s'ouvrit et fut envahi par les eaux de manière à ne pouvoir se relever ni être remis à flot.

Lorsque les capitaines arrivèrent à Santo-Domingo, ils y trouvèrent l'amiral, revenu de la terre ferme et bien informé de la situation des rebelles.

Quoique la révolte fût avérée et les procès-verbaux du préfet très clairs, Colomb résolut de tenter la conciliation; et, dans ce but, il fit publier une ordonnance, au nom des rois catholiques, par laquelle il donnait faculté à tous ceux qui voudraient retourner en Espagne, de s'embarquer, leur promettant le passage et les vivres nécessaires.

Ayant appris que Roldan venait à Santo-Domingo avec une partie de ses gens, l'amiral manda à Ballester, commandant de *la Concepcion*, de bien défendre le pays et la forteresse, et si Roldan se présentait par là, de lui dire que l'amiral était vivement contrarié de ses faits et gestes, et de ce qui s'était passé; qu'il désirait ne plus en entendre parler, et lui accordait un pardon général ; qu'il vînt immédiatement auprès de lui, sans la moindre crainte, pour s'entretenir avec lui des objets concernant le service de LL. Majestés, et que, s'il désirait un sauf-conduit, il le lui enverrait.

Ballester répondit le 14 février qu'il savait avec certitude que Riquelme arriverait bientôt à la case de Bonao, où devaient le rejoindre, dans sept ou huit jours, Adriano et Roldan, les principaux chefs de la révolte, qu'alors il lui serait très facile de l'arrêter.

Aux ouvertures qui lui furent faites, Roldan répondit avec insolence « qu'il n'était pas venu pour parler d'arrange-
« ment, qu'il ne voulait ni ne sollicitait la paix, parce qu'il
« tenait sous sa main l'amiral et ses gens, et pouvait le
« maintenir ou le perdre à sa guise ; qu'on ne s'occuperait de
« pacte ni d'arrangement tant qu'il n'aurait pas remis en li-
« berté tous les Indiens pris au siège de *la Conccpcion* et
« que, s'ils s'étaient rassemblés, c'avait été pour le service
« du roi et pour lui être favorable, sous la sauvegarde de sa
« parole ».

Il ajouta beaucoup d'autres observations ; il conclut qu'il ne traiterait qu'avec de grands avantages pour lui-même, et que pour cela on lui envoyât Carvajal, parce qu'il ne voulait rien faire qu'avec lui, le considérant comme un homme de bon sens et d'extrême prudence.

Cette réponse causa à l'amiral quelque surprise, et le mit en défiance contre Carvajal, à cause des lettres écrites par les rebelles à leurs amis restés avec le préfet ; il commentait d'ailleurs le fait du long entretien qui avait eu lieu entre eux, et enfin il s'étonnait de sa conduite envers les rebelles. En effet, il avait tenu à bord de sa caravelle Roldan et ses complices et ne les avait pas arrêtés, connaissant leur rebellion ; il leur avait laissé vendre des armes, des épées et des arbalètes ; sachant que les ouvriers étaient disposés à se joindre aux rebelles, il ne s'était pas opposé à leur débarquement ; de plus, sa prétention d'être venu dans l'Inde pour contrôler et surveiller les actes de l'amiral, la lettre de Roldan, où il disait être venu à *Santo-Domingo* d'après les conseils de Carvajal, et pour se trouver plus près pour traiter, ce qui permettait de croire qu'ils voulaient se réunir pour s'emparer du gouvernement de l'île dans le cas où l'amiral eût tardé d'arriver, sa venue à *Santo-Domingo* par terre, avec les mutins et sous leur garde, pendant que les deux capitaines conduisaient leurs navires vers ce port, son séjour parmi les rebelles auxquels il fit tenir des vivres frais et des présents, lorsqu'ils étaient allés à *Bonao*, et surtout le désir exprimé par les révoltés de ne traiter qu'avec lui : toutes ces réflexions justifiaient bien les soupçons de l'amiral.

Toutefois, il reconnaissait que Carvajal était un homme prudent et sage, et d'un noble caractère, que les griefs précités pouvaient avoir leur justification, et il ne croyait pas Carvajal capable de commettre une action qui ne fût pas licite. Ayant en outre un vif désir d'éteindre ce conflit, et d'ailleurs les faits qu'on lui avait rapportés pouvant n'être pas vrais, il se détermina à conférer avec les principaux officiers qu'il avait avec lui, pour décider les termes de la réponse à faire à Roldan, et s'entendre, quant à la résolution à prendre ultérieurement; et, s'étant mis d'accord avec eux, il envoya Carvajal et Ballester pour traiter d'un arrangement; mais Roldan leur dit, pour toute réponse « que l'amiral « n'ayant pas renvoyé les Indiens dont il avait demandé la « liberté, il ne voulait s'occuper d'un accord qu'à cette con- « dition ». Carvajal, avec sa prudence habituelle, lui répondit et lui donna de si bonnes raisons, que Roldan et quelques-uns des principaux chefs se décidèrent à se rendre, avec lui, auprès de l'amiral, pour arriver à un accord.

Mais cette décision ne fut pas approuvée par les autres rebelles et, au moment où Roldan et sa suite montaient à cheval pour se rendre près de l'amiral, ils les entourèrent en criant « que d'aucune manière, ils ne voulaient pas que cette « visite eût lieu; que, s'il était utile de faire des conventions, « elles se fissent par écrit, afin que tout le monde con- « nût ce qui se traitait ».

De telle sorte que toute solution fut ajournée pendant plusieurs jours. Enfin, le 15 octobre, Roldan écrivit à l'amiral, du consentement général, une lettre dans laquelle il rejetait sur le préfet les causes du dissentiment, en lui disant que, n'ayant pas reçu de sauf-conduit par écrit, il avait été résolu qu'on lui adresserait dans une lettre les conditions de leur soumission : d'abord, le prix des travaux faits jusqu'alors, et d'autres conditions extravagantes et honteuses ; Ballester écrivit de son côté à l'amiral ; il lui faisait un grand éloge de Carvajal dont les bonnes raisons avaient calmé les rebelles ; qu'il fallait cependant tenir compte de leur animation et de l'attraction qu'ils exerçaient envers les autres ; qu'il était à craindre que la défection ne se mît parmi les siens et que, reduits à ses serviteurs et aux hommes d'honneur qu'il avait près de lui, ils ne fussent pas assez nombreux pour lutter contre la multitude des révoltés, qui s'accroissait tous les jours de nouveaux adhérents.

L'amiral avait reconnu lui-même la vérité de ces observations. En passant la revue des forces qu'il eût pu opposer à Roldan s'il avait fallu en venir à la coercition, il n'avait pas trouvé plus de 70 hommes qui, en défalquant les malades éclopés, se réduisaient à une quarantaine sur lesquels on pût compter.

Le jour suivant, le 18 octobre, Roldan et ses affidés, décidés à se rendre avec lui auprès de l'amiral, lui écrivirent une lettre collective lui disant « qu'ils s'étaient séparés du pré-
« fet pour sauver leur vie, qu'il cherchait le moyen de les
« mettre à mort ; qu'étant les serviteurs de sa très illustre
« Seigneurie, dont ils attendaient l'arrivée pour recevoir le
« prix des services qu'ils avaient rendus par son comman-
« dement, car ils avaient empêché les gens de causer des
« dommages envers sa Seigneurie, autant qu'ils l'avaient
« pu ; mais que, depuis son retour, non seulement il ne les
« avait pas récompensés, mais encore il était dans l'inten-
« tion de les punir, pour avoir exécuté avec honneur, ce
« qu'ils avaient mission de faire, et dont on leur ôtait l'au-
« torisation et le service ».

Avant d'avoir reçu cette lettre, l'amiral avait répondu à Roldan, par l'entremise de Carvajal, lui rappelant la confiance qu'il avait toujours eue en lui, les bons rapports qu'il avait faits sur son compte, aux rois catholiques ; et il lui

faisait dire « qu'il ne lui avait pas écrit, craignant quelque
« inconvénient, dans le cas où sa lettre eût été vue par les
« gens du vulgaire, que cela ne lui causât des embarras, et,
« qu'à la place de son écriture et de sa signature, il lui avait
« envoyé l'homme en qui il avait confiance, et qu'il pouvait
« regarder comme porteur de son sceau, le Castillan Balles-
« ter; qu'en conséquence il vît ce qu'il y avait de mieux à
« faire et que, pour tout, il lui donnerait prompte satisfac-
« tion ». Et en même temps, il avait ordonné de préparer cinq navires pour retourner en Castille; il donnait connaissance aux Rois Catholiques, avec beaucoup de détails, de
tout ce qui s'était passé; et il retardait le départ de ces bâtiments, croyant que Roldan et les siens s'y embarqueraient,
comme ils l'avaient annoncé auparavant. Quant aux trois autres vaisseaux, qui avaient besoin de réparations, il les conservait pour les envoyer avec le préfet, à la découverte, sur
la côte ferme de *Paria* et, pour organiser la pêche des perles,
dont il envoyait des échantillons à LL. Majestés.

En réponse à cette communication, Roldan répondit qu'il
était disposé à faire ce que lui demandait l'amiral; sur sa demande, motivée par les exigences de son monde, un sauf-
conduit écrit lui fut envoyé, et enfin il vint le trouver, mais
plutôt avec l'intention d'entraîner quelques-uns de ses hommes avec lui, que de conclure un arrangement, en effet, il
afficha des prétentions si déraisonnables, qu'il dut se retirer,
en disant qu'il allait en référer avec ses gens, et qu'il lui
ferait connaître leur décision.

L'entrevue avait eu lieu, le 26 octobre, et le 6 novembre
Roldan envoyait un écrit contenant ses conditions : « C'était
« disait-il, tout ce qu'il avait pu obtenir de ses compagnons. »

A la vue de ces extravagantes prétentions, l'Amiral ne voulut en aucune façon y accéder; une pareille concession eût été
consentie au mépris de la justice, à la honte de ses frères,
et à son propre déshonneur.

Mais, pour qu'on ne l'accusât pas de rigueur, il fit afficher
pendant trente jours, aux portes de la forteresse, une ordonnance portant que « pendant qu'il était en Espagne, des dissensions s'étaient produites entre le préfet et le juge Rol-

« dan, et quelques autres qui s'étaient enfuis avec lui, que,
« malgré ces faits, tous en général et chacun en particulier,
« ceux qui demanderaient à servir les Rois Catholiques,
« pouvaient revenir, comme s'il ne s'était rien passé et que,
« pour quiconque désirerait retourner en Espagne, on lui en
« donnerait les moyens, et on lui payerait sa solde, comme
« on avait l'habitude de le faire pour les autres; que ces of-
« fres seraient remplies si, dans le délai de trente jours,
« ils se présentaient devant l'amiral pour jouir de ces avan-
« tages et que, s'ils ne comparaissaient pas, il serait procédé
« contre eux devant la justice ».

En même temps, il envoya Carvajal à Roldan, pour lui communiquer cet acte, et il lui écrivit en lui donnant les raisons qui l'empêchaient d'accepter ses conditions.

Les révoltés, hautains et arrogants, reçurent Carvajal avec insolence, et se moquèrent de l'ordonnance, en disant que ce serait bientôt l'amiral qui leur demanderait un sauf-conduit.

Trois semaines s'écoulèrent, pendant lesquelles, sous prétexte de prendre un homme que Roldan voulait juger, ils assiégèrent Ballester dans sa forteresse, et lui coupèrent l'eau dans l'espoir d'obtenir ainsi sa capitulation.

Mais, à la venue de Carvajal, ils levèrent le siège, et, après de longs pourparlers et de vives altercations, on parvint enfin à conclure les accords dont nous donnons le résumé. Il était convenu « que l'amiral leur ferait donner deux navires bien
« approvisionnés, avec les matelots nécessaires, rendus dans
« le port de Suraña, et ce qui serait utile, dans lesquels ils
« s'embarqueraient, le dit Juge et ceux de sa Compagnie,
« pour, à la grâce de Dieu, suivre leur voyage pour la Cas-
« tille; qu'il leur serait en outre donné :

« Un ordre pour toucher leur solde jusqu'au jour de la
« signature du contrat;

« Un certificat de bon service;

« Les esclaves, en récompense de leurs bons services, ou,
« à leur place, les femmes enceintes ou accouchées du fait
« de ces gens;

« Les vivres nécessaires;

« Un sauf-conduit aux gens qui iraient réclamer leurs mandats de solde.

« Indemnité pour les biens laissés par quelques-uns des
« partants;

« Pour le juge, l'amiral donnerait une lettre pour les Rois
« Catholiques, pour le payement des animaux lui apparte-
« nant et qui lui avaient été pris;

« Licence au dit Juge de vendre, de disposer ou de laisser
« dans l'île divers objets qui sont sa propriété;

« Jugement prompt d'une affaire relative à un cheval;

« Payement des objets afférents à ceux de Salamanca; si
« la réclamation était reconnue juste.

« Convention à intervenir pour les esclaves du juge.

« Certitude qu'il ne leur serait causé aucun trouble, ni par
« l'Amiral, ni par les siens, au nom des Rois Catholiques,
« et sous la foi et la parole d'un bon hidalgo. »

Ces conventions portaient la date du 21 novembre 1498, et les visa de Carvajal, Diego de Salamanca et Francisco Roldan.

Celui-ci s'engageait en outre, pour lui et ceux de sa compagnie, à ne pas faire d'autres prosélytes, et à ne recevoir dans leurs rangs, à quelque titre que ce fût, aucun autre chrétien et ce, sous sa foi et parole.

La ratification de ces conventions devait être faite dans dix jours, et, dix jours après, l'embarquement devait être effectué.

Carvajal et Salamanca retournèrent à Santo-Domingo, auprès de l'amiral, qui, sur leurs instances, apposa sa signature sur l'acte en question; et il donna un nouveau sauf-conduit à tous ceux qui voudraient rester dans l'île, afin qu'ils vinssent à lui, leur promettant le payement de leur solde et leur permis de séjour.

Et les révoltés retournèrent à Suraña, pour faire leurs préparatifs de départ.

Bien que l'amiral vît avec douleur la privation de ces deux navires qui allait l'empêcher d'envoyer le préfet à la découverte dans la terre ferme de *Paria*, et d'y organiser la pêche des perles, il ne voulut pas qu'on l'accusât de manquer à sa promesse, pour le passage qu'il avait offert, et il fit préparer et armer les deux navires, sous la direction de Carvajal, qu'il envoya par terre à Suraña, afin de tout disposer et pour que rien ne manquât, ce qui offrait des difficultés, à cause de la pénurie des objets nécessaires.

Il résolut également de se rendre à la Isabela pour y rétablir l'ordre, en laissant son frère Don Diego à Santo-Domingo, afin de pourvoir au nécessaire, et ainsi, après son départ, les deux caravelles, munies de leurs approvisionnements, sortirent du port, à la fin de février, emportant les révoltés. Mais, assaillies par une tempête violente, elles furent obligées de relâcher dans un autre port, où elles restèrent jusqu'à la fin de mars, et, comme *la Niña*, l'une des deux avait besoin de réparations, l'amiral en envoya une autre, *la Santa-Cruz*, avec des ordres à Carvajal qui arriva onze jours après, à Suraña, où il trouva ce dernier navire qui l'attendait.

Ces contretemps et ces retards produisirent chez les révoltés des hésitations et des revirements; la plupart d'entre eux ne voulurent plus aller en Espagne, et rejetèrent leur changement de résolution sur l'amiral qui, disaient-ils, n'avait pas mis à l'expédition des deux caravelles la célérité voulue.

L'amiral écrivit alors à Roldan, en l'engageant, par les meilleures raisons, à ne pas manquer à sa parole et à remplir les obligations contractées.

De son côté, Carvajal fit, devant un notaire, Francisco de Garay, depuis gouverneur de *Panuco* et de la *Jamaïca*, une protestation contre les agissements des rebelles, leur enjoignant d'accepter les navires, entièrement approvisionnés, selon les conventions intervenues, et de s'embarquer.

Mais les révoltés refusèrent, et alors il leur ordonna de se rendre à Santo-Domingo, pour leur éviter les privations et la famine faute de vivres; ce qui n'entrait pas dans leurs vues, car, voyant qu'on faisait d'eux tant de cas, ils s'enorgueillirent et devinrent intraitables, de telle sorte, qu'au lieu de reconnaître la condescendance de l'amiral, ils l'accusaient de tout le mal, disant que c'était par vengeance qu'il avait retardé l'envoi des caravelles, en si piteux état d'ailleurs, qu'il était impossible qu'elles fissent le voyage d'Espagne, qu'alors même qu'elles eussent été en bon état et pourvues de tout, les vivres étaient actuellement consommés, et que ceux qui restaient n'étaient plus suffisants pour un si long voyage, et qu'il n'y avait plus à attendre de remède que de la part des Rois Catholiques. Ces plaintes déterminèrent Carvajal à aller à Santo-Domingo par terre et, au moment de son départ, Roldan lui dit que, si l'amiral lui envoyait un nouveau sauf-conduit, il irait le voir pour s'entendre avec lui sur les moyens de faire un nouvel arrangement. Carvajal écrivit donc, de *Santo Domingo*, le 15 mars, à l'amiral, qui était à la *Isabela* et le 21 il recevait la réponse remplie de gratitude pour tous les ennuis que lui causait cette négociation; l'amiral lui envoyait le sauf-conduit et une courte lettre pour Roldan, où il engageait celui-ci à prendre patience, à rester obéissant serviteur des Rois Catholiques, et après la réponse de Roldan, il lui écrivit plus longuement, le 29 juin.

Ces correspondances causèrent une grande perte de temps, et n'amenèrent pas de conclusion. L'amiral se décida alors à se rendre avec deux caravelles, au port d'*Azua* de l'île *Española*, à l'ouest de *Santo-Domingo*, pour se rapprocher de l'endroit où se trouvaient les révoltés, qui vinrent en grand nombre au port précité.

L'amiral y arriva, avec ses deux navires, vers la fin du mois d'août, et il commença à s'aboucher avec les principaux chefs, les engageant à se départir de leurs mauvais desseins, leur promettant toutes faveurs et récompenses, ce qui les toucha, et ils répondirent que leur adhésion serait déterminée par les concessions suivantes :

« La promesse d'envoyer quinze d'entre eux en Castille,
« par les premiers navires qui viendraient d'Espagne;

« La concession de terrains et de cases à ceux qui reste-
« raient à terre;

« La publication d'un ban, annonçant que tout ce qui s'était
« passé provenait de faux témoignages et de malignes alléga-
« tions.

« Enfin que Roldan fût nommé juge à vie. »

Ces conditions admises, Roldan quitta la caravelle de l'amiral pour les communiquer à ses hommes, en les engageant à les accepter.

L'amiral désirait voir la fin de ces difficultés; il considérait que cette révolte durait depuis deux ans; qu'elle s'accroissait de plus en plus, que, même parmi ses fidèles, quelques-uns, à l'exemple de Roldan, projetaient de former des compagnies et d'aller dans d'autres parties de l'île; qu'il était donc urgent de s'arranger à tout prix. Il donna, en conséquence, des lettres patentes à Roldan, le nommant juge à vie, et accordant aux autres conjurés les objets de leurs demandes et confirmant de plus les autres points déjà concédés et qui ont été indiqués plus haut.

A titre d'exécution, Roldan commença à remplir ses fonctions le 5 novembre, et il nomma juge à *Bonao* Pedro Riquelme, avec mandat de punir les délinquants et les criminels de la localité, à l'exception de ceux encourant la peine de mort, qu'il devait envoyer à la forteresse de la Concepcion où il se réservait d'aller lui-même les juger. Et, comme le disciple n'avait pas, dit le journal, de meilleures intentions que le maître, il voulut bientôt faire construire à *Bonao*, une espèce de maison de force à son usage; mais il en fut empêché par Pedro de Arana qui reconnût clairement que c'était contraire au service de l'Amiral.

Après la conclusion de l'échauffourée de Roldan, l'amiral nomma un capitaine chargé de parcourir l'île avec une compagnie, sous ses ordres, et d'exiger le payement du tribut resté irrecouvré; il lui fut recommandé de se tenir sur ses gardes, afin d'être prêt à réprimer et punir tout tumulte, ou signe de révolte des Indiens ou des chrétiens. Il agissait ainsi dans l'intention d'aller en Espagne, avec le préfet, pensant qu'on oublierait très difficilement les faits accomplis, s'il le laissait à la tête du gouvernement.

Pendant qu'il prenait ses dispositions pour le départ, arriva dans l'île, Alonzo de Ojeda, qui venait de la découverte avec quatre navires et qui, allant à l'aventure, était entré, le 5 septembre 1499, dans un port appelé *Brasil* et que les naturels nommaient *Tachino*.

## CHAPITRE XXXII.

### BARTHOLOMÉ COLOMB AUX MINES DE L'OZEMA, CONSTRUCTION DU FORT DE SAN CHRISTOVAL ET DE LA VILLE.

Nous demandons au lecteur la permission de retourner un peu en arrière : le récit de la rébellion de Roldan que nous n'avons pas voulu interrompre ne nous a pas permis de raconter les faits survenus pendant la construction de la forteresse *San Christoval* et de la ville qui y fut adjointe. Ces événements ayant une certaine importance, nous y revenons pour les placer sous les yeux de nos bienveillants lecteurs.

Nous avons dit qu'après avoir trouvé un site convenable, Don Bartholomé s'était occupé de la construction de la forteresse, à laquelle il avait donné le nom de *San Christoval*.

Les ouvriers, ayant trouvé de l'or dans les terres qui servaient à la construction, avaient changé le nom et l'avaient nommée la Tour dorée.

Les travaux se firent lentement ; les vivres manquaient, et on était obligé souvent d'envoyer dans la campagne des ouvriers pour en chercher, mais la disette sévissait également chez les Indiens, dont le naturel est imprévoyant et indolent, et que leurs besoins restreints n'incitaient pas à se pourvoir pour l'avenir ; d'ailleurs la bonté et la générosité primitives de ces populations n'existaient plus ; au contact des Espagnols, ils étaient devenus calculateurs ; ils vendaient et ne donnaient plus leurs provisions.

L'adelantado avait amené avec lui un très nombreux détachement, et il eut de grandes difficultés pour nourrir tout ce monde. Au bout de trois mois, pendant lesquels il avait dirigé les travaux du fort et disposé les appareils et les terrains pour l'extraction, le lavage et l'affinage de l'or, il ne laissa dans le fort que dix hommes, avec un chien corse, pour chasser les *utias*, et se rendit, avec son armée, au fort de *Concepcion*, dans la plaine royale, dont la précoce fertilité rendait plus faciles les approvisionnements. Il leva le tribut du trimestre pendant le mois de juin, et le cacique Guarionex lui procura des vivres pour ses hommes. En juillet, les trois caravelles du capitaine Nino apportèrent un renfort de provisions et amenèrent d'autres hommes dont la présence n'avait pas la même utilité. Mais une grande partie des vivres avait été avariée en route, et le secours se trouva malheureusement restreint.

Par ces navires, l'amiral avait écrit à son frère d'aller construire une ville et d'établir un port à l'embouchure de l'Ozema, près des nouvelles mines d'or. L'amiral, en même temps, lui donnait ordre d'envoyer en Espagne, par ces navires, les prisonniers indiens qui avaient tué ou fait tuer des Espagnols, les juristes et les théologiens d'Espagne ayant reconnu légitime leur vente comme esclaves. Bartholomé avait envoyé trois caciques et trois cents Indiens; c'étaient ceux que Nino avait annoncés comme un chargement d'or, et que l'excellente reine avait donné ordre de renvoyer dans leur pays.

Après le déchargement et la réexpédition des trois caravelles de Nino, le préfet Bartholomé se mit en devoir d'exécuter les ordres de son frère; il trouva sur la rive orientale de l'Ozema un port naturel, d'un accès facile, d'une bonne profondeur et d'un mouillage sûr. Cette rivière, arrosant de magnifiques campagnes, et dont les eaux limpides et pures contenaient des quantités considérables de poissons, coulait entre deux rivages couverts de beaux arbres portant des fruits excellents.

C'était là qu'était la résidence de la belle cacique, l'épouse de l'Aragonais Diaz. Comme elle l'avait promis, elle accueillit cordialement les compagnons de son mari, reçut l'adelantado avec les égards dus à son rang, et elle recommanda à ses sujets de rendre aux Espagnols tous les services possibles.

Bartholomé fit construire un fort sur une hauteur qui dominait la rade; ce fort reçut le nom de Isabela; et la ville qui fut ensuite construite sous sa protection s'appela Santo-Domingo, et ce nom, que porte encore aujourd'hui la ville dont ces primitives constructions furent le berceau, a eu plus tard en Europe un grand retentissement.

Pour la France, le nom d'Haïti et de Saint-Domingue, rappelle de poignants souvenirs; à l'évocation de ces noms viennent immédiatement à l'esprit ceux de Rigaud, Leclerc, Rochambeau, Villaret-Joyeuse, Delacroix, Ferrand et du valeureux Barquier, dont la courageuse défense excita l'admiration du commodore anglais; tous ces noms illustres quoique malheureux nous rappellent l'expédition désastreuse dirigée par Bonaparte, sous l'influence de sa femme, contre la liberté des noirs, liberté si heureusement défendue par Toussaint Louverture et Dessaline, ces régénérateurs de la race noire!

Le préfet fit preuve à cette époque d'une incroyable activité personnelle; le fort élevé, il y laissa une garnison de vingt hommes et, avec le reste de son armée, il alla visiter la province du cacique Becchio, que nous avons vu prendre part à la ligue qui amena la fameuse bataille où 200 Espagnols défirent 100.000 Indiens.

Cette province jouissant d'un délicieux climat était une des plus fertiles et des plus peuplées de la Española; ses habitants, avec des manières plus agréables que celles de leurs congénères des autres parties de l'île, vivaient tranquilles au sein d'une terre féconde, et le cacique, éloigné des forts espagnols, n'avait pas vu encore les incursions des chrétiens dans sa région.

Il avait avec lui la veuve de Caonabo, sa sœur, qui était réputée pour une des plus belles femmes de l'île; elle s'appelait Anacaona qui signifie : Fleur d'or, en langue indienne; elle était venue demander asile à son frère après la prise de son mari. D'une intelligence supérieure elle, composait, dit-on des *areytos*, ballades naïves que les Indiens chantent en dansant; sa grâce, sa beauté, sa dignité innée la mettaient au-dessus de toutes ses compagnes et, malgré la disgrâce de son mari, elle ne détestait pas les Espagnols, parce qu'elle jugeait qu'ils n'avaient fait que venger le meurtre de leurs compagnons et l'incendie de leur établissement; elle pensait que son mari avait mérité son malheureux sort, en attaquant injustement et sans provocation des hommes qui ne lui avaient fait aucun mal. Elle admirait les chrétiens et, usant de son ascendant sur son frère, elle lui conseilla d'avoir des rapports d'amitié avec ces hommes, contre la supériorité desquels il lui était impossible de lutter.

A l'exemple de son frère, Bartholomé, pour parcourir ces régions où les Espagnols n'avaient pas encore pénétré, s'était fait précéder d'une avant-garde de cavaliers bien montés et couverts d'armures brillantes, avec leurs trompettes en tête et l'infanterie précédée de ses tambours; et il traversait, en ordre de bataille, trompettes sonnant et tambour battant, toutes les villes de la province.

Ils parcoururent ainsi une trentaine de lieues et, après avoir traversé la rivière Neyda, qui descend des montagnes de Cibao, ils recueillirent du *brasil* sur la côte, abattirent une quantité d'arbres et les mirent à couvert dans les maisons indiennes, pour venir les prendre avec leurs navires.

En revenant, Bartholomé se trouva en face du cacique Becchio qui venait à lui avec ses guerriers, armés d'arcs, de flèches et de lances. Probablement surpris de l'armement imposant des Espagnols, le cacique vint vers le préfet avec un air amical, lui conta qu'il allait avec ses troupes soumettre des tribus rebelles et lui demanda la raison de sa visite.

Bartholomé lui répondit qu'il venait, en ami, passer quelque temps dans cette partie de l'île, afin de nouer des rapports avec ses habitants.

Cette réponse calma les craintes du cacique; il renvoya ses guerriers et donna des ordres pour qu'on préparât une réception digne d'un si important visiteur. En traversant les villages des caciques inférieurs, les Espagnols furent accueillis cordialement, et on leur servit des collations de ce que ces chefs possédaient de meilleur. On leur apportait en même temps des productions de la contrée : du chanvre, du coton et d'autres objets; les Espagnols arrivèrent enfin à la ville où vivait le cacique Becchio, ville importante construite près de la côte, dans un site superbe et dans le fond de la grande baie qu'on nomme actuellement crique de Léogan.

Aux approches de la ville, les Espagnols virent venir vers eux, en chantant et en dansant, une trentaine de femmes agitant, de leurs bras tendus, des branches de palmier. Les femmes mariées étaient vêtues de pagnes de coton brodé qui leur descendaient au genou; les jeunes filles étaient nues, portaient sur leur tête un filet, et leurs cheveux libres tombaient sur leurs épaules; elles étaient bien faites, d'une peau douce et fine et d'un teint brun clair, agréable à voir; elles sortaient des bois et parurent aux yeux des Espagnols des nymphes antiques décrites par les poètes grecs. Arrivées près de Bartholomé, elles se mirent à genoux en lui présentant les rameaux.

La belle Anacaona les suivait étendue dans une litière portée par six Indiens; vêtue comme les autres femmes, elle avait sur la tête une couronne de fleurs rouges et blanches et d'un parfum exquis, et portait au cou et aux bras des guirlandes des mêmes fleur. Elle accueillit le préfet avec son urbanité et sa grâce naturelle, et ne fit sentir aux Espagnols aucune rancune de la défaite et de la captivité de son mari (1).

Conduits à la maison du cacique, Bartholomé et ses officiers furent conviés à un repas où on servit des utias, des poissons de plusieurs espèces, des racines et des fruits délicieux. On servit également le *guana*, espèce de serpent ressemblant au crocodile, et l'historien Pierre Martyr prétend que le préfet, séduit par les charmes de la sœur du cacique, se décida à en goûter et, trouvant cette chair excellente, se mit à en manger sans crainte; ses compagnons l'imitèrent et trouvèrent la chair de ce serpent si délicate et si savoureuse qu'ils déclarèrent qu'elle était plus exquise que celle de nos perdrix et même de nos faisans. C'était la première fois

(1) **Nous** avons emprunté cette charmante description, qui semble une scène tirée de **Daphnis et Chloë**, à l'excellente histoire de **Wasthington Irwing**, qui nous a fourni d'ailleurs d'utiles renseignements; il faut rendre à chacun ce qui lui appartient.

qu'ils en mangeaient, et depuis ils ne se firent pas faute d'en user toutes les fois que l'occasion s'en présenta; ce fut un mets renommé parmi les Espagnols.

Bartholomé et six de ses principaux officiers devinrent les hôtes du cacique pendant les deux jours qu'ils demeurèrent près de lui; les autres Espagnols allèrent loger chez les autres caciques et furent couchés dans des hamacs de coton, lits ordinaires des Indiens.

Ces deux journées se passèrent en fêtes et en réjouissances; la représentation d'une bataille fut le principal divertissement. Des Indiens nus, divisés en deux troupes, armées d'arcs et de flèches, se livrèrent sur la place publique à un combat qui s'anima peu à peu et devint bientôt une véritable bataille; quatre des combattants furent tués et plusieurs blessés et l'intérêt et la satisfaction des spectateurs s'accrut de ces péripéties; la lutte aurait continué et eût donné lieu à d'autres accidents plus graves, si le préfet et les cavaliers n'avaient demandé qu'on y mit fin.

Ces fêtes terminées, des relations amicales s'établirent entre le cacique, les principaux Indiens et les Espagnols, et ceux-ci purent se convaincre que la réputation d'urbanité des Indiens du Xaragua, dont ils avaient entendu parler, n'était pas usurpée.

On en vint enfin au véritable but de la visite du préfet; Bartholomé déclara alors à Becchio et à sa sœur Anacaona que son frère l'amiral, envoyé des Rois Catholiques, hauts et puissants monarques d'une infinité de grands royaumes, était venu dans l'Inde pour apporter à ces pays les bienfaits de la civilisation. Que, revenu en Espagne pour informer LL. Majestés des résultats de sa mission, il lui avait confié le gouvernement de l'île : il venait donc s'entendre avec lui relativement au protectorat de sa région et au tribut qui en résultait et à le fixer à sa convenance.

Becchio, surpris de cette communication, lui répondit qu'il savait que les Espagnols étaient venus dans l'île pour y recueillir de l'or et que plusieurs leur donnaient de ce métal à titre de tribut, mais qu'il n'y en avait pas dans sa contrée, et que ses sujets ne le connaissaient même pas.

Le préfet lui expliqua alors que ses souverains n'exigeaient pas des choses étrangères à la production du pays, qu'il pouvait donner du coton, du chanvre, du pain de cassava, objets que le pays produisait en abondance, pour acquitter le tribut.

Le cacique, rassuré par cette facilité, jura obéissance avec satisfaction, et donna ordre à tous ses caciques subordonnés de semer immédiatement du coton pour le premier payement.

Bartholomé quitta Becchio en très bons termes, fit d'affectueux adieux à son aimable sœur, et revint à la nouvelle ville *Isabela*.

L'adelantado partit très satisfait d'un arrangement obtenu si amicalement, sans violence et sans discussion; ces populations douces et simples cédaient facilement leurs droits et leurs biens lorsqu'on les traitait avec bonté, et devenaient intraitables lorsqu'on voulait user de la force pour les contraindre.

Quand le préfet revint à la *Isabela*, il trouva la colonie dans un état de misère et de souffrance extrêmes; une partie des hommes avait péri et, de ceux qui restaient, la plupart étaient malades. Les provisions apportées par Nino étaient épuisées, et on manquait de vivres européens et de drogues médicinales. Soit par insouciance, soit à cause des maladies, la culture des céréales avait été négligée, et les Indiens, fatigués des exactions des chrétiens, s'étaient réfugiés dans les montagnes où ils préféraient vivre de racines, d'herbes et de fruits, plutôt que subir encore les malversations des blancs.

On retrouve, à chaque moment de l'histoire de la domination chrétienne à la Española, les mêmes misères, causées par la disette et l'insouciance, ainsi que par la soif de l'or qui porta les Espagnols à négliger la culture des terres qui leur eût donné l'abondance, pour gaspiller leur temps et user leurs forces à la recherche et à l'exploitation des mines d'or qui les exposaient à mourir de faim, au milieu de trésors considérables.

Après l'épuisement des vivres, les plaintes et les murmures reprirent et l'on accusa Colomb d'indifférence et de cruauté :

« Au milieu des fêtes de la cour, il ne pense pas, disaient-
« ils, à ses malheureux compagnons, et le Gouvernement ne
« s'occupe pas de nous. »

Alors, pour ranimer leur courage, le préfet fit construire deux caravelles pour le service de la colonie; il envoya à la campagne les malades et les bouches inutiles; le climat étant plus sain et les vivres ne manquant pas, ils y auraient, pensait-il, une existence plus agréable. Enfin il compléta la ceinture de forts que son frère avait commencé à construire et qui comprenait: la forteresse *Esperanza*, à neuf lieues de la *Isabela*; *Santa-Catalina*, à six lieues plus loin; *Magdalena*, à quatre lieues de celle-ci; *Concepcion*, à cinq lieues après, au milieu de la plaine royale, résidence de Guarionex, et fortifiée avec grand soin.

Ces dispositions prises, le préfet retourna à Santo-Domingo avec la plus grande partie de ses hommes valides; et le calme, maintenu par toutes ces précautions, sembla renaître dans toutes les parties de la *Española*.

Nous avons déjà vu, dans le mémoire du pauvre frère Roman, la conversion momentanée du grand cacique Guarionex à la foi chrétienne, et son apostasie due, selon le religieux, aux exhortations et aux conseils des autres caciques de sa contrée. Il y avait, paraît-il, un autre motif plus personnel et qui eut de plus graves conséquences:

Un officier espagnol avait séduit, peut-être même outragé, la femme favorite du cacique et celui-ci, furieux, avait abandonné une religon qui, selon lui, permettait des actes semblables.

L'irritation de Guarionex, à la suite de cet outrage, fut pour lui une raison majeure, qui le décida à entrer dans la conjuration des autres caciques contre les chrétiens; mais ce cacique, instruit de la valeur et des ressources militaires des Espagnols, redoutant, pour ses sujets peu belliqueux, leurs armes effrayantes, et surtout la terreur de leurs chevaux, hésita quelque temps; mais, vaincu par les instances des autres caciques, et emporté par la colère et la haine, car il voyait dans les Espagnols des tyrans qui devaient un jour détruire sa nation, il céda et entra dans le complot.

Les aïeux de ce cacique gouvernaient la plaine royale depuis de nombreuses générations; son père, voulant connaître les destinées de sa race, consulta un jour son *cemi* à ce sujet; après avoir jeûné cinq jours, selon l'habitude, il interrogea sa divinité sur le sort à venir de sa nation; le dieu répondit que, dans peu d'années, il viendrait dans l'île des hommes habillés qui tueraient ses habitants ou les réduiraient en esclavage, après avoir aboli leurs cérémonies et leurs coutumes.

Cette prédiction influa-t-elle sur la décision de Guarionex ou faut-il l'attribuer à la séduction de sa favorite, à la pression exercée par ses collègues et à sa haine des chrétiens? Il est à croire que tous ces motifs à la fois pesèrent sur sa détermination.

L'entrée de ce chef éminent dans la conjuration en hâta l'exécution; dans une réunion tenue par les caciques, il fut convenu qu'on se rassemblerait le jour du payement du tribut, qu'on attaquerait brusquement les Espagnols et qu'on les tuerait.

La garnison du fort *Concepcion*, instruite du complot, envoya un exprès au préfet pour lui demander du secours; elle ne comptait qu'une poignée d'hommes et se trouvait au cœur du pays ennemi. La lettre pouvant être interceptée, elle fut mise dans un roseau servant de canne au messager. Les Indiens s'étaient aperçus que ces lettres avaient le don de faire savoir certaines choses, et, ne se rendant pas compte des moyens de communication, ils se figuraient qu'elles parlaient. On arrêta le messager qui, s'appuyant sur sa canne, feignit d'être boiteux et muet et fit comprendre qu'il revenait chez lui; il put continuer sa route et arriver à Santo-Domingo.

Bartholomé partit immédiatement avec une petite armée et, malgré les fatigues et la faiblesse de ses soldats, il arriva promptement. Les Indiens armés et réunis dans la plaine, par milliers, n'attendaient que le signal de l'attaque.

Le préfet divisa son armée en plusieurs détachements, à la tête desquels il mit un officier et, à minuit, pénétrant dans les villages sans bruit, ces corps d'armée envahirent les maisons habitées par les caciques, les saisirent et les garrotèrent, avant que leurs sujets eussent pensé à les secourir ; ils en enlevèrent ainsi quatorze, à la vue des Indiens qui, terrifiés, n'opposèrent aucun obstacle à leur arrestation et à leur conduite au fort où ils furent incarcérés ; pendant ce temps, les malheureux sujets sans armes, remplissaient l'air de leurs lamentations et se précipitaient en foule vers le fort, demandant à grands cris la liberté de leurs chefs.

Le préfet, avec son énergie et sa vivacité habituelles, s'enquit des causes de la révolte, et rechercha le degré de culpabilité de chaque cacique ; les deux plus compromis furent condamnés à mort et exécutés ; quant à Guarionex, Bartholomé le considérant comme un malheureux entraîné par sa douleur, lui accorda son pardon et infligea une peine sévère à l'officier qui l'avait si cruellement outragé.

Les autres caciques arrêtés furent remis en liberté, et le préfet leur promit, s'ils obéissaient à ses lois, de leur accorder des faveurs, mais de les punir sévèrement, s'ils commettaient de nouveau un pareil crime.

Guarionex, frappé de cette générosité, reconnaissant la puissance de leurs dominateurs, exhorta son peuple à se soumettre à des hommes si forts et si irrésistibles ; il leur vanta leur valeur, leur bonté envers ceux qui les servaient, leur générosité pour leurs amis et leur rigueur envers leurs ennemis.

Les Indiens, reconnaissant la justesse de ces éloges, puisque leur chef avait bénéficié de leur clémence, portèrent le cacique sur leurs épaules, avec des cris de joie, et le remirent dans son habitation, en promettant la soumission aux règlements des Espagnols.

Cette conspiration ainsi heureusement arrêtée, et, par suite, la tranquillité rétablie dans l'île, le préfet reçut, par des messagers envoyés par Becchio, l'invitation d'aller prendre livraison d'une quantité de coton pour le payement du tribut convenu ; et il partit aussitôt avec une nombreuse escorte. Les mêmes jeunes filles portant des palmes, chantant et dansant, vinrent au devant du cortège et se mêlèrent parmi les officiers auxquels elles offrirent leurs rameaux. Le cacique et sa sœur Anacaona accueillirent le préfet avec les témoignages d'une sincère amité; Anacaona surtout le reçut avec des démonstrations de satisfaction non déguisée et lui marquant tout le plaisir qu'elle éprouvait à le revoir, et, de son côté, l'adelantado ne manqua pas de lui exprimer tout son contentement; sa grâce et sa beauté, qui avaient laissé une vive impression au cœur de Bartholomé, excitèrent l'admiration des autres officiers espagnols.

Le cacique avait réuni chez lui une trentaine de chefs ses subordonnés, qui attendaient la venue du préfet et qui avaient apporté chacun leur tribut; on avait ainsi rempli de coton une des maisons de leur ville; ils lui offrirent en outre tout le pain de cassava qu'il pouvait désirer, offre opportune et précieuse pour le moment, dans la situation de famine où se trouvait la colonie.

Le préfet manda alors à la Isabela, d'armer le mieux possible et d'équiper la caravelle qui était prête ou à peu près, pour venir chercher toutes ces provisions, ainsi que le coton.

En attendant, les fêtes et les banquets se succédaient, les Indiens de toutes ces régions venaient en foule pour y assister, apportant d'abondantes provisions; la joie et le plaisir étaient sur tous les visages, et ce n'étaient de toutes parts que chants et danses, que jeunes filles couronnées de fleurs odorantes et, dans leur naïve liberté, enlaçant de leurs bras nus les Espagnols qui serreraient contre eux leurs tailles souples et leurs corps gracieux.

Ces Indiennes inconscientes, ignorant les lois humaines, ne connaissant que la loi de la nature, obéissant à l'attraction de leur jeunesse et de leur tempérament embrasé par le soleil des tropiques, emportées par leur admiration pour ces hommes qu'elles regardaient comme venus du ciel, ne se faisaient aucune scrupule de les caresser et ne voyaient aucun mal à céder à leurs désirs.

Le préfet ne quittait plus la belle Anacaona qui, d'ailleurs, ne dissimulait pas son bonheur de l'avoir auprès d'elle et tout porte à croire, bien que les historiens de l'époque soient muets à cet égard, que leur liaison amoureuse suivit les lois de la nature, dans un pays où le climat, l'air doux et embaumé, les fleurs suaves et la verdure odorante enivraient les sens...

Les Espagnols, pendant les quelques jours qu'ils passèrent dans ces belles et heureuses contrées, où n'avaient pas pénétré les convoitises, les jalousies, les troubles et les misères qui désolaient les autres parties de l'île, les Espagnols purent croire qu'ils avaient été transportés dans l'heureuse Arcadie ou dans le Paradis terrestre.

Enfin la caravelle parût et mouilla à une certaine distance des côtes; la vue de ce vaisseau sous voiles fut pour les naturels, qui ne connaissaient que leurs canots, un sujet de surprise et d'admiration; toute la population était sur le rivage, poussant des cris de joie et levant les bras au ciel; tous les canots indiens allaient et venaient du rivage au navire et tournaient autour de la grande barque des blancs.

Anacaona voulut visiter le vaisseau; on prit les grands canots décorés pour la circonstance et en route, on aborda dans un village où la sœur du cacique possédait une maison de plaisance; elle y gardait ses étoffes, ses meubles, des vases de terre ornés et sculptés, annonçant un certain goût et témoignant d'une certaine habileté de confection, naïves raretés dont la princesse indienne donna quelques-unes au préfet, qu'elle avait logé dans sa maison.

La vue du vaisseau causa au frère et à la sœur, ainsi qu'aux chefs de leur escorte, une surprise extrême; au moment de s'embarquer, au lieu d'entrer dans l'un des canots peints et ornés que son frère avait fait préparer pour elle et sa suite, elle sauta dans la chaloupe du navire qui était venue chercher le préfet et ses officiers, et alla se placer à côté de lui.

A l'approche des barques, la caravelle tira une salve de coups de canon; au bruit des détonations et à la vue de la fumée, tous les Indiens se couchèrent dans leurs canots et Anacaona, éperdue de frayeur, se jeta dans les bras du préfet et passant autour de son cou, ses beaux bras nus, le serra étroitement contre sa poitrine.

Les compagnes d'Anacaona voulaient se jeter à la mer, mais la gaîté de Bartholomé et ses paroles encourageantes les rassurèrent.

La musique qui était à bord se fit ensuite entendre et ce fut alors un charme indicible. Mais ce furent des cris d'admiration, quand ils entrèrent dans le navire; ils s'émerveillaient de tout ce qu'ils voyaient; les cordages, les mâts, les ancres, les voiles, tout leur semblait étrange, et ils touchaient à tout comme pour en reconnaître la qualité ou l'usage; quand les voiles furent hissées et gonflées par le vent, que l'ancre levée, le vaisseau s'ébranla et, se balançant sur l'onde, s'avança sans le secours de rames ou d'avirons, marchant de lui-même, tous se regardèrent stupéfaits, et le cacique et sa sœur ne pouvaient revenir de leur étonnement, tant est imposant le spectacle d'un vaisseau sous voiles fendant les flots et montant et descendant sur le dos des vagues mouvantes.

On revint à la maison d'Anacaona.

La caravelle fut chargée et expédiée, et Bartholomé fit de nombreux présents à Becchio et à sa sœur.

Enfin, il fallut se séparer et Anacaona témoigna une vive douleur du départ de Bartholomé; elle le suppliait de rester encore quelques jours auprès d'elle, lui disant qu'elle n'avait pas fait assez pour lui plaire, et qu'elle ferait tout ce qu'elle pourrait pour y mieux réussir; qu'elle irait avec lui à la ville s'il le voulait. Il la consola le mieux qu'il lui fut possible et promit de revenir auprès d'elle une fois ses devoirs remplis.

Le préfet s'arracha enfin à ces tendres adieux; c'était assez de plaisirs, et de bonheur; il fallait songer aux choses réelles, et elles allaient avoir leur gravité. Hélas! ni l'un ni l'autre ne pouvaient prévoir les événements qui allaient survenir et qui devaient apporter des troubles si cruels dans ces heureux pays.

Bartholomé, au milieu de ces fêtes, ne pouvait avoir l'idée des perturbations qui allaient lui susciter tant de soucis et de si terribles inquiétudes.

Et la belle princesse, enivrée d'amour et de bonheur, au comble des jouissances, fêtée, adulée, caressée, ne s'attendait pas à assister un jour au massacre de ses sujets et à périr elle-même d'une mort atroce.

Affreux aspect des choses de ce monde, conséquences horribles des passions humaines, et exécrable abus de la force du puissant envers le faible !

Cependant le préfet avait accompli des actes d'une habileté et d'une sagesse extrêmes : marches actives et prolongées, visites continuelles de toutes les parties de l'île, toujours au premier rang, quand il y avait des dangers à courir, il avait fait preuve d'une activité, d'une valeur, et d'une prudence surhumaines ; l'insurrection arrêtée et domptée sans effusion de sang, les Indiens soumis et attachés à ses lois, sa clémence pour les bons, sa sévérité pour les coupables, les chefs les plus importants ralliés et devenus ses amis, le tribut payé sans hésitation et sans plaintes, les besoins des colons pourvus autant que cela avait été possible, tels étaient les faits méritoires qui avaient signalé son gouvernement.

Mais toutes ses bonnes actions, toute sa prévoyance, tout son courage se heurtaient à des passions irraisonnées, à des haines jalouses, à des avidités insatiables et à des partis pris de mécontentement et d'insubordination.

Quand, après ce temps d'enchantement auprès de son ami Becchio, et dans les bras de sa chère Anacaona, le préfet fut revenu à la Isabela, il éprouva le sentiment de l'homme qui sort d'un rêve doré et qui se trouve, en s'éveillant, aux prises avec la misère. Au lieu des visages frais, souriants, aimables et affectueux qu'il venait de quitter, il retrouvait des figures sombres, hâves, tristes et amaigries ; au lieu des regards tendres et affectueux des jeunes Indiennes, c'étaient les yeux caves et rêveurs ou haineux et fauves d'ennemis acharnés, qui ne pouvaient supporter son autorité.

Les Espagnols, aigris par les privations, excités par la souffrance, ne tenaient aucun compte des soins que le préfet se donnait pour améliorer leur pénible situation ; ils le rendaient au contraire responsable de tous les maux qu'ils étaient obligés de subir.

Le considérant comme un étranger ambitieux et despote, leur orgueil et leur turbulence ne pouvaient s'accommoder de sa rudesse et de sa sévérité, et il n'avait pas sur eux le même ascendant que son frère, à qui était due la découverte des contrées où ils étaient venus chercher la fortune. La longue absence de l'Amiral les exaspérait, parce qu'ils y voyaient une preuve d'indifférence et d'oubli.

La construction des caravelles avait fait un moment diversion, d'abord par le travail, ensuite par l'espoir de leur envoi en Espagne, pour aller chercher des secours.

C'est dans ces circonstances que se produisit la trahison de Roldan dont nous avons raconté plus haut les péripéties.

Ce François Roldan avait été tiré de la misère par Christophe Colomb. C'était un ambitieux, jaloux de la position de ses supérieurs, un caractère dissimulé, sans cœur et sans principes, prêt à tout faire pour conquérir la fortune; homme à passions basses et cupides, il ne marchandait pas les moyens de parvenir.

Colomb l'avait pris à sa suite, mais lui reconnaissant des aptitudes et de l'habileté, quelques talents naturels, car il était illettré, il lui avait donné, dans l'île, les fonctions de juge de paix et, plus tard, quand il repartit pour l'Espagne, il le nomma juge supérieur, soit alcade majeur. Roldan devait donc son élévation à Colomb; mais, incapable de gratitude et de bons sentiments, il n'avait pas hésité à fomenter la révolte contre son bienfaiteur; on a vu plus haut comment il avait récompensé l'amiral de ses bienfaits.

Roldan, pendant sa campagne de révolte, s'était rapproché du cacique Guarionex, et trouvait auprès de lui des secours pour la sustentation de ses hommes. Le cacique, de son côté, influencé par les discours de l'insurgé, crut avoir, avec son aide, une bonne occasion de tirer vengeance de sa défaite et de débarrasser son pays de ses oppresseurs. Il vit en secret les autres caciques, ses subordonnés, et une nouvelle conjuration s'organisa; on devait se défaire des Espagnols que l'on trouverait isolés ou par petits détachements, et s'emparer du fort de la *Concepcion*.

Comme les autres complots, celui-ci fut découvert et Guarionex, s'enfuit dans la montagne et alla demander asile à un autre cacique habitant les monts *Ciguay*, chaîne de montagnes, au nord de la *Española*, entre la plaine royale et la mer.

Les Indiens de cette région étaient, de tous les insulaires

de la *Española*, les plus fiers et les plus belliqueux. C'était une compagnie de ces guerriers qui s'était montrée à Colomb, dans son premier voyage, qui, la première, avait osé attaquer les Espagnols, et qui, ensuite, avait eu vis-à-vis de l'amiral une attitude si fière et si hardie, quand leur chef monta à bord de la caravelle.

Le cacique auprès duquel s'était réfugié Guarionex s'appelait Mayonabex; sa résidence se trouvait à quarante lieues environ de la Isabela; il reçut son collègue à bras ouverts, et lui promit asile et protection pour lui, pour sa famille et les quelques sujets qui l'avaient suivi dans sa fuite.

Ce secours et l'aide efficace des guerriers de Mayonabex permirent au cacique fugitif de se mettre à la poursuite des bandes isolées d'Espagnols et de leur faire subir quelques pertes; mais le préfet vint bientôt mettre ordre à ces incursions. Ne voulant pas laisser la plaine royale exposée aux attaques de ce rebelle, il prit avec lui une escorte de quatre-vingt-dix hommes bien armés, quelques cavaliers et une compagnie d'Indiens fidèles, et s'avança résolument vers la chaîne des monts *Ciguay*.

Il franchit un défilé étroit et raide, embarrassé de roches escarpées, de lianes et de broussailles, et se trouva dans une vallée superbe, située entre les deux chaînes et s'étendant jusqu'à la mer; des Indiens cachés dans les anfractuosités de rochers ou dans les broussailles suivaient sa marche; un de ces Indiens arrêté lui dévoila qu'une armée de six mille Indiens, postée en embuscade de l'autre côté d'une rivière qu'il allait traverser, avait ordre de l'attaquer, dès qu'il passerait sur l'autre bord.

Le préfet profita de l'avis et se tint sur ses gardes; à peine était-il entré dans la rivière qu'une grêle de flèches vint s'abattre au milieu de sa petite troupe, et blessa quelques hommes, malgré leurs casques et leurs cuirasses, et la rive opposée se trouva en un instant couverte d'Indiens, semblables à des démons, par les peintures dont ils étaient couverts, et remplissant l'air de leurs cris et de leurs hurlements.

Les soldats s'élancèrent vers l'autre bord, tuèrent quelques-uns de leurs agresseurs et le reste prit la fuite vers la montagne. Poursuivis par les hommes du préfet, mais, plus agiles qu'eux, et n'étant pas embarrassés comme eux, d'armures et d'un attirail guerrier, connaissant d'ailleurs tous les sentiers des montagnes, il furent bientôt hors de vue et les hommes du préfet renoncèrent à les poursuivre, au milieu de rochers inaccessibles et dans des forêts inextricables; mais plusieurs prisonniers restèrent aux mains des chrétiens.

L'un de ces prisonniers, suivi d'un des Indiens restés fidèles aux Espagnols, fut envoyé au cacique en qualité de messager pour lui demander de lui livrer Guarionex; en retour, il lui offrait l'amitié et la protection des Espagnols; mais, s'il refusait, il le menaçait de mettre son pays à feu et à sang. Mayonabex, après avoir écouté le message avec attention, répondit à l'envoyé : « Dites aux Espagnols qu'ils sont méchants, « cruels et oppresseurs; qu'ils envahissent un pays étranger « et versent un sang innocent; je ne veux pas de leur amitié; « Guarionex est un honnête Indien, mon ami et mon hôte; « il s'est réfugié auprès de moi; je lui ai promis asile et pro- « tection et je tiendrai ma parole. »

A cette noble réponse, le préfet comprit qu'il n'obtiendrait rien par des paroles et qu'il fallait agir; le village où il était et quelques autres du voisinage furent livrés aux flammes et il fit dire au cacique qu'il allait dévaster ainsi tout son pays, s'il ne lui livrait pas le fugitif.

Les Indiens, effrayés de ces menaces, se pressèrent autour de leur chef, et le supplièrent de sacrifier son ami au salut du pays, puisque c'était lui seul qui était cause de leur malheur; mais Mayonabex ne se laissa pas toucher par leurs clameurs, et il déclara que, plutôt que de trahir l'hospitalité, il se livrerait lui-même à son ennemi. Appelant alors Guarionex il lui renouvela sa promesse de le défendre, et les Indiens se retirèrent avec tristesse.

Aucune réponse ne fut envoyée à Bartholomé et, pour éviter tous pourparlers pouvant influencer ses sujets, il donna l'ordre de mettre à mort tout envoyé du préfet! Quelques-uns de ses guerriers les plus éprouvés furent mis en embuscade à cet effet. L'ordre fut fidèlement exécuté, et deux Indiens, l'un Ciguayen et l'autre ami des Espagnols, qui s'avançaient vers la ville, furent pris et impitoyablement massacrés.

Bartholomé, qui suivait à quelque distance ses messagers, en les voyant tomber sous les flèches de ses ennemis, fut transporté de colère et s'avança avec toute sa troupe, vers *Cabron*, résidence du cacique, où celui-ci entouré de ces chefs subordonnés se trouvait campé.

A la vue des Espagnols, les caciques inférieurs, prirent la fuite, et Mayonabex, ainsi abandonné, se réfugia vers la montagne où des retraites secrètes et inconnues lui offrirent un abri. Quant à Guarionex, il avait gagné les hauteurs et s'était ainsi dérobé aux coups des Ciguayens qui le cherchaient, pour le tuer, ou le livrer au vainqueur, le regardant comme l'unique cause de tous leurs maux.

Le préfet résolut de les pousuivre dans leurs retraites, mais l'âpreté de ces montagnes, les rochers abruptes et la végétation exubérante dont elles étaient parsemées, les forêts touffues qui en couvraient certaines parties, rendaient cette poursuite fort difficile. D'ailleurs, le pays ravagé et désert ne lui offrait plus de moyen de subsistance pour sa troupe. Du pain de cassava, des herbes et des racines, et quelques utias que leurs chiens prenaient, étaient leurs uniques provisions; obligés de dormir par terre, couchés sous les arbres, ils recevaient les rosées du soir.

Ils parcouraient ainsi, depuis trois mois, ces montagnes, et tombaient littéralement exténués de fatigue et d'inanition. Un grand nombre d'entre eux, possesseurs de cultures aux environs du fort de *Concepcion*, obtinrent l'autorisation de retourner à leurs exploitations, qui réclamaient leurs soins, et le préfet ne garda ainsi avec lui que trente hommes des plus vigoureux, afin d'explorer toutes les cavernes et tous les bois de ces montagnes pour retrouver ses fugitifs.

C'était une recherche ardue et difficile; le pays était désert, et personne n'était là pour donner quelque indication; quand, par hasard, un Indien isolé tombait aux mains des Espagnols, il ne savait rien ou feignait de ne rien savoir.

Cependant, un jour, deux serviteurs de Mayonabex allant

chercher du pain à un village éloigné, furent pris par des Espagnols en chasse et conduits auprès du préfet.

Forcés d'indiquer la retraite de leur chef, ils y guidèrent douze Espagnols qui, pour ôter tout soupçon se déshabillèrent, peignirent leurs corps comme les Indiens, et cachant leurs armes sous des feuilles de palmier, arrivèrent sans éveiller l'attention à la retraite du malheureux cacique.

Mayonabex était entouré de sa femme, de ses enfants, de sa famille et de quelques serviteurs fidèles, inconscients du péril qui les menaçait, quand les Espagnols tirant leurs épées se jetèrent sur eux, les garrotèrent et les conduisirent à Bartholomé qui les emmena avec lui à la forteresse de la Concepcion. La sœur de Mayonabex, épouse d'un autre cacique des montagnes, fut prise avec lui. Aimant beaucoup son frère, elle avait quitté son mari et sa famille dès qu'elle avait appris son malheur, et était venue partager ses dangers et ses fatigues, et lui apporter les consolations d'une affectueuse tendresse.

L'époux de cette sœur dévouée, accourut auprès de Bartholomé, aussitôt qu'il connut l'arrestation de sa femme, et supplia le préfet de lui rendre son épouse, lui promettant soumission et fidélité; sa demande fut accueillie favorablement, et Bartholomé donna la liberté à cette femme et à quelques-uns des sujets de ce cacique qui avaient été pris avec elle. Celui-ci devint un fidèle servant des Espagnols et leur fournit d'abondantes provisions de toute sorte, en cultivant pour eux de vastes terrains fertiles et productifs.

Les Indiens étaient fort sensibles aux actes de clémence ou de bonté émanant des chefs espagnols. Aussi, les Ciguayens, dès qu'ils eurent appris la mise en liberté de la femme du cacique et de ses sujets, accoururent en foule au fort Concepcion, promettant soumission et obéissance aux Espagnols, et apportant toute sorte de présents; ils réclamèrent avec force supplications la mise en liberté de leur cacique et de sa famille.

Leur supplique ne fut exaucée qu'en partie; Bartholomé donna la liberté à la femme, à la famille et aux serviteurs de Mayonabex, mais garda celui-ci, comme otage, et en garantie de l'exécution des promesses de ses subordonnés.

Quant au malheureux Guarionex, errant dans les hauteurs presque inabordables des montagnes, il était forcé d'en descendre à certains moments pour aller chercher sa nourriture. Les Ciguayens ne lui pardonnaient pas d'avoir attiré sur leur pays la colère des blancs, l'épiaient et surprirent le lieu de sa retraite qu'ils allèrent révéler au préfet. Celui-ci envoya un détachement pour le prendre et, au moment où le malheureux rentrait de l'une de ses courses aux provisions, il fut saisi, garrotté et conduit devant Bartholomé.

Le cacique coupable de deux rébellions ne se dissimulait pas la gravité de sa situation. Mais le préfet préféra user de clémence encore cette fois; il voyait l'île pacifiée et, ne jugeant pas nécessaire un nouvel exemple, il garda Guarionex prisonnier comme garantie de la tranquillité de ses sujets.

Ayant ainsi mis ordre à toutes ces affaires, il retourna à Santo-Domingo où, peu de temps après son frère arrivait, et allait reprendre le gouvernement de la Española, avec son aide, qui lui fut extrêmement nécessaire.

Bartholomé, en résignant ses fonctions, eut la satisfaction d'avoir rempli son mandat avec courage et aussi avec sagesse; sans la rébellion de Roldan, il aurait remis à son frère le pouvoir dégagé de toute sorte d'embarras, et l'amiral eût pu se reposer et jouir de quelques jours de calme, puisqu'il avait triomphé des deux insurrections indiennes; mais le caractère turbulent et avide de leurs compagnons ne devait pas permettre à ces deux hommes éminents de jouir en paix des fruits de leur savoir et de leurs peines.

Bartholomé, avec moins de talents acquis, n'était pas inférieur à son frère pour l'administration et la direction des établissements qui avaient été créés; il n'avait pas l'enthousiasme ni la foi ardente de Christophe; il n'avait pas sa patience ni sa douceur; seul, il n'eût pas eu, probablement, son initiative ni sa persévérance, mais il était plus pratique, et il voyait la réalité plutôt que l'idéal des opérations; on ne l'a pas apprécié à sa valeur; sa situation secondaire, la jalousie des officiers sous ses ordres, et les désordres suscités par les subordonnés causèrent tous les embarras et tous les malheurs survenus pendant son administration; il fut sévère envers les Espagnols, parce qu'il y fut contraint, mais il fit preuve d'une justice absolue et, pour un homme qui avait fait lui-même son éducation, et appelé à conduire des officiers et des soldats qui se croyaient ses supérieurs ou au moins ses égaux, il se montra à la hauteur d'une tâche qui lui fut donnée inopinément et sans y avoir été préparé. Second de son frère, il est resté à sa place, et ne s'est jamais fait valoir; c'est pour cela sans doute qu'il est demeuré dans l'ombre, alors qu'il était juste qu'en exaltant le premier, pour son génie investigateur, on plaçât à côté son second, pour son concours et son aide.

Il est vrai que ni l'un ni l'autre n'ont eu, auprès de leurs contemporains, le juste prix de leurs services; il a fallu que des siècles écoulés vinssent démontrer les avantages que les deux mondes ont retiré de leurs mutuelles communications, pour qu'on rendît à l'auteur de cette œuvre utile les honneurs qui lui étaient dus; mais il est regrettable que son frère, son bras droit, son conseil et son soutien, n'en ait pas eu sa part; Washington Irwing ne l'a pas oublié et remet, dans son bel ouvrage, Don Bartholomé Colomb à la place qu'il a méritée; nous ne faisons nous-même que suivre son exemple.

## CHAPITRE XXXIII.

### CONSÉQUENCES DE LA RÉBELLION DE ROLDAN.

Nous avons raconté, dans quelques-uns des chapitres qui précèdent, les diverses circonstances de la rébellion de Roldan, et le lecteur a vu que Christophe Colomb, n'osant trop compter sur la fidélité des gens qui étaient restés avec lui, avait été obligé de subir les conditions que ce révolté avait mises à sa rentrée sous l'obéissance qu'il devait à ses souverains ou à leur mandataire.

Réintégré dans ses fonctions de juge supérieur, cet homme, mû par les plus détestables instincts, au lieu de se montrer reconnaissant de la mansuétude de celui auquel il devait sa situation et son pardon, pour ses derniers méfaits, afficha, à l'égard de son bienfaiteur, une insupportable arrogance et une insolence extrême.

Il est à remarquer que les hommes sortis des classes inférieures de la société et portés, soit par le hasard, soit par la faveur, à des positions supérieures, sont beaucoup plus hautains et bien plus fiers que les hommes d'un certain rang et d'une bonne éducation, qui arrivent aux hautes fonctions sociales, pour lesquelles leurs études les ont préparés. Ces derniers, en général, témoignent de la gratitude aux chefs qui les ont choisis ou fait choisir, tandis que les autres n'ont aucune reconnaissance et éprouvent, au contraire, de la jalousie et souvent de la haine pour ceux qui les ont tirés du néant; la reconnaissance leur pèse et ils se débarrassent de ce fardeau trop lourd, en se retournant contre leur bienfaiteur, et en se livrant aux actions les plus noires, quelquefois même en recourant au crime pour conjurer sa perte.

C'est ce qui arriva pour Roldan; lié avec tous les misérables qui l'avaient suivi dans sa révolte, la plupart repris de justice, sortis des bas-fonds de la société, et qu'on avait embarqués par force, en les extrayant des prisons, comme on l'a vu, lors du dernier départ de l'Amiral, le juge réintégré ne marchait plus qu'entouré de cette tourbe malfaisante qui imprimait la terreur à la population tranquille et honnête de Santo Domingo et des environs.

Encouragés par ses faveurs, ces tristes compagnons ne reconnaissaient d'autre autorité que la sienne, bravaient celle de l'amiral et des officiers, et ne mettaient aucun frein à leurs basses passions et à leur dévergondage insolent.

Roldan s'était fait de ces hommes, adonnés aux plus viles débauches, une sorte de milice prétorienne, qui semblait devoir lui prêter main forte en toute occasion, et, s'appuyant sur cette force malsaine et capable de tout, il exerçait sur tout ce qui lui était subordonné une autorité despotique, de même que sa protection reconnue autorisait toute cette canaille à commettre toute espèce d'excès.

L'amiral éprouvait la plus vive peine à supporter ces bravades et ces malversations, et le spectacle de ces débordements, et la tolérance de ces humiliations lui étaient d'autant plus pénibles, que souvent c'était à son égard qu'on les commettait. Roldan ne se gênait pas pour ôter aux amis de Colomb les emplois que celui-ci leur avait confiés, et qu'il donnait à ses séides.

Il fallait donc une dose de patience surhumaine, et surtout la crainte de n'être pas assez fort pour les réprimer, pour supporter de pareils actes; et cependant Colomb préféra user de la conciliation que se mettre en hostilité ouverte avec ces mécréants.

Il supporta, sans avoir l'air de les remarquer, leurs manières arrogantes, laissa passer, sans les réprimer des actes fâcheux, et leur fit toute sorte de concessions pour tâcher de les corriger. Il fit embarquer ceux qui voulurent retourner en Espagne, et ceux qui restèrent reçurent, selon leur volonté, ou leur paie comme d'habitude, pour ceux qui continuèrent leur service, ou des terres, à ceux qui préférèrent les cultiver, et il leur alloua un certain nombre d'Indiens libres ou esclaves, pour les aider dans leur exploitation.

La plupart d'entre eux, se souvenant des jouissances qu'ils avaient éprouvées dans la province de Xaragua, demandèrent leurs terres dans cette contrée, et firent présenter par Roldan une demande de concession signée par une centaine de ses partisans.

Mais non seulement il répugnait à Colomb de laisser s'abattre cette nuée d'oiseaux de proie sur un pays qui avait été si agréable pour son frère, où celui-ci avait laissé de si chers souvenirs, mais encore il jugea dangereux de placer ensemble, dans la même contrée, un nombre si considérable d'anciens rebelles. Faisant droit à leur demande, quant aux terres, et prétextant de ne pouvoir disposer de celles du Xaragua, dont la culture était affectée au payement du tribut en nature, il donna à quelques-uns les terres réclamées dans la province de Bonao; à d'autres des concessions près du Rio Verde, dans la Vega; certains eurent leur possession à San Iago; et tous eurent de vastes domaines, de nombreux esclaves, et des Indiens libres pour leurs cultures.

Il déchargea du payement du tribut les caciques de ces localités, à la condition de lui fournir, en remplacement, un certain nombre d'Indiens libres, pour aider les colons dans leur exploitation.

Ce fut là l'origine des *repartimientos*, système de prestation du travail humain, dans les colonies espagnoles, qui amena d'abominables exactions et la destruction de cette innocente et douce race d'Indiens qui avait accueilli avec tant de bonté et de générosité ces hommes qui, en une période de quarante années, arrivèrent à l'extermination de ces malheureux insulaires.

« Un jour d'avides conquérants envahissent ces malheu-
« reux, nous dit M. Arthur Bowler, dans son intéressant opus-
« cule sur Haïti (sa patrie), qu'ils détruisent sans pitié, à
« la vue de leurs filons d'or, ou dont ils remplissent la vie
« d'amertume par les épouvantables traitements qu'ils leur
« font subir dans les mines, ou dans les plantations. Et ces

« horribles envahisseurs durent, dès 1533, repeupler Haïti
« d'esclaves arrachés au sol africain; et il ajoute, dans son
« indignation, il était réservé à ceux-ci de venger ceux qui
« les avaient précédés sur cette terre. »

Seulement, M. Bowler oublie que la vengeance n'a pas frappé les vrais coupables; ce sont les Français et non les Espagnols qui ont supporté les coups de cette punition qui n'a pas été infligée à ceux qui l'avaient méritée.

Les Espagnols avaient traité l'île *Española* comme un pays conquis, et il faut reconnaître que les mœurs du temps, les habitudes contractées par les souverains dans les guerres avec les peuples qu'ils appelaient infidèles, excusaient ces atrocités sans pour cela les justifier; Colomb lui-même, qui avait promis de traiter avec bonté, avec douceur, ces populations naïves que la reine Isabelle avait prises sous sa protection, Colomb se laissa aller aux idées sauvages de cette époque, et envoya ses prisonniers en Espagne pour y être vendus.

Jetons un voile sur ces faiblesses de l'humanité et continuons notre narration :

Pour contrôler et surveiller l'exécution de ses arrangements, l'amiral créa une police sous les ordres d'un capitaine, qui eut la mission de parcourir l'île, avec ses gens armés, pour exiger le payement du tribut des Indiens et, en même temps, faire exécuter par les Espagnols les conventions intervenues; il devait surtout surveiller et punir toute tentative de révolte.

En traitant pour ses compagnons, Roldan ne s'était pas oublié; il s'était fait attribuer près de la Isabela, des terrains qu'il prétendait lui appartenir et, dans la Vega, une ferme royale appelée *la Esperanza*. Il fut autorisé à réclamer des Indiens au cacique voisin, et il reçut enfin des terres dans cette province du Xaragua, tant défendue jusque-là et qui tenait tant au cœur de don Bartholomé.

Colomb avait bien stipulé que ces concessions ne seraient définitives qu'après la ratification royale; il espérait peut-être que les souverains, instruits des circonstances qui l'avaient obligé à faire ces concessions, les annuleraient et puniraient les rebelles selon leur culpabilité.

Ainsi satisfait, Roldan demanda l'autorisation d'aller voir ses domaines; il partit et s'arrêta à Bonao, chez son principal affidé Riquelme, qu'il nomma juge de paix, se réservant d'aller juger lui-même les accusés au fort *Concepcion*, où son ancien complice devait les envoyer.

L'amiral ne put voir cette nomination sans dépit; elle empiétait sur son droit exclusif de nomination des autorités, et elle favorisait un homme dont il avait de bonnes raisons de se défier, car il avait appris que ce Riquelme, probablement d'accord avec Roldan, en ayant l'air de construire une étable, faisait bâtir une véritable forteresse sur une hauteur, afin de s'y réfugier et s'y défendre, le cas échéant.

Le loyal et fidèle Pedro de Arana, s'était d'abord opposé à cette édification, mais, comme Riquelme n'avait pas tenu compte de sa défense, il en avait référé à l'amiral qui, en définitive, avait interdit la construction.

Les deux caravelles sur lesquelles devaient s'embarquer les mutins, qui avaient opté pour revenir en Espagne, étaient prêtes à partir; et Colomb avait projeté de partir avec elles, en emmenant avec lui son frère Bartholomé, sur lequel il comptait pour le soutenir dans les discussions, qu'il prévoyait, avec ceux qui l'avaient desservi auprès des souverains.

Mais les soulèvements des naturels semblaient encore menacer la tranquillité de l'île, et les anciens rebelles ne lui paraissaient pas assez calmes, pour ne pas avoir à redouter de leur part quelque nouvelle échauffourée.

Il résolut alors d'envoyer les deux navires avec les dissidents, et de rester encore jusqu'à ce que la paix fût assurée de tous les côtés, et lui permît de s'en aller. Il chargea l'honnête Ballester et Garcia de Barrantes, qu'il fit partir sur ces caravelles, de le défendre auprès des souverains, et il leur adressa un long mémoire où il racontait, dans tous ses détails l'insurrection de Roldan et de ses compagnons, et les conditions qu'on lui avait imposées et qu'il suppliait LL. Majestés de ne pas ratifier.

Cet arrangement, disait-il, imposé par la violence, était nul de ce fait. Ensuite, deux jugements avaient condamné les insurgés comme traîtres à leurs rois et à leur représentant,

**23.**

et il n'avait pas, lui amiral, qualité pour leur pardonner, le roi seul ayant ce pouvoir.

Les insurgés en quittant l'Espagne, avaient juré obéissance et fidélité à leurs souverains et à leurs fondés de pouvoir, et ils avaient violé leur serment.

Ils avaient exigé des terres et des indemnités que l'amiral n'avait pas le droit de leur accorder.

Colomb avait donc été contraint et forcé, pour ramener la paix dans cette île qui l'intéressait tant, d'accorder toutes ces concessions, avec la conviction qu'elles seraient refusées par LL. Majestés, qui ne devaient pas se croire engagées par leur mandataire, les actes imposés par la force étant nuls de plein droit.

Ensuite il demandait aux rois d'envoyer à la Española, des hommes éclairés et honnêtes, pour remplir les fonctions nécessaires pour le bon gouvernement de l'île, et surtout un juge consciencieux et versé dans la législation pour organiser la justice; il demandait aussi des prêtres, pour la conversion des Indiens et pour maintenir les Espagnols dans la bonne voie.

Enfin, son âge et sa santé délabrée par tant de fatigues lui faisaient une obligation de songer au repos, et il priait de lui envoyer son fils aîné Diego pour l'instruire en vue de sa succession. Diego était déjà en âge d'apprendre les devoirs de la charge qu'il était appelé à remplir après lui; et il pouvait l'aider dans ses travaux, devenus trop lourds pour lui seul.

Cependant les quatre navires, qui avaient été signalés à l'ouest de l'île, étaient arrivés et avaient mouillé, le 5 septembre, dans un port de la *Española*. Ils étaient sous les ordres de Alonzo de Ojeda, qui était parti à l'aventure pour aller à la découverte pour son propre compte, et était entré dans ce port appelé *Brasil* par les chrétiens, et *Tachino* par les Indiens, avec l'intention de prendre un chargement d'Indiens et, en attendant la réalisation de son projet, comme il était parent de l'évêque Fonseca, dont nous avons déjà parlé, il ne trouva rien de mieux à faire que de fomenter de nouveaux troubles, en répandant le bruit que la reine Isabelle était sur le point de mourir et, qu'après elle, l'Amiral n'aurait plus de protecteur, et qu'il ferait alors tout ce qu'il pourrait pour le perdre, étant un fidèle serviteur du dit évêque, grand ennemi de Colomb.

A ce titre, Ojeda commença ses manœuvres, en écrivant à quelques-uns de ceux qui n'avaient pas pris part aux anciens troubles. Mais Roldan, ayant eu connaissance de ses mauvais desseins, se porta contre lui avec vingt-six hommes pour l'empêcher de réaliser ses projets. Le 29 septembre, il apprit que Ojeda se trouvait sur les terres d'un cacique nommé *Aniguayagua*, pour faire du pain et du biscuit, et il résolut de les surprendre; mais Ojeda, le voyant sur ses traces, et n'étant pas en force pour lui résister, vint à lui, et lui dit : que le besoin de vivres l'avait obligé à relâcher dans cette île, qui était une terre appartenant aux Rois Catholiques, qu'il n'avait pas l'intention de faire du mal à qui que ce soit; qu'il venait de découvrir, sur la côte ferme de *Paria*, une soixantaine de lieues de pays, où il avait trouvé du monde hostile aux chrétiens, avec qui il avait eu à combattre et qui lui avaient blessé vingt hommes; qu'ainsi il n'avait pu se prévaloir des richesses de cette terre, où il avait vu des cerfs, des lapins, des peaux et des griffes de tigre ainsi que des grains d'or, qu'il montra à Roldan, dans ses caravelles, en l'assurant qu'il se proposait d'aller bientôt à Santo-Domingo, pour rendre compte à l'amiral de tout ce qu'il avait fait.

L'Amiral était alors très perplexe, Pedro de Arana l'ayant avisé de ce que Riquelme, juge de *Bonao*, sous prétexte de bâtir une case pour ses troupeaux, avait choisi une colline, où il lui serait loisible de faire tout le mal qui lui viendrait en tête, qu'il l'en avait empêché, mais Riquelme lui avait intenté une action, à l'aide de témoins, et s'était plaint à l'amiral de la contrainte qu'exerçait contre lui Arana, en le suppliant d'y porter remède, afin qu'il n'y eût entre eux aucun dissentiment, et Colomb, tout en restant sur ses gardes, et interdisant à Riquelme de continuer sa construction, dissimulait ses appréhensions et cherchait, par une certaine condescendance, à calmer ses doléances.

Cependant Ojeda, persistant dans ses projets, avec une autorisation de Roldan, s'en fut, avec ses navires, à Suraña, où habitaient une notable partie de ceux qui s'étaient révoltés; il prétendit, vis-à-vis de ces gens, que les Rois Catholiques l'avaient envoyé, avec Carvajal, comme conseiller de l'Amiral, pour surveiller ses actes, et surtout pour qu'il payât en argent comptant tous les serviteurs du roi, insinuant que l'Amiral, à cet égard, n'était pas de parole, et leur offrant d'aller avec eux, à Santo-Domingo, pour le forcer à les satisfaire, ou le chasser de l'île, mort ou vivant.

Un grand nombre le suivirent et, pendant la nuit, sous ses ordres et avec son aide, ils se ruèrent sur les opposants, et un combat s'engagea; dans lequel il y eut des morts et des blessés des deux côtés.

Pensant que Roldan, alors au service de l'Amiral, n'entrerait pas dans cette nouvelle conjuration, ils résolurent de s'emparer de lui par surprise, mais celui-ci, prévenu, se porta avec une troupe assez nombreuse, là où se trouvait Ojeda, pour s'opposer à ses désordres, ou pour le châtier selon l'occurrence; Ojeda ne l'attendit pas et se réfugia dans ses navires, d'où il entra en pourparlers avec Roldan, pour convenir d'un lieu où ils se rencontreraient pour s'entendre.

Mais comme ils se défiaient l'un de l'autre, Roldan proposa d'aller à bord et demanda une barque pour s'y rendre; Ojeda lui en envoya une avec une troupe nombreuse, et Roldan y entra avec six ou sept des siens; se ruant aussitôt l'épée nue sur les hommes d'Ojeda qui étaient sans défiance, ils en tuèrent quelques-uns, blessèrent les autres, et s'emparèrent de la barque; puis ils retournèrent à terre, ne laissant à Ojeda qu'un seul bateau pour le service de ses navires, et avec lequel il vint à terre, parlementer avec Roldan; il lui rendit quelques hommes qu'il avait emmenés, chercha à s'excuser de ses excès, et réclama sa barque que Roldan lui rendit, lui enjoignant de quitter l'île sous peu de jours, ce qu'il fut contraint de faire, par suite de la forte garde que Roldan avait instituée sur le rivage.

Il est très difficile, une fois la révolte apaisée, d'éviter qu'elle ne se reproduise parmi les hommes violents et de mauvais instincts.

Peu de temps après le départ d'Ojeda, un certain D. Fernando de Guevara, homme turbulent, en disgrace près de l'Amiral, et abhorrant Roldan, parce que celui-ci l'avait empêché de se marier avec une fille de *Canua*, reine principale de Suraña, réunit plusieurs conjurés, s'adjoignit Adriano, l'un des chefs, avec deux autres hommes de mauvaise vie, et, au milieu du mois de juin de l'année 1500, se disposa à s'emparer de Roldan pour le mettre à mort. Mais ce dernier, prévenu à temps, agit avec assez de promptitude pour arrêter Don Fernando, Adriano et les principaux chefs, et avisa l'Amiral de ce qui s'était passé, lui demandant ce qu'il devait faire.

L'Amiral lui répondit que, puisque ces hommes avaient tenté de troubler le pays, la justice devait avoir son cours, et qu'il leur appliquât les lois, en proportion de leurs crimes, car si on ne punissait pas les coupables, ce serait la destruction de toute autorité.

Fort de cet assentiment, le juge ne tarda pas à agir, et, la cause entendue, il condamna Adriano à être pendu, comme auteur principal de la conjuration, exila quelques autres mutins suivant leurs méfaits, et laissa Don Fernando en prison jusqu'au 13 juin ; il le remit alors entre les mains de Gonzalo Blanco, avec d'autres prisonniers pour les conduire là où se trouvait l'Amiral.

Ce châtiment pacifia les esprits ; les Indiens revinrent à l'obéissance et au service des chrétiens, et l'on découvrit tant de mines d'or que les Espagnols quittaient le service royal et abandonnaient même leur solde pour aller à la recherche de l'or pour leur compte ; ils donnaient au roi le tiers de l'or qu'ils reccueillaient, et ils mirent à leur travail tant d'ardeur et de persistance, que quelques-uns d'entre eux ramassèrent en un jour cinq marcs de poudre d'or.

D'un autre côté, les Indiens se montraient obéissants et soumis ; ils avaient une crainte extrême de l'Amiral, non qu'il redoutassent d'être punis, mais ils craignaient de le mécontenter, et ils avaient un si vif désir de lui être agréables, qu'ils embrassaient le christianisme, parce qu'ils croyaient lui rendre service.

Lorsqu'un chef indien devait paraître devant lui, il se vêtissait pour s'y rendre. Ces démonstrations amicales et pacifiques décidèrent Colomb à parcourir l'île personnellement et, le 20 février 1499, il partit, avec le préfet, pour se rendre à la Isabela, où ils arrivèrent le 19 mars suivant, après avoir visité quelques caciques amis; de là, ils allèrent à la Concepcion, où ils se trouvaient le 5 avril; enfin le vendredi 7 juin ils entrèrent à Suraña.

Ils reçurent partout un accueil encourageant; les Indiens surtout témoignaient une grande joie de le voir, et cherchaient tous les moyens de lui rendre service. On se figurera facilement quelle satisfaction devait ressentir le cœur bienveillant de l'amiral, de toutes ces démonstrations de dévouement et d'amitié; combien il devait aussi éprouver de douleur en pensant que les mauvais instincts, les vices déplorables et la funeste conduite de ses compagnons l'avaient empêché de faire, à l'égard de ces naïves et douces populations, le bien qu'il eût pu réaliser, et qu'il était dans ses idées de pratiquer à leur égard; qu'il devait à ces misérables, à leurs malversations et à leur cupidité, d'avoir éprouvé tant de désastres dans cette île qu'il aimait, pour sa beauté, pour son climat et pour les bonnes qualités de ses habitants!

« Abandonné de tous, disait-il dans une lettre écrite au
« temps où se passaient ces terribles événements, je fus
« assailli par les Indiens, ainsi que par les chrétiens révoltés:
« je fus réduit alors à une telle extrémité que, pour éviter
« la mort, je fus contraint de prendre la mer dans une petite
« caravelle.

« Alors Notre-Seigneur vint à mon secours et me dit:
« *Homme de peu de foi, ne crains rien; je suis avec toi.* Et
« alors, il mit mes ennemis en déroute et me montra la
« voie où je devais entrer pour remplir ma mission. Oh!
« misérable pécheur, moi, qui faisais tout dépendre de mon
« espérance en ce monde! »

Le 3 février de l'année 1500, l'amiral se détermina à revenir à Santo-Domingo, avec l'intention de partir pour la Castille, afin de rendre compte à ses souverains de tout ce qui était advenu à la Española, et obtenir satisfaction des outrages qu'il avait reçus et des souffrances qu'il avait endurées.

Avant d'aller plus loin, et de suivre l'amiral dans son voyage de retour en Espagne, voyage qu'il effectua dans des conditions bien différentes de celles qu'il devait attendre de sa position, nous avons à instruire nos lecteurs des événements qui s'étaient accomplis à Madrid et qui eurent pour l'amiral de si funestes conséquences !

Nous avons dit qu'après la découverte de la côte de Paria, l'amiral avait adressé à LL. Majestés un long mémoire relatant cette découverte et donnant des indications détaillées sur cette terre, sur ses richesses, sur ses habitants, leurs mœurs et leurs habitudes. Colomb, en faisant connaître tout le parti qu'on pouvait tirer de l'exploitation de ces pays, parlait, avec son enthousiasme ordinaire, des nombreuses et riches mines d'or qu'il contenait, et des grandes quantités de perles que l'on pêchait dans les îles voisines.

Avec ces renseignements, il avait envoyé des cartes marines indiquant la route à suivre pour aborder sur la côte de Paria, et il adressait à LL. Majestés des échantillons de l'or et des perles que l'on trouvait dans ces contrées.

Dès que ce rapport fut connu à la cour, il se répandit dans le public, et les imaginations s'échauffèrent; de nombreux aventuriers se présentèrent pour aller explorer ces pays fortunés.

Parmi ces explorateurs entraînés par l'appât des richesses entrevues, l'un des plus favorisés fut Alonzo de Ojeda, cet intrépide et hardi officier que Colomb avait distingué et qu'il avait chargé de missions de confiance et quelquefois périlleuses, qu'il avait accomplies avec intelligence et un courage aventureux.

Il avait été frappé, lui aussi, des avantages extraordinaires énumérés dans le mémoire de Colomb, et son esprit ardent avait immédiatement entrevu la possibilité de se mettre à la tête d'une expédition vers ces riches contrées, d'y arriver le premier et de profiter, avant les autres et surtout avant l'amiral, de l'exploitation des trésors de toute espèce qui s'y trouvaient en si grande abondance. Au mieux avec l'évêque Fonseca, l'ennemi traditionnel de Colomb, il lui communiqua ses vues et celui-ci, qui cherchait tous les moyens de nuire à l'amiral et qui, dans ce but, s'était fait le centre de ralliement de tous les mécontents, accueillit avec empressement cette ouverture et mit à la disposition de son favori toutes les indications fournies par Colomb. Il lui fit établir une copie de tous ces documents, usa de sa position et de son influence pour lui faciliter l'organisation de cette opération, et lui donna une autorisation qu'il signa seul, comme surintendant des colonies, pour aller à la découverte, avec interdiction de visiter les pays dont les Portugais avaient pris possession, et ceux découverts par Colomb avant 1495, laissant ainsi à dessein, en dehors de cette interdiction, la récente découverte de la côte de Paria.

Les circonstances étaient favorables pour s'emparer des renseignements fournis par l'amiral, l'empêcher, en le prévenant, de poursuivre et de compléter son exploration de la terre ferme, et lui ravir ainsi le surplus de gloire qu'il était en droit d'attendre de cette récente découverte : ils avaient appris, par les nombreuses lettres écrites par les révoltés, que Colomb était aux prises avec les troubles de la Española, que les rebelles et les Indiens lui suscitaient des embarras et des inquiétudes de toute espèce, qu'il était malade et très fatigué, et ils savaient que les plaintes et les faux rapports avaient fait entrer dans l'esprit des souverains un commencement de défiance que l'astucieux prélat encourageait et fomentait par tous les moyens. Tout concourait donc à leur donner l'espoir d'abattre le grand homme, et de mettre obstacle à ses projets.

A l'aide du permis de navigation délivré par Fonseca, il fut facile à Ojeda de grouper un certain nombre de commerçants, de spéculateurs et de navigateurs pour former le capital nécessaire pour organiser son expédition. Chose étrange! parmi ses associés à cette entreprise, il comptait *Améric Vespuce*, alors simple employé dans une maison de commerce maritime, et qui plus tard, par une ironie du sort, qui semblait s'acharner à ravir à Colomb les fruits de ses travaux, donna son nom à cette Amérique, découverte bien avant lui par l'illustre navigateur. Et ce qui démontre encore mieux combien la haine et la calomnie avaient réussi à terrasser ce génie abattu, c'est que lui-même, Colomb, vieux, malade, discrédité, perdu dans l'esprit des souverains, réclamant en vain les salaires de ses grades et les sommes qui lui étaient dues, et que détenait injustement le gouverneur qui l'avait remplacé, Colomb, découragé, envoya lui-même plus tard cet Améric Vespuce à la Española avec tous ses pouvoirs pour obtenir la solution de ses justes réclamations. C'est ce qui ressort d'une lettre écrite à son fils Don Diego, qui s'occupait à la cour de la poursuite de ses demandes. Dans cette lettre, Colomb recommande à son fils Améric Vespuce, comme un ami, comme un homme de confiance qu'il peut employer en toute sécurité. Ce n'était pas la première fois que le malheureux amiral était la dupe de son bon cœur : Roldan, Ojeda, Pinzon, lui avaient déjà donné des preuves de l'ingratitude des hommes.

Ojeda, ainsi aidé par des gens puissants, avait réussi à armer quatre caravelles, et il avait pris comme premier maître pour le guider, dans la route à suivre, Juan de la Cosa, élève de Christophe Colomb, embarqué avec lui dans son premier voyage, et qui s'était acquis depuis, dans la marine, une réputation d'habileté et d'expérience nautique; d'autres marins et un certain Barthélemy Roldan qui étaient allés, avec Colomb, à la côte de Paria, avaient été embarqués sur cette flotte qui partait, guidée par les indications de l'amiral. Elle avait mis à la voile en mai 1499 et arriva sur la côte de l'Amérique du Sud, qu'elle parcourut sur une étendue d'environ 200 lieues, à l'est de l'Orénoque, jusqu'au golfe de Paria.

A l'aide des cartes de Colomb, les explorateurs avaient franchi la fameuse Boca del Dragon, où celui-ci avait couru un si grave danger; ils avaient vogué à l'ouest vers le cap de la Vela, et, après avoir visité l'île Sainte-Marguerite et quelques points du continent, ils étaient arrivés au golfe du Vénezuela.

De là, abordant une île habitée par les Caraïbes, ceux-ci, pour défendre leur terre, les avaient assaillis d'une grêle de flèches qui avaient blessé quelques-uns de leurs hommes, mais les Espagnols en avaient eu promptement raison, et en avaient capturé un certain nombre qu'ils emmenaient dans leurs navires pour les vendre, comme esclaves, sur les marchés espagnols; enfin le besoin de se ravitailler les avait contraints de venir à la Española.

Le lecteur sait comment ils y furent reçus par Roldan et leur départ de cette île.

Lorsque Colomb fut informé des causes qui avaient amené Ojeda à la Española, et qu'il connut les circonstances qui avaient présidé à cette expédition et le permis de navigation qui était une flagrante violation de son contrat et une atteinte directe à ses privilèges, il fut douloureusement affecté de cet abus d'autorité; il connaissait bien la haine de Fonseca à son égard, mais il avait trop le sentiment de la justice pour supposer qu'il irait jusqu'à contrevenir aux conditions d'un acte signé par LL. Majestés.

Une nouvelle rébellion vint faire diversion à ces cruelles réflexions et obligea l'amiral à employer des moyens prompts et rigoureux pour maintenir dans cette île la tranquillité, si souvent troublée par les mauvais instincts et la turbulence des anciens rebelles.

On a vu que Colomb leur avait concédé des terres dans diverses parties de l'île, en leur assignant des résidences distinctes, afin de les diviser sur plusieurs points.

Ceux qui avaient eu des concessions dans le Xaragua voulurent profiter du départ d'Ojeda, qu'ils prétendirent avoir chassé de leur contrée, pour obtenir de nouvelles faveurs.

Voyant leur ancien chef et complice, Roldan, réintégré dans ses fonctions, et se figurant qu'il avait le pouvoir suprême, ils lui demandèrent de leur donner la province de Cathay dont ils connaissaient la fertilité, et de la leur partager; mais Roldan, redevenu juge supérieur, n'était plus Roldan le chef des révoltés, et il refusa d'accéder à leur demande, en leur disant qu'il devait en référer à l'amiral; ne voulant pas cependant mécontenter ses anciens compagnons dont il connaissait le caractère violent, il leur distribua quelques terres qui lui appartenaient dans la province de Becchio, le Xaragua. Il demanda après à l'amiral de revenir à Sainto-Domingo, mais celui-ci, en lui exprimant sa satisfaction de son zèle et de son habileté, le pria de demeurer encore dans le Xaragua, où Ojeda pourrait bien revenir.

Sur ces entrefaites, arriva dans la contrée Don Hernando de Guevara, jeune cavalier d'un extérieur séduisant, mais écervelé, sans raison ni principes, et que Colomb avait exilé par suite de ses débordements. Il l'avait envoyé dans le Xaragua pour qu'il s'embarquât sur l'un des navires d'Ojeda; mais celui-ci étant parti, notre dissipé se vit dans l'obligation de demeurer dans la province.

Roldan le reçut favorablement, parce qu'il avait été naturellement parmi ses anciens sectateurs, avec son camarade Adriano de Mojica, qui était également au Xaragua.

Guevara, en attendant les nouveaux ordres de l'amiral, s'installa dans le Cathay, ravissant pays limitrophe du Xaragua, où l'attirait la maison de la veuve de Caonabo, la belle passion de Bartholomé. Celle-ci avait une fille appelée Higuenamota, d'une remarquable beauté et qui arrivait à sa nubilité.

Malgré les violences et les vices des Espagnols, Anacaona avait conservé pour eux son penchant favorable, et elle accueillit chez elle le brillant cavalier qu'elle combla de prévenances.

Celui-ci n'avait pu voir la jolie fillette sans en devenir amoureux; l'enfant le paya de retour et, comme il parlait de mariage, la mère favorisa leurs amours; mais Roldan qui, lui aussi, était épris des charmes de la jeune fille, ne voulant pas laisser près d'elle un rival aussi dangereux, lui signifia d'avoir à cesser ses assiduités et de quitter le pays.

La mère, séduite par les manières galantes du jeune homme, le garda chez elle, et Guevara fit mander un prêtre pour se marier avec la jeune fille.

Alors Roldan l'accabla de reproches, l'accusant de vouloir tromper la sœur de Becchio, et séduire sa fille, personnes considérées et haut placées dans le pays; mais Guevara protesta de ses bonnes intentions et pria Roldan de lui permettre de rester. Celui-ci ne se laissa par fléchir, s'appuyant sur l'autorité de l'amiral, et désireux d'éloigner un rival préféré.

Guevara parut obéir, retourna au Cathay et revint secrètement se réfugier dans la maison de sa fiancée.

Revenu avec quelques amis qui l'appuyaient dans ses prétentions, il reçut avec hauteur l'ordre de regagner le Cathay que lui envoya Roldan; mais celui-ci, lui ayant commandé de partir pour Santo-Domingo se présenter à l'amiral, Guevara eut recours aux prières et obtint de rester encore dans le voisinage.

Imbu des habitudes de licence et d'indépendance dont Roldan lui-même lui avait donné l'exemple, plein de ressentiment des difficultés soulevées au sujet de son mariage, il s'entendit avec les amis qu'il avait emmenés du Cathay, et, se faisant des partisans parmi leurs anciens compagnons, qui abhorraient Roldan, à cause de sa nouvelle autorité, ces nouveaux conjurés résolurent de se saisir de Roldan et de le tuer. Celui-ci, prévenu, fit arrêter Guevara sous les yeux de sa fiancée, avec sept de ses complices. Il fit immédiatement son rapport à l'amiral, qui donna l'ordre d'envoyer le prisonnier à Santo-Domingo.

Mais cet acte de vigueur à l'égard d'anciens compagnons émut singulièrement les autres; Adriano de Mojica, furieux, courut à Bonao où se trouvaient la plupart des anciens rebelles, avec le nouvel alcade Riquelme. Ces gens, habitués à ne supporter aucune autorité, prirent fait et cause pour leur ancien ami, et, de nouveau, l'étendard de la révolte fut déployé.

A la tête d'une troupe bien armée, pourvue de bons chevaux, Mojica projeta de délivrer son cousin Guevara, de tuer Roldan et même l'amiral.

Colomb se trouvait alors au fort de la Concepcion, pendant que les conspirateurs méditaient sa mort. N'ayant avec lui qu'une faible escorte, et ne se défiant pas d'hommes qu'il avait si généreusement traités, il eût été pris certainement s'il n'eût été prévenu.

Prenant aussitôt avec lui six ou sept de ses fidèles, bien armés, il envahit la nuit la maison où les conjurés sans défiance étaient réunis, et fondant sur eux inopinément, il s'empara de Mojica et des principaux rebelles, et les conduisit à la Concepcion.

Sentant le besoin d'un exemple, il donna l'ordre de pendre

Mojica au haut du fort, et, celui-ci ayant demandé un prêtre pour se confesser, on lui en amena un ; mais le prisonnier voulait gagner du temps dans l'espoir que ses amis viendraient le délivrer ; dans ce but, il prolongea et recommença trois fois sa confession ; puis il dénonça des innocents dont Colomb connaissait la loyauté, jusqu'à ce que celui-ci, ne pouvant plus y tenir, le fit pendre sans délai au haut de la forteresse.

Cette sévérité nécessaire fut suivie d'autres exécutions ; Pedro Riquelme ainsi que les principaux fauteurs de la conjuration, furent arrêtés et conduits à Santo-Domingo, où ils furent mis aux fers en attendant leur jugement.

Cette rigueur de la part de l'amiral, jusque-là si bienveillant, produisit un effet salutaire. Les rebelles coururent au Xaragua, leur refuge habituel ; mais le préfet arriva sur les lieux et, secondé par Roldan, il les poursuivit avec son impétuosité ordinaire, en arrêta plusieurs qui furent envoyés à Santo-Domingo et incarcérés avec les autres, tandis que Bartholomé harcelait les derniers sans relâche.

Cette sévérité contre des hommes qui, depuis leur arrivée à la Española, n'avaient fait que contrecarrer les bonnes dispositions de Colomb, qui avaient méconnu sa clémence, bravé son autorité, entravé et compromis la prospérité du pays, l'avaient abreuvé de dégoûts et avaient conspiré contre sa vie, cette sévérité nécessaire donna d'excellents résultats : les Indiens reconnurent qu'ils ne pouvaient lutter contre la puissance des Espagnols et se soumirent à leurs lois ; les uns, en grand nombre, se convertirent à la foi catholique et mirent des vêtements, et les autres aidèrent les colons à cultiver leurs terres, qui donnèrent bientôt d'abondantes récoltes.

Colomb attribua à Dieu ces heureux changements ; les sept années du terme d'or, dont il parlait dans la lettre citée ci-dessus, visant le vœu qu'il avait fait d'aller avant sept ans avec cinquante mille hommes, délivrer le Saint-Sépulcre, semblaient se mettre en voie d'accomplissement, et l'espérance que lui avait donnée la voix divine, paraissait se réaliser, par la découverte d'une grande quantité de mines d'or. La tranquillité renaissait ; Colomb avait l'espoir de poursuivre ses découvertes et détablir ses pêcheries de perles sur la côte de Paria. Hélas! combien il se trompait! A ce moment même, l'envie de ses ennemis triomphait, et décidait les rois catholiques à un acte de suspicion qui devait empoisonner la vie du grand homme!

# CHAPITRE XXXIV.

### CALOMNIES DES ENNEMIS DE COLOMB. ENVOI D'UN JUGE A LA ESPAÑOLA.

Pendant que se passaient dans l'île Española les événements que nous venons de raconter, les rebelles qui étaient revenus en Castille s'étaient groupés autour de l'évêque Fonseca, qui accueillait avec empressement tous ceux qui pouvaient apporter des éléments nouveaux à la satisfaction de sa haine contre Colomb ; d'un autre côté, c'était à lui qu'étaient adressées ou qu'aboutissaient les lettres malveillantes, les plaintes acrimonieuses, les récriminations haineuses, qui étaient envoyées de la Española en Castille, par ceux des révoltés qui étaient demeurés dans l'île, et dont la clémence et les faveurs que Colomb leur avait accordées, n'avaient pu vaincre les mauvais instincts. De ce centre fatal, les calomnies, les fausses accusations, étaient colportées à la cour et arrivaient aux oreilles de LL. Majestés catholiques.

Christophe Colomb et ses frères étaient représentés, dans tous ces factums, comme des tyrans cruels et vindicatifs, comme des administrateurs incapables et au-dessous de leur mission; étrangers et ultramontains, n'ayant jamais été à même d'être chargés d'un gouvernement quelconque, et conséquemment n'ayant ni le talent ni les qualités voulues pour gouverner des hommes honorables. Ils affirmaient dans toutes ces lettres que, si les souverains ne se décidaient pas à porter remède au mal, c'en était fait de la prospérité de ces beaux pays, dont la destruction et la perte étaient inévitables, sous leur funeste autorité. On allait jusqu'à dire, qu'alors même que cette mauvaise administration ne causerait pas la ruine de ces contrées, Colomb et ses frères, étant étrangers, feraient défection aux souverains espagnols, et s'entendraient avec d'autres princes pour garder pour eux-mêmes leurs conquêtes, qu'ils prétendaient leur appartenir, puisque c'était à leur savoir, à leur travail et à leurs fatigues que ces découvertes étaient dues. On ajoutait que c'était dans ce but qu'ils en dissimulaient les trésors; qu'ils défendaient aux Indiens de servir les Espagnols et les empêchaient de se convertir à la foi catholique; qu'en caressant ainsi leurs habitudes, en se montrant favorables à leurs croyances, ils les maintiendraient de leur parti, afin de leur faire rendre tous les services qu'ils voudraient, quand ils auraient réalisé leur ligue avec une autre puissance qui leur prêterait son concours, pour se dégager du service de LL. Majestés.

Cette dernière accusation, quelque peu probable qu'elle fût, était capable d'impressionner l'âme jalouse et soupçonneuse du roi Ferdinand et, bien que les lettres de l'amiral, qui ne manquait pas d'écrire à LL. Majestés par chaque navire, fussent empreintes du zèle, du respect et du dévouement le plus absolus, que leur contenu, par ses détails précis et circonstanciés, vînt détruire toute idée de trahison et même de mécontentement de la part de cet homme, dont l'honnêteté et la bonne foi ne pouvaient être mises en doute, malgré toutes ces preuves de bon service, le roi se sentait atteint, malgré lui, de doutes que son entourage s'efforçait d'entretenir et d'accroître chaque jour.

Cependant Colomb, dans chacune de ses missives, racontait les événements survenus, avec une sincérité rigoureuse, en déterminait les causes et les effets, en indiquait les remèdes souverains, insistant sur leur mise à exécution immédiate. Malheureusement ces lettres, venant par intervalles, étaient oubliées le lendemain de leur lecture, tandis que la médisance et la calomnie avaient des bouches toujours ouvertes pour se répandre, et frappaient incessamment les oreilles du roi et le plus terrible argument contre les assertions avantageuses de Colomb, contre les grandes espérances qu'il faisait reluire aux yeux des souverains, c'était qu'au lieu de produire ces richesses tant prônées la colonie avait des besoins insatiables, et que l'Espagne était sans cesse sollicitée pour y subvenir. Si les dires de Colomb étaient vrais, si la *Española* était l'ancienne *Ophir*, et recélait dans son sein les trésors que le roi Salomon en avait reçus autrefois, elle devait produire des richesses supérieures à ses dépenses; et comme il en était bien autrement, ou l'amiral trompait le roi, ou il gardait pour lui l'or et les pierres précieuses qu'il recueillait, ou enfin il était incapable de diriger fructueusement une pareille administration.

C'était le côté le plus vulnérable de l'esprit du roi Ferdinand. Les guerres suscitées par son ambition avaient épuisé le trésor, et il avait compté sur les richesses de l'Inde pour le remplir; au lieu de ce secours, c'étaient continuellement des demandes de dépenses nouvelles, à une caisse à peu près vide. On comprend que, aux prises avec des difficultés de cette nature, le roi fût accessible aux soupçons que l'on s'efforçait d'envenimer chaque jour par des rapports mensongers, par des plaintes intéressées, par des réclamations souvent mal fondées que venaient porter des mécontents ou des malades revenus de l'Inde, renvoyés par l'amiral ou chassés de l'île pour leurs méfaits.

Les rebelles que Colomb avait embarqués sur les deux caravelles pour en délivrer *la Española*, les hommes coupables de malversations ou de crimes qu'il avait envoyés en Espagne pour y être punis, se plaçaient effrontément sur le passage du roi, réclamant leur paye, avec des cris et des lamentations incroyables. Ils prétendaient n'avoir pas été payés depuis plusieurs années, et ils importunaient de leurs doléances les grands et les seigneurs de la cour, qui allaient ensuite rapporter aux souverains ces déplorables scènes.

A la mort du prince Don Miguel, une cinquantaine de ces misérables, ayant dans la main quelques grappillons de raisin, pour montrer à quel degré de pauvreté ils étaient réduits, s'étaient placés sous les galeries de l'Alhambra en poussant de grands cris, et disant que Leurs Altesses et l'amiral les avaient forcés, en ne les payant pas, à vivre de quelques grains de raisins, et ils accompagnaient leurs plaintes d'insultes grossières et de paroles indécentes.

Ces vagabonds poussèrent si loin leur impudente hardiesse que, lorsque le roi Ferdinand sortait, ils l'entouraient tous à la fois et l'arrêtaient au milieu d'eux en lui criant : La paye ! la paye ! et quand, par hasard, les fils de Colomb, qui étaient alors les pages de la reine, venaient à passer là où se trouvait cette tourbe de coquins, ceux-ci levaient les bras, en criant d'une façon épouvantable : « Voyez ! voyez ! Ce sont les fils de « l'amiral, les *poussins* de l'homme qui a trouvé les terres « de la vanité, et qui a trompé et conduit à la misère ou à « la mort les fils des nobles Castillans ; » et ils ajoutaient d'autres mots outrageants, jusqu'à ce qu'ils les eussent perdu de vue. Ces enfants n'osaient plus passer devant eux.

Ces importunités, cette audace et ces lamentations excitées par les ennemis de Colomb, rapportées aux souverains par les intéressés, et commentées avec malveillance, devinrent si aiguës, que le roi, fatigué de ces cris et impressionné d'une manière fâcheuse par ces scènes déplorables, se détermina à envoyer à *la Española* un juge enquêteur, avec mission d'ouvrir une enquête, relativement à toutes ces plaintes et ces accusations. Ce juge avait mandat, dans le cas de culpabilité de l'amiral, en ce qui concernait les accusations en question, de l'envoyer en Espagne, et de prendre, dans ce cas le gouvernement de l'île. Les rois catholiques désignèrent, pour faire cette enquête, un certain Francisco de Bobadilla, officier de la maison du roi.

C'était là une décision grave et dont l'exécution exigea de longues réflexions, car, prise en 1499, au printemps, elle ne fut accomplie qu'au mois de juillet de l'année suivante.

Nous nous arrêterons ici un moment pour examiner les raisons de cette détermination, et les causes du retard apporté à sa mise à exécution.

Don Fernando Colomb raconte purement et simplement, sans aucun commentaire ni explication, la détermination du roi et ne fait aucune mention de ses hésitations; il ne parle pas non plus de la reine, jusque-là protectrice opiniâtre de Colomb et qui ne dut pas laisser s'effectuer, sans protestation ni opposition, un acte aussi important, et qui eut pour son protégé de si funestes conséquences.

Mais les auteurs du temps, Las Cazas, Herrera, Oviedo, Muñoz, sont moins sobres d'explications que le fils de Colomb, dont nous comprenons la réserve.

Nous allons suppléer à cette lacune dans l'histoire de l'amiral, en faisant part à nos lecteurs des réflexions que nous avons puisées dans les écrits et dans les documents du temps, que nous avons pu examiner.

En ce qui concerne le roi, il est évident qu'il fut influencé par les rapports et les obsessions de son entourage; mais les lettres de l'amiral dépeignaient l'île en proie à un trouble, à un désordre extrêmes, et, lors même que cet état eût été produit par les iniquités et les exactions des hommes qui entouraient Colomb, il pouvait se faire que ces débordements eussent pour cause la faiblesse de Colomb, la raideur ou l'incapacité de ses frères et, dans ce cas, pouvait-on continuer à leur laisser remplir des fonctions qu'ils n'étaient pas en état de mener à bonne fin? Si leur impopularité, si les haines amassées contre eux provenaient de leur qualité d'étrangers, pouvait-on résister à de pareils sentiments?

La reine Isabelle elle-même, apprécia ces considérations à leur juste valeur, et le roi, inquiet et soupçonneux, Espagnol avant tout, n'hésita pas d'abord à sacrifier des étrangers à ce qu'il pouvait appeler la prévention patriotique de ses sujets. Il n'avait d'ailleurs jamais défendu Colomb, et il avait plusieurs fois regretté de lui avoir confié des pouvoirs si étendus et des avantages si importants. La courte administration du préfet, la révolte de Roldan, avaient une première fois décidé le roi à envoyer à la Española un agent capable d'apprécier les circonstances de cette révolte, et les plaintes portées contre Bartholomé.

Mais, quand il s'agit de mettre à exécution cette résolution, il hésita devant la gravité de cet acte; alors, les services rendus par Colomb et l'importance des contrées conquises, la découverte récente de la côte de *Paria*, la pêche des perles en expectative, se présentèrent à son esprit, et il recula devant le fait de faire subir à cet homme, qui avait illustré son règne, une pareille humiliation.

D'ailleurs, il avait à cette époque de sérieuses préoccupations.

La récente conquête de Grenade n'était pas complètement assurée; les Maures des Alpujarras s'étaient révoltés, et il fallait les empêcher de reprendre leur ville; ensuite l'attitude menaçante de Louis XII, le nouveau roi de France, devait être surveillée; enfin on avait promis aux Vénitiens une flotte pour leur venir en aide dans leurs démêlés avec le sultan.

Toutes ces préoccupations absorbaient l'esprit du roi, et l'empêchèrent probablement de donner une suite immédiate à l'envoi du juge désigné.

Mais quand arrivèrent les navires qui portaient les rebelles envoyés en Espagne, ceux-ci ravivèrent les accusations et, malgré les assertions de Ballester et de Barrantes, eu égard aux véritables causes de l'insurrection, la quantité de témoignages contraires et favorables à la rébellion l'emporta sur la qualité, et la vérité fut étouffée sous les plaintes de ces nombreux mutins.

Quant à la reine, elle avait jusque-là courageusement résisté en faveur de Colomb, et c'était peut-être à sa lutte contre les adversaires de l'illustre amiral qu'était due l'hésitation du roi; mais, par malheur pour sa cause, Colomb avait cédé à l'usage néfaste de réduire à l'esclavage les ennemis vaincus, et dans toutes ses lettres, il persistait à voir dans le trafic de cette chair humaine un profit licite et autorisé pour les vainqueurs. Les navires qui portaient les compagnons de Roldan étaient également chargés d'Indiens esclaves, destinés à la vente; et les lettres de l'amiral, annonçant les envois de ces esclaves, les uns offerts par l'amiral, de sa part de prises, les autres provenant du sort des combats, et un grand nombre enlevés par force et parmi lesquels se trouvaient des jeunes filles enceintes, ou mères depuis peu, des faits et gestes des Espagnols, et dont quelques-unes étaient filles de caciques ou des principaux Indiens; les lettres de l'amiral, disons-nous, en recommandaient la vente comme une chose naturelle et permise. Et tout cela, contrairement aux ordres de la reine, contrairement à l'affection en quelque sorte maternelle qu'elle avait vouée à ces malheureuses populations, contrairement à sa protection avérée, au renvoi qu'elle avait ordonné des premiers esclaves envoyés !

La reine fut exaspérée. « De quel droit et par quelle auto-
« rité, s'écria-t-elle avec indignation, l'amiral dispose-t-il de
« mes sujets ? » Et pour bien marquer le mécontentement et l'horreur qu'elle éprouvait pour ces affreuses exécutions, elle donna l'ordre non seulement de ramener à la *Española* tous les Indiens apportés par ces deux navires, mais encore de rechercher tous ceux qui avaient été amenés auparavant et de les renvoyer dans leur pays.

A partir de ce moment, la reine ne fit plus d'opposition à l'envoi du juge commis pour l'enquête à faire sur les faits et gestes de l'amiral, et même, le cas échéant, pour le déposséder de son gouvernement.

On agita alors la question de nommer une commission au lieu d'un seul juge, pour procéder à cette enquête, et le roi ne se décidait pas, ne sachant comment instruire de cette décision un homme à qui, en définitive, il devait son nouvel empire.

Mais son embarras dura peu, car Colomb lui-même réclamait, dans sa lettre, l'envoi à la *Española* d'un juge intègre, pour examiner les causes du désaccord avec Roldan et de prononcer son jugement entre les deux parties. Les frères de Colomb étant forcément impliqués dans cet arbitrage, le juge avait autorité de les comprendre tous les trois dans sa sentence.

Ces considérations déterminèrent le roi ; il ne fut plus question de commission, et le départ de Bobadilla fut résolu.

Don Francisco de Bobadilla était, comme nous l'avons déjà dit, un officier de la maison du roi, commandeur de l'ordre de Calatrava. C'était un homme aux dehors pieux et honnêtes, mais la généralité des écrivains du temps le représentent comme un homme besogneux, dévoré d'ambition et d'un caractère passionné ; sa conduite ne démentit en aucune façon ces trois qualificatifs.

La mission qui lui était donnée, à l'égard d'un homme

comme l'amiral, eût demandé l'intervention d'un homme loyal, dans une situation indépendante, prudent et sage, et réunissant le bon sens, le savoir et la raison ; Bobadilla était loin d'avoir ces qualités ; il était donc nécessaire de mûrir avec sang-froid et équité les pouvoirs et les instructions qui lui étaient donnés.

Le roi modifia plusieurs fois ces instructions, tant il redoutait d'entrer dans une voie d'agression contre Colomb ! Dans sa première lettre patente, du 21 mars 1499, il commence par le rapport de l'amiral relativement à l'alcade et à sa révolte, et il ordonne à l'enquêteur de vérifier les faits, de s'informer de la position, des caractères et des mœurs des rebelles ; de savoir les causes de la révolte ; de connaître leurs malversations et leurs crimes ; et, une fois ces renseignements obtenus, « *d'arrêter tous ceux qu'il jugera coupables, quels « qu'ils fussent, de séquestrer leurs biens,* d'intenter leurs « procès, et de les punir par des amendes ou autrement, se-« lon qu'il le jugerait convenable ; et, pour l'exécution de ses « jugements, il était autorisé à recourir à l'amiral et à ses « officiers qui devaient lui prêter main-forte. »

Évidemment, il ne s'agissait, dans ces pouvoirs, que de punir les rebelles ; mais ces pouvoirs changent dans une lettre postérieure et datée du 21 mai, où il n'est plus question du recours à l'amiral, et qui est adressée aux fonctionnaires et aux habitants des Indes, pour leur annoncer *la nomination de Bobadilla, comme gouverneur, avec pleine juridiction civile et criminelle,* avec pleins pouvoirs pour renvoyer des Indes, à se présenter devant LL. Majestés, tous officiers et soldats et autres personnes, et ordre à ceux-ci d'obéir, sous peine de châtiment et sans recours auprès des souverains, etc.

Une autre lettre de même date mande à Colomb, désigné comme *amiral de l'Océan,* et à ses frères, de remettre à Bobadilla, gouverneur, les forteresses, vaisseaux, maisons, armes, munitions et tous autres biens royaux, sous peine de châtiment, etc.

Enfin une autre lettre, du 26 mai, adressée à Colomb, *amiral,* lui enjoint d'ajouter foi et de prêter obéissance à Bobadilla.

Ces dernières lettres ne devaient être remises à l'amiral que dans le cas où l'enquête l'aurait reconnu coupable, lui, ainsi que ses frères, de fautes assez graves pour entraîner la privation de leurs fonctions.

Ces ordres, qui impliquaient une disgrâce, demeurèrent plus d'un an sans être mis à exécution; mais ils étaient connus des ennemis de Colomb qui en profitèrent pour chercher à lui nuire et à l'accabler comme un homme tombé. L'expédition d'Ojeda, sous la protection et à l'aide de la faveur de l'évêque Fonseca, était un premier trait dirigé contre les privilèges et la position de l'amiral, et le vindicatif prélat était homme à ne perdre aucune occasion de susciter des rivalités et des obstacles à l'amiral qu'il abhorrait.

Enfin Bobadilla partit pour *Santo-Domingo* au milieu du mois de juillet de l'année 1500; il emmenait avec lui deux caravelles, avec vingt-cinq hommes, espèces de gardes d'honneur, engagés pour un an, et six religieux chargés de reconduire dans leur pays les Indiens esclaves auxquels la reine avait rendu leur liberté.

Avec les ordres mentionnés ci-dessus, Bobadilla avait l'autorisation royale de payer toutes les soldes, salaires et traitements arriérés et de contraindre l'amiral à payer ceux à qui il devait, afin qu'il n'y eût plus de plaintes; et il était muni de blancs-seings pour les cas imprévus.

# CHAPITRE XXXV.

### ARRIVÉE DE BOBADILLA ET SES ACTES.

L'amiral se trouvait dans la plaine royale, occupé à mettre en ordre les dernières dispositions à prendre dans cette province, après la compression de la révolte de Mojica; le préfet poursuivait les derniers débris des rebelles, et Don Diego gouvernait par intérim, à *Santo-Domingo*, quand deux caravelles portant Don Francisco de Bobadilla y arrivèrent, le 23 août de l'année 1500.

Diego, pensant que ces navires, venant d'Espagne, leur apportaient des provisions, et dans l'espoir que son neveu, que Colomb avait réclamé au roi pour l'aider, se trouvait à bord, envoya un canot pour avoir des renseignements, et pour ramener le fils de l'amiral, s'il était sur l'un des navires.

Quand la barque fut près des caravelles, Bobadilla se présenta et dit à l'officier qui la commandait qu'il était envoyé par les rois catholiques pour faire une enquête sur les derniers événements, et il apprit alors la nouvelle insurrection et la répression sommaire qui l'avait suivie; l'arrestation de Riquelme et de Guevara, et l'absence de Colomb et de son frère, ainsi que la présence de Diego au gouvernement.

Au retour du canot et à la nouvelle de l'arrivée d'un commissaire enquêteur, la population fut mise en émoi; des groupes se formèrent, les uns redoutant l'enquête et les autres la désirant, pour présenter leurs demandes, réelles ou imaginaires.

A l'arrivée des navires dans la rivière, sur chaque rive, il y avait un gibet où pendait en effigie un Espagnol exécuté.

Cela suffit à Bobadilla comme témoignage de la cruauté reprochée à l'amiral et à ses frères.

Les navires furent bientôt entourés de barques portant des Espagnols venus pour reconnaitre le juge enquêteur, et tâcher de se faire bien venir de cette nouvelle autorité. Tous ces empressés étaient généralement ou des curieux, ou des gens intéressés à conquérir la faveur de ce juge, et qui avaient, ou croyaient avoir à se plaindre de l'amiral; la plupart d'entre eux pouvaient redouter l'enquête, n'étant pas restés étrangers aux troubles survenus.

L'envoyé royal passa la journée à bord, recevant les visiteurs, écoutant leurs rapports, en général peu favorables à Colomb et à ses frères, et formant ainsi son opinion sur les accusations et les plaintes de ses ennemis, de telle sorte qu'à peine arrivé, sans entrer dans la ville et sans avoir vu ni entendu les principaux intéressés, Bobadilla était déjà prévenu contre eux et convaincu de leurs torts.

Le lendemain, il vint à terre avec son escorte et se rencontra à la messe avec Don Diego et d'autres officiers. A la sortie, devant ces autorités et la population assemblée à la porte de l'église, il donna lecture de ses lettres patentes et, en vertu des pouvoirs qu'elles lui conféraient, il invita Diego et les autres officiers à comparaitre devant lui, en lui amenant les prisonniers pour les entendre contradictoirement avec eux.

Sur l'observation que tout avait été exécuté par les ordres de l'amiral, et qu'on ne pouvait rien faire sans lui, Bobadilla déclara que, si les pouvoirs qu'il avait fait lire, ne lui conféraient pas assez de force pour obtenir ce qu'il demandait, il verrait si la qualité de gouverneur qu'il pouvait prendre serait suffisante.

Et le lendemain, au sortir de la messe, il fit lire les lettres patentes qui lui conféraient le gouvernement de l'île et des autres terres conquises. Ensuite, après avoir prêté serment, il requit les autorités et la population d'obéir aux ordres des souverains.

Mais ceux-ci, tout en protestant de leur attachement et de leur respect pour les rois catholiques, refusèrent de livrer les prisonniers que l'amiral leur avait ordonné de garder et, jusqu'à plus ample information, ils considéraient les pouvoirs de Colomb comme supérieurs à ceux que Bobadilla pouvait avoir.

Ce refus irrita Bobadilla qui fit alors donner lecture de la troisième lettre qui ordonnait à Colomb et à ses frères de lui livrer les forteresses, les vaisseaux et tous les biens royaux.

Et, pour gagner encore plus la faveur de la population, il fit lire l'acte qui l'autorisait à payer les soldes et salaires arriérés, etc., et la population accueillit cette lecture avec des cris de joie.

Le juge enquêteur foulait aux pieds, en agissant ainsi, les ordres qu'il avait reçus, car il ne devait se servir des pièces qu'il venait de produire, qu'après qu'une enquête sérieuse lui aurait prouvé que Colomb et ses frères étaient coupables de malversations, de cruautés et d'autres méfaits; et aucune enquête n'avait eu lieu, aucun témoignage sérieux ne lui avait fourni les preuves de leur culpabilité.

Mais Bobadilla était un esprit étroit, un caractère orgueilleux et vindicatif, peu consciencieux sur les moyens d'en venir à ses fins, fier d'une autorité qu'il usurpait. Voulant en faire parade devant le peuple jusqu'au bout, et montrer son importance, il somma une troisième fois Diego et les autres officiers de lui livrer les prisonniers et, sur leurs nouveaux refus, il déclara qu'il les prendrait par la force, et il invita la population à lui prêter main-forte.

Il réunit alors les hommes de son escorte et se dirigea vers la forteresse, suivi de la population qui poussait des cris.

Le commandant de la forteresse était cet officier aragonais, nommé Miguel Diaz, qui avait conquis les bonnes grâces de la princesse indienne Catalina, s'était marié avec elle, et avait aidé à former un établissement d'extraction d'or, d'après les renseignements reçus de sa femme sur les mines de ce pays.

Campé sur les murs du fort, il en avait fait fermer la porte, et attendait la foule et les gens armés, qu'il voyait accourir vers la forteresse.

Dès que Bobadilla fut à portée de voix, il fit lire les lettres patentes qui lui conféraient le gouvernement, et somma le commandant de lui livrer les prisonniers.

Diaz demanda qu'on lui donnât copie de ces lettres, et, sur le refus de Bobadilla, il déclara que tenant la garde de la forteresse de l'amiral, il ferait ce que celui-ci lui ordonnerait.

Alors Bobadilla, au comble de la fureur, commanda à son escorte d'enfoncer les portes, et réclama l'assistance du peuple pour l'aider dans ce ridicule assaut. La forteresse en effet n'avait pas de garnison, et n'était défendue que par Miguel Diaz et Don Diego de Alvarado, qui se montrèrent sur les créneaux l'épée nue à la main.

A la tête de son armée, Bobadilla se jeta, comme un enragé, contre la porte qui, mal fermée, céda sous la première pression, et toute la troupe pénétra dans le fort, en poussant des cris de victoire; mais elle ne rencontra aucune résistance, et put facilement s'emparer des prisonniers, qui furent trouvés, chargés de chaines, dans une des salles de la forteresse.

Bobadilla les fit comparaître devant lui et leur fit subir un interrogatoire pour la forme; il les mit ensuite sous la garde d'un alguazil, Juan de Espiñosa.

Ainsi, dès son entrée en fonctions, le commissaire enquêteur prenait à rebours les instructions qu'il avait reçues; et, ne s'occupant, en aucune façon, de l'enquête préliminaire dont le résultat devait décider sa manière d'agir envers l'amiral, il se considérait comme son remplaçant, et prenait ses mesures comme s'il avait reçu uniquement l'ordre de lui ôter son gouvernement.

« La première chose qu'il fit, raconte Don Fernando, ce fut
« d'entrer dans le palais de l'amiral et de s'y installer pour
« en faire sa résidence; il s'empara et se servit de ce qu'il y
« trouva, comme si cela lui était échu en légitime succession
« ou par suite d'héritage; il rechercha et accueillit avec faveur
« tous ceux qui avaient trempé dans la rébellion et tous
« ceux qui avaient de la haine contre l'amiral, se fit reconnaître
« immédiatement comme gouverneur et, pour gagner
« les faveurs de la population, il rendit une ordonnance affranchissant
« les Indiens de leur tribut pour 20 années, il
« envoya à l'amiral une signification pour qu'il eût à se présenter,
« sans aucun retard, devant lui, pour le service du
« roi, et, en confirmation de cet acte, il lui fit remettre, par

« le frère Juan de la Sera, une lettre, en date du 7 septembre,
« qui contenait ce qui suit :

« Don Christoval Colomb, notre amiral dans la mer Océa-
« nienne.

« Nous avons ordonné au commandeur Francisco de Boba-
« dilla, porteur de la présente, de vous dire certaines choses
« de notre part, et, en conséquence, nous vous prions de lui
« accorder foi et croyance et de lui obéir. »

Donnée à Madrid, le 21 Mai de l'année 1499,

Moi le Roi,    Moi la Reine,

Par Ordre de LL. Altesses;

Miguel Perez de Almazon.

En lisant une semblable lettre adressée à un homme dans la situation de l'amiral, à qui le roi et la reine étaient redevables d'un empire et dont la gloire rejaillissait sur leurs têtes, on se demande quelle aberration avait envahi l'esprit des souverains pour agir avec cette légèreté et cette ingratitude, vis-à-vis d'un digne et éminent serviteur, qui méritait au moins des égards, et, en voyant les actes odieux de cet enquêteur, vaniteux et insensé, qui ose fausser son mandat, et, sans hésitation, sans considération aucune, prend la place du grand explorateur et l'abreuve ensuite d'humiliations et d'outrages, on est indigné de cette brutalité sans raison, et on ne peut comprendre comment le roi, habituellement si prudent et si habile, et la reine, si bienveillante et si intelligente, avaient pu choisir un si pauvre homme pour une mission qui exigeait du tact et une grande délicatesse. Un courant d'égarement semble avoir annihilé le jugement de tout ce monde, et on plaint vivement le malheureux Colomb pour les souffrances qui lui sont infligées, et pour l'odieux traitement qu'on lui fait subir. On est surtout étonné, et douloureusement affecté de sa résignation et de son obéissance aux ordres de ses souverains, dont l'ingratitude devait le révolter.

Lancé dans cette voie perverse et, comme le buveur excité par la boisson, Bobadilla persista dans son arrogance, et dans sa résolution de s'emparer des fonctions de gouverneur. Établi dans le palais de Colomb, il prit tout ce qui appartenait à l'amiral : ses armes, son argenterie, ses bijoux, son or, ses chevaux, ses lettres et ses papiers les plus secrets, ses livres et ses manuscrits, sans en faire le moindre inventaire, sans en prendre aucune note, le dépouillant ainsi sans pudeur, en violation de toutes les lois et de tous les usages.

Il se servit de ces biens pour payer les arriérés de salaires dus par l'État, et, ne tenant aucun compte de ce mouvement de fonds, il ne put jamais en fournir l'état de règlement. Il ne manquait pas, d'ailleurs, de déclarer à tout venant qu'il avait mission d'ôter à l'amiral ses pouvoirs, et de le renvoyer en Espagne chargé de fers; et il parlait de lui en termes méprisants et pleins d'arrogante suffisance.

Cependant, Colomb avait appris l'arrivée de ce nouveau gouverneur. Lorsqu'il connut ses façons d'agir, il crut avoir affaire à un aventurier audacieux. On avait vu sur la côte une nouvelle escadre qui avait causé quelque inquiétude; elle était commandée par un des Pinzon, et elle allait à la découverte, en vertu des autorisations données par Fonseca.

Colomb ne pouvait s'imaginer qu'après les services qu'il avait rendus aux rois d'Espagne, après les faveurs dont on l'avait comblé, après la confirmation et l'extension de ses pouvoirs, ceux-ci pussent, sans avis préalable, le déposséder brutalement de ses fonctions.

Mais la lettre du roi, si laconique et si péremptoire, vint le désillusionner. De plus, un alcade arriva de Santo-Domingo à Bonao, où Colomb se trouvait alors, et annonça la nomination de Bobadilla au poste de gouverneur; on placarda les lettres patentes des souverains, et Colomb ne put plus douter de sa disgrâce. Sa perplexité fut grande : par suite de quelles calomnies les souverains avaient-ils été trompés, pour accomplir un acte aussi brutal et aussi peu mérité? Comment avaient-ils été amenés à le déposséder de son gouvernement? Bobadilla n'était-il que le juge suprême qu'il avait demandé lui-même? et ce juge exagérait-il ses pouvoirs? Toutes ces pensées se croisaient dans l'esprit de Colomb et il était indécis sur le parti à prendre.

Pour comble d'incertitude, le préfet était au loin avec le

gros de son armée, poursuivant les rebelles, et il ne pouvait conséquemment le consulter dans cette pénible occurrence.

Sous l'impression de ces divers sentiments, l'amiral écrivit à Bobadilla une lettre très réservée, l'invitant à ne pas agir à la hâte, surtout à ne pas donner légèrement d'autorisation pour la recherche de l'or. Prêt à retourner en Espagne, il promettait de lui laisser le gouvernement de l'île, et lui donnerait les explications et renseignements nécessaires. Il écrivit dans le même sens au religieux, qui lui avait remis la lettre des souverains. Colomb voulait gagner du temps, ayant la conviction que LL. Altesses avaient été trompées, et espérant qu'elles reconnaîtraient leur erreur, et la répareraient d'une manière plus convenable.

Bobadilla ne répondit pas et continua ses menées; il remplit plusieurs des blancs-seings qu'il possédait, et les envoya à Roldan et à d'autres personnages hostiles à l'amiral; il leur écrivit des lettres favorables, et leur promit de les protéger.

Comprenant la responsabilité qu'il avait assumée sur lui, en s'emparant du gouvernement, il jugea qu'il devait condamner Colomb et ses frères pour motiver son usurpation; et, pour justifier cette condamnation, il s'entoura des mécontents, des anciens révoltés et de tous ceux qui avaient des griefs contre l'amiral.

D'ailleurs, les gens qui fréquentaient le palais avaient promptement compris, qu'en médisant de Colomb, on flattait les désirs du nouveau gouverneur, et, comme il arrive toujours, lors de la disgrâce d'un homme puissant, chacun renchérissait sur les méfaits du grand homme; le juge enquêteur ne manqua donc pas de témoignages concernant les fautes, les malversations et même les crimes de Colomb et de ses frères; dans son désir d'accumuler les preuves à l'appui de sa décision, Bobadilla accueillait les accusations les plus invraisemblables contre les trois frères Colomb.

Cependant l'amiral avait pris le parti de se rendre auprès de Bobadilla et, ne voulant pas causer d'ombrage à son juge, il partit presque seul et sans armes.

Mais Bobadilla, apprenant sa venue, déploya un grand appareil de guerre et de défense; son escorte et ses partisans furent mis sous les armes, et il fit propager le bruit que Colomb avait réclamé l'aide des caciques de la Vega, pour le soutenir dans la lutte qu'il allait engager contre le mandataire des souverains. Cette résistance était bien loin de la pensée de l'amiral, puisqu'il venait seul, sans défiance et sans aucune précaution, se mettre aux ordres de cet ambitieux et indigne agent de la volonté royale.

Pour le prologue de cette triste comédie, Bobadilla fit arrêter Diego, et ordonna de le conduire, chargé de fers, à bord d'une des caravelles, sans le moindre avis ni explication.

Dès que Colomb arriva à *Santo-Domingo*, il fut saisi par les soldats de Bobadilla et enfermé dans la forteresse; mais l'allure noble et imposante de l'amiral frappa même ses ennemis, et il ne se trouva personne qui voulût lui attacher les fers dont Bobadilla avait ordonné de le charger.

L'amiral soutint avec courage et dignité cet outrage à sa personne. Méprisant les hommes qui l'insultaient, il tendit, avec un noble orgueil, ses mains aux chaines qu'on lui destinait et qu'enfin osa lui mettre Espinosa, le garde des prisonniers qui, par une cruelle ironie du sort, avait été son cuisinier.

Saisi d'une immense douleur à la pensée que ses souverains, qu'il avait servis avec tant de dévouement, avaient été assez ingrats et assez injustes pour commettre sa dignité à un agent aussi indigne et aussi lâche, il ne pensa pas un instant à s'abaisser auprès de ce méprisable instrument de la fureur de ses ennemis, mais, confiant dans la certitude de ses actes et sûr du témoignage de sa conscience, il soutint avec fermeté cette déplorable épreuve, avec la conviction que, dès que LL. Altesses connaîtraient la vérité, elles seraient confuses d'avoir agi si légèrement, en apprenant les outrages qu'il avait reçus et le mauvais traitement qu'il avait subi.

Cependant, Bobadilla n'était pas tout à fait rassuré; il tenait sous sa main les deux frères, mais le troisième était libre et à la tête d'une petite armée; il connaissait son caractère ardent et courageux, et il devait craindre, non sans raison, qu'en apprenant le sort de ses frères, il ne voulût les venger et les délivrer. Pensant que Bartholomé ne se rendrait pas à ses ordres, il fit demander à Colomb de lui écrire de venir à Santo-Domingo, et surtout de ne pas exécuter ses prisonniers. Colomb écrivit à son frère d'obéir aux ordres de ses souverains, de se soumettre à la situation actuelle, sûr qu'elle changerait dès leur arrivée en Castille, quand tout serait expliqué.

Bartholomé, dès la lecture de cette lettre, se démit de son commandement, et se remit tranquillement en route, seul, pour *Santo-Domingo*, où il fut arrêté, à son arrivée, et, chargé de chaînes comme ses frères, il fut enfermé à bord d'une des caravelles.

Les trois frères, mis chacun dans une cabine séparée, ne reçurent aucune communication de Bobadilla, et ignorèrent les causes de leur incarcération, comme les délits ou les crimes dont ils étaient accusés.

« On s'est demandé, dit Washington Irwing, si Bobadilla
« avait réellement le droit d'emprisonner Colomb et ses frè-
« res ? »

Cette question ne peut être résolue d'une manière absolue ; quant au droit rigoureux, il résultait des dernières lettres patentes, mais il était subordonné à l'enquête et à la réelle culpabilité des trois frères.

Il est donc bien évident que, dans les conditions où s'accomplirent ces arrestations, elles étaient complètement illégales, et que le juge avait outrepassé ses pouvoirs.

La première violation des ordres qu'il avait reçus fut de ne pas procéder à l'enquête qui était la clef de sa mission ; tous les autres actes furent la conséquence de cette première faute.

Mais toutes les circonstances de cette indigne épopée indiquent que la disgrâce de Colomb était préméditée en Espagne par les ennemis de l'amiral, dont Bobadilla fut le misérable instrument. Le succès des plaintes des révoltés revenus en Espagne, prévalant contre les explications des envoyés de Colomb, démontre que les calomnies contre l'amiral avaient triomphé des scrupules du roi.

Ce fut le premier acte de cette douloureuse comédie. Dès lors, Fonseca devint tout-puissant et put diriger à son gré les fils de cette intrigue.

Bobadilla était assurément une créature de l'astucieux évêque et dans tous les événements qui se succèdent, nous trouvons toujours des protégés du prélat jetés en travers des plans de l'amiral.

C'est Ojeda, avec ses quatre vaisseaux.

C'est Pinzon, avec sa flotte.

C'est Bobadilla, avec ses instructions rédigées d'une façon ambiguë et prêtant à l'interpétation.

Enfin c'est Villejo, chargé de conduire les prisonniers en Espagne et de les remettre aux mains de l'évêque Fonseca.

Et toujours, c'est Fonseca dont le nom se trouve mêlé à tous les événements funestes qui arrivent au malheureux amiral.

Cela exonère-t-il le roi et la reine de leur indigne choix? Évidemment non, et leur mémoire sera toujours entachée, pour avoir donné des pouvoirs si étendus à un homme dont ils ne connaissaient pas la moralité et le savoir, pour agir vis-à-vis d'un amiral, vice-roi et gouverneur des vastes possessions qu'il leur avait données, et qu'ils devaient traiter, en tout cas, avec égards et avec convenance, ne fût-ce que pour les faveurs et les dignités dont ils l'avaient comblé! Sans cette insouciance de l'abus qui pouvait être fait de ces pouvoirs indéfinis, jamais Bobadilla n'eût osé commettre ces abus, trangresser les ordres reçus, et en venir aux brutalités et aux indignités qui marquèrent la conclusion de cet abominable attentat.

Maître absolu de la situation, Bobadilla put diriger son action à sa convenance; il délivra tous les prisonniers faits dans la dernière échauffourée, après un semblant d'instruction.

Alors se reproduisirent avec plus de violence les désordres qui avaient désolé l'île du temps d'Aguado. Bobadilla, ayant besoin pour son instruction des témoignages de ces exaltés, fermait les yeux sur leurs débordements et les comblait de faveurs.

Naturellement, les plaintes contre l'amiral et ses frères se multiplièrent d'une manière étonnante. On ressuscita les anciennes accusations : l'obligation faite aux hidalgos du travail manuel, l'inculpation de vouloir faire la guerre au gouvernement, les corvées pénibles imposées à des hommes exténués, la réduction des rations, les punitions cruelles infligées aux Espagnols; la mort des fils de familles nobles, causée par les fatigues qui leur étaient imposées; les attaques injustes contre les indigènes; la défense de conversion de ces derniers pour les envoyer en esclavage et les vendre en Espagne; tous ces abus, tous ces accidents, toutes ces nécessités, amenés par des circonstances indépendantes de la volonté humaine, furent reproduits et imputés à crime à l'amiral et à ses frères.

On accusa ensuite Colomb d'avoir gardé pour lui des perles, de l'or et des objets de prix; de n'avoir pas fait connaître toute l'importance de ses découvertes de la côte de Paria, pour en profiter personnellement ou obtenir de nouvelles faveurs. Ces allégations étaient sans fondement, puisque l'amiral avait envoyé aux rois catholiques les échantillons de perles et d'or recueillis dans ces localités, et qu'il leur avait remis des cartes et des plans qui avaient été copiés pour d'autres qui en avaient fait usage. La dernière rébellion, réprimée avec tant d'énergie par l'amiral, fut considérée, dans les témoignages émanant des révoltés eux-mêmes, comme une résistance à la tyrannie des trois frères envers les colons et les Indiens, et elle fut louée et justifiée; les châtiments des rebelles furent consignés comme des actes de cruauté et de vengeance.

Bobadilla fit inscrire, dans son instruction, tous ces témoignages comme expressions de la vérité; chargé d'instruire le procès des rebelles, non seulement il les avait mis hors de cause, mais encore il les avait reçus et écoutés comme témoins à charge, contre ceux qui les avaient combattus et qui avaient dompté leur rébellion.

Il avait ainsi remis en liberté Guevara, Riquelme, et acquitté tous les autres conjurés. Il les protégeait ouvertement et semblait faire cause commune avec eux.

Enfin il se mit en rapport avec Roldan, lui promit sa faveur et, naturellement, celui-ci fournit de nouvelles armes contre les prisonniers.

Il forma ainsi, conséquemment, un énorme dossier de dépositions, toutes contraires et hostiles à l'amiral et à ses frères, et suffisantes à ses yeux pour leur condamnation. Sûr de prolonger son autorité, il résolut d'envoyer en Espagne ses trois captifs, avec sa procédure accompagnée de lettres spéciales, dans lesquelles il aggravait les témoignages, et concluait à la nécessité de ne plus confier à Colomb des fonctions si mal remplies.

Les encouragements de Bobadilla avaient attiré à *Santo Domingo*, tous les libérés des dernières et précédentes révoltes; ces misérables se répandirent dans la ville et y colportèrent, contre Colomb et ses frères, les plus odieuses diffamations. Écrits injurieux, dessins atroces étaient affichés dans les rues de la ville et aux coins des carrefours; on allait chanter et sonner de la trompe, aux alentours de la prison et au bord de l'eau, pour que les captifs de la forteresse et des caravelles entendissent les sons et les clameurs de la populace. Cette fureur, ces cris exaspéraient Colomb; pensant aux actes étranges de Bobadilla et à cette excitation extrême, il se demandait si sa vie n'était pas menacée.

Les navires étaient prêts, et Bobadilla chargea de la garde des prisonniers Alonzo de Villejo, officier au service de l'évêque Fonseca, élevé par un de ses oncles, et par suite dévoué aux intérêts du prélat.

Mais ce Villejo avait un noble caractère, et il ne put voir sans émotion cet auguste vieillard, cet homme jadis honoré, fêté par tous, aujourd'hui abattu et découragé sous le poids de l'adversité; au lieu d'aggraver sa triste situation, comme le désiraient ses ennemis, il chercha à l'adoucir par tous les moyens en son pouvoir.

La violence et l'inhumanité avec laquelle il avait été traité par Bobadilla, et la brutalité de ses agents serviles, avaient inspiré à Colomb des craintes pour sa vie. Aussi, quand Villejo vint le chercher pour le conduire à bord, il le trouva sombre, pensif et affligé:

— Que me voulez-vous? lui dit Colomb, d'un air inquiet.

— Excellence, répondit l'officier, avec respect, je viens

vous prendre pour vous conduire à bord, pour vous embarquer pour l'Espagne.

— Pour m'embarquer? reprit l'amiral, la figure épanouie. Est-ce vrai, Villejo?

— Par votre vie, Excellence, c'est la pure vérité, repartit le loyal officier.

— Alors, partons vite! lui répliqua l'amiral, ranimé par cette assurance ; et dès lors il parut renaître à la vie.

L'honorable Las Cazas, qui rapporte ce dialogue émouvant, dit le tenir de Villejo lui-même, qui était son ami intime.

Au commencement du mois d'octobre, les caravelles mirent à la voile, emportant l'auguste prisonnier, chargé de chaînes comme un dangereux criminel.

La foule, toujours hostile aux vaincus, cette foule qui l'avait adulé et acclamé, quand il était tout-puissant, l'avait poursuivi jusqu'au vaisseau, de ses cris, de ses huées, de ses chants injurieux, et stationnait sur le rivage, en le maudissant, lui qui avait révélé au monde l'existence de ces contrées !

La traversée fut heureuse et de courte durée. Le noble Villejo et André Martin, le pilote de la caravelle, touchés tous deux de l'infortune de l'éminent explorateur, le traitèrent avec tous les égards qu'il méritait, et s'ingénièrent à lui procurer tous les adoucissements possibles à sa cruelle situation.

Villejo voulut lui ôter ses fers, mais il refusa obstinément. Voici comment son fils Don Fernando raconte ce fait : « Le « patron du navire, ayant reconnu la malignité de Boba- « dilla, voulut lui ôter ses fers, mais il ne voulut jamais y « consentir. Puisque les rois catholiques dit-il, m'ont mandé « d'exécuter ce que Bobadilla m'ordonnerait en leur nom, je « ne veux pas que d'autres personnes que LL. Altesses elles- « mêmes fassent, à mon égard, ce qu'il leur conviendra de « faire. Il avait résolu de garder ses fers, comme des reli- « ques et en souvenir du prix de ses nombreux services; et « il le fit ainsi, ajoute l'historien : J'ai vu ces fers constam- « ment dans son cabinet, et il voulut qu'ils fussent placés « dans son cercueil et ensevelis avec lui. »

Le 20 novembre de l'année 1500, il écrivit au roi qu'il était arrivé à Cadix.

La nouvelle de son arrivée, prisonnier et chargé de chaînes, produisit à Cadix une émotion considérable. Dans la ville et à Séville, où la nouvelle parvint rapidement, ce ne fut qu'un cri de colère et de stupéfaction. En outrant leur vengeance, ses ennemis avaient dépassé le but, et toute l'Espagne ressentit la même stupeur et la même indignation. L'excessive rigueur avec laquelle il avait été traité, lui ramenèrent ceux même qui avaient été ses plus bruyants adversaires, et une immense pitié et une sympathie générale, pour le grand homme tombé, lui concilièrent tous les cœurs.

Quand on apprit à la cour l'ignoble traitement qui lui avait été infligé, ce ne fut qu'un cri d'indignation, et le palais de l'Alhambra retentit des expressions non déguisées de la réprobation générale. L'amiral, tout en se soumettant aux ordres du roi, avait été douloureusement froissé de l'outrageante dépossession qu'on lui faisait subir; mais, ignorant la part que les souverains avaient prise à cette ignominie, il avait écrit une longue lettre à Doña Juana de la Torre, nourrice du prince Jean, dans laquelle il racontait ce qui lui était arrivé; le pilote André Martin permit à Colomb d'envoyer secrètement cette lettre, et ce fut cette dame, qui était très en faveur auprès de la reine, qui apprit à LL. Altesses l'odieuse conduite de Bobadilla (1).

Le contenu de cette lettre conçue et écrite en termes dignes et modérés, très respectueux et soumis pour les souverains, émut le cœur de la reine, et cette lettre fut confirmée par une missive de Villego, toute en faveur du noble prisonnier, et par une lettre de l'Alcade de Cadix, à qui Villego avait remis les captifs, en attendant les ordres du roi et de la reine.

Le roi, voyant le mouvement de sympathie générale envers l'amiral, et surtout le courroux de la reine, ne jugea

---

(1) Le lecteur trouvera, à la fin de cet ouvrage, la traduction de cette lettre, document précieux pour l'histoire du grand navigateur.

pas à propos de les contrarier et blâma, comme tout le monde, la conduite de Bobadilla, en disant que l'emprisonnement avait été effectué sans leur ordre, et contrairement à leur volonté. Sans attendre les pièces de la procédure, ils donnèrent l'ordre de mettre les prisonniers en liberté, et ils écrivirent à Colomb une lettre bienveillante et affectueuse, où ils se montraient peinés de ce qui était arrivé, malgré leurs instructions, et ils l'invitaient à venir à leur cour; en même temps, ils lui firent compter deux mille ducats pour ses dépenses.

A la réception de cette lettre, le cœur de Colomb se dilata et, le 15 décembre de l'année 1500, il se présenta à la cour, dans son riche costume d'amiral, et avec une suite convenable, en homme qui connaît sa situation, sûr de sa conduite et fort de sa conscience et des services rendus.

Les souverains l'accueillirent avec une bienveillance marquée, lui témoignèrent une affectueuse reconnaissance, et lui dirent que tout avait eu lieu sans leur ordre et à leur insu.

A l'aspect de ce respectable vieillard, et de sa noble et digne physionomie, racontant sans amertume les dures péripéties de sa vie, les souffrances qu'il avait endurées, les obstacles qu'il avait surmontés, les difficultés vaincues, les révoltes domptées, et les outrages dont il avait été abreuvé, tous les cœurs étaient émus, et la reine versait des larmes de compassion pour tant de traverses et d'ennuis.

« Il avait, disait-il, supporté tout avec courage et fermeté,
« et l'accueil qu'il recevait de ses nobles souverains le ré-
« compensait de ses souffrances. »

Alors, voyant les yeux de la reine mouillés de larmes, il se laissa gagner par l'émotion et, tombant à genoux, il tendit ses mains vers elle, sans pouvoir prononcer une parole, et suffoqué par ses sanglots.

Le roi et la reine l'aidèrent à se relever et lui adressèrent les plus consolantes paroles. Sa sensibilité calmée, il se redressa et, reprenant sa voix ferme et vigoureuse, il entra dans l'explication de sa conduite qu'il justifia complètement; il protesta de son zèle et de son dévouement envers les souverains, qu'il avait toujours servis avec désintéressement et avec ardeur, et déclara que, s'il s'était trompé, c'était de bonne foi et par suite des difficultés sans nombre qu'il avait rencontrées. Il répéta de vive voix ce qu'il avait écrit à la nourrice du prince, avec tant de sincérité, tant de franchise et de dignité, que l'auditoire, convaincu et entraîné par son éloquence simple et sincère, le considéra non comme un accusé, mais comme une victime d'injustices et de brutalités, dont on lui promit la punition. Les outrages et les violences qu'il avait subis retombaient sur leurs auteurs, que LL. Majestés désavouèrent publiquement, et dont la destitution fut dès ce moment résolue.

La procédure envoyée par Bobadilla, les déclarations pour témoignages, les plaintes et les accusations écrites qui l'accompagnaient ne furent pas même ouvertes, et LL. Altesses ne laissèrent passer aucune occasion de témoigner à l'amiral la plus affectueuse bienveillance, et l'assurèrent qu'on lui rendrait justice, qu'il rentrerait dans ce qui lui avait été pris, et que tous ses droits, ses privilèges et ses dignités lui seraient rendus.

L'amiral tenait plus aux honneurs qu'à l'argent. Il ne voulait pas que la gloire qu'il avait acquise fût ternie; et ces promesses des royaux époux étaient pour lui la suprême joie. Il comptait donc qu'il allait rentrer à *Santo-Domingo*, avec les mêmes titres, et qu'ainsi la calomnie et les insultes seraient anéanties, et qu'il retrouverait son ancien prestige auprès de ses anciens compagnons. Hélas! quel dur mécompte il devait éprouver à cet égard; et combien l'ingratitude et l'oubli des services rendus devait empoisonner le restant de ses jours!

# CHAPITRE XXXVI.

### ENVOI D'OVANDO A SANTO DOMINGO POUR REMPLACER BOBADILLA ET INSTRUIRE SON PROCÈS.

Nous devons faire remarquer, qu'en ce qui concerne tous ces événements, l'histoire que Don Fernando écrivit de la vie de son père est très réservée à leur égard. Elle se borne à un récit sommaire des faits, sans la moindre observation ni appréciation, et déclare seulement, qu'on ne doit imputer d'autre faute aux rois catholiques, que d'avoir choisi, pour cette mission, un homme si méchant et de si peu de savoir, et de lui avoir donné des pouvoirs si étendus.

Si l'on considère que l'histoire de l'amiral par son fils a été, en grande partie, extraite de son journal de bord et des notes journalières tenues par son père, on ne pourra s'empêcher de considérer cette réserve comme une preuve de modération et de dévouement respectueux à l'égard de ses souverains, et cette abnégation acquiert un caractère de sagesse et de résignation incomparables, quand on voit que le roi Ferdinand, tout en prodiguant les plus affectueuses protestations à l'amiral, en l'assurant qu'il sera rétabli dans ses fonctions, privilèges et dignités, ne laisse pas d'envoyer un autre officier pour remplacer et juger Bobadilla, au lieu de l'envoyer lui-même, et le faire rentrer triomphant dans son gouvernement. Le roi Ferdinand était décidément un rusé diplomate, et il ne fallait pas trop compter sur ses flatteuses promesses!

C'est que beaucoup d'événements s'étaient accomplis, pendant que Colomb était aux prises avec les difficultés que lui suscitaient le caractère turbulent et cupide de ses compagnons, et leurs exactions envers les Indiens et envers les Indiennes.

Nous avons déjà dit qu'on avait aperçu plusieurs fois, des côtes de *Santo-Domingo*, des navires croisant près de terre ; c'étaient les flottilles ou les navires venus à la découverte, en vertu de l'autorisation donnée par Fonseca, qui n'avait fait que suivre une précédente licence consentie par les souverains, en 1495, et dont avaient profité des navigateurs qui avaient suivi Colomb dans ses premiers voyages.

Le roi Ferdinand, politique rusé, d'un caractère jaloux, intéressé, et dissimulé, voyait avec envie à cette époque, les conquêtes continuelles de son voisin, le roi de Portugal. Vasco de Gama, très renommé parmi les explorateurs de son temps, avait doublé le cap de Bonne-Espérance, et trouvé la route de l'Inde. Une flotte de treize navires était partie, après son retour, pour aller reconnaître ces pays merveilleux.

Partie, le 9 mars 1600, sous les ordres de Pedro Alvarez de Cabral, elle dépassa les îles du Cap-Vert et, voulant éviter les calmes, elle cingla vers l'ouest, et se trouva inopinément en face d'une terre inconnue, qu'elle prit pour une île, mais qu'elle reconnut être une partie d'un continent, en longeant ses côtes. En avançant, pendant quelque temps, au delà du 15e degré de latitude, elle arriva à un grand port que Alvarez de Cabral appela Porto-Seguro, et dont il prit possession, au nom du roi de Portugal ; il expédia de suite un de ses navires à Lisbonne, pour annoncer cette importante découverte, car il s'agissait du Brésil, qui se trouvait à l'est de la ligne convenue entre les deux rois, et que cet heureux marin venait de donner à son maître. Ainsi, le hasard amenait la découverte d'une partie de ce continent que Colomb avait tant cherché, dont il n'avait trouvé une autre partie, qu'après plusieurs tentatives, quand il découvrit la côte de *Paria*.

La nouvelle de cet événement excita la convoitise et la jalousie du roi d'Espagne, et il encouragea les explorateurs et les armateurs de ses ports de mer à courir les aventures. Ces expéditions, sur lesquelles l'État avait une bonne part, ne lui demandaient aucun déboursé, et c'était tout profit pour lui.

C'est ainsi qu'était parti Ojeda, dont nous avons raconté les faits et gestes. C'est ainsi qu'un autre capitaine, Pedro Alonzo Nino, habile marin de Moguer, qui était allé avec Colomb à *Cuba* et sur la côte de *Paria*, arma une caravelle, avec l'aide d'un négociant de Séville, dont le père, Christoval Guevra, prit le commandement. Ils franchirent la barre de Saltes, au printemps de 1499, atteignirent la côte ferme au sud de *Paria*, la côtoyèrent assez longtemps, et, après avoir traversé le golfe, longèrent le rivage pendant 130 lieues, explorant la côte aux perles, comme on la nomma postérieurement.

Ces explorateurs débarquèrent à plusieurs endroits, visitèrent le pays, y firent de nombreux échanges d'objets qu'ils avaient apportés dans ce but, et rapportèrent, à leur retour en Europe, beaucoup d'or, de perles et d'autres objets utiles qui leur donnèrent des bénéfices considérables. Ce voyage, qui se prolongea extraordinairement, accompli heureusement avec une barque de 50 tonneaux, fut excessivement heureux, autant pour sa navigation que pour son trafic, qui enrichit les parties intéressées.

Puis vinrent les marins de la famille Pinzon, dont Colomb avait emmené deux frères, dans son premier voyage. Ces hardis et habiles navigateurs, possesseurs de ressources suffisantes, armèrent quatre caravelles, et leur famille, riche et nombreuse, contribua à leur équipement en hommes et en argent. Ils recrutèrent les pilotes que Colomb avait embarqués, pour la découverte, et la flottille partit sous le commandement de Vicente Yanez Pinzon, dont nous avons déjà parlé.

Il mit à la voile, au mois de décembre 1499, du port de Palos, passa devant les Canaries et les îles du Cap-Vert, et, de là, ne voulant pas suivre les traces de Colomb, il se dirigea vers le sud-ouest, jusqu'à ce que l'étoile polaire eût disparu à l'horizon. Une tempête terrible et la différence du ciel, lui causèrent de grandes difficultés; la belle constellation de la Croix du Sud, qui depuis, dans l'hémisphère méridional, a remplacé l'étoile du Nord, pour guider les marins, n'était pas connue à cette époque. Pinzon et ses pilotes comptaient sur une étoile correspondante pour se diriger et, ne voyant aucun astre remarquable, pour leur servir de guide, ils crurent qu'un exhaussement de la terre leur cachait le pôle Sud.

Mais Pinzon ne se découragea pas, et suivit sa route hardiment. Le 26 janvier 1500, s'offrit à sa vue un grand promontoire qu'il nomma le cap Santa-Maria de la Consolation, et qui depuis est devenu le cap Saint-Augustin. Il débarqua sur cette terre et en prit possession au nom de LL. Majestés catholiques; elle fait aujourd'hui partie de la République du Brésil. Ce magnifique pays, en peu de temps, avait été ainsi trouvé par hasard, à ses deux extrémités, et par des explorateurs de nations différentes; il appartenait donc alors à deux royaumes distincts.

De là, Pinzon, se dirigea vers l'ouest, découvrit le Rio Maranão (fleuve des Amazones), et, traversant le golfe de *Parià*, la mer des Caraïbes et le golfe du Mexique, il arriva à l'archipel de *Bahama*. Là, deux de ses caravelles furent entraînées par les courants et allèrent se briser sur les rochers, aux abords de l'île *Jumeto*.

Enfin, il avait été ainsi le premier marin européen ayant passé l'équateur dans l'océan occidental, et le premier ayant découvert l'empire du Brésil; ce ne fut en effet qu'après lui, et trois mois après, que Cabral découvrait le Porto-Seguro, après le 15e degré de latitude, comme nous l'avons dit plus haut.

Pinzon rentra à Palos, au mois de septembre; il y fut accueilli comme un triomphateur, et les rois catholiques lui donnèrent, en récompense de ses services, le gouvernement de la partie du Brésil comprise entre le Rio *Maranão* et le cap *Santa-Maria de la Consolacion*.

De ce même port de Palos, d'abord si rebelle à l'expédition de Colomb, partit quelque temps après Pinzon, une autre expédition préparée par Diego Lepe, et composée en entier de marins de l'endroit.

Lepe, suivant la même route que Pinzon, dépassa le cap Saint-Augustin, et visita la côte Américaine du Sud, sur une plus grande étendue qu'aucun autre de ses émules, et il acquit la certitude que la côte s'étendait encore dans la direction du sud-ouest. Il descendit à terre, et accomplit, au nom des rois d'Espagne, les cérémonies habituelles de la prise de possession; il grava les noms de ses souverains sur l'écorce d'un arbre superbe, dont le tronc était si gros, que dix-sept hommes ne pouvaient l'entourer en se tenant par la main. Cet explorateur n'était pas allé avec Colomb, mais il avait avec lui des pilotes qui avaient navigué sous les ordres de l'amiral.

En octobre 1500, Rodrigo Bastides partit de Cadix, avec deux navires, visita encore la côte continentale, dépassa le cap de la Vela, limite qu'on n'avait pas encore franchie, et atteignit un port, nommé ensuite la Retraite, et où on bâtit depuis la ville de *Nombre de Dios*. Ses navires ayant été attaqués par des vers, très communs dans ces parages, il put cependant, avec beaucoup de difficultés, gagner le *Xaragua*, *à la Española*, où il abandonna ses deux navires et, de là, se rendit à *Santo-Domingo*. Mais Bobadilla, qui gouvernait alors l'île, le fit arrêter et mettre en prison, sous prétexte qu'il avait acheté de l'or aux Indiens du *Xaragua*.

Ainsi, le grand navigateur avait ouvert la voie et, sur ses traces et d'après ses indications, une foule d'explorateurs se jeta vers le nouveau monde, traversant sans crainte et hardiment, cette mer mystérieuse qui excitait tant de terreurs quelques années auparavant; il s'était agi seulement de leur montrer la route et de leur prouver que cet océan Atlantique, si redouté, n'était pas sans limites, et qu'on pouvait y naviguer avec sécurité. C'était à Colomb qu'était due la gloire de cette importante expérience et, plus il se trouvait d'explorateurs pour en profiter, plus était grand le service qu'il avait rendu : c'était toujours l'histoire de l'œuf dont il avait cassé le bout pour le faire tenir debout; il suffisait de trouver le moyen.

Et c'est pendant que les Espagnols, se servant de ses leçons, se ruaient à l'envi sur le nouveau monde, que l'amiral en revenait, dépossédé de ses biens, de ses honneurs, de sa liberté; humilié, outragé et chargé de chaînes! Cruel revirement des destinées humaines!

L'Angleterre avait également pris part à cette curée de découvertes, à la suite du grand navigateur. En 1497, un vénitien, Sébastien Cabot, envoyé par Henri VII, partit de Bristol pour explorer le nouveau monde. Mais celui-ci partageait les idées de Colomb, relativement à l'extrémité de l'Inde asiatique, et il alla rechercher le *Cathay* et le royaume du grand *Khan de Tartarie;* il espérait trouver, au nord-Ouest, un passage pour aller dans l'Inde. Il découvrit ainsi Terre-Neuve, longea le Labrador, jusqu'au 56° de latitude Nord, et retournant ensuite sur ses pas, il se dirigea au sud-ouest vers la Floride, et revint de là en Angleterre, faute de vivres pour prolonger son voyage.

Hackluyt, qui mentionne cette expédition, dans sa collection de voyages, ne donne que peu de détails sur cette exploration. Cette parcimonie de renseignements est fâcheuse; il eût été si intéressant de connaître les circonstances d'une expédition, pendant laquelle s'accomplit la première navigation vers une terre de l'Amérique du Nord.

Les découvertes dont nous venons de faire connaître les résultats avaient donc surexcité la convoitise et l'ambition du roi Ferdinand. Apprenant chaque jour de nouvelles conquêtes, qui venaient ouvrir à ses sujets des pays sans limites, et d'immenses débouchés pour leur industrie, il était jaloux de garder pour lui le fruit de ces acquisitions; il voyait avec envie les succès des autres nations dans ces contrées qu'il croyait lui appartenir. L'apparition des Anglais sur ce nouveau champ de bataille, et l'arrivée des Portugais au Brésil, l'inquiétaient.

Alors, voulant s'assurer plus solidement la possession des contrées découvertes, Ferdinand résolut d'instituer des gouverneurs spéciaux dans les localités importantes; ces gouverneurs, dépendant d'un pouvoir central, établi à *Santo-Domingo,* qui serait ainsi la capitale du royaume colonial.

Cette organisation accroissait, d'une façon considérable, l'autorité du gouverneur général, et le roi, à qui Colomb n'avait jamais été très sympathique, n'était pas disposé à étendre ainsi sa vice-royauté; son égoïsme et sa jalousie d'une puissance qui, exercée au loin, échappait à sa surveillance, lui inspiraient une vive répugnance à laissser ce pouvoir aux mains d'un homme qu'il n'aimait pas : il avait toujours regretté d'avoir donné des privilèges et une autorité si grande à un étranger ; il ne prévoyait pas alors l'étendue des domaines que Colomb allait lui acquérir, et, les connaissant à ce moment, il lui semblait que Colomb l'avait trompé sur leur importance et leur valeur. Plus le domaine conquis grandissait, plus il se croyait lésé, et, au lieu d'en avoir pour l'explorateur, une gratitude plus grande, il en éprouvait d'autant plus de regrets, en considérant l'ampleur de la part qui revenait à l'auteur de ces conquêtes.

Or, par le fait de son mandataire Bobadilla, l'amiral se trouvait dépossédé de ses fonctions, et le roi, malgré ses engagements écrits, malgré ses dernières promesses, cherchait, dans son esprit cauteleux et rusé, le moyen de ne pas le rétablir dans son gouvernement.

Il se disait, peut-être pour se donner des raisons de ne pas tenir ses promesses, que Colomb n'était pas Espagnol, et qu'il pouvait en user avec un étranger moins rigoureusement qu'avec un de ses sujets; que cet étranger n'avait pas les mêmes intérêts, ni conséquemment les mêmes droits qu'un Espagnol; qu'après tout, il n'avait pas une certitude absolue qu'il fût complètement innocent de quelques-unes des accusations portées contre lui? Dans sa correspondance, l'amiral lui même mentionnait des bruits calomnieux, lui imputant l'intention de garder pour lui seul ses découvertes, et de chercher l'appui d'un prince étranger pour le soutenir dans cette défection? Ne craignait-il pas que ces bruits ne causassent quelque appréhension au roi, pour venir ainsi au-devant ce ces accusations ?

Et à toutes ces suppositions, venait s'ajouter une raison plus péremptoire : Colomb ne lui était plus indispensable, et il lui appliquait le précepte égoïste des fins politiques : « *Briser sans pitié l'instrument qui ne vous est plus nécessaire.* » La voie était connue, ouverte à tous; d'autres l'avaient déjà parcourue, et il en avait tiré profit sans bourse délier; chaque jour était marqué par de nouvelles offres d'explorations, organisées aux frais, périls et risques des entrepreneurs de ces opérations, dont la couronne partageait les profits. Il n'était donc pas nécessaire de donner des fonctions largement rétribuées, de concéder des avantages considérables, ou de constituer une puissance presque indépendante, pour avoir l'éventualité d'avantages qu'on lui offrait sans qu'il eût aucun frais à débourser!

Ces raisons, qui parurent décisives au cauteleux monarque, l'emportèrent dans son esprit sur celles de justice et d'équité, qui lui dictaient de maintenir l'amiral dans ses fonctions, dont il n'avait jamais démérité, et ces fonctions lui ayant été consenties, en vertu d'un contrat légal, qui était entre ses mains un titre authentique, dont les termes étaient formels : *pour toujours et à jamais, et à perpétuité, pour lui et ses descendants.*

On déclara donc à Colomb que, *pour le moment*, il ne serait pas rétabli dans sa vice-royauté et dans son gouvernement; et on motiva cette suspension sur ce qu'il restait encore, *à la Española*, des groupes d'anciens rebelles, auprès desquels son retour pourrait être un sujet de nouveaux troubles, et qui pourraient encore conspirer contre sa vie. Certes, Bobadilla serait déplacé, et il aurait à rendre compte de ses actes, mais il était prudent de mettre à sa place un homme sage et intelligent, qu'on chargerait d'une enquête sur les derniers événements, qui porterait remède aux maux qui désolaient *la Española*, et renverrait en Espagne les fauteurs d'émeutes et les turbulents. Cet intérim durerait deux ans, après lesquels, les esprits étant calmés et les animosités éteintes, il pourrait reprendre ses fonctions.

Certes le roi, en lui parlant ainsi et en lui promettant sa réintégration dans un délai déterminé, était loin d'être sincère, et il comptait bien que, dans deux années, quelque événement imprévu le dégagerait de cette promesse qu'il faisait avec la volonté de ne pas la tenir; et, en trompant l'amiral sur ses intentions, il abusait aussi la reine qui, elle, mettait dans cet espoir donné à l'illustre vieillard, la plus absolue bonne foi, et ne concevait aucun doute sur la réintégration de l'amiral dans tous ses droits.

Les souverains choisirent, pour remplacer Bobadilla, un

homme très considéré pour son équité, sa prudence et son savoir, Don Nicolas de Ovando, commandeur de Larès, de l'ordre d'Alcantara. « C'était, dit Las Cazas, un homme d'une
« extrême prudence, et un bon administrateur; très juste,
« sans cupidité, simple et sobre dans sa vie, plein d'humi-
« lité, avec de bonnes manières, courtois et gracieux, parlant
« avec facilité, avec modestie, mais avec un ton un peu impé-
« rieux; il était de taille moyenne, d'une bonne constitu-
« tion; il avait la barbe rousse, et ne manquait pas de
« charme dans sa personne. »

C'est le portrait que tracent les historiens de cet homme, dont la conduite fut en complète opposition avec ses apparentes qualités.

Comme gouverneur, il fit aux Indiens un mal incalculable; dans ses relations avec Colomb, il fut acerbe, inconvenant, d'une rigueur inqualifiable et d'une injustice inhumaine, jusqu'à lui refuser un abri pour ses navires en péril, et l'exposer ainsi à une perte probable, sous l'effort de la tempête. Sa modestie et son humilité déguisaient un vif amour de l'autorité; sa politesse et sa gracieuseté cachaient une subtilité et une adroite dextérité pour obtenir ce qu'il désirait; enfin sa prudence et son amour de la justice motivaient un rigorisme et une raideur que ne démentaient pas son air de commandement et d'autorité. S'il dédaignait les signes extérieurs de la puissance, c'était chez lui ou calcul ou malice, car il en aimait la réalité et il en usait sans ménagement, quand l'occasion s'en présentait. En résumé, sous de bonnes apparences, ce n'était en réalité qu'un méchant homme.

Le départ du nouveau gouverneur fut retardé par les formalités à remplir et les arrangements à prendre, et, dans l'intervalle, chaque navire arrivant de *la Española* apportait des nouvelles déplorables de la funeste administration de Bobadilla, et de la désastreuse situation de l'île.

Les rapports du gouverneur avec les mécontents et les anciens révoltés, la faveur dont il les avait entourés, dès son arrivée dans l'île, pour obtenir des témoignages défavorables à l'amiral, avaient déterminé un relâchement extraordinaire dans la conduite de ces nouveaux favoris du pouvoir, et bientôt, comptant sur la faiblesse du gouverneur à leur égard, ils ne mirent plus aucun frein à leurs mauvais penchants ; la licence et la désorganisation devinrent si intolérables, que la plupart des habitants, même ceux qui s'étaient plaints de la rigueur de l'amiral et de la rudesse du préfet, en vinrent à regretter leur gouvernement.

Bobadilla était un incapable, point méchant peut-être, mais faible et accessible à la flatterie ; désirant s'emparer du pouvoir, il avait fait des concessions pour y arriver, et, comme ces faiblesses étaient tombées sur des hommes pervers, il avait été obligé, de concession en concession, d'en venir à une annihilation complète de son autorité.

Il avait cru, en écoutant les plaintes sur la rigueur de l'amiral, que l'indulgence assurerait son pouvoir ; il toléra un grand nombre d'abus, et ne réussit qu'à mécontenter les colons tranquilles, et à devenir le jouet des mauvais sujets, dont il avait fait ses favoris.

Prétendant que les rois d'Espagne n'avaient pas besoin de s'enrichir, il avait vendu à vil prix les biens qui leur appartenaient. Il donna la permission à tout le monde d'aller aux mines, pour recueillir l'or, fixant seulement au onzième de l'extraction, la part des souverains. Afin d'augmenter la production, pour ne pas diminuer la quantité recueillie, il imposait aux caciques de fournir aux Espagnols, un nombre déterminé d'Indiens, pour le travail des champs et celui des mines ; il fit établir un dénombrement de la population indienne, il en fit ensuite le classement et la distribution selon ses préférences.

Les colons formèrent alors des associations par deux, se prêtant un aide mutuel de fonds et de serviteurs, l'un s'occupant de la culture des champs, et l'autre des travaux des mines ; les colons n'avaient qu'une obligation : recueillir beaucoup d'or. Quant à leurs devoirs, Bobadilla leur disait : « *Jouissez du temps heureux; on ignore ce qu'il durera.* »

Pensait-il, en disant cela, à la probabilité de son prochain rappel ?

Les colons ne se firent pas faute de se conformer à cet

axiome. Ils firent tant travailler les Indiens, que le onzième de l'extraction dépassa la somme que produisait le tiers, du temps de Colomb.

Mais à quel prix les malheureux Indiens obtenaient-ils un pareil succès?

Le vénérable Las Cazas, qui se trouvait alors *à la Española*, et fut le témoin oculaire des exigences et des mauvais traitements qui obligeaient les Indiens à ces travaux excessifs, nous a laissé le tableau navrant des souffrances endurées par ces malheureux.

Peu habitués au travail, de constitution débile, ayant eu constamment, dans cette île favorisée, une vie indépendante et facile; accoutumés à prendre dix heures de repos, sous le gouvernement paternel de leurs bons caciques, ils se trouvaient inopinément livrés à des maîtres cruels, qui ne leur permettaient pas un instant de délassement, et les forçaient à un travail constant sous lequel ils succombaient. Ces colons étaient, pour la plupart, des criminels qu'on avait embarqués par force, et dont les instincts vicieux s'étaient réveillés sous l'administration tolérante de Bobadilla. Ces vauriens, qui, en Espagne se livraient aux plus bas métiers, prenaient des airs de grands seigneurs *à la Española;* ils se servaient à leur fantaisie, des Indiens qu'on leur livrait pour leur travail, et s'en faisaient une suite; ils enlevaient les filles ou les parentes des caciques, s'en servaient comme domestiques ou comme maîtresses, et en prenaient le plus qu'ils pouvaient, sans en limiter le nombre. En voyage, au lieu de se servir de chevaux et de mules, ils se faisaient porter en litière par les Indiens, et se faisaient suivre par d'autres, comme par une escorte, et ceux-ci portaient des ombrelles et des éventails en feuilles de latanier ou en plumes, pour les garantir du soleil ou les rafraîchir : « J'ai vu, dit l'honorable évêque, le dos « et les épaules de ces malheureux écorchés et saignants, » Quand ces misérables et insolents parvenus arrivaient dans un village, ils consommaient ou détruisaient les provisions des habitants; ils s'emparaient de tous les objets qui leur plaisaient, et, pour leur divertissement obligeaient les caciques et leurs sujets à danser devant eux. Cruels, jusque dans leurs plaisirs, ils ne s'adressaient jamais aux Indiens qu'avec des injures ou des paroles outrageantes ; ils les brutalisaient ou les frappaient pour la moindre faute ; ils les battaient de verges, quand ils n'étaient pas riants, et de bonne humeur, et les tuaient même quelquefois pour le moindre des manquements à leur service.

« Ce n'est là, ajoute Las Cazas, qu'un faible tableau des
« souffrances de cette douce population, sous la malheureuse
« administration de Bobadilla. Cet homme avait compté ré-
« parer ses fautes par l'abondance de l'or recueilli ; mais ce
« calcul fut déçu. »

Dès que la reine Isabelle eut connaissance des traitements barbares infligés à ces malheureux Indiens, qu'elle s'était donné la mission de protéger, elle activa le départ d'Ovando, afin qu'il mît plus promptement un terme à ces cruautés.

Voici quelle était l'organisation gouvernementale qu'on avait adoptée :

*La Española* ou *Santo-Domingo*, était la capitale du gouvernement qui comprenait les îles et la terre ferme déjà découvertes. Dès son arrivée, Ovando avait mission de renvoyer en Espagne Bobadilla avec les navires. Il commençait ainsi son entrée en fonctions. Il devait ensuite ouvrir une enquête sérieuse sur les vices et les abus qui désolaient l'île, les réprimer et punir les coupables ; l'expulsion des mauvais sujets était également ordonnée, et il lui était recommandé d'agir avec une rigoureuse justice, sans faveur pour personne. Pour les réformes à apporter, le retrait de l'autorisation générale de la recherche de l'or accordée sous la licence royale, était un des premiers actes nécessaires, et il devait réclamer la différence, entre le tiers convenu d'abord, et le onzième accordé par Bobadilla pour l'or recueilli et, à l'avenir, porter à la moitié la redevance de la Couronne.

Il avait pleins pouvoirs pour son administration, et il avait tous droits de construire des villes, avec les privilèges qui leur étaient accordés en Espagne, et de forcer les Espagnols, les soldats en particulier, à les habiter, au lieu de vivre séparés dans la campagne.

A cette époque, le commerce était loin de jouir de la liberté et des franchises modernes et, sous ce rapport, l'Espagne était une des nations les plus arriérées.

Naturellement les lois et coutumes qui régissaient la matière servirent à l'organisation commerciale de l'Inde; et le monopole absolu fut le principe qui présida aux règlements promulgués. La Couronne se réserva les affaires; personne ne put importer ni exporter des marchandises pour son compte; un facteur royal fut l'intermédiaire obligé de ces opérations. La propriété exclusive des mines, celle des pierres précieuses, des perles, des bois de teinture, et de tous les objets de quelque valeur lui appartenait entièrement. Aucun étranger, surtout les Juifs et les Maures, ne pouvait s'établir dans l'île, ni faire des voyages d'exploration dans ces parages; le roi revenait ainsi sur sa précédente décision, en ce qui concernait ces contrées.

Quant à la reine, sa principale préoccupation, c'était la population indienne. Elle entendait qu'elle fût traitée avec bonté; elle donna ordre à Ovando de réunir les caciques, pour les informer que les rois catholiques les prenaient sous leur protection avec leurs sujets; que, comme les autres vassaux de la couronne, ils auraient à payer un tribut dont la fixation et la perception seraient établies avec modération. Elle recommanda instamment leur instruction religieuse, et envoya douze moines franciscains, dirigés par un pieux et vénérable évêque, Antonio de Espinal, qui fut ainsi le premier fondateur de l'ordre de Saint-François dans ces contrées.

Mais ces bonnes dispositions se heurtèrent, dans la pratique, avec un ordre funeste qui ouvrit la porte aux abus, à la contrainte et aux mauvais traitements.

Un ordre royal obligeait les Indiens à travailler aux mines et ailleurs, pour le service de la Couronne; ils étaient engagés comme journaliers, et recevaient un salaire qui devait être régulièrement payé. Ces dispositions devinrent le sujet de vexations, de tyrannies et de coërcitions.

En même temps, les rois catholiques permirent d'introduire, dans leurs colonies, des noirs nés dans les pays habités par les chrétiens. Ce fut là l'origine ou la cause du commerce monstrueux, et réprouvé aujourd'hui par toutes les nations civilisées, et qui, à cette époque, fut pratiqué sur une large échelle, par l'Espagne et le Portugal, dans leurs possessions de la côte d'Afrique : *la traite des noirs*, réduits à l'esclavage et qui, peu à peu, remplacèrent à *la Española*, les races douces et naïves qui disparurent graduellement, et dans un temps relativement court.

« Il y a dans l'histoire, dit Washington Irwing, des évé-
« nements *singuliers*, qui paraissent quelquefois révéler une
« justice supérieure : c'est un fait digne de remarque qu'His-
« paniola (1), où fut pour la première fois, dans le nouveau
« monde, commis ce crime contre nature, ce crime de lèse-
« humanité, fut la première colonie qui l'expia cruellement. »

Il faut ajouter, à la décharge des souverains espagnols, que dans tous ces arrangements, les intérêts de Colomb ne furent pas oubliés. Ovando eut ordre d'examiner tous les comptes de l'amiral, de constater les préjudices qui lui avaient été causés et les maux soufferts par suite de son arrestation ; la saisie de ses biens et la suspension de ses salaires et de ses avantages. On devait lui faire restitution des objets que s'était appropriés Bobadilla, et l'indemniser de ceux qui auraient été aliénés, détruits ou perdus ; à la charge, par Bobadilla, de payer ceux qu'il aurait pris pour son usage ; le reste serait au compte du Trésor. Les frères de Colomb étaient compris dans ces réparations, pour les dommages qui les concernaient.

Colomb recevrait ainsi ses arriérés et aurait droit ensuite à la perception de ses revenus, qu'il pourrait faire toucher par un agent à lui, qui surveillerait la fonte et la marque de l'or, recevrait la part qui lui était due et opèrerait le règlement de ses intérêts. Colomb chargea de cette mission Alonzo Sanchez de Carvajal, et il fut donné ordre de traiter ce mandataire avec respect.

Ovando partit avec une flotte imposante de trente vaisseaux, dont cinq du port de 90 à 150 tonneaux ; vingt-quatre caravelles de 63 à 90 tonneaux, et une barque de 25 tonneaux,

---

(1) Cet historien dénature l'origine du nom de l'île espagnole, en l'appelant *hispaniola*, dérivé du latin, qui n'a aucune affinité avec la découverte de Colomb ; c'est *Española* qu'il faut nommer cette île.

2.500 individus, de tout rang, dont plusieurs de noblesse et de distinction, et de toutes professions, s'embarquèrent sur ces navires avec leurs familles.

A cause de l'exubérance de luxe qui régnait pendant un temps à la cour, et du faste ruineux que déployaient les courtisans, on avait interdit, en Espagne, les étoffes et les pierres précieuses. Il fallut donner à Ovando une autorisation spéciale pour porter des étoffes de brocart de soie et des ornements de pierres précieuses, afin qu'il donnât, par l'éclat de ses costumes, une haute idée des souverains qu'il représentait. On lui permit de se faire accompagner d'une garde d'honneur; elle se composait de soixante-douze hommes, parmi lesquels il y avait dix cavaliers. Don Alonzo Maldonado le suivit en qualité de juge suprême, pour remplacer Roldan qu'il devait renvoyer en Espagne.

Parmi les passagers embarqués, se trouvaient un médecin, un chirurgien, un pharmacien. On avait fait choix de soixante-treize familles, honnêtes et laborieuses, pour former des noyaux de populations tranquilles, qui devaient être réparties entre quatre villes à fonder, et auxquelles on accordait des privilèges exceptionnels. Ces familles devaient être mises à la place des turbulents et des paresseux, qui devaient être bannis de *la Española*.

Cette combinaison heureuse et qui, intelligemment appliquée, devait produire d'excellents résultats, avait été suggérée par Colomb, et très vivement recommandée par lui. Et on devait bien regretter qu'elle n'eût pas été adoptée à son second voyage, car il est bien probable que si, à la place des fils de famille, des aventuriers et des spéculateurs, qui avaient envahi la flotte partie à cette époque, on eût envoyé des travailleurs tranquilles et capables de faire fructifier des terres qui ne demandaient qu'à produire, on n'aurait pas eu à déplorer les malheurs qui avaient fondu, comme des plaies endémiques, sur ces contrées si bien disposées à la vie paisible et exempte de tribulations.

Dans ces honorables conditions, favorisé par le roi, avec tous les attraits du rang et de la richesse, Ovando partit le 13 février, pour aller occuper, avec toutes sortes de circonstances et de concours avantageux, les fonctions que Colomb avait remplies, au milieu des obstacles et des difficultés les plus funestes.

A peine en mer, la flotte fut assaillie par une violente tempête; un navire avec 120 passagers sombra et périt corps et biens, et les autres, pour s'alléger, jetèrent leur cargaison à la mer et fuirent dans toutes les directions, afin d'éviter d'être submergés. Des épaves nombreuses furent jetées sur les côtes d'Espagne, et on répandit le bruit de la perte de la flotte entière.

La nouvelle de ce désastre causa une consternation générale. Accablés de douleur, le roi et la reine restèrent dans leur palais, enfermés et ne voulant recevoir personne.

Mais la nouvelle était exagérée. Il n'y eut de perdu que le bâtiment qui avait sombré; les autres se rallièrent à la Gomera, une des îles Canaries, y réparèrent leurs avaries et, après s'être ravitaillés, continuèrent leur route et arrivèrent à *Santo-Domingo*, le 15 avril suivant.

## CHAPITRE XXXVII.

**PROPOSITION DE COLOMB POUR LA DÉLIVRANCE DU SAINT-SÉPULCRE.**

Comme nous l'avons déjà dit, l'histoire de la vie et des voyages de l'amiral, par son fils Don Fernando, est très sobre de détails pendant cette période de privation, pour Colomb, de ses actives fonctions. Elle ne fait aucune mention des circonstances que nous venons de mettre sous les yeux de nos lecteurs, et elle est complètement muette en ce qui concerne les faits accomplis pendant tout le temps que Colomb passa à la cour, toujours gracieusement accueilli par les souverains, qui plusieurs fois lui promirent sa réintégration dans son autorité, et qui gagnaient ainsi du temps, sans accomplir leurs promesses.

Durant cette période de repos forcé, Colomb s'occupait de mettre quelque ordre dans ses affaires personnelles, que la violence et les actes funestes de Bobadilla avaient mises dans une situation déplorable. La saisie et la séquestration de ses biens, la main-mise sur toutes ses valeurs et sur ses revenus l'avaient jeté dans de cruels embarras, contre lesquels il se débattait avec une grande énergie.

Heureusement Colomb était doué d'un caractère bien trempé, d'une patience et d'une résignation à toute épreuve. Chrétien sincère, il avait une foi robuste en la toute-puissance de Dieu, et possédait une grande confiance en lui-même; ces dispositions d'esprit l'avaient toujours soutenu dans les circonstances difficiles, et il était toujours parvenu à se rendre maître de sa situation.

Sans cette force d'âme et ce ressort providentiel, qui le

soutenaient dans les crises de sa vie, il n'aurait pas pu supporter la vue des préparatifs gigantesques que l'on faisait pour le départ de son successeur; il n'aurait pas vu sans amertume et sans se plaindre, les honneurs, le luxe, les précautions et les dispositions prévoyantes dont on entourait cet homme qui, étranger à tout ce qui s'était passé *à la Española*, sans avoir eu la moindre part aux travaux, aux fatigues et aux difficultés qui entravent toute nouvelle opération, allait prendre possession d'une fonction qui lui avait été si brutalement et si injustement ravie.

Mais, chaque fois, qu'il avait eu à lutter contre des obstacles et des dangers, soit qu'ils lui fussent suscités par la haine de ses adversaires, soit qu'ils vinssent des forces de la nature soulevées contre ses navires, il avait trouvé en lui-même le courage, la volonté et les ressources nécessaires pour conjurer le péril.

Quand, entré dans une voie, il la trouvait barrée par quelque obstacle imprévu, il en cherchait une autre et il la découvrait. Son imagination vive et sa foi ardente lui montraient alors des horizons nouveaux, vers lesquels il se dirigeait avec confiance et sécurité.

C'était un esprit actif, une tête brûlante et un naturel enthousiaste, s'éprenant rapidement d'une idée généreuse, et entrevoyant, en un simple coup d'œil, les moyens voulus pour atteindre son but.

Aucun moment de sa vie ne pouvait être plus propice, pour lui remettre en mémoire son vœu, concernant la délivrance du Saint-Sépulcre.

Les sept années, avant l'expiration desquelles il avait promis de fournir une armée de cinquante mille fantassins et de cinq mille chevaux, pour opérer cette délivrance, s'étaient écoulées, et il était bien loin de pouvoir tenir cette promesse.

Il avait compté, pour accomplir son vœu, sur les profits immenses qu'il espérait obtenir des superbes pays qu'il allait conquérir, et, au lieu de bénéfices, ses découvertes n'avaient jusqu'alors exigé que des dépenses que les produits avaient été insuffisants à couvrir.

Il n'avait donc pas le pouvoir de réaliser son projet et,

dans cette situation, son imagination fertile lui suggéra la pensée d'engager les rois catholiques à entreprendre cette expédition. Ce n'était pas d'ailleurs, pour les souverains, une idée nouvelle, car, dès le principe et au début de ses propositions, il avait déclaré qu'il appliquerait sa part des produits de ses opérations à cette œuvre pieuse, à laquelle il se croyait prédestiné.

Selon son habitude, il se mit à étudier son projet; il chercha, dans la bible, dans les prophéties, des textes à l'appui de ses plans, désireux de soumettre aux rois un travail complet sur le sujet, afin de les convaincre plus aisément. Il relut donc les livres sacrés, les ouvrages des Pères de l'Église, et toutes les œuvres où il espérait trouver des passages mystérieux ou des prévisions appropriées à son but. Selon lui, la découverte du nouveau monde, la conversion des infidèles, et la délivrance du Saint-Sépulcre étaient trois événements prévus, qui devaient s'accomplir en peu de temps et auxquels il pensait devoir concourir; il avait déjà réalisé le premier, et le second était en bonne voie à *la Española;* il ne restait que le troisième, et il se sentait apte à l'exécuter.

Après avoir, avec l'aide d'un religieux de l'ordre des Chartreux, coordonné ces textes, il écrivit à LL. Majestés une longue lettre, dans laquelle, il leur expliqua son projet et leur proposa d'organiser une croisade, pour la conquête de Jérusalem; il allait, dans cet écrit, au-devant des critiques qui pouvaient taxer son projet d'extravagance et d'impossibilité, et, leur citant son plan de découverte du nouveau monde, que l'on qualifiait aussi d'irréalisable, il leur rappelait que, malgré toutes ces critiques et ces sinistres prévisions, il avait réussi à l'exécuter. Enfant, dit-il, Dieu l'avait marqué pour accomplir ces deux insignes travaux : la découverte du nouveau monde et la délivrance du tombeau de Jésus-Christ; c'est dans ce but que tout jeune, il s'était fait marin; que dans cette profession contemplative, doué d'un esprit investigateur, il avait sondé les mystères de la nature, et s'était appliqué à étudier les ouvrages de géographie, de sciences et de philosophie; que, dans ses travaux, son esprit s'était ouvert, par la main de Dieu sans doute, et s'était enflammé

à l'idée de cette glorieuse entreprise. « Brûlé d'un feu céleste,
« ajoutait-il, j'ai osé me présenter à Vos Altesses. Tous ceux
« qui entendirent l'exposé de mes plans, les tournèrent en
« raillerie ; selon eux, ils étaient impraticables ; mes con-
« naissances acquises étaient perdues. Sept ans se passèrent
« pendant lesquels je discutai, dans votre cour, avec des
« gens de grande science, versés dans les hautes études, et
« qui décidèrent enfin que je poursuivais une chimère. Vos
« Majestés seules eurent de la persévérance ; et qui peut dou-
« ter que la lumière qui vous éclaira ne vînt des livres sacrés,
« dont le sens rayonnait en vous, comme en moi-même,
« avec un éclat merveilleux ? »

Ce rappel de sa prédestination, si souvent exprimée et si sincèrement renouvelée, indique la foi véritable qui l'animait, et démontre que ses projets d'explorations étaient conçus dans son imagination, et ne provenaient pas de renseignements fournis par des étrangers. Dans ces temps de croyance en la Divinité et en sa toute-puissance, il n'y a pas lieu de douter qu'une âme ardente et pieuse comme celle de Colomb ait pu croire, avec sincérité, que ses inspirations lui venaient d'en haut, et il faut remarquer que l'idée de la découverte était subordonnée à une mission plus haute, celle de la délivrance du Saint-Sépulcre.

Il finissait sa lettre en déclarant à LL. Majestés que cette
« pensée était un miracle effectué par le ciel, pour les exci-
« ter à cette sublime entreprise. Que, s'ils ont autant de con-
« fiance dans cette entreprise qu'ils en ont eu dans la pre-
« mière, ils peuvent compter sur le même succès. Qu'ils ne
« se préoccupent pas des railleries du monde, qu'on pourra
« le traiter d'ignorant, de marin commun, d'homme du
« monde ; mais que le Saint-Esprit ne se communique pas
« seulement aux savants, mais qu'il éclaire aussi bien les
« ignorants et qu'il révèle l'avenir, sinon par la bouche
« d'êtres doués de raison, aussi bien par des prodiges, au
« moyen des animaux ou par des signes mystérieux, dans
« l'air et dans le ciel. »

La proposition de Colomb n'avait rien d'insolite, dans un temps où toute la chrétienté était soumise au pouvoir de l'Église, et n'avait pas encore perdu l'habitude de guerroyer, contre les infidèles. La soumission des Maures était récente; Venise était aux prises avec le sultan, et l'Espagne se préparait à soutenir la République vénitienne dans ce conflit; les rois catholiques étaient d'une dévotion extrême, et devaient leur qualification à leur esprit religieux et à leur victoire sur les musulmans. Les prêtres se mêlaient à leurs armées, le crucifix à la main; leurs seigneurs, leurs officiers brûlaient du désir de se lancer dans de nouvelles croisades; le projet de Colomb venait donc à son heure et en son temps, et cependant il ne fut pas exécuté.

Les souverains espagnols étaient alors tout entiers aux affaires des Indes; les succès des Portugais, dans l'Asie, les rendaient jaloux, et ils désiraient porter leur attention et leurs efforts sur une organisation productive de leurs possessions. On a vu quel déploiement de forces et de dispositions ils avaient effectué, pour donner à Ovando tous les moyens possibles de tirer parti des terres conquises; ils n'étaient pas, conséquemment, désireux de se livrer à d'autres entreprises. Le projet de Colomb dut attendre un temps meilleur.

Mais le Génois n'était pas d'humeur à rester inactif. Lui aussi était envieux des succès de Vasco de Gama, de Cabral et des autres navigateurs; et il pensait, qu'ayant sur eux l'avantage des résultats acquis, et surtout de l'expérience des voyages effectués, il pouvait réaliser des découvertes plus avantageuses que celles déjà obtenues.

La côte de *Paria* s'étendait, d'après son exploration, bien loin du côté de l'ouest, et son opinion était confirmée par les observations d'autres navigateurs qui, après lui, avaient visité cette côte.

D'un autre côté, l'amiral n'était pas encore certain, malgré les affirmations des Indiens, que Cuba fût une île, et il était encore porté à croire, au moins selon la pensée de certains historiens, que c'était l'extrémité de l'Inde asiatique; et, comme la côte sud de cette île s'avançait aussi vers l'ouest, les courants de la mer des Caraïbes devaient, selon ses observations, passer entre ces deux côtes. Il en déduisait qu'entre ces terres, il devait exister un détroit pour passer de cette mer dans l'océan Indien, et, dans son idée, il le plaçait à peu près à l'emplacement de l'isthme de Darien, près du cap *Nombre de Dios*, selon Las Cazas; conséquemment, si ce passage existait, et s'il lui était donné de faire communiquer le nouveau continent avec l'Orient de l'ancien monde, il aurait dignement complété son œuvre et accompli sa divine mission, pour laquelle il avait été choisi.

L'imagination enthousiaste de Colomb s'enflammait à l'idée de cette vaste entreprise, et c'est en termes enthousiastes et convaincus qu'il la décrivit à ses souverains; elle fit sur leur esprit une profonde impression et, quoique combattue par ses adversaires, qui représentèrent la pénurie du trésor et la situation indécise de Colomb, jusqu'à ce qu'on eût reçu les résultats de l'enquête du nouveau gouverneur, elle fut prise en considération par les rois catholiques. La reine Isabelle, un instant courroucée contre l'amiral, à cause de l'envoi des Indiens en esclavage, n'en conservait pas moins une entière et robuste confiance en ses talents de navigateur, et elle avait une foi absolue en sa probité; son âme noble se refusait, après avoir organisé la superbe expédition confiée à Ovando, à marchander quelques navires à l'illustre explorateur, qui lui avait donné un monde: c'eût été une ingratitude insigne, et son grand esprit n'était point capable de semblables mesquineries.

Quant au roi, il se trouvait dans la situation du joueur qui a mis au jeu toutes ses ressources, et qui voit s'ouvrir tout à coup une veine nouvelle, qui ne demande qu'un médiocre enjeu pour un magnifique résultat; il voyait une route plus courte pour atteindre ces contrées où s'enrichissait son heureux rival le roi de Portugal : il n'hésita pas. Il allait aussi occuper l'amiral pour un long espace de temps, et se débarrasser de ses sollicitations. Bien qu'il n'eût pas une foi entière en son génie, il allait mettre encore une fois ses talents à l'épreuve, et comme il rendait justice à son habileté et à son expérience des choses de la mer, il eut la conviction qu'il était le marin le plus capable de trouver le passage désiré, s'il existait; et, s'il n'existait pas, il connaissait assez la fertilité des ressources de l'esprit de l'amiral pour juger qu'il ne reviendrait pas sans avoir trouvé quelque nouvelle source de richesses ou de commerce, à moins que quelque désastre ne l'engloutît au fond des eaux.

Colomb fut donc autorisé à armer et équiper une flotte, pour entreprendre ce voyage, et il se rendit à Séville, pendant l'automne de 1501, pour l'organiser.

Il n'oublia pas, pour cela, son grand projet de la délivrance du Saint-Sépulcre; il laissa son manuscrit et ses plans au religieux Gaspardo Garricio, qui l'avait aidé dans son travail; il écrivit au pape Alexandre VII une lettre dans laquelle, s'excusant de n'être pas allé à Rome, il lui faisait le récit de ses découvertes, l'assurant qu'il les avait réalisées pour en consacrer le produit à la conquête du tombeau du Christ, et lui exposant les dispositions qu'il avait projetées pour cette entreprise, dont le démon seul avait empêché l'exécution. Il ajoutait qu'il ne devait plus compter que sur l'assistance de Dieu, pour réaliser son projet, ses ennemis ayant réussi à lui faire ôter le gouvernement qui lui avait été concédé à perpétuité. Il terminait en disant qu'il partait pour de nouvelles découvertes et promettait, à son retour, d'aller à Rome sans retard, rendre compte à Sa Sainteté des résultats de ce nouveau voyage et lui offrir son journal, tenu au jour le jour, et où se trouvaient relatés les événements de tous ses voyages.

La lettre au Souverain-Pontife est copiée, dit Washington Irwing, en tête d'un volume manuscrit qu'il a vu à la bibliothèque colombienne, dans la cathédrale de Séville. Ce manuscrit, bien conservé, mais dont quelques pages ont été arrachées, contient la copie de tous les passages et de toutes les prophéties tirés par Colomb des livres sacrés et des Pères de l'Église, qu'il avait considérés comme des prédictions, et qui eurent sur son imagination une si puissante influence.

Quant au projet de délivrance du Saint-Sépulcre, le roi Ferdinand, qui, malgré sa dévotion, était un homme pratique et connaissant le monde, au lieu d'envoyer une armée, faire cette conquête, prit des arrangements avec le soudan d'Égypte pour empêcher la destruction de cet édifice dont l'avait menacé le souverain égyptien. Le savant Pierre Martyr fut envoyé en Égypte, régla les différends soulevés entre les deux cours, et passa une convention où fut stipulée la conservation du monument et la protection des chrétiens qui y allaient en adoration.

Cependant Colomb s'apprêtait pour son quatrième voyage que l'évêque Fonseca, suivant sa haineuse habitude, entravait autant qu'il le pouvait. On lui permit d'emmener avec lui son frère Bartholomé et son fils Fernando, alors âgé de quatorze ans, mais on lui refusa de toucher à la *Española*, comme il l'avait demandé; le remplacement de Bobadilla y avait causé une émotion qu'on craignait de voir renaître par la présence de l'amiral. On lui permit de s'y arrêter au retour, espérant que l'effervescence serait calmée.

Colomb emmena avec lui deux ou trois interprètes arabes, pour le cas où il irait aux États du grand khan ou d'un autre monarque de l'Orient.

Les souverains lui adressèrent alors, de Valencia de Torre, une lettre datée du 14 mars 1502, où ils l'assuraient, d'une manière formelle, qu'ils tiendraient leurs promesses et le rétabliraient dans les fonctions et dignités, concédées à lui et à sa postérité; que, s'il jugeait convenable qu'on les lui garantît de nouveau, ils le feraient et les assureraient à son fils; qu'en outre, ils étaient disposés à lui allouer d'autres avantages, à lui, à ses frères et à ses enfants. « Partez en paix et avec con-
« fiance, lui disaient-ils, en terminant, et laissez la direction
« de vos affaires à votre fils Diego ».

Ce fut la dernière lettre que lui écrivirent les souverains; son contenu ne laissait rien à désirer, quant au rétablissement de ses dignités.

Mais certaines circonstances avaient, sans doute, éveillé ses soupçons, car, avant de partir, il prit des précautions minutieuses pour éviter de nouveaux désagréments. Il fit faire deux copies de toutes les lettres, concessions et privilèges obtenus des rois catholiques, et dont il possédait des copies authentiques, certifiées par les alcades de Séville; il fit également transcrire deux fois sa lettre à la nourrice du prince

Don Juan, où il revendiquait ses droits, ainsi que deux lettres à la Banque de Saint-Georges à Gênes, à laquelle il donnait le dixième de ses revenus, pour qu'elle les employât à diminuer les taxes sur le blé et d'autres objets de consommation.

Il envoya ces copies, en deux paquets, et par deux porteurs, au docteur Nicolo Oderigo, ancien ambassadeur de Gênes à la cour d'Espagne, pour qu'il les mît en lieu sûr, et il les recommanda à son fils Diego.

Cette précaution d'envoyer ces titres dans sa ville natale, et le don philanthropique qui accompagnait cet envoi, sont une nouvelle preuve de la certitude de sa naissance à Gênes. C'était aussi une marque du mécontentement que lui avait causé la conduite des Espagnols à son égard, qui l'avait porté à placer sous la sauvegarde de ses concitoyens, la défense de ses droits et de ceux de sa famille, au cas où ils seraient violés.

« Ces pièces sont demeurées jusqu'en 1676, oubliées dans
« la famille Oderigo. Offertes alors, par Lorenzo Oderigo, à
« la ville de Gênes, elles furent déposées dans ses archives.
« A la suite des désordres et des guerres de ces temps trou-
« blés, une des liasses fut portée à Paris; l'autre fut perdue:
« mais elle fut retrouvée, en 1816, dans la bibliothèque du
« comte Michel Ange Cambiato, sénateur génois; le roi de
« Sardaigne, alors souverain de Gênes, l'acheta et en fit don
« à la ville en 1821. On érigea à Gênes une colonne de mar-
« bre, supportant une urne, surmontée du buste de Colomb:
« la liasse des pièces fut déposée dans cette urne. Elles ont
« été publiées avec une notice historique sur Colomb par le
« docteur J.-B. Sportono, professeur à l'Université de
« Gênes. » (Washington Irwing, tome III, livre XIV, chap. v, page 74).

La flotte que Colomb avait armée et équipée se composait de quatre vaisseaux à voiles, dont le plus grand portait 70 tonneaux, et le plus petit 50; les équipages comprenaient 150 hommes. Le 9 mai 1502, l'amiral mit à la voile dans le canal de Cadix, et alla mouiller à Santa-Catalina, d'où il repartit le 11 du même mois.

Il avait alors, d'après certains auteurs, 66 ans, et les fatigues, les intempéries, pendant ses premiers voyages, et les souffrances physiques et morales avaient affaibli ses forces ; son tempérament, fort et vigoureux au début de sa carrière, avait été en butte à tant de secousses qu'il s'était un peu affaissé, et sa belle taille, droite et imposante, s'était courbée, mais conservait encore sa majesté, bien que la goutte et d'autres infirmités lui causassent parfois de cruelles souffrances.

Mais son esprit n'avait rien perdu de sa vivacité et de son intelligence; et c'était avec le même enthousiasme et la même ardeur qu'il entreprenait ce nouveau voyage, dans lequel il entrevoyait une longue exploration et de pénibles travaux.

Il n'hésita pas, en effet, à s'aventurer, avec les petits navires que nous avons déjà signalés, et des équipages restreints, dans la recherche d'un passage qui devait l'amener, s'il existait, dans un autre océan inconnu, et où il aurait à traverser des étendues d'eau considérables.

Mais il avait avec lui, pour le seconder et le soutenir, son frère Bartholomé, dont le courage et la fermeté lui étaient connus et, pour l'aimer et le soigner, son fils Fernando, dont la raison et le dévouement, au-dessus de son âge, furent pour lui d'un secours inespéré.

La flotte arriva à Arcilla le 13 mai. Colomb avait reçu l'ordre de toucher ce port pour y porter secours aux Portugais, que les Maures y tenaient étroitement bloqués ; mais lorsque les navires parurent, les Maures avaient levé le siège.

Colomb envoya à terre son frère et son fils, avec les capitaines des navires, pour rendre visite au commandant de la cité. Celui-ci avait été blessé, dans un assaut tenté par les assiégeants, et gardait le lit. Il remercia sincèrement les arrivants de l'aide qu'ils avaient été chargés de lui offrir, et de leur bienveillante visite.

A son tour, il envoya à bord, pour rendre cette visite, quelques cavaliers qu'il avait près de lui, et qui se trouvèrent, par un heureux hasard, être des parents de Doña Felipa Monis, la première épouse de l'amiral, décédée en Portugal, comme nous l'avons déjà rapporté.

Le même jour, Colomb remit à la voile, et il arriva, le 20 du mois de mai, à la grande île des Canaries; de là, il passa aux petites îles, et le 24, il était à Maspalomas, où il s'arrêta pour prendre de l'eau et du bois, et ce qui était nécessaire pour le voyage; après quoi, la flotte appareilla, la nuit suivante, pour continuer son voyage pour l'Inde.

Les vents furent si favorables et le temps si propice que, sans carguer les voiles, on arriva à l'île de Matinino, le 15 juin, au matin. Là le vent changea et la mer devint plus mauvaise.

Dans cette île, selon l'habitude des marins venant d'Espagne, l'amiral ordonna aux équipages de prendre un peu de repos, de faire de l'eau, de couper du bois et de laver le linge, et la flotte resta là jusqu'au samedi. Ce jour-là, on passa à l'ouest de l'île et on se dirigea vers la Dominique, qui est éloignée de ce point d'environ dix lieues. Après avoir navigué au travers des îles des Caraïbes, on arriva à Santa-Cruz et, le 24 du même mois, on passa près de la côte sud de l'île de San-Juan, d'où l'on prit la route de *Santo-Domingo*.

L'amiral voulait y changer un de ses navires qui était mauvais voilier, marchait péniblement et ne pouvait soutenir sa voilure sans plonger dans l'eau jusqu'aux bordages, ce qui causa à la flotte de graves dommages pendant ce voyage.

Comme nous l'avons mentionné plus haut, Colomb avait l'intention, une fois entré dans le golfe, d'aller reconnaître la terre, de suivre la côte, jusqu'à ce qu'il eût pénétré dans le détroit qu'il avait la conviction de trouver sur la côte de Veragua, vers *el Nombre de Dios*, mais les vices de ce navire l'obligeaient d'aller à *Santo-Domingo*, pour le changer contre un meilleur voilier.

Afin que le commandeur de Lares qui, comme on le sait déjà, gouvernait l'île, pour se faire rendre compte par Bobadilla de son administration, ne fût pas surpris de son arrivée imprévue, il avait résolu de l'envoyer prévenir.

En conséquence, le mercredi, 29 juin, après être entré dans le port, l'amiral envoya au gouverneur, Pedro de Terreros, capitaine de l'un de ses navires, pour l'informer de la nécessité qui l'avait obligé d'entrer dans le port, où il avait besoin de changer ce navire ; et, pour cet objet, et à cause d'une violente tempête qu'il prévoyait, il désirait, pour le salut de sa flottille, rester quelques jours dans le port pour se garer du mauvais temps. Il lui faisait savoir en même temps, qu'il devait avoir soin de ne pas laisser sortir la flotte qu'il devait expédier, de là à huit jours, parce qu'elle courrait de très sérieux dangers.

Mais le commandeur ne voulut pas consentir à l'entrée de la flottille de l'amiral dans le port, et il ne tint aucun compte de sa recommandation de ne pas laisser sortir la flotte qui devait partir pour la Castille, et qui se composait de vingt-huit navires.

Cette flotte devait emmener Bobadilla, l'incarcérateur de Colomb et de ses frères, Francisco Roldan et tous les autres révoltés. Tous ces mauvais sujets qui avaient fait tant de mal à l'amiral et à ses frères, semblaient frappés d'aveuglement et avoir perdu le bon sens, pour ne pas tenir compte de l'avertissement que l'amiral leur avait fait donner.

« Je tiens pour certain, dit Don Fernando, que ce fut un
« acte de la divine Providence, car s'ils fussent arrivés en
« Castille, ils n'y auraient jamais reçu le châtiment qu'ils
« méritaient, et au contraire, par l'influence de l'évêque, ils
« auraient obtenu leur grâce et on les aurait comblés de fa-
« veurs ; mais le ciel avait décidé leur perte, car, à leur sor-
« tie du port, à peine étaient-ils parvenus à la pointe orien-
« tale de la Española, qu'une tempête terrible les assaillit,
« et ses désastreux effets furent tels, que le navire com-
« mandant sur lequel étaient transportés Bobadilla et la
« majeure partie des rebelles, fut submergé avec tout son
« monde ; et l'ouragan fit de si cruels ravages parmi les au-
« tres navires, qu'il s'en sauva à peine trois ou quatre sur
« les vingt-huit qui étaient sortis. »

Nous croyons devoir ici expliquer au lecteur l'état dans lequel se trouvait *la Española,* au moment où Colomb y était arrivé :

Le 15 avril 1502, Ovando était entré dans le port. Bobadilla le reçut avec le cérémonial ordinaire ; après avoir été conduit à la forteresse, et lecture faite de sa commission, il prêta le serment d'usage.

Accueilli par la population avec de grandes démonstrations de joie, il se montra digne et réservé, traita Bobadilla avec politesse et ne fit pas, comme lui, parade de son autorité. L'ex-gouverneur, déchu de sa grandeur, perdit tout son prestige et fut délaissé par tous ses partisans; sa popularité, acquise au prix de faveurs accordées à des gens indignes, s'évanouit avec son autorité, comme toute estime qui n'est pas basée sur un mérite réel, et il comprit alors la faute qu'il avait commise, en agissant vis-à-vis de Colomb avec une brutalité inouïe.

Une enquête sérieuse fut, dès ce moment, ouverte sur la conduite des révoltés; Roldan et un grand nombre de ses complices furent arrêtés et gardés en prison pour être envoyés en Espagne.

Ovando fit rechercher les vauriens et les paresseux dont les débordements troublaient la tranquillité de l'île, et les garda à sa disposition pour être également déportés.

Bobadilla, pendant son administration, avait recueilli une quantité d'or très considérable, et il comptait sur le bon effet produit par cette récolte dorée pour l'acquittement de ses fautes. Il fit transporter cette riche moisson sur le navire commandant sur lequel il devait s'embarquer. Il y avait parmi les pépites, un gros lingot d'or dont les chroniques d'Espagne ont fait une légende; une Indienne l'avait trouvé dans un ruisseau situé dans les domaines de Francisco de Garay et de Miguel Diaz, et l'ex-gouverneur le leur avait acheté, en le payant largement, pour l'envoyer au roi; son poids était de 3,600 castellanos. Roldan et les aventuriers expulsés chargèrent aussi sur les navires de grandes quantités d'or qu'ils avaient recueillies, aux dépens des malheureux Indiens, et au moyen des plus indignes traitements.

Le malheureux cacique Guarionex, après son arrestation, était resté emprisonné au fort de la Concepcion; il devait aussi être embarqué sur la flotte qui allait partir pour l'Espagne.

Enfin, le fondé de pouvoirs de Colomb, Alonzo Sanchez de Carvajal, lui envoyait également, par cette occasion,

4000 piatsres d'or, qu'il avait depuis peu perçues pour son compte, ou qu'il avait fait rendre à Bobadilla, sur les objets dont celui-ci s'était emparé à son arrivée, et qui appartenaient à Colomb.

La flotte était prête à sortir du port, quand arrivèrent les quatre navires conduits par l'amiral. On a vu comment ils y furent accueillis.

Las Cazas pense que le nouveau gouverneur agit ainsi, en vertu d'ordres reçus ou par prudence, à cause des animosités soulevées contre l'amiral; mais cette dernière supposition n'a aucun fondement, puisque les insurgés, Bobadilla et Roldan, qui se plaignaient de Colomb, étaient prisonniers à bord des navires, et conséquemment ne pouvaient rien entreprendre contre lui. Ce n'était pas la saine et tranquille population de l'île qui se serait ameutée contre l'amiral. Au moins, les lois de l'humanité lui faisaient un devoir de lui permettre de s'abriter contre les effets de l'ouragan !

Les conséquences de cette tempête furent significatives et témoignèrent une fois de plus en faveur de la prévoyance, du savoir et de l'expérience incontestable de l'amiral, en même temps qu'elles semblaient, en lui donnant raison, lui apporter, par la punition des coupables, une juste revanche des souffrances qu'il avait endurées par suite de leurs déplorables malversations. En effet, le seul navire englouti portait Bobadilla, Roldan et les rebelles les plus acharnés contre Colomb, qui périrent tous, ainsi que tout l'or qui y était embarqué avec le légendaire lingot; et le seul des trois ou quatre bâtiments sauvés, qui arriva en Espagne, le plus petit de toute la flotte, y débarqua saines et sauves les quatre mille piastres d'or de Colomb !

Étrange et merveilleuse coïncidence, qui ne manqua pas d'être attribuée, par les intéressés, à la justice immanente du Tout-Puissant.

Cependant Colomb, obligé par l'ordre du gouverneur, de quitter le port de *Santo-Domingo*, s'abrita le mieux qu'il lui fut possible près de la côte, non sans de vives protestations et un grand ennui de ses équipages. Ceux-ci se récriaient contre la mesure qui les privait d'un refuge qui ne se refusait jamais, pas même à des étrangers, et qui devait être accordé, avec d'autant plus de raison, à des hommes de la même nation; et ils accusaient l'amiral, prétendant que le refus d'asile provenait de ce qu'ils étaient sous ses ordres, et avait été formulé à cause de lui.

Colomb, par suite de ces plaintes, ressentait encore plus vivement l'injure qui lui était faite, et c'était avec une amère douleur qu'il recevait ce témoignage d'ingratitude et cet outrage, en se voyant chassé d'une terre qu'il avait donnée lui-même, à l'honneur et à la gloire de l'Espagne, et cela au péril de sa vie et de celle de ses compagnons!

Cependant, avec sa prudence habituelle et sa vieille et solide expérience, il maintint ses navires sains et saufs jusqu'au lendemain; mais à ce moment, la tempête redoublant de violence, et la nuit survenue avec une grande obscurité, trois des navires de son escadre s'enfuirent, dispersés, chacun de leur côté, et les équipages, coururent tous de grands dangers; chacun d'eux en particulier crut les autres perdus et chercha à assurer son salut, comme il lui fut possible. L'équipage qui véritablement eut le plus à souffrir, fut celui du navire *le Santo,* lequel, pour conserver la barque avec laquelle le capitaine Terreros était allé à terre, l'avait suspendue à sa poupe, à l'aide de ses câbles, et fut obligé de l'abandonner et de la perdre, au fort de la tourmente et pour éviter la perte du navire.

Mais la caravelle *Bermudes* courut un bien plus grand danger; chassée vers la mer, elle plongea, et eut son pont couvert d'eau, ce qui démontra pleinement combien Colomb avait raison de vouloir la changer. Heureusement elle était sous la conduite du préfet et, de l'aveu de tous, c'était l'homme le plus pratique et le marin le plus expérimenté; la caravelle lui dut son salut.

Au reste, les trois navires eurent beaucoup à souffrir, et les équipages durent supporter de grandes fatigues pour se maintenir contre la tempête; seul, le navire de l'amiral fut épargné, grâce à sa prudence.

Le dimanche suivant, la flotte se réunit dans le port d'A*zua,* sur la côte sud de *la Española.*

Là, chaque capitaine raconta ses disgrâces, et il fut reconnu que le préfet avait couru les plus grands risques, pour s'éloigner de terre.

Quant à l'amiral, qui, en savant astrologue, avait su se garer du péril, les gens des équipages, dont quelques-uns étaient courroucés contre lui, à cause de leur exclusion du port par l'ordre d'Ovando, l'accusèrent, ne pouvant lui imputer d'autre faute, d'avoir déchaîné la tempête, à l'aide de pratiques de magie, pour se venger de Bobadilla et de ses autres ennemis embarqués avec celui-ci, et ils en voyaient la preuve dans ce fait, qu'aucun de ses quatre navires n'avait péri dans la tourmente, tandis que, des vingt-huit vaisseaux de l'escadre où se trouvait Bobadilla, Roldan et les autres rebelles, un seul *la Guchia*, et c'était le plus mauvais, avait pu poursuivre son voyage et arriver sain et sauf en Castille, avec les quatre mille piastres en or qui appartenaient à l'amiral.

Nous dirons, comme antithèse à ces déductions, qu'avec ces coupables frappés, selon la pensée de tous, par la justice divine, périt un malheureux qui n'avait rien fait pour mériter la colère de Dieu, l'infortuné cacique Guarionex !

# CHAPITRE XXXVIII.

### VOYAGE DE COLOMB, EXPLORATION DE LA CÔTE.

L'amiral demeura plusieurs jours dans le port d'*Azua*, afin de donner à ses équipages le temps de se reposer de leurs rudes fatigues, et de faire à ses caravelles les réparations les plus urgentes, autant que le lui permettaient les ressources du pays.

Une des récréations auxquelles les marins, dans leurs voyages, se livrent le plus fréquemment, c'est la pêche; et les équipages de Colomb en usèrent largement, pendant leur séjour dans le port d'*Azua*.

Parmi les nombreux poissons qu'ils prirent, l'un d'eux, la *esclavina*, les satisfit par son excellent goût; il fut harponné, d'un coup de trident, par les hommes de la *Vizcaïna*, pendant qu'il nageait entre deux eaux dans une espèce de somnolence; sa grande taille avait attiré l'attention des marins; vigoureusement enferré, il ne put se dégager, malgré ses brusques soubresauts, et, à l'aide d'une forte corde, on le hissa à bord, après l'avoir traîné dans l'eau où, réveillé par la douleur de ses blessures, il s'agitait vivement, jusqu'à ce qu'il fut étouffé par un épanchement de sang. Une fois sur le pont du navire, on le dépeça, et, après sa cuisson, il fut trouvé parfait.

Un second poisson, appelé *manati* par les Indiens, fut pris d'une autre manière. Celui-ci est de la grosseur d'un veau, et sa chair a la couleur et la saveur de ce ruminant; elle est peut-être même plus tendre et plus agréable au goût. Ce poisson n'était pas alors connu en Europe, et les marins de ce temps-là affirmaient que la mer recélant, dans ses profondeurs, tous les animaux de la terre, cet amphibie n'était pas un poisson, mais bien un veau véritable, puisqu'il ne se nourrissait que d'herbes marines ou de celles qu'il allait chercher sur le rivage.

Dès que l'amiral reconnut que ses gens étaient remis de leurs fatigues, et une fois les navires radoubés, il quitta le port d'*Azua* et il se dirigea vers un autre port qui porte le nom de *Brazil* et que les Indiens appellent *Gisachema*.

Une autre tempête l'ayant assailli en route, il entra dans ce port pour se mettre à l'abri; il en sortit le 14 juillet; mais les vents ne le favorisant pas, il fut entraîné par les courants vers certaines petites îles sablonneuses, près de la Jamaïque.

N'ayant pu y trouver de l'eau, les marins creusèrent des puits dans le sable, et l'eau qu'ils y puisèrent suffit à l'approvisionnement des navires. Cette circonstance fit donner à ces îles le nom de *las Pozas*.

Ensuite, en naviguant vers le sud-ouest, les navires passèrent, sans s'y arrêter, devant de nouvelles terres, et allèrent mouiller près d'une île plus grande que les autres et appelée *Guanara*. Ces îles ont été depuis indiquées sur les cartes marines par le nom générique d'îles des *Guanaros;* elles sont situées à une distance de 12 lieues de la terre ferme, près de la province où se trouve le cap de *Honduras*.

L'amiral avait alors appelé cette pointe, le cap de las *Cacinas*.

Ici Don Fernando relève une erreur qui, selon lui, aurait été commise dans les cartes marines de son temps : le groupe d'îles Guanaros serait inscrit sur ces cartes, comme formant deux groupes différents, et le cap *Gracias à Dios* serait le même qu'un autre cap qui porte un autre nom, ce qui forme un double emploi.

La cause de cette erreur provient de Juan de Solis, qui a donné son nom au *Rio de la Plata*, qui fut appelé *Rio de Solis* (après la mort de ce navigateur, tué là par les Indiens). Ce Juan de Solis, et Vicente Yanez Pinzon, capitaine d'un des navires du premier voyage de l'amiral, allèrent tous deux ensemble à la découverte, dans l'année 1508, bien après que

Christophe Colomb eut découvert ces contrées. Ils avaient l'intention de suivre la côte découverte par l'amiral, dans son voyage de Veragua, à l'Occident. Ces explorateurs, suivant à peu près la même route que lui, arrivèrent à la côte de *Paria*, passèrent près du cap de *Gracias à Dios*, jusqu'à la pointe de *Cacinas* qu'ils appelèrent *Onduras*, et jusqu'aux dites îles des *Guanaros*, donnant au groupe, comme nous l'avons déjà dit, le nom de l'île principale.

De là, ces navigateurs passèrent plus avant, sans avouer que Colomb eût déjà visité ces contrées, afin de s'attribuer tout l'honneur de leur découverte et montrer qu'ils avaient trouvé un vaste continent; mais un pilote, qui avait auparavant fait, avec l'amiral, le voyage de Veragua, leur déclara qu'il connaissait ces régions, qui appartenaient aux pays découverts, avec son aide, par Christophe Colomb. Ce pilote avait fait la même déclaration à Don Fernando.

C'est ainsi que les cartes marines de cette époque indiquent deux fois la même terre, sous deux noms différents, mais située à distances inégales.

L'amiral étant arrivé à l'île de Guanara ordonna au préfet, son frère, d'aller à terre avec deux barques bien montées et bien armées.

Don Bartholomé débarqua sur cette terre et y trouva des naturels de même race que ceux des autres îles; seulement ceux-ci avaient le front plus déprimé. Les Espagnols remarquèrent une grande quantité de pins très hauts, et ils trouvèrent des morceaux d'une terre appelée *calcide* et qui sert à la fonte des métaux. Quelques-uns des marins, se figurant que cette terre renfermait de l'or, en prirent des morceaux, et les gardèrent longtemps cachés.

Le préfet, s'étant avancé dans les terres, pour en examiner la nature, l'essence et les productions, eut la chance de voir arriver un canot, aussi long qu'une galère, bien qu'il fût d'une seule pièce de bois; il avait huit pieds de largeur, et il était construit de la même façon, et avait la même forme que les canots ordinaires. Cette barque était chargée de marchandises venant de la partie orientale du côté de la Nouvelle-Espagne. Elle avait à son centre, une tente couverte en feuilles de palmier, et à peu près semblable à celle des gondoles de Venise, et que les Vénitiens appellent *felzi*. Cet abri garantissait les objets, qui étaient placés dessous, des détériorations de la pluie et du mauvais temps. Des femmes, des enfants, des meubles et des marchandises étaient abrités sous celle-ci. Vingt-cinq hommes la conduisaient, et ne firent aucun acte de défense contre les barques des navires qui les suivirent, s'emparèrent de leur canot sans éprouver la moindre résistance, et le conduisirent à l'amiral avec tout son monde.

Colomb rendit grâces à Dieu de cette rencontre, qui le mettait à même de connaître, d'un seul coup, les différentes productions de ces contrées, sans prendre aucune peine ni courir aucun danger.

Il ordonna de choisir, dans les marchandises, les objets que l'on jugerait avoir meilleure apparence, tels que des camisoles et des couvertures en coton, façonnées et peintes de diverses couleurs, des fichus avec lesquels ces Indiens couvraient leurs nudités, des mantes dont se vêtissaient les Indiennes qui se trouvaient dans le canot, suivant l'usage des Mauresques de Grenade, de longues épées de bois, ayant la lame évidée des deux côtés, des couteaux de silex, coupant comme l'acier les chairs nues de ces gens; de petites hachettes de métal pour couper du bois, semblables à celles de pierre des autres Indiens. Ils possédaient d'ailleurs des creusets et des appareils pour fondre les métaux. Comme provisions, ils avaient des racines et des grains, pareils à ceux de la Española; un certain vin fait avec le maïz, semblable à celui d'Angleterre, et une grande quantité d'amandes comme celles qui servent de monnaie dans la Nouvelle-Espagne. Ils paraissaient en faire grand cas puisque, dès qu'on eut placé dans le navire les objets qui avaient été choisis, on remarqua que les Indiens ramassaient, avec un grand soin, les amandes qui étaient tombées, comme s'il se fût agi d'objets précieux.

Ces Indiens étaient ahuris de se voir ainsi arrachés de leur canot et emmenés dans le navire, auprès d'hommes qui étaient pour eux si étranges et d'un aspect si terrible.

Et cependant, chose étrange, et qui montre que la cupidité est innée chez l'homme, le désir de ne pas perdre leurs richesses, que ces amandes représentaient, l'emportait chez eux sur la crainte et la terreur que les Espagnols leur inspiraient; le péril même qui semblait les menacer, était également oublié.

D'un autre côté, la pudicité et la honte de la nudité étaient aussi chez eux des sentiments instinctifs, car, s'il arrivait, qu'en apportant les marchandises du canot au navire, à l'aller et au retour, le fichu qui couvrait leurs nudités vînt à se détacher, un des Indiens s'élançait et cachait avec sa main la partie dénudée, jusqu'à ce que le fichu eût été rattaché et le désordre réparé.

Les femmes, comme nous l'avons dit, se couvraient la figure et le corps avec une mante disposée comme celle des Mauresques de Grenade.

Cette réserve et cette bonne tenue engagèrent l'amiral à traiter ces Indiens avec bonté; il leur rendit leur canot, et leur donna quelques objets en échange des échantillons de leurs marchandises, dont il choisit quelques types, leur rendant les autres acticles, et ne gardant avec lui qu'un vieil Indien, appelé *Jumbe*, qui paraissait avoir plus d'autorité et de jugement que ses compagnons, afin d'obtenir de lui des renseignements concernant la nature et les produits de ces contrées.

Plusieurs de ces Indiens s'offrirent d'ailleurs à faire des échanges avec les chrétiens, et agirent avec eux avec loyauté et sincérité.

Quant au vieil Indien, pendant tout le temps qu'il resta avec les Espagnols, il leur témoigna une fidélité et un dévouement constants, les suivant dans leurs courses à travers le pays, qu'ils parcoururent dans tous les sens, et leur servant de guide et d'interprète auprès des naturels qui parlaient sa langue.

Ce ne fut que lorsqu'ils arrivèrent dans des régions dont les habitants avaient un autre langage, que l'amiral le renvoya dans son pays, après l'avoir récompensé de ses services, et lui avoir fait quelques présents dont il fut très satisfait.

Les navires se trouvaient alors près du cap de *Gracias à Dios*, sur la côte de *la Oreja*, dont nous aurons à parler plus loin.

Dans ses entretiens avec le vieil Indien, Colomb avait appris qu'il existait, à une quarantaine de lieues vers l'ouest, une contrée considérable, avancée en civilisation et en industrie ; que les naturels étaient beaux et richement vêtus, que les habitations étaient grandes et magnifiques, et que le pays était riche et fertile ; et le vieillard l'engageait à aller visiter ces contrées. Mais l'amiral ne comprenait qu'à demi les explications de son interprète ; et ce fut regrettable à tous les points de vue. Quel beau fleuron eût-il ajouté à sa couronne de gloire, si, en suivant les conseils de l'Indien, il eût conduit ses vaisseaux au Mexique ou au Pérou, où il pouvait arriver facilement en quelques jours ! Quelle série de découvertes eût-il pu ajouter à celles qu'il avait déjà faites ! Au lieu de passer, dans des luttes stériles contre les éléments et les hommes, les dernières années de sa vie, accablé de maux physiques et abreuvé de dégoûts et de chagrins, il eût couronné sa vieillesse d'un renom incomparable !

Mais l'idée fixe du détroit qui devait le conduire dans l'Océan méridional et de là au pays des épices et des trésors, le préoccupait avant tout ; et il remettait à un autre temps la découverte de pays qui seraient toujours en quelque sorte sous sa main, et qu'il visiterait après son voyage dans l'Inde, pouvant y aller de l'île de Cuba.

Le vieil Indien lui avait dit d'ailleurs, que la terre ferme qu'il voulait explorer produisait beaucoup d'or, et cette dernière considération, si importante au point de vue pratique, et d'un si grand poids auprès du roi Ferdinand, le décida à diriger ses voiles du côté du sud, vers la terre ferme.

Don Fernando se livre à cet endroit à une dissertation assez curieuse, pour justifier l'erreur de son père, quant au détroit que celui-ci espérait trouver au fond du golfe, pensant qu'il devait y avoir là une séparation entre les deux continents.

Jouant sur le sens du mot *estrecho* qui signifie, *étroit*, quand il s'agit de la superficie, et *détroit* si on l'applique à la na-

vigation, l'historien dit que « *l'étroit* existait en effet; mais
« seulement, Colomb n'avait pas imaginé que c'était une
« terre étroite, ou une isthme, mais bien un véritable *détroit*
« maritime, c'est-à-dire une ouverture ou embouchure de
« fleuve passant d'une mer à l'autre, et son erreur fut pro-
« duite par la double signification du mot *estrecho*, qui en
« effet qualifie très bien la langue de terre de Veragua. »

Cette explication ne nous paraît pas sérieuse; Colomb comptait bien trouver là un passage de l'Alantique dans le Pacifique. Et qui peut dire que ce passage n'a pas existé? Qui peut affirmer que cette langue de terre, qui sépare les deux Amériques, n'est pas sortie un jour du fond des mers, dans un de ces effroyables cataclysmes, qui tout à coup engloutissent de vastes terres et en font surgir d'autres dans des parages opposés? Si l'histoire de l'Atlantide, l'île immense de mille lieues de long, engloutie dans les flots en une nuit, a quelque probabilité de vérité, comment ne pas admettre la possibilité d'un gonflement subit d'une autre partie de la croûte terrestre, comme ces gonflements qui se sont produits et se produisent encore dans certains parages où l'on a vu s'élever du fond des flots des terres aujourd'hui peuplées d'habitants et couvertes de maisons?

L'amiral parti de l'île des *Guanaros* se dirigea, sans aucun retard, vers la pointe de la terre ferme qu'il nomma *Carinal*; il trouva, sur cette terre, un grand nombre d'arbres qui produisent une espèce de pomme légèrement ridée et ayant un noyau spongieux, d'un bon goût, surtout cuite, et que les Indiens de la Española appelaient *carina*, ce qui lui inspira le nom donné à cette pointe.

Ne voyant d'ailleurs là rien de bien intéressant, et ne voulant pas perdre son temps, Colomb entra dans le golfe et suivit la côte qui court de ce côté jusqu'au cap de *Gracias à Dios*.

Cette côte est très basse et la plage très unie; les Indiens les plus proches de la pointe *Carinal*, portent sur leurs épaules les camisoles sans manches déjà mentionnées et les fichus attachés sur le devant; ils se servent d'espèces de boucliers en coton matelassé, qui sont suffisants pour les protéger contre les coups de leurs javelots, et qui pourraient même résister aux premiers coups des armes européennes.

Ceux qui habitent plus à l'est, vers le cap de *Gracias à Dios*, sont presque noirs ; ce sont des brutes qui vont tout nus et dont toutes les allures sont très grossières ; d'après les récits du vieux *Jumbe*, ils mangent de la chair humaine, des poissons crus, comme ils les pêchent dans l'eau ; ils ont les oreilles percées, et les trous sont tellement élargis qu'on pourrait y passer un œuf de poule ; c'est ce qui engagea l'amiral à nommer cette côte : *Costa de Oreja* (Côte de l'Oreille).

Le préfet descendit à terre le dimanche matin, 14 août 1502, avec les capitaines des caravelles, et un grand nombre d'hommes de la flotte, bannières déployées ; ils assistèrent à la messe qui fut dite sur le rivage, à l'ombre des arbres, suivant l'habitude de l'amiral.

Le mercredi suivant, les barques furent mises à terre avec les hommes du bord, et on prit possession de cette contrée, au nom des rois catholiques, avec le cérémonial en usage pour ces actes. Il était accouru sur la plage, plus d'une centaine d'Indiens qui assistèrent à la cérémonie ; ils portaient des quantités de provisions qu'ils offrirent aux Espagnols, et ils se retiraient sans avoir proféré une parole, quand le préfet leur fit donner quelques grelots, des rangs de perles et d'autres petits objets. Il leur demanda, par signes, quelques renseignements sur ces contrées, et l'interprète vint à son aide à ce sujet, bien qu'il ne comprît pas parfaitement les Espagnols à cause du peu de temps qu'il avait passé avec eux. Plusieurs des hommes des équipages qui avaient déjà séjourné à la Española, y avaient appris la langue indienne et, quoique, vu la distance, l'idiome de ceux-ci ne fût pas le même, ils s'entendirent cependant avec eux.

Très satisfaits des objets qu'on leur avait donnés, les Indiens revinrent le lendemain, au nombre de 200 au moins, chargés de différentes sortes de provisions : c'étaient des poules de terre qui sont meilleures que celles d'Europe, des canards, des poissons fumés, des fèves rouges et blanches, pareilles aux haricots d'Espagne, et d'autres objets qui ne présentaient aucune différence avec ceux de la Española.

Quoique la terre fût basse, elle était verdoyante et belle; on y voyait des pins en quantité, des chênes et des palmiers de différentes espèces; il y avait aussi des myrabotaniers, que les Indiens de la Española appellent *hovos*, et on y trouvait tous les autres fruits que possédait cette dernière île. On y aperçut un grand nombre de léopards, des cerfs, et tous les poissons que l'on trouve dans les autres îles et qui ne sont pas connus en Espagne.

Les habitants étaient à peu près de même nature que ceux des autres îles, mais ils avaient le front moins large. Ils ne paraissaient pratiquer aucune cérémonie religieuse. Dans leur langue, ils ont des idiomes différents, et ordinairement ils vont nus et couvrent seulement les parties honteuses de leurs corps; quelques-uns portent des camisoles qui leur descendent jusqu'au nombril, et n'ont pas de manches; ils ont les bras et le corps tatoués de dessins mauresques produits par le feu, et qui leur donnent un aspect étrange; quelques-uns portent sur leur poitrine, peints en couleurs voyantes, des lions, des cerfs, des châteaux avec des tours, et d'autres dessins de diverses formes. Au lieu de bérets, la plupart sont coiffés avec des mouchoirs de coton blanc ou de couleur, noués autour de leur tête; d'autres portent, pendantes sur leur front, quelques mèches de cheveux; mais, quand ils s'apprêtent pour quelque fête, ils se teignent la figure, les uns en noir, les autres en rouge, quelques-uns se tracent des raies de différentes couleurs sur le visage, d'autres se décorent de plumes d'autruche, et il y en a qui entourent leurs yeux d'un cercle de peinture noire; ils croient, en se maquillant ainsi, se faire beaux ou se rendre terribles.

L'amiral suivit la côte d'*Oreja*, à l'ouest du cap de *Gracias à Dios*, mais les vents furent toujours contraires, et on fut obligé de marcher la sonde à la main, attendu, qu'à une demi-lieue de la côte, il n'y avait que deux brasses de profondeur, tandis qu'à une lieue, on en trouvait quatre. On courait donc des bordées de la terre à la mer, et réciproquement, de la mer à la terre, suivant que le vent portait; mais la côte offrait de très bons mouillages, sans obstacles d'aucune sorte, et c'était fort commode pour jeter l'ancre, pendant la nuit, ou bien lorsque le vent tombait tout à fait, ce qui n'empêchait pas cette navigation d'être fatigante et longue.

Le 14 septembre, Colomb atteignit le cap, et là, comme la côte tournait brusquement vers le sud, le vent d'est, qui régnait alors, lui permit de naviguer avec plus de facilité. La marche, en louvoyant avec le vent contraire, ayant été incommode, les gens de l'équipage trouvant le vent favorable, en arrivant au cap, s'étaient mis avec Colomb à rendre grâces à Dieu de cet heureux changement : c'est ce qui fit que l'amiral le nomma le cap de *Gracias à Dios* (grâces à Dieu).

Un peu avant d'y arriver, ils avaient rencontré des bancs de sable très dangereux, car ils s'étendaient en mer à perte de vue.

Comme on avait besoin d'eau et de bois, Colomb envoya les barques vers une rivière qui paraissait profonde, et dont l'entrée semblait facile; mais le vent ayant fraîchi, la mer, devenue houleuse, se heurtait avec tant de violence contre le courant de la rivière, qu'elle chavira une des barques qui coula avec tout son équipage, dont on ne put sauver un seul homme, et l'amiral appela cette rivière *Rio de la desgracia* (Rivière du malheur).

On était alors au 16 septembre. Sur les bords de cette rivière, il y avait des roseaux dont la tige était aussi grosse que la cuisse d'un homme.

# CHAPITRE XXXIX.

### CONTINUATION DE L'EXPLORATION DES CÔTES.

Le dimanche, 25 septembre, la flotte atteignit une île nommée *Quiribiri*. On arriva ensuite sur la côte ferme, à un village appelé *Cariar*; les habitants étaient d'une nature excellente, le pays et la campagne qui, jusque-là, avaient été trouvés médiocres, étaient ici d'un bel aspect et avaient des sites merveilleux. L'île Quiribiri était haute et possédait de vastes forêts d'arbres de diverses espèces, parmi lesquels de nombreux palmiers et des mirabolaniers. L'amiral la nomma *Hucita*; elle était à peu près à une lieue de la côte ferme, où l'on apercevait une grande rivière, et, sur le rivage, on vit accourir une multitude d'Indiens dont plusieurs étaient armés d'arcs et de flèches, et d'autres de petits bâtons de palmier noircis au feu, durs comme du fer et dont la pointe était armée d'une arête de poisson aiguë; d'autres portaient des massues ou de gros bâtons, et ils étaient venus pour défendre l'approche de leur terre.

Les hommes avaient les cheveux tressés et relevés sur le haut de la tête, et les femmes les portaient coupés comme en Espagne.

Ces Indiens, voyant que les Espagnols venaient avec des intentions pacifiques, témoignèrent un vif désir de faire des échanges de leurs produits contre ceux des chrétiens, et ils leur offrirent des armes, des couvertures de coton, de leurs chemises, dont nous avons déjà parlé, et des pépites de *guanin* (or à bas titre) qu'ils portaient attachées à leur cou en guise de collier ; mais, ni ce jour-là, ni le lendemain, les Espagnols ne descendirent à terre.

L'amiral ne permit pas d'ailleurs, qu'on leur prît la moindre des choses, afin qu'ils ne crussent pas que ses hommes voulussent ravir leurs biens, et il leur fit donner une certaine quantité de ses marchandises.

Moins les Espagnols montraient d'empressement à faire des échanges avec les Indiens, et plus ceux-ci témoignaient le désir d'entrer en relations ; et, du rivage, ils adressaient de nombreux appels, étendant leurs couvertures comme des bannières et invitant les chrétiens à débarquer. Enfin, voyant que personne ne descendait à terre, ils ramassèrent tous les objets qu'on leur avait donnés, ils les attachèrent avec soin et les laissèrent au même endroit où les barques avaient atterri.

Quand, le mercredi suivant, les Espagnols allèrent à terre, ils retrouvèrent ces objets au même endroit.

Cependant, les Indiens, croyant que les blancs se méfiaient d'eux, envoyèrent aux navires un vieillard à l'aspect vénérable, avec une bannière au bout d'une perche ; il emmenait, avec lui, une fillette de huit ans, avec une autre de quatorze ans.

Dès qu'ils furent entrés dans leur canot, le vieil Indien fit signe que les Espagnols pouvaient débarquer en toute sécurité. Sur leurs instances, les barques allèrent à terre prendre de l'eau, et les Indiens avaient grand soin de ne faire aucun signe ni aucun mouvement qui fût capable d'effrayer les chrétiens et, lorsqu'ils les virent ensuite retourner à leurs navires, ils multipliaient leurs signes pour qu'ils acceptassent les objets de *guanin* qu'ils portaient au cou.

Sur les instances du vieillard qui les conduisait, les Espagnols se décidèrent à prendre ces espèces de colliers.

En agissant avec cette insistance, ces Indiens témoignaient plus d'ingéniosité que ceux qu'on avait vus jusque-là dans les autres pays. Quant aux petites filles, qui étaient restées à bord du navire, leur force, leur intelligence et le développement de leurs formes étaient remarquables pour leur âge ; à la vue des Espagnols, d'un aspect si étrange, elles ne montrèrent ni étonnement ni crainte, et restèrent constamment vives et joyeuses, mais polies.

L'amiral les traita avec bonté; il les fit habiller et leur fit donner à manger; ensuite, il les fit conduire à terre où se trouvaient une cinquantaine d'Indiens. Ce fut le vieillard qui les reçut et les félicita sur leurs vêtements, qui furent fort admirés par les autres Indiens. Mais quand les barques revinrent à terre, le même jour, ils y trouvèrent encore les mêmes Indiens avec les petites filles, qui leur restituèrent tout ce qu'on leur avait donné.

Le jour suivant, le préfet descendit à terre pour prendre des informations auprès de ces gens; aussitôt vinrent à la barque où il se trouvait deux des plus notables Indiens et, le prenant par les bras, au milieu d'eux, ils le firent asseoir sur l'herbe du rivage.

Le préfet, leur ayant adressé quelques questions, invita le secrétaire de la flotte à écrire leurs réponses; mais, à la vue du papier, de la plume et de l'écritoire, ils furent tellement effrayés que le plus grand nombre des Indiens se mirent à fuir de tous côtés, de peur d'être ensorcelés par les paroles ou les signes des chrétiens.

Ceux-ci, d'ailleurs, auraient pu plutôt les accuser de sorcellerie avec quelque probabilité de raison, car, lorsqu'ils s'approchaient d'eux, ils répandaient dans l'air une certaine poudre, à leur entour, et de cette poudre ils tiraient une fumée odorante qu'ils dirigeaient vers les chrétiens.

« Bien plus, ajoute Don Fernando, ce fait de ne vouloir ac-
« cepter aucun des objets qu'on leur avait donnés et de les
« restituer tous, démontre suffisamment leur défiance, et
« selon le proverbe, le voleur pense que tout le monde est
« de sa condition. »

Ceci vient confirmer notre assertion précédente, qu'à cette époque, les Espagnols n'avaient pas pris l'habitude de fumer le tabac.

L'arrêt dans cette contrée ayant été plus long que ne le permettait la rapidité du voyage, les navires étant bien réparés et pourvus de tout ce dont ils avaient besoin, l'amiral, ordonna au préfet de descendre à terre et d'aller avec un certain nombre d'hommes, faire une reconnaissance du pays et de ses habitants, de s'informer de leur nature, de leur caractère, de leurs usages, ainsi que des conditions du pays. Ce qu'il remarqua de plus curieux, ce fut un vaste palais construit en bois et couvert en bambous, où, dans des salles de grandes dimensions, se trouvaient leurs sépultures; dans un de ces tombeaux, il y avait un cadavre embaumé; dans un autre il y en avait deux, sans aucune mauvaise odeur; les corps étaient enveloppés dans des draps de coton; sur la tombe, se trouvait une planche sur laquelle étaient gravés certains animaux et, sur quelques-unes, la figure du décédé. Le cadavre était orné d'une quantité de bijoux, de paillettes d'or, de colliers et d'autres objets les plus estimés par eux.

Ces coutumes démontraient que ces Indiens avaient plus de raisonnement que tous ceux que l'on avait trouvés auparavant, ce qui décida l'amiral à en faire prendre quelques-uns, pour connaître les conditions de la terre.

On lui en amena sept, sur lesquels il en choisit deux, et donna la liberté aux cinq autres, avec quelques présents. Les deux qu'il garda furent traités avec beaucoup de douceur; on leur dit qu'on les avait pris à bord pour servir de guides aux navires, sur cette côte, et qu'on leur donnerait ensuite leur liberté.

Mais les Indiens se figurèrent que c'était par cupidité et pour un certain profit qu'ils avaient été pris, et le lendemain il vint sur la plage un grand nombre d'Indiens, avec leurs *guaninis* et d'autres marchandises pour les racheter, et ils envoyèrent quatre ambassadeurs au vaisseau amiral, pour traiter de la rançon. Ceux-ci promirent de donner certains objets, et amenèrent avec eux deux petits porcs de leur pays, qu'ils offrirent à titre de présents, lesquels, quoique petits, sont de très bonne qualité.

L'amiral, en présence de tant de convenance, eut encore plus de désir de traiter avec cette population, et ne voulut pas quitter le pays, sans prendre langue avec ses habitants. Sans accepter leurs offres, il fit quelques présents aux ambassadeurs, afin qu'ils s'en allassent satisfaits, et il leur fit payer leurs porcs.

Ces animaux furent le sujet d'un épisode curieux :

Parmi les animaux de cette terre, se trouvent des chats

de couleur grise, qui ont la queue très longue et si vigoureuse que, lorsqu'ils saisissent avec elle un objet quelconque, on le croirait attaché avec une corde. Ces chats courent sur les arbres, sautant de l'un à l'autre, et, quand ils gambadent, non seulement ils s'accrochent aux branches avec leurs pattes, mais encore ils s'y suspendent avec leur queue; et maintes fois, cramponnés par cette attache, ils y restent par manière de jeu et de délassement.

Or il arriva qu'un arbalétrier apporta un de ces chats qu'il avait pris dans les bois, en le jetant à bas d'un arbre; mais l'animal, une fois par terre, devint d'une telle férocité que, ne pouvant s'en approcher, le soldat lui coupa une patte d'un coup de couteau et, s'en étant rendu maître par suite de sa blessure, il l'emporta au navire.

A la vue de cet animal, un bon chien qui était à bord, fut pris d'une frayeur extrême; mais il causa une bien plus grosse peur à un des petits porcs que les ambassadeurs avaient donnés à l'amiral. Dès que le pauvre porc eut vu le chat, il se mit à fuir avec les signes d'une réelle terreur, ce qui causa un étonnement général, car, avant la venue du chat, le cochon s'attaquait à tout le monde, et il ne laissait pas un moment le chien tranquille sur le pont.

En conséquence, l'amiral ordonna que l'on tînt le chat attaché, ce qui fut exécuté.

Mais celui-ci, quoique attaché, voyant le petit porc à sa portée, l'enlaça avec sa queue et, le maintenant avec sa patte saine, il le mordit cruellement. Le porc poussait des cris lamentables, pris d'une peur inexprimable, jusqu'à ce qu'on l'eût délivré des griffes de son ennemi.

Ces chats, dans ces contrées, doivent faire la chasse aux autres animaux, comme les loups et les chiens lévriers en Espagne.

Le mercredi suivant, 5 octobre, l'amiral mit à la voile et arriva au canal de *Zarabora* qui a six lieues de longueur et trois lieues de large. Il y a dans ce canal, un grand nombre de petites îles et trois ou quatre embouchures, par où les navires peuvent très aisément entrer et sortir par tous les temps; ils naviguent entre ces îles, comme dans des canaux, les cordages des vaisseaux touchant les branches des arbres.

Dès que la flotte pénétra dans le canal précité, les barques furent envoyées à terre, dans une île où elles trouvèrent, sur le rivage, une vingtaine de canots à sec, tandis que les Indiens tout nus jouaient dans la rivière; ils portaient au cou de petits miroirs en or, et quelques-uns avaient un aigle de *guanin.*

Ces Indiens ne témoignèrent aucune frayeur, en voyant les Espagnols, et, sur l'invitation que leur firent les deux naturels de *Cariai,* ils n'hésitèrent pas à troquer leurs miroirs d'or, qui pesaient bien une dizaine de ducats, pour quelques grelots.

En réponse à la question qui leur fut adressée, sur le lieu où se trouvait l'or, ils répondirent qu'il y en avait, sur la terre ferme, une grande abondance, et qu'on le recueillait dans une région peu éloignée de leur pays.

Le 7 octobre, les barques furent envoyées à terre et les Espagnols y trouvèrent une dizaine de canots remplis d'Indiens, qui ne voulurent par troquer leurs miroirs avec les étrangers. Deux des principaux chefs furent pris et conduits auprès de l'amiral, afin qu'il obtînt d'eux des renseignements à l'aide des deux interprètes.

Le miroir que portait l'un de ces Indiens pesait 14 ducats, et l'aigle de l'autre en pesait 22. Ils déclarèrent que, dans une contrée située à une ou deux journées de distance, on recueillait beaucoup d'or, et ils nommèrent les endroits où il se trouvait. Ils dirent que le canal contenait une grande quantité de poisson, et qu'il y avait, sur la terre, un nombre considérable d'animaux des mêmes espèces qui se trouvaient aux Canaries; que la terre produisait beaucoup d'aliments de consommation à leur usage, des racines, des herbes, des grains et des fruits.

Ces Indiens étaient également teints de diverses couleurs, blanc, rouge et noir, sur leur visage et leur corps; ils allaient tout nus, sauf leurs parties qu'ils couvraient d'un petit carré de coton.

De ce canal de *Zarabora* on passa dans un autre qui lui est contigu et qui est à peu près semblable; celui-ci se nomme *Aburema* et, le 17 du mois, la flotte arriva à *Mesancho*. On continua ainsi à naviguer jusqu'à *Guaiga*, une rivière distante environ d'une douzaine de lieues d'*Aburema*. L'amiral envoya là les barques à terre, du bord desquelles, les hommes qui les montaient, virent plus de cent Indiens qui paraissaient les attendre. Sans les laisser mettre pied à terre, les Indiens entrèrent dans l'eau jusqu'à la ceinture en poussant des cris, soufflant dans leurs cornes et battant une sorte de tambour, en signe de combat, et pour défendre leur terre; ils lancèrent sur les barques leurs javelots et, prenant dans leurs mains de l'eau de mer, ils la jetaient après les Espagnols, tout en mâchant une herbe qu'ils crachaient ensuite en signe de mépris. Cette attaque furieuse n'émut pas les chrétiens; ils cherchèrent au contraire à les calmer, et, en définitive, ils en vinrent à troquer les miroirs qu'ils portaient au cou, chacun pour deux ou trois grelots; et les Espagnols recueillirent ainsi seize miroirs qui valaient bien cent cinquante ducats.

Le lendemain vendredi, 29 octobre, les barques revinrent à terre dans l'intention de faire des échanges; mais, avant d'aborder, les Espagnols appelèrent quelques Indiens qu'ils voyaient sous des ramées de branches d'arbres, qui avaient été construites pendant la nuit sur la plage, pour défendre l'accès du rivage, dans la crainte que les Espagnols ne vinssent s'en emparer et leur susciter quelque disgrâce. Mais, malgré leurs appels réitérés, aucun des Indiens ne voulut venir vers les barques. Quant aux chrétiens, ils n'étaient pas soucieux d'aller à terre, sans s'être assurés des intentions des naturels du pays; et l'on sut depuis, qu'ils attendaient les chrétiens pour les assaillir, au moment du débarquement.

Voyant que les Espagnols ne bougeaient pas, les Indiens commencèrent à battre leur tambour et à souffler dans leurs cornes, en poussant de grands cris; ils sautèrent dans l'eau, comme le jour précédent et arrivèrent ainsi autour des barques, en menaçant les chrétiens de leur lancer leurs javelots, s'ils ne retournaient pas à leurs navires. Mais les chrétiens, mécontents de cette démonstration, et voulant rabaisser leur hardiesse, blessèrent l'un d'eux au bras, d'une flèche lancée par une arbalète, et tirèrent un coup de canon, qui leur causa une si grande frayeur qu'ils s'enfuirent tous et gagnèrent la terre. Alors quatre Espagnols débarquèrent et les appelèrent; laissant leurs armes, ils s'approchèrent sans crainte, et ils échangèrent trois miroirs, disant qu'ils n'en avaient pas apporté d'autres, vu qu'ils venaient pour combattre et nullement pour faire des échanges.

L'amiral n'avait d'autre but, dans ce voyage, que de recueillir des échantillons des produits des terres qu'il explorait et, désireux d'abréger sa route, il vint à *Cateva*, sans attendre davantage, et jeta l'ancre à l'entrée d'une grande rivière. On vit, du bord des navires, que les Indiens battaient le tambour et sonnaient de leurs cornes pour se réunir, et qu'ensuite ils envoyèrent un canot monté par deux hommes. Ceux-ci, après s'être entretenus avec l'Indien qu'on avait pris à *Cariai*, montèrent sans hésitation, et à l'instant même, dans le vaisseau amiral, et avec la plus complète assurance, ils donnèrent à Colomb deux miroirs d'or qu'ils portaient au cou, suivant le conseil que leur avait donné l'Indien en question, et l'amiral leur donna quelques-unes des bagatelles qu'il avait apportées.

Dès le retour à terre de ces deux délégués, il en vint trois autres, dans un second canot; ils avaient de même leurs miroirs au cou, et ils agirent comme leurs compagnons. Profitant de ces témoignages d'amitié, les Espagnols descendirent à terre, et ils y trouvèrent un grand nombre d'Indiens avec leur roi, qui n'était différencié de ses sujets que par une feuille d'arbre, dont il se servait pour se garantir de la pluie qui tombait avec abondance. Pour donner l'exemple à ses sujets, il fit l'échange d'un miroir, le premier, et il les invita ensuite à troquer les leurs; on en recueillit ainsi dix-neuf, en or fin.

En cet endroit, c'est la première fois que les Espagnols virent dans les Indes un vestige d'édifice : c'était un grand bloc de stuc, qui semblait composé de pierre et de chaux. L'amiral en fit détacher un morceau, pour garder un souvenir de cette antiquité.

De là, Colomb cingla vers l'orient, et arriva à *Cobrara*,

dont les villages sont situés près des rivières de la côte. Afin que les gens de l'équipage ne fussent pas tentés de descendre à terre, il doubla, le vent étant très favorable, cinq villages de grand trafic, parmi lesquels se trouvait *Veragua*, où les Indiens disaient que se recueillait l'or et que l'on fabriquait les miroirs. Aucun Indien ne se montra d'ailleurs sur le rivage, au passage des navires.

Le jour suivant, la flotte parvint à un village que l'on nomme *Cubija*, où, selon l'interprète qu'on avait pris à *Cariai*, se terminait la contrée où se faisaient les échanges, cette contrée avait commencé à *Zarabora*, et comprenait environ 50 lieues de côtes.

Sans s'arrêter, l'amiral poussa jusqu'à *Puerto-Bello*, auquel il donna ce nom à cause de ses vastes proportions, de sa beauté, et de la nombreuse population établie aux alentours, dans un magnifique pays parfaitement cultivé.

Il y entra, le 11 novembre, en passant entre deux petites îles; les navires, ancrés dans le port, pouvaient s'y mouvoir largement et virer de bord pour en sortir, si c'était à leur convenance.

La contrée qui s'étend au delà du port est plus élevée, sans excès de bois, bien cultivée, couverte de cases très rapprochées les unes des autres, à peu près à un jet de pierre ou d'arbalète, et le paysage est si ravissant que l'on croit voir un tableau peint, et le plus enchanteur qu'on puisse imaginer.

Colomb s'arrêta sept jours dans ce port et, durant ce délai, la pluie et le mauvais temps ne cessèrent pas un instant. Il venait tous les jours, aux navires, un grand nombre de canots pour faire des échanges; ils apportaient des provisions, des pelotons de coton filé, de très belle qualité, qu'ils donnaient pour quelques bagatelles.

L'amiral avait parcouru cette côte le plus rapidement que cela lui avait été possible, et ne s'était pas arrêté, comme nous l'avons dit, dans plusieurs villes ou villages, où il eût pu faire des échanges, et dont l'accès lui était facile, chacun de ces centres de population étant situé à l'embouchure d'une rivière, et toute cette côte, au dire des Indiens, étant pourvue d'or en abondance; les terres de l'intérieur étaient extrêmement fertiles et bien cultivées. Ce pays n'a pas d'ailleurs dégénéré, car aujourd'hui il a reçu le nom de *Costa Rica* (la côte riche).

Ce qui préoccupait surtout Colomb, c'était la recherche du détroit qui, selon lui, devait le conduire dans la grande mer; mais quelle mer? Pensait-il encore, comme le suppose Washington Irwing, qu'il se trouvait là sur les confins de la Tartarie, et que la côte qu'il venait de parcourir était une partie de l'Inde orientale?

Les Indiens qu'il avait consultés lui avaient bien parlé de royaumes civilisés où se trouvaient de grandes richesses; de villes avec des monuments superbes, de maisons aux toits d'or, aux murailles tapissées d'or avec des tentures et des meubles brodés et décorés avec de l'or, mais il avait déjà reconnu, *à Cibao* et ailleurs, que ces superbes descriptions, émanant de ces gens naïfs, simples et crédules, concernaient en réalité de simples villages, des maisons primitives, plus importantes, il est vrai, et plus ornées que leurs misérables huttes, mais ne réalisant, en aucune façon, l'idée qu'on avait pu s'en faire d'après ces récits exagérés.

Eh bien, une erreur aussi colossale, persistant à hanter l'imagination de Colomb à ce moment-là, ne nous parait pas admissible; elle serait absolument en désaccord avec son intelligence, son jugement sain, et supposerait chez lui de l'entêtement plutôt que de l'illusion. Rien, dans son journal de bord, rien dans l'histoire de ce quatrième voyage, écrite par son fils, alors témoin oculaire, ne donne l'idée de cette croyance, et sa conduite semble démontrer qu'il avait renoncé à ces mirages.

Comment, en suivant la côte ferme, pour rechercher le fameux détroit que, d'après les probabilités, il pouvait croire trouver au fond du golfe, dans l'isthme de Darien, pouvait-il penser qu'il allait déboucher dans la mer indienne, alors qu'il avait cru longtemps que la côte occidentale de l'île de Cuba était une extrémité de l'Inde asiatique?

Colomb était versé plus que tout autre dans les études cosmographiques, et il connaissait trop bien la navigation, dans ces mers qu'il pratiquait depuis plusieurs années, où il avait fait trois voyages d'exploration, pour ne s'être pas rendu compte, qu'en prenant, au quatrième voyage, la nouvelle route qui l'avait conduit à *Veragua*, il s'éloignait de plus en plus de cette extrémité de l'Inde qu'un moment, à Cuba, il avait cru avoir découverte.

Pour nous, lorsque Colomb entreprit ce quatrième voyage, après la découverte de la côte de *Paria*, il nous paraît plus probable qu'il savait parfaitement qu'il ne trouverait, sur ce continent, ni *Cathay* ni le grand Khan, car il ne pouvait conserver aucune illusion à ce sujet. Nous croyons donc qu'en cherchant un passage vers l'isthme de Darien, il avait trouvé, dans quelque ancien ouvrage, que ce passage existait dans l'antiquité, ce qui n'est pas inadmissible, et alors, sortant de l'océan Atlantique par ce détroit, il allait à l'aventure dans des mers inconnues, par lesquelles il espérait faire le tour du monde et découvrir de nouvelles terres. Mais certainement, en débouchant par cette issue, dans la mer du Sud, l'océan Pacifique, il ne pouvait pas croire qu'il allait trouver, à l'embouchure, le Gange et les riches contrées de l'Inde décrites par Vasco de Gama, qui les avait découvertes par une route opposée.

A cette époque, disent les historiens, on croyait la circonférence de la terre plus grande qu'elle n'était réellement. Cette croyance augmentait donc encore les distances à parcourir. Colomb, avec son frère, avaient fait des cartes marines; et il faudrait le supposer bien arriéré dans cette science, pour qu'il ne se rendît pas compte, qu'après la terre ferme, il devait se trouver une immensité d'eau avant d'arriver aux Indes orientales.

# CHAPITRE XL.

### DÉPART DE PUERTO-BELLO ET DÉCOUVERTE DU PORT D'EL RETRETE.

Mercredi, 9 novembre, Colomb sortit de Puerto-Bello et navigua, durant huit lieues, dans la direction de l'est, mais le jour suivant, il fut obligé de marcher en sens contraire pendant quatre lieues, par suite de gros temps et du changement de vent; la flotte entra dans les eaux des petites îles parmi lesquelles se trouve celle de *Nombre de Dios*. Toutes ces îles étant couvertes de semis de maïs, elles furent appelées îles de *Bastimentos* (les Iles des provisions.)

L'amiral envoya à terre une barque bien montée et bien armée, pour prendre langue et avoir des informations sur la nature de ces îles; mais dès qu'ils virent la barque à un jet d'arbalète, les Indiens s'élancèrent tous dans l'eau et s'enfuirent à la nage; la barque les poursuivit l'espace d'une demi-lieue, mais aussitôt qu'elle était près de les atteindre, ils plongeaient comme des oiseaux de mer, et reparaissaient à un point éloigné un moment après. C'était une curiosité presque amusante, de voir le bateau se fatiguer ainsi à une poursuite toujours déçue, et obligé de revenir au navire sans avoir pu prendre un seul de ces merveilleux nageurs.

Les navires restèrent dans ces parages jusqu'au 23 novembre; on les répara et on mit les barques en état; ensuite on partit, ce même jour, se dirigeant vers l'orient, et on arriva à une terre appelée *Guigua*, portant le même nom qu'une autre contrée située entre *Veragua* et *Ceragua*. Les barques, envoyées à terre, y trouvèrent sur la plage plus de 300 Indiens qui s'y étaient rendus, pour trafiquer et céder des provisions, et quelques morceaux d'or qu'ils portaient plantés dans leur nez et à leurs oreilles.

Mais Colomb ne voulut pas s'arrêter. Le samedi, 26 novembre, les navires mouillèrent dans un port de très petites dimensions, cinq ou six navires le remplissaient entièrement ; l'entrée avait à peu près vingt pas de largeur ; des deux côtés, il était bordé de rochers qui sortaient de l'eau, comme des pointes de diamant, et la profondeur était telle que l'on pouvait approcher les navires du rivage, assez près pour qu'on pût sauter du bord sur la terre. Cette circonstance offrait quelque danger pour la sûreté des navires ; elle était due au désir des gens des équipages d'être à portée de frayer avec les Indiens pour faire des échanges avec eux. Les sondeurs qu'on avait envoyés pour reconnaître le fond, trompèrent l'amiral dans leur rapport, et les navires furent mouillés de façon qu'on pût sauter à terre très commodément.

Le temps étant dérangé et troublé, on séjourna pendant neuf jours dans ce port resserré. Dans les premières journées, les Indiens venaient sur le rivage tranquillement et avec confiance ; il s'établit, entre eux et les Espagnols, des rapports faciles et les échanges s'opéraient paisiblement. Les marins quittaient les navires la nuit, en cachette et sans permission, et pénétraient dans les cases des Indiens ; mais leur cupidité et leur dissolution eurent bientôt porté le trouble dans ces intérieurs paisibles ; ils s'emparaient de tout ce qui leur convenait, outrageaient ou enlevaient les femmes, de telle sorte que la paix ne dura pas longtemps.

Il s'ensuivit d'abord des querelles particulières. Quelques marins, surpris entraînant des Indiennes et les violentant, furent maltraités, et plus tard eurent lieu des engagements plus importants, jusqu'à ce que le nombre des Indiens augmentant tous les jours, ils crurent être en force pour attaquer les navires, lesquels, comme nous l'avons dit, se trouvaient tout près de terre et qu'ils espéraient détériorer.

L'amiral, usa d'abord de moyens de conciliation à l'égard de cette révolte, dans la croyance qu'il parviendrait à la calmer ; mais, voyant que l'audace des assaillants allait toujours croissant et qu'ils devenaient arrogants, l'amiral fit tirer quelques coups de canon à blanc pour les effrayer; mais, à ces décharges inoffensives, les Indiens répondaient par des cris furieux, frappaient de leurs bâtons les branches des arbres, et gesticulaient avec force menaces, pour montrer que ce bruit ne les effrayait pas. Ils croyaient fermement que c'étaient des coups de tonnerre que les chrétiens faisaient retentir pour les épouvanter. Alors l'amiral, voulant rabattre leur insolence, et leur montrer que les armes des Espagnols n'étaient pas à mépriser, fit pointer une pièce d'artillerie contre une compagnie d'Indiens qui se trouvait sur un point élevé, et le boulet vint tomber au milieu du groupe et y causa quelques ravages qui leur apprirent, que les éclairs et les coups de tonnerre des chrétiens n'étaient pas des sujets de plaisanterie.

A la vue des morts et des blessés atteints par ce seul projectile, les Indiens furent pris d'une terreur panique et s'enfuirent en désordre; depuis ce moment ils ne quittèrent plus leurs montagnes.

C'étaient cependant les gens les plus paisibles et les mieux disposés qu'on eût rencontrés jusque là; ils étaient grands, secs, déliés et n'avaient pas le ventre gonflé comme les autres; leur physionomie et leurs manières étaient agréables. La terre, point encombrée d'arbres, était couverte d'une herbe tendre et courte, ressemblant à un tapis de gazon; dans le port, se voyaient de grands caïmans et de nombreux crocodiles. Ces amphibies sortent de l'eau pour aller dormir sur le sable, et y répandent une odeur si suave que l'on croirait sentir le plus doux parfum du monde; mais ils sont féroces et carnivores au point que, trouvant un homme étendu ou endormi sur la plage, ils le saisissent et l'emportent dans l'eau pour le dévorer; mais si on les attaque, ils ont peur et prennent la fuite.

Dans un grand nombre de contrées des Indes, il existe de ces caïmans, et certains savants ou voyageurs affirment qu'ils sont aussi dangereux que les crocodiles du Nil.

Les vents violents de l'est et du nord-est ne cessant pas de souffler, l'amiral, voyant qu'il n'y avait plus d'échanges à faire avec ces populations réfugiées dans les montagnes, résolut d'aller reconnaître les mines de Veragua, pour vérifier les dires des Indiens quant à leur richesse.

Cependant les hommes de ses équipages étaient découragés et, quand ils reçurent l'ordre de lever l'ancre, ils commencèrent à se plaindre. Aucun d'eux ne partageait l'enthousiasme de Colomb, et conséquemment n'éprouvait le même attrait pour atteindre le but si ardemment poursuivi. Ils avaient suivi le navigateur par esprit de lucre ou par tout autre instinct plus matériel, et ils regrettaient la terre où les échanges étaient si faciles et si avantageux; ils regrettaient surtout les Indiennes, proie si commode et si douce! Ils accusaient l'amiral de jeter un sort sur leur voyage et de déchaîner sur leurs navires le mauvais temps et les orages! C'étaient là les récriminations des subalternes; quant aux officiers, ils traitaient de folie le projet de continuer leur voyage, pour un but incertain, avec des navires percés à jour, comme des cribles, par les vers, et nécessitant des réparations à chaque moment. Ne valait-il pas mieux s'arrêter dans quelqu'une de ces contrées si riches, si belles, si fertiles, et s'y livrer à la recherche de l'or et des pierres précieuses, que courir à l'aventure après un détroit qui probablement n'existait pas?

Colomb lui-même, malgré sa foi, se sentait ébranlé par les murmures de ses gens et par les raisonnements de ses officiers. Commençait-il à douter lui-même de sa croyance, et l'insuccès de ses recherches du fameux détroit ébranlait-il, dans sa pensée, sa supposition à ce sujet?

Quoi qu'il en soit, l'amiral résolut de ne pas aller plus avant et de retourner à *Veragua*, pour aller à la recherche de ces mines tant vantées, et où il espérait faire une ample moisson d'or pour satisfaire les besoins de la couronne d'Espagne.

Il semblait ainsi renoncer à la découverte du détroit qui, d'après ses prévisions, devait se trouver au fond de cet immense golfe, où la nature paraît avoir indiqué sa place, et où peut-être il a existé dans le cours des siècles qui se sont succédés.

Quelque temps avant sa tentative, un explorateur du nom

de Bastides avait également visité ces côtes et était arrivé, comme lui, au point où il s'arrêtait. De là, ne trouvant pas d'issue, il était revenu sur ses pas et était allé à la Española, où le fameux Bobadilla, fidèle à son exclusivisme, l'avait fait arrêter et l'avait maintenu en prison, jusqu'à l'arrivée d'Ovando qui le remit en liberté; et il était sur l'un des navires de la flotte qui périt en sortant du port, comme nous l'avons déjà vu. Mais il se trouva sur le navire qui, seul, put continuer son voyage, car il arriva en Espagne, où les souverains le récompensèrent de ses découvertes. D'ailleurs, à son retour, Colomb était reparti et n'avait pu avoir, par lui, des détails sur les résultats de ses recherches. Il est vrai qu'une partie de son équipage était retournée en Castille avant lui; mais il est probable que ces marins n'avaient pu donner que des renseignements généraux sur l'ensemble du voyage; en supposant que Colomb eût pu en entendre parler, ce qui n'est rapporté ni dans son journal ni par aucun historien du temps, il n'avait certainement rien appris quant au point qui l'intéressait le plus dans cette exploration.

C'est le 5 décembre que la flottille quitta le petit port *del Retrete*, et, le même jour, elle arriva, pour passer la nuit, à *Puerto-Bello*. Le lendemain, Colomb poursuivit sa route, mais il fut assailli par un vent d'ouest très violent et tout à fait contraire à sa direction; il ne crut pas qu'il fût de longue durée et, ne voulant pas changer de route, le temps étant alors très variable, il préféra louvoyer et attendre un changement de temps pour se rendre à *Veragua*.

Mais il éprouva un autre contretemps qui le força à retourner à *Puerto-Bello;* au moment où il se disposait à mouiller, le vent tournait encore et, cette fois, avec des coups de tonnerre éclatants et des éclairs aveuglants qui obligeaient les hommes à tenir les yeux fermés; en même temps, une pluie torrentielle inondait les navires. Il semblait que le ciel s'effondrait, et les coups de tonnerre se succédaient d'une manière si continue, que l'on croyait, à bord, que l'un des navires tirait des coups de canon de détresse, se trouvant en danger et demandant du secours.

La pluie ne discontinua pas de tomber à torrents pendant trois jours ; on eût cru assister à un nouveau déluge, ce qui ne laissait pas de causer aux navires de grandes fatigues et des travaux excessifs aux équipages, dont les hommes se désespéraient de ne pouvoir se reposer une demi-heure.

Les navires étaient ballottés tantôt d'un côté, tantôt d'un autre, obligés de lutter contre tous les éléments à la fois, et les redoutant tous, comme en danger de mort. Dans des tourmentes si épouvantables, tout est à craindre : le feu communiqué par la foudre ou les éclairs, le vent par sa furie, l'eau par la violence des flots, et la terre, à cause des bas-fonds et des écueils, sur une côte inconnue, et qui souvent se trouvent à l'entrée du port où le marin compte se mettre à l'abri ; de telle sorte qu'il est encore moins exposé à lutter contre les éléments, en pleine mer, qu'à courir le risque d'être jeté contre les rochers !

Au milieu de ces dangers si imminents surgit un autre péril plus effrayant : ce fut une trombe d'eau qui passa, le mardi 13 décembre, au milieu des navires et qui, si elle n'avait pas été rompue, eût emporté dans ses flancs, tout ce qu'elle aurait rencontré sur son passage ; l'eau s'éleva jusqu'aux cieux, comme une colonne, formant une spirale énorme, ayant l'épaisseur d'une grande cuve et se tordant en un immense tourbillon. Les équipages se mirent à *réciter* l'évangile de saint Jean, et la trombe alla s'abattre en pleine mer, laissant les gens convaincus qu'ils devaient leur salut à leurs prières.

Dans cette nuit obscure, la caravelle *Zalizono*, obligée de fuir devant le temps, fut perdue de vue et fut heureusement retrouvée huit jours après, mais sans sa barque ; elle avait couru de très graves dangers, pendant ce temps d'obscurité profonde. Quoique près de la côte, elle avait mouillé une ancre et, pour éviter de périr, elle s'était vue obligée de couper le câble et d'abandonner son ancre ; on reconnut alors que, dans ces parages, les courants suivaient l'impulsion des tempêtes, et marchaient selon la direction du vent. Quand le vent soufflait de l'ouest, les courants se dirigeaient vers l'est et, au contraire, quand le vent tournait à l'est, les courants marchaient vers l'ouest, le vent le plus fort ayant là le privilège d'entraîner le courant des eaux.

Ces grandes contrariétés de la mer et du vent causèrent à la flottille de si graves dommages, qu'elle en fut à moitié désemparée, sans que personne pût y porter remède immédiat, par suite de l'extrême fatigue des équipages. Un ou deux jours de calme succédèrent à ces horribles tourmentes, et l'on put prendre un peu de repos. Il vint alors autour des navires une si grande quantité de requins, que les gens en étaient presque effrayés ; mais leur crainte était surtout déterminée par les funestes pronostics que, selon les marins, cette énorme réunion de ces monstres de la mer apporte, par sa présence, autour des navires. De même qu'un grand concours de vautours, se ruant vers les champs de bataille, pronostique la mort et le carnage, dont les oiseaux de proie sentent l'odeur et semblent, à de grandes distances, deviner les approches, de même les requins accourent en grand nombre autour des navires, prévoyant en quelque sorte les naufrages, et venant guetter et saisir la proie que semblent leur préparer les éléments déchaînés.

Malheur à ce moment, à l'homme qui tombe à la mer, qu'une vague emporte en balayant le pont! Malheur même à celui qui, pour quelque travail urgent, se met à leur portée car, de leur mâchoire garnie d'une double rangée de dents aiguës, ils couperont comme une scie, le membre qu'ils pourront atteindre et saisir, et si, ainsi mutilé, l'homme tombe dans l'eau, il est, en un instant, dépecé par la troupe féroce de ces monstres affamés !

Les équipages, à l'aide d'un fort hameçon au bout d'une chaîne, prirent une si énorme quantité de ces requins, que, dans l'impossibilité de les tuer tous, ils les rejetaient dans l'eau ; et la gloutonnerie de ces animaux est si grande que, non seulement ils dévorent toute espèce de chair morte, mais encore ils happent jusqu'au morceau de drap rouge dont on garnit les hameçons.

Don Fernando raconte que, dans le corps d'un de ces monstres, on trouva une tortue vivante, et qui vécut encore quelque temps dans le navire. « Dans un autre, dit-il, on

« sortit la tête d'un requin qu'on avait coupée à bord et
« qu'on avait jetée à la mer, comme n'étant pas bonne à
« manger; le requin l'avait engloutie, et il nous semblait
« extraordinaire qu'un animal pût avaler une tête aussi
« grosse que la sienne propre; mais il n'y a pas à s'en éton-
« ner, ajoute notre auteur, car ils ont la gueule fendue pres-
« que jusqu'au ventre. »

Quoique certains Espagnols considérassent cet animal comme de mauvais augure, et bien que d'autres trouvassent sa chair peu savoureuse, la pénurie à laquelle ils étaient réduits, pour les vivres, fit qu'ils en mangèrent tous; et la pêche miraculeuse qu'ils avaient faite leur devint une grande ressource, car ils avaient passé en mer plus de huit mois, et ils avaient consommé toutes les viandes qu'ils avaient emportées, celles dont ils avaient fait provision en route, ainsi que tous les poissons pris en Espagne, et ceux qu'ils avaient pêchés dans les eaux qu'ils avaient parcourues. Avec les chaleurs torrides qui régnaient dans ces pays, le biscuit s'était rempli de vers, et beaucoup de marins attendaient la nuit pour en manger les débris, afin de ne pas voir les insectes qui y grouillaient; les autres s'y étaient habitués si bien, qu'ils n'ôtaient pas les vers, même en les voyant, se disant que, s'ils y regardaient de si près, ils perdraient leur manger, obligés qu'ils seraient d'en jeter la plus grande partie.

Le samedi, 17 du même mois, l'amiral entra dans un port appelé par les Indiens *Huiva*, et qui était situé environ à trois lieues à l'est d'un rocher; c'était une sorte de grand canal, où les Espagnols restèrent pendant trois jours pour se reposer. Lorsque les chrétiens descendirent à terre, ils ne furent pas peu surpris de voir les habitants perchés sur les branches des arbres, comme les oiseaux; ils en avaient fait leurs demeures, en plaçant, en travers des plus fortes branches, quelques bâtons qui servaient de support à une espèce de cabane qui, ainsi haut placée, leur semblait plus à leur convenance que leurs cases habituelles.

A première vue, les Espagnols ne se rendirent pas compte du motif de cette nouveauté; ils apprirent plus tard qu'ils avaient ainsi juché leurs habitations, pour se garantir des atteintes des griffons, qui abondent dans ces pays, ou pour se défendre contre leurs ennemis. Toute cette côte est peuplée, de lieue en lieue, par des Indiens qui nourrissent les uns contre les autres de constantes inimitiés.

Le 20 du même mois, la flotte quitta ce port, par un temps favorable, mais peu sûr, et, à peine était-elle en mer, que les vents et la tempête se déchaînèrent contre les navires, de telle sorte qu'ils se virent dans l'obligation de chercher un refuge dans un autre port.

Le temps s'étant rasséréné, les Espagnols quittèrent cet abri, le troisième jour; mais le mauvais temps, qui semblait guetter leur sortie, les assaillit de nouveau, et les porta jusqu'au rocher déjà cité. Ils espéraient là, avoir la ressource de rentrer dans le port qu'ils venaient de quitter; mais comme s'il se jouait de leurs desseins, le vent devint si violent et si contraire à leur entrée dans la passe, qu'il les emporta du côté de Veragua.

Là, ils s'arrêtèrent à l'embouchure de la rivière, et le temps devint si mauvais, que tout ce qu'ils purent faire, ce fut d'entrer dans ce port dont ils avaient fui la passe une première fois, à cause des courants; ils y entrèrent le 12 du mois de décembre, et ils regardèrent comme une bonne fortune de pouvoir s'y réfugier et y séjourner, depuis le second jour de la Nativité jusqu'au 3 janvier de l'année 1503. Là, fut radoubé le navire *Gallega;* on renouvela la provision de maïs, celles de l'eau et du bois, et la flotte put reprendre la route de Veragua, toujours avec des vents contraires, et qui devenaient pires, lorsque l'amiral virait de bord. « Chose
« très extraordinaire et qui ne s'était jamais vue, dit Don
« Fernando; et je n'aurais pas parlé de tous ces changements
« de temps, si outre, que j'y avais assisté, je ne l'eusse pas vu
« écrit par Diego Mendez, celui qui plus tard, s'en alla, dans
« un canot indien, de la Jamaïque à la Española, voyage
« dont il sera parlé plus loin; le même qui écrivit ensuite ce
« voyage, et si je ne l'avais vu dans la lettre que l'amiral
« envoya, par ce même Diego, à Leurs Majestés Catholiques,
« par laquelle le lecteur pourra se convaincre, puisqu'elle

« a été imprimée, combien nous avons souffert, et combien
« la fortune poursuivit de ses rigueurs ceux auxquels elle
« aurait dû donner la prospérité ! »

Ces variations des vents, ces contrariétés du temps, pendant le voyage de Veragua à Porto-Bello, causèrent tant d'ennuis et suscitèrent tant de fatigues aux équipages, que Colomb appela depuis cette côte, *la Costa de los Contrastes*.

Le jeudi, jour de l'Épiphanie, la flotte mouilla près d'une rivière que les Indiens appellent *Kiebra* et à laquelle l'amiral donna le nom de *Belen*; parce que ce fut le jour, où les trois rois mages vinrent à Bethléem adorer le Messie (1).

L'amiral fit sonder la passe, à l'embouchure de la rivière, ainsi que celle d'un autre cours d'eau qui se trouvait un peu plus à l'ouest, et que les Indiens appelaient Veragua; on trouva l'entrée de celui-ci très peu profonde, tandis que celle de Belen donna quatre brasses à la sonde. Les barques entrèrent en conséquence dans la rivière de Belen, et allèrent jusqu'au village, où l'on apprit que la contrée possédait des mines d'or.

Dans le principe, les Indiens ne voulaient rien dire à ce sujet, et même ils se réunirent en armes sur le rivage pour s'opposer au débarquement.

Le jour suivant, les barques se dirigèrent vers la rivière de Veragua, et les Indiens qui se trouvaient sur la plage témoignèrent la même hostilité que ceux de la veille, non seulement à terre, mais encore en mer, où ils se mirent en état de défense dans leurs canots. Mais un des Indiens qui étaient à bord, et qui comprenait un peu leur langage, leur ayant dit que les chrétiens étaient honnêtes et bienveillants, et n'avaient pas de mauvaises intentions contre leur pays, qu'ils ne prendraient rien sans le payer, les naturels se radoucirent et ils vinrent aux navires, où se fit l'échange de vingt miroirs en or et de quelques pépites et grains de ce métal brut. Pour leur donner plus de prix, ils

---

(1) Belen, dans la langue espagnole, est le village de Bethléem, où naquit le Christ : l'orthographe de la langue le veut ainsi.

racontèrent que l'or était recueilli dans une province éloignée, et où il n'y avait pas de moyens de subsistance; par suite, ils n'emmenaient pas leurs femmes avec eux, quand ils allaient à la recherche de l'or. C'est aussi le langage que tenaient les Indiens de la Española, lors de la découverte de l'île.

# CHAPITRE XLI.

### ÉTABLISSEMENT DANS LA RIVIÈRE DE BELEN.

Les Espagnols se décidèrent à entrer dans la rivière de *Belen* qui était plus profonde que celle de Veragua, et, le lundi, 9 janvier, le navire amiral et *la Vizcaïna* pénétrèrent dans cette rivière, où les Indiens vinrent immédiatement, apportant des vivres et surtout du poisson qui, à certaines époques, émigre de la mer dans ces cours d'eau, et s'y trouve en grande abondance; les Indiens apportèrent aussi de l'or qu'ils troquèrent contre du cidre; les objets de plus de valeur étaient échangés contre un rang de perles de verre ou pour une sonnette.

Le lendemain, les deux autres navires firent leur entrée, n'ayant pu passer la veille, à cause du manque d'eau, et ayant été obligés, par suite, d'attendre la marée montante, qui d'ailleurs, dans les plus hautes crues, ne s'élève jamais à plus d'une demi-brasse.

Le troisième jour de leur arrivée dans ces parages, les Espagnols savaient que les mines de Veragua étaient réputées pour avoir une très grande richesse. Alors Colomb se décida à envoyer le préfet jusqu'aux palais du *Quibio*, nom que les Indiens de ces pays donnent à leurs rois, ou caciques.

Celui de cette localité ayant appris la venue du préfet, descendit la rivière en canot pour aller le recevoir. L'entrevue fut pleine de courtoisie et de témoignages d'amitié; on se fit de mutuels présents des objets que chacun d'eux estimait les plus avantageux et, après avoir resté un grand moment en conversation, l'un et l'autre rejoignirent leurs hommes, très satisfaits tous deux des paroles de paix et d'amitié qu'ils avaient échangées.

Le lendemain, le roi vint aux navires rendre sa visite à l'amiral; ils demeurèrent à converser pendant plus d'une heure; l'amiral lui fit quelques présents, et les gens de sa suite troquèrent de l'or pour des grelots; après cette entrevue, le cacique reprit, pour s'en retourner, la route par laquelle il était venu.

Les Espagnols, très satisfaits de ces relations amicales, heureux d'avoir trouvé un mouillage sûr où ils pouvaient prendre du repos et radouber leurs vaisseaux, se livraient entièrement à une douce quiétude, quand, le 24 janvier, une crue subite de la rivière qu'on n'avait pu prévoir, vint troubler leur tranquillité.

Avant qu'on eût pu prendre des précautions et amarrer les câbles à terre, l'eau se précipita avec une violence et une furie indescriptibles, et fondit sur le vaisseau amiral, brisa la chaîne de son ancre avec tant de promptitude et d'impétuosité, que le navire, chassé de son mouillage, se jeta sur *la Gallega* qui se trouvait à sa poupe et, du coup, lui rompit la contre-misaine; alors les deux navires, séparés l'un de l'autre, tournoyèrent de tous les côtés, avec tant de rapidité, qu'ils faillirent se perdre et entraîner avec eux les deux autres vaisseaux.

On crut un moment que cette inondation subite provenait des pluies torrentielles qui étaient tombées, sans discontinuer, depuis quelque temps, durant l'hiver, dans ces contrées; mais, en y réfléchissant, on reconnut que, si la crue avait eu la pluie pour cause, elle serait venue peu à peu, graduellement, et ne se serait pas précipitée avec cette fureur, subitement et par surprise.

On supposa alors qu'une immense trombe d'eau s'était abattue sur les montagnes de Veragua, dont la plus haute s'élevait, dans la région éthérée, au-dessus des nuages, où se forment les tempêtes, plongeant sa cime dans un ciel pur; au milieu des autres montagnes qui l'entourent, ce pic se dresse isolé comme un solitaire, ou comme un roi, au milieu de ses sujets agenouillés autour de lui pour lui rendre hommage.

C'est là probablement qu'avait pris naissance et que s'était formé ce cataclysme, qui causa tant de ravages!

La crue de l'eau aurait sans doute permis aux navires de sortir de la rivière et de courir vers la pleine mer; mais les tourbillons d'eau et les vagues furieuses de la rivière étaient si impétueux, qu'ils auraient brisé ou tordu les navires qui eussent voulu tenter la sortie, avec un si terrible courant.

La mer n'était qu'à un demi-mille de distance, mais elle était tellement troublée, et les flots se heurtant les uns contre les autres, s'amoncelaient avec tant de violence, qu'il était absolument impossible de sortir au milieu d'un pareil cataclysme.

Cette perturbation dura plusieurs jours, pendant lesquels on put amarrer les navires et assurer leur sécurité contre un nouvel assaut. Les flots se heurtaient et se brisaient avec tant de violence contre la barre de la rivière, que les barques ne purent sortir pour courir la côte et aller reconnaître le pays où se trouvaient les mines d'or.

L'amiral avait résolu de fonder là un établissement, et il projetait d'y laisser le préfet, avec la majeure partie des équipages, pour y former un centre de population espagnole, pendant que lui, retournerait en Castille, pour leur envoyer des secours en hommes et en provisions. Dans ce but, Colomb envoya le préfet, avec 68 hommes, à l'embouchure de la rivière de Veragua, distante d'environ une lieue de celle de Belen. Le temps s'était amélioré; le passage de la barre de cette dernière rivière avait pu s'effectuer avec les barques, sans danger, et, la mer étant calme, l'expédition était promptement arrivée à l'embouchure de l'autre rivière, qu'elle remonta, pendant une lieue et demie, jusqu'au village du cacique où elle demeura une journée.

Le préfet s'informa, en cet endroit, de la situation des mines et de la route à prendre pour y arriver.

Le mercredi suivant, la colonne marcha, l'espace de quatre lieues et demie, et passa la nuit près d'une rivière qu'elle eut à traverser quarante-quatre fois; le jour suivant elle chemina, pendant une lieue et demie, dans la direction des mines, qui lui était indiquée par les Indiens que le cacique lui avait donnés pour guides. Dès que les Espagnols furent arrivés sur le terrain minier, chacun d'eux recueillit, en l'espace de deux heures, une quantité d'or entre les racines des arbres qui, dans cette contrée, sont très hauts, et dont la cime se perd dans les cieux. Ces essais d'extraction parurent très avantageux, puisqu'ils avaient été opérés sans qu'on eût aucun des instruments nécessaires pour une exploitation sérieuse. Ce premier voyage n'étant qu'une tournée d'exploration et d'examen des mines, la colonne revint passer la nuit à Veragua, et, le jour suivant, elle arriva aux navires.

Cependant on apprit là que les mines que la colonne venait de visiter n'étaient point celles de Veragua, mais bien les mines de *Urira*, appartenant à une population ennemie; que celles de Veragua, étaient plus rapprochées. Toutes ces peuplades d'Indiens étant en hostilité constante, les unes contre les autres, le Quibio de Veragua, pour causer des ennuis aux Indiens d'Urira, et aussi pour sauvegarder ses propres terrains aurifères, n'avait trouvé rien de mieux que d'envoyer les Espagnols, avec les guides qu'il leur avait donnés, sur les terres minières de ses ennemis.

Le 26 février 1503, un jeudi, le préfet, dont l'activité et le courage ne se lassaient pas, pénétra dans les terres avec une colonne de 69 hommes bien armés, tandis que 14 autres s'en allaient par mer, dans une barque, pour explorer les côtes.

Le jour suivant, dans la matinée, ils arrivèrent à la rivière de Urira, qui est distante de sept lieues de celle de Belen, du côté de l'ouest. A une lieue du village, le cacique vint les recevoir; il était accompagné d'une escorte de vingt personnes; il leur offrit quelques victuailles, et on fit l'échange d'une certaine quantité de miroirs en or. Pendant leur entrevue, le cacique et ses sujets s'introduisaient dans la bouche une sorte d'herbe sèche qu'ils mâchaient, et quelquefois ils prenaient aussi une poudre qu'ils portaient avec cette herbe, ce qui parut aux Espagnols une chose horrible.

Après être restés quelque temps ensemble dans cet endroit, les Espagnols et les Indiens se rendirent au village, où ils trouvèrent un grand nombre d'indigènes qui étaient accourus pour voir les chrétiens; on les fit entrer dans une maison qu'on leur assigna comme habitation. On leur servit là une collation composée de beaucoup de victuailles, et notamment de fruits du pays. Peu de temps après survint le cacique de *Uriri*, un autre village voisin et qui a une importante population; il était accompagné d'une multitude d'Indiens qui portaient également des miroirs en or pour en faire l'échange.

Les uns et les autres de ces Indiens leur apprirent que dans l'intérieur du pays, il existait beaucoup d'or; qu'il y avait un grand nombre de caciques qui en possédaient d'importantes quantités; que les guerriers y portaient les mêmes armes que les Espagnols.

Le lendemain, le préfet ordonna à une partie de ses gens de retourner aux navires par la voie de terre et, conservant seulement trente hommes avec lui, il continua son voyage vers *Yubraba*. Tout le pays, sur une étendue de plus de six lieues, était couvert de champs de maïs.

De là, il se dirigea vers *Cateba*, un autre village où, comme dans le précédent, il reçut, lui et ses compagnons, un très bon accueil; on les convia à manger; on fit quelques échanges de miroirs d'or de diverses dimensions.

Le préfet, dans ces pérégrinations, s'était beaucoup éloigné des navires, sans avoir vu sur cette côte un port ni une rivière aussi grands ni aussi commodes que ceux de Belen; il y revint donc par les mêmes chemins qu'il avait parcourus; il était porteur d'une grande quantité d'or d'une valeur considérable.

Dès son arrivée, il se mit à l'œuvre pour commencer la construction de leurs habitations, et il prit ses dispositions pour une population de 80 personnes qui devaient rester à Belen, pendant le voyage de l'amiral en Espagne.

Sur le rivage de la rivière Belen, qui n'était éloigné de son embouchure que d'un tir d'arbalète, ils construisirent les maisons d'habitation, sur le bord d'un fossé qui se trouvait à droite, à l'entrée de la rivière, à côté d'une colline qui s'élevait sur la rive. Les maisons étaient en bois, couvertes avec des feuilles de palmier, dont la plage était parsemée.

On construisit de même une grande maison, pour servir de resserre et de magasin, et dans laquelle on plaça une grande quantité de poudre, l'artillerie, les vivres et les autres objets nécessaires à l'alimentation et l'entretien d'une population, surtout les choses de première nécessité : le vin, le biscuit, l'huile, le vinaigre, le fromage, et divers légumes; ils n'avaient pas d'ailleurs autre chose à manger à ce moment.

Le dépôt de ces denrées dans ce magasin, leur paraissait offrir plus de sécurité que la caravelle *la Gallega,* qui devait rester avec le préfet, afin qu'il pût, en cas de besoin, s'en servir, soit à la mer, soit sur terre; on lui laissait, à cet effet, tous ses agrès et ses apparaux, ainsi que des filets, des hameçons et tous les engins de pêche, attendu, comme nous l'avons déjà dit, que ces cours d'eau regorgent de poisson, qui est pour les indigènes une ressource plus importante que la chair des animaux. Ceux-ci ne suffiraient pas d'ailleurs à leur alimentation.

Les coutumes et les mœurs des Indiens de ces contrées sont, à peu de chose près, les mêmes que chez les insulaires de la Española et des îles voisines, mais ceux de Veragua et des alentours ont l'habitude, quand ils parlent entre eux, de se mettre dos à dos et, pendant leurs repas, ils mâchent constamment une sorte d'herbe; c'est là probablement la cause de la détérioration de leur dentition, qu'ils ont tous dans un état déplorable.

Pour leur manger, ils préfèrent le poisson qu'ils pêchent au moyen de filets, ou avec des hameçons, faits avec des os, ou en écailles de tortue, qu'ils découpent en droit fil, ce qui se pratique d'ailleurs de même dans les autres îles.

Ils ont une autre manière de pêcher les petits poissons, même les plus petits qu'on appelle *titi* à la Española. Ces poissons, en temps de pluie, viennent au bord de l'eau, poursuivis par les gros poissons, avec une telle ardeur, qu'ils se voient obligés de monter à la surface; là, les Indiens les attrappent avec une natte reployée ou avec un tout petit filet ; ils en prennent ainsi autant qu'ils veulent et les enveloppent, de la même manière dans des feuilles d'arbre, comme les pharmaciens conservent leurs drogues ; ensuite, cuits au four, ils se conservent fort longtemps.

Ils se servent également d'un filet pour pêcher la sardine : ce poisson fuit, comme l'autre, la poursuite des grands poissons ; et il met tant de vélocité et d'ardeur dans sa fuite, qu'il saute souvent, sur le rivage ou sur la plage, à deux ou trois pas loin de l'eau ; il n'y a plus qu'à le prendre avec la main.

Ces Indiens pratiquent aussi un autre mode de pêcher la sardine : ils garnissent leur canot de la tête à la proue d'un amas de feuilles de palmier, de trois brassées de hauteur, et ils voguent ensuite sur la rivière, en faisant un grand bruit, en frappant le bord du canot avec les avirons ; le poisson qui fuit les gros persécuteurs veut sauter, affolé, par-dessus la barque, mais rencontrant l'obstacle des feuilles de palmier, il se heurte contre lui et tombe dans le bateau ; ils en prennent ainsi des quantités : les *uris*, les *lachias* et les *lisas* viennent, dans des temps différents ; et, à l'époque de leur passage dans ces rivières, c'est merveilleux de voir ces pêches et les masses de poissons qui se laissent prendre, et qu'ils conservent une fois grillés.

Ces Indiens cultivent en grand le maïs, qui est un de leurs principaux aliments ; avec le fruit d'un buisson épineux, ils font du vin rouge et du vin blanc qui ressemble à la bière d'Angleterre, et, comme ils choisissent les fruits et jettent ceux qui ne leur plaisent pas, leur vin a toujours un bon goût. Ils ont aussi du vin de râpe, et font un autre vin avec la moelle d'une sorte de palmier dont le tronc lisse est garni d'épines comme celles du porc-épic ; en pressant cette moelle, ils en expriment le suc qu'ils font bouillir avec de l'eau, et, après avoir filtré le liquide, ils ont une boisson qu'ils trouvent fort agréable ; un autre vin qu'ils tirent du fruit dont nous avons déjà parlé et qui se trouve à la Guadeloupe (l'ananas probablement), est extrêmement apprécié. Enfin ils fabriquent encore du vin avec le fruit d'un arbre très élevé, aussi grand que le cèdre ; ce fruit possède trois ou quatre noyaux, comme des noix, mais qui ne sont pas ronds et ressemblent à une gousse d'ail ou plutôt à une châtaigne; sa peau a l'aspect de celle de la grenade, mais il n'a pas de couronne; son goût est celui de la pêche ou celui d'une bonne poire : les Indiens appellent ce fruit : *Mamei*.

## CHAPITRE XLII.

### PRISE DU CACIQUE DE VERAGUA ET DES PRINCIPAUX DE SES SUJETS. RÉVOLTE DES INDIENS.

Tout était prêt pour l'inauguration du village, qui venait d'être construit pour les Espagnols qui devaient rester à Belen. Une douzaine de maisons couvertes en feuilles de palmier et en paille s'étaient rapidement élevées; le magasin était disposé pour recevoir les approvisionnements et l'amiral se disposait à partir, quand un obstacle imprévu et insurmontable vint s'opposer à son départ.

La rivière qui, par la crue subite et la violence de ses eaux, avait causé tant d'effroi et avait fait courir aux navires de si grands dangers, avait vu baisser sensiblement son niveau, et c'était maintenant le manque d'eau qui empêchait les navires de sortir. Le beau temps étant revenu, les pluies avaient cessé, et la barre de la rivière s'était ensablée de telle sorte, que les navires avaient encore quatre brasses d'eau, au mouillage, ce qui était déjà bien juste pour leurs besoins, tandis qu'il n'y avait plus que demi-brasse à la barre. La flotte était donc emprisonnée sans remède; car il était absolument impossible de faire passer sur le sable les navires dans l'état où ils se trouvaient; lors même que les Espagnols auraient eu des machines assez puissantes pour les traîner, la mer était trop démontée et les vagues trop fortes pour que les navires, criblés de trous comme des écumoires, pussent supporter leur choc; ils auraient été mis en morceaux par le premier flot.

Il fallut donc se résigner et attendre, et Colomb pria Dieu

de ramener la pluie, comme auparavant il lui avait demandé le beau temps, sachant bien, qu'avec la pluie, les eaux de la rivière grandiraient, enlèveraient les sables, et la barre serait ouverte.

On apprit alors que le Quibio, ou le cacique de Veragua, voyant avec rage l'établissement des chrétiens à Belen, avait résolu de venir secrètement au village, de mettre le feu aux constructions et aux navires, et de massacrer les Espagnols.

On reconnut qu'il était nécessaire de le prévenir dans ses desseins, de le prendre avec ses principaux sujets, et de les envoyer prisonniers en Castille, pour le châtier de ses sinistres projets, et pour donner un exemple aux autres. On obtiendrait ainsi la soumission des Indiens, et on les contraindrait à servir les chrétiens.

Le préfet fut chargé de cette expédition ; il prit avec lui soixante-quatorze hommes bien armés, et partit pour Veragua, le 30 mars. Il faut remarquer que, bien que Veragua soit désigné sous le nom de village, ses maisons ne sont pas réunies, mais disséminées dans la campagne.

Lorsque le Quibio apprit la venue du préfet, il commença par répandre le bruit qu'il n'était pas chez lui et qu'il était à la campagne, sur une colline près de la rivière.

Le préfet, craignant que la peur ne le décidât à s'enfuir, résolut d'aller le surprendre dans cette retraite ; il prit avec lui cinq hommes, et donna ordre au reste de la troupe de marcher en arrière, deux par deux, éloignés les uns des autres et d'entourer la maison dès qu'ils entendraient un coup d'arquebuse.

Quant à lui, il s'approcha de la case, et il reçut un message du Quibio qui le priait de ne pas entrer chez lui ; — qu'il allait sortir pour lui parler, bien qu'il fût blessé d'un coup de flèche. Cette demande avait pour but de ne pas laisser pénétrer le préfet dans la maison, afin qu'il ne vit pas ses femmes dont, comme ses pareils, il était fort jaloux.

Il parut donc sur le seuil de sa porte et s'assit en dedans, disant au préfet de venir le trouver seul. Celui-ci s'avança après avoir donné ordre aux siens d'assaillir la maison dès qu'ils le verraient saisir le bras du cacique.

Arrivé près du Quibio le préfet lui demanda des nouvelles de sa blessure et lui parla de divers objets concernant le pays, par l'entremise d'un Indien qui avait été pris trois mois auparavant par les chrétiens. Cet Indien, qui était de ces contrées, était resté volontairement au service des Espagnols, en qualité de domestique, et leur avait voué une véritable affection. Sachant que le Quibio avait le dessein de massacrer les blancs, et ne connaissant pas leur puissance, il éprouvait une vive crainte et redoutait pour eux une issue fatale de cette conspiration, à cause de la multitude infinie d'Indiens dont le cacique pouvait disposer.

Mais le préfet n'avait guère souci de ses terreurs; feignant de vouloir tâter à quel endroit le Quibio avait été blessé, il lui saisit le bras et, comme ils étaient tous deux de grande vigueur, il le maintint fortement jusqu'à l'arrivée de ses hommes qui s'emparèrent de lui.

Alors Bartholomé fit tirer le coup d'arquebuse convenu, et tous les Espagnols accoururent vers la maison qu'ils investirent de tous côtés, et où ils pénétrèrent en grand nombre. Ils y trouvèrent une cinquantaine de personnes de tout âge et, sans coup férir, ils en prirent la presque totalité; voyant leur roi pris, ils n'avaient fait aucune résistance. Il y avait, parmi les prisonniers, les femmes et les enfants du Quibio et quelques-uns des principaux chefs indiens. Ceux-ci promettaient de grandes richesses pour qu'on les laissât libres; ils disaient qu'un trésor considérable était caché dans un bois voisin, et qu'ils le donneraient en entier pour leur rançon.

Mais le préfet ne se laissa pas prendre à ces promesses et, avant que les Indiens des alentours pussent se réunir, il résolut d'envoyer aux navires le Quibio prisonnier, avec sa femme et ses enfants, ainsi que les principaux Indiens, tandis qu'il resterait lui et le plus grand nombre de ses gens, à la poursuite des parents et des vassaux du cacique qui s'étaient enfuis, lors de la prise d'assaut de sa maison. Il choisit ensuite, parmi ses gens, des chefs et des hommes sûrs auxquels il confia la garde des prisonniers et le soin de les conduire à l'embouchure de la rivière; il mit à leur tête Juan Sanchez de Cadix, pilote très estimé, qui s'était offert pour remplir cette mission. Le cacique fut emmené, pieds et mains solidement attachés, et le préfet fit à son conducteur les plus sérieuses recommandations; il l'avertit surtout de prendre bien garde qu'il ne s'échappât point; à quoi le pilote répondit qu'il permettrait qu'on lui arrachât la barbe s'il le laissait fuir. Il le prit donc sous sa garde particulière, et le convoi se mit en marche pour sa destination.

On descendit la rivière de Veragua, dans une des barques qu'on avait prises pour l'expédition, et on avait fait à peine une demi-lieue que le Quibio commença à se lamenter et à se plaindre des attaches qui lui serraient trop fortement les mains. Juan Sanchez en eut pitié, et il le détacha du banc auquel on l'avait assujetti, gardant dans ses mains un bout de la corde pour le retenir.

Mais le Quibio, voyant, un moment, Juan Sanchez occupé à donner des ordres à des marins, se leva d'un bond de son banc et se jeta à l'eau, de sorte que le pilote surpris, ne pouvant retenir le bout de câble qu'il avait en main, le lâcha pour ne pas être entraîné dans l'eau avec son prisonnier. Celui-ci avait plongé et, nageant sous l'eau, était sorti à une certaine distance. La nuit était venue d'ailleurs, et le désarroi et la commotion produits dans la barque par cette brusque évasion, empêchèrent de suivre sa trace, de sorte qu'on ne pût le voir, ni savoir l'endroit où il avait atterri. On n'eut de lui, à ce moment, aucune nouvelle, comme si c'eût été une pierre qui fût tombée dans l'eau.

Afin d'éviter que les autres prisonniers suivissent son exemple; on redoubla de surveillance et de sévérité, et la barque suivit son voyage, pendant que Juan Sanchez, honteux de cette déconvenue, déplorait son inadvertance et sa malencontreuse compassion.

Le jour suivant, le préfet parcourut les alentours avec les hommes qu'il avait gardés; c'était le 1er du mois de mars; le pays était montagneux, couvert de bois, et les Indiens ne se montraient pas; d'ailleurs il n'y avait pas là de village proprement dit, mais des maisons éparses d'un côté et d'un autre, sur des hauteurs distantes l'une de l'autre; il devenait donc très difficile de rechercher les habitants ainsi dispersés. Bartholomé préféra alors retourner aux navires et ramener tout son monde sans morts ni blessés.

A son arrivée, il présenta à l'amiral les dépouilles de la maison du Quibio qui se composaient de miroirs, d'épingles et de grains d'or, que les Indiens enfilent dans des fils d'or et portent autour des bras et des jambes, ainsi que des bandeaux en or, qu'ils mettent sur leur tête en guise de couronne. Le tout pouvait avoir une valeur de trois cents ducats; après avoir prélevé le cinquième pour la part des rois catholiques, le reste fut partagé entre les hommes qui avaient pris part à l'expédition, et on décerna au préfet une des couronnes d'or, en témoignage de son succès.

Celui-ci n'apprit pas sans une vive déception, la fuite du cacique; mais la confusion et le regret de Juan Sanchez étaient si poignants, qu'il le plaignit sans lui adresser de reproches de son incompréhensible incurie.

Diego Mendez, secrétaire de la flotte, raconte autrement la découverte du complot et s'en attribue le mérite. Selon un récit inséré dans son testament, l'amiral ne voulait pas croire à la trahison du Quibio, qui continuait à témoigner une grande amitié aux Espagnols.

Mendez offrit alors d'aller s'assurer par lui-même des intentions du cacique, et seul, sans armes, il part pour Veragua. A l'aide de quelques présents, il décide les Indiens à le porter, dans un canot, de l'autre côté de la rivière, et, arrivé là, il se trouve au milieu d'un parti d'environ mille guerriers armés qui paraissaient s'apprêter à une expédition.

Il se mêle parmi ces guerriers, leur offrant de les prendre dans sa barque, ce qu'ils refusent avec des signes de contrariété. Revenu dans son canot, il les surveille toute la nuit et la troupe, se voyant épiée, renonce à son opération.

Colomb, à qui Mendez rend compte de ces faits, ne peut pas croire à tant de félonie; et le secrétaire, suivi cette fois de Rodrigo Escobar, se rend une seconde fois à la demeure du cacique, qu'il trouve retenu chez lui par une blessure faite par une flèche. Se faisant passer pour médecin, il offre ses soins au cacique et sa proposition est repoussée; le fils du cacique, vigoureux jeune homme, lui refuse l'entrée de la maison et le frappe violemment d'un coup de poing qui le fait reculer. Ne pouvant pénétrer dans la maison, il rôde aux alentours et voit dans toutes les cases des apprêts militaires qui le confirment dans sa conviction qu'un vaste complot est ourdi contre les Espagnols; et son compagnon Escobar, partageant son opinion, ils retournent aviser l'amiral de ce qu'ils ont vu.

Cette fois l'amiral n'hésite plus et l'expédition dirigée par le préfet est résolue.

Cette narration un peu fantaisiste, ne nous paraît pas tout à fait irréprochable, et il nous semble que Mendez était quelque peu téméraire de se mêler ainsi, seul, à un millier de conjurés armés contre lui et ses compagnons. Il fut heureux de s'en tirer aussi facilement!

Cependant, nous devons ajouter que c'était un homme de résolution, adroit et subtil. Dans certaines occasions, il donna à Colomb des preuves évidentes de dévouement et de courage.

Disons, à ce propos, que Washington Irwing rapporte tout au long, et avec de nombreux détails, cet épisode qu'il a extrait de Las Cazas et du testament de Diego Mendez, et relevons une erreur de détail qu'il commet relativement au nom du cacique qu'il appelle Quibian, par suite d'une confusion avec *el Quibio*, qui signifie *le cacique*, ou *le roi*. Le vrai nom de ce Quibio est resté inconnu.

Cette conspiration ainsi déjouée, l'amiral pensa que tout danger du côté des Indiens était conjuré. On n'entendait plus rien dire du cacique; s'était-il noyé? se cachait-il pour ne pas être repris? En tout cas, il devait être découragé par l'avortement de son entreprise, et on devait être rassuré sur ses intentions ultérieures, par les otages que l'on avait gardés, dans les personnes de sa femme, de ses enfants et de ses principaux chefs.

La pluie étant survenue, la rivière grossit et la barre devint praticable.

L'amiral résolut alors de partir le plus tôt possible pour la Española, afin d'envoyer sans retard des secours aux hommes qui restaient à Belen avec le préfet.

Il prit donc toutes les dispositions nécessaires pour la subsistance et l'entretien des résidents de la nouvelle ville, mit la dernière main aux règlements et statuts qu'il avait rédigés pour son administration, et attendit une embellie du temps pour se mettre en route; la mer était alors quelque peu démontée par suite des pluies et de la crue des eaux des rivières, et il craignait qu'elle rompît ses navires dégradés par les vers.

Enfin, le beau temps étant arrivé, les trois caravelles passèrent la barre, non sans quelque difficulté et sans avoir labouré le sable de leur quille; heureusement le sable mobile cédait, et leur ouvrait passage : sans cela, elles eussent été en péril, même avec le beau temps.

Ce premier pas accompli, on se hâta de recharger les objets qui avaient été laissés à terre pour alléger les navires pour leur sortie, et la petite flotte alla attendre, à une lieue au large, le temps favorable pour sa navigation.

En attendant, on dut envoyer à terre la barque du vaisseau amiral pour aller faire de l'eau et rapporter quelques autres provisions nécessaires.

Cependant, les Indiens, sujets du Quibio, avaient vu les navires franchir la passe et, jugeant que du point où ils s'étaient arrêtés en pleine mer, ils ne pourraient porter secours à leurs compagnons, au moment même où la barque touchait le rivage, les Indiens assaillirent le village en poussant de grands cris, en sortant inopinément des bois, sous le couvert desquels ils étaient venus, sans qu'on les eût aperçus.

Ils lancèrent d'abord une grêle de javelots contre les maisons où ils voyaient des habitants, et, ces maisons étant couvertes en feuilles de palmier, les traits passaient facilement au travers de ces couvertures et blessaient quelquefois ceux qui se trouvaient à l'intérieur.

Quatre ou cinq Espagnols furent ainsi blessés avant de s'être mis en état de défense. Surpris et déconcertés par cette attaque imprévue, ne pouvant se rendre compte d'une attitude si nouvelle de la part des Indiens qui jusque-là avaient été soumis et serviables, les chrétiens eurent un moment d'hésitation, pendant lequel les Indiens se rapprochèrent des habitations.

Mais le préfet, dont le courage et la résolution ne se démentaient en aucune circonstance, vint leur tenir tête et armé seulement d'une lance, excitant au combat les quelques hommes qui s'étaient réunis autour de lui, il eut bientôt, en se ruant sur eux avec son impétuosité ordinaire et sa vigueur invincible, repoussé cette multitude d'assaillants jusqu'à ce qu'ils fussent rentrés dans le bois à la faveur duquel ils devaient la surprise qui les avait d'abord rendus si audacieux.

De là, les Indiens revenaient un moment à la charge, déchargeaient leurs arcs et, leurs flèches lancées, reprenaient en toute hâte leur cachette sous les bois, comme des écoliers jouant aux barres.

Ce jeu dura jusqu'à ce qu'un bon nombre d'Espagnols se réunirent, fatigués de ces incessantes escarmouches, et s'armant de leurs épées, leur donnèrent la chasse et leur infligèrent une leçon méritée et dont ils durent garder le souvenir.

Cependant, dans ce combat, où ils prirent tous la fuite, poursuivis par un chien qui les dispersa, ils avaient blessé quelques Espagnols, et le préfet avait reçu un coup de lance dans la poitrine.

Cette échauffourée eut son épisode comique et sa conclusion dramatique que le lecteur voudra bien nous permettre de lui raconter. Au plus fort de l'action, un Italien-Lombard, qui s'appelait Sebastiano, s'enfuyait à toutes jambes, courant vers les maisons pour y trouver un refuge contre les flèches qui pleuvaient de toutes parts; Diego Mendez, dont on a déjà parlé, le voyant ainsi courir, lui cria : halte-là, Sebastiano! où vas-tu ? c'est par ici qu'il faut venir ! — Laissez-moi tranquille, répondit l'Italien, diable, je vais mettre ma personne en sûreté!

Quant à la tragédie qui clôtura ces combats, elle eut pour héros le capitaine Tristan que l'amiral avait envoyé à terre pour faire de l'eau :

Comme il demeurait dans sa barque avec son monde, spectateur, en apparence impassible de la bataille, quelques

Espagnols s'étaient approchés, lui demandant compte de cette attitude, et d'autres lui adressaient des reproches de son apathie, l'invitant à venir en aide à ses camarades : « J'ai été envoyé par l'amiral, répondit le stoïque capitaine, « pour faire de l'eau, et je veux exécuter ses ordres ; si je « rapproche ma barque de terre, les peureux viendront s'y « réfugier ; si je la laisse pour aller combattre, l'amiral res- « tera sans le bateau et se trouvera dans l'embarras, et « peut-être en danger sur mer ; je reste donc à mon poste, « tant que je verrai que les Espagnols peuvent se passer de « moi et du concours de mes gens. » Et il tint bon jusqu'à la fin de la bataille.

Alors, malheureusement, il voulut aller puiser l'eau plus haut, là où elle n'était pas mêlée à l'eau de mer, et il remonta la rivière, malgré les avertissements qui lui furent donnés par les Espagnols restés à terre.

Ils le prévenaient que, dans l'état d'insubordination où étaient les Indiens, il était dangereux de s'aventurer plus loin et de se rapprocher de leurs canots ; il ne tint aucun compte de ces sages conseils, disant qu'il n'y avait aucun risque, et qu'il devait exécuter les ordres de l'amiral qui l'avait envoyé à terre pour avoir de l'eau bonne à boire ; il poursuivit donc sa route.

La rivière était profonde et se resserrait de plus en plus à mesure qu'on la remontait. Ses bords étaient couverts d'arbres dont les branches trempaient dans l'eau et si fourrés, sur les deux rives, qu'à peine était-il possible de trouver un endroit propice pour débarquer, sauf à l'extrémité de quelques étroits chemins pratiqués par les Indiens et aboutissant au rivage, ou bien au terme des sentiers tracés par les pêcheurs, où ils cachaient leurs canots.

Aussitôt que les Indiens virent la barque arrivée à une lieue environ de la ville espagnole, ils sortirent de tous côtés des fourrés les plus épais où ils s'étaient tenus cachés, se jetèrent dans leurs canots ou dans de petites barques, et poussant des cris, sonnant de leurs cornes, ils attaquèrent la barque de toutes parts, avec une audace et une ardeur incroyables.

Ils avaient, sur les Espagnols, des avantages incontestables; leurs barques légères, se mouvant facilement et avec rapidité, leur permettaient de se porter, en un instant, d'un point à un autre; ils étaient deux ou trois dans chaque canot; l'un ramait et les autres lançaient leurs javelots et leurs flèches, et se retiraient après, pour éviter les coups de leurs adversaires.

Les Espagnols n'avaient que huit hommes aux avirons et deux soldats pour toute escorte; obligés de tenir leurs rames, ils ne pouvaient éviter les flèches qui leur étaient lancées ni les coups de javelot ou de lance qui leur étaient portés, car il leur était impossible de se couvrir de leurs boucliers.

La foule des Indiens et le nombre des canots étaient si considérables, leurs évolutions autour de la barque si rapides, que la plus grande partie des hommes furent promptement couverts de blessures.

Le capitaine, ferme à son poste, frappant à droite et à gauche, souvent dans le vide, les ennemis disparaissant devant ses coups, assailli de toutes parts, avait assez de se défendre lui-même, et ne pouvait aider ses hommes qu'en les encourageant de sa parole et les excitant au combat; blessé, entouré d'ennemis de tous côtés, qui le pressaient de telle sorte qu'il ne put recourir à l'arquebuse ni au mousquet, il se défendait néanmoins comme un lion, quand, atteint dans l'œil par la pointe d'une longue lance, il s'affaissa subitement et tomba mort au fond de la barque; les deux soldats qui se tenaient à l'avant avaient succombé les premiers, sous la grêle des javelots qui les avaient frappés et, des huit rameurs, sept subirent le même sort; seul, un ouvrier de Séville nommé Juan de Moya, eut la chance d'échapper à la mort; au milieu du combat, il tomba à l'eau; très bon nageur, il se laissa aller entre deux eaux, au cours de la rivière, et sans être vu de personne, il émergea de l'eau sur la rive, où, s'enfonçant dans les bois, il se déroba à la vue des Indiens, et put arriver ainsi à la ville, où il raconta le lugubre évènement qui venait de s'accomplir.

En écoutant ce poignant récit, les Espagnols furent saisis

d'horreur, et, se voyant en si petit nombre, au milieu de peuplades innombrables et devenues hostiles, l'amiral se trouvant en mer, sans sa barque, et ne pouvant leur porter aucun secours, ils ressentirent tous un effroi simultané, et résolurent de quitter ces lieux où leurs compagnons avaient trouvé la mort.

Alors, sans plus tarder, sans ordre ni autorisation de personne, sans consulter leurs chefs, ils se seraient embarqués sur le navire qui leur restait et seraient allés rejoindre l'amiral, si un obstacle insurmontable ne s'était opposé à l'exécution de leur projet.

La barre qui avait permis aux trois navires de l'amiral de sortir, s'était de nouveau fermée, et, non-seulement elle ne pouvait plus donner passage au navire, mais encore, le temps était si mauvais et la mer si furieuse, qu'aucune barque n'aurait pu se hasarder à sortir, sans courir le risque d'être mise en pièces par les vagues.

Il ne fallait donc pas songer à partir; ni même à aller porter à l'amiral la nouvelle de la catastrophe subie par leurs malheureux compagnons.

Quant à Colomb, ses navires n'étaient pas sans courir des dangers, à l'endroit où ils étaient mouillés; il avait d'abord trop peu de monde, puis son navire attendait le retour de sa barque qui lui était si nécessaire; son jeune fils et tous les hommes du bord, soldats, écrivains ou autres, étaient obligés de prendre part à la manœuvre, et tous éprouvaient autant d'ennuis et de fatigues que ceux restés dans la ville.

Ils ignoraient, à bord des vaisseaux, le soulèvement des Indiens et l'issue du combat qui avaient eu lieu; ils ne connaissaient pas le malheur arrivé aux hommes qu'ils avaient envoyés avec la barque, et ne pouvaient pressentir l'horreur qu'éprouvaient leurs camarades restés à *Belen* en voyant passer devant leurs yeux les cadavres criblés de blessures de leurs compagnons tués par les Indiens, et que les eaux de la rivière charriaient lentement à la mer qui allait devenir leur tombeau. Ces corps flottants, poursuivis ou déjà couverts par des bandes de corbeaux, volant et croassant, en se disputant leurs chairs livides, étaient pour eux des présages funestes, et ils redoutaient de subir le même sort.

D'ailleurs, les Indiens étaient devenus très arrogants; cette dernière et cruelle victoire avait doublé leur insolence, et ils ne leur laissaient pas un moment de repos. Leurs mauvaises dispositions se traduisaient, à chaque instant, par de nouvelles attaques, et il est probable que les Espagnols auraient fini par succomber, dans ces luttes incessantes, s'ils n'avaient pris le parti décisif de quitter leur ville et de se réfugier sur une grande plage, ouverte du côté de l'Orient, où ils établirent des retranchements ou barricades, avec les barriques, les cuves et autres objets pouvant servir de rempart; ils placèrent leurs pièces d'artillerie aux endroits propices, et ils se défendirent ainsi d'une manière efficace, les Indiens n'osant plus sortir de leurs bois, à cause des ravages que les bombes produisaient parmi eux, en éclatant au milieu de leurs rassemblements.

## CHAPITRE XLIII.

**FUITE DES INDIENS PRISONNIERS. COLOMB APPREND LE MASSACRE DE TRISTAN ET DE SES COMPAGNONS.**

Pendant que ces événements s'accomplissaient sur la côte, dix jours s'étaient écoulés. L'amiral les passa dans de cruelles angoisses; ignorant le sort de Tristan et de ses compagnons, inquiet de leur absence prolongée, il soupçonnait quelque catastrophe et attendait une embellie pour envoyer l'autre barque, afin de se renseigner sur le retard inconcevable du retour de la première.

Mais la fortune semblait vouloir être contraire aux Espagnols, dans ce malheureux voyage; aucune nouvelle ne put être transmise, ni d'une part ni de l'autre, et, pour comble de disgrâce, la famille et les parents du Quibio, qui étaient retenus prisonniers à bord de *la Bermuda*, et qui devaient être envoyés en Espagne, réussirent à recouvrer leur liberté.

Pendant la nuit on les mettait à fond de cale; les écoutilles du navire étant très élevées, il leur était impossible d'y atteindre et, par suite, les hommes préposés à leur garde ne s'en préoccupaient pas et oubliaient parfois de les fermer dans la partie supérieure. Quelques marins couchaient d'ailleurs dans un poste établi au-dessus, et cette circonstance semblait un motif certain de sécurité.

Mais les Indiens, avec leur instinct de finesse et d'observation, n'avaient pas manqué de remarquer cette imprévoyance, et ils résolurent d'en profiter pour se soustraire à leur captivité.

Une nuit, où l'écoutille de leur prison n'avait pas été fermée, ils rassemblèrent au pied de la cloison toutes les pierres qui formaient le lest, jusqu'à ce qu'elles fussent arrivées à la hauteur de l'écoutille, et qu'elles formassent une espèce de tertre où ils purent tenir un certain nombre réunis et, de là, montant sur les épaules les uns des autres, ils ouvrirent en grand la fenêtre de l'écoutille et sautèrent promptement dans la mer.

Ainsi, quelques-uns des principaux Indiens purent s'échapper, et se sauvèrent à la nage. Mais le bruit qu'ils avaient fait avait réveillé leurs gardiens, et les hommes du poste au-dessus; ils accoururent et empêchèrent les autres de suivre leurs compagnons.

L'écoutille fut alors fermée avec ses chaînes, et chacun se promit de faire bonne garde.

Mais les Indiens étaient désespérés de n'avoir pu s'échapper comme les autres, et ils restèrent plongés dans une désolation inexprimable.

Le lendemain, quand leurs gardiens allèrent les prendre, pour les amener sur le pont, ils les trouvèrent tous pendus avec les bouts de corde qu'ils avaient pu trouver à leur portée; ils avaient pour la plupart, poussé la fermeté jusqu'à se pendre et s'étrangler à genoux, d'autres en serrant, avec leurs pieds, le nœud coulant passé autour de leur cou, le peu de hauteur où pendaient ces bouts de corde ne leur permettant pas de rester suspendus en l'air.

Ainsi, de tous les prisonniers qui se trouvaient à bord, il n'en resta aucun; tous étaient morts ou s'étaient enfuis.

L'amiral et ses gens ne considérèrent pas cet événement comme une grande perte, en ce qui concernait les prisonniers, mais Colomb craignait que la fuite des uns et la mort des autres ne vinssent aggraver la situation des Espagnols restés à terre.

Il avait espéré que le Quibio, pour racheter ses enfants, ses parents et ses sujets, offrirait des conditions de paix aux chrétiens et, se voyant aujourd'hui privé de ces otages, il redoutait, avec quelque raison, que le cacique n'ayant plus aucune raison de les ménager, ne fît une guerre acharnée aux blancs restés dans la ville.

Toutes ces contrariétés, ces ennuis et ces tristes réflexions assombrissaient l'amiral. Sans nouvelles de terre, n'ayant pour toute sécurité contre la violence de la mer que les chaînes des ancres qui retenaient les navires, quelques hommes des équipages ne manquèrent pas d'envier le sort des Indiens qui, pour sauver leur vie, n'avaient pas hésité à se jeter à la mer, à une lieue du rivage.

De là, à penser qu'eux aussi pourraient, pour sauver tant de monde, gagner la terre à la nage, il n'y avait que peu d'effort d'imagination à faire, et ils se disaient, qu'en les portant avec la barque de *la Bermuda*, la seule qui restât, au delà des brisants, cela faciliterait singulièrement la traversée.

Les trois caravelles ne possédaient plus en effet qu'une chaloupe; *la Vizcaïna* avait perdu la sienne, comme nous l'avons raconté plus haut; celle de l'amiral n'étant pas revenue, il n'y avait plus à disposer que de la barque de *la Bermuda*.

Colomb, instruit de la bonne volonté de ses marins pour aller à terre, consentit à l'exécution de leur idée.

La barque en question les porta jusqu'à une portée d'arquebuse de la terre, ne pouvant s'approcher d'avantage à cause de la force des vagues qui allaient se briser sur la plage. Là, Pedro de Ledesma, pilote de Séville, se jeta à l'eau et, courageusement, tantôt au-dessus des flots, tantôt au-dessous, il nagea vigoureusement vers la terre, où il arriva sans encombre.

Là, il apprit la situation des Espagnols, le malheur survenu à Tristan et à ses compagnons, la révolte des Indiens, le combat qui avait eu lieu, et leurs attaques réitérées; et il acquit la conviction, qu'à l'unanimité, ils ne voulaient à aucun prix, rester sur une terre où ils étaient en danger et irrémédiablement perdus. Ils lui recommandèrent de supplier l'amiral de ne pas partir sans les recueillir, parce que les laisser là, c'était les condamner à une mort certaine.

Les attaques des Indiens les avaient mis en révolution; ils n'obéissaient ni à leurs capitaines ni au préfet, et leur seule préoccupation était de se préparer, au premier beau temps, à prendre le premier canot venu pour s'embarquer, car, avec une seule chaloupe, ils ne pouvaient le faire d'une manière commode.

Ils ajoutèrent que, si l'amiral ne voulait pas les recevoir, ils étaient résolus, pour sauver leur vie, de prendre le navire qu'il leur avait laissé, et de s'en aller, à la fortune de la mer, là où les conduirait le destin, plutôt que de rester à la discrétion d'une mort cruelle, de la part de ces sauvages féroces et sanguinaires.

Avec ces renseignements et porteur de ces recommandations, Pedro de Ledesma rejoignit la barque qui l'attendait et qui le ramena aux navires, où il raconta à l'amiral tout ce qu'il avait appris.

Lorsque Colomb connut ces événements, il se représenta la désolation, le trouble et l'insubordination de ces hommes si faciles à s'émouvoir et à se décourager; la situation de son frère au milieu de ce monde affolé et prêt aux résolutions extrêmes, le décida à les attendre et à les emmener avec lui. Cependant, cette décision n'était pas exempte de périls; ses navires étaient près de la plage, sans avoir subi aucune réparation et en péril extrême, si le temps venait à empirer.

Il eut la chance, au bout de huit jours qu'il dut rester au mouillage, de voir le temps s'améliorer.

Alors, ceux qui étaient demeurés à terre commencèrent leurs préparatifs; chacun d'eux apporta dans les barques ce qu'il possédait; tout cela fut mis à part, bien rangé, dans les grands canots qui avaient été pris à cet effet et qui furent solidement amarrés, les uns contre les autres, afin qu'ils ne pussent point s'écarter. Ils avaient attaché leurs paquets afin que rien ne s'échappât et placés bien alignés les uns contre les autres et, chacun d'eux en particulier voulant être des premiers embarqués, ils mirent tous une telle activité dans leur déménagement, qu'en deux jours, ils avaient emporté et casé tout ce qui était à terre et à bord du navire, dont il ne resta plus que la carcasse. Celle-ci était criblée de trous faits par les vers et complètement hors d'état de naviguer. Dans cette circonstance, Diego Mendez dont nous avons déjà parlé, fut encore l'instigateur de ces ingénieux arrangements; c'est lui qui donna l'idée d'accoupler, par deux, les canots des Indiens pour leur donner de la stabilité; c'est lui qui les fit remorquer par la chaloupe, pour les conduire plus sûrement à bord des navires.

Ainsi disposés, la barque et les canots arrivèrent, avec tous les hommes, à bord des navires, et ce fut une grande joie pour tous les Espagnols, de se voir tous réunis, après les graves dangers qu'ils avaient courus les uns et les autres.

Le préfet fut accueilli par son frère et par son neveu avec d'affectueuses marques de satisfaction, et les deux frères se tinrent longtemps embrassés, en témoignage du bonheur qu'ils éprouvaient à se retrouver ensemble.

Les navires mirent à la voile sans le moindre retard, cinglant vers l'est, le long de la côte de la terre qu'ils venaient de quitter.

Les pilotes étaient d'avis, qu'en prenant la route du nord, on pourrait arriver à *Santo-Domingo*, mais l'amiral et le préfet savaient qu'il fallait avant traverser le golfe qui se trouve entre la terre ferme et la Española, naviguer pendant quelque temps dans cette direction, en suivant la côte, et prendre ensuite la voie la plus directe pour atteindre l'île en question.

Mais ces dispositions n'étaient pas du goût des équipages qui s'étaient figuré que l'amiral, en prenant cette route, voulait retourner directement en Castille, et ils en témoignaient leur mécontentement : « Comment, disaient-ils, peut-on es-
« pérer arriver, par voie directe, en Espagne, avec des navi-
« res en mauvais état, et des vivres insuffisants pour un si
« long voyage ? »

Colomb connaissait mieux ces parages que tous les pilotes et les marins de la flotte, et il continua son voyage jusqu'à Porto-Bello, où il fut obligé d'abandonner la caravelle *Vizcaïna* qui faisait eau de toutes parts; toute la cale était littéralement à jour par les piqûres des vers, et les cordages ne tenaient plus, tant ils étaient disloqués.

Suivant toujours la côte, les deux navires restant arrivèrent au port del Retrete, et atteignirent ensuite le port d'une terre attenante à diverses petites îles que Colomb appela *las Barbas*, et que les Indiens désignaient, ainsi que les terres de tout ce contour, sous le nom de : *Terres du Cacique Pocorosa*.

De là, dépassant le cap, on aperçut une terre qui reçut le nom de *Marmol* et qui se trouvait à dix lieues de *las Barbas*.

Le lundi, 1er mai de l'année 1503, avec des vents d'est et les courants propices, l'amiral prit alors la route du nord, voulant autant que possible marcher dans la direction du vent. Tous les pilotes prétendaient qu'on avait passé à l'orient des îles des Caribes; mais l'amiral craignait bien de ne pouvoir monter jusqu'à la Española, et ses prévisions se réalisèrent.

Le mercredi, 10 du même mois de mai, on eut en vue deux petites îles très basses, remplies de tortues qui couvraient leurs rives tout autour. Elles furent appelées *îles des Tortues;* ensuite, prenant au large, la route du nord, le vendredi suivant, à trente lieues de là, on arriva au *Jardin de la Reine*, cette immense réunion de petites îles déjà décrites, et qui sont situées au sud de l'île de Cuba.

Ils étaient enfin arrivés à dix lieues à peu près de l'île de Cuba, après une navigation pénible, souffrant de la faim, car les vivres étaient épuisés, et il ne leur restait plus qu'un peu de biscuit, de l'huile et du vinaigre, pour toute nourriture.

Ils étaient d'ailleurs exténués de fatigue, par le travail continuel des pompes, pour étancher l'eau qui entrait de toutes parts dans les navires, par les trous des vers, et menaçait de les couler à fond.

Tout à coup, survint une terrible tempête et, pendant la nuit, *la Bermuda*, chassant sur ses ancres, vint se jeter sur le vaisseau amiral et lui démonta toute sa proue, tandis qu'elle brisait elle-même son arrière jusqu'à la dunette.

Heureusement, avec beaucoup de peine et un travail inouï, on put arriver à séparer les deux navires, sous les torrents de pluie qui inondaient le pont et les raffales du vent qui semblaient vouloir tout briser et contrariaient les hommes dans leurs manœuvres.

Les câbles rompus, les ancres perdues au fond de l'eau, les navires n'avaient plus de point d'appui et, quand le jour parut, l'avant du navire amiral était tellement fracassé qu'il semblait ne tenir qu'à un fil, et que, si on avait seulement attendu une heure, il se fut complètement détaché. Le lieu où l'on se trouvait était parsemé de rochers et d'écueils, et il était bien difficile d'éviter d'aller se briser contre l'un de ces récifs, car ils se trouvaient à l'arrière du navire.

Il fallut bien pourtant se tirer de ce mauvais pas; on répara, tant bien que mal, autant que cela fut possible, dans cette triste situation, les dégâts qu'avaient subis les deux navires et, quittant ces parages inhospitaliers, on arriva, avec grande fatigue, à un port de l'île de Cuba, appelé *Macaca*, et où se trouvait un village d'Indiens.

On y prit quelques vivres frais et on se dirigea de là vers la Jamaïque, les vents d'est et les courants contraires ne permettant pas d'aller à la Española.

Les navires d'ailleurs, comme nous l'avons déjà dit maintes fois, étaient tellement à jour par les trous des vers, qu'il fallait nuit et jour travailler au service des pompes, pour rejeter l'eau qui s'infiltrait de toutes parts. Trois pompes étaient en incessante activité, et leur service était tellement urgent qu'on était forcé de réparer de suite le moindre dérangement; l'on se servait des chaudières pendant la réparation.

Enfin, la veille de la Saint-Jean, pendant la nuit, l'eau entra avec une telle abondance, qu'il fut impossible de s'en rendre maître. Elle arriva au-dessus du pont et ce fut à grand peine, et avec un travail incroyable, qu'on se maintint ainsi jusqu'au jour. Dans ce lamentable état, on put entrer à la Jamaïque, dans le port *Bueno;* mais il n'y avait là rien pour réparer les navires, point d'eau pour les maintenir et aucun village aux alentours. Alors, après avoir effectué ce qui fut possible pour remédier au mal, le lendemain de la Saint-Jean, on alla à la recherche d'un autre port, en allant du côté de l'orient, et on entra dans celui de *San-Gleria* qui était entouré de rochers.

Les navires ne pouvant plus se maintenir, on les échoua sur le fond, où on les étançonna le mieux qu'il fut possible, dans leur longueur et bord à bord, à côté l'un de l'autre, et, à l'aide d'un grand nombre d'étais des deux côtés, on les assujettit solidement, de manière qu'ils ne pussent pas bouger.

Ainsi fixés, on les laissa se remplir d'eau jusqu'au pont, et l'on établit, en avant et en arrière, dans les deux dunettes, des chambres pour loger les équipages.

Ces arrangements avaient pour but de se faire une forte position, dans le cas où les Indiens auraient conçu le dessein de causer quelques dommages aux chrétiens, car cette île n'était pas encore soumise ni habitée par les blancs.

En se plaçant ainsi dans l'eau, à une encâblure du rivage, Colomb avait aussi en vue d'éviter le contact de ses hommes avec les Indiens, et d'empêcher ainsi que, par suite de leurs exactions habituelles, ils suscitassent l'hostilité des indigènes. Il établit à cet effet, une consigne sévère : aucun des siens ne pouvait aller à terre, sans permission, et il leur était recommandé de traiter avec douceur les Indiens, et d'éviter de leur donner des sujets de mécontentement ; dans leur pénible situation, toute agression pouvait leur être fatale !

## CHAPITRE XLIV.

#### INSTALLATION A LA JAMAÏQUE, CONVENTIONS AVEC LES INDIENS.

Ce déplorable voyage avait été pour Colomb un sujet constant de fatigues et d'angoisses; et ces ennuis, en impressionnant vivement son esprit, avaient réagi sur sa santé. Les fatigues corporelles, les souffrances physiques, les intempéries, avaient altéré ses forces, et son âge déjà avancé n'avait pas peu contribué à affaiblir son robuste tempérament.

Son esprit n'en était pas moins resté ardent et enthousiaste, mais assombri par le chagrin de voir cette dernière entreprise, sur laquelle il fondait les plus brillantes espérances, constamment traversée par toute sorte d'obstacles et de contrariétés.

Cet etablissement nouveau, créé sur une côte riche et fertile, dans un pays où l'or abondait, dont il comptait, à son retour d'Espagne, aller explorer l'intérieur qui paraissait recéler de merveilleux secrets, cet établissement, il avait fallu l'abandonner, avant d'avoir sondé les mystères de ces contrées; c'était pour lui une douleur inexprimable, bien qu'il ne renonçât pas à y revenir, avec des ressources et des forces suffisantes, pour réparer l'échec qu'il venait de subir.

Dans une lettre qu'il a écrite à ses rois, à cette époque de désarroi et d'ennui, dans un moment où la fièvre l'accablait, il a dit :

« Fatigué, écrasé par les chagrins, je m'étais endormi, et
« j'entendis une voix formidable qui me parlait ainsi : « In-
« sensé? Pourquoi ne crois-tu pas? Pourquoi ne sers-tu pas
« ton Dieu, le Dieu de l'Univers? N'a-t-il pas fait autant

« pour toi que pour Moïse et pour David? N'a-t-il pas eu pour
« toi, depuis ta naissance, une sollicitude constante? Quand
« il t'a vu arriver à un âge raisonnable, il a répandu ton nom
« sur toute la terre; tu as donné des ordres dans plusieurs
« contrées et on t'a obéi, et ta gloire a été grande parmi les
« chrétiens. Dieu t'a ouvert les portes de l'océan, fermé
« jusque-là par d'épaisses barrières; il t'a donné en propriété
« les riches pays de l'Inde, et il t'a permis de les céder à
« d'autres. A-t-il fait davantage pour le grand peuple d'Is-
« rael, dans sa fuite d'Égypte? A-t-il fait plus pour David,
« quand, de berger, il le fit roi de la Judée? Tourne-toi donc
« vers lui; reconnais ton erreur, car sa miséricorde est
« infinie. Il y a encore à découvrir des pays immenses et
« fortunés; n'hésite pas à aller à leur recherche, ton âge ne
« sera pas un obstacle à une grande exploration. Abraham
« avait plus de cent ans, quand il engendra Isaac, et Sarah
« n'était plus jeune. Pourquoi demandes-tu du secours en
« désespéré? Réponds; qui t'a affligé si grandement et si sou-
« vent? Est-ce Dieu? ou plutôt est-ce le monde? Dieu n'a pas
« violé les promesses qu'il t'a faites; après avoir accepté tes
« services, t'a-t-il dit qu'il fallait autrement interpréter sa vo-
« lonté? Il tient à la lettre ses engagements, et donne sou-
« vent plus qu'il n'a promis; c'est là sa coutume. Je t'ai indi-
« qué ce qu'a fait pour toi ton Créateur et de même ce qu'il fait
« pour les autres; le présent est le prix des fatigues et des
« périls auxquels tu t'es soumis pour servir les autres. »
« J'entendis tout cela, ajouta Colomb et, presque mort et
« ne trouvant pas de réponse à faire à ces justes observa-
« tions, je me mis à pleurer en me repentant de mes fautes.
« Alors, la voix conclut en ces termes: Ne crains rien et aie
« confiance; toutes ces tribulations ont été gravées sur le
« marbre, et ce n'est pas sans cause. »

Cette vision, que Colomb communique à ses souverains
était-elle le résultat d'une hallucination, produite par son
état de fièvre et d'agitation, et reproduisait-elle en songe les
pensées qui hantaient alors son esprit? Ou bien, comme l'ont
supposé quelques contempteurs, était-ce une fable, fine-
ment composée, pour adresser à LL. Majestés une plainte

délicate, à l'égard de l'ingratitude dont il était l'objet. Quelques passages du discours pourraient le faire croire, si le caractère noble et loyal de Colomb ne faisait pas rejeter une semblable supposition.

Il faut penser, qu'à cette époque, si douloureuse à tous égards pour lui, Colomb avait son esprit constamment occupé des vicissitudes qui entravaient la réalisation de ses conceptions; et il n'est pas étonnant que, dans ses rêves, ses pensées se traduisissent par des visions ou des hallucinations surnaturelles. Quoi qu'il en soit, cette communication aux souverains de Castille offre un réel intérêt, en ce qu'elle indique l'état d'esprit du célèbre navigateur, à cette époque si critique de son existence.

Les deux caravelles étaient à peine assujetties et mises en état de défense, que les Indiens vinrent en foule sur le rivage, apportant des provisions et des objets à échanger.

La Jamaïque était une île extrêmement fertile, et ses habitants très doux, serviables et pacifiques; ils arrivèrent en canots près des navires et se montrèrent très accommodants, et très désireux d'avoir, en échange de leurs produits, les objets que leur offraient les Espagnols.

Afin qu'aucun sujet de discussion ne s'élevât entre les Indiens et ses compagnons, au sujet de ces échanges, Colomb nomma deux commissaires qui furent spécialement chargés des échanges et de répartir tous les jours, entre tous les gens des équipages, les produits de ces marchés; on établit pour cela des conventions, et les prix des échanges furent fixés entre les vendeurs et les commissaires.

Il ne restait plus rien à bord en fait de comestibles; les cales étant remplies d'eau, ce qui aurait pu exister encore aurait été perdu; d'ailleurs, la plus grande partie était déjà avariée, et on en avait perdu beaucoup à l'embarquement rapide, à Belen, soit par la hâte qu'on avait de partir, soit par les moyens de transport rudimentaires et insuffisants.

Il fallait donc pourvoir à tout; l'île, heureusement, était abondamment approvisionnée et, les premiers jours, les Indiens venaient de toutes parts, et leurs apports de vivres suffisaient amplement aux besoins des nouveaux venus.

Mais Colomb connaissait trop le caractère insoucient et imprévoyant des Indiens pour compter absolument sur leurs bonnes dispositions.

Une autre préoccupation assiégeait son esprit, c'était d'éviter que ses compagnons quittassent le bord pour s'en aller, par compagnies, visiter le pays et s'introduire dans les villages et dans les habitations des naturels du pays; l'indépendance, l'insubordination et la licence de mœurs des Espagnols lui faisaient redouter ce contact avec les Indiens; c'étaient ces goûts de libertinage, ces habitudes de malversation, ces mœurs de dépravation, et ces coutumes de tyrannie et d'oppression cruelle qui avaient été partout la cause première de leurs désastres, et avaient amené les catastrophes survenues. Il voulait donc éviter le retour de pareilles contrariétés. Il savait, par expérience, qu'une fois les hommes en rapports journaliers avec ces populations, ni l'autorité de leurs chefs, ni celle du préfet, ni même la sienne ne les empêcheraient de se livrer à leurs vicieux penchants, et alors recommenceraient les actes de violence et de spoliation contre les Indiens, les outrages à leurs filles et à leurs femmes, et les représailles des habitants irrités, les rixes et les combats que leur position actuelle leur interdisait de susciter.

Il fallait à tout prix prévoir et prévenir de semblables éventualités, car elles eussent eu pour conséquence de les priver de leurs approvisionnements, et il ne fallait pas songer à se les procurer par la force.

On obtenait alors ces provisions dans des conditions tout à fait avantageuses; les Indiens étaient très exacts à apporter chaque jour aux navires tous les objets dont ils avaient besoin, et on les leur payait avec des bagatelles; ainsi pour une paire de *hutias* (espèce de rat d'Inde d'un bon goût et qui ressemble à notre lapin), on leur donnait en payement un étui d'aiguilles; deux ou trois rangs de perles de verre leur payaient un pain de *cazabi*, fait avec de certaines herbes; une passable quantité de légumes ou d'autres objets était livrée pour un grelot ou une clochette, selon l'importance. On donnait au roi ou cacique, un petit miroir, un béret, ou une paire de tenailles qui était pour lui d'un grand prix; toutes les conditions de ces échanges avaient été parfaitement établies, et elles s'opéraient avec régularité et à la satisfaction des deux parties; les Indiens soumis, complaisants et affables, se plaisaient dans ces rapports quotidiens avec les habitants des caravelles.

Tout semblait donc marcher à souhait et, par prévoyance, afin de régulariser et assurer le service, Diego Mendez, toujours officieux et ingénieux pour les arrangements, avait, du consentement de l'amiral, fait une visite dans l'île, s'était abouché avec quelques caciques, qu'il avait chargés de surveiller les approvisionnements, en leur faisant quelques cadeaux.

Cependant Colomb se préoccupait des moyens de revenir en Espagne; il réunit, à cet effet, les capitaines des navires et les principaux officiers, pour s'entendre à cet égard, et rechercher ensemble le meilleur mode de sortir de cette prison et, tout au moins, d'aller à la Española.

Rester à la Jamaïque et y attendre quelque navire qui s'y arrêtât par hasard, c'était une espérance dérisoire; il ne fallait pas songer à mettre les caravelles, même une seule, en état de prendre la mer ni compter en construire une dans le port où ils se trouvaient; ils n'avaient plus ni instruments ni ouvriers pour effectuer cette construction; quant aux marins qu'ils auraient pu employer à cette besogne, il leur eût fallu, dans les conditions d'outillage où ils se trouvaient, un temps très considérable pour faire un navire propre à naviguer dans ces mers, où règnent des vents très variables et des courants qui subissent l'influence des vents et changent suivant leur direction. D'ailleurs, un temps perdu si considérable serait pour eux une cause de malheur plutôt qu'un moyen pratique de délivrance.

Après une longue consultation, il fut décidé qu'on enverrait à la Española demander l'envoi d'un navire, avec des provisions et des munitions, et on choisit pour cela deux hommes en qui on avait une grande confiance, et qui possédaient le courage et le sang-froid nécessaires pour remplir une pareille mission. La traversée d'une île à l'autre était en

## INSTALLATION A LA JAMAIQUE.

effet un acte téméraire, et qui paraissait impossible à effectuer dans des canots, ces bateaux étant faits d'une seule pièce de bois creusée, et leurs bords, quand ils sont chargés, étant absolument à fleur d'eau. Il fallait pourtant se servir de ces embarcations et de moyenne grandeur car, trop petites, elles offriraient de grands dangers dès qu'elles auraient à lutter contre une mer agitée, et, trop grandes, leur poids les rendait impropres à de longs voyages, et elles ne rempliraient par le but désiré.

On choisit donc deux canots appropriés à l'usage voulu, et l'infatigable Diego Mendez s'étant offert pour faire partie de l'expédition, on lui donna dix hommes pour équipe de l'un des canots, sous son commandement. Dix Indiens leur étaient adjoints comme rameurs et pour la manœuvre du canot dont ils avaient l'habitude.

Le commandement du second canot avec le même nombre d'hommes et un égal équipage d'Indiens fut donné à Bartholomé Fiesco, gentilhomme génois.

Il fut entendu, qu'à leur arrivée à la *Española*, ce dernier retournerait de suite à la Jamaïque, pour informer l'amiral du succès de leur voyage, et que Diego Mendez se rendrait immédiatement à *Santo-Domingo*, pour accomplir sa mission. La traversée d'une île à l'autre était d'environ 30 lieues, sur une mer capricieuse et dans des régions où les orages étaient fréquents et soulevaient les vagues d'une façon dangereuse. Il y avait donc lieu d'éprouver de l'inquiétude et d'avoir de vives craintes pour ces légères embarcations, exposées à des éventualités si menaçantes, surtout en portant des Européens, alourdis par leurs vêtements et par leurs armes. Ces canots, conduits par les Indiens seuls, n'offraient pas les mêmes dangers; la nudité et l'agilité des Indiens, leur habileté à la nage et leur dextérité leur permettant, en cas d'accident même au milieu du golfe, de se jeter à l'eau, de redresser leur canot chaviré, de le soutenir en nageant à côté, et d'y remonter après l'avoir remis à flot. L'Amiral tenait donc ainsi que tous les Espagnols, à être informé le plus tôt possible des circonstances de ce voyage, afin de faire cesser leur incertitude.

La nécessité et le désir d'être utile, comme l'honneur de l'accomplissement d'une entreprise incertaine ou périlleuse, poussent certains hommes aux actions hardies, malgré les dangers qu'ils peuvent courir, et pour la gloire qui doit leur en revenir. Diego Mendez était de ces hommes; il aimait à se produire, il était courageux et habile, et il avait conçu pour Colomb une estime et un dévouement dont il lui donna des preuves en maintes occasions.

Les deux canots ainsi montés mirent en mer et suivirent le bas de la côte de la Jamaïque, naviguant vers l'Orient, jusqu'à ce qu'ils atteignirent la pointe orientale de l'île que les Indiens nommaient *Namaquique*, du nom de la province d'un de leurs caciques qui lui avait donné son nom.

Cette pointe était à une distance de 34 lieues de *Maima*, qui était le lieu où les Espagnols avaient établi leur résidence.

Dans la traversée de la Jamaïque à la *Española*, il n'existait entre les deux terres qu'une petite île qui n'était éloignée de cette dernière que de huit lieues environ; il fallait donc franchir cet immense golfe dans de fragiles embarcations, et on ne pouvait guère espérer d'y arriver dans de bonnes conditions que par une mer calme. Heureusement il en fut ainsi; le beau temps vint favoriser ce hardi voyage.

Les Indiens, après avoir mis dans les canots leurs calebasses pleines d'eau, quelques objets à leur usage et le pain de *cazabi*, prirent leurs rames, et les Espagnols avec leurs vivres, leurs armes et leurs boucliers, s'étant placés dans leurs canots respectifs, les deux embarcations se lancèrent vers la pleine mer; le préfet, qui les avait accompagnés jusqu'au cap de la Jamaïque, pour prévenir tout obstacle à leur voyage de la part des naturels du pays, leur dit adieu à cet endroit et, resté seul sur la pointe de terre où il se trouvait, il les suivit des yeux jusqu'à ce que, le soir venu, il les eût perdu de vue.

Il revint ensuite lentement vers les navires et, pendant la route, il s'arrêta pour s'entretenir avec les gens du pays, les engageant, à bien accueillir ses témoignages d'amitié, et à entretenir de bons rapports avec les Espagnols.

Diego Mendez, qui commandait l'entreprise de cette audacieuse traversée, a raconté lui-même dans la relation qu'il a faite de son voyage, comment Colomb l'avait choisi pour cette périlleuse mission. « Mon fils, lui avait-il dit, nous som-
« mes seuls ici tous deux à nous rendre compte des dangers
« de notre situation. En petit nombre, entourés de sauvages
« capricieux qui peuvent, au moindre dissentiment, nous
« affamer ou nous brûler dans nos cabines couvertes de
« feuilles de palmier qu'un tison peut enflammer, nous
« sommes à leur discrétion et sans moyens d'obtenir par
« force les vivres que les Indiens peuvent cesser de nous
« apporter. Dans le canot que vous avez acheté, quelqu'un
« pourrait-il aller à la *Española* se procurer un navire pour
« nous délivrer; qu'en pensez-vous?
« Je pense, dit Mendez, que nous courons des dangers
« plus grands qu'on ne croit; mais aller à la *Española*,
« dans une embarcation, si légère et si frêle, je considère
« cela comme impossible, car il faut traverser un golfe de
« près de quarante lieues. Qui osera s'y risquer?
Colomb se tut, mais Mendez comprenant que c'était lui que visait sa demande, ajouta :
« J'ai souvent bravé le danger pour vous et mes compa-
« gnons, et Dieu m'a protégé jusqu'à ce jour; je suis prêt
« à risquer encore ma vie pour vous rendre service, mais
« on trouve, parmi nous, que Votre Excellence s'adresse
« toujours à moi pour les missions difficiles que d'autres
« pourraient accomplir. Eh bien, convoquez tous mes com-
« pagnons; proposez-leur le voyage. Je m'engage à accom-
« pagner celui qui se présentera; et, s'il ne s'en offre aucun,
« j'irai seul, et je risquerai ma vie comme je l'ai fait si sou-
« vent. »
On a vu plus haut comment le conseil fut assemblé et le résultat de ses délibérations.
Aucun des membres de la réunion n'ayant voulu entreprendre ce voyage, Mendez se présenta : « Excellence, dit-il,
« je n'ai qu'une vie à perdre, et je veux encore la risquer
« pour vous et pour mes compagnons. J'ai confiance en Dieu
« qui m'a tant de fois préservé dans différentes entreprises! »

Colomb embrassa ce digne compagnon dont le dévouement généreux venait à son aide dans ce moment de cruelle détresse. Pendant que Mendez faisait ses préparatifs et appropriait son canot pour une pareille traversée, Colomb écrivit à Ovando pour le prier d'envoyer un vaisseau pour le conduire à la *Española*, lui et ses compagnons.

Il écrivit aussi aux rois catholiques, auxquels Mendez devait faire parvenir la lettre, à son arrivée à la *Española*.

Dans cette lettre, qui se ressent de la pénible situation où se trouve l'amiral, il raconte simplement et naïvement les vicissitudes de ce malheureux voyage. Le lecteur en trouvera la traduction, *in extenso*, dans la partie de la correspondance qui accompagne ce récit; nous nous bornons ici à en analyser les passages qui se rapportent à la situation dont nous racontons en ce moment les péripéties :

Après avoir dépeint sa triste position à la Jamaïque, il suppliait LL. Majestés de lui envoyer à la *Española* un navire pour le ramener en Castille. Il parlait avec enthousiasme de la côte de *Veragua*, disant que c'était probablement le pays d'où le roi Salomon avait tiré l'or qui avait servi à orner son temple. Il recommandait de ne pas livrer ce pays aux aventuriers, comme on l'avait fait de l'île *Española*, de la côte de *Paria* et des autres terres qu'il avait découvertes : « Je ne peux pas penser à la *Española* sans que
« je pleure, dit-il, dans ce passage : le pays de *Veragua*
« n'est pas un enfant, à confier à une marâtre. »

Il passait ensuite à son idée de la délivrance du Saint-Sépulcre, et, dans un élan d'enthousiasme, il s'écriait : « Jéru-
« salem et le mont Sinaï doivent être reconstruits par la
« main des chrétiens; qui doit être ce réédificateur? Dieu le
« dit dans le quatorzième psaume par la bouche du pro-
« phète. L'abbé Joaquin dit qu'il doit sortir d'Espagne;
« saint Jérôme a montré le chemin à la sainte femme dans
« ce but. »

Revenant ensuite au grand Khan, il ajoutait : « L'empe-
« reur du Cathay a demandé qu'on lui envoyât des savants
« pour l'instruire dans la sainte foi du Christ. Quel sera celui
« qui se dévouera à cette mission? Si Notre-Seigneur me ra-

« mène en Espagne, je m'engage, au nom de Dieu, de le con-
« duire au salut.

« Les gens qui sont venus avec moi, dit-il, ont souffert
« de terribles fatigues et bravé d'incroyables dangers. Je
« supplie Vos Altesses, de les faire payer au plutôt, car ils
« sont pauvres, et de leur donner des récompenses, selon
« leurs mérites ; et je certifie qu'à mon avis, il vous appor-
« tent les meilleures nouvelles qui aient été jamais annon-
« cées à l'Espagne. »

Admirable cri du cœur de cet homme, sublime dans sa
détresse, et qui, avant de parler de ses services, pense à ses
compagnons et les recommande à ses souverains : « *parce
qu'ils sont pauvres!* »

Ce n'est qu'après qu'il dit : « Jusqu'ici j'ai pleuré pour les
« autres : qu'aujourd'hui le ciel ait pitié de moi, et que la
« terre pleure pour moi ; je n'ai pas seulement, en ce moment,
« une pièce blanche pour l'offertoire. Quant au spirituel, je
« suis ici arrêté dans les Indes, comme je l'ai déjà dit : isolé
« sur cette terre, malade, m'attendant chaque jour à la mort,
« entouré d'un cordon de sauvages remplis de cruauté, nos
« ennemis, et tellement privé des saints sacrements de no-
« tre sainte Église, que mon âme en sera oubliée, si elle se
« sépare ici de son corps. Que celui qui pratique la charité,
« la justice, la vérité, pleure sur moi! Je n'ai pas fait ce
« voyage pour acquérir de l'honneur, ni des richesses ; cela
« est bien certain, car toute espérance, à cet égard, était
« déjà perdue pour moi ; je suis parti avec de bonnes inten-
« tions pour Vos Altesses et un zèle ardent, et je ne mens pas.
« Je supplie humblement Vos Altesses, s'il plaît à Dieu de
« me sortir d'ici, de trouver bon que j'aille à Rome et à d'au-
« tres pèlerinages. »

Cette lettre est navrante ; elle se ressent, d'un bout à l'autre, de la terrible situation de cet homme qui, après avoir
accompli l'acte le plus mémorable, le plus glorieux de son
temps, après avoir doté son pays d'adoption d'un immense
royaume qui devait, dans sa pensée, rapporter des richesses
incalculables, après avoir basé là-dessus les rêves les plus
brillants pour lui, pour ses enfants, pour sa famille, après

avoir échafaudé sur ses résultats les projets les plus merveilleux, se voit à la fin de sa carrière, emprisonné dans un navire submergé, accablé par la fatigue, terrassé par la maladie, et au milieu de populations sauvages, capricieuses comme des enfants, et qui peuvent, d'un moment à l'autre, à la moindre discussion, se soulever contre lui et ses compagnons, les affamer, les brûler dans leurs navires, ou les écraser sous leur nombre. Quelle misère après tant d'honneurs! Quelle tristesse après tant de joie?

# CHAPITRE XLV.

VOYAGE EN CANOT A LA ESPAÑOLA POUR DEMANDER DU SECOURS
RÉCIT DE DIEGO MENDEZ.

Comme on a pu le voir, la narration de Mendez, diffère sensiblement de celle que nous avons écrite d'après l'histoire de Don Fernando. Selon le récit de Mendez, il serait parti une première fois, dans son canot, avec un Espagnol et six Indiens pour la manœuvre de l'embarcation à laquelle il avait adapté un mât avec sa voile, et fait une fausse quille.

Il était parti, avec son équipe, longeant la côte de l'est; des canots d'Indiens maraudeurs les avaient arrêtés, mais ils avaient pu s'échapper; et arrivés à l'extrémité de l'île, pendant qu'ils attendaient le beau temps pour se lancer en pleine mer, ils furent tout à coup cernés par des Indiens ennemis, qui les emmenèrent prisonniers, à trois lieues de là pour les tuer et peut-être les manger. Pendant que les sauvages se disputaient pour le partage du butin, Mendez s'était sauvé, laissant là ses compagnons, dont il n'a pas fait connaître le sort.

Après cet échec, il vint retrouver Colomb, qui fut très affecté de l'insuccès de leur entreprise; mais Mendez ne se rebuta pas et offrit de repartir, pourvu qu'on lui donnât une escorte suffisante pour se défendre contre les maraudeurs, et c'est alors seulement qu'on aurait organisé l'expédition des deux canots avec Bartholomé Fiesco, qui était un marin expérimenté et d'une grande valeur.

Les détails donnés par Mendez sur cette seconde tentative ne diffèrent pas de ceux donnés par Don Fernando, à cette différence près que le préfet serait allé l'accompagner avec une escorte assez importante jusqu'à la pointe de l'île.

Nous ne nous expliquons pas comment Don Fernando, d'ordinaire si exact et si minutieux dans ses récits, a passé sous silence, la première tentative de Mendez. Comme, en définitive, l'entreprise sérieuse et effective était la seconde, il n'a peut-être pas jugé à propos de parler de celle qui avait avorté, et qui conséquemment n'avait plus d'intérêt pour la suite de sa narration.

Navarrete, qui donne ces détails, dit que Mendez avec ses qualités généreuses et dévouées, aimait extrêmement à se mettre en avant, et à parler de lui-même, pour se donner de l'importance.

L'expédition était à peine partie que la maladie commença à sévir, parmi les gens des équipages, qui étaient restés à bord des navires. Les grandes fatigues qu'ils avaient subies, pendant ce long et pénible voyage, les changements de nourriture, les privations qu'ils avaient supportées, la nouvelle alimentation à laquelle ils étaient condamnés, tout avait concouru à les affaiblir et à user leurs forces. Il ne restait plus rien des provisions de Castille; ils ne buvaient plus de vin, ne mangeaient plus de viande, à l'exception de quelques rats d'Inde qu'on leur apportait quelquefois.

Cette existence cloîtrée et monotone, sur des navires isolés et entourés d'eau, cette prison fastidieuse et énervante et qui semblait devoir se prolonger indéfiniment, au milieu d'une nature attrayante et dont la jouissance leur était interdite, devint promptement, pour les hommes valides, un sujet de plaintes et de mécontentement.

Des murmures et des récriminations se produisirent bientôt, parmi ces hommes qui s'étaient habitués à une vie active, libre et indépendante, pendant leur séjour à *Belen* : « L'ami-
« ral, disaient-ils, ne veut plus retourner en Espagne; les
« rois l'ont envoyé en exil; il lui est interdit aussi d'aller à
« la *Española*, puisqu'en venant d'Espagne, le gouverneur
« lui en a défendu l'accès; ceux qui sont partis en canot, s'en
« iront de là en Castille, pour s'occuper de ses affaires; ils
« n'ont pas été envoyés pour nous amener des navires et des

« secours; pendant qu'ils négocieront pour lui auprès des
« rois catholiques, il achèvera ici son temps d'exil; s'il en
« était autrement, Bartholomé Fiesco serait déjà de retour,
« puisqu'on avait annoncé qu'il devait revenir de suite. Sa-
« vait-on d'ailleurs si Diego Mendez et lui ne s'étaient pas
« noyés en route? et s'il en était ainsi, leur porterait-on
« jamais aide et secours? à moins qu'ils ne s'occupassent
« eux-mêmes de les obtenir; puisque l'amiral n'était pas en
« situation de prendre cette voie, à cause de sa position,
« comme aussi de la goutte qui tenait perclus tout son corps
« et l'empêchait de se mouvoir hors de son lit, il était par
« suite bien loin de pouvoir s'exposer à la fatigue et aux
« dangers d'une traversée en canot, de la Jamaïque à la
« *Española*. Ils devaient donc prendre résolûment une ferme
« détermination, puisqu'ils étaient valides, plutôt que de
« se laisser tomber malades comme leurs compagnons;
« l'amiral ne pouvait pas le leur défendre; rendus à la
« *Española,* ils y seraient d'autant mieux reçus qu'ils au-
« raient laissé celui-ci exposé à de plus graves dangers, à
« cause de l'hostilité et de la haine que le commandeur
« Ovando, qui gouvernait l'île, avait vouées à l'amiral. Re-
« venus en Espagne, ils y trouveraient l'évêque Don Juan
« de Fonseca qui les protégerait; par l'entremise du tré-
« sorier Morales, qui avait épousé une sœur des Porras, ils
« étaient certains d'être bien accueillis par les rois catholi-
« ques, auprès desquels il serait facile de rejeter sur l'amiral
« la faute des événements survenus, comme cela avait eu lieu
« déjà pour la rébellion de Roldan, et, dans les circonstances
« actuelles, LL. Majestés les recevraient d'autant mieux
« qu'elles auraient là un motif de le priver des faveurs et
« privilèges qu'elles lui avaient accordés, et de lui enlever les
« titres où se trouvaient libellées leurs obligations. »

Telles étaient les raisons avec d'autres considérations qu'ils se communiquaient les uns aux autres, pour s'exciter à la révolte, et se persuader mutuellement qu'ils avaient le droit d'agir ainsi.

Les frères Porras, dont l'un avait commandé *la Bermuda*, et l'autre était le comptable de la flotte, étaient à la tête de la conjuration ; quarante-huit hommes des équipages adhérèrent au complot, nommèrent pour leur chef le capitaine Porras, et chacun d'eux se pourvut des choses nécessaires pour l'exécution de leur plan, au jour et à l'heure qui furent déterminés entre eux.

Les conjurés se trouvèrent ainsi prêts et en armes le 11 janvier, dans la matinée. Francisco Porras se présenta dans la chambre d'arrière, où se trouvait l'amiral, et, lorsqu'il fut en sa présence, il lui dit : « Monsieur, que signifie ceci? Pourquoi ne voulez-vous pas aller en Espagne? Pourquoi vous plaît-il de nous garder ici tous au péril de notre vie? »

L'amiral, surpris par le ton d'insolente arrogance, avec lequel des questions si insolites lui étaient adressées et, soupçonnant ce qui se passait, lui répondit, en dissimulant son étonnement, et avec le plus grand calme, qu'il n'avait aucun moyen de transport pour effectuer ce voyage, jusqu'au retour des hommes qu'il avait envoyés à la *Española,* ou jusqu'à ce qu'il lui arrivât un navire pour les embarquer; que, plus que personne, il désirait partir, autant pour son intérêt particulier, que pour le bien général, dont il devait se préoccuper; mais que, s'il lui semblait qu'il y eût un meilleur parti à prendre, il était prêt, comme cela était arrivé en d'autres circonstances, à réunir encore les capitaines et tous les officiers du bord pour leur soumettre la question, afin que chacun exprimât son opinion, et qu'il ferait exécuter ensuite ce qui serait décidé.

Porras répliqua alors qu'il n'était plus temps de se livrer à tant de discours, qu'il fallait s'embarquer sans retard ou bien qu'il prendrait son parti.

Et, lui tournant le dos, il s'écria à haute voix : « Je pars
« pour la Castille; que ceux qui veulent venir avec moi me
« suivent. » Et tous les conjurés, qui étaient présents, se mirent à crier : « Nous irons avec toi! Nous irons avec toi! » Alors, s'élançant les uns d'un côté, les autres de l'autre, les armes à la main, ils envahirent la chambre avec des cris sauvages : *A mort! à mort!* vociféraient les uns ; *En Castille! en Castille!* hurlaient les autres. Capitaine, que faut-il faire, criaient quelques-uns?

L'amiral était étendu dans son lit, perclus par la goutte qui l'empêchait de se remuer; mais, ne pouvant contenir son indignation, il s'élança d'un bond hors de son lit, et, tout en boitant, il courut vers les mutins; mais, à cette vue, trois ou quatre de ses fidèles serviteurs l'arrêtèrent, et, le prenant dans leurs bras, lui firent un rempart de leurs corps, pour le défendre contre les assaillants, et le remirent ensuite avec grande peine dans son lit; ils se rangèrent après à côté du préfet qui, une lance à la main, avait tenu tête aux révoltés. Lui ôtant son arme de force, ils le ramenèrent près de son frère, et, s'adressant ensuite à Porras, ils l'engagèrent à ne pas persister dans une aussi pernicieuse conduite; qu'ils étaient tous dans la même situation, et avaient tous le même intérêt et le même désir; qu'il devait lui suffire qu'on ne s'opposât pas à son départ, s'il lui convenait de partir; que s'il était la cause de la mort de l'amiral, il ne pourrait éviter une rigoureuse punition, sans aucun profit pour personne.

Ces sages paroles calmèrent un peu le tumulte, et les conjurés se retirèrent avec le dessein de se préparer au départ. Ils s'emparèrent de dix canots qui étaient amarrés aux flancs des navires, que l'amiral avait fait rechercher dans l'île et qu'il avait achetés, afin de s'en servir pour le service du bord et pour les besoins des équipages. Colomb avait voulu éviter, en achetant ces canots, les discussions qui auraient pu s'élever entre ses gens et les Indiens, si on avait voulu leur prendre leurs embarcations.

Les révoltés s'embarquèrent dans ces canots avec autant de joie que s'ils eussent été prêts à débarquer dans un port de la Castille.

Beaucoup d'autres, étrangers à la révolte, voyant les rebelles s'embarquer avec leurs effets, se voyant abandonnés ainsi par les plus robustes et les plus valides de leurs compagnons, se précipitèrent vers les canots et y entrèrent avec eux, les suppliant avec force larmes de ne pas les laisser.

De leur côté, les serviteurs restés fidèles à l'amiral et les nombreux malades qui se trouvaient là et assistaient à leur départ, témoignaient la plus poignante douleur : ils se consideraient délaissés et perdus dans ces contrées isolées et sans espoir de secours ni de soulagement. Il est certain que, si tout le monde eût été en bonne santé, il ne fût pas resté vingt personnes avec l'amiral.

Cependant les rebelles, avec leur capitaine Francisco Porras, suivirent la côte jusqu'à la pointe orientale de l'île, comme l'avaient fait Diego Mendez et Fiesco, et partout où ils passaient, ils commirent, à l'égard des Indiens, de nombreuses malversations; ils leur enlevaient de force leurs provisions et tout ce qu'ils trouvaient à leur convenance, en leur disant d'aller trouver l'amiral qui les leur payerait; ils ajoutaient que s'il ne les payait pas, ils leur permettaient de le tuer; que ce serait d'ailleurs à leur convenance, parce qu'il était la cause de tous les malheurs qui leur étaient arrivés et qu'il était abhorré de tout le monde.

Ils leur disaient aussi que l'amiral avait été l'auteur des disgrâces survenues aux Indiens des îles où il s'était établi, qu'il en serait de même pour eux, que c'était dans ce but qu'il était venu dans leur île, et qu'ils feraient bien de prévenir ses mauvais desseins, en le tuant.

Ils cheminèrent ainsi jusqu'à la pointe orientale de la Jamaïque et, au premier beau temps, ils entreprirent leur voyage pour *la Española*, dans les canots que les Indiens leur avaient amenés. Le temps était mal assuré et, les canots étant très surchargés, la navigation s'opérait lentement; ils étaient à peine à trois lieues de la terre que le vent sauta tout à coup et devint contraire; les canots étaient si vigoureusement secoués que les révoltés effrayés résolurent de revenir à la Jamaïque, et, comme ils étaient peu habitués à la manœuvre de ces embarcations, en virant de bord, l'eau les envahit; ils ne trouvèrent pas d'autre remède que de les alléger et ils jetèrent par-dessus bord tout ce qu'ils avaient emporté, ne gardant que leurs armes et les vivres nécessaires pour le retour.

Mais le vent fraîchissait, et les canots ballotés leur paraissant courir quelques risques, ils se déterminèrent, pour alléger davantage les embarcations, à jeter les Indiens à la mer; et quelques-uns d'entre ces derniers furent ainsi obligés de se laisser couler dans l'eau; d'autres, se fiant sur leur habileté à la nage, l'avaient déjà fait bénévolement; mais, fatigués et craignant de se noyer, ils s'approchaient des canots et s'y cramponnaient pour se reposer un peu ; alors les Espagnols craignant qu'ils ne fissent chavirer les embarcations, leur faisaient lâcher prise en leur coupant les mains à coups de sabre, ou les blessaient grièvement autre part. Ils en tuèrent ainsi ou en firent noyer dix-huit, ne gardant que ceux qui leur étaient indispensables pour conduire les canots. Ces derniers durent la vie à la nécessité et à l'inhabileté des Espagnols dans la manœuvre de leurs volages embarcations; sans cela, ils eussent poussé la cruauté jusqu'à les tuer tous; c'eût été une triste récompense du service pour lequel ils les avaient engagés, en leur promettant un bon salaire, pour diriger leurs canots dans un si important voyage.

Arrivés à terre, les Espagnols tinrent conseil sur ce qu'ils allaient faire, et les avis furent différents; les uns opinaient pour aller à *Cuba*, les vents et les courants étant favorables pour atteindre cette île, du point où ils se trouvaient qui, selon eux, n'en était pas très éloigné; ils prétendaient qu'on atteindrait promptement cette île, et que, de là, on passerait très facilement à la *Española;* ils ignoraient qu'il y avait encore, d'une île à l'autre, une distance de 17 lieues. D'autres déclaraient qu'il valait mieux retourner aux navires et se remettre en paix avec l'amiral, ou bien lui enlever de force ce qui lui restait d'armes et de provisions; quelques autres dirent, qu'avant de se résoudre à l'un de ces deux partis, il était préférable d'attendre le beau temps, afin de tenter le passage, le cas échéant.

C'est ce dernier avis qui prévalut, et ils demeurèrent dans cette partie de l'île appelée *Avamachiche*, pendant plus d'un mois, et ils désolèrent la contrée par leurs exactions.

Le calme venu, ils s'embarquèrent de nouveau, à deux reprises différentes, mais toujours sans succès, parce que les vents étaient contraires. Enfin, désespérant de réaliser leur dessein, impuissants pour une telle traversée, et très découragés, ils allèrent de village en village, sans leurs canots, se dirigeant vers l'occident, sans savoir quel parti prendre; ils vivaient de ce qu'ils pouvaient se procurer, soit par force, soit bénévolement, selon les dispositions, le bon vouloir ou la possibilité de résistance des caciques, dont ils traversaient les provinces.

Pendant qu'ils vaguaient ainsi dans l'île, l'amiral, resté avec les malades et un petit nombre de gens valides, recommandait à ceux-ci la mansuétude envers les Indiens, afin qu'ils continuassent leur service d'approvisionnement, ce qui lui permettait de réserver le biscuit pour les malades qu'il faisait soigner du mieux qu'il pouvait.

Il y apportait tant d'attention et s'en occupait avec tant de soin, qu'en peu de temps ils recouvrèrent la santé.

Quelques Indiens continuaient à leur apporter des provisions; mais ces insulaires aimant peu le travail et ne cultivant que des étendues de terrain très restreintes, les récoltes étaient peu abondantes; d'un autre côté, les Espagnols consommaient chacun en un jour la subsistance d'une vingtaine d'Indiens.

Les mauvais conseils donnés par les révoltés, leurs malversations et leurs violences avaient porté leur fruit, et un grand nombre d'indigènes avaient cessé de venir aux navires. Les objets d'échange que les Espagnols avaient à leur donner ne leur offraient plus le même attrait, depuis qu'ils en possédaient des quantités et, par suite, la pénurie des vivres commençait à se faire sentir et l'inquiétude de leur subsistance vint s'ajouter à l'incertitude d'une délivrance qui semblait de jour en jour plus désespérée.

Il ne fallait pas penser à la coercition pour se procurer des provisions, car il eût fallu pour cela sortir des navires avec tout son monde, et laisser seul l'amiral malade et alité. Compter sur le bon vouloir des Indiens, bien qu'on leur donnât en échange dix fois plus d'objets qu'on leur en donnait au début, c'était s'exposer à mourir de faim.

Dans cette cruelle détresse, il vint à l'amiral une idée lumineuse et salutaire qui donna les meilleurs résultats:

Il envoya un des Indiens de la *Española*, resté à bord, vers les principaux caciques de l'île pour les inviter à venir le trouver, afin de les entretenir d'une fête qu'il avait l'intention de donner : ils se rendirent tous, avec les principaux chefs, auprès de lui et, quand ils furent réunis, il leur dit :

« Nous sommes chrétiens, croyant en Dieu qui habite
« dans le ciel, qui favorise les bons et punit les méchants ; il
« a vu la révolte des chrétiens qui nous ont quittés, et il les
« a empêchés d'aller à la *Española*, et il l'a permis à Diego
« Mendez et Fiesco, parce qu'ils ont subi les dangers et les
« peines que nous avons éprouvés. Il en est de même pour
« les Indiens ; Dieu, voyant le peu d'attention et de soin
« qu'ils mettent à apporter aux chrétiens les provisions qu'ils
« leur achètent est très irrité contre eux, et il est résolu à leur
« envoyer une grande peste et une cruelle famine ; et, comme
« ils pourraient ne pas le croire, il veut leur donner dans le
« ciel, un signe manifeste de sa colère, afin qu'ils voient
« clairement le châtiment que sa main doit leur infliger. Que,
« ce soir, ils regardent bien la lune, à son lever, et ils la ver-
« ront en courroux et enflammée, annonçant le fléau que
« Dieu doit leur envoyer. »

Après ce discours, il les renvoya, et ils le quittèrent, sous l'empire de la crainte que quelques-uns éprouvèrent, et les autres avec l'idée que ces menaces étaient sans fondement.

Mais, au lever de la lune, ils sortirent tous pour la contempler, et, lorsque l'éclipse que Colomb avait prévu devoir s'accomplir à l'heure annoncée, commença à envahir la planète, à mesure de son accroissement graduel, les Indiens attentifs témoignaient une grande anxiété, et, lorsque leur terreur fût à son comble, ils accoururent de tous côtés, vers les navires, tous chargés de victuailles, en poussant des cris et des gémissements, et suppliant l'amiral de prier Dieu, de toutes manières, pour qu'il voulût bien suspendre les effets de sa colère contre eux, lui promettant qu'à l'avenir, ils lui apporteraient avec empressement tout ce dont il aurait besoin.

L'amiral leur répondit qu'il allait conférer avec Dieu, à ce sujet, et il alla s'enfermer dans sa chambre, jusqu'à ce que l'éclipse eût atteint son apogée.

Pendant ce temps, l'éclipse croissait et les Indiens criaient en le priant de venir à leur aide, et leur frayeur augmentait en même temps que l'ombre s'agrandissait.

Lorsque l'amiral reconnut que l'accroissement était achevé et que la lune allait s'éclaircir peu à peu, il sortit de sa chambre, et il leur dit : « qu'il avait adressé des prières à « Dieu en leur faveur, et l'avait supplié d'avoir pitié d'eux ; « qu'il lui avait promis, en leur nom, qu'à l'avenir ils seraient « bons, et porteraient régulièrement aux chrétiens les pro- « visions qui leur étaient nécessaires ; que Dieu l'avait « écouté et leur pardonnait, et, qu'en signe de ce pardon, ils « allaient voir disparaître la colère de la lune. »

Les Indiens, voyant qu'en effet la lune reprenait sa clarté, acclamaient l'amiral, en lui rendant grâces et louaient Dieu ; et ils continuèrent leurs louanges et leurs actions de grâces, jusqu'à la fin de l'éclipse.

A partir de ce moment, les Indiens eurent grand soin d'approvisionner les chrétiens de tout ce dont ils avaient besoin, chantant les louanges de Dieu, se souvenant d'autres éclipses, et croyant qu'elles avaient eu lieu pour la punition de leurs fautes. Complètement ignorants des causes de ce phénomène, ils avaient la conviction que Dieu avait révélé à l'amiral ce qui se passait dans le ciel, aucun mortel, selon eux, ne pouvant le savoir sur la terre.

Huit mois s'étaient écoulés, depuis le départ de Diego Mendez et Fiesco, et on n'avait reçu aucune nouvelle d'eux ; aussi les hommes de l'amiral éprouvaient d'extrêmes inquiétudes. Les uns pensaient que la mer les avait engloutis, d'autres que les Indiens de la *Española* les avaient mis à mort ; quelques-uns disaient qu'ils étaient morts dans le trajet, de fatigue ou de maladie ; qu'il y avait plus de cent lieues de la *Jamaïque* au port le plus rapproché de la *Española*, que la terre était couverte de montagnes très ardues, que la navigation était très dangereuse, à cause des vents contraires et, pour surcroît d'angoisse, quelques Indiens, disait-on, avaient vu un navire désemparé et jeté à la côte par la violence des courants. Ce dernier bruit avait été semé par les rebelles, pour ôter tout espoir aux hommes restés avec l'amiral.

Au milieu de toutes ces rumeurs, un maître d'équipage nommé Bernardo Esperial, de Valence, et deux autres compagnons, Jamora et Villatoro, tentèrent une conspiration, à l'exemple des premiers révoltés.

Mais, dans ce péril extrême, il arriva justement de la *Española*, une petite caravelle, envoyée par le gouverneur. Ce navire, commandé par le capitaine Diego de Escobar, arriva un soir près des navires échoués, et le capitaine vint avec sa barque rendre visite à l'amiral, et lui dit qu'il était envoyé par le commandeur de Lares qui se rappelait à son souvenir, et lui faisait savoir que, n'ayant pas disponible un navire assez grand pour prendre tant de monde, il l'avait envoyé pour le visiter, et il lui offrit un baril de vin, la moitié d'un porc salé; après quoi il retourna à sa caravelle et repartit, ce même soir, sans prendre de lettres de personne.

Les hommes, rassurés par cette visite, dissimulèrent leurs projets, bien que la hâte du départ du capitaine les eût surpris et excitât leurs soupçons; ils pensèrent que le commandeur désirait empêcher l'amiral de revenir à la *Española*, et qu'il lui avait envoyé ce petit navire, pensant bien que tous voudraient partir ensemble et qu'il serait insuffisant pour les emmener.

L'amiral se prévalut de cette circonstance auprès de ses compagnons, et leur dit qu'il n'avait pas voulu partir seul avec Escobar, et les laisser dans l'île; qu'il avait préféré attendre l'arrivée d'un plus grand navire qu'on allait lui envoyer, afin de s'en aller tous à la fois.

Les suppositions des gens des équipages relativement au mauvais vouloir d'Ovando avaient un certain fondement; le commandeur redoutait le retour de l'amiral en Castille; il craignait pour son commandement qu'il était bien aise de conserver, et, à ce sujet, il redoutait l'influence de Colomb auprès des rois catholiques, craignant qu'il ne décidât ceux-ci à lui rendre son commandement et sa vice-royauté. Pour cela, il ne lui plaisait pas qu'il passât à *la Española*, et il lui avait envoyé cette caravelle, avec Escobar, qu'il savait être l'ennemi de l'amiral, pour que ce dernier lui rapportât en cachette des renseignements sur l'état de Colomb, afin de prendre ses dispositions pour conserver son poste.

L'amiral connut toutes ces circonstances par une lettre de Diego Mendez apportée par la petite caravelle, et dans laquelle ce dernier donnait les détails de son voyage.

On peut juger combien Colomb fut courroucé contre le commandeur, pour l'avoir laissé ainsi, lui et ses compagnons, pendant près de huit mois, exposés aux plus graves dangers, et dans de mortelles inquiétudes sur le sort des hommes qu'il avait envoyés pour réclamer du secours !

Il comprit qu'Ovando avait retardé volontairement l'envoi d'un navire, dans l'espoir que la souffrance et les privations le débarrasseraient d'un dangereux compétiteur.

Ce n'était que pressé par le désir de savoir s'ils étaient encore vivants, qu'il s'était décidé, après huit mois d'attente, à envoyer Escobar, avec des provisions notoirement insuffisantes. Connaissant bien les sentiments hostiles de son envoyé envers Colomb, il était évident que c'était un mandataire à sa dévotion qu'il lui avait expédié, pour se renseigner sur la situation de ces hommes qui étaient ses compatriotes, et que l'humanité lui commandait de secourir.

La plupart des historiens partagent cette opinion, et le vénérable Las Cazas, qui se trouvait alors à la *Española*, dit que les obstacles apportés par le gouverneur à l'envoi d'un navire pour secourir immédiatement l'amiral, sur les instances de Diego, provenaient de la crainte qu'éprouvait Ovando du retour de Colomb ; et qu'enfin il lui avait expédié Escobar, sachant bien que celui-ci n'aurait aucun égard pour lui et suivrait parfaitement ses instructions, qui étaient de ne communiquer avec aucun des hommes du bord, et de ne se charger d'aucune autre lettre que de celles de l'amiral.

D'autres auteurs ont prétendu qu'on avait répandu le bruit que Colomb était mécontent de ce que les rois d'Espagne lui avaient retiré son gouvernement et que, pour se venger, il était disposé à donner à la République de Gênes les pays qu'il venait de découvrir. D'après ces auteurs, Ovando, en laissant l'amiral privé de secours à la Jamaïque, aurait été mû par un excès de zèle, voulant, par ce moyen, l'empêcher de mettre son projet à exécution.

Il y avait une raison plus simple et plus naturelle, sinon pour justifier, au moins pour excuser la conduite du gouverneur, c'est que, depuis plusieurs mois, il était aux prises avec les Indiens révoltés qui le retenaient à l'intérieur de l'île dans une lutte de partisans.

Il n'y avait pas d'ailleurs, à *Santo-Domingo*, un navire d'assez fort tonnage pour ramener en Espagne Colomb et ses hommes. Quant à son passage à la *Española*, il est certain que le commandeur ne tenait pas à l'y voir revenir.

Soit qu'il redoutât de nouveaux troubles, à cause des nombreux ennemis que Colomb avait encore dans l'île, soit qu'il craignit que celui-ci voulût se créer un parti pour reprendre ses anciennes fonctions, ou qu'en vertu de sa vice-royauté, il ne voulût se mêler des affaires du gouvernement, Ovando ne voulait pas le voir à la *Española*.

Supposa-t-il qu'avec tous ses compagnons l'amiral pouvait se défendre contre les attaques des Indiens?

Apprit-il de Diego Mendez que les Indiens avec lesquels celui-ci avait passé des traités, pourvoyaient à la subsistance des Espagnols?

Ces dernières raisons étaient trop peu sérieuses pour l'empêcher de porter secours à ses compatriotes et, selon nous, la réprobation dont sa conduite fut l'objet, auprès des Espagnols ses contemporains, nous semble juste et bien méritée.

# CHAPITRE XLVI.

### VOYAGE DE DIEGO MENDEZ ET DE BARTHOLOMÉ FIESCO DE LA JAMAÏQUE A LA ESPAÑOLA.

Comme on l'a vu plus haut, Diego Mendez et Bartholomé Fiesco étaient partis de la Jamaïque, dans leurs canots, avec leur escorte et les Indiens qui devaient manœuvrer les rames. Par un beau temps et un calme plat, ils naviguèrent jusqu'au soir; les Espagnols encourageaient les Indiens qui ramaient avec les pelles dont ils se servent en guise de rames.

La chaleur étant très intense, les rameurs, pour se rafraîchir et se reposer, se jetaient à la mer et, nageant le long du bord pendant un moment, ils remontaient ensuite dans le canot, frais et dispos, et reprenaient leurs pelles.

Naviguant ainsi, les Indiens tantôt à bord des canots tantôt à l'eau, ils perdirent la terre de vue, au soleil couchant.

La nuit, la moitié des Indiens, qui s'étaient reposés le jour, prirent les rames, et l'autre moitié se livra au sommeil.

Les chrétiens firent de même pour monter la garde, quoique les Indiens n'eussent aucune pensée de trahison.

Ils naviguèrent toute la nuit sans s'arrêter, de telle sorte que, le matin, ils étaient tous très fatigués. Mais les capitaines excitaient chacun les siens et prenaient eux-mêmes les rames, avec leurs hommes; les Indiens délassés du travail de la nuit, se remettaient alors avec plus de cœur à leur besogne.

On ne voyait plus que le ciel et l'eau, ce qui leur était pénible à tous, et c'était pour eux le supplice de Tantale, car, ayant l'eau à portée de la main, ils ne pouvaient étancher leur soif. En effet, par suite de la grande chaleur, et par leur manque de prévoyance, les Indiens avaient absorbé toute l'eau qu'ils avaient sans songer au lendemain. Le travail devint donc insupportable, quand le soleil dardait ses rayons brûlants, de sorte, qu'au milieu du jour, ils étaient tous épuisés et à bout de forces, et, le second jour de leur départ, accablés de fatigue et haletants de soif, ils ne pouvaient plus ramer.

Heureusement, les capitaines retrouvèrent deux barils d'eau et leur en distribuèrent à chacun quelques gouttes, qui les ranimèrent et les soutinrent jusqu'à ce que le soir ramena la fraîcheur.

Pour les tenir en haleine, les capitaines assuraient qu'ils arriveraient bientôt à une petite île, appelée *Navava*, qui se trouvait sur leur route, et qui n'était éloignée de la *Española* que de huit lieues. En outre de leur grande fatigue, de la soif qui les dévorait, après une navigation de deux jours et une nuit, ils croyaient être égarés de leur chemin; suivant leur compte, ils devaient avoir fait vingt lieues, et ils auraient dû avoir cette île en vue; la fatigue et la faiblesse les mettaient assurément dans l'erreur, car un canot, bon marcheur, ne peut faire en un jour et une nuit plus de dix lieues.

Mais le voyage paraît d'autant plus long aux navigateurs, qu'ils éprouvent plus de fatigues.

Le soir venu, on dut jeter à la mer un des Indiens, mort de fatigue, et les autres restaient étendus dans le fond des canots, tellement affaissés et si faibles qu'ils ne pouvaient plus rien faire; les canots ne marchaient plus pour ainsi dire; prenant de l'eau de mer, pour se rafraîchir la bouche, remède pire que le mal, ils allaient à l'aventure, sans avoir vu la terre, la seconde nuit venue.

Mais, grâce à Dieu, Diego Mendez, au lever de la lune, aperçut la terre d'où la lune émergeait, couverte par une petite île qu'il n'aurait pas vue sans cette circonstance, attendu qu'elle était fort basse. Ils en ressentirent tous une grande joie et reprirent courage; on leur distribua un peu d'eau du baril, et ils ramèrent avec tant d'ardeur que, le matin, ils abordèrent dans l'île.

Elle était entourée de roches vives, et elle avait à peine une demi-lieue de circuit; ils débarquèrent comme ils purent et, n'ayant pas trouvé de cours d'eau, ils recueillirent l'eau de pluie partout où ils en trouvèrent, et il y en eut suffisamment pour s'en gorger et remplir les barils. Malgré les recommandations des capitaines, quelques Indiens, haletant de soif, se gorgèrent tellement d'eau, qu'ils en moururent là, et d'autres en furent malades.

On se reposa toute la journée dans l'île, en se divertissant; on mangea ce qu'on trouva au bord de la mer. Diego Mendez ayant apporté les instruments nécessaires pour avoir du feu, heureux d'être à la vue de la *Española*, et, pour ne pas attendre le mauvais temps, on décida de s'embarquer sans retard, et on prit la route, en droite ligne, vers le cap *San-Miguel* où, sans grande fatigue, on arriva le jour suivant, le quatrième jour après leur départ de la Jamaïque.

Bartholomé Fiesco voulait repartir de là sans retard, pour aller rendre compte à l'amiral du succès de leur voyage, ainsi que cela avait été convenu; mais les Espagnols et les Indiens se trouvèrent tellement fatigués et peu dispos, qu'aucun d'eux ne voulut aller avec lui. Diego Mendez continua son voyage par terre en grande hâte, et, après avoir traversé de nombreuses montagnes, il arriva à Suraña, où il trouva le commandeur de Lares, qui le reçut avec de grandes démonstrations de joie et de compassion, et lui promit d'envoyer des secours à l'amiral. Mais, malgré ses protestations d'amitié et de sympathie pour leur infortune, il retardait toujours l'accomplissement de ses promesses, quoique le capitaine le poursuivît de ses instances et l'obsédât de ses importunités.

Enfin les supplications de Mendez devinrent si pressantes, après plusieurs mois de plaintes et d'obsessions, qu'il fut contraint d'autoriser le capitaine à se rendre à Santo-Domingo, pour y acheter un navire et l'armer et équiper au compte de l'amiral, afin de le lui envoyer à la Jamaïque.

Diego partit de suite et accomplit cette mission en toute diligence; il partit ensuite pour l'Espagne, pour aller rendre compte à LL. Altesses royales des événements survenus pendant le dernier voyage de Colomb et leur faire connaître sa pénible situation.

Comme on le voit, ce ne fut pas sans peine, sans grande fatigue et sans donner des preuves d'une fermeté et d'un courage à toute épreuve, que Mendez put accomplir la mission dont Colomb l'avait chargé. Son voyage, pour se rendre auprès du gouverneur qu'il allait chercher à *Santo-Domingo*, ne craignant pas de longer la côte en canot, avec six hommes, est un acte d'une audace peu commune, car il s'agissait de faire 130 lieues le long de la côte, dans une frêle embarcation. Il l'entreprit résolûment, et il avait fait déjà 80 lieues de cette pénible circumnavigation, quand il apprit que le gouverneur était dans le *Xaragua*.

Il n'hésita pas un instant; laissant là son embarcation, il s'élança seul, à pied, sans guide et, par monts et par vaux, traversant les forêts, il atteignit le *Xaragua*, qui était à cinquante lieues de la côte où il se trouvait parvenu.

Là, comme nous l'avons vu, le commandeur l'amuse de promesses et le retient pendant sept mois, sous divers prétextes, et quand, de guerre lasse et à forces d'instances, il obtient l'autorisation voulue, il part pour *Santo-Domingo*, toujours à pied, ne reculant pas devant un nouveau voyage de soixante-dix lieues, pour aller terminer l'accomplissement de ce mandat si fidèlement rempli.

En vérité, un dévouement si absolu, un courage si extraordinaire et une constance si rare honorent singulièrement les hommes qui en font preuve; mais ils sont également, nous semble-t-il, à l'honneur de l'homme qui les inspire. Ces témoignages de fidèle affection furent sans doute pour Colomb une consolation pour les déboires, les injustices et les déconvenues qu'il subissait d'autre part.

C'est après le départ de Diego Mendez pour *Santo-Domingo* que le commandeur se décida à envoyer à Colomb, Escobar avec la petite caravelle.

On a vu que l'arrivée et le brusque départ de ce capitaine, avec son navire, avaient excité les soupçons des hommes restés avec l'amiral. Celui-ci avait réussi à calmer leurs appréhensions, et il pensa à se servir de cette circonstance pour amener la soumission des révoltés.

Porras et ses gens reconnaissaient enfin la désastreuse situation dans laquelle ils s'étaient placés par leur rébellion. Lassés de leurs iniquités à l'égard des Indiens, qui ne leur donnaient des vivres que contraints par la force, obligés quelquefois de soutenir des luttes dangereuses, ils résolurent de renoncer à cette vie aventureuse et de revenir auprès de l'amiral.

Dès que Colomb eut connaissance de leurs desseins, il défendit à ses hommes de leur parler.

Quelques-uns des rebelles, s'imaginant que l'amiral leur accorderait un pardon général, étaient d'avis de ne témoigner aucun repentir du fait accompli.

Mais les équipages ne purent pas être si rigoureusement consignés et surveillés que l'on ne sût au dehors les événements survenus : l'arrivée de la caravelle, la guérison des malades et le bon état des hommes restés auprès de l'amiral. les rebelles furent donc instruits de ces faits; ils apprirent les bonnes dispositions de Colomb en leur faveur, qui leur furent confirmées par deux hommes qui, sans mandat spécial, allèrent les voir et leur dirent que l'amiral leur offrait leur pardon.

Les conjurés tinrent alors conseil, et, après plusieurs délibérations, ils résolurent, de l'avis de leurs chefs, de ne pas se fier au sauf-conduit qui pourrait leur être offert et de ne pas accepter le pardon qu'on voulait leur accorder.

Ils décidèrent au contraire d'imposer leurs conditions et demandèrent :

Qu'il leur fût permis de rester dans l'île libres, indépendants et en toute sécurité;

Que l'amiral prît l'engagement, s'il lui était envoyé deux navires, de leur en donner un pour eux seuls et, s'il n'en venait qu'un, de leur en réserver la moitié;

Et en attendant, comme ils avaient perdu dans leur tentative de voyage tout ce qu'ils possédaient, effets et objets d'échange, que l'on partageât avec eux ce qui restait dans les navires ou ce que possédaient les autres;

Que, si on ne leur accordait pas ces demandes de bon gré, ils sauraient bien les obtenir par la force et à leur volonté.

Ils congédièrent, avec ces exigences, les deux officieux entremetteurs, en ajoutant que les offres de l'amiral étaient un leurre pour les avoir à sa discrétion; que c'était un homme cruel et vindicatif; que loin de le craindre, ils l'invitaient à ne rien entreprendre contre eux qui leur fût préjudiciable, attendu que, grâce aux protections des hommes puissants qu'ils avaient auprès de LL. Majestés, ils en tireraient vengeance. Qu'il était naturel que l'amiral voulût punir leur défection, et que c'était pour cela que Roldan et les autres n'avaient pas voulu se fier à lui, ni accepter ses offres à la *Española*, et qu'ils s'en étaient bien trouvés, puisqu'ils avaient obtenu de grandes faveurs, qu'ils avaient réussi à faire envoyer en Castille l'amiral et ses frères chargés de fers; qu'ils avaient des motifs aussi valables que ceux des autres, et qu'ils avaient l'espoir de réussir comme eux.

Enfin, pour prévenir les idées que quelques-uns des leurs pourraient concevoir relativement à la venue de la caravelle et aux nouvelles données par Diego Mendez, ils insinuèrent et répandirent dans le public que ce n'était pas une caravelle réelle qui était venue, mais un fantôme de navire créé par la magie dans laquelle l'amiral était versé d'une manière supérieure; et ceci donnait une preuve étonnante de la superstition qui régnait alors, non seulement chez les ignorants, mais encore chez les gens éclairés. Si c'eût été, disaient-ils, une véritable caravelle, est-ce que le capitaine et l'équipage n'aurait pas eu de plus amples communications avec les Espagnols, et avec les gens de l'amiral? Pourquoi seraient-ils repartis si promptement, sans que personne les ait en quelque sorte aperçus? Était-il croyable que l'amiral n'eût pas profité de cette occasion pour partir avec son frère et son fils?

C'est avec ces suppositions et ces discours subversifs, qu'ils s'affermirent dans leur rébellion, et qu'ils y maintinrent les timides: et ils prirent la ferme résolution de se rendre aux navires, d'y prendre de force ce qui leur conviendrait, et de faire l'amiral prisonnier.

Dans ces belliqueuses dispositions, les révoltés arrivèrent à un quart de lieue de l'endroit où les navires étaient amarrés. Le village où ils se trouvaient était appelé par les Indiens *Maima*, où s'est élevée depuis, à sa place, une ville à laquelle on a donné le nom de Séville. L'amiral, averti de leurs intentions, prit le parti de leur envoyer le préfet, afin qu'il tentât, par de bonnes paroles, de leur faire entendre raison et de les amener à reconnaître leur erreur.

Il lui donna en même temps une escorte suffisante pour se défendre s'il était attaqué. Comme on a pu s'en convaincre, Bartholomé était un rude marin, un homme de guerre intrépide et expérimenté, mais ce n'était pas un diplomate et, dans une pareille circonstance, il ne pouvait remplacer l'amiral, et celui-ci était cloué sur son lit par la goutte.

Le préfet choisit 25 hommes robustes et bien portants, capables de faire face à un ennemi, dans quelque cas que ce fût, et il les arma complètement de façon à combattre en toute circonstance.

Arrivé à une portée d'arbalète du village où s'étaient arrêtés les rebelles, après avoir dépassé une colline sur le revers de laquelle le préfet et sa troupe, en bon ordre, étaient bien en vue, les deux hommes qui s'étaient déjà entremis furent envoyés vers eux, d'abord pour protester du désir de l'amiral de faire la paix avec eux et leur dire que, s'ils étaient eux-mêmes dans ces intentions, le capitaine irait les trouver et qu'ils traiteraient tranquillement des conditions d'un arrangement.

Ces envoyés leur dirent qu'ils se connaissaient assez tous pour savoir qu'ils avaient la même valeur et le même courage, qu'étant à peu près en nombre égal, ils avaient la même chance pour l'issue d'un combat, et qu'il valait bien mieux conséquemment s'entendre et s'arranger pacifiquement.

Mais les rebelles, croyant avoir affaire à des hommes débilités par la maladie et qui se refuseraient à combattre, se montrèrent encore plus arrogants, et reçurent les deux envoyés l'épée à la main et la lance en arrêt, rangés en bataille, prêts à livrer combat, sans vouloir écouter leurs discours, et poussant des cris : A mort! à mort! ils repoussèrent les ambassadeurs et se ruèrent sur la troupe du préfet. Les plus ardents des révoltés, au nombre de six, s'étaient réunis et avaient juré de ne se séparer qu'après avoir tué le préfet, se disant que, lui mort, les autres n'étaient plus redoutables. Ce fut donc contre lui que les six forcenés dirigèrent leurs coups.

Mais ils avaient affaire à forte partie, et ils furent reçus de telle manière, qu'au premier choc, cinq ou six des plus enragés furent couchés par terre et parmi eux quatre des conjurés contre le préfet. Celui-ci les avait attendus avec sa bravoure ordinaire et, en peu d'instants gisaient à ses pieds, Juan Sanchez de Cadix, le hardi pilote qui avait laissé fuir le *Quibio*, Juan Barba, le premier qui avait mis l'épée à la main au moment de la révolte dans la chambre de l'amiral; et plusieurs autres qui furent tués ou blessés.

Voyant cette déconvenue, Porras s'élança contre le préfet en lui adressant un formidable coup d'épée, mais, aussi habile que courageux, celui-ci para le coup avec son bouclier et l'épée de Porras s'étant engagée dans l'écu, le préfet saisit son adversaire, le maintenant d'une main de fer, et le fit prisonnier. Les autres voyant leur chef pris, et leurs compagnons si maltraités, se mirent à fuir de tous côtés.

Le préfet, voulant profiter de sa victoire, donna ordre de se mettre à la poursuite des fuyards; mais les principaux de sa compagnie lui représentèrent que le châtiment avait été assez sévère, et que la leçon était suffisante; qu'il n'était pas nécessaire d'en tuer davantage, à cause des Indiens qui, voyant les apprêts du combat entre les Espagnols, s'étaient déjà mis en armes et en attendaient l'issue, prêts à tomber sur les vainqueurs si ces derniers, affaiblis par la bataille, paraissaient leur offrir une facile victoire.

Le préfet se rendit à ces justes raisons, rassembla ses gens, et revint aux navires où il fut accueilli avec joie et avec des félicitations, par l'amiral et par ceux qui étaient restés auprès de lui.

Tous rendirent grâces à Dieu d'une victoire, qui avait été la juste punition infligée aux orgueilleux et aux pervers, sans que l'un des fidèles serviteurs de l'amiral eût reçu la moindre blessure, à l'exception du préfet, qui avait été le plus exposé et qui fut blessé à la main, et d'un maître d'hôtel de l'amiral qui, plus grièvement atteint, mourut de ses blessures.

Parmi les rebelles, Pedro de Ledenna, le pilote qui était allé à *Honduras* avec Vicente Yanez et qui, à *Belen*, avait gagné la côte, en nageant, pour avoir des nouvelles de la barque et des malheureux qui avaient été massacrés, était tombé dans le fond d'un ravin, le jour de la bataille; il y resta jusqu'au lendemain, sans qu'on sût ce qu'il était devenu; les Indiens l'avaient trouvé et, voulant s'assurer de la profondeur des blessures que faisaient les armes des chrétiens, ils sondaient les siennes avec la pointe de leurs flèches; le malheureux était couvert de blessures terribles; l'une d'elles à la tête, laissait voir la cervelle, une autre, à l'épaule, avait presque détaché le bras; il avait la cuisse fendue et l'os presque tranché; enfin, il avait reçu, à un pied, un coup de sabre qui l'avait coupé du tendon jusqu'aux doigts. Dans ce piteux état, lorsque les Indiens le tracassaient trop, il leur criait : « Laissez-moi tranquille ou, si je me lève, je vais vous arranger; » et ces menaces les mettaient en fuite.

Les gens des navires ayant appris la situation de ce blessé, allèrent le chercher et le rapportèrent dans une case de paille, tout près d'eux où l'humidité et les mosquites devaient l'achever; n'ayant pas d'essence de thérébentine qui eût été nécessaire pour cicatriser ses blessures, on les brûlait à l'huile bouillante; le chirurgien du bord qui le soignait disait, qu'en outre des quatre principales blessures, dont nous avons parlé, il en découvrait chaque jour de nouvelles; et néanmoins, il le guérit, tandis que le maître d'hôtel était mort comme nous l'avons dit plus haut.

Le lendemain, ceux qui avaient pris la fuite, envoyèrent un mémoire à l'amiral, où ils le suppliaient d'user envers eux de miséricorde; qu'ils se repentaient de leur mauvaise action, et qu'ils demandaient humblement à rentrer sous son obéissance.

## CHAPITRE XLVII.

RETOUR A LA ESPAÑOLA ET ARRIVÉE EN ESPAGNE.

On était alors au lundi 30 du mois de mai.

L'amiral consentit à les recevoir tous; leur accorda un pardon général, à la condition que leur chef resterait en prison, comme il y était réellement, afin qu'il ne fomentât pas une nouvelle révolte.

Il décida ensuite d'envoyer dans l'île un capitaine, pour avoir un surcroît de vivres nécessité par la rentrée des rebelles, et pour maintenir les Indiens dans leurs bonnes dispositions, il mit les révoltés sous les ordres du capitaine en question, pour servir d'escorte, dans ses visites aux villages des Indiens.

Il prit ce dernier parti, pour éviter que les révoltés rentrassent dans les navires, parce qu'il redoutait leur funeste contact avec les hommes qui étaient restés près de lui, non seulement, à cause de la révolte, mais encore par suite de l'animosité que le dernier combat avait dû susciter entre les deux partis, et qui pouvait amener des discussions et des querelles déplorables, ravivant les inimitiés et dégénérant en luttes fatales. En outre, les logements, pour tout ce monde, étaient très restreints, et les vivres apportés peu abondants; il valait mieux, à tous égards, que les nouveaux rentrés en grâce, allassent chercher leur vie au dehors.

Les rebelles soumis à l'obéissance, et les Indiens bien disposés à tenir les promesses qu'ils avaient faites à l'amiral, les échanges se firent régulièrement et les vivres ne manquèrent plus. Quelques jours se passèrent ainsi; un an s'était accompli depuis que Colomb avait atterri à la Jamaïque, quand y arriva un navire que le fidèle Mendez avait acheté et équipé à *Santo-Domingo*, avec les fonds de l'amiral.

Le 28 juin, amis et ennemis, furent embarqués dans ce vaisseau tant désiré, et on mit à la voile, non sans peine, les vents et les courants étant contraires, ce qui arrive fréquemment pour la traversée de la Jamaïque à *Santo Domingo*.

L'amiral entra dans ce port, le 23 août, après une traversée pénible, et qui dura cinquante-six jours, ce qui semble extraordinaire et qui résulte cependant du récit de Don Fernando, puisque, d'après lui, le départ s'était effectué le 28 juin.

Il ne donne d'ailleurs aucun détail sur ce voyage, qui dut être fortement contrarié par les vents et les courants.

D'autres historiens prétendent que ce ne fut pas un seul navire qui arriva à la Jamaïque, mais bien deux vaisseaux, dont le second était envoyé par Ovando qui n'avait pu résister à la clameur d'indignation qu'avait soulevée, dans la colonie, son inaction inhumaine vis-à-vis de l'amiral.

La réprobation générale de cet indigne déni de secours fut telle qu'elle se produisit jusque dans l'église, où des prédicateurs, du haut de la chaire, stigmatisèrent la conduite égoïste du gouverneur.

Celui-ci ne put résister plus longtemps à ce cri de la conscience publique, et, craignant enfin que les souverains ne lui fissent un crime d'avoir laissé, sans aide ni secours, non seulement un amiral de Castille, mais encore une multitude d'Espagnols, ses compatriotes, les sujets de LL. Majestés, exposés au milieu de populations hostiles, à être affamés ou massacrés, il recula devant cette grave responsabilité, et il se décida enfin à envoyer une caravelle, en même temps que Diego Mendez expédiait son navire.

Las Cazas qui se trouvait alors à *la Española*, raconte ces faits et nous rapporte l'effervescence qui régnait alors à *Santo Domingo*, en faveur des malheureux naufragés, et contre l'inertie calculée d'Ovando, et il dit que ce dernier, contraint par l'opinion publique, fit partir une caravelle pour porter secours à Colomb et à ses compagnons ; il était temps !

Que devint ce navire ? Il est certain qu'il n'était pas arrivé quand parut celui de Mendez, puisque Don Fernando qui était alors avec son père à la Jamaïque, déclare : « qu'amis « et ennemis furent embarqués sur ce bâtiment. »

Non seulement la véracité de Don Fernando ne saurait être suspectée, mais il est certain que, s'il était arrivé deux navires en même temps, les insurgés, qui avaient demandé qu'on leur en donnât un pour eux seuls, n'auraient pas manqué de le réclamer, et il est aussi certain que l'amiral, qui redoutait le contact des rebelles avec les hommes restés fidèles, aurait consenti avec joie à leur séparation.

La caravelle fut-elle contrariée par les vents et n'arrivat-elle qu'après le départ du navire qui emportait les Espagnols? ou bien le gouverneur, après avoir ostensiblement rempli le devoir commandé par l'humanité, avait-il donné au capitaine de la caravelle des instructions secrètes et s'accordant avec ses sentiments d'animosité envers Colomb, et avec ses désirs personnels de ne pas voir arriver à la *Española* celui qu'il considérait comme un redoutable concurrent? On peut tout supposer des hommes de ce temps qui avaient pour devise : *Qui veut la fin veut les moyens!* Et les ennemis de Colomb ne marchandaient pas les moyens de le perdre, fallût-il aller jusqu'à l'assassinat; les conjurés l'eussent bien consommé, s'ils n'en avaient été empêchés !

Quoi qu'il en soit, lorsque l'amiral arriva à *Santo-Domingo*, il y fut reçu avec des démonstrations de sympathie non équivoques, de la part de la population, que ses fatigues et ses souffrances avaient émue de compassion ; il s'était fait un revirement d'opinion chez ces hommes qui le poursuivaient de leurs injures et de leurs huées, quand il était parti pour l'Espagne, chargé de fers, et qui l'acclamaient aujourd'hui, quand il revenait au milieu d'eux, accablé de fatigue, d'ennuis, et atterré par la maladie.

Le gouverneur l'accueillit avec de grands témoignages de respect et de sympathie ; il lui céda sa demeure, et le traita avec une extrême courtoisie, lui offrant ses services pour tout ce dont il aurait besoin.

Mais, d'un autre côté, voulant faire acte d'autorité et démontrer, qu'en présence de l'amiral, il était toujours le seul gouverneur, il fit mettre en liberté Porras, le chef de la rébellion et, au lieu d'intenter le procès des révoltés, il se montra sévère vis-à-vis des hommes qui avaient été chargés de sa garde en prison et passa outre, en s'occupant des causes qui étaient en instance, avant l'arrivée de l'amiral, témoignant ainsi son indifférence et le peu d'intérêt qu'il prenait à une offense faite à un homme qui avait été cependant nommé, par LL. Majestés catholiques, commandant supérieur de la flotte, grand amiral d'Espagne et vice-roi des Indes. Et, devant cet homme dont il méconnaissait publiquement l'autorité et les hautes fonctions, il se montrait obséquieux, souriant et rempli de courtoisie, l'entourant de flatteries et des témoignages d'une basse servilité; il en fut ainsi, tout le temps que dura le séjour de l'amiral à *Santo-Domingo*, pendant que l'on armait et équipait le navire qui devait emporter Colomb en Espagne.

Le dévoué Diego Mendez l'avait précédé et était parti par un premier navire, pour aller s'occuper en Castille des intérêts de l'amiral; nous l'y retrouverons, à l'arrivée de ce dernier, auquel il resta fidèle jusqu'à la fin de ses jours.

Enfin, le 12 septembre, l'amiral mit à la voile pour retourner en Castille; il emmenait avec lui son frère, son fils et ses serviteurs; la presque totalité des gens de ses équipages, revenus avec lui de la Jamaïque, demeurèrent à la *Española*; quelques fidèles amis s'embarquèrent seuls avec Colomb.

Ils étaient à peine à deux lieues du rivage, qu'un des mâts de leur navire s'effondra et tomba sur le pont; ils n'en continuèrent pas moins leur voyage pour la Castille par un beau temps, qui les conduisit jusqu'au tiers du golfe; mais là, ils furent assaillis par une tempête terrible qui mit le navire en grand danger; elle fut de peu de durée; le lendemain, le temps s'était remis au beau. On était au samedi, 19 octobre, quand le grand mât du navire se rompit en quatre morceaux; heureusement, les hommes étaient délassés de la fatigue de la veille et, avec l'aide du préfet et les conseils de l'amiral, bien que ce dernier fût étendu dans son lit, accablé par la goutte, on put remédier au mal, en confectionnant un mât plus petit avec une vergue que l'on attacha à la partie du grand mât qui était restée debout, et que l'on renforça avec des planches fortement liées par des cordes. Il fallut démolir les deux dunettes de l'avant et de l'arrière pour se servir de leurs planches pour faire cette réparation. Une autre tempête leur enleva le mât de misaine et, c'est dans cet état, avec un navire presque désemparé qu'ils naviguèrent pendant sept cents lieues, à la grâce de Dieu, et ballottés sur une mer heureusement peu agitée.

Enfin ils arrivèrent au port de San-Lucar de Barrameda, et de là Colomb se rendit à Séville, où il put se reposer de ses travaux et de ses fatigues.

# CHAPITRE XLVIII.

### GOUVERNEMENT DE LA ESPAÑOLA ; SITUATION DES INDIENS.

Nous avons conduit Colomb jusqu'à Séville, après son désastreux séjour à la Jamaïque, afin de ne pas laisser le lecteur dans l'incertitude sur le sort de notre héros, après sa sortie de cette île néfaste. Il nous paraît utile, à présent, de faire connaître, aux bienveillants lecteurs qui voudront bien nous suivre, la situation de la *Española*, sous l'administration des gouverneurs qui succédèrent à l'amiral, dans le gouvernement de ces malheureuses contrées.

Roldan et ses compagnons, pour colorer et justifier leur révolte, avaient accusé Colomb de dureté envers les Indiens. C'était une accusation sans le moindre fondement, et souverainement injuste ; l'amiral avait toujours usé, envers ces populations, d'une extrême mansuétude et, jusqu'à la tentative du cacique Caonabo, il n'avait jamais eu recours à la coercition. Après la prise de ce chef, les Indiens s'étaient soumis, et les bonnes relations avec les Espagnols auraient repris comme par le passé, si la révolte de Roldan et de ses compagnons n'avait pas amené les exactions et les malversations qui soulevèrent une seconde fois les naturels, à la suite des excès commis à leur égard. C'étaient donc les accusateurs du gouverneur qui étaient les premiers fauteurs des désordres, qui nécessitèrent les mesures de répression et de réglementation que le préfet et Colomb furent contraints d'adopter pour pacifier les Indiens.

Lorsque Bobadilla se fut emparé du pouvoir et eut commis l'atrocité d'envoyer en Espagne, chargé de fers, celui dont il avait usurpé les fonctions, il voulut réagir contre cette réglementation pour se rendre les Indiens favorables, et il abolit les contributions en denrées ou en or que Colomb avait été obligé d'établir, par suite de l'arrangement conclu avec les révoltés ; mais il força les caciques à attribuer aux colons un nombre déterminé de naturels, pour les aider dans la culture des terres que Colomb avait été contraint de leur donner.

On se rappelle les abus que ces mesures avaient produits, on sait quels mauvais traitements les Indiens avaient subis, les colons les avaient employés comme des bêtes de somme, et ces indignes exactions étaient arrivées à un tel excès de cruauté que la reine s'en était émue et avait recommandé à Ovando d'user envers eux de ménagements et de douceur.

Le premier acte du commandeur fut donc, à son arrivée à Santo-Domingo, de proclamer la liberté des Indiens ; mais à peine l'ordonnance fut-elle publiée que les naturels, pour se dérober aux fatigues et aux coups, désertèrent les mines et tout travail cessa pour l'exploitation régulière des terrains aurifères.

A ce moment, se produisit dans les contrées minières une invasion de travailleurs d'une nouvelle espèce.

Sur les nombreux navires qui composaient l'imposante flotte d'Ovando, s'étaient embarqués une foule de déclassés, d'aventuriers, de besogneux, que l'appât de la récolte de l'or avait attirés vers les contrées où, selon leur croyance, ce métal croissait comme les plantes ou les cryptogames qui pouvaient se cueillir en se baissant, pour les prendre.

Pourtant ils s'étaient munis, avant de partir, des instruments qu'ils avaient crus nécessaires à leur travail : une pioche pour fouiller la terre, et un havre-sac pour mettre l'or recueilli ; les plus fortunés avaient amené leurs domestiques, et d'autres leurs chevaux, pour rapporter de plus lourdes charges.

A peine les vaisseaux étaient-ils entrés dans le port et leurs passagers mis à terre, qu'une nuée de travailleurs s'était élancée vers le pays des mines, et la route, de *Santo-Domingo* aux terrains miniers, fut en un moment couverte de ces pionniers d'une nouvelle espèce, qui se hâtaient, comme en un champ de courses, nouveaux Argonautes allant à la conquête de la Toison d'or.

Las Cazas, qu'il faut consulter pour avoir des détails sur les événements accomplis à cette époque, et dont il fut le témoin, dit : « qu'ils croyaient qu'on y ramassait l'or comme « on cueille les fruits sur les arbres. » Hélas ! il fallut bien rabattre de ces brillantes espérances, quand ils se trouvèrent sur les terrains aurifères.

Sans la moindre idée du travail des mines, sans aucune des connaissances nécessaires pour découvrir les pépites ou les grains d'or dont ils ignoraient la forme, la nature et la couleur, ils ne virent sur la terre, rien qui ressemblât à de l'or ; aucune parcelle, aucun filon de métal brillant ne s'offrait à leurs yeux ; amère déception ! On les avait donc trompés, en leur disant que ce précieux métal venait à la surface de cette terre fortunée ? Ou l'or se cachait peut-être dans ses entrailles ? ils eurent alors recours à leurs pioches et on eut alors le curieux spectacle de plus d'un millier d'hommes, piochant avec ardeur cette terre ingrate, qui s'obstinait à leur dérober ses trésors.

Ils ne furent pas plus heureux ; inhabiles au maniement de leurs instruments, n'ayant avec eux aucun guide, aucun homme pratique pour leur montrer les filons qu'ils ne savaient pas reconnaître, ils s'épuisaient en fatigues inutiles et en travaux improductifs, et, haletants, harassés, ils couraient à leurs provisions pour se donner des forces.

« Le travail, ajoute Las Cazas, leur donnait de l'appétit, « facilitait leur digestion, mais ne leur apportait pas la moin- « dre paillette d'or.

Quelle misère ! découragés, épuisés, ils s'asseyaient, mornes et affligés, sans se communiquer leur triste déconvenue et, de guerre lasse, à bout de forces, et à la fin de leurs provisions, ils furent forcés de retourner à *Santo-Domingo* sans rapporter la moindre parcelle d'or.

La plupart de ces malheureux avaient usé leurs maigres ressources pour les apprêts et les besoins de leur voyage ; ils n'avaient plus le moindre capital, à leur départ, et, quand ils arrivèrent au port, ils ne devaient plus compter que sur leur travail pour gagner leur vie; les mines d'or étaient leur unique ressource; on peut juger de quel désespoir ils furent saisis, quand leur espérance fut si cruellement évanouie.

Quelques-uns, les plus robustes, allèrent s'offrir aux colons comme ouvriers ou serviteurs pour cultiver la terre, et trouvèrent auprès d'eux, un maigre salaire, mais au moins eurent du pain à manger.

Mais ceux qui n'avaient pas de profession et qui n'étaient pas habitués aux durs travaux de la campagne, erraient, mourant de faim, dans les rues et aux alentours de la ville, sans trouver quoi que ce fût pour leur subsistance.

On n'était plus au temps où les Indiens s'empressaient d'apporter des vivres aux chrétiens; les naturels avaient appris à connaître ces maîtres impitoyables, et, plutôt que de les soulager, ils eussent volontiers hâté leur trépas. Mais d'ailleurs, depuis leur mise en liberté, ils avaient déserté les villes et les domaines de leurs oppresseurs, et s'étaient réfugiés dans les forêts ou dans les montagnes, pour jouir de leur indépendance fortuite.

Les malheureux mineurs, découragés par leur insuccès, éprouvés par un climat brûlant, auquel ils n'avaient pas eu le temps de s'habituer, sans ressources pour se préserver de ses meurtrières atteintes, contractèrent des fièvres pernicieuses, qui les emportèrent promptement, tandis que d'autres, épuisés par les privations, dévorés de chagrin et d'ennui, mouraient dans les chemins, où ils allaient chercher vainement leur nourriture.

Las Cazas dit qu'il en périt ainsi plus d'un millier en peu de temps.

Triste résultat de la soif de l'or qui, de tout temps, comme un mirage décevant, a attiré les hommes, ambitieux de richesses ou besogneux d'argent, courant après une espérance trompeuse qui s'évanouit, quand ils croient être arrivés à sa réalisation, et ne leur laisse, à la place où ils espéraient l'atteindre, qu'une effroyable réalité.

Le nouveau gouverneur n'était pas, comme Bobadilla, un vaniteux incapable; il ne manquait pas de qualités administratives, et il prit, dès son arrivée, des mesures qui produisirent de bons résultats; il montra quelque sagacité dans la répartition des familles venues pour la colonisation; il les distribua dans quatre villes et leur accorda des privilèges efficaces; il réduisit, de la moitié au tiers, les droits royaux sur les produits des mines; mais, à ce moment, les Indiens devenus libres et ayant quitté les exploitations, les mines ne produisaient presque plus rien, le travail des blancs, dans les régions minières, étant à peu près insignifiant.

Ovando fut donc forcé de représenter au roi le tort que la liberté des Indiens avait fait à la production des mines, comme à la culture des champs, et il reçut l'autorisation de rapporter son ordonnance, avec ces réserves, imposées par la reine, que les Indiens seraient traités avec douceur, que leur travail serait limité et qu'on les instruirait dans la foi chrétienne; leur salaire devait être convenable et payé régulièrement. Il était interdit de les maltraiter, et on ne devait recourir, pour les faire travailler, qu'à la persuasion et à la mansuétude.

Le gouverneur, armé de cette autorisation en usa vigoureusement, sans se préoccuper des réserves; l'ordonnance de liberté fut rapportée, et il revint à l'attribution à chaque colon d'un nombre d'Indiens déterminé par les besoins et l'importance de son exploitation; ce furent les caciques qui furent obligés de donner à leurs sujets l'ordre du travail obligatoire: il fixa la paie à la charge des colons à un chiffre dérisoire; la durée du travail, de six mois fut portée à huit mois.

Quant à l'instruction chrétienne, elle était à peu près nulle, n'imposant que la cérémonie du baptême et quelques actes de présence à l'église où d'ailleurs les Indiens se rendaient bénévolement, par curiosité.

Ce fut dans toute l'île, parmi les Indiens une lamentation générale quand, de la vie libre et indépendante qu'ils avaient menée pendant quelque temps, il fallut passer, sur l'ordre des caciques, à cette vie de labeur forcé qui leur avait paru si dure. Il fallut, pour beaucoup d'entre eux, recourir à la contrainte pour les conduire au travail, et on les traita d'autant plus durement qu'ils témoignaient plus de répulsion pour les rudes corvées qui leur étaient imposées.

Le vénérable Las Cazas fait un tableau lamentable des souffrances de ces malheureux : « On ne leur donnait à man-
« ger, dit-il, que du pain de *cassava*, fait avec des herbes
« et des racines, et tout à fait insuffisant, comme nourriture,
« pour soutenir des travailleurs; quelquefois il leur était
« accordé *une bouchée* de viande de porc. Pendant que les
« Espagnols, surveillants des travaux, prenaient leur repas,
« ils se plaçaient sous la table comme des chiens pour saisir
« les os qu'ils jetaient; après les avoir rongés et sucés, ils
« allaient les broyer entre deux pierres pour les mêler à
« leur pain de *cassava*, et, de cette manière, rien n'était per-
« du de ces bribes abandonnées. Quant aux ouvriers des
« champs, ils ne mangeaient jamais de viande ni de poisson;
« un morceau de pain de *cassava*, avec quelques racines,
« c'était là toute leur nourriture, pour soutenir leurs forces
« et leur santé; et les Espagnols exigeaient d'eux, avec un
« pareil régime, un travail soutenu et qu'un homme vigou-
« reux eût pu à peine accomplir.

« Si, pour se soustraire à cette vie de misère et à ce travail
« abhorré, les Indiens se réfugiaient dans les montagnes,
« ils y étaient poursuivis et traqués comme des bêtes fauves,
« et, quand ils étaient repris, ils étaient soumis au fouet de
« la façon la plus barbare, et on les enchaînait pour les
« empêcher de fuir. Il en périt ainsi un grand nombre,
« avant la fin du temps fixé pour leur travail; les survivants
« reçurent la permission de retourner dans leur pays, jus-
« qu'au terme à venir; la plupart habitaient des contrées
« éloignées de 40 à 80 lieues, et, pour les sustenter, dans
« ce voyage, ils n'avaient que leur pain de *cassava* et des
« herbes; beaucoup moururent en chemin, épuisés de fati-
« gue par ce long voyage dont leur faible constitution ne
« put supporter l'effort. On les trouvait morts les uns au bord
« d'un ruisseau, les autres à l'ombre d'un arbre; j'en ai vu,
« ajoute Las Cazas, un grand nombre morts sur la route,
« les uns râlant au pied d'un arbre, et les autres se

« débattant dans leur agonie et disant d'une voix éteinte:
« J'ai faim! j'ai faim! Ceux qui revinrent à leurs habitations
« les trouvèrent vides; leurs enfants et leurs femmes étaient
« morts ou partis, pendant leur absence de huit mois. Leurs
« champs, leur seule ressource pour vivre, étaient couverts
« d'herbes; il ne leur restait d'autre alternative que de
« tomber, à bout de forces et de courage, sur le seuil de
« leur demeure et s'y laisser mourir! »

Horrible tableau! Ainsi la cruauté et l'égoïsme des Espagnols amenaient peu à peu la destruction et l'extinction de cette race bienveillante et si hospitalière, qui les avait accueillis comme des êtres descendus du ciel, et qui les avait servis avec soumission et dévoûment, tant qu'ils ne l'avaient pas exaspérée par leurs exactions et leurs brutalités; pauvres et malheureuses populations, qu'elles étaient loin alors de la douce administration de Colomb, au temps de son amitié si intéressante avec le cacique Guacanagari! Douze années s'étaient à peine écoulées et plusieurs centaines de mille de ces malheureux avaient péri sous la dure tyrannie de leurs terribles dominateurs.

## CHAPITRE XLIX.

ANACAONA, REINE DU XARAGUA. MASSACRE DES INDIENS.

Le lecteur n'a pas oublié sans doute la belle Indienne, Anacaona, dont le frère Becchio gouvernait, comme cacique, la province de *Xaragua*, cette belle contrée où Bartholomé Colomb avait été si pompeusement accueilli, et où il avait passé de si doux moments auprès de l'attrayante sœur du cacique. Celui-ci était mort et Anacaona lui avait succédé dans sa royauté.

Le lecteur doit aussi se souvenir, qu'à la conclusion de l'arrangement avec Roldan, Colomb avait concédé, un peu par force, des terrains aux révoltés qu'il avait répartis dans diverses contrées, et qu'une partie de ces colons improvisés s'était ainsi établie dans la province de *Xaragua*.

A partir de cette époque, la paix et le bonheur de cette province, que nous avions comparée à l'heureuse Arcadie, avaient été détruits, par l'arrivée et le séjour de ces hommes qui y avaient apporté leurs vices, leur esprit de turbulence et leurs instincts de malversation.

La belle Anacaona, dans le principe, amie passionnée des Espagnols, n'avait pas tardé à reconnaître combien ils méritaient peu l'estime qu'elle avait conçue pour eux; l'insuccès de l'amour de sa fille, Higuenamota, avec le bel officier Hernando de Guevara, avait déjà quelque peu refroidi son admiration, et les désordres et les malversations des colons de Roldan avaient achevé sa conversion.

Elle était devenue l'ennemie déclarée de ces hommes qu'elle avait tant admirés.

Les nouveaux colons s'étaient attiré la haine des caciques inférieurs et celle des Indiens de cette contrée par les corvées qu'ils leur avaient imposées, sous l'empire des nouvelles réglementations du gouverneur. Les Indiens du *Xaragua*, comme nous l'avons déjà dit, étaient d'une nature plus intelligente, plus éclairée que celle des habitants des autres provinces; plus fiers, plus civilisés que les autres, ils se plièrent plus difficilement aux lois qui leur étaient imposées; leur résistance amenait des querelles et parfois des luttes qui, exagérées dans les rapports qu'on adressait à Ovando, finirent par lui faire croire à une prochaine révolte des habitants de cette province, et il arriva inopinément à la tête de 300 hommes, armés d'arquebuses et d'arbalètes, dans la province d'Anacaona; il était précédé de 70 cavaliers cuirassés, armés de lances et de boucliers.

Il fit annoncer à Anacaona qu'il venait lui rendre visite pour régler les conditions du tribut.

Celle-ci, désireuse de recevoir le gouverneur avec les honneurs dus à son rang, convoqua tous ses caciques et les principaux de ses sujets pour aller au devant des Espagnols, et, quand Ovando s'avança avec son armée, elle sortit de la ville entourée de ses vassaux, selon l'usage du pays, et alla à sa rencontre, les jeunes femmes des palmes dans la main dansant et s'agenouillant devant les étrangers, et les hommes chantant leurs *areytos*. On renouvela pour eux toutes les démonstrations d'amitié qu'on avait prodiguées à Bartholomé et par lesquelles les chrétiens avaient été toujours accueillis.

Ovando reçut avec défiance ces signes de déférence et, prévenu contre ces Indiens qu'on lui avait dépeints sous des couleurs défavorables, il se tint sur la défensive et prêt à prévenir toute tentative de trahison.

Sous prétexte de répondre par des jeux et des fêtes, à la solennité de la réception qui lui avait été faite, il invita Anacaona et les principaux de ses sujets à des réjouissances et à des divertissements de son pays : un tournoi où excellaient les cavaliers espagnols était le principal attrait de cette fête, dont tous les apprêts furent combinés entre Ovando et les hommes de son escorte.

La lutte devait avoir lieu comme d'usage avec des roseaux simulant des lances, et une partie des cavaliers d'Ovando devait représenter les tenants de cette lutte inoffensive, mais les autres avaient reçu des instructions secrètes et, porteurs de leurs armes véritables devaient parader et se tenir prêts à tout événement; le gros de l'armée à pied devait figurer les spectateurs, mais également armés, avec ordre d'agir au premier ordre.

La fête eut lieu le dimanche suivant, sur la place publique, devant la maison qu'on avait donnée à Ovando pour habitation.

Les Indiens arrivèrent en foule attirés par la curiosité de ce spectacle nouveau pour eux. Les caciques avaient été réunis dans la maison du gouverneur, et tous étaient sans armes, et dans la plus complète sécurité; aucun indice ne décelait de leur part l'apparence d'un complot.

Sur la demande des caciques et d'Anacaona, qui était venue avec sa fille pour assister au tournoi, Ovando qui, pour n'éveiller aucun soupçon, jouait au palet avec ses officiers, quitta le jeu et, s'avançant vers sa maison s'assura que tout était prêt et donna le signal convenu.

Une sonnerie de trompettes se fit entendre et la maison où se trouvaient la reine, sa fille, avec les caciques et les principaux Indiens fut entourée par la troupe, commandée par Diego Velasquez et Rodrigo Mexiatrillo, et les Espagnols armés envahirent la maison, se jetèrent sur les malheureux Indiens et les garrottèrent en les attachant aux piliers de la maison.

Soumis à d'horribles tortures, les pauvres caciques expirèrent dans des douleurs atroces et, vaincus par les souffrances, quelques-uns d'entre eux se reconnurent coupables du complot imaginaire dont on les accusait eux et leur reine. Alors, on mit le feu à la maison et tous périrent dans cet affreux *auto-da-fe*, pendant qu'au dehors, on faisait un horrible massacre des Indiens qui, sur la place publique, étaient venus pour assister à une fête!

A un ordre donné par Ovando, la cavalerie s'était ruée sur cette foule sans défiance, écrasant les Indiens nus sous les pieds de leurs chevaux, et les achevant à coups d'épée et de lance; ce fut une boucherie sans pitié; femmes, enfants, hommes, jeunes et vieux, rien ne fut épargné.

Plus de quarante caciques furent brûlés, suivant Oviédo, grand admirateur de l'équité, de la piété et de la douceur du terrible gouverneur, et ce nombre est plus que doublé par Las Cazas, qui raconte avec indignation ce misérable forfait; Diego Mendez, alors présent à ce massacre, précise ce nombre et le porte à quatre-vingt quatre.

La reine Anacaona, qu'on avait faite prisonnière, fut conduite enchaînée à *Santo-Domingo*, où, après un semblant de jugement, elle fut pendue, en présence de ces Espagnols qu'elle avait si longtemps admirés.

Cette victime de la cruauté des envahisseurs était, par sa distinction, par son intelligence, autant que par sa beauté, bien supérieure à toutes les femmes de ces contrées; elle excellait dans la composition des chants ou des ballades de son pays, et la province de *Xaragua* qui se distinguait entre toutes par la beauté de ses habitants, par leur intelligence, leurs mœurs et leurs coutumes à demi-civilisées, lui devait certainement le renom dont elle jouissait.

Après la mort de son époux, le cacique Caonabo, elle avait eu, à l'égard des Espagnols, une conduite pleine de noblesse et de dignité. Elle aurait pu tirer vengeance de la défaite et de la mort du cacique; elle eut souvent à sa discrétion la vie d'Espagnols isolés, qu'elle aurait pu sacrifier à un juste ressentiment; mais, indulgente et bonne, elle les accueillait au contraire avec bienveillance et les comblait de faveurs; et, malgré ces titres à la reconnaissance de ces étrangers, qui avaient envahi son pays, elle périt d'une mort ignominieuse, sous le coup d'une indigne et invraisemblable accusation d'un complot imaginaire, contre une compagnie de quatre cents soldats, pourvus de chevaux et d'armes, qui auraient suffi pour vaincre des milliers d'Indiens, nus et munis d'armes à peu près inoffensives contre les casques, les cuirasses et les boucliers des Espagnols.

Affreuse aberration! ces hommes, altérés d'or, d'une cupidité implacable, vicieux et cruels, détruisaient de sang-froid, sans hésitation, sans remords, cette généreuse nation dont les services leur étaient utiles, et brisaient sans pitié les instruments dont, avec un jugement plus sain, ils auraient pu se servir pour le bien général, pour la fortune du pays, pour leur propre richesse, en ménageant leur faiblesse, en les traitant avec douceur, en les élevant et leur enseignant leurs usages que cette race était capable de comprendre et disposée à se les assimiler.

Mais le caractère rude et dur des Espagnols ne se prêtait pas à une colonisation lente et mesurée; et les aventuriers, qui formaient la majorité des envahisseurs de ce malheureux pays, voulaient jouir de suite des fruits de la conquête, et le saccageaient avant qu'il pût arriver à une production efficace.

On frémit d'indignation et d'horreur, en se retraçant les scènes de carnage et de vandalisme sanguinaire qui désolèrent cette terre si fortunée, si bien préparée par la nature pour produire des fruits inespérés, cette île que Colomb considérait comme une des parties du paradis terrestre et que quelques années de domination oppressive et insensée allaient réduire à l'état de désert; à tel point que, pour remplacer la population détruite, pour ravoir les bras nécessaires au travail, et dont ils s'étaient imprudemment privés, les aveugles tyrans durent recourir aux populations noires de la terre d'Afrique.

Il est incompréhensible qu'il se soit trouvé des historiens qui aient pris à tâche de justifier ces crimes de lèse-humanité!

Et ce misérable gouverneur qui, de sang-froid, organise cet épouvantable guet-à-pens et fait torturer odieusement, sous ses yeux, quatre-vingts malheureux innocents, pour leur arracher l'aveu d'un crime qu'ils n'ont pas songé à commettre, qui assiste imperturbablement au massacre d'une population inconsciente et sans défense et, juge inique et cruel, condamne à un supplice infâme une femme qui a constamment aimé et protégé ses compatriotes; cet homme néfaste est considéré comme un administrateur intègre, équitable, bienveillant et juste! En vérité, c'est à confondre l'imagination, et on ne saurait trop maudire et vouer à l'exécration de la postérité ce bourreau sinistre et ses coupables adulateurs!

Et, après ce bel exploit, cet homme maudit poursuit les débris de cette malheureuse population, ne leur laisse plus un lieu de refuge, les traque comme des bêtes sauvages, les fait tuer dans les montagnes, dans les grottes où ils se cachent, affolés de terreur, et, quand il les a à peu près tous exterminés, qu'il a désolé, ravagé ce beau pays, il loue Dieu de cette affreuse victoire, et fonde une ville qu'il appelle *Santa-Maria de la Verdadera paz!* pour rappeler au monde son détestable triomphe! C'était en effet la vraie paix, puisqu'il n'y avait plus d'ennemis pour la troubler?

Ou cet homme était un fou, agissant sous l'impulsion d'hallucinations sanglantes, ou c'était un monstre altéré de sang, véritable fléau de l'humanité!

Ovando ne s'arrêta pas dans ses exécutions.

La province de *Higuey*, gouvernée par le cacique Cotabanama, était habitée par une population indienne plus belliqueuse et plus aguerrie que les autres naturels de l'île. Ses luttes fréquentes avec les Caraïbes l'avaient habituée aux combats et au maniement des armes. Son caractère, indépendant et fier, lui rendait plus difficile à supporter le joug qu'on voulait lui imposer. Le roi de cette contrée était un homme de haute stature, dominant de la tête tous ses sujets, d'une forte encolure, aux épaules larges et musclées, et d'une vigueur extraordinaire. Las Cazas en fait un héros. Cette taille imposante, ses belles proportions, sa figure noble et sérieuse, et son courage reconnu, commandaient l'admiration, même aux Espagnols; il portait des armes proportionnées à sa taille et à ses forces; personne, sauf lui, ne pouvait bander son arc, et il se servait de flèches à trois pointes faites d'arêtes de poissons.

Ce cacique était alors en guerre avec les Espagnols, à la suite de la mort de l'un de ses caciques inférieurs, qu'un chien lancé sur lui par un chrétien, avait mis en pièces. En représailles, huit Espagnols, surpris dans la petite île de Saona, avaient été massacrés par les Indiens.

Pour tirer vengeance de ce massacre, Ovando avait envoyé dans le *Higuey*, sous le commandement d'un officier de mérite, une troupe de quatre cents hommes. Cotabanama se prépara à la défense. Ses Indiens ne redoutaient plus les Espagnols commes des êtres célestes, et ils se battaient contre eux avec courage, bien que leurs armes fussent inférieures à celles de leurs agresseurs. Au début de la guerre, ils eurent quelques avantages. Las Cazas rapporte qu'un de ces guerriers, aux prises avec deux soldats espagnols, Valtenebro et Portevedra, quoiqu'ayant le corps traversé par leurs lances et leurs épées, continua le combat jusqu'à ce qu'il tomba mort, ayant en sa possession les armes de ses ennemis.

Mais les premiers succès des Indiens ne se continuèrent pas; ils éprouvèrent bientôt des défaites, et s'enfuirent dans les montagnes. Toujours impitoyable dans ses victoires, Ovando les fit poursuivre dans leurs retraites et les Espagnols, excités par le carnage, ne faillirent pas à leur habituelle cruauté; ayant découvert l'endroit où s'étaient réfugiées leurs femmes avec leurs enfants, ils les surprirent et les massacrèrent tous sans pitié. Ensuite, ils continuèrent la poursuite des hommes dont ils firent périr les chefs dans les flammes, et pendirent une vieille princesse nommée Higuanama.

Restait l'île de *Saona* où s'était accompli le meurtre des huit Espagnols. Les habitants de l'île firent une résistance héroïque contre une caravelle envoyée pour opérer l'acte de vengeance; mais vaincus, comme les autres, par la supériorité des armes européennes, ils se réfugièrent dans les montagnes leurs retraites ordinaires. Six ou sept cents d'entre eux s'étaient enfermés dans une grande habitation; ils y furent tous tués jusqu'au dernier. Les restes inoffensifs de cette population auxquels on accorda la vie, furent pris et réduits à l'esclavage, et l'île resta déserte et ravagée de fond en comble : *la véritable pacification de l'homme équitable était réalisée!*

Ce n'était pas fini! Les habitants paisibles du *Higuey*, après la défaite de leurs guerriers, avaient demandé la paix; elle leur fut accordée, avec promesse de protection, mais à condition de fournir une forte quantité de pain et de cultiver une grande étendue de terres pour récolter des approvisionnements.

Le cacique Cotabanama se rendit, après la paix, dans le camp espagnol où sa haute taille, sa forte constitution et son air imposant causèrent une surprise extrême et furent l'objet d'une admiration générale; le commandant Esquibel le reçut avec honneur et, en signe d'éternelle amitié, ils échangèrent leurs noms; cet échange de nom chez les Indiens est considéré comme un pacte d'amitié pour toujours.

La paix conclue, le commandant Esquibel laissa une garnison de neuf hommes dans le fort, qu'il avait fait construire en bois, dans un village indien, situé sur le bord de la mer, l'armée fut licenciée, et les soldats retournèrent chez eux, emmenant les esclaves qui leur étaient échus.

Mais les Espagnols ne restèrent pas longtemps sans faire sentir aux Indiens leur tyrannie habituelle; les exigences, les vexations, et les mauvais traitements recommencèrent. Martin de Villaman exigea non seulement le payement du tribut, mais encore son transport à *Santo-Domingo;* les Indiens refusèrent à cause de l'éloignement, et les punitions et les mauvais traitements sévirent contre les délinquants. Enfin la licence des Espagnols ne connut plus de bornes, et les filles, les sœurs et même les femmes des Indiens furent l'objet d'odieux outrages. Exaspérés par ces exactions, les Indiens se révoltèrent de nouveau, massacrèrent les Espagnols et brûlèrent la forteresse. Un seul soldat put s'échapper et aller porter à *Santo-Domingo* la nouvelle de cet attentat.

La justice immanente mais irritable de *l'équitable* commandeur ne se fit pas attendre; il donna ordre de mettre le *Higuey* à feu et à sang.

Jean de Esquibel fut de nouveau mis à la tête des troupes commandées pour cette exécution, et emmena avec lui, à titre d'alliés un grand nombre d'Indiens des autres provinces.

Le *Higuey* fut envahi de plusieurs côtés : dès que l'entrée des Espagnols dans la province fut signalée, des feux furent allumés jour et nuit, et apprirent aux Indiens la nouvelle invasion des blancs.

Les vieillards, les femmes et les enfants cherchèrent un

refuge dans les forêts et dans les cavernes, et les guerriers se préparèrent au combat.

Les villes de cette province étaient, pour la généralité, construites au milieu des montagnes, sur des plateaux d'une certaine étendue. Les montagnes étaient abruptes, flanquées de rocs à pic, et entrecoupées de vallées, où sur un sol rouge et fertile on récoltait le *cassava*. Les rochers, au flanc des montagnes, formaient des espèces de terrasses presque inaccessibles, distantes d'environ 50 pieds l'une de l'autre, et où l'on n'accédait que par un roc escarpé pareil à un mur formé par la nature. Chaque ville avait quatre rues larges et assez longues, en forme de croix, et avec une place au centre; il n'y avait pas d'arbres.

Avant de s'engager dans ces vallées où les chevaux devenaient inutiles, les Espagnols s'arrêtèrent dans un lieu découvert et, ayant réussi à prendre quelques Indiens, ils les soumirent à des tortures pour tâcher de leur arracher les plans de défense de leurs ennemis. Les Indiens attachés à leurs chefs furent inébranlables.

Les Espagnols pénétrèrent dans les montagnes.

Les Indiens s'étaient tous rassemblés dans une seule ville et en défendaient les rues; dès qu'ils aperçurent les Espagnols, ils poussèrent des cris terribles, et lancèrent sur eux une grêle de flèches, mais aucune ne les atteignit à cause de l'éloignement.

Les Espagnols avaient, à cette époque, peu d'armes à feu; ils ripostèrent à coups d'arbalète, et par deux ou trois coups d'arquebuse qui atteignirent les Indiens, lesquels s'enfuirent, en voyant plusieurs de leurs guerriers tomber morts : nus et sans armes défensives, ils offraient aux armes des Espagnols un but facile, et ils n'attendaient pas l'approche de l'ennemi. Les blessés arrachaient de leur corps transpercé, les flèches de leurs adversaires, les leur lançaient avec des cris de fureur et tombaient ensuite pour ne plus se relever.

Enfin mis en déroute, ils se divisèrent par petites bandes, et se répandirent dans les montagnes pour se cacher; ces petites compagnies se composaient des guerriers de la même famille. Poursuivis par les Espagnols, qui les suivaient avec peine, sur ces rochers escarpés et à travers les forêts touffues, quelques-uns furent pris et soumis à d'affreuses tortures pour qu'ils dévoilassent les retraites de leurs compagnons. Ils leur passaient une corde au cou et les poussaient devant eux, et on vit de ces malheureux s'élancer dans des précipices, pour y entraîner ceux qui les tenaient attachés.

Les cachettes des malheureux Indiens furent enfin découvertes et alors recommencèrent les boucheries des autres batailles. Rien ne fut épargné; on égorgea tout sans pitié : les enfants dans les bras ou au sein de leurs mères; les femmes enceintes, tout fut massacré, et l'on ne saurait retracer sans horreur les actes de froide cruauté qui marquèrent cette affreuse tuerie.

Cotabanama avait rassemblé autour de lui une nombreuse armée pour résister à cette invasion; il s'était retranché dans l'un des villages de la montagne où deux routes pouvaient conduire l'ennemi.

L'une de ces routes était libre et ouverte, et l'autre obstruée de broussailles et de branches d'arbre; la première recélait une embuscade d'Indiens pour prendre en queue les Espagnols; mais, flairant un piège, Esquibel choisit la seconde qu'il trouva libre un peu plus loin, à peu près au tiers du chemin que les Espagnols avaient franchi avec une grande peine. Ils avancèrent alors rapidement et, à la bifurcation des deux routes, ils prirent l'autre chemin et surprenant les Indiens dans leur retraite, ils en tuèrent un grand nombre à coups d'arbalète.

Les Indiens quittèrent alors leur embuscade, tandis que ceux de la ville s'élançaient dans les rues et envoyaient à leurs ennemis une nuée de flèches, mais toujours sans calculer la distance, de telle sorte qu'aucune d'elles n'arrivait à son but. Alors ils se rapprochèrent et lancèrent des pierres à tour de bras, ignorant l'usage de la fronde. Mais les flèches des Esgnols les décimaient; la mort de leurs camarades qui tombaient près d'eux ne les décourageait pas, mais excitait au contraire leur ardeur, et le combat dura jusqu'à la nuit. Ce fut une série de combats partiels, par petites bandes, qui couraient aux ennemis et se retiraient dans les maisons après avoir déchargé leurs arcs.

Las Cazas, qui était présent à cette bataille, raconte que les Indiens firent preuve d'un grand courage et se battirent bravement, tenant en échec leurs terribles adversaires, dont les armes supérieures devaient triompher de pauvres sauvages nus, sans boucliers, ni autre défense que leur bravoure et leur agilité. A la chute du jour la lutte devint moins vive et cessa peu à peu; les Indiens disparurent, grâce à l'obscurité, et se cachèrent dans les épaisseurs de la forêt; les hurlements des Indiens cessèrent de se faire entendre et, au milieu d'un profond silence, les Espagnols prirent possession du village, et ils y passèrent la nuit sans y être inquiétés.

Le lendemain, les Indiens avaient disparu; ils s'étaient enfuis dans les montagnes, désespérés de leur impuissance. Alors commença une nouvelle chasse à l'Indien; les Espagnols, par petits détachements, fouillèrent toutes les gorges, parcoururent les forêts, visitèrent les cavernes et les moindres creux des rochers et, malgré les précautions infinies que prenaient les malheureux fugitifs pour dérober leurs traces, les féroces chasseurs, habitués et exercés à cette sorte de poursuite, finissaient par découvrir leurs retraites et tous ceux qu'ils surprenaient étaient impitoyablement massacrés.

Comme les bêtes fauves s'excitent au carnage, par la vue et l'odeur du sang, les Espagnols s'acharnaient au massacre, animés pas les cris et les lamentations de leurs victimes; leur cruauté s'augmentait à mesure que s'amoncelaient les cadavres, et ils éprouvaient une horrible jouissance à torturer ces malheureux pour lesquels ils inventaient d'atroces supplices, leur coupant les mains et les renvoyant ainsi mutilés pour les voir mourir en route, de la perte de leur sang par ces affreuses blessures. Ils les pendaient au nombre de treize, à des gibets si bas que leurs pieds touchant la terre, leur agonie se prolongeait plus longtemps, et, tandis qu'ils respiraient encore ils les tailladaient à coups de sabre; ils les entouraient de paille et y mettaient le feu pour les voir expirer dans les flammes; enfin une démence de férocité présidait à ces horribles exécutions.

Le respectable évêque Las Cazas fut le témoin oculaire de toutes ces horreurs, et s'en est fait l'historien implacable : « Toutes ces choses, dit-il, et d'autres qui révoltent l'huma-
« nité, je les ai vues de mes propres yeux, et maintenant
« j'ai presque peur de les écrire, y croyant à peine moi-
« même, et je me demande si je ne les ai pas rêvées. »

Nous devons dire, à la décharge de la noble nation espagnole, que l'esprit du temps excusait ces exécutions ; les guerres alors étaient générales, et tous les conflits entre les diverses nations se signalaient par des cruautés inouïes de la part des vainqueurs ; les guerres de conquêtes, de religion ou ayant d'autres causes, ne s'apaisaient ou ne finissaient que par l'extermination des vaincus, et chacun des combattants, invoquant son Dieu pour le soutenir dans ces batailles, étant convaincu de la justice de sa cause, se croyait d'autant plus autorisé à anéantir son adversaire. C'est là peut-être une excuse, mais ce ne saurait être une justification.

Dans les combats d'extermination que nous racontons, la faute première doit remonter au roi Ferdinand, qui ne vit, dans la conquête des Indes, qu'une source de richesses à exploiter à son profit, et, guidé par cette soif de trésors, ne choisit, pour gouverner le nouveau monde, que les hommes qu'il crut aptes à satisfaire ces appétits. Cette aspiration au lucre, lui fit méconnaitre le seul homme qui avait compris le mode d'administration qui convenait à ces régions, et au caractère doux et soumis des populations qu'il y avait trouvées, lors de sa découverte, et dont il voulait élever le moral, instruire l'esprit et augmenter les forces, pour s'en faire des auxiliaires, que l'équité, que la justice désignait pour la rénovation et la civilisation de ces contrées. Si la jalousie, la dépravation et la méchanceté de ses compagnons n'y eût mis obstacle, il n'est pas douteux que Colomb eût réussi à fonder et à développer un monde nouveau, qui eût porté à son comble la gloire du peuple espagnol.

Juan de Esquibel, malgré cette extermination des Indiens *du Hiquey*, ne crut pas à la soumission du petit nombre de ceux qui s'étaient dérobés à ses coups, tant qu'il n'aurait pas abattu le grand cacique Cotabanama. Ce dernier avait trouvé un asile dans la petite île de *Saona;* il s'était réfugié, avec sa femme et ses enfants, dans une caverne, entourée de rochers qui la dérobaient aux regards ; et, autour de cette retraite, des Indiens fidèles excerçaient une surveillance de tous les instants.

Le gouverneur avait envoyé à Esquibel, une caravelle chargée de provisions; celui-ci s'y embarqua la nuit, avec cinquante hommes, et arriva, sans être aperçu des surveillants postés sur les rochers, dans l'île où se cachait le cacique.

Il débarqua, suivi de quarante hommes au point du jour, et surprit deux des gardes du cacique dont il poignarda l'un et garrotta l'autre pour lui servir de guide; il fit marcher celui-ci devant lui et arriva ainsi à l'enceinte de rochers qui entouraient la caverne; la troupe prit, entre ces rochers, le chemin qui lui sembla le plus propice; seul, un soldat nommé Juan Lopez, homme solide et adroit, se faufila dans un étroit sentier. A peine engagé dans ce défilé, obstrué d'arbres et de rochers, il se trouva en face d'une douzaine de guerriers, marchant un à un, à la file et qui surpris à la vue de l'Espagnol, ne surent que répondre, à sa demande, que leur chef les suivait, et le laissèrent passer, alors qu'ils auraient pu facilement le tuer à coups de flèches.

En voyant Lopez, le cacique bandant son arc, allait le percer d'une flèche à trois pointes, mais Lopez, plus prompt, s'élança sur lui et lui porta un coup d'épée; les Indiens affolés s'enfuirent à cette vue, et une lutte terrible s'engagea entre ces deux hommes tous deux vigoureux et de forces à peu près égales. Cependant Cotabanama avait réussi à saisir le cou de son adversaire et il l'étranglait, quand ses compagnons, attirés par le bruit du combat, accoururent à son secours, et, se jetant sur le cacique, parvinrent à lui arracher leur camarade à demi suffoqué. Ensuite, ils garrottèrent le gigantesque cacique et l'amenèrent à leur chef. Pendant le combat, sa femme et ses enfants s'étaient enfuis de la caverne qui leur servait d'abri et que les soldats de Esquibel trouvèrent vide quand ils y pénétrèrent.

Celui-ci voulait d'abord faire exécuter le cacique séance

tenante, mais réfléchissant que c'était une prise importante, et que son titre de cacique exigeait quelques formalités pour son supplice, il le fit charger de chaînes et l'envoya par la caravelle, à Ovando, pour que le gouveneur statuât sur son sort.

Hélas! ce sort n'était pas douteux; le malheureux cacique était au pouvoir d'un homme vindicatif, emporté, jaloux de son autorité, n'ayant jamais usé de clémence envers ses ennemis, et ne voyant d'autre moyen que la mort pour châtiment de leur révolte. Il n'avait jamais compris que le pardon d'un ennemi vaincu était souvent une arme plus efficace pour la soumission d'un peuple, que le supplice le plus effrayant.

Après un semblant de jugement il le fit pendre sur la place publique, comme le dernier des malfaiteurs.

C'était le dernier des cinq rois ou caciques principaux qui gouvernaient cette malheureuse terre qui périssait, coupable d'avoir voulu défendre son pays contre les envahisseurs!

Ovando triomphait; l'île était pacifiée; les neuf dixièmes de la population avaient péri et la terre était dépeuplée; ce qui restait de ces pauvres Indiens se soumit tristement, les Espagnols régnèrent en maîtres souverains sur une terre dévastée et désolée.

Triste antithèse du système préconisé par Colomb, pour s'assimiler les naturels du pays, par la douceur, l'éducation et les bons traitements, en se servant de leurs chefs pour les conduire dans la voie nouvelle qu'il leur avait ouverte!

## CHAPITRE L.

##### COUP D'ŒIL RÉTROSPECTIF. MALADIE DE COLOMB A SÉVILLE.

C'était quelque temps après ces désastreux événements que Colomb était revenu à *Santo-Domingo*.

Comme nous l'avons dit précédemment, un revirement s'était accompli en sa faveur; la cruelle expérience que la population, surtout les Indiens, avaient faite du gouvernement de ses successeurs, et notamment les dernières exécutions avaient fait apprécier plus sainement l'administration de l'amiral. En le revoyant, vieux et affaibli par la maladie et par les fatigues, le sentiment général fut une pensée de commisération pour une si noble infortune, si vaillamment supportée; les anciennes inimitiés furent étouffées sous l'enthousiasme qui se manifesta, à la considération de tant de vertus, unies à tant de sagesse et à un si haut savoir.

Le même peuple qui l'avait accompagné avec des cris de réprobation, des huées et des chants insultants, lorsque, chargé de chaînes, il était conduit au navire qui allait l'emporter en Espagne, prisonnier et sous l'opprobre d'un acte d'accusation, le même peuple le reçut avec des acclamations, lorsqu'il rentra dans ce port de *Santo-Domingo* dont on lui avait refusé l'abri, quand, sous l'effort d'une violente tempête, il était en danger de périr.

Mais, au milieu de ces ovations, et des marques de déférence que lui témoignait Ovando, Colomb ne put s'empêcher de reconnaître combien la situation de l'île était différente de l'état où il l'avait laissée. Lorsqu'il eut appris les événements qui s'étaient accomplis et les douloureuses exécutions qui avaient si cruellement dévasté et ensanglanté les diverses contrées de la *Espaňola*, il éprouva une vive indignation et témoigna hautement sa réprobation. Ces cinq tribus prospères qu'il avait trouvées, quand il découvrit l'île ; les nombreux villages où s'épanouissaient heureuses et dans la joie, des populations tranquilles, les vastes plaines cultivées, les maisons riantes, les jardins fleuris, tout cela avait disparu ; une dévastation générale, une morne désolation avaient succédé à cette luxuriante opulence, et l'on n'entendait plus les chants joyeux et les rires folâtres de ces peuples, bons et naïfs, qu'il avait si bien appréciés.

La prospérité de ces contrées était aussi liée à ses propres intérêts, et, indépendamment de l'honneur qu'il attachait à voir le développement et l'accroissement des forces vitales du pays, et de ses rapports comme de ses produits, il considérait que sa fortune dépendait de sa bonne administration. Il se plaignit donc de la manière dont les affaires avaient été conduites, pendant son absence : mais le gouverneur prit mal ses observations, et lui répondit qu'il usait de ses pouvoirs sous sa responsabilité.

Une assez vive discussion s'était élevée entre eux, pour la mise en liberté de Porras et le projet du gouverneur de mettre en cause le préfet et les hommes qui, sous prétexte de réprimer l'insurrection, avaient tué des sujets du roi ; la Jamaïque, se trouvant sous sa juridiction, Ovando prétendait ouvrir une enquête sur les faits qui s'y étaient passés.

Mais l'amiral répondait que ces événements s'étaient accomplis sous son commandement, et que lui seul avait droit de justice dans cette affaire, et il montrait la commission royale pour ce dernier voyage ; il ajoutait que d'ailleurs il était toujours grand amiral d'Espagne et vice-roi des Indes et que son autorité était supérieure à celle du gouverneur de la *Espaňola*.

Ovando l'écouta avec déférence et lui fit observer que sa commission ne lui donnait qu'un droit limité au ressort de son commandement, mais que, ne voulant pas élever de conflit avec son supérieur, il renonçait à l'enquête qu'il avait projetée, s'inclinant devant l'autorité de l'amiral, et qu'il enverrait Porras en Espagne pour y être jugé par le roi.

Quant à ses intérêts personnels, Colomb les avait trouvés dans une situation si compliquée, qu'il lui avait été impossible de s'en rendre un compte exact. Carvajal avait été contrarié par le gouverneur, dans ses agissements pour la perception des revenus de l'amiral, et les divers agents qui étaient chargés de ses affaires, avaient été entravés. La reine, sur la plainte de Carvajal, avait écrit deux fois à Ovando, de se conformer au contrat passé avec Colomb, et d'en faciliter l'exécution, au lieu d'y apporter des obstacles, mais le gouverneur n'en avait pas moins continué son hostilité.

Colomb avait donc recueilli ce qu'il avait pu des fonds qui lui étaient dus, les avait employés à l'armement et à l'équipement de son navire, et d'un autre qu'il avait affrété pour ses bagages et ses objets mobiliers, et il était parti pour l'Espagne où, comme nous l'avons déjà vu, il était arrivé le 7 novembre, après un voyage très accidenté.

Les lettres de Carvajal à la reine l'avaient vivement impressionnée ; elle était alors étendue dans son lit, en proie à la maladie qui amena sa mort.

Courroucée contre Ovando pour son refus de laisser entrer Colomb dans le port de *Santo-Domingo*, pour s'abriter contre une tempête qui mettait en danger sa vie et celle de ses équipages, lui reprochant la perte de vingt-cinq vaisseaux, pour n'avoir pas écouté les conseils de Colomb, plus expérimenté que lui en cette matière, et qui lui avait prédit leur perte, indisposée par les procédés du gouverneur envers les agents de l'amiral, la magnanime souveraine fut saisie d'horreur et d'indignation, quand elle apprit les massacres du *Xaragua* et le meurtre d'Anacaona : « Rappelez sur-
« le-champ cet homme qui méconnaît nos ordres et fait mas-
« sacrer nos sujets ! » dit-elle au roi dans son exaspération.

Le roi promit, mais n'accomplit pas sa promesse : le tueur d'Indiens, par ses actes oppressifs, tirait de l'île de fort importants revenus et c'est ce que le roi prisait avant tout.

Ovando ne fut rappelé que quatre ans plus tard, et ce fut pour des raisons différentes ; la promesse faite à la reine avait été oubliée.

Cependant Colomb était arrivé à Séville, où il trouva ses affaires dans le désarroi le plus complet. Depuis qu'il avait, par le fait de Bobadilla, quitté *Santo-Domingo*, comme accusé, la perception des revenus provenant de ses fonctions et de ses privilèges avait été faite très irrégulièrement, et Ovando avait retenu ce qui avait été perçu; d'après lui, on lui devait onze ou douze mille *castellanos* et il n'avait pas reçu un *cuarto*, monnaie valant 3 centimes; il demanda donc au roi d'écrire à Ovando de payer ces arriérés à ses agents, qui, sans un ordre du roi, n'osaient plus rien demander au gouverneur.

Colomb était loin d'être intéressé; il l'avait prouvé en maintes occasions; mais son rang et ses hautes fonctions lui imposaient un train de maison très dispendieux. On lui supposait des richesses inouïes, quand il n'avait eu jusque-là que de minces revenus, dont on lui détenait la partie la plus considérable. Il avait employé, pour son retour, ce qu'il avait touché à la *Española*, et il avait distribué à ses compagnons, dont la plupart étaient dans la plus profonde misère, 1200 castellanos, pour payer leurs frais de retour en Espagne; une partie de cette somme lui était due par l'État.

Il se trouvait donc dans un complet dénûment, quand il réclamait le paiement de ce qui lui était dû. Dans ses lettres à son fils Diego, il constate cette malheureuse situation : « Je ne reçois aucun de mes revenus; et je vis d'em-
« prunts; vingt années de services, tant de fatigues et de
« périls m'ont donné peu de profits, car aujourd'hui, je n'ai
« pas un toit sous lequel je puisse m'abriter en Espagne; si
« je veux manger ou dormir je n'ai de ressource que dans une
« hôtellerie et, le plus souvent, je n'ai pas de quoi payer
« l'hôtelier. »

Colomb, disons-nous plus haut, n'était pas intéressé, et il le prouvait encore, en s'occupant de ses compagnons plutôt que de lui-même, dans la grande pénurie personnelle où il se trouvait, et il écrivait pour eux à son fils Diego pour qu'il s'occupât de les faire payer : « *Ils sont pauvres*, lui disait-il,
« et il y a plus de trois ans qu'ils ont quitté leurs maisons;
« ils ont bravé mille fatigues, mille dangers et rapportent

« des nouvelles inappréciables pour lesquelles LL. Majestés
« doivent rendre grâces à Dieu et se réjouir. »

Et pourtant plusieurs de ces hommes avaient été ses ennemis ; il le savait et n'ignorait pas que certains, dans le moment même où il plaidait pour eux, avaient à son égard de mauvaises dispositions, plutôt que des desseins favorables.

Mais son cœur généreux et son esprit de justice le portaient à leur venir en aide.

Une préoccupation plus élevée s'ajoutait à ses soucis personnels ; c'était le résultat de la déplorable administration de l'île, dont il prévoyait la ruine prochaine, et qu'il considérait comme néfaste pour les intérêts de ses souverains : « D'im-
« menses quantités d'or sont déposées, disait-il, dans une
« de ses lettres, dans des maisons délabrées, sans défense,
« sans gardes et exposées au pillage des malfaiteurs ; il faut
« envoyer un homme énergique, et personnellement inté-
« ressé à la prospérité de l'île, pour tout remettre en ordre et
« tirer de celle-ci l'immense revenu qu'elle peut donner. »

Et Colomb laissait entendre que cet homme ne pouvait être un autre que lui-même.

Ce que Colomb désirait avant tout c'était la restitution de ses fonctions ; elle lui avait été solennellement promise par le roi, et il lui paraissait que, tant qu'elle n'aurait pas lieu, il pèserait sur lui un soupçon de défaveur. Il avait écrit aux souverains pour réclamer l'exécution de leurs promesses ; les réponses n'étaient point catégoriques et cela l'inquiétait, car il redoutait les funestes influences de ses ennemis qui l'avaient déjà desservi.

Et sa maladie le retenait à Séville ; il essaya de se mettre en route mais le mal fut plus fort que sa volonté ; il fut obligé de rester et de recourir à de nouvelles lettres, en les appuyant des démarches de ses amis, Diego Mendez et Géronimo, et recommandant à son fils Diego de les aider de tout son pouvoir.

Cette correspondance est vraiment touchante ; elle est empreinte de sincérité, d'une foi réelle en la justice de sa cause, et d'un soin minutieux à rechercher les arguments les plus décisifs en faveur de ses réclamations ; il faut lire ces lettres pour connaître et apprécier la droiture, l'équité, la rigoureuse honnêteté de ce noble caractère, et, quand on se figure que l'auteur de ces lettres est cloué sur un lit de douleur et peu à peu s'achemine vers la tombe, on est saisi d'une immense compassion pour cette honorable infortune qui lutte avec tant de courage et de persistance contre l'injustice et l'ingratitude !

Les péripéties désastreuses de son dernier voyage, l'insuccès de ses espérances, quant à la découverte d'un détroit pour aller d'un océan dans l'autre, les résultats négatifs de sa découverte des mines de *Véragua*, qu'il avait été forcé de quitter par suite de l'hostilité des Indiens ; enfin les incidents de la révolte de la Jamaïque, pouvaient donner des armes à ses ennemis, pour ruiner son crédit auprès des souverains.

Porras libre, avait, par le trésorier Moralès, accès à la cour ; il devait, il est vrai, comparaître devant le conseil des Indes, mais la procédure était restée à la *Española*, aux mains du notaire qui l'avait rédigée, et Colomb n'avait, pour démontrer les faits dont Porras était accusé, que la pétition que lui avaient adressée les rebelles et dans laquelle ils reconnaissaient leur culpabilité et sollicitaient leur rentrée en grâce ; mais ce document, précieux, comme pièce à l'appui d'une procédure, n'était pas suffisant pour introduire une instance ; le conseil des Indes n'était donc pas saisi de l'affaire et, pendant ce temps, le chef de la révolte pouvait préparer ses batteries pour incriminer l'amiral, comme cela était arrivé dans l'affaire de Roldan. Avec ses ennemis, qui ne reculaient devant aucune calomnie pour le perdre, Colomb avait tout à redouter.

Il écrivit une lettre à Moralès, dans laquelle il lui expliquait les circonstances de la rébellion, lui envoyait une copie de la lettre des révoltés et le priait d'attendre le procès-verbal d'enquête, avec les pièces annexées, pour former son opinion, au sujet de ces événements.

En attendant il faisait agir son fils, et il lui écrivait : « J'ai
« la confiance que les vérités dites par Diego Mendez auront
« autant de crédit que les mensonges débités par Porras...
« J'ai servi LL. Majestés avec autant de zèle et de diligence

« que s'il se fût agi pour moi de gagner le paradis, et, si j'ai
« failli en quelque point, c'est que ma science et mon pou-
« voir n'allaient pas plus loin. »

Ces supplications étayées sur ses services, ces démarches d'amis et de son fils à l'appui de ces humbles sollicitations, émanant de cet homme éminent qui venait d'agrandir le monde, et qui, vieux et malade, se débattait contre la calomnie et cherchait à se défendre, quand il était l'accusateur, s'accrochant à toutes les branches pour obtenir ce qui lui était si légitimement dû, cet abaissement inique a quelque chose de navrant, et on ne peut se défendre d'un sentiment d'aigreur contre ce roi qu'il a si richement favorisé par ses découvertes, et qui le laisse s'humilier, au lieu de le relever et de l'honorer comme par le passé !

Sa protectrice était dangereusement malade et ne pouvait plus apporter à sa défense cette ardeur, cette bienveillance dont la noble et généreuse reine avait donné tant de preuves.

Le roi insouciant, égoïste, opposait à ses réclamations une indifférence passive, écoutait les calomnies des ennemis de l'amiral, et ne prenait aucune décision. Il voulut donc encore une fois tenter de se rendre à la cour, pour y plaider lui-même sa cause, avec d'autant plus de raison que les documents de l'enquête Porras venaient d'arriver en Portugal, et qu'il pouvait espérer que la vérité sur ces événements allait enfin éclater.

Il fit venir une litière, pour faire le voyage, mais le froid rigoureux de l'hiver, et l'accroissement de ses douleurs l'obligèrent à y renoncer.

Alors, désespéré, il adressa une supplique à la reine :
« Plaise à la Sainte Trinité, disait-il dans cette missive, de
« rendre la santé à notre souveraine ; car sa volonté rétablira
« l'ordre là où règne aujourd'hui la confusion.

Malheureusement pour lui, cet appel à la noble reine ne parvint pas à temps, l'excellente princesse était morte ! »

Frappée cruellement de douleurs successives : son fils, le prince Jean, et sa fille, la princesse Isabelle, morts coup sur coup, et, après eux son petit-fils le prince Michel, emporté en peu de temps, la reine Isabelle avait langui, épuisée par ces malheurs répétés. Sa fille Jeanne, à peu près folle et opprimée par son mari dur et ombrageux, ajoutait une nouvelle acuité à ses chagrins; au milieu des pompes de la cour, entourée de flatteurs et de courtisans, au comble des grandeurs, à la suite d'un règne auquel la fortune avait souri, elle souffrait silencieusement, n'ayant pas autour d'elle un cœur ami pour y verser ses douleurs; le roi froid, personnel, absorbé par ses calculs politiques, n'était pas en état de la comprendre.

Minée par la maladie et succombant à sa tristesse, elle s'éteignit, à l'âge de cinquante-quatre ans, à Médina del Campo, le 26 novembre 1504.

« Je veux, dit-elle dans son testament, être enterrée dans
« le couvent de Saint-François, qui est dans l'Alhambrah de
« Grenade; qu'aucun monument ne s'élève sur ma tombe;
« qu'elle soit seulement indiquée par une pierre plate qui
« portera une inscription. Mais je désire et j'ordonne que,
« dans quelque église ou couvent du royaume, où le roi,
« mon époux, se choisira une sépulture, mon corps y soit
« transporté, et enseveli auprès du sien, de sorte que l'union
« dont nous avons joui dans notre vie, et qu'avec la grâce
« de Dieu, nos âmes, nous l'espérons réaliseront dans le
« ciel, soit représentée par nos corps sur cette terre. »

Avec cette excellente princesse, finit la protection qui avait toujours réagi contre la tendance du roi à écouter les calomnies des ennemis de Colomb, qui lui était d'ailleurs peu sympathique. Si elle ne put pas toujours conjurer les injustices, elle en adoucit souvent l'amertume, et l'on ne saurait trop redire que, sans son initiative, sa persistance et sa générosité, Colomb n'eût pu réaliser ses projets; il n'est pas douteux que si elle n'eût pas été si prématurément enlevée à son royaume, elle eût empêché les désastres qui désolèrent le nouveau monde, et eût prévenu la destruction de ses malheureux habitants.

Ce fut une âme élue qui animait un corps élégant et gracieux; un esprit délicat, simple et pur, un cœur noble, affectueux et bienveillant; une tête bien organisée, prévoyante, ouverte aux aspirations de la poésie, de la science et des arts, ayant les instincts du beau et du bien, et détestant le vice et la méchanceté. Son nom est resté l'emblème de la vertu, du désintéressement, de la noblesse et d'une gloire légitimement acquise, et la postérité a ratifié le jugement du siècle où elle a vécu.

Colomb fut saisi d'une inexprimable douleur, en apprenant la mort de sa bienfaitrice; il écrivait à son fils Diego, quand la triste nouvelle lui fut apportée : « Voici, dit-il à son fils, « ce qu'il faut faire à présent. La première chose, c'est de « recommander chaleureusement et avec grande dévotion « l'âme de notre reine à Dieu; elle vécut toujours catholique- « ment et saintement, prête à servir Dieu en tout; c'est pour- « quoi nous pouvons être assurés qu'elle est au ciel, libre des « soucis de cette vie pénible et rude. Nous devons ensuite « veiller et nous employer au service du roi, notre souverain « et nous efforcer d'adoucir sa douleur. Sa Majesté est le chef « de la chrétienté; rappelons-nous le proverbe qui dit que tous « les membres souffrent quand la tête souffre. Tous les bons « chrétiens doivent donc prier pour la santé et pour la vie du « roi, et nous, qui sommes à son service, devons plus que « les autres, remplir ce devoir avec zèle et diligence. »

Il règne dans ces lignes, une tristesse naïve, une résignation douloureuse et une abnégation absolue; on y sent le regret de la douloureuse perte qu'il vient de faire, en même temps que la soumission aux décrets divins; on ne peut s'empêcher d'admirer ce noble désintéressement qui, au moment où l'indifférence et l'injustice du roi le frappent dans ses intérêts, fait dire à Colomb : « Nous ses serviteurs, nous devons, « plus que les autres, prier pour la santé et la vie du roi ».

## CHAPITRE LI.

#### COLOMB A LA COUR DES ROIS D'ESPAGNE.

Après la mort d'Isabelle, Colomb n'eut plus à compter que sur la justice du roi ; il n'était plus soutenu par cette main bienveillante, par cette parole secourable, et cette volonté décisive qui étaient si souvent intervenues en sa faveur, d'une manière si efficace.

Retenu encore, pendant tout le printemps, à Séville par sa maladie, il envoya à la cour son frère Bartholomé, avec son fils Fernando, pour y défendre ses intérêts. Dans sa lettre à son fils aîné, il recommande son second fils, comme un homme ayant un jugement et une intelligence au-dessus de son âge ; et lui demande de le protéger et de l'aimer : « Pour « ton oncle, dit-il, traite-le avec les égards qui sont raison- « nables et, quant à ton frère, tiens-lui le langage d'un frère « aîné à l'égard du plus jeune ; tu n'en as pas d'autre et loué « soit Dieu, celui-ci est tel qu'il t'est bien nécessaire, il a « acquis et acquiert un grand savoir ». Et, dans une autre lettre, il ajoute : « Dix frères ne seraient pas de trop pour « toi : je n'ai jamais trouvé de meilleurs amis que mes « frères ».

Quelque temps après il rencontra dans la maison de Juan Beraldi, négociant florentin, un ancien employé de commerce venu de Lisbonne, et qui s'était établi, pour son compte, pendant quelque temps, à Séville. Las du commerce qui ne lui avait pas été favorable et encouragé par Colomb, il se mit à étudier la cosmographie et l'art de la navigation, et il y prit tant de goût qu'il résolut, lui aussi, d'aller faire des découvertes. Colomb le recommanda à son fils Diego, et voici dans quels termes, il lui annonce son arrivée à la cour : « Diego Mendez est parti d'ici, lundi 3, de ce mois : depuis « son départ, je me suis entretenu avec *Améric Vespuce*, « porteur de la présente, qui va là-bas, pour des sujets con- « cernant la navigation. Celui-ci a toujours eu le désir de « m'être agréable; c'est tout à fait un homme de bien; la « fortune lui a été contraire comme à beaucoup d'autres; ses « travaux ne lui ont pas été profitables, autant que la raison « l'exigeait; *il part pour mon compte*, et avec un extrême « désir de faire quelque chose qui soit à mon avantage, si « cela est en son pouvoir.

« *Je ne sais pas d'ici à quoi je pourrai l'employer qui me* « *soit profitable, parce que j'ignore pourquoi on l'appelle là-* « *bas*. Il s'en va, bien déterminé à faire pour moi tout ce qu'il « lui sera possible de faire. *Vois, de ton côté, en quoi tu pour-* « *ras lui être utile*, et profite de son concours; *il fera tout* « *ce que tu voudras*, démarches et sollicitations, et il mettra « tout en œuvre; et que cela se fasse en secret, afin qu'on « n'ait aucun soupçon à son sujet.

« Pour moi, tout ce que j'ai pu lui dire qui concerne cette « affaire, je le lui ai dit, et je l'ai informé du traitement qui « m'a été alloué et qui est d'usage.

« Cette lettre est destinée à être communiquée à l'adelan- « tado (le préfet, son frère) pour qu'il voie, lui aussi, en quoi « il peut nous être utile et pour qu'il en soit informé ».

Cette lettre est, à notre avis, extrêmement intéressante, et nous en avons souligné les passages les plus significatifs. Il nous semble qu'elle n'a pas assez frappé les historiens qui se sont occupés de la vie de Colomb; il est vrai que la découverte de la correspondance que nous citons est relativement récente; elle était cependant connue de Washington Irwing qui ne consacre à cette intervention d'Améric Vespuce que quelques lignes sans importance.

Cependant, il résulte de cette lettre que c'est par ses rapports avec Colomb, qu'Améric Vespuce, dégoûté du commerce, où il n'avait pas été heureux, s'est livré à l'étude de la cosmographie et de l'art de la navigation; il n'est pas douteux, qu'avec son enthousiasme et sa bonté, Colomb, a été son maître et son inspirateur et, avec sa générosité habituelle, c'est lui qui lui a dépeint les Indes, lui en a fait connaître la route et l'a initié aux avantages que ces pays pouvaient produire, ainsi qu'aux détails de leurs richesses, de leur situation et de leur nature. *Il part pour mon compte*, dit-il, et c'est encore lui qui lui facilite les moyens d'accomplir son exploration.

Améric Vespuce part et, sur les renseignements fournis par Colomb, il visite la terre ferme, et prétend en avoir fait la découverte. Au commencement du seizième siècle, un géographe donne le nom *d'Amérique* à la terre que Colomb avait reconnue bien avant son envoyé.

La lettre de recommandation de Christophe Colomb est du 5 février 1505 et il en résulte, semble-t-il, que c'est le premier voyage d'Améric Vespuce dans les Indes; cependant ses biographes prétendent que ses découvertes datent de 1497 ou 1499 et qu'en 1501 ou 1502, il aurait visité les côtes du Brésil. Ou ces dates sont erronées, ou elles ont été fournies pour soutenir les prétentions d'Améric Vespuce quant à ses découvertes. Celui-ci aurait-il, en lui cachant ses précédents voyages, trompé l'amiral pour obtenir de lui des renseignements, en vue de nouvelles explorations?

Pendant que Colomb luttait contre la maladie et écrivait ses nombreuses lettres pour obtenir la restitution de ses dignités, Diego de Deza, le moine qui l'avait défendu au congrès de Salamanque et qui, depuis, devenu évêque de Palencia, lui avait conservé son amitié, obtint l'archevêché de Séville. Ce fut pour Colomb une lueur d'espérance, sachant qu'il pouvait compter sur la protection de ce digne prélat. Comme il n'avait pas pris encore possession de son siège, Colomb écrivit à son fils de voir le nouvel archevêque, et de le prier de parler en sa faveur : « L'important, « dit-il, est de s'assurer si la reine a parlé de moi dans son « testament, et stimuler l'évêque de Palencia qui fut cause « que LL. Majestés possèdent les Indes, en m'engageant à « rester en Castille, quand j'étais en route pour sortir du « pays. »

Dans une autre lettre, il écrit : « Si l'évêque de Palencia
« est arrivé ou doit arriver, dis-lui que j'ai été heureux d'ap-
« prendre sa promotion et que, si je viens, je logerai chez
« lui, quand même il ne m'inviterait pas, car nous devons
« en revenir à notre ancienne et fraternelle amitié. »

Cependant le roi témoigna la plus froide indifférence relativement aux lettres de l'amiral et aux démarches de ses parents. On ne lui communiqua même pas les nouvelles instructions qui furent envoyées à Ovando; on ne prêta aucune attention à sa demande, qu'on l'attendît pour le choix des trois évêques qu'on se proposait d'envoyer à la *Española*; c'était une injure qui lui fut très sensible et qui le décida à se rendre à la cour, le plus tôt possible; afin de diminuer la fatigue du voyage, il demanda et obtint, à cause de son grand âge, l'autorisation de prendre une mule pour monture; cette autorisation était nécessaire, une ordonnance royale ayant défendu l'emploi des mules, à cause de la dégénérescence de la race. Mais le voyage fut encore retardé par sa maladie, et ce ne fut qu'au mois de mai 1505, qu'il put enfin s'accomplir.

Il arriva à Ségovie, avec son frère Bartholomé qui était revenu à Séville pour l'accompagner dans son voyage, fatigué, courbé par l'âge et les chagrins, il ne retrouva pas à la cour l'accueil enthousiaste, chaleureux, qu'il y recevait dans des temps meilleurs; il n'y avait plus d'ailleurs cette gracieuse figure de la reine qui l'encourageait et le soutenait. Le roi, sombre et froid, ne reconnaissait plus dans ce vieillard usé, cassé, tordu par les souffrances, l'entreprenant marin qui lui avait conquis un monde et, dans son égoïsme, il ne voyait plus en lui qu'un solliciteur importun, venant appuyer de ses démarches des réclamations extravagantes.

Cependant, il le reçut avec politesse, mais avec un sourire contraint et, sous des témoignages d'amitié, on devinait l'ennui qu'il éprouvait de ses sollicitations.

Il écouta cependant avec un semblant d'intérêt, la narration du dernier voyage de l'amiral, la description, de la partie de la terre ferme qu'il avait explorée; le récit de la relâche à la Jamaïque, des souffrances qu'il y avait endurées, de la révolte de Porras et de ses compagnons, et enfin les détails des malheurs de cette désastreuse campagne ; mais il ne témoigna au narrateur ni sympathie ni compassion.

« D'où venait, dit Las Cazas, cette indifférence et cette anti-
« pathie du roi pour cet homme qui lui avait rendu de si
« grands services? Était-ce le résultat des calomnies répan-
« dues contre l'amiral et qui avaient impressionné l'esprit
« du souverain? »

Enfin Colomb rappela au roi ses promesses, garanties par les lettres qui lui avaient été remises et signées par les souverains : « Je servirai toujours votre Majesté, dit-il au roi,
« avec zèle et dévouement, pendant le peu de temps qui me
« reste à vivre, et je sais que je peux faire encore cent fois
« plus que je n'ai fait jusqu'à présent. »

Le roi proposa de soumettre à un arbitrage les divers points en question et l'amiral ayant proposé l'archevêque de Séville, Don Diego de Deza, qui avait la confiance du roi et qui était reconnu pour un homme de haute capacité, et d'un bon jugement, cet arbitre fut accepté par les deux parties, avec d'autant plus de raison que l'archevêque, comme on l'a déjà vu, avait toujours témoigné un vif intérêt aux découvertes de Colomb.

Mais cet arbitrage resta lettre morte, le roi ayant voulu y comprendre des questions qui, selon l'amiral, ne pouvaient pas faire l'objet d'un doute et qui, pour lui, étaient les plus importantes; c'étaient ses fonctions et ses privilèges, qui ne lui avaient jamais été enlevés, qui ne pouvaient, en aucun cas lui être ravis, attendu qu'ils étaient l'objet d'un contrat formel et signé par les souverains, qu'ils avaient été confirmés par des lettres patentes des rois catholiques.

Colomb, à aucun prix, ne voulait soumettre à un débat des conditions formelles qui lui assuraient les titres de grand amiral d'Espagne, de vice-roi et gouverneur des Indes occidentales, *à perpétuité, pour lui et ses descendants, pour toujours et à jamais*. Comment pouvait-on avoir l'idée de soumettre à un arbitrage, les conditions d'un contrat formulées dans des termes si précis?

D'ailleurs le roi lui avait promis, dans une lettre écrite

avant son dernier voyage, qu'à son retour, il serait rétabli dans ses fonctions qu'il n'avait momentanément quittées que pour laisser calmer l'agitation qui régnait à la *Española*.

Le roi n'avait rien à objecter à une réclamation si bien fondée, mais, comme c'était précisément le point essentiel du débat, il tint bon, et l'arbitrage n'eut pas lieu.

C'étaient en effet ces dignités que Colomb voulait transmettre à sa postérité; la question financière était pour lui secondaire, et il y tenait si peu qu'il avait déclaré au roi, qu'il ne plaiderait jamais avec lui, pour le règlement de ses comptes, et le payement des sommes qui lui étaient dues; il lui avait offert de remettre en ses mains tous les actes concernant ses privilèges, le laissant maître de faire à ce sujet, tout ce qu'il croirait juste et équitable, s'en rapportant à lui pour ce qu'il croirait raisonnable de lui allouer, mais qu'il serait intraitable pour ses dignités et fonctions, qui lui étaient acquises par un contrat revêtu du sceau royal; qu'à aucun prix, il ne céderait sur ce point, ne voulant pas dégager la parole royale, pour l'honneur de ses souverains.

Et il demandait une solution immédiate, pour que toute incertitude cessât, à cet égard, et qu'il pût tranquillement aller chercher, dans quelque endroit paisible, le repos qu'il avait bien gagné par tant de fatigues et de contrariétés.

Ce n'était pas être exigeant, après les grands et éminents services qu'il avait rendus; mais Ferdinand était loin d'être équitable et n'était pas généreux; il ne trouva pour répondre à cette offre loyale et délicate, que des paroles vagues, évasives, enveloppées sous une courtoisie sans élan, sans franchise ni sincérité, et plutôt décourageante que favorable.

A partir de ce moment, ce fut de la part de Colomb, une incessante persistance, une continuité de sollicitations inutiles, et, de la part du roi, des égards respectueux, des politesses platoniques, mais sans effet; et Colomb se désespérait, en voyant le résultat négatif de ces vaines démarches.

Les courtisans imitaient leur maître; le cardinal Ximenés, et d'autres grands seigneurs de la cour d'Espagne, témoignaient à Colomb une extrême déférence; mais toutes ces marques de respect n'étaient que des civilités de cour et que l'amiral estimait à leur juste valeur.

Il existait en Espagne une sorte de tribunal qui était chargé de l'exécution des dernières volontés du souverain décédé ; on l'appelait : *Junta de descargos* (comité des dégagements ou des acquittements de dettes) ; ses membres étaient nommés par le roi. On soumit à son examen les réclamations de Colomb ; ce conseil se réunit deux fois, mais, persuadé que le roi ne voulait prendre aucune décision, et, n'osant pas aller contre ses désirs, il ne statua pas, et ce fut encore un nouvel ajournement : « Le roi, dit Las Cazas, ne « voulait pas tenir les engagements pris par la reine et par « lui ; mais il n'osait pas, par respect pour leur honneur et « leur gloire, le déclarer ouvertement. »

Ferdinand attendait, à cette époque, la venue de sa fille Jeanne qui avait reçu de sa mère, en héritage, le royaume de Castille ; elle était attendue chaque jour avec son mari, Philippe de Flandre : Colomb espérait que ce serait une occasion de solution à ses réclamations et il prit patience jusque-là.

Mais une violente attaque de goutte vint le clouer de nouveau sur son lit ; il adressa alors au roi une dernière supplique, dans laquelle il ne réclamait plus l'argent qui lui était dû, mais les dignités qui lui avaient été accordées pour prix de ses services ; il ne les réclamait plus pour lui-même mais pour son fils Diego, voulant, suivant les conventions écrites, les perpétuer dans sa famille. Diego présenta, en même temps, une requête pour le même objet, et il offrait de prendre pour conseillers, dans son emploi de gouverneur, des hommes nommés par le roi.

Ce dernier appel ne modifia en rien l'attitude du roi ; il répondit encore évasivement, par des phrases qui pouvaient passer pour favorables, mais il ne prenait aucune décision.

En somme, Ferdinand, en présence de ce solliciteur importun, vieux, malade et s'acheminant vers la tombe, avait intérêt à cette inaction qui favorisait ses secrètes intentions : ou la mort le délivrerait de l'embarras d'une solution, ou la lassitude triompherait de la persistance du vieillard que l'on ferait alors consentir à recevoir, en échange de ses privilèges, des terres en Castille avec des titres de noblesse.

Dans cette dernière prévision, on pressentit les pensées de Colomb; mais il rejeta bien loin une semblable éventualité et, voyant que l'espoir d'arriver à une conclusion favorable s'éteignait de plus en plus, il écrivait de son lit de douleur, à son ami l'archevêque de Séville, Diego de Deza : « Il paraît
« que sa Majesté ne juge pas convenable de tenir les promes-
« ses qu'elle et la reine, qui est maintenant au ciel, m'ont
« faites de vive voix et garanties par le sceau royal ; pour moi,
« lutter contre cette décison, ce serait lutter contre le vent ;
« j'ai fait tout ce que je pouvais faire ; je laisse le reste à Dieu
« que j'ai toujours trouvé favorable dans le besoin. »

Cependant, les calculs égoïstes du roi allaient être réalisés; les douleurs morales jointes aux souffrances physiques, allaient triompher de ce caractère ferme et tenace, et la mort allait débarrasser Ferdinand de ce serviteur dévoué qui n'étant plus utile, était devenu importun.

## CHAPITRE LII.

#### MORT DE CHRISTOPHE COLOMB.

La reine Jeanne, avec son mari Philippe de Flandre, venait d'arriver en Castille, pour prendre possession du trône que lui avait laissé sa mère Isabelle, la Catholique.

Colomb reçut cette nouvelle avec joie, et il conçut l'espoir de retrouver une protectrice, dans la fille de cette reine qui l'avait si puissamment favorisé.

Le roi s'était rendu à Laredo pour les recevoir.

Colomb, retenu dans son lit, par ses douleurs, ne put suivre la cour et, obligé, à cause de ses souffrances, de garder auprès de lui son fils Diego, il envoya à sa place son frère Bartholomé, son *alter ego*, pour présenter ses hommages et ses félicitations aux jeunes souverains.

Ne pouvant plus écrire, il dicta à son frère une lettre d'excuse, dans laquelle il témoignait au roi et à la reine son vif regret de ne pouvoir aller, en personne, leur apporter l'hommage de son dévoûment, et les priait de le compter parmi leurs sujets les plus fidèles; il ajoutait qu'il avait l'espoir d'être bientôt remis à la tête de son gouvernement, et que, malgré son âge et la maladie qui l'affligeait, il comptait pouvoir leur rendre encore des services importants.

Illusions extraordinaires d'un moribond qu'un rayon d'espoir venait ranimer! Projets vains et enthousiastes d'une imagination restée jeune et qui, au moment de s'éteindre, se berçait encore de chimériques espérances!

Le préfet partit pour la cour de Castille, après avoir dit adieu à son frère et l'avoir embrassé pour la dernière fois. Le couple royal le reçut très gracieusement, se montra très affecté de la triste situation de l'amiral, écouta avec intérêt le résumé de ses réclamations, et promit d'en amener une prompte et favorable solution.

Mais tant de travaux, tant de secousses, tant de chagrins avaient épuisé les forces de ce corps si malmené, qui avait été exposé à tant de vicissitudes, d'intempéries et de fatigues, et que le dernier voyage, si plein d'angoisses et de dangers, avait achevé d'user.

D'un autre côté, les douloureuses péripéties de son dissentiment avec son souverain, l'inutilité de ses sollicitations et de ses démarches, l'attitude insouciante et froide de son roi, son ingratitude et ses attermoiements indéfinis, dont les motifs lui apparaissaient aujourd'hui comme les résultats d'un odieux calcul, avaient torturé son cœur de fidèle et dévoué sujet.

Sentant s'épuiser sa vie, son esprit perdit sa vivacité, et son imagination se reporta sur les événements qui avaient signalé son aventureuse existence, il se retraça sa jeunesse si active, ses études si fécondes, ses projets tant caressés, tant mûris et si pleins de promesses; il revit ses débuts à la cour de Portugal, où, là aussi, la félonie du roi avant tenté de lui voler ses plans; il se retraça sa venue en Espagne, ses démarches, ses espérances, son découragement, et enfin son succès, à l'aide de la protection de cette admirable reine, à laquelle il avait voué un culte d'adoration; il repassa dans son esprit ses voyages avec leurs inquiétudes, leurs dangers et leurs joies après le succès; il retrouva, dans sa pensée, ces naïves, joyeuses et douces populations, qu'il avait tant aimées, dans le principe, qu'il eût tant désiré instruire, élever et convertir à la foi chrétienne, et il les revoyait aujourd'hui, désolées, meurtries, massacrées, agonisantes, et s'éteignant peu à peu sous l'étreinte farouche et impitoyable des hommes chargés de les protéger et de les diriger; et lui-même, accablé par la maladie, succombant sous les coups répétés d'inimitiés qu'il n'avait pas motivées, qui s'étaient créées d'elles-mêmes, et s'étaient accrues en haine de ses succès, il se voyait mourir dans l'impuissance de reprendre ses dignités et ses fonctions, et de porter secours à ces peuples que Dieu lui avait livrés et lui avait donné la mission de ramener à lui.

Voyant ainsi venir le moment suprême où son âme, débarrassée de son enveloppe terrestre, allait prendre son essor vers les célestes demeures, Colomb se prépara à la mort.

S'occupant d'abord des intérêts de ceux qu'il allait laisser sur la terre, il écrivit ce testament qui a été contesté, et dont il est cependant question dans le codicile qu'il dicta, quinze jours après, au notaire appelé près de lui et qui fut l'instrument de ses dernières volontés.

Dans le premier acte, à la date du 4 mai, inscrit sur la page blanche d'un petit livre d'heures qui lui avait été donné par le pape, Alexandre VI, il lègue ce livre à la ville de Gênes, qu'il institue héritière de ses dignités et de ses privilèges, en cas d'extinction de sa postérité; il ordonne la fondation, dans la ville de Gênes, d'un hôpital avec les fonds qui proviendront de la vente de ses biens en Italie. Cet acte est encore une preuve de l'affection de Colomb pour sa ville natale, et vient ajouter une assertion nouvelle à celles si positives, quant au lieu de sa naissance.

Dans l'acte authentique, rédigé la veille de sa mort et qui, de la part de ce chrétien fervent, de ce fidèle croyant à la foi catholique, et dont l'austère probité ne saurait être mise en doute, était un document sérieux, important et d'une véracité inconstestable, Colomb répète, pour les corroborer, plusieurs clauses du testament écrit de sa main : il institue son fils Diego légataire universel, et le charge de l'exécution de ses dernières dispositions; le majorat, en cas de mort de Diego, doit passer à son second fils, Fernando, et, de ce dernier, s'il meurt, à son frère Bartholomé, et, de celui-ci, au plus proche héritier, excluant les femmes, à moins d'extinction de toute lignée masculine; en ce cas, il échoit à la plus proche parente de l'amiral.

Le lecteur trouvera la traduction de cet acte à la fin de cet ouvrage, et il y trouvera aussi, *in extenso*, l'acte de constitution du majorat, où Colomb détaille si minutieusement les diverses conditions de cette institution. Cet acte démontre son esprit d'équité rigoureuse, sa prévoyance excessive, sa reconnaissance envers ceux qui l'avaient obligé, et son honnêteté incontestable.

Par une clause spéciale, Colomb recommande à son fils Diego, Doña Beatriz Henriquez, la mère de son fils, Don Fernando, et lui ordonne : « de pourvoir, à ce qu'elle puisse « vivre honorablement : comme une personne *envers laquelle* « *j'ai contracté de si grands devoirs;* et que ceci soit fait à la « décharge de ma conscience, parce que *c'est un poids très* « *lourd pour mon âme. La raison de ceci, il ne m'est pas per-* « *mis de la dire ici.* »

De ces quelques lignes, quelques historiens ont inféré que Don Fernando, fils naturel, n'avait pas été légitimé par le mariage; nous avons déjà discuté cette opinion qui a été controversée, d'autres historiens déclarant, *qu'avant sa mort, Colomb avait rempli ses devoirs envers la mère de son second fils.*

Après avoir ainsi réglé les questions des biens de ce monde, Colomb ne pensa plus qu'au salut de son âme et, à cet égard, il accomplit avec la piété la plus exemplaire, tous ses devoirs de chrétien, qu'il n'avait d'abord jamais cessé de pratiquer pendant sa vie.

Il reçut avec componction et une foi ardente, le saint Sacrement, et s'éteignit avec une admirable résignation, le jour de l'Ascension, le 20 mai 1506, en prononçant cet mots : *In manus tuas, Domine, commendo spiritum meum* : (Seigneur je remets mon âme en vos mains).

Ce furent ces dernières paroles, et il est certain, dit son fils Fernando, en les rapportant, que : « dans sa haute misé- « ricorde et dans sa divine bonté, Dieu la reçut dans sa « gloire ».

Le corps du grand homme fut provisoirement déposé dans le couvent de Saint-François, et la cérémonie funèbre eut lieu dans l'église paroissiale de Santa-Maria de la Antigua, à Valladolid. Plus tard, son corps fut transporté à Séville, dans le couvent de las Cuévas, dans la chapelle de Sainte-Anne du Christ; cette translation eut lieu en 1515. Les restes de Don Diego, son fils, mort le 23 février 1526, furent également inhumés dans cette chapelle; ce dernier était mort dans le petit village de Montalban. On les transporta tous les deux, en 1536, à la *Española*, où ils furent ensevelis dans la cathédrale de la ville de Saint-Domingue, dans la chapelle principale, où ils ne devaient pas être laissés en paix, car ils en furent exhumés plus tard et transportés à la Havane, dans l'île de Cuba.

Si on s'en rapporte à la date de sa naissance, indiquée par Washington Irwing, comme ayant eu lieu en 1435, Colomb mort en 1506, aurait eu environ soixante-dix ans; mais d'autres le font naître en 1441 et quelques-uns en 1444, et ces dernières dates semblent mieux concorder avec les actes de sa vie, qui, dans le premier cas, eussent été accomplis à un âge très avancé.

Avec cette date de 1444, il a quarante-huit ans, lors de son premier départ et, à ce dernier et malheureux voyage, marqué par tant de vicissitudes, il vient d'accomplir sa cinquante-huitième année, ce qui paraît plus vraisemblable; il n'aurait eu, dans ce cas, que soixante-deux ans, à sa mort.

Ferdinand, en apprenant la nouvelle du décès de l'amiral, ne témoigna aucune surprise; il semblait s'y attendre et s'il exprima quelque regret, ce fut assurément de pure forme, car, au fond, le cauteleux monarque était satisfait de voir cesser les sollicitations de cet homme, dont la présence et la malheureuse situation était un vivant reproche de son ingratitude. Cependant, il ne pouvait contester ni son mérite, ni les services qu'il lui avait rendus, et il voulut, aux yeux du monde, pour sa propre gloire, reconnaître ses talents et son dévouement; il lui fit élever un monument, sur lequel fut gravée la devise que les souverains lui avaient accordée précédemment.

A CASTILLA Y A LEON.<br>
NUEVO MUNDO DIO COLON.

(A Castille et à Léon, Colomb a donné un nouveau monde.)

Honneur bien mérité, mais stérile hommage, et qui, loin de payer les services éminents de cet illustre bienfaiteur de l'Espagne et du monde entier, ne pouvait effacer cette froide dureté et cet égoïsme calculateur qui, en refusant de lui rendre les dignités qui lui avaient été si injustement ravies, et qu'il réclamait à si juste titre, ont causé au grand homme de si cruelles souffrances et ont accéléré sa mort.

Voici comment son fils Don Fernando termine l'histoire de la vie de son illustre père : après avoir cité la devise inscrite plus haut, il ajoute :

« Paroles véritablement dignes de grande considération
« et de reconnaissance, car, ni dans les anciens ni dans les
« modernes, on ne lit que pareil acte ait été accompli; acte
« pour lequel sa mémoire sera éternellement conservée
« dans le monde, parce qu'il a été le premier qui ait décou-
« vert les Indes Occidentales, et c'est à sa suite, et après lui,
« que sont allés à la terre ferme, Fernand Cortez et Fran-
« cisco Pizarre, qui ont découvert plusieurs autres provinces
« et de très grands royaumes : En effet, Cortez découvrit la
« province de *Yucatan*, appelée la Nouvelle-Espagne, avec la
« ville de Mexico, alors possédée par le grand Montezuma
« empereur de ces contrées; et Pizarre découvrit le royaume
« du Pérou, pays très étendu et d'une grande richesse, qui
« avait été usurpé par le grand roi Atabalipa; de ces pro-
« vinces et de ces royaumes, sont amenés en Espagne des
« quantités de navires chargés d'or, d'argent, *de brasil*, de
« cochenille, de sucre et de beaucoup d'autres objets de
« grande valeur, sans compter les perles et autres pierres pré-
« cieuses qui ont été, pour l'Espagne et pour ses rois, une
« source abondante de richesses et d'honneurs :

### GLOIRE A DIEU.

Ainsi mourut cet homme illustre, dont la vie, modeste au début, resta longtemps inconnue, et s'écoula, dans le principe, et jusqu'aux abords de l'âge mûr, dans les préoccupations et les dangers d'une profession aventureuse, puis, tout à coup, mise en évidence par des idées et des projets grandioses, mal appréciés et contrariés dans leur exécution; cet homme qui brilla soudainement d'un vif éclat, au comble des honneurs et de la gloire, à la suite d'une merveilleuse découverte, traversa des temps difficiles, en butte à la haine et aux calomnies, assailli par les factions et les jalousies, et finit pauvrement par suite de l'ingratitude et de la cupidité du souverain qu'il avait enrichi. Nous avons jugé très intéressant de faire suivre notre histoire de la traduction d'une série de lettres du célèbre navigateur, qui répandent une vive lumière sur les faits qui ont marqué cette mémorable existence; elles révèlent, mieux que tous les portraits écrits, la nature enthousiaste, impressionnable, sensible, bienveillante et affectueuse de Christophe Colomb; elles donnent des explications certaines sur des événements dont les historiens n'ont pu déterminer la cause, et n'ont donné que de simples récits.

Dans un style simple, imagé, quelquefois incorrect, il raconte, naïvement et véridiquement les faits, décrit les lieux qu'il visite, signale ses impressions enthousiastes, et donne ses appréciations, toujours optimistes.

Colomb, avec une intelligence vive, un esprit prompt et lucide, un jugement sain, n'avait fait que des études incomplètes, qu'il avait dû interrompre, probablement par la nécessité d'entreprendre une profession; mais, doué d'une facilité extrême d'assimilation, mû par un ardent désir de s'instruire, attiré vers les sciences par un penchant irrésistible, et par un besoin d'investigation et de recherche, pour l'explication de problèmes qui jusqu'alors n'avaient pas reçu de solution, il compléta lui-même son instruction, et, avec cette sagacité d'observation qui le caractérisait, il lut les anciens auteurs, les historiens et les philosophes de l'antiquité, les lettres arabes et les Pères de l'Église; l'ancien et le nouveau Testament avaient, pour son imagination poétique, des attraits particuliers, et les prophéties eurent sur son existence une influence décisive.

Avec sa perspicacité native, il découvrit et indiqua des déductions nouvelles de propositions que la science incomplète de l'époque n'avait pas encore entrevues, et, quand il eut établi dans sa tête, et arrêté dans son esprit, les résultats de ses observations personnelles, et qu'il put définir les idées que lui avaient suggérées ses lectures et les formules qu'il en avait dégagées, il fit preuve d'une extrême sagacité, dans les diverses occasions où il fut appelé à les développer et à les défendre ; avec quelle conviction, avec quelle ardeur, et avec quelle solide argumentation, il osa soutenir sa thèse, devant des aréopages d'érudits, devant des assemblées d'illustrations savantes! Et ce fut à son éloquence naturelle, à la clarté de ses démonstrations, et surtout à sa foi robuste qu'il dut, lui, pauvre marin inconnu, étranger suspect, de conquérir les suffrages de l'intelligente minorité qui, à force de patience, de persistance et de dévoûment finit par triompher d'une résistance aveugle et de parti pris, et d'une hostilité peu scrupuleuse.

On a pu juger avec quelle activité, avec quel soin, et avec quelle fermeté il fit les préparatifs de son premier voyage, avec quelle rectitude et quelle sûreté, il se dirigea vers le point où ses prévisions avaient marqué l'existence des terres qu'il recherchait, et on a dû remarquer son intelligente observation des phénomènes de la nature, et sa prompte compréhension des causes qui les produisaient! C'est ainsi qu'il constate les variations de l'aiguille aimantée, qu'il observe les plantes et les herbes entraînées par la mer, qu'il se rend compte des courants, qu'il reconnaît la direction des vents et leur influence sur le cours des eaux, qu'il ressent et explique les changements de climat et de température, et, si quelquefois, ses explications sont étranges, incomplètes ou erronées, c'est à l'état de la science et aux moyens d'investigation que l'on doit ses imperfections.

Colomb n'était pas intéressé ; il était au contraire grand, généreux et large, dans la gestion de ses intérêts, pensant plutôt aux autres qu'à lui-même, et partageant avec ses subordonnés, les aliments et les ressources dont il disposait.

Si, dans son premier contrat, il s'est montré exigeant avec les rois catholiques, ce n'était pas pour les profits pécuniaires qui devaient lui en revenir, mais il avait une haute idée de l'importance de son entreprise, et il n'était pas indifférent aux honneurs et aux dignités ; il voyait, dans le succès de ses plans, la certitude d'une gloire immense, et il stipulait pour en avoir sa part ; pour la richesse qui pouvait en résulter, il lui donnait une noble et généreuse destination ; la fondation d'églises, d'hôpitaux ou d'institutions utiles aux pauvres, et, quand il réclamait si instamment ce qui lui était dû, c'étaient ses fonctions et ses dignités dont il sollicitait la restitution, et non pas les sommes qui lui étaient dues et dont il laissait la fixation et même l'abandon à la discrétion du roi.

Quant à son administration des pays conquis, elle fut paternelle, bienveillante, juste et éclairée, tant qu'elle ne fut pas troublée et détournée de sa direction protectrice, par les instincts pervers et vicieux des aventuriers et des malfaiteurs, que la crainte des unes et la résistance des autres parties saines de la population maritime de Palos l'avaient forcé de prendre sous ses ordres. Si ces turbulents et audacieux révoltés ne l'avaient pas arrêté dans l'exécution de ses plans d'organisation de son gouvernement, il eût protégé les naturels, instruit et éduqué ces populations douces et soumises, les eût amenées à l'obéissance des lois de la civilisation, à la pratique de la religion chrétienne, et il eût fait de ces contrées des modèles de colonisation pacifique, des pays fortunés et dont les richesses, sagement recueillies et intelligemment exploitées, eussent donné à l'Espagne des résultats inouïs; et l'on n'aurait pas eu à déplorer ces exécutions monstrueuses, ces scènes sanglantes de meurtres et de dévastations, cette désolation et ce démembrement continu, et enfin l'extinction de cette malheureuse population inoffensive, et qui ne demandait qu'à vivre heureuse sous la domination de ces hommes qu'elle avait accueillis comme des êtres surnaturels.

Colomb était indulgent de sa nature; il n'éprouvait et ne conservait pas de rancune des outrages qu'il avait reçus, et qu'il pardonnait dès qu'on faisait acte de repentir et de soumission, et cependant cette tendance à la mansuétude n'excluait pas un courage et une fermeté résolue, qui ne reculaient devant aucun péril ni devant aucune obligation.

D'une sensibilité exquise, très impressionnable, il avait l'âme et l'esprit d'un poète; il admirait la nature dans ses magnifiques créations, il s'émerveillait des manifestations de sa puissance dans la végétation tropicale, et les descriptions des contrées qu'il visite, et dont ses lettres sont pleines, témoignent de l'ardeur de ses aspirations, et de la douce satisfaction qu'il ressent, à la vue de ces splendides campagnes qu'il compare au paradis terrestre.

Il était profondément religieux et, quoique imbu de la superstitieuse dévotion de son temps, il avait une foi sincère et convaincue; il pratiquait assidûment ses devoirs religieux et rendait grâces à Dieu de tous les événements heureux qui survenaient dans son existence, comme il recourait et s'adressait à lui, dans les afflictions et les déboires qui venaient l'assaillir. Pendant ses voyages et à bord de ses navires, les équipages, marins et soldats, assistaient et participaient aux prières du matin et du soir et on chantait après, le *Salve Regina Cœli;* il présidait à ces prières. Lors de la prise de possession des terres découvertes, les religieux, qui faisaient à bord l'office d'aumôniers du navire, plantaient une croix dans le sol et célébraient la messe à un autel improvisé; jamais Colomb n'a failli à ses devoirs de chrétien, et, lorsque échoué dans le port de la Jamaïque, où, parait-il, il n'a plus avec lui ni prêtre, ni aumônier, il écrit à ses souverains qu'il redoute de mourir sans pouvoir accomplir *les actes nécessaires pour le salut de son âme.*

On ne peut s'expliquer que par les usages du temps, l'indifférence ou la facilité avec laquelle il se décide, après la révolte des Indiens, à envoyer en esclavage les nombreux prisonniers faits à la suite de sa victoire; il fallait que cette habitude de réduire à l'esclavage les malheureux vaincus, et de les vendre comme des bêtes de somme, fût bien enracinée dans les mœurs et les habitudes des nations, à cette époque, pour qu'un homme si généreux, si noble, si bienveillant, d'un esprit si lucide, et d'un jugement si sain, ne vît pas combien était odieux ce trafic d'hommes que sa foi lui désignait comme ses semblables, et qu'elle lui commandait d'aimer comme ses frères; Colomb avait pour excuse son désir de satisfaire la cupidité besogneuse du roi, l'autorisation formelle de la couronne et l'opinion décisive des juristes qui avaient proclamé la légitimité des ventes des esclaves.

Le caractère enthousiaste et impressionnable de Colomb

le rendait accessible aux illusions et il considérait l'avenir et les choses futures sous les couleurs les plus favorables; d'un autre côté, ses lectures et ses appréciations le portaient au mysticisme et aux visions. Cette disposition d'esprit lui offrant les objets sous des aspects en harmonie avec ses idées, le prédisposait à des suppositions, souvent invraisemblables, et dont sa puissante raison ne suffisait pas à lui faire reconnaître l'inexactitude.

Nous croyons que certains écrivains ont exagéré les conséquences de cette tendance à s'illusionner, et nous ne pouvons admettre que jusqu'à la fin de ses jours il ait cru que *la Española* renfermait les mines d'Ophir et que la côte de *Paria* était la Chersonnèse dorée des Anciens.

Qu'il ait persisté longtemps dans la pensée que la Floride était la fin de l'Inde asiatique, et qu'il n'ait pas su, qu'il avait découvert un nouveau continent, à la rigueur cela peut se concevoir; ses connaissances géographiques, bien que supérieures à celles de son temps, n'étaient pas assez complètes pour qu'il sût que cette terre qui paraissait bien être le prolongement de l'Asie, en était séparée par des bras de mer du côté du Nord et formait une quatrième partie de la terre; mais que ses illusions se soient conservées jusqu'au bout, en présence des réalités qu'il avait sous les yeux, c'est inadmissible, et il n'a jamais pu considérer les cases des caciques comme des palais couverts d'or, ni les populations primitives des contrées découvertes, comme des peuples jouissant des bienfaits d'une civilisation quelconque. Il ne pouvait même pas raisonnablement supposer, qu'en pénétrant plus avant dans ces terres nouvelles, il y trouverait d'autres habitations et d'autres races d'hommes, enfin les merveilles décrites par Marco Polo; s'il avait conservé cet espoir, avec son caractère ardent, enthousiaste et aventureux, il n'eût pas manqué d'explorer l'intérieur de ces contrées, au lieu de perdre son temps à créer sur le bord de la mer des établissements qui, dans le cas de découvertes importantes à l'intérieur, ne devaient avoir pour lui qu'un intérêt relatif.

A un autre point de vue, s'il avait cru véritablement que les pays découverts étaient la continuation des États de grands et puissants monarques, de quel droit et à quel titre en eût-il pris possession, au nom de LL. Majestés catholiques? C'est une question trop complexe pour être étudiée et discutée à la fin d'une narration; mais, étant donné le caractère de la mission pacifique et civilisatrice que s'était attribuée le célèbre navigateur, il n'est pas à croire qu'il eût bénévolement assumé la responsabilité d'une guerre de conquêtes à l'égard des rois, riches et puissants, qu'il croyait trouver au bout de ses investigations.

Nous ne croyons donc pas que Colomb ait conservé réellement ses illusions jusqu'à sa mort, et nous ajoutons que, le supposer gratuitement, c'est faire tort à son jugement et méconnaître la lucidité d'esprit et la sûreté d'observation qui étaient ses grandes et incontestables qualités.

Il est impossible, quand on vient de retracer cette existence si aventureuse, si laborieuse et si tourmentée; quand, d'esprit et de cœur on a assisté à ces études, à ces conceptions, si courageusement entreprises, à ces travaux si intelligemment dirigés et si activement exécutés, à ces succès si promptement obtenus, quand on décrit ces luttes, ces angoisses, ces douleurs et ces misères, si stoïquement subies, si patiemment supportées et si noblement acceptées, il est impossible, disons-nous, de ne pas s'éprendre d'admiration pour l'homme qui a eu une telle destinée, de ne pas éprouver pour ses qualités un sentiment de vénération et d'affection, et de ne pas ressentir une vive et douloureuse compassion pour ses malheurs inouïs et pour ses souffrances imméritées!

# APPENDICE.

LETTRES DE L'AMIRAL CHRISTOPHE COLOMB, ÉCRITES A LL. MAJESTÉS CATHOLIQUES, FERDINAND ET ISABELLE, ROIS D'ESPAGNE ET DES INDES, ET A SON FILS, DON DIEGO COLOMB, AVEC DES LETTRES DE LL. MAJESTÉS CATHOLIQUES, ET DIVERS AUTRES DOCUMENTS AUTHENTIQUES.

*Lettre écrite à Luis de Sant Angel, notaire royal, au service de LL. Majestés catholiques* (1).

Monsieur, parce que je sais que vous aurez plaisir à apprendre la grande victoire que Notre-Seigneur m'a accordée dans mon voyage, je vous écris cette lettre par laquelle vous apprendrez, qu'en soixante et onze jours, je suis arrivé aux Indes, avec la flotte que les illustrissimes rois, nos seigneurs, m'ont confiée, où j'ai trouvé un très grand nombre d'îles peuplées de gens en innombrables quantités, et j'ai pris possession de toutes ces terres, au nom de LL. Altesses, avec les publications voulues, et la bannière royale déployée, et sans aucune opposition.

J'ai nommé la première île que j'ai trouvée *San-Salvador*; en commémoration de sa haute Majesté qui m'a donné tout cela; les Indiens l'appellent *Guanahani*.

« J'ai donné, à la seconde, le nom de *Santa-Maria de Concepcion*, à la troisième, celui de *Fernandina*; à la quatrième, *Isabela*; à la cinquième, *Juana*, et ainsi, à chacune, un nom nouveau.

» Lorsque j'arrivai à la *Juana*, je suivis la côte à l'ouest, et je la

(1) Luis de Saint-Angel avait pris une part très active à la réussite de l'entreprise de Christophe Colomb. Les fonctions qu'il remplissait auprès de LL. Majestés étaient égales à celle de Trésorier général de la couronne, et équivalaient à celle de ministre. (Note de l'éditeur espagnol.)

trouvai si grande que je pensai que la province de *Catayo* était la
terre ferme, et, comme je ne trouvai, sur la côte, ni villes ni villages, sauf quelques petits groupes de population, avec lesquels je
ne pus prendre langue, parce que tous fuyaient, je suivis ma route,
en avant, pensant qu'il ne devait pas manquer de cités et de bourgs;
mais, après plusieurs lieues, voyant qu'il n'y avait rien de nouveau
et que cette côte me conduisait au nord, où je ne voulais pas aller,
parce que l'hyver était déjà commencé; désirant marcher vers le sud,
ayant presque vent debout, je me déterminai à ne pas attendre plus
longtemps, et je retournai sur mes pas, vers un port que j'avais remarqué, et d'où j'envoyai deux hommes à terre pour savoir s'il y
avait un roi ou de grandes villes. Ces hommes restèrent trois jours
et trouvèrent une infinité de villages de peu d'importance, ayant
de nombreux habitants, mais aucune autorité, et ils revinrent à bord.
J'entendais suffisamment, par quelques Indiens d'autres terres que
j'avais pris, que cette terre était une île et, je suivis ainsi la côte à
l'orient, pendant cent-sept lieues, jusqu'à ce que j'en trouvai la fin.
A ce bout, il y avait une autre île à l'est, éloignée de huit à dix lieues,
et à laquelle je donnai aussitôt le nom de *la Española*; j'y allai et
je longeai la partie nord, comme j'avais fait à la côte orientale de la
*Juana,* pendant cent soixante-dix-huit lieues, en ligne droite vers
l'orient. Toutes ces îles sont d'une étendue démesurée et celle-ci l'est
au suprême degré; elle possède beaucoup de ports sur la côte maritime, sans comparaison avec aucun autre que je sache des ports
chrétiens; des rivières profondes, grandes et belles, que c'est merveille : leurs terres sont hautes et sont sillonnées de nombreuses
chaînes de montagnes très élevées, sans être égalées par celles de
l'île *Cetrefey*, toutes magnifiques, de mille formes diverses, toutes
accessibles et couvertes d'arbres de toute espèce et très grands, à tel
point qu'ils paraissent toucher le ciel, et il m'a été dit qu'ils ne perdent jamais leur feuillage, selon ce que j'ai pu comprendre, les
ayant vu aussi verts et aussi beaux qu'au mois de mai, en Espagne:
quelques-uns sont fleuris, d'autres portent des fruits et les autres,
selon leur qualité, sont à un autre point d'avancement. Le rossignol chantait, ainsi que d'autres oiseaux, de mille façons, et nous
étions au mois de novembre quand je parcourais ces lieux. Il y a des
palmiers de six ou huit sortes; c'est une admiration de voir la
beauté de leurs formes, de même que celle des autres arbres, des
fruits et des herbes; dans cette île, il y a des pins qui sont des merveilles, des campagnes très étendues, du miel, des oiseaux de mille
espèces et des fruits très variés. *La Española* est une merveille; les
chaînes, les montagnes, les campagnes, les cultures et les terres,

fertiles et grasses pour les plantations et les semences, pour y élever des troupeaux de toutes natures, et propices pour la construction d'édifices, de villes et de villages. Les ports de mer, on ne saurait s'en faire une idée sans les voir, ainsi que des rivières en grand nombre et de leurs eaux larges et saines; la plus grande partie de ces rivières roule de l'or. Quant aux arbres, aux fruits et aux herbes, il y a une grande différence avec ceux de la *Juana;* dans *la Española*, il y a des arbres de beaucoup d'espèces, des mines de métaux et des mines d'or. Les habitants, comme ceux des autres îles que j'ai visitées, ou dont j'ai eu des renseignements, vont tout nus, hommes et femmes, tels que leurs mères les ont enfantés, quoique quelques femmes couvrent une seule partie avec des feuilles ou un chiffon de coton qu'elles font exprès pour cet usage. Ils n'ont ni fer ni acier; pour les armes, ils n'y ont aucun penchant; non pas que ce ne soit une race bien conformée et de belle nature, sauf qu'ils sont craintifs à l'excès. Ils n'ont d'autre arme que le long bâton dont ils se servent quand ils sont à semer les terres, auquel ils mettent au bout, un bâtonnet pointu et ils n'osent pas s'en servir. Plusieurs fois, il m'est arrivé d'envoyer à terre deux ou trois hommes pour aller à une ville pour prendre langue; il venait à eux des troupes innombrables d'Indiens et, dès qu'ils voyaient nos hommes s'approcher, ils s'enfuyaient, sans attendre ni père ni enfants; et ce n'est pas qu'aucun de nous leur ait fait le moindre mal; à tout endroit où j'ai abordé et où j'ai pu leur parler, je leur ai donné de tout ce que j'avais, comme tissus ou autres objets, sans recevoir d'eux la moindre des choses, mais c'est qu'ils sont ainsi, peureux et sans remède. Il est vrai que, dès qu'ils se rassurent et qu'ils perdent cette peur, ils deviennent aussi libres et aussi généreux de ce qu'ils ont, qu'il faut le voir pour le croire. Eux, quelque chose qu'ils possèdent, si on la leur demande, ils ne disent jamais non; au contraire, ils invitent la personne à la prendre, et lui témoignent tant d'amour, qu'ils donneraient leur cœur, et quoi que ce soit, de valeur ou de peu de prix, et quelque objet qu'on leur donne, en échange, ils sont contents. J'ai défendu qu'on leur donnât des choses sans valeur, comme des morceaux de vaisselle brisée, des bouts de verre cassé, des aiguilles hors de service, bien que, pour eux, quand ils pouvaient les avoir, ils les regardaient comme les plus beaux joyaux du monde; il était arrivé qu'un marin avait eu, pour une aiguille, un poids de deux castellanos d'or (1), et d'autres pour quelques ba-

---

(1) Castellano d'or, ancienne monnaie d'Espagne, la cinquantième partie du marc, et qui valait à peu près 12 fr. 50 de notre monnaie.

gatelles qui valaient encore moins, avaient obtenu beaucoup plus. Pour des blancs neufs (1) ils donnaient tout ce qu'ils possédaient, alors même que cela valût deux ou trois castellanos d'or, ou que ce fût une ou deux livres de coton filé. Jusqu'aux morceaux des cercles brisés des barriques, ils les prenaient et, comme des bêtes, ils donnaient en échange tout ce qu'ils avaient; en conséquence, je le trouvai mauvais et je le défendis. Et je leur donnais une infinité de choses gracieuses et d'un bon usage, afin qu'ils prissent de l'affection pour nous et, qu'en outre, ils se fissent chrétiens et fussent portés à aimer et servir Leurs Altesses et toute la nation espagnole. Ils font leur possible pour nous venir en aide en nous donnant les choses nécessaires à la vie et qu'ils ont en abondance; ils ne connaissent aucune secte religieuse, ne sont pas idolâtres; seulement ils croient que la force et le bien viennent du ciel, et ils se sont figurés fermement, qu'avec mes navires et mes gens, je suis venu du ciel, et, dans cette respectueuse croyance, ils m'ont accueilli comme une puissance, dès que leur frayeur a été calmée. Et cela ne vient pas de leur ignorance, car ils sont intelligents et ingénieux, naviguant sur toutes ces mers, et c'est merveille d'entendre comme ils rendent bon compte de tout; mais, pour nous et nos navires, dont ils n'ont jamais vu les pareils, ils ne peuvent s'en faire une idée.

Lorsque je suis arrivé aux Indes, j'ai pris, par force, dans la première île que j'ai découverte, quelques-uns d'entre eux pour qu'ils m'apprissent ma route et me fournissent des renseignements sur ce qu'il y avait dans ces contrées, et il advint que, bientôt, ils comprirent notre langue et se firent comprendre, soit en paroles soit par signes, et ils ont beaucoup profité. Aujourd'hui je les emmène partout avec moi, et ils sont toujours convaincus que je viens du ciel, par les conversations que nous avons ensemble. Ceux-ci furent les premiers à annoncer, que nous venions du ciel, partout où j'arrivais, et les autres allaient de case en case, et dans les campagnes voisines, criant à haute voix : « Venez voir les hommes du ciel. » Et alors tous, hommes et femmes, dès qu'ils avaient repris courage et confiance en nous, venaient à notre rencontre, et il n'en restait aucun, ni grand ni petit, qui ne nous apportât à manger ou à boire, qu'ils nous donnaient avec un amour merveilleux.

Ils ont, dans toutes ces îles, un grand « nombre de canots en forme de fustes à rames, grands et petits, et quelques-uns sont plus

---

(1) Blanca; blanc, ancienne monnaie espagnole valant un demi-maravédi; le réal, dont 10 font la piastre forte valant environ 5 fr. 25, vaut 34 maravédis, cette monnaie n'est plus usitée en Espagne.

grands qu'une galère à huit ou dix bancs de rameurs; ils ne sont cependant pas aussi larges, parce qu'ils sont faits d'une seule pièce de bois; mais une de nos fustes ne lutterait pas avec eux à la rame, parce qu'ils vont avec une rapidité incroyable et, avec ces canots, les Indiens naviguent entre toutes ces îles qui sont innombrables et y transportent leurs marchandises. J'ai vu dans l'un de ces canots de 60 à 80 Indiens, chacun avec une rame.

« Dans toutes ces îles, je n'ai pas trouvé une grande diversité, ni dans la nature, ni dans les habitudes, ni dans le langage des habitants; ils se comprennent tous, ce qui est très singulier; c'est ce qui, je l'espère, déterminera Leurs Altesses à leur conversion à notre sainte foi, pour laquelle ils sont très bien disposés.

« Je vous ai déjà dit comment j'avais navigué, pendant cent sept lieues sur la côte maritime, en droite ligne de l'est à l'ouest, de l'île *Juana;* et d'après ce chemin, je peux dire que cette île est plus grande que l'Angleterre et l'Écosse réunies, car, au delà de ces cent-sept lieues, il restait encore deux provinces au couchant que je n'avais pas parcourues, l'une desquelles s'appelle *Cibao*, habitée par des hommes *qui ont une queue* (1). Ces provinces ne peuvent guère avoir de longueur moins de cinquante à soixante lieues, d'après ce que je peux savoir des Indiens que j'ai avec moi et qui connaissent toutes ces îles. L'île *Española* a en circuit une plus grande étendue que l'Espagne entière, depuis *Colania*, par la côte de la mer, jusqu'à Fontarabie, dans la Biscaye, puisque, d'un côté, j'ai fait cent trente-huit grandes lieues, en ligne droite, de l'occident à l'orient. Celle-ci est à désirer et une fois vue elle est faite pour ne la quitter jamais; et, supposant que j'aie pris possession de toutes ces îles, pour Leurs Altesses, et que toutes soient plus avantageuses que ce que je peux croire et exprimer (et je tiens que Leurs Altesses peuvent disposer de toutes, complètement et comme rois de Castille), j'ai fondé, dans l'île *Española*, à l'endroit le plus convenable, et dans la région la plus favorable, pour aller aux mines d'or et pour tout commerce, ainsi que pour se rendre à la côte ferme et au pays du grand *Khan*, une ville à laquelle j'ai donné le nom de la *Navidad*, et j'y ai construit une forteresse et constitué une force (le tout est à cette heure achevé), et j'y ai laissé suffisamment de monde, pour se défendre, avec des armes, de l'artillerie et des vivres, pour plus d'un an; je

---

(1) Ces renseignements extraordinaires étaient dus, sans doute, à l'ignorance des Indiens, et aussi à ce qu'ils n'étaient pas bien compris par l'amiral et par les Espagnols qui n'entendaient pas bien leur langage et n'en saisissaient pas les expressions.

leur ai laissé une barque, et, parmi eux, un maître d'équipage et un chef de toutes les professions pour le travail. La grande amitié que j'ai acquise du roi de cette contrée, au point qu'il est heureux de m'appeler son frère et de me traiter comme tel, leur sera précieuse, et lors même qu'il changerait, et qu'il voulût les attaquer, lui et les siens ne savent pas le pouvoir de nos armes, et, comme ils vont tout nus et sont très craintifs, ainsi que je l'ai déjà dit, les hommes que j'ai laissés là-bas suffiraient pour détruire toute la population de cette terre; et l'île n'offre aucun danger pour des gens qui sauront se conduire. Dans ces îles, tous les hommes me paraissent se contenter d'une femme, mais, pour le chef ou le roi, on lui en donne jusqu'à vingt. Les femmes, il me semble, travaillent plus que les hommes; je n'ai pu m'assurer s'ils possédaient des biens propres; il m'a paru au contraire que les biens des uns étaient communs aux autres, surtout en ce qui concernait les vivres. Dans ces îles, je n'ai pas trouvé, jusqu'à présent, des hommes monstres, comme beaucoup l'avaient cru; au contraire, ils sont tous d'une belle apparence, et ils ne sont pas noirs comme dans la Guinée; leurs cheveux sont lisses et longs; ils ne restent pas où les rayons du soleil sont trop ardents. Il est vrai que le soleil a ici une grande puissance, car il n'est éloigné de la ligne équinoxiale que de 26 degrés; dans les montagnes, le froid a été très rigoureux cet hiver; mais ils le supportent bien par suite de l'habitude et à l'aide de leurs aliments qui sont très variés et qu'ils mangent extrêmement chauds.

« Ainsi, je n'ai pas trouvé de monstres, et je n'en ai pas eu de renseignements; toutefois, dans une île qui se trouve dans le deuxième golfe, à l'entrée des Indes, il existe des hommes regardés dans toutes les autres îles comme très féroces et qui mangent de la chair humaine. Ceux-ci ont beaucoup de canots, à l'aide desquels ils visitent toutes les îles indiennes, volent et pillent tout ce qu'ils peuvent; ils ne sont pas plus difformes que les autres, sauf qu'ils portent les cheveux longs comme les femmes, qu'ils se servent d'arcs et de flèches, ainsi que des mêmes armes de rotin avec un bout pointu, faute de fer qu'ils n'ont pas.

« D'autres populations sont aussi féroces que ceux-ci, mais elles sont lâches au suprême degré, et je ne les considère pas mieux que les autres. Ceux-ci sont les Indiens qui se rendent dans une des premières îles que nous avons trouvées en venant d'Espagne, île habitée seulement par des femmes avec lesquelles ils viennent cohabiter et où il n'existe, après leur départ, aucun homme. Ces femmes ne se livrent à aucun travail de leur sexe; elles se servent d'arcs et de flèches, d'armes en bambou comme celles déjà indiquées; elles s'arment et se couvrent avec des lames de cuivre, dont elles ont une grande quantité. Il y a une autre île, m'assure-t-on, plus grande que la *Española*, où les habitants n'ont pas de cheveux. Dans cette île, l'or est à ne pas le compter et, de celle-ci comme des autres îles, j'emmène avec moi des Indiens, pour me servir de témoins. En conclusion, pour ne parler que de ce qui a été fait dans ce voyage, et qui a été accompli à la course, Leurs Altesses pourront se convaincre que je leur donnerai de l'or autant qu'elles en auront besoin, avec un léger appui que Leurs Altesses me prêteront; ensuite des épices et du coton, tout ce que Leurs Seigneuries m'en commanderont; pour la gomme, autant de chargements qu'elles demanderont et dont, jusqu'à ce jour, on n'en a trouvé qu'en Grèce ou dans l'île de *Scio*, et que les détenteurs vendent au prix qu'ils veulent. Enfin elles m'indiqueront ce qu'elles voudront embarquer : des esclaves autant qu'elles en désireront, ceux-ci pris parmi les idolâtres.

« Je crois avoir vu de la rhubarbe, de la canelle et autres mille objets de subsistance, que je découvrirai et que trouveront les gens que j'ai laissés là-bas. Je ne me suis arrêté à aucun moment, tant que le vent m'a été favorable; je n'ai séjourné qu'à *la Navidad*, afin de la mettre en sécurité et bien assise. Et, à la vérité, j'aurais fait beaucoup plus, si les navires m'eussent secondé comme je devais m'y attendre. Ceci est certain, comme Dieu éternel, Notre-Seigneur, celui qui donne à tous ceux qui marchent dans sa voie, le succès pour des choses qui paraissent impossibles, et celle-ci particulièrement a été une de ces choses, car, bien que d'autres aient parlé de ces terres, tout a été par conjectures, puisqu'on n'a pu en alléguer la vue; à moins qu'on n'entende que les auditeurs les plus attentifs ont considéré ces récits comme des fables plutôt que toute autre chose, notre Rédempteur a accordé cette victoire à nos illustrissimes roi et reine et à leurs grands royaumes, une si haute chose dont toute la chrétienté doit se réjouir et faire grandes fêtes en rendant grâces à la Sainte Trinité, par de nombreuses et solennelles prières, pour l'éminente élévation que tant de peuples auront produite pour notre sainte Foi, en se joignant à ses fidèles, et ensuite pour les biens temporels que non seulement l'Espagne, mais toutes les nations chrétiennes vont recueillir, à bref délai, de ces profitables et salutaires découvertes.

« En la caravelle, aux îles des Canaries (1), le quinze février 1493 (2). »

(1) Les îles où se trouvait Christophe Colomb le 15 février, n'étaient pas les Canaries, mais les Açores.
(2) Cette même lettre, écrite en latin, fut envoyée par Christophe Co-

## TROISIÈME VOYAGE DE CHRISTOPHE COLOMB.

*Lettre envoyée à LL. Majestés Catholiques, de l'île Española.*

« Sérénissimes, très hauts et très puissants princes roi et reine, nos seigneurs :

« La Sainte Trinité a inspiré vos Altesses, en vous décidant à cette entreprise des Indes (et, par son infinie bonté, elle m'en a fait le messager), où je suis allé avec la mission d'ambassadeur, d'après vos royales intentions, mû, comme les plus grands princes de la chrétienté, par le désir de mettre en pratique et de répandre la foi. Les personnes qui eurent connaissance de ce projet le jugèrent impossible, et, ne faisant cas que des biens et de la fortune, s'arrêtèrent à leurs préventions. J'ai passé, à remplir cette mission, six ou sept années de rude labeur, enseignant ce que je savais de mieux, pour le service de Notre-Seigneur, et la divulgation de son saint nom et de sa foi, à tant de peuples, ce qui a été d'un excellent effet, d'une grande gloire et d'une recommandable mémoire, pour de grands princes; et il est également nécessaire de parler des choses temporelles indiquées par tant de savants, dignes de foi, qui ont écrit l'histoire de ces grandes richesses, et il faut aussi rappeler que j'ai dû vous citer les dires et les opinions des écrivains qui ont donné la situation de ces mondes et que, c'est sur ces données, que Vos Altesses se sont décidées à mettre à exécution mes projets. Et elles ont, en cela, montré leur grand cœur qui s'est toujours dévoilé en faveur des grandes choses, et d'autant mieux, que tous ceux qui avaient eu connaissance de cette entreprise l'avaient tournée en ridicule, à l'exception de deux frères (1) qui ont toujours été fermes dans leur approbation. Moi, bien que j'aie éprouvé de la fatigue, j'étais bien sûr que cette affaire tournerait bien, et je persiste dans mon opinion, parce qu'il est certain que tout passe, sauf la parole de Dieu, et tout ce qu'elle a prédit s'accomplira; elle a dit très clairement, par la bouche du prophète Isaïe, dans tant de passages de ses Écritures, en parlant de ces terres, que c'est d'Espagne que son saint nom leur

---

lomb, de Lisbonne, le 15 mars 1493, à Don Raphael Sanchez, trésorier des rois catholiques. La version latine ne contient rien de nouveau; elle fut traduite par Leandro de Corzo, en espagnol. Nous lui avons, autant que possible, conservé sa simplicité et son caractère familier.

(1) Le frère Juan Perez de Marchena, franciscain, supérieur du couvent de la Rabida, et le frère Diego de Deza, dominicain, et depuis archevêque de Séville.

serait divulgué. Et je suis parti, au nom de la très Sainte Trinité, et je suis revenu très promptement avec l'expérience et les preuves en mains de tout ce que j'avais avancé. Vos Altesses m'ont envoyé de nouveau dans ce pays et, en peu de temps, je ne dis pas de moi-même, je l'ai découvert par la vertu divine, et j'ai trouvé 333 lieues de terre ferme (1), à l'extrémité de l'orient, et sept cents îles, en sus de celles découvertes dans mon premier voyage; j'ai soumis à Vos Majestés l'île *Española*, qui est plus grande que l'Espagne, dans laquelle la population est innombrable, et où tous les habitants leur payent un tribut. C'est là qu'est née la calomnie et la dépréciation de l'entreprise commencée, sous le prétexte que je n'avais pas envoyé immédiatement en Espagne les navires chargés d'or, et cela, sans se préoccuper de la brièveté du temps et des autres raisons que j'ai données des grands désagréments et des obstacles que j'avais éprouvés, et, dans tout ceci, pour mes péchés, et je crois que ce sera pour mon salut, j'ai été mis en aversion et on a créé des empêchements à tout ce que j'ai dit ou ordonné, et, pour cela, je me suis permis de venir auprès de Vos Altesses pour défendre tout ce que j'ai fait, pour leur démontrer la raison que j'avais dans toutes mes actions, et leur dire ce qu'il en est des peuples que j'ai vus, comment et de quelle manière on pourrait sauver un si grand nombre d'âmes, leur faire connaître les obligations des habitants de l'île *Española*, comment ils sont engagés à payer un tribut et à les considérer comme leurs rois et leurs seigneurs, et en témoignage, je leur ai apporté assez de morceaux d'or, en minerai et en grains, des échantillons de cuivre, de plusieurs espèces d'épices, qu'il serait trop long d'énumérer, et je leur ai indiqué les grandes quantités de tous ces objets et d'une infinité d'autres choses. Tout cela ne m'a pas profité, auprès de gens disposés à la médisance, et qui avaient commencé à dénigrer mon entreprise; ils n'ont pas voulu entendre parler du service de Notre-Seigneur, ni du salut de toutes ces âmes, ni reconnaître que c'était de la grandeur, de la part de Vos Altesses, et la plus digne dont jusqu'à ce jour ait usé un prince, que cet exercice de son pouvoir, que cette dépense étaient faits pour le spirituel et le temporel, et, qu'avec le temps, il ne pouvait pas ne pas se faire que l'Espagne n'en tirât de grands profits, puisqu'on en voyait des preuves si évidentes, dans les rapports écrits qui venaient de ces pays, et dont on

---

(1) Ce n'est pas dans son second voyage que Colomb a découvert la terre ferme; mais il avait cru que l'île de Cuba était la terre ferme. Ce n'est qu'en 1508, que le commandeur Nicolas Ovando, sur l'ordre du roi, en fit le tour et reconnut que c'était une île.

verra d'autres effets complémentaires ultérieurement. Ils n'ont pas voulu considérer les actes à l'aide desquels de grands princes ont fondé leur renommée, comme Salomon qui envoya de Jérusalem jusqu'à l'extrême orient, des navires pour voir le mont Sopora, auprès duquel ils restèrent trois années; comme vos Altesses le pratiquent aujourd'hui dans l'île *Española;* comme Alexandre qui envoya dans l'Inde, étudier l'administration et le gouvernement de l'île *Trapobana;* comme Néron, César, pour rechercher les sources du Nil (1) et savoir pourquoi ses eaux croissaient en été, quand celles des autres fleuves sont basses; et comme d'autres grandes actions commises par des princes, actions que les princes seuls peuvent se permettre. Et il ne m'a rien servi de dire que je n'avais jamais lu que des princes de Castille eussent, en aucun temps conquis de terre, au dehors, et celle-ci est en deçà des autres mondes, où ont pénétré les Romains, Alexandre et les Grecs, avec de grandes armées pour les conquérir, ni de leur citer dans le temps actuel, les rois de Portugal, qui ont eu assez de courage pour soumettre la Guinée et que sa découverte leur a coûté tant d'or et tant d'hommes que, pour celui qui voudrait en faire le compte, tout le royaume n'y suffirait pas, et que la moitié de ces gens ont péri en Guinée et que, malgré tout cela, ils ont persisté jusqu'à ce qu'ils aient obtenu ce qu'on voit aujourd'hui, et tous ces sacrifices ont commencé il y a bien longtemps, et ce n'est que depuis peu qu'ils en tirent un revenu; et ces rois ont également osé faire des conquêtes en Afrique, maintenir leurs entreprises sur *Cepta,* Tanger, Arcilla et Alcazar, continuer la guerre contre les Maures, et, tout cela, avec de grands frais, seulement pour faire acte de princes, servir Dieu et agrandir leur gouvernement.

« Plus je disais, et plus ils blâmaient mon entreprise, témoignant leur horreur à son égard, sans considérer combien elle paraissait en faveur auprès de tout le monde, et quel bien on disait de Vos Altesses, parmi les chrétiens, pour avoir pris à leur charge cette entreprise, tellement qu'il n'y avait personne, ni grands ni petits, qui ne voulussent en avoir la carte. Et à tous ces bruits, Vos Altesses avaient répondu par un sourire, en me disant de ne pas m'en inquiéter, parce qu'ils ne reconnaissaient aucune autorité, et n'ajoutaient aucune foi aux dires de ceux qui médisaient de l'entreprise.

« Je partis, au nom de la très Sainte-Trinité, le mercredi 30 mai (2)

---

(1) Ces exemples, cités par l'amiral, sont commentés et amplifiés par son historien Las Cazas, avec une extrême érudition et une grande prolixité dans les chapitres 128 et 129 de son histoire inédite.

(2) De l'année 1498.

de la ville de San-Lucar, bien fatigué de mon voyage, et lorsque je comptais me reposer, à mon départ des Indes, ma peine fut doublée (1), et je naviguai, de l'île de Madère, par une route inaccoutumée, pour éviter le conflit qui pouvait survenir avec une flotte française (2) qui m'attendait au cap Saint-Vincent, et, de là, j'allai aux îles Carolines (3) d'où je suis parti avec un navire et deux caravelles, et j'envoyai les autres navires, en droite ligne, aux Indes, à l'île *Española* (4) et je me dirigeai, au sud, dans le but d'arriver à la ligne équinoxiale, et, de là, suivre ma route vers l'ouest, jusqu'à ce que l'île *Española*, me restât au nord. Arrivé aux îles du Cap-Vert (5) (appellation erronée, car je n'y ai vu aucune verdure, ces îles étant sèches), je n'osai m'y arrêter, toute la population étant malade; et je naviguai au sud-ouest, pendant 480 milles qui font 120 lieues, où, la nuit, j'avais l'étoile du nord, par cinq degrés; là, le vent me désempara, et j'entrai dans une atmosphère si chaude et si ardente, que je crus que mes navires allaient prendre feu, et que mes gens seraient asphyxiés; cette chaleur survint tout à coup, et si déréglée, que personne n'osait aborder le pont ni descendre laver la vaisselle et préparer le manger; elle dura huit jours; le premier jour fut beau, et, les sept jours suivants, il plut, et le ciel resta couvert; et nous ne pûmes remédier à tout; il est certain que, si le soleil eût persisté comme le premier jour, je crois que nous n'aurions pu d'aucune manière, échapper à ce fléau.

« Je me souviens, qu'en allant aux Indes, quand j'ai passé à l'ouest des Açores, à 100 lieues, j'ai trouvé là un changement de température, et cela arrive toujours du nord au sud, et ce qui m'a déter-

(1) Il fait ici allusion aux embarras et aux difficultés que lui suscitaient, pour son habitation, ceux qui cherchaient à le discréditer et à indisposer les rois contre lui.

(2) Herrera dit (*Dictionnaire*, livre 3, chap. 9), que c'était une flotte portugaise; mais Las Cazas, chap. 130, assure qu'elle était française.

(3) Herrera et Don Fernando Colon disent qu'il arriva à l'île de Puerto-Santo, le 7 juin, qu'il partit bientôt pour l'île Madère et, de là, pour la Gomera, où il arriva le 19, et le 21 il mit à la mer.

(4) Les trois navires, que l'amiral détacha de sa flotte, en destination de la Española, étaient commandés par Pedro de Arana, natif de Cordone, frère de la mère de Fernando Colomb; Alonso Sanchez de Carabaïal, gouverneur de Baëza, et Juan Antonio Colombo, parent de l'amiral, qu'a connus et avec lesquels a eu des rapports, Fr. Bartolomé de Las Cazas, selon son dire, au chap. 130 de son histoire.

(5) Le 27 juin, et il s'éleva jusqu'à l'île du Sel, et, le 30, il partit pour l'île de Santiago, d'où il continua sa route le 4 juillet.

miné, quand il a plu à Notre-Seigneur de me donner un vent
favorable et du beau temps, de manière à pouvoir sortir de l'endroit
où je me trouvais, de cesser de naviguer au sud, ni de retourner en
arrière, mais de marcher à l'ouest, jusqu'à ce que je me trouvasse à
un point où j'aurais une température semblable à celle que j'avais
rencontrée, quand je naviguais dans le parallèle des îles Canaries. Et
cela était ainsi, je pouvais me diriger plus à l'ouest, parce que je
remarquais un grand changement dans le ciel et dans les étoiles, mais
pas de modification dans la température ; je me décidai donc de suivre
ma route en avant, toujours vers le couchant, à droite de la Sierra
Lion, et avec le dessein de ne pas changer de route, jusqu'au point
où j'avais pensé trouver la terre, et, là, réparer les navires, rafraîchir les vivres, si c'était possible, et prendre de l'eau qui me manquait ; au bout de 17 jours, pendant lesquels Notre-Seigneur m'accorda un vent favorable, le mardi 31 juillet, à midi, la terre se
montra (1), et je l'attendais le lundi avant ; j'ai pris cette route
ensuite, et, au coucher du soleil, par suite du manque d'eau, je me
décidai à aller aux îles des Cannibales et je fis ce détour. Comme le
Tout-Puissant a toujours usé envers moi de miséricorde, pour plus
de certitude, je fis monter un marin à la hune, et il vit, à l'ouest,
trois montagnes réunies. Nous avons alors dit le *Salve Regina*, et
d'autres prières, et, tous, nous avons rendu grâces à Notre-Seigneur.
Je quittai alors la route du nord, et je me tournai vers la terre,
où j'arrivai à l'heure de Complies, à un cap que je nommai *Galea* (2)
après avoir appelé l'île la *Trinidad*, et là, il y aurait un bon port,
s'il était assez profond, et s'il y avait dans l'île des cases et des
habitants ; les terres sont très belles, aussi vertes et florissantes que
les jardins de Valence au mois de mars. J'éprouvai de la contrariété
de ne pouvoir entrer dans le port, et je suivis le long de la côte de
cette terre ; vers le couchant, et, ayant fait cinq lieues, je trouvai
un bon fond et j'atterris (3) ; et, le jour suivant, je mis à la voile par
ce chemin, cherchant un port pour radouber les navires et faire de
l'eau, rafraîchir le blé et les approvisionnements qui me restaient.

(1) Le premier qui l'a aperçue, était un marin de Huelva, domestique
de l'amiral qui s'appelait Alonso Perez.

(2) Aujourd'hui, il s'appelle le cap Galeota et c'est le plus oriental au
sud de l'île de la Trinité (îles sous le vent), et il se trouve sous la latitude de
nord 10°, 9', et longitude occidentale, du méridien de l'Observatoire de
Cadix, 414°, 512.

(3) Le 1er août, aux environs de la pointe de Alcatraz, à la côte sud de
la dite île, par latitude 10°, 6', et longitude, 54°, 55'.

Là, je pris une barrique d'eau et avec elle, j'allai jusqu'à mon arrivée au cap où je trouvai un abri au levant et un bon fond, et là, j'ordonnai d'atterrir, afin de réparer la tonnellerie, faire de l'eau, et couper du bois ; je fis descendre à terre les équipages pour se reposer un peu, après tant de travail et de fatigues.

« J'appelai ce cap *de l'Arénal* (1) et là, je trouvai la terre foulée par une sorte d'animaux dont les pattes étaient semblables à celles des chèvres (2), et bien qu'il parût y en avoir beaucoup, on n'en trouva pas un seul mort. Le jour suivant (3) il vint, du côté du levant, un grand canot monté par 24 hommes, tous jeunes, et bien armés d'arcs et de flèches, avec des boucliers en bois. Ces jeunes gens, de belles proportions, point noirs, mais un peu plus blancs que ceux que nous avions vus dans d'autres parties des Indes, de bonne mine, et bien faits de corps, portaient les cheveux longs et unis, coupés à la mode de Castille, et avaient la tête enveloppée d'un mouchoir de coton tissé, avec des dessins en couleurs que j'ai cru être un turban. Ils avaient un autre de ces mouchoirs noué à la ceinture, et avec lequel ils se couvraient en place de caleçon.

« Lorsque le canot s'approcha, on nous héla de très loin mais ni moi ni personne autre n'entendions leur langage ; mais seulement par signes je leur mandais d'avancer, et cela dura plus de deux heures, et à peine s'étaient-ils un peu rapprochés, qu'ils s'en retournaient aussitôt. Je leur fis montrer des bassins de métal et d'autres objets luisants pour les encourager à venir, et, au bout d'un moment, ils s'apprivoisèrent mieux qu'ils n'avaient fait jusqu'alors ; je désirais beaucoup prendre langue avec eux, et je n'avais plus rien à leur faire voir pour les engager à venir ; seulement je fis monter un tambour sur la dunette d'arrière ; je lui ordonnai de battre et à quelques jeunes gens de se mettre à danser, croyant qu'ils seraient joyeux de voir la fête, mais dès qu'ils entendirent le son du tambour et qu'ils virent la danse, ils quittèrent leurs rames et tous prirent en main leurs arcs et les tendirent ; chacun d'eux prit son bouclier et ils commencèrent à nous lancer des flèches. Le tambour et la danse cessèrent aussitôt ; j'envoyai chercher quelques arbalètes et alors ils me laissèrent et s'approchèrent d'une des caravelles et,

---

(1) On l'appelle aujourd'hui *Punta de Icacos* ; elle est la plus sud-ouest de l'île de la Trinité ; sa latitude est 10°, 8′, 30″ et sa longitude 55°, 41°.

(2) Ces traces de pattes étaient celles de cerfs dont il y a une grande quantité là-bas (Las Cazas).

(3) Le jeudi 2 août.

du coup, ils allèrent jusque sous sa poupe ; alors le pilote entra dans leur canot et donna à l'un d'eux, un chef, une casaque et un bonnet, et il fut convenu qu'il irait avec eux sur la plage pour s'entretenir ensemble. Avec leur canot, ils y furent bientôt rendus et l'y attendirent et, comme il ne voulut pas y aller sans ma permission, quand ils le virent venir au navire, ils remontèrent dans leur canot et s'en allèrent, et nous ne les avons plus revus, ni aucun autre habitant de cette île.

« Lorsque j'arrivai à cette pointe *de l'Arenal* (1) il y avait une grande embouchure de deux lieues de large, de l'ouest à l'est, entre l'île de la Trinité et la terre de *Gracia*, et pour y entrer, pour aller au nord, on rencontrait des signes de courants qui traversaient cette ouverture et faisaient entendre un violent mugissement ; je crus que cela provenait de quelque récif, ou bas-fond, ou roche, qui nous empêcherait d'entrer dans ce passage, car, après ce remous, il y en avait un autre, puis un autre, qui tous rugissaient d'une façon si terrible, qu'on eût cru entendre le mugissement des flots de la mer allant se briser contre les rochers (2). Je mouillai donc à la dite pointe de l'Arenal, en dehors de cette embouchure (3), et je reconnus que l'eau courait du levant au couchant, avec une violence aussi furieuse que celle du Guadalquivir dans les inondations, et cela continuellement, de jour et de nuit ; à tel point, que je crus ne pouvoir traverser contre ces courants, ni aller plus avant, à cause des bas-fonds. Pendant la nuit, il était déjà tard, j'étais à bord du navire, quand j'entendis un terrible rugissement qui venait de la partie australe contre le bâtiment ; je prêtai attention, et je vis la mer s'élevant du couchant au levant, en forme de lame aussi haute que le bâtiment, et elle venait à moi peu à peu et, au-dessus, elle avait un flot d'écume qui allait en rugissant avec grand fracas, le bruit des remous des courants que j'ai déjà cités, qui ressemblaient aux vagues de la mer, se brisant contre les rochers ; je frémissais et je craignais qu'à son arrivée contre le navire elle le fracassât ; mais elle passa, arriva jusqu'à l'embouchure, et se détourna, à cet endroit,

---

(1) Cette pointe devait être celle de la Trinité (Las Cazas). C'est la pointe *Icacos*, laquelle forme, avec la terre ferme, un canal de trois lieues, en direction de O.-N.-O. et E.-S.-E.

(2) Dans ces parages, les remous causés par les courants sont très remarquables ; ces courants, se dirigeant vers l'ouest, vont avec une rapidité de deux lieues et demie à l'heure.

(3) Au mouillage de la pointe de Icacos, dont le fond était propice pour jeter l'ancre.

en s'éloignant et s'étendant à une grande distance. Le lendemain, j'envoyai les barques pour sonder la passe, et on trouva, au plus profond de la barre, qu'il y avait six ou sept brasses de fond, et, continuellement, ces flots de courants allaient et venaient, les uns sortant, les autres rentrant; il plut alors au Seigneur de me donner un vent favorable, et j'entrai dans la dite embouchure et la traversai, et, au delà, je retrouvai bientôt la mer calme, et, à peu de distance, l'eau de la mer cessa, et je trouvai l'eau douce.

« Je naviguai au nord jusqu'à une chaîne de montagnes très hautes qui doit être à vingt-six lieues environ (1) de la pointe de l'Arenal, et, là, il y avait deux caps, de terre très élevée, l'un du côté de l'orient appartenant à l'île de la Trinité (2), et l'autre à l'occident de la terre que j'ai nommée de *Gracia* (3) et là, l'embouchure était très resserrée (4) et plus étroite que celle de la pointe de *l'Arenal*. Il y avait là les mêmes remous de courants et les mêmes rugissements de l'eau qu'à *l'Arenal*, et, là encore, l'eau était douce. Jusqu'à ce jour, je n'avais pu prendre langue avec aucun habitant de ces terres, et je le désirais très vivement; pour cela, je naviguai le long de la côte, en allant vers le couchant, et, plus j'allais, plus je trouvais l'eau douce et savoureuse; après avoir été assez loin, j'arrivai à un endroit où les terres me parurent labourées (5); je mouillai là, et j'envoyai les barques à terre, et les hommes trouvèrent des traces fraîches d'habitants qui venaient de quitter ces lieux, et ils virent la montagne couverte de singes et s'en retournèrent. Comme cet endroit était occupé par une chaîne de montagnes, je pensai que, plus loin, au couchant, les terres seraient plus plates, et que là, elles seraient peuplées, j'ordonnai donc de lever les ancres et je courus, le long de la côte, jusqu'à la fin de cette chaîne, et là, je mouillai à l'entrée d'une rivière (6) où bientôt vinrent beaucoup de gens qui me dirent que cette chaîne de montagnes s'appelait *Paria* et que, vers le couchant, le pays était plus peuplé; je pris quatre de ces habitants et ensuite je naviguai à l'ouest et, après avoir fait huit lieues plus au couchant, au delà d'une pointe que j'appelai

(1) Il n'y a que treize lieues et deux tiers.
(2) C'est la pointe de Peña blanca (Roche blanche).
(3) La pointe de la Pena (de la Roche).
(4) Grande embouchure, l'une de celles du Dragon (dragon, grand arbre de l'Inde d'où découle la gomme appelée Sang-dragon).
(5) Les environs de *Macuro*, sur la côte nord-ouest de *Paria* ou la Trinité.
(6) Rivière immédiatement à l'ouest de la pointe *Cumana* sur la dite côte : sa latitude 16°, 36' et la longitude 55°, 56'

Aguza (1), je trouvai là les terres les plus belles du monde et très peuplées ; j'arrivai là un matin à l'heure de tierce (2) et, pour voir cette luxuriante verdure et pour parler à ces gens, je décidai de m'arrêter là ; bientôt vinrent vers nous des habitants, en canots, pour me prier, de la part de leur roi, de descendre à terre et, lorsqu'ils virent que je ne faisais pas cas de leur demande, il en vint au navire une infinité, en canots, et beaucoup d'entre eux portaient à leur cou des pièces d'or ; quelques-uns avaient aux bras des perles enfilées ; je fus très satisfait à la vue de ces perles, et je leur demandai où ils les trouvaient ? Ils me répondirent que c'était là, dans la partie nord de ces terres.

« J'aurais voulu m'arrêter dans ce lieu, mais les approvisionnements, le blé, le vin et la viande, pour les gens des équipages, achevaient de se perdre, et je les avais obtenus avec tant de peine ! C'est pourquoi je ne m'occupai que d'aller plus avant, en me réservant un abri parmi eux, sans m'arrêter pour quelque cause que ce fût ; je tâchai d'avoir quelques-unes de ces perles, et j'envoyai mes barques à terre. Cette population est très nombreuse ; elle a très bonne apparence ; elle est de la même couleur que celles que nous venions de voir auparavant, et elle était fort traitable ; nos hommes, envoyés à terre, y furent accueillis très convenablement et avec honneur ; ils nous dirent que, dès que leurs barques avaient abordé la terre, il vint à eux deux personnes des principaux d'entre eux, accompagnés de toute la population ; ils crurent que l'un était le père et l'autre son fils ; ils les emmenèrent à une grande maison, construite à deux eaux, et non pas ronde, comme un pavillon de la campagne, comme les autres ; et il y avait là un grand nombre de chaises sur lesquelles on les invita à s'asseoir, et ils s'assirent eux-mêmes sur d'autres ; ils firent porter du pain de plusieurs sortes, des fruits, du vin de plusieurs qualités, du blanc et du rouge ; mais ce vin n'était pas fait avec du raisin ; il doit provenir de jus de fruits et il est fait de différentes manières ; il est aussi tiré du maïs qui est une semence produisant un épi qui ressemble à un fuseau et que j'ai apporté en Espagne, où l'on en produit déjà de grandes quantités (3) ; et tout

---

(1) On la nomme aujourd'hui *Alcatrazes* : latitude 10°, 27'. Longitude 56°, 13'.

(2) Une des heures canoniales.

(3) Il semble résulter, de cette phrase, que c'est Colomb qui, dans son premier ou second voyage, a importé le maïs en Espagne, puisque déjà à l'époque de cette lettre, on en récoltait de grandes quantités, après son importation.

ce qu'ils avaient de meilleur, ils le leur apportaient de préférence et le leur donnaient comme choses de grand prix. Les hommes étaient tous réunis à un bout de la maison, et les femmes, d'un autre côté. Des deux côtés, ils éprouvèrent beaucoup d'ennui, parce qu'ils ne se comprenaient pas; eux, pour s'informer auprès des nôtres des choses de notre patrie, et ceux-ci, pour avoir des renseignements sur leur pays. Dès qu'ils eurent achevé leur collation, dans la maison du vieux, le jeune homme les conduisit dans la sienne, et il en fit autant, et ensuite, nos hommes remontèrent dans les barques, et revinrent au navire. Je levai l'ancre aussitôt, car il était grand temps de renouveler les subsistances qui se perdaient et qui m'avaient coûté tant de fatigues, et aussi pour me soigner moi-même, étant très incommodé de ne pas avoir fermé les yeux pendant le voyage dans lequel j'ai découvert la terre ferme (1), car j'ai resté trente-trois jours sans pouvoir obtenir le sommeil et cependant, après avoir resté tant de temps sans y voir, mes yeux n'étaient pas en aussi mauvais état et n'étaient pas aussi injectés de sang qu'ils le sont actuellement.

« Ces Indiens comme je l'ai déjà dit sont d'une belle stature, grands de corps et de bonnes manières; ils portent les cheveux très longs et lisses et ils ont la tête entourée d'un mouchoir de coton ouvré et de belle apparence, ressemblant de loin à de la soie et à un turban; et ils en portent un autre plus long, noué à la ceinture, avec lequel ils se couvrent en place de caleçon, les hommes comme les femmes; leur couleur est plus blanche que celle d'autres Indiens que nous avons déjà vus; tous ont, au cou ou aux bras, quelque objet à la manière des gens de ces contrées, et beaucoup portent des pièces d'or, à bas titre, attachées à leur cou. Leurs canots sont très grands, et d'une confection plus habile que celle des autres Indiens; ils sont plus légers, et chacun d'eux a, au centre, un compartiment ou une espèce de chambre, dans laquelle se tiennent, comme je l'ai vu, les chefs avec leurs femmes. J'ai appelé cet endroit *Jardines* (les jardins), parce qu'il mérite bien ce nom.

(1) Ce n'était pas la terre ferme, celle qu'il signale, mais bien l'île de Cuba qu'il ne pût contourner ni reconnaître en entier; Colomb a cru, pendant longtemps, que cette île était la terre ferme, à cause de son étendue; cependant, à plusieurs reprises, les Indiens lui ont dit que c'était une île, mais, n'ayant jamais eu l'occasion de s'en assurer, en la contournant, il a conservé, peut-être jusqu'à la fin, des doutes à ce sujet, et c'est sans doute, par suite de ces doutes, que Washington Irwing a pu croire qu'il gardait la croyance qu'il se trouvait là à l'extrémité de l'Asie.

Je cherchai sérieusement à savoir où ils recueillaient leur or, et tous m'indiquaient une terre, à leur frontière de l'ouest, terre très élevée, pas trop éloignée, mais tous me disaient de ne pas y aller, parce qu'on y mangeait les hommes, et je compris alors qu'ils voulaient dire que les habitants étaient des cannibales, comme les autres; depuis, j'ai pensé qu'ils parlaient ainsi, parce qu'il pouvait se faire qu'il y eût là des bêtes fauves. Je leur demandai aussi où ils trouvaient les perles, et ils m'indiquèrent également un point à l'ouest et un autre au nord, au delà de la terre qu'ils habitaient. Je ne m'occupai pas de traiter la question des approvisionnements, je laissai de côté mes yeux malades, et je ne parlai pas du grand canot qu'ils avaient amené et qui était en dehors de notre entretien.

« Le temps, étant court, se passa tout entier en questions, et on retourna aux navires, comme je l'ai déjà dit, à l'heure des vêpres; aussitôt, je fis lever les ancres, et je naviguai vers l'ouest; le lendemain, je continuai ma navigation de même, jusqu'à ce que je me trouvai n'avoir plus que trois brasses de fond, avec la croyance que c'était encore une île, et que je pourrais bien sortir par le nord, et, avec cette conviction, j'envoyai une caravelle fine voilière, en avant, pour voir s'il y avait une sortie ou si le passage était fermé et, de cette façon, je fis un long chemin jusqu'à un golfe très grand, autour duquel il paraissait en exister quatre autres plus petits, de l'un desquels débouche un fleuve très considérable (1). On trouva constamment cinq brasses de fond, l'eau très douce et en très grande quantité; je n'en ai jamais bu de pareille. Mais je fus très déconcerté lorsque je vis que je ne pouvais sortir au nord, que je ne pouvais aller au sud, ni au couchant, parce que j'étais entouré de terres de tous côtés, et je fus obligé de faire lever les ancres et de revenir en arrière, pour tourner au nord, et sortir par l'embouchure dont j'ai parlé plus haut, et je ne pus revenir au village où j'avais été déjà, à cause des courants qui m'en avaient éloigné, et, en tout cas, trouvant toujours l'eau douce et claire et le courant me portant vigoureusement à l'orient, vers les deux embouchures que j'ai déjà citées; je conjecturai conséquemment que les fils du courant et ces lames qui surgissaient, entrant et sortant par ces deux bouches, avec ce rugissement si fort, provenaient de la lutte qui se livrait entre l'eau douce et l'eau salée; l'eau douce repoussait l'autre pour ne pas

---

(1) Ce devait être le fleuve de *Paria* ou le *Guarapich* : le premier est en latitude 10°, 25' et longitude 56°, 43' et le second, en latitude 10°, 9' et longitude 56°, 29'. Ce dernier se trouve dans les parages que l'amiral nomma, golfe des Perles.

la laisser entrer et l'eau salée résistait à l'eau douce, pour ne pas la laisser sortir, et j'augurai que, là où étaient alors ces deux bouches, il y aurait plus tard, dans un certain temps, une terre, en continuation de l'île de la Trinité, et qui irait rejoindre la terre de *Gracia*, comme Vos Altesses pourront le voir par le tracé que je leur envoie avec la présente. Je sortis par cette bouche du nord (1) ; je reconnus que l'eau douce gagnait toujours, et, lorsque je passai, ce qui se fit grâce à la force du vent, me trouvant sur une de ces lames, je trouvai dans ces courants, l'eau douce à l'intérieur, et salée une fois sortie du passage.

« Lorsque je partis d'Espagne pour aller aux Indes, je trouvai en passant à 100 lieues à l'ouest des Açores, un grand changement dans le ciel et dans les étoiles ; la température, l'air, l'eau de la mer n'étaient plus semblables, et, à cet égard, j'ai apporté un grand soin dans mes constatations.

« Je trouvai que, du nord au sud, après avoir passé à 100 lieues des îles en question, les aiguilles marines qui, jusqu'alors, étaient tournées au nord, déclinaient du nord d'un quart de vent tout entier, et cela provient des approches de la ligne, comme il arrive quand on a tourné le haut d'une côte, et, en même temps, je trouvai la mer couverte entièrement d'une herbe qui ressemble à des ramilles de pin et qui porte un fruit semblable à celui du lentisque ; elle était tellement épaisse, qu'au premier voyage, je crus que c'étaient des bas-fonds qui seraient à sec, en passant auprès avec les navires. En arrivant à la ligne, il ne se trouva plus aucune herbe ; là, je trouvai la mer très calme et unie et, quoiqu'il vente fort, elle ne se soulève pas. En même temps, je trouvai, au dedans de cette ligne, la température très douce, dans la direction du couchant, et le degré ne varie pas, qu'on soit en hiver ou en été. Lorsque je me trouvai là, je reconnus que l'étoile du nord décrit un cercle qui a un diamètre de cinq degrés et, les deux gardes (2) se trouvant du côté droit, l'étoile est alors au plus bas, et elle s'élève jusqu'à ce qu'elle passe à gauche ; elle est alors à cinq degrés de hauteur, et va s'abaissant jusqu'à ce qu'une autre fois, elle retourne du côté droit.

« Maintenant, en partant d'Espagne, je touchai à l'île de Madère ; de là aux Canaries ; ensuite aux îles du Cap-Vert, d'où je continuai mon voyage en naviguant au sud, jusqu'au bas de la ligne équinoxiale, comme je l'ai déjà dit. Arrivé à me trouver dans le parallèle, qui passe par Sierra-Leone en Guinée, j'ai trouvé une si

---

(1) Par la grande bouche, le 13 août.
(2) Les deux étoiles se trouvant les plus proches du pôle arctique.

grande chaleur et les rayons du soleil si ardents, que je crus brûler (1), bien qu'il plût et que le ciel fût constamment troublé, ce qui me causait beaucoup de fatigue; jusqu'à ce que Notre-Seigneur nous pourvut d'un bon vent et me suggéra la volonté de naviguer à l'ouest, en profitant de ce secours, afin d'arriver à la ligne où, comme je l'ai dit, je trouverais un changement de température Après avoir appareillé pour aller directement à la ligne, la température devint très douce, et plus j'avançais, plus cette suavité augmentait : mais je ne retrouvai plus les étoiles conformes à mes observations (2).

« Je trouvai là qu'à la tombée de la nuit j'avais l'étoile du nord à cinq degrés de hauteur, et alors les deux gardes étaient au-dessus de ma tête; ensuite, à minuit, je trouvais l'étoile à la hauteur de 10 degrés et, au matin, les deux gardes étaient aux pieds, à 15 degrés. Le calme de la mer se maintint; mais, quant aux herbes, il n'en fut pas de même; en ce qui concerne l'étoile du nord, j'éprouvai une extrême surprise et, par suite, pendant plusieurs nuits, je fis, avec le plus grand soin, des observations répétées, en l'examinant avec le cadran, et, chaque fois, je trouvai que le fil à plomb tombait à un unique point.

« Je tiens ceci pour une chose nouvelle, et il pourra se faire qu'elle soit ainsi considérée, qu'en si peu de temps le ciel offre une variation si grande.

« J'ai toujours lu que le monde, terre et eau, était de forme sphérique; les autorités et les expériences de Ptolémée et des autres auteurs, qui ont écrit sur la matière, l'ont avancé et démontré, par les éclipses de la lune, et par d'autres preuves tirées de l'orient à l'occident, comme l'élévation du pôle nord au pôle sud. Actuellement j'ai trouvé tant de différence, comme je l'ai déjà dit, que j'ai été amené à penser que la terre n'est pas ronde, selon la forme qu'on lui donne, mais qu'elle a la forme d'une poire qui serait entièrement ronde, sauf, qu'à l'endroit où se trouve la queue, elle ait un peu plus de hauteur, et la forme d'une pelote bien arrondie, qu'à sa place, il y ait comme le téton d'une femme; que cette partie soit la plus haute et la plus proche du ciel; que la ligne équinoxiale soit au dessous, et, dans cette mer océanienne, à la fin de l'orient

---

(1) Colomb a déjà fait la même observation plus haut.

(2) Il est évident que ce paragraphe est la répétition des observations que Colomb a déjà transcrites plus haut; il est probable, qu'en rédigeant ce long mémoire, il ne s'est pas souvenu qu'il avait déjà parlé des circonstances qu'il rapporte une seconde fois.

et, en disant la fin de l'orient, je veux dire là où finit la terre avec toutes ses îles; pour cela, je donne toutes les raisons exprimées ci-dessus, concernant la ligne qui passe à l'ouest des îles Açores, à 100 lieues du nord au sud; c'est-à-dire, qu'en passant de là à l'ouest, les navires s'élevant plus près du ciel, doucement, jouissent par conséquent d'une température plus agréable, et l'aiguille marine éprouve une variation à cause de la douceur de ce quart de vent; plus ils avancent en s'élevant au nord-ouest, plus cette élévation amène de variations dans le cercle que décrit l'étoile du nord, relativement aux deux gardes; plus ils passent près de la ligne équinoxiale, plus ils montent haut et plus il y a de différence entre les dites étoiles et leurs cercles. Ptolémée, et les autres auteurs qui ont écrit sur ce sujet, ont cru que la terre était sphérique, et que cet hémisphère était rond comme celui qu'ils habitaient, lequel se trouve au centre de l'île d'*Azin*, qui est en bas de la ligne équinoxiale, entre le golfe Arabique et celui de Perse, et, dans sa circonférence, passe sur le cap Saint-Vincent, en Portugal, au couchant, et, à l'orient par *Cangara* et *Las Seras* et, quant à cet hémisphère, je ne fais aucune difficulté de croire qu'il est rond comme disent ces auteurs; mais, quant à l'autre, je répète qu'il ressemble à la moitié d'une poire bien ronde dont la queue aurait la forme d'un téton de femme, placé sur une pelote arrondie; Ptolémée et les autres écrivaient n'ayant eu aucune notion de cette moitié du monde qui était alors inconnu, se bornèrent à établir en principe, se basant sur l'hémisphère qu'ils habitaient, que l'autre était également rond sphérique, comme je l'ai dit ci-dessus (1).

« Et maintenant que Vos Altesses ont ordonné de naviguer, rechercher et découvrir, ceci se démontre d'une façon très évidente, car, me trouvant dans ce voyage, au nord, à 20 degrés de la ligne équinoxiale, j'étais là en ligne directe avec *Hargin* et ces terres; c'est là qu'est la race nègre et la terre desséchée; depuis, j'allai aux îles du Cap-Vert et, dans ces contrées, les habitants sont plus noirs et, plus on avance vers le sud, plus ils sont noirs et le deviennent à l'extrême; de sorte, qu'à l'endroit où je me trouvais en ligne droite avec Serra-Leone, là où s'élevait de 5 degrés l'étoile du nord, à la tombée de la nuit, la race nègre existe en très grand nombre et, de là, naviguant

---

(1) Cette longue et minutieuse dissertation, sur la forme du second hémisphère, offre certaines difficultés pour sa traduction, à cause de l'ambiguïté des termes et des sous-entendus de la langue espagnole; nous l'avons reproduite fidèlement et aussi exactement que possible dans notre langue.

vers l'occident, j'ai ressenti de si brûlantes chaleurs. La ligne franchie, la température s'éleva d'une façon si notable que, lorsque j'arrivai à l'île de la *Trinidad*, où l'étoile du nord s'élevait aussi de 5 degrés à la nuit, je trouvai, à la terre de *Gracia*, une température très douce, la terre et les arbres très verts et aussi beaux qu'en avril, dans les jardins de Valence. Les habitants, de très belle stature, plus blancs que tous ceux que j'avais déjà vus aux Indes, les cheveux longs et lisses, fins et intelligents et nullement peureux. Alors le soleil se trouvait dans la constellation de la Vierge, au-dessus de nos têtes et des leurs, et tout cela produit la suavissime température qui règne ici, ce qui provient de ce que la terre est plus élevée et plus proche du ciel qu'en toute autre partie du monde. Et ceci me confirme encore dans cette croyance que la terre n'est pas ronde et qu'elle a la forme que j'ai indiquée et qui se trouve dans cet hémisphère, là où les Indes aboutissent à la mer Océanienne, et leur extrémité est au-dessous de la ligne équinoxiale, ce qui prête encore aux effets précités, parce que le soleil, quand Notre-Seigneur le créa, fut, dans l'origine, au premier point de l'orient, où se montra la première lumière, au levant, où se trouve l'extrême hauteur de notre monde, et, bien que l'opinion d'Aristote soit que le pôle antarctique ou la terre qui est au-dessous, soit la partie la plus haute du monde et la plus proche du ciel, cette opinion est combattue par d'autres savants qui disent que c'est la terre qui est au-dessous du pôle arctique qui est la plus haute ; il résulte de ces discussions que ces savants entendaient qu'une partie du monde était plus élevée et plus rapprochée du ciel que l'autre, et ils n'en vinrent pas à reconnaître que cette partie était au-dessous de la ligne équinoxiale, dans la forme que j'ai indiquée, et ce n'est pas surprenant, puisqu'ils n'avaient aucune notion certaine de cet hémisphère, sauf une légère présomption provenant de conjectures, parce que personne n'y était allé et ne l'avait exploré, jusqu'à ce jour où Vos Altesses m'ont ordonné de visiter et de découvrir la mer et les terres.

« J'ai trouvé, relativement aux deux embouchures dont j'ai déjà parlé et qui sont en ligne droite du nord au sud, qu'il y a de l'une à l'autre 26 lieues (1), et je n'ai pu commettre d'erreur, vu que

---

(1) Depuis la pointe de *Icacos*, qui est au nord-est de la bouche du sud, jusqu'à celle de la Peña, qui est à la partie occidentale de la grande bouche, dans celle des Dragons, il n'y a que treize lieues deux tiers, suivant une note annexée à la correspondance ; mais, en présence de l'affirmation et de la certitude de Colomb, il faut croire qu'il y a désaccord sur les points déterminant la distance en question.

les mesures ont été prises au cadran; et, depuis ces deux bouches, à l'ouest, jusqu'au golfe que j'ai cité, et que j'ai appelé de *las Perlas*, il y a 68 lieues, de 4 milles chacune (1), suivant l'usage de la mer. De ce golfe, l'eau court continuellement, avec une grande violence, vers l'orient, et c'est pour cela, qu'il se produit, dans ces deux bouches, cette lutte entre l'eau douce et l'eau salée. Dans l'embouchure du sud, que j'ai nommée de *la Sierpe* (2), à la venue de la nuit, j'observai que j'avais l'étoile du nord, à la hauteur d'environ cinq degrés, et, dans celle du nord appelée par moi *del Dragon*, elle était presque à sept degrés, et je trouvai que ce golfe de *las Perlas* est occidental, à l'ouest du méridien de Ptolémée, à près de 3,900 milles qui donnent à peu près 70 degrés équinoxiaux, en comptant, pour chaque degré, 56 milles et deux tiers.

« La sainte Écriture constate que Notre-Seigneur a créé le Paradis terrestre où il plaça l'arbre de la vie, et d'où sortent quatre fleuves principaux, qui se répandent dans ce monde : le Gange dans l'Inde, le Tigre et l'Euphrate en (3)      lesquels divisent la terre, forment la Mésopotamie et vont couler en Perse; enfin le Nil qui prend sa source en Éthiopie et se jette dans la mer à Alexandrie.

« Je ne trouve pas et n'ai jamais trouvé un écrit d'auteur latin ni grec qui ait, d'une manière certaine, indiqué le site du Paradis terrestre dans ce monde, et je ne l'ai vu sur aucune mappe-monde, dans une situation appuyée sur quelque document. Quelques-uns le placent aux sources du Nil en Éthiopie, mais d'autres ont parcouru toutes ces terres et n'ont trouvé aucune conformité dans la température, dans la hauteur vers le ciel, pour comprendre que c'était là sa place, ni que les eaux du déluge eussent pu atteindre jusque-là, ces eaux étant montées jusque etc. (*sic*). Certains Gentils prétendirent, d'après leur supposition, que le Paradis terrestre avait été aux îles *Fortunatas* qui sont les îles Canaries, etc.

« Saint Isidore, Beda et Strabon, le chef de l'histoire scolastique, Saint Ambroise, Scola, et tous les théologiens de bon sens, s'ac-

---

(1) Il ne doit y avoir que vingt-une lieues et un tiers, dit une note annexée; il faut croire qu'il y a, entre Colomb et l'auteur de ces notes, une différence dans la longueur des lieues que chacun d'eux indique ici. Cependant, l'amiral est formel dans son dire, et prétend qu'il ne peut avoir commis d'erreur; il existe probablement un malentendu sur les deux points de départ et d'arrivée.

(2) On l'appelle aujourd'hui canal du Soldat, du nom d'un îlot qui se trouve presque au milieu.

(3) L'original de la lettre porte ce même vide; il a probablement omis de mettre, *dans la Turquie d'Asie*.

cordent à croire que le Paradis terrestre était dans l'Orient, etc.

« J'ai déjà dit ce que je pense de cet hémisphère et de sa forme, et je crois que, si je passais en dessous de la ligne équinoxiale, en arrivant au plus haut point indiqué, je trouverais la température plus élevée et un changement dans les étoiles, ainsi que dans les eaux; non pas que je croie que le point où se trouve la hauteur soit navigable et qu'il y ait assez d'eau, ni qu'on puisse y monter, parce que j'ai l'idée que c'est là qu'était le paradis terrestre, où personne ne peut atteindre aujourd'hui, sauf par la volonté divine (1), je crois que cette terre que Vos Altesses m'ont ordonné de découvrir actuellement, est excessivement étendue et qu'il y en a au sud, un grand nombre d'autres, dont on n'a jamais eu connaissance.

« Je n'admets pas que le Paradis terrestre eût la forme d'une montagne, comme nous le montrent les Écritures, à moins qu'il ne fût sur la cime où j'ai dit que se trouve la forme modifiée de la queue de la poire, et que, peu à peu, en venant de très loin et en marchant vers ce point, on pût arriver jusque-là; mais je crois que personne, comme je l'ai déjà dit, ne pourra aujourd'hui parvenir au faîte, et je pense que c'est de là que vient cette eau, quoique ce point soit très éloigné, pour qu'elle arrive jusqu'à l'endroit d'où je viens et y forme le lac en question.

« Tous ces indices se rapportent extrêmement au Paradis terrestre; le site est parfaitement conforme à l'opinion des saints et savants théologiens que j'ai cités, et les vestiges sont bien en rapport, car je n'ai jamais lu ni ouï dire qu'une aussi grande étendue d'eau douce puisse exister ainsi concentrée et si voisine de l'eau salée; et à ceci vient s'ajouter la douceur de la température, et, si elle ne vient pas du Paradis, c'est encore une merveille plus surprenante, parce que je ne crois pas que l'on connaisse, dans le monde, un fleuve aussi profond (2).

« Dès que j'eus quitté la bouche du Dragon, qui est des deux

---

(1) Cette idée de Colomb, relativement au Paradis terrestre qui aurait été sur ce mamelon terminant la partie inférieure de la poire dont il prétend que la terre affecte la forme, et l'inaccessibilité actuelle de cette pointe, cachée sous les eaux, est ingénieuse, malgré sa singularité, et mérite d'être connue.

(2) C'est la vérité (Las Cazas). On n'avait pas alors l'idée des courants sous-marins, d'eau chaude, et aucun savant n'avait soupçonné l'existence du *Gulf-stream*. On comprend l'étonnement de Colomb, en présence de tels phénomènes dont il cherche à expliquer les causes, avec sa foi et ses croyances.

celle du nord, et à laquelle j'ai donné ce nom (1), le jour suivant qui était celui de Notre-Dame d'août, je remontai des courants si forts vers l'ouest, que depuis l'heure de la messe où je me mis en route, jusqu'à l'heure de complies, je fis 65 lieues de quatre milles chacune, et le vent n'était pas trop fort mais très doux, et ceci vient à l'appui de cette connaissance que de là, en allant au sud, on s'élève, et qu'en allant vers le nord, l'on va en descendant.

« Il m'est bien avéré que les eaux de la mer courent de l'orient à l'occident, ainsi que les autres, et que dans cette contrée, elles ont, dans leur marche, une course plus rapide; c'est pourquoi elles ont dévoré une aussi grande partie de la terre, et pourquoi il y a tant d'îles (2) qui rendent témoignage de ce fait, leur longueur se trouvant du couchant au levant, et du nord-ouest au sud-est, ce qui est un peu plus haut, et leur largeur du nord au sud, ou du nord-est au sud-ouest et à l'opposé des vents précités. Toutes ces îles produisent des choses précieuses, par suite de leur suave température, qui provient du ciel, parce que ce sont les terres les plus élevées du monde. Il est vrai toutefois que, dans certains endroits, les eaux ne paraissent pas avoir le même courant; mais cela n'est pas en réalité, sauf sur quelques points en particulier, où la terre s'oppose à leur course et leur donne l'apparence d'une déviation de leur courant.

« Pline a écrit que la mer et la terre forment ensemble une sphère et prétend que cette mer Océanienne est la plus grande étendue d'eau; qu'elle s'étend jusqu'au ciel, que la terre est en dessous et la soutient, et le tout est mêlé l'un avec l'autre, comme l'amande de la noix est entrecoupée d'un tissu qui l'embrasse dans tous les sens; et est emmêlé avec elle. Le maître de l'histoire scolastique, dit dans

---

(1) Elle s'appelle Bouche-du-Dragon, comme tous les canaux que forment les îles *Chanachacages*, *de Hurvos et de Monos*, situées entre la pointe la plus occidentale-septentrionale de l'île de la Trinité, nommée de *Peña blanca* et *celle de la Peña*, sur la côte du continent que l'amiral a appelé *de Gracia* et qui se trouve par latitude 10°, 43′, 15″ et longitude 55°, 37′.

(2) Ces observations de l'amiral, dit une note annexée, sont très judicieuses et conformes à la doctrine des plus célèbres écrivains modernes sur l'histoire naturelle. Du mouvement alternatif du flux et reflux, il résulte une marche continue de la mer de l'orient à l'occident, laquelle, dans certains parages, comme dans le golfe de Paria, est extrêmement violente et impétueuse, et il doit en résulter que la mer va toujours gagnant du terrain à la partie de l'occident et laisse à découvert du côté de l'orient. (Voyez les *Preuves de la théorie de la terre*, du comte de Buffon, art. 12.)

la Genèse, que les eaux sont en très minime quantité, que, bien qu'à leur création, elles couvrissent la terre entière, parce qu'elles étaient vaporisables à la façon de la neige, lorsqu'elles furent encaissées et réunies, elles occupèrent peu d'étendue, et à cet égard, Nicolao de Lira confirme cette opinion. Aristote dit que ce monde est petit, que l'eau s'y trouve en petite quantité, et qu'on peut facilement passer de l'Espagne aux Indes, et cette assertion est confirmée par *Averroès*; le cardinal *Pedro de Aliaco* l'affirme, en s'autorisant, il est vrai, de Sénèque, qui est d'accord avec ces auteurs, et dit qu'Aristote put connaître beaucoup de secrets du monde, à cause d'Alexandre le Grand, et Sénèque lui-même, par César Néron, ainsi que Pline, par les rapports des Romains, qui se livrèrent à des dépenses et chargèrent des gens d'étudier avec grand soin et connaître les choses secrètes du monde et les enseigner aux peuples. Le cardinal cité ci-dessus attribue à ceux-ci une grande autorité, bien plus qu'à Ptolémée et aux autres auteurs grecs ou arabes, quant à la confirmation de l'opinion que l'eau est en minime quantité, et que la partie de la terre qui en est couverte est peu importante, contrairement à ce qui avait été dit sous l'autorité de Ptolémée et de ses sectateurs; et à cela il apporte l'assertion d'Esdras, qui dit dans son troisième (1) livre que, des sept parties du monde, six sont à découvert et une seule est couverte par l'eau. Cette assertion est approuvée par les saints qui donnent autorité au troisième et quatrième livre d'Esdras, ainsi que saint Augustin et saint Ambroise, dans son *Hexameron*, où il écrit : « Là viendra mon fils Jésus et « mourra mon fils Christ. » Et il dit qu'Esdras fut prophète, et de même Zacharie, père de saint Jean, et le brave Simon. Francisco de Mairones cite également ces autorités. En ce qui concerne la terre sèche, on a reconnu qu'elle est en bien plus grande étendue que ne le croit le vulgaire; et ce n'est pas étonnant, puisque plus on va, plus on apprend.

« Je reviens à ma proposition de la terre de *Gracia*, de la rivière et du lac que j'y ai trouvés; tellement grands qu'on peut les appeler une mer, car un *lac* est une étendue d'eau qui devient une *mer* quand il est grand, comme on appelle la mer de Galilée et la mer Morte; et je dis que, si ce fleuve ne provient pas du Paradis terrestre, il vient d'une terre infiniment étendue, plus au sud, et dont jusqu'à présent on n'a pas eu connaissance; mais j'ai dans l'esprit la ferme conviction que là où je l'ai dit est le Paradis terrestre, et je m'appuie sur les raisons et les autorités que j'ai indiquées ci-dessus.

(1) Ceci ne se trouve que dans le quatrième livre (Las Cazas).

« Qu'il plaise à Notre-Seigneur de donner longue vie et santé et repos à Vos Altesses, afin qu'elles puissent poursuivre cette entreprise si noble et de laquelle il me semble que Notre-Seigneur retirera un grand service, qui donnera à l'Espagne une grandeur extrême, et à tous les chrétiens beaucoup de consolation et de plaisir, parce qu'on y préconisera le nom du Seigneur, ainsi que dans toutes les terres où vont les navires de Vos Altesses ; et sur tous les caps, j'ai donné ordre de planter une croix élevée et, à tous les habitants que j'ai trouvés, j'ai notifié l'état de Vos Altesses et quelle situation elles occupent en Espagne, et je leur ai appris de notre sainte foi tout ce que j'ai pu, ainsi que de la croyance en notre sainte mère l'Église qui étend ses bras sur le monde entier, et je leur ait fait connaître l'urbanité et la noblesse de tous les chrétiens et leur foi en la Sainte Trinité ; qu'il plaise à Notre-Seigneur d'ôter le souvenir à ceux qui ont attaqué et attaquent encore cette excellente entreprise, qui se sont opposés et s'opposent encore à son développement, sans considérer quel honneur et quelle grandeur elle donne à l'État royal de Vos Altesses, dans le monde entier ; ils ne savent quelle chose entreprendre pour médire de son utilité : qu'on fait de grands frais pour elle ; pourquoi n'envoie-t-on pas de suite des navires chargés d'or ? Ils ne se préoccupent pas de la brièveté du temps et des grandes difficultés qu'on a éprouvées là-bas ; ils ne considèrent pas qu'en Castille, à la cour de Vos Altesses, il existe des hommes qui par leur mérite et leurs services ont acquis des revenus annuels plus importants que les sommes nécessaires pour mener à bien notre conquête. Ainsi ils n'ont même point songé qu'aucun des princes de l'Espagne n'ont jamais conquis aucune terre étrangère, hors celle que Vos Altesses possèdent actuellement là-bas, et d'où on pourra retirer tant de profits, où notre sainte foi pourra être si largement répandue ; et, quoi qu'on n'ait pas encore envoyé de navires chargés d'or, on en a apporté des échantillons suffisants ainsi que d'autres objets de valeur, pour qu'on puisse juger qu'en peu de temps on obtiendra de grands avantages ; ils n'ont pas considéré le grand cœur des rois de Portugal, qui poursuivent depuis si longtemps leur entreprise de la Guinée et celle d'Afrique où ils ont sacrifié la moitié de la population du royaume et, actuellement le roi est plus déterminé que jamais à en obtenir le succès. Notre-Seigneur pourvoie à tout, comme je l'ai dit et leur mette en mémoire et qu'ils prennent en considération ce que j'ai déjà écrit, et qui n'est pas la millième partie de ce que je pourrais écrire concernant des princes qui se sont préoccupés de savoir, de conquérir et de maintenir.

« J'ai dit tout ceci, non pas que je croie que la volonté de Vos

Altesses soit hésitante à persévérer dans cette opération, tant qu'elles vivront, et je tiens pour très ferme ce que Vos Altesses m'ont répondu une fois, lorsque verbalement je leur en ai parlé, non pas que j'eusse remarqué le moindre changement en Vos Altesses, à ce sujet, mais par la crainte de ce que j'entendais dire de ceux dont je viens de parler; tant une goutte d'eau tombe sur une pierre, qu'elle y creuse un trou. Mais Vos Altesses m'ont répondu avec ce cœur que tout le monde leur connaît, et m'ont dit de ne pas me préoccuper de cela, parce que leur volonté était de poursuivre cette entreprise et de la soutenir, alors même qu'on n'y trouverait que pierres et rochers; que les frais que l'on faisait pour elle, elles les considéraient comme rien, qu'il se dépensait beaucoup plus pour des choses moins grandes; et qu'ils regardaient pour utilement dépensés les frais faits jusque-là, ainsi que ceux que l'on ferait dans l'avenir, parce qu'elles croyaient que notre sainte foi serait propagée et leur royaume étendu; que ceux qui médisaient d'une pareille entreprise n'étaient pas les amis de leur état royal, et maintenant, en attendant que l'on reçoive des nouvelles de ces terres que j'ai récemment découvertes, où j'ai, dans l'âme, la certitude qu'est le Paradis terrestre, on ira en avant, avec trois navires, bien approvisionnés, vers ces pays pour voir plus loin et on découvrira tout ce que l'on pourra dans ces contrées. Pendant ce temps je remettrai à Vos Altesses cet écrit, avec le dessin et la description de la terre, et Vos Altesses décideront ce qu'il y aura à faire et m'enverront leurs ordres, qui seront exécutés avec l'aide de la très Sainte Trinité, en toute diligence, et de manière que Vos Altesses trouvent, dans mes services, toute satisfaction. *Deo Gracias!*

« La copie qui a servi d'original est de la main de l'évêque Fray Bartolomé de Las Cazas, et se trouve dans les archives de l'excellentissime seigneur duc de l'Infantado, dans les deux recueils écrits à la fin du premier voyage.

Collationné cette copie avec un soin égal, à Madrid, le 1ᵉʳ mars 1791.

MARTIN FERNANDEZ DE NAVARRETE.

Nous avons cru bien faire en donnant la traduction *in extenso* et très exacte de cette intéressante lettre. Bien qu'elle soit d'une longueur exceptionnelle et qu'elle contienne quelques redites, qu'elle rappelle des faits déjà racontés dans le cours de notre récit; elle nous a paru précieuse dans ses détails, empreinte de bonne foi et d'honnêteté, remplie de curieuses appréciations, d'aperçus ingénieux et surtout intéressante au point de vue de l'état de la sience à cette époque. Elle est touchante comme appel à la justice des rois catholiques pour les services que Colomb a rendus par sa découverte; elle rappelle les circonstances difficiles, les pénibles fatigues et les dangers émouvants de ses voyages, et nous la considérons comme un document curieux et plein d'observations et de révélations, quant aux croyances naïves qui existaient alors dans les esprits des classes élevées. A tous ces titres nous croyons qu'elle aura pour nos lecteurs un certain attrait de curiosité.

Nous devons ajouter que nous l'avons traduite à peu près mot à mot, pour lui conserver sa franchise, sa simplicité, ses tournures de phrases et ses incorrections, afin de n'altérer en rien le sens qu'il a voulu donner à ses observations. Le lecteur voudra bien ne pas se préoccuper de l'étrangeté qu'aura pu contracter, dans cette assimilation, le style de cette traduction, relativement à ses rapports avec les formes correctes et précises de notre langue, que nous avons dû souvent délaisser, pour suivre celles de la langue espagnole de cette époque, adoptées par Christophe Colomb, et ce, afin de ne pas dénaturer ses expressions. Et si le style de ces lettres lui paraît quelquefois négligé et parfois obscur, il devra l'attribuer à la fidélité que nous avons cru devoir apporter à notre traduction, qui donne aussi exactement que possible la reproduction des écrits de l'amiral. Ceci dit pour toute cette correspondance.

## LETTRE A LA NOURRICE DU PRINCE DON JUAN

*(Celle qui le fut en réalité)* (1), *lettre écrite
vers la fin de l'année 1500.*

Ma vertueuse Dame : si ma plainte du monde est nouvelle, son habitude de maltraiter est très ancienne ; il m'a livré mille combats et j'ai résisté à tous sans tirer profit de mes armes ni des avis que j'ai reçus. Avec quelle cruauté, le monde m'a précipité dans l'abîme ! L'espoir seul de celui qui a créé tout me soutient, car son aide ne m'a jamais fait défaut. Une autre fois, bien loin, et étant beaucoup plus abattu, il m'a relevé de son divin bras en me disant : O homme de peu de foi, lève-toi, je suis là, ne crains rien (2).

Pour moi j'en suis arrivé, par un amour plein d'affection, à rendre

---

(1) Quoique Ortiz de Zuniga dise que la reine catholique, quand naquit le prince Don Juan, nomma pour sa gouvernante (que, dans le langage de ce temps, on appelait communément nourrice), Doña Maria de Guzman, tante du seigneur de la Algaba, ainsi que l'écrit le curé de los Palacios, il est cependant très certain que Colomb adressa cette lettre à la nourrice véritable du prince, qui avait été Doña Juana de Torres, sœur de Pedro de Torres, secrétaire de Son Altesse, et d'Antonio de Torres qui partit avec l'amiral, lors de son second voyage, et dont il a été déjà question. Cette dame était en grande faveur auprès de la reine catholique qui, par lettres patentes délivrées à Grenade, le 31 août 1499, lui accorda, un traitement de 60,000 maravédis, et à sa fille, Doña Isabel de Avila, après la mort de Doña Juana, elle ordonna de lui compter, à son mariage, un million et demi de maravédis et ce, à la date d'Alcala de Herrares, du 11 juillet 1503. Depuis, par un ordre daté de la Mejorada, le 10 juin 1504, elle mandait de le lui payer, là où il lui serait plus à propos de le recevoir, et en quelque rente que ce fût, pour les années 1504 et 1505. — Le texte de cette lettre a été rectifié sur celui qui a paru dans le *Codice Colombo Americano*.

(2) Cette vision est rapportée par son fils Don Fernando (chapitre 84), quand, le lendemain de la Nativité, l'amiral se vit abandonné de tous, en 1499, en guerre avec les Indiens et les révoltés Espagnols, et, réduit à une telle extrémité que, pour éviter la mort, il quitta tout et s'embarqua dans une petite caravelle. (Voir notre récit, page 410.)

des services à nos princes, comme jamais on n'en a entendu ni vu rendre. Dieu m'a choisi pour son messager et m'a montré la route du ciel nouveau et de la nouvelle terre dont Notre-Seigneur parle par la bouche de saint Jean, dans son Apocalypse, et que le prophète Isaïe a mentionnés antérieurement.

En tout ceci, il s'est manifesté beaucoup d'incrédulité; la reine ma maîtresse, a été douée, à cet égard, de l'esprit d'intelligence et d'une extrême bravoure, et Dieu l'en a fait hériter, comme sa chère et bien-aimée fille. Je suis allé en prendre possession, en son nom royal. L'ignorance où ils étaient tous, les porta à croire qu'ils changeraient ses dispositions, en employant tout leur savoir à exagérer les inconvénients et les dépenses. Son Altesse approuvait mes plans et les a soutenus au contraire, tant que cela lui fut possible.

Sept années se sont écoulées en pourparlers et conférences, et neuf ans ont passé dans l'exécution de mes plans, exécution qui a produit des résultats très remarquables et dignes de mémoire, dans les temps actuels; tout cela n'a pas été compris : j'en suis arrivé au point qu'il n'y a pas un homme, si vil qu'il soit, qui ne songe à m'outrager; par extraordinaire, on comptera dans le monde quelqu'un qui reconnaîtra le mérite de mes actes. Si je volais les Indes ou si j'emportais la terre qu'elles contiennent (ce qui serait l'histoire de l'autel de saint Pierre), et si je les donnais aux Maures, on ne me témoignerait pas en Espagne plus d'hostilité (1).

Qui pourra croire une telle énormité, dans un pays où il y a eu toujours tant de noblesse?

Je voudrais bien me débarrasser de cette affaire, si c'était honnête de ma part à l'égard de la reine : les instances de notre Roi et de Son Altesse m'ont décidé à continuer, et, afin de la distraire de ses ennuis et de sa douleur, par suite de la mort de son fils (2), j'entrepris un nouveau voyage vers le nouveau monde et un ciel nouveau qui étaient jusque-là inconnus, et, si on ne l'apprécie pas ici, comme on l'a fait des autres contrées de l'Inde, ce n'est pas extraordinaire, parce que c'est par mon savoir qu'ils ont été découverts.

L'Esprit-Saint avait embrasé saint Pierre et, avec lui, les autres douze apôtres, et tous, ils combattirent ensemble, et éprouvèrent bien des fatigues et des peines; enfin ils remportèrent la victoire sur tous les points.

(1) L'autel de Saint-Pierre était sans doute un dicton espagnol comme celui : *d'emporter les tours de la cathédrale*, en France.

(2) Il s'agit de la mort du prince Don Juan, décédé à Salamanque le 4 octobre 1497.

J'ai la croyance que ce voyage de *Paria*, apaisera quelque peu les inimitiés, à cause des perles et de la découverte de l'or à la *Española*. Quant aux perles, j'ai donné ordre d'en pêcher et d'en recueillir, aux gens avec lesquels mon retour a été concerté, par rapport à ces perles; et, à mon avis, on les ramassera au boisseau. Si je ne l'ai pas écrit à LL. Altesses, ce fut parce que j'aurais voulu l'avoir fait auparavant pour l'or.

Ceci m'avait échappé comme beaucoup d'autres choses; je ne les perdrais pas de vue, pas plus que mon honneur, si je ne recherchais que mon bien propre et si je laissais ruiner la *Española*, où se garderont mes privilèges et mes biens. Et j'en dis autant de l'or qu'actuellement j'y avais réuni et, qu'au milieu de tant de tracas et de tourments, j'ai réussi, par la grâce divine, à conserver intact. Quand je suis allé à la côte de *Paria*, j'ai trouvé presque la moitié des Espagnols soulevés et, jusqu'à présent, ils m'ont fait la guerre comme à un Maure, et, d'un autre côté, les Indiens étaient dans une grave agitation (1). Sur ces entrefaites arriva Hojeda (2), qui mit le comble à la perturbation, en disant qu'il était envoyé par LL. Altesses, avec promesse de récompense, de privilèges et de traitement : il rassembla autour de lui une troupe nombreuse, ce qui arrive rarement à *la Española*, sauf parmi les vagabonds, et aucun de ses partisans n'avait ni femme ni enfants. Ce Hojeda me causa de sérieux ennuis, et fut obligé de s'en aller, en disant qu'il serait bientôt de retour, avec un plus grand nombre de navires et plus de monde, et qu'il avait laissé à la mort la royale personne de la reine (3).

A ce moment, Vicente Yañez arriva avec quatre caravelles; il y eut un moment de trouble et d'hésitation, mais aucun dommage. Les Indiens prétendirent avoir vu beaucoup d'autres navires du côté des

(1) Après la découverte de l'île de la Trinité, l'amiral navigua le long de la côte de *Paria;* il reconnut l'île Marguerite, mouilla, le 20 août, 1498, entre la *Beata* et la *Española*, et entra dans la rivière et le port *Santo-Domingo*, le 30 du même mois d'août; il trouva la colonie en révolution, Roldan en rébellion, lui qu'il avait nommé juge suprême; il trouva les Espagnols divisés, en guerre entre eux, et en hostilité avec les Indiens.

(2) Alonso de Hojeda arriva à la Española, le 5 septembre 1498.

(3) Roldan était réconcilié avec l'amiral, et celui-ci avait réussi à apaiser la sédition, quand Hojeda arriva et tenta de susciter de nouveaux troubles; il se targuait avec ostentation de la faveur dont il jouissait auprès de l'évêque Fonseca, l'ennemi de Colomb; mais vigoureusement corrigé, il fut obligé de sortir de la Española.

îles des Caraïbes, sur la côte de *Paria*, et ensuite parut une autre flotte de six caravelles conduites par un frère de l'alcade; mais ceci fut une malice et arriva en dernier ressort, quand j'avais perdu l'espérance que LL. Altesses eussent envoyé des navires aux Indes, et nous n'en attendions pas, parce qu'on disait dans le public que Son Altesse était morte. Un certain Adrian voulut alors se révolter comme cela avait eu lieu précédemment (1), mais Notre-Seigneur ne voulut pas que son mauvais dessein arrivât à exécution. Je m'étais proposé, en moi-même, de ne pas toucher à un cheveu de qui que ce fût, mais celui-ci, à cause de son ingratitude, ne pouvait être épargné; c'était mon avis (2) et j'aurais agi de même à l'égard de mon frère, s'il eût voulu me tuer et m'enlever le commandement que mon roi et ma reine m'avaient confié et donné en garde. — Cet Adrian, à ce qu'il paraît, avait envoyé Don Fernando à *Jaragua* pour réunir quelques-uns de ses partisans; arrivé là, il eut des démêlés avec l'alcade qui amenèrent une discorde mortelle; mais ce dissentiment n'en vint pas aux effets. L'alcade l'arrêta en dehors de sa compagnie, et le cas était grave, car l'alcade procédait aux exécutions sans me prévenir : quant aux prisonniers, on attendit une caravelle pour les renvoyer en Espagne; mais les avis d'Hojeda, que nous avons cités plus haut, avaient fait perdre l'espérance qu'il en vînt de quelque temps.

Il y avait sept mois que j'étais prêt à revenir auprès de LL. Altesses, avec les bonnes nouvelles que j'avais à leur donner quant à l'or, et cesser de gouverner des gens dissolus, ne craignant ni Dieu, ni leur roi, ni leur reine, pleins de vices et de méchanceté.

Je finissais de payer les équipages avec 600,000 maravédis, et pour cela j'avais quatre comptes de dixièmes, dont quelqu'un sans le tiers d'or.

Avant mon départ, j'avais supplié LL. Majestés, pour qu'ils envoyassent là-bas, à mes frais, un homme chargé de rendre la justice, et quand je trouvai l'alcade en révolte, je suppliai de nouveau et, cette fois, d'envoyer du monde ou d'envoyer au moins quelques serviteurs avec des lettres, attendu qu'on m'a fait ici une telle répu-

(1) Adrian Mojica avait été avec les révoltés de Roldan.
(2) Mojica ayant été pris avec d'autres révoltés, l'amiral ordonna qu'on procédât contre eux judiciairement et qu'on leur appliquât la loi selon les règles; il fut condamné à être pendu comme chef de la conjuration. C'est là le récit de Don Fernando Colomb; mais Herrera ajoute, qu'ayant refusé de se confesser pour gagner du temps, Colomb donna ordre de le pendre à un des créneaux du fort de la Conception.

37.

tation que, lors même que je bâtirais des églises, que je fonderais des hospices, on les regarderait comme des cavernes de voleurs. On y a pourvu à la fin, mais d'une façon opposée à ce qui était nécessaire et ce qu'exigeait la situation; enfin soit, puisque c'est leur bon plaisir! J'ai été là-bas deux ans sans pouvoir obtenir une prévenance de faveur pour moi, ni pour ceux qui étaient là-bas (1), et celui-ci en emporte une arche pleine. Dieu sait si le tout sera utile à son service. Déjà, pour les commencements, il y a une franchise de 20 ans; c'est la vie d'un homme, et on recueille l'or de telle manière qu'une personne en a ramassé cinq marcs en quatre heures; j'en dirai plus long à ce sujet, tout à l'heure.

S'il avait plu à LL. Altesses de consulter un peu ceux qui ont connu mes fatigues, et j'ai éprouvé plus de préjudice de la calomnie du monde que je n'ai eu de profit de mes grands services pour la garde de leurs biens et de leur autorité, c'eût été me faire une aumône, mais j'aurais eu mon honneur rétabli, et on en parlerait dans le monde entier, parce que mon entreprise est considérable, et que chaque jour elle acquerra un plus grand éclat et sera prise en plus haute appréciation.

Alors est arrivé à Santo Domingo le commandeur Bobadilla (2); moi, j'étais dans la plaine, et le préfet dans le Jaragua où cet Adrian avait levé l'étendard de la révolte, mais alors tout était apaisé, la terre prospérait, et toute l'île était en paix. Le second jour de son arrivée, il se fit gouverneur; il créa des officiers, procéda à des exécutions, décréta des franchises pour la cueillette de l'or et pour l'exemption des tributs, et de toute autre charge pour 20 ans, qui est comme je l'ai déjà dit, la vie d'un homme; il dit qu'il venait payer tout le monde, alors même qu'ils n'avaient pas fait entièrement leur service jusque-là, et il annonça publiquement que, pour moi, il devait m'envoyer en Espagne, chargé de fers, ainsi que mes frères, et il l'a fait ainsi effectivement (3); que je ne retournerais plus là-bas, ni

---

(1) Colomb revint de son second voyage à Cadix, le 11 juin 1496. Les rois catholiques le reçurent avec beaucoup de satisfaction; ils donnèrent des ordres pour préparer son troisième voyage; mais l'évêque Fonseca qui avait peu d'affection pour lui, retarda l'accomplissement de leurs ordres, jusqu'au 30 mai 1498. C'est ainsi que le raconte Ortiz de Zuniga, dans ses annales de Séville.

(2) Francisco de Bobadilla, commandeur de l'ordre de Calatrava, arriva à Santo-Domingo le 23 août 1500.

(3) Cette façon d'explication de la part de l'amiral indique qu'il écrivit cette lettre, quand il arriva prisonnier à Cadix, le 25 novembre 1500, selon Herrera (déc. 1er Lib., 4°, cap. 10).

personne de ma lignée, et disant de moi des choses discourtoises et déshonnêtes. Tout cela s'est fait le second jour de son arrivée, comme je l'ai dit, et pendant mon absence, au loin, sans que j'eusse aucune nouvelle de lui ni de son arrivée.

Des lettres de LL. Altesses, signées en blanc, et dont il avait une quantité, furent utilisées et envoyées par lui à l'alcade et à sa compagnie, avec certaines faveurs et des recommandations. Quant à moi, il ne m'envoya ni lettre ni messager et ne m'a rien dit jusqu'à ce jour. Que votre grâce songe à ce que devrait s'imaginer un homme occupant mon emploi? Honorer et favoriser ceux qui ont cherché à ravir à LL. Altesses leur autorité, et qui ont fait tant de mal et causé tant de dommages, et renverser celui qui, au prix de tant de peines et de fatigues, les a défendus?

Quand j'eus connaissance de tout cela, je crus qu'il en était comme pour Hojeda ou pour les autres; je me rassurai quand j'appris par les religieux qu'il était réellement envoyé par LL Altesses. Je lui écrivis pour lui dire que sa présence était la bienvenue, et que j'étais tout prêt à me rendre à la cour, après réalisation de ce que je possédais, qu'il ne se pressât point en ce qui concernait les franchises, que je lui remettrai toutes choses en règle, ainsi que le gouvernement aplani comme la paume de la main, et je l'écrivis de même aux religieux. Je ne reçus de réponse ni de lui ni des autres; mais lui se mit aussitôt sur le pied de guerre, et il récompensa tous ceux qui allaient à lui et lui prêtaient serment comme gouverneur pour 20 ans, m'a-t-on dit. Aussitôt que j'eus connaissance du décret concernant les franchises, je pensai à réparer une erreur si importante, et je crus qu'il en serait satisfait, attendu qu'il avait donné ces franchises sans nécessité et sans motif, pour une chose de si grande importance et en faveur de vagabonds, alors que c'eût été trop pour des gens ayant femme et enfants. Je fis publier de vive voix et par lettres, qu'il ne pouvait user de ses privilèges vu que les miens avaient plus de force, et je leur montrai les exemptions qu'avait apportées Juan Aguado.

Tout ce que je faisais là, c'était pour gagner du temps, afin que LL. Altesses fussent instruites de l'état de ces contrées, et qu'elles fussent à même de donner de nouveaux ordres, selon les besoins du service. Des franchises semblables, on est excusable de les décréter dans les Indes. Les habitants qui ont acquis des terres ont fait de bonnes affaires, parce qu'on leur a donné les meilleurs terrains et qui vaudront au bout de quatre termes de leur contrat d'acquisition, à leur plus minime estimation, 200,000 maravédis, sans qu'ils aient donné un coup de pioche sur le sol. Je ne parlerais pas de cette manière si les colons étaient mariés; mais il n'y en a pas six entre tous qui, sur l'avis de réunir leurs ressources pour remplir leurs engagements, pourraient y faire honneur. Il serait bon qu'ils fussent de la Castille, et il faudrait encore savoir leur identité et leur origine, et que ces contrées se peuplassent de gens honorables. J'étais convenu avec ces colons qu'ils donneraient le tiers de l'or qu'ils recueilleraient et les dixièmes en plus, et ceci, sur leur demande, ce qu'ils acceptèrent avec une grande gratitude envers LL. Altesses. Je les rappelai à leur devoir, quand j'appris qu'ils y manquaient; ils s'attendaient bien qu'il en agirait de même, mais cela a été le contraire; il les a ameutés contre moi en leur disant que je voulais leur ôter ce que LL. Altesses leur accordaient, et il agit de façon à me les mettre à dos; il y parvint si bien qu'ils ont écrit à LL. Altesses qu'elles ne m'envoyassent plus avec mon emploi, et je les sollicite de même pour moi et pour tous les miens, tant qu'il n'y aura pas une autre population. Alors lui, avec eux, m'ont persécuté et accablé de méchancetés telles que l'enfer n'en a jamais connu de semblables. C'est ainsi que Notre-Seigneur sauva Daniel et les trois garçons, avec tant de savoir et de force qu'il possédait, et avec un si grand apparat, parce que cela lui plut et que ce fut sa volonté.

J'aurais bien su porter remède à tout cela et à tous les autres événements qui se sont passés aux Indes, depuis que j'y suis, si ma volonté m'avait permis de ne penser qu'à moi et de ne m'occuper que de mon propre bien, si cela eût été honnête; mais je n'ai à cœur que de pratiquer et soutenir la justice et augmenter le domaine seigneurial de LL. Altesses, jusqu'à ce jour. Aujourd'hui que l'on trouve tant d'or dans cette île, les colons sont divisés sur la question de ce qui donne plus de profit, ou de voler ou d'aller travailler aux mines. Pour une femme, on trouve 100 castellanos, comme pour un domaine; c'est bien en usage, et il y a aujourd'hui de nombreux marchands qui courent la contrée à la recherche de jeunes filles: de 9 à 10, elles sont actuellement appréciées: de tous ces âges, il y a lieu de tirer profit (1); j'ajoute, qu'en disant que le commandeur ne pouvait décréter des franchises, j'agissais selon ses désirs, bien que je lui disais à lui-même que c'était pour gagner du temps, afin

---

(1) Nous avons laissé, comme dans le texte, les chiffres sans leur sujet. Est-ce neuf à dix ans qu'a voulu dire Colomb, ce qui est possible; les enfants, dans ces contrées, étant nubiles vers leur douzième année; ou bien est-ce le prix de 9 à 10 castellanos? Le lecteur choisira. Nous penchons pour neuf à dix ans.

Note du traducteur.

que LL. Altesses pussent se rendre compte de la situation de l'île, et qu'ils donnassent de nouveaux ordres, après avoir jugé ce qui convenait le mieux à leur service.

Je dis que la violence des médisances des hommes de désordre m'a causé plus de dommages que mes services ne m'ont procuré de profits; c'est d'un mauvais exemple pour le présent et pour l'avenir. Je fais serment qu'une grande quantité des hommes qui sont venus aux Indes ne méritaient pas l'eau qu'ils buvaient; ils n'étaient ni avec Dieu ni avec le monde, et aujourd'hui ils retournent là-bas.

Tous ces hommes furent tournés contre moi et il m'en fit des ennemis; quant à lui, suivant son être et ses manières, il devait, en venant, m'être déjà hostile, et bien animé contre moi, ou bien a-t-il dépensé beaucoup pour en venir là? Je ne connais de lui que ce que j'en ai ouï raconter. Je n'ai jamais entendu dire qu'un juge chargé d'une enquête innocentât des rebelles, et les prît pour témoins contre celui qui les gouvernait, et qu'il s'adressât à eux ou à d'autres individus sans foi ni loi, pour faire son instruction.

Si LL. Altesses ont ordonné de faire une instruction générale là-bas, je vous dis qu'ils regarderont comme une grande merveille que l'île n'ait pas été saccagée. Je crois que votre grâce se souviendra que, lorsque la tempête me rejeta dans la rivière de Lisbonne, je fus faussement accusé d'être allé là, auprès du roi, pour lui donner les Indes. Depuis, LL. Altesses apprirent le contraire et que tout ce bruit était l'effet d'une méchanceté. Bien que je sache peu de chose, je ne sais qui pourrait me croire assez sot pour que j'ignorasse qu'alors même que les Indes seraient à moi je ne pourrais pas m'y maintenir sans l'aide d'un prince. S'il en est ainsi, où pourrai-je trouver un plus puissant appui et une plus grande sécurité pour n'être pas chassé de toutes ces possessions, qu'auprès du roi et de la reine, nos Seigneurs, qui de rien m'ont élevé à de si grands honneurs, et sont, sur terre et sur mer, les plus grands princes du monde? Ces princes me tiennent compte de mes services, et me gardent mes privilèges et mes traitements; et si quelqu'un me les ravit, LL. Altesses me les augmentent avec des avantages, comme cela s'est vu, au cas de Juan Aguado; elles m'ont fait rendre de grands honneurs et, comme je l'ai déjà dit, LL. Altesses ont reçu de moi des services, et elles ont mes enfants au nombre de leurs serviteurs, ce qui, en aucune manière, ne pourrait avoir lieu avec un autre prince, parce que là où il n'y a pas d'amour tout le reste cesse.

J'ai dit maintenant tout ceci à l'encontre d'une calomnie répandue avec méchanceté, et je l'ai dit contre ma volonté, parce que ce sont des choses qui ne devraient pas, même en [songe, venir à la mémoire; parce que les manières et les actes du commandeur Bobadilla dans cette circonstance, c'est avec méchanceté qu'il prétend les justifier; mais je lui ferai sentir, du bras gauche, que son peu de savoir et sa lâcheté, joints à une ambition désordonnée, l'ont fait tomber dans l'erreur.

J'ai déjà dit comment je lui ai écrit, ainsi qu'aux religieux, et, bientôt après, je suis parti, comme je l'ai dit, bien seul, parce que tout le monde était avec le préfet, et aussi pour ne pas éveiller ses soupçons. Et lui quand il l'a appris, il a fait arrêter Don Diego, et l'a envoyé prisonnier et chargé de fers, dans une caravelle et, à mon arrivée, il en a fait autant de moi, et de même du préfet, quand il revint (1). Et je ne lui ai plus parlé, et il n'a plus voulu que personne me parlât, et je fais serment que je ne peux m'imaginer pourquoi j'ai été arrêté.

Le premier soin qu'il a eu, ce fut de prendre l'or, qu'il saisit, sans poids ni mesure, et, en mon absence, il prétendit qu'il voulait payer les gens avec cet or, et, selon ce que j'ai entendu dire, il se fit pour lui la plus grosse part. Et il envoya, pour faire des échanges, de nouveaux agents. De cet or, j'avais réservé et mis à part certains échantillons, des grains très volumineux, de la grosseur d'un œuf d'oie, d'un œuf de poule ou de poulette, et de plusieurs autres formes, que certains avaient recueillis en fort peu de temps, que LL. Altesses auraient eu plaisir à voir et qui leur aurait fait comprendre les avantages de cette opération; avec ces échantillons, il y avait une quantité de grosses pierres pleines d'or. Ce premier acte fut accompli avec mauvaise intention, afin d'empêcher LL. Altesses de s'occuper de cette opération, jusqu'à ce qu'il ait fait son nid qu'il a trouvé de bonne prise. L'or qu'il y avait à fondre aurait pu donner, en déchet, une chaîne pesant au moins 20 marcs, ce qui ne s'est jamais vu. J'ai éprouvé, de la prise de cet or, un grave mécontentement, et encore plus peut-être des perles que je n'ai pu emporter pour les montrer à LL. Altesses.

Le commandeur mit en œuvre tout ce qu'il jugea pouvoir me porter préjudice. J'ai dit déjà qu'avec 600,000 maravédis, il pouvait payer tout le monde sans frustrer personne, et il y avait là plus de quatre millions provenant de tributs ou d'amendes, sans qu'on eût

---

(1) Ce passage, d'une concision remarquable et d'une admirable simplicité, est d'un effet saisissant, et l'on se demande de quelle folie était atteint cet homme qui, sans mandat exprès, osait arrêter un amiral, lui, agent subalterne, et un vice-roi aussi éminent que Christophe Colomb?

                 **Note du traducteur.**

à toucher à l'or. Il a fait des largesses qui excitent le rire, quoique je crois qu'il a commencé par lui-même pour la plus forte part. Là-bas, LL. Altesses l'apprendront, quand elles enverront lui demander des comptes et spécialement, si je me trouvais là. Il ne fait que répéter que l'on doit une forte somme; c'est celle que j'ai déclarée et même pas autant. J'ai été excessivement contrarié qu'on ait envoyé un vérificateur après moi, sachant que, si l'enquête dont il donnerait le résultat était très grave, il resterait avec l'emploi de gouverneur. Plût à Dieu que LL. Altesses l'eussent envoyé, lui ou tout autre, deux ans auparavant, parce que je sais bien que je serais déjà quitte de ces infamies et de ce scandale, et je ne sais pas aujourd'hui si mon honneur ne sera pas compromis. Dieu est juste, et il doit faire que l'on sache le pourquoi et le comment. Ici on me prétend juger comme un gouverneur qui a résidé à Cécilia, dans une cité ou dans une ville ayant des règlements, et où les lois peuvent être exécutées dans toute leur rigueur sans crainte de tout compromettre.

Moi, je dois être jugé comme un capitaine qui est allé de l'Espagne à la conquête des Indes, aux prises avec une nation belliqueuse et nombreuse, ayant des mœurs et des coutumes très opposées aux nôtres; qui habite des gorges et des montagnes, sans ville ou villages établis, et nous-mêmes sans résidences et où, par la volonté divine, j'ai établi l'autorité du roi et de la reine, nos seigneurs, et j'ai créé un autre monde; et, par suite de cette création, l'Espagne, qui était réputée pauvre, est devenue riche.

Moi, je dois être jugé comme un capitaine qui, depuis tant de temps jusqu'à ce jour, porte les armes au dos, sans les laisser une heure, comme un cavalier, un conquérant en service, et non comme homme de lettres, à moins que ce ne fût comme les auteurs grecs ou romains, ou les écrivains modernes dont il y a en Espagne tant de nobles exemples, car autrement j'éprouve un grave échec, attendu qu'il n'y a, dans les Indes, ni village ni établissement.

Pour l'or et les perles, aujourd'hui la porte est ouverte, ainsi que pour une quantité de pierres précieuses, d'épices et d'autres milliers d'objets que l'on peut espérer récolter d'une manière certaine, et je souhaiterais qu'il ne m'arrivât jamais plus de mal que les produits de mon premier voyage réalisé au nom de Notre-Seigneur, qui peuvent être comparés à ceux de l'Arabie heureuse jusqu'à la Mecque, comme je l'ai écrit à LL. Altesses, par Antonio de Torres, lors de la séparation de la mer et de la terre convenue avec les Portugais; et venir ensuite à ce qui concerne le pôle arctique, comme je l'ai dit et l'ai donné par écrit, au congrès du monastère de la Mejorada.

Les nouvelles que j'ai annoncé devoir donner relativement à l'or, c'est que le jour de la Nativité, me trouvant très affecté, en guerre avec les mauvais chrétiens et avec les Indiens, sur le point de tout abandonner et de m'ôter la vie, Notre-Seigneur m'a miraculeusement consolé et m'a dit : « Courage, ne t'abandonne pas et ne crains rien; « je pourvoirai à tout; les sept années du terme d'or ne sont pas « écoulées et, pour l'un comme pour l'autre, je te donnerai le re- « mède. »

Ce jour-là, j'appris qu'il y avait 80 lieues carrées de terrain, couvert de minerai d'or, et il semble aujourd'hui que tout cet espace est pareil. Quelques-uns ont ramassé jusqu'à 120 castellanos dans un jour, et je sais qu'on est allé jusqu'à 250. De 50 à 70 et en grand nombre de 20 à 50, c'est considéré comme une bonne journée, et beaucoup continuaient dans ces conditions; la journée commune va de 6 à 12; celui qui va au-dessous n'est pas content. Il paraît d'ailleurs que ces mines sont comme les autres; elles ne produisent pas chaque jour également; les mines sont neuves et les mineurs sont novices. Les apparences aux yeux de tous, sont que, alors même que toute la Castille irait là-bas, et pour aussi ignorant que l'on soit, on peut recueillir un castellano ou deux par jour, et il en est ainsi aujourd'hui, sans se donner de peine.

A la vérité, celui qui a avec lui un Indien fait cette récolte, mais le profit est pour le chrétien. Voyez quelle finesse a montrée Bobadilla, en donnant pour rien les quatre millions du tribut, sans aucune raison, sans s'être informé et sans en avoir référé à LL. Altesses, et ce n'est pas le seul dommage qu'il a causé. Je sais que ma mise aux fers n'a pas eu lieu dans le but de mal faire, et je pense que LL. Altesses le croient comme je le dis; et je sais et je vois qu'ils usent de miséricorde envers ceux qui les desservent malicieusement. Je crois et je tiens pour très certain qu'elles agiront mieux et avec plus de pitié envers moi qui suis tombé innocemment et par la force des choses, quand elles sauront plus tard et complètement ce que je suis, qu'elles considèreront mes services et qu'elles reconnaîtront combien chaque jour elles sont favorisées. Qu'elles pèsent le tout dans la balance, ainsi que la sainte Écriture nous apprend que seront jugés le bien et le mal, au grand jour du jugement. Si LL. Altesses ordonnent qu'un autre me juge, ce que je n'espère pas, et que ce soit à la suite d'une enquête dans les Indes, je les supplie humblement d'envoyer là-bas deux personnes consciencieuses, et honorables, à mes frais, et qui trouveront facilement que l'on recueille aujourd'hui cinq marcs d'or en quatre heures; avec lui et sans lui, il est très nécessaire qu'elles le constatent.

Le commandeur, à son arrivée, s'est présenté dans ma maison; telle qu'il l'a trouvée, il l'a considérée comme si elle lui appartenait; Eh bien! à la bonne heure! il en avait probablement besoin; mais corsaire n'en usa jamais d'une telle façon avec un marchand. J'ai la plus vive crainte pour mes écritures; je redoute qu'il me les ait prises aussi; jamais on n'a pu lui en arracher une, et, celles qui devaient m'être le plus avantageuses pour ma décharge, sont celles qu'il cache le mieux. Voyez quel honnête et juste enquêteur! Quoi que ce soit qu'il ait fait, on me dit que cela n'a pas dépassé les bornes de la justice. Sous réserves absolues. Dieu, Notre-Seigneur, est là, qui, dans sa puissance et son savoir, comme il en a la coutume, châtie en tout cas, spécialement, l'ingratitude et les outrages.

De cette lettre, si intéressante, si pleine de détails intimes, où Christophe Colomb se montre tour à tour abattu et ranimé par l'espérance, tantôt plein d'humilité vis-à-vis de ses souverains, tantôt se relevant avec fierté, quand il parle de ses services, et où respire une sincérité et une honnêteté incontestables, il a été fait une copie par D. J. B. Muñoz; elle existe dans un volume de sa collection de M. SS. des Indes qui se trouve à la royale Académie de l'Histoire, sous le titre extérieur de *Voyages de l'amiral Christ. Colomb*, et dont le texte a été corrigé sur celui qui a été arrêté et publié dans le *Codice Colombo Americano*, imprimé à Gênes en 1823, et que l'on dit avoir été dans le monastère de Santa Maria de Las Cuevas, à Séville.

## QUATRIÈME ET DERNIER VOYAGE.

Le roi et la reine. — Don Christoval Colon, notre amiral des îles et de la terre ferme, qui se trouvent dans l'Océan dans la partie des Indes : Nous avons vu votre lettre du 26 février et celles que vous avez envoyées avec elle, et les mémoires que vous nous indiquez et, quant à ce que vous dites pour ce voyage que vous allez entreprendre, que vous désireriez passer par *la Española*, nous vous avons déjà dit qu'il n'y a aucune raison pour qu'on perde du temps, dans ce voyage; en tout cas, pour celui-ci, prenez un autre chemin et, au retour, s'il plaît à Dieu, s'il vous paraissait nécessaire, vous pourrez revenir par là, en passant, pour vous arrêter peu de temps, parce qu'il convient comme vous le voyez, qu'à votre retour de ce voyage, où vous allez aujourd'hui, nous soyons promptement informés, par vous personnellement, de tout ce que vous aurez trouvé dans ce parcours et de ce que vous aurez fait afin que, selon qu'il vous paraîtra et avec vos conseils, nous pourvoyions à ce qui sera le plus profitable à notre service, et pour qu'on se procure ici les objets nécessaires aux échanges.

Ici nous vous envoyons l'instruction de ce que, avec le bon plaisir de Notre-Seigneur, vous avez à faire dans ce voyage et, quant à ce que vous dites du Portugal, nous écrivons à ce sujet, au roi de Portugal notre fils, ce qui convient, et nous vous envoyons ici notre lettre que vous demandez pour son capitaine, dans laquelle nous lui faisons connaître votre voyage vers l'ouest, et que nous avons appris son départ pour le levant et, si vous vous rencontrez en route, vous vous traiterez l'un et l'autre en amis, et comme il est raisonnable de se traiter entre capitaines de rois, entre lesquels il existe tant de devoirs d'affection et d'amitié, en lui disant que nous vous avons mandé d'agir de même, et nous ferons en sorte que le roi de Portugal, notre fils, écrive une autre lettre semblable à son capitaine.

Quant à ce que vous nous suppliez que nous trouvions bon que vous emmeniez avec vous votre fils Fernando, et que le traitement que nous lui donnons revienne à Don Diego, votre fils, cela nous est agréable.

Pour ce que vous dites que vous désirez emmener un ou deux sujets sachant l'arabe, cela nous paraît bien, pourvu que pour cet objet, vous ne vous retardiez pas.

Eu égard à ce que vous dites qu'une partie du gain sera donnée aux gens qui vont avec vous, dans ces navires, nous désirons qu'ils y aillent de la même manière que les autres y sont allés.

Quant aux 10,000 pièces de monnaie dont vous parlez, il a été convenu qu'on ne les ferait pas pour ce voyage jusqu'à plus ample renseignement.

Pour la poudre et l'artillerie que vous demandez, nous vous avons déjà mandé de vous en pourvoir comme vous le jugerez à propos.

Relativement à ce que vous dites que vous n'avez pas pu parler au Docteur Angulo et au licencié Zapata, à cause du départ, écrivez-nous, à ce sujet, longuement et particulièrement.

En ce qui concerne les autres sujets contenus dans vos mémoires et dans vos lettres, par rapport à vous, à vos enfants et à vos frères, attendu que, vous le voyez, nous sommes en voyage et vous en partance, et qu'on ne peut s'entendre à ce sujet, jusqu'à ce que nous soyons en repos quelque part, et que, si vous deviez attendre pour cela, le voyage serait perdu ; par ces motifs, il vaut mieux, qu'aussitôt que vous aurez préparé tout ce qui vous est nécessaire pour ce voyage et que vous serez prêt, vous partiez de suite, sans aucun délai, et que vous laissiez à votre fils le soin de solliciter les objets convenus dans les dits mémoires ; tenez pour certain que votre emprisonnement nous a été fort pénible, et vous l'avez bien vu, et tout le monde l'a clairement reconnu, car, aussitôt que nous l'avons su, nous avons donné l'ordre d'y porter remède, et vous savez avec quelle faveur nous vous avons toujours traité et avons mandé de le faire ; aujourd'hui nous sommes encore plus disposés à vous honorer et à vous très bien traiter, et les récompenses que nous vous avons allouées vous seront conservées entièrement, en leur forme et teneur, des privilèges que nous vous avons accordés en leur vertu, sans aller à l'encontre en quoi que ce soit, et vous et vos fils en jouirez comme il est juste ; et, s'il était nécessaire de les confirmer de nouveau, nous les confirmerions, et nous donnerons ordre de mettre votre fils en possession de tout cela ; en plus de ceci, nous avons la volonté de vous honorer et de vous accorder des faveurs, et, quant à vos fils et à vos frères, nous en prendrons le soin qui est juste, et tout ceci pourra se faire, vous conservant vos grands honneurs, et vos emplois restant à votre fils, comme cela a été dit et, en conséquence, nous vous prions de n'apporter aucun retard à votre départ.

De Valencia de la Torre, le quatorzième jour de mars de l'année 1502.

Moi le roi,                                               Moi la reine.

Par ordre du roi et de la reine.

Miguel Perez de Almazan.

Il faut remarquer, dans cette lettre, l'insistance du roi pour le prompt départ de l'amiral, pour un voyage que ce dernier n'avait sollicité que pour sortir d'une trop longue inaction. (Voir notre récit dans cette période de temps.)

(Note du Traducteur.)

## INSTRUCTION POUR L'AMIRAL.

Le roi et la reine : Don Christoval Colon notre amiral des îles et de la terre ferme qui se trouvent dans l'Océan, dans la partie des Indes. Ce que vous avez à faire dans le voyage que vous allez entreprendre par notre ordre, c'est ce qui suit :

Premièrement, vous devez vous occuper de mettre à la voile, avec les navires que vous emmenez, le plus promptement que vous pourrez, puisque tout ce qui était nécessaire pour parer à votre expédition a été fait, et que les équipages qui vont avec vous ont été payés, puisque le temps actuel est très favorable pour la navigation, selon la longueur du voyage qu'avec l'aide de Dieu vous devez poursuivre, tout le temps, d'ici en avant, et il est bien nécessaire de l'accomplir avant la venue de l'hiver.

Vous devez suivre votre route, en ligne droite, si le temps ne vous force à aller en sens contraire, afin de découvrir les îles et la terre ferme qui existent aux Indes, dans la partie qui nous incombe, et, s'il plaît à Dieu que vous trouviez ou découvriez les dites îles, vous devez monter avec les navires que vous emmenez et entrer dans les dites îles ou terre ferme, en veillant à votre sécurité et à celle des gens que vous conduisez, le plus qu'il vous sera possible; et vous devez prendre possession, pour nous et en notre nom, des dites îles et terre ferme que vous aurez ainsi découvertes; et vous devez nous informer de l'étendue de ces îles, en faire mention, ainsi que des gens qui les habitent, de leur naturel, afin que vous nous apportiez un rapport complet de tout ce qui les concerne.

Vous aurez à voir, dans ces îles et terre ferme, les quantités d'or, d'argent, de perles, de pierres précieuses, d'épices et autres objets qu'elles possèderaient, leurs modes d'extraction, de culture et de récolte, et faire de tout cela un rapport auprès de notre notaire officiel que nous envoyons avec vous à cet effet, afin que nous sachions toutes les choses qui se trouveraient dans les dites îles et terre ferme.

Vous avez à donner ordre de notre part, qu'aucune personne n'aie l'audace de faire des échanges de marchandises, ni de toute autre chose, contre de l'or, des perles, des pierres précieuses, des épices, et d'autres objets de quelque nature qu'ils soient, à moins que vous ne les signaliez et dénommiez vous-même, d'un commun accord, et en présence de notre notaire officiel précité, lequel aura soin de prendre par écrit les noms de ces personnes qui iront faire ces échanges, sous l'obligation de leur part de fidèlement et entièrement indiquer et montrer les objets qu'ils troqueront en votre présence et celle du dit notaire officiel, sans cacher aucun objet. Et qu'ils soient bien convaincus que, pour quelque chose que ce soit qu'ils cèleraient, ils tomberaient sous le coup de la perte de leurs biens, et leurs personnes à notre merci.

Tout ce qui s'échangera ou se produira dans les dites îles et terre ferme, comme l'or, l'argent, les perles, et pierres précieuses, les épices et autres objets doit être remis à Francisco de Porras, en votre présence, et celle du notaire officiel que nous vous envoyons, lequel doit tenir un livre de tout cela, et ce livre devra être signé par vous, par le notaire en question et par la personne intéressée, afin qu'en vertu de ce livre, on en donne charge à Francisco Porras, et que nous sachions nous-mêmes ce qui en est.

Des gens que vous emmenez, vous devrez laisser dans les îles que vous découvrirez ceux que vous jugerez nécessaires, et vous aurez à considérer qu'ils soient bien pourvus de provisions le mieux que cela pourra se faire, et à veiller à leur sécurité personnelle.

Tous les capitaines, maîtres d'équipages, marins, pilotes et hommes d'armes qui auront été embarqués dans les dits navires que vous emmenez, doivent obéir à vos ordres et exécuter vos commandements, comme si nous les ordonnions nous-mêmes, et vous devez les traiter comme des personnes, qui vont à notre service, pour un travail pareil; et vous aurez, depuis le jour de votre départ, jusqu'à celui de votre retour, le droit de justice civile et criminelle envers eux, et nous leur ordonnons de vous obéir comme cela a été déjà dit.

En outre, à l'époque où, s'il plaît à Dieu, vous opérerez votre retour, notre notaire officiel précité doit revenir avec vous, et vous devez nous rapporter la relation entière, la plus complète et la plus longue possible, de tout ce que vous aurez découvert, des nations et des habitants de ces dites îles et terre ferme que vous aurez trouvées, et vous ne devrez pas emmener d'esclaves; mais, si bénévolement quelqu'un de ces naturels veut venir avec vous, pour prendre langue et avec intention de retourner, emmenez-le.

De même, et afin qu'entre les gens, il ne se puisse rien cacher des échanges que vous ferez, dans les navires; de ce qui n'aurait pas été montré ni livré, vous aurez à vérifier tout ce que chaque homme apportera dans les navires, et notre dit notaire officiel devra en dresser un inventaire signé de votre nom et du sien, afin qu'à l'époque où vous débarquerez, s'il plaît à Dieu, on voie, par suite de cet ordre, s'ils emportent autre chose de plus que ce qu'ils auront montré, parce que, s'ils en ont fait l'échange, ce sera perdu pour eux et, de plus, ils tomberont sous le coup de la peine qui a été indiquée ci-dessus.

Lesquelles choses qui ont été dites, nous vous ordonnons, de les faire et accomplir, selon les formes et manières qu'elles comportent, sans excéder en aucune façon leur indication, et, s'il se présentait d'autres cas, en sus de ceux susmentionnés et que l'on doit prévoir, pour l'accomplissement des soins de notre service, et pour le bon recouvrement des revenus de notre domaine, pourvoyez-y du mieux que vous croirez utile à notre service, et, pour cet objet, nous vous donnons, par cette présente instruction, nos pleins pouvoirs; et nous mandons et ordonnons aux dits capitaines, maîtres d'équipage, marins, pilotes et hommes d'armes, qu'ils remplissent tout ce qui est conforme à cette instruction, qui est de nous, et vous les commanderez de notre part, sous les peines que vous leur infligerez, ou leur ferez infliger de notre part; peines que nous vous donnons pouvoir de faire exécuter contre eux et contre leurs biens.

Datée de Valencia de la Torre, le quatorzième jour du mois de mars de l'année 1502.

  Moi le roi,          Moi la reine.
  Par ordre du roi et de la reine.

       Miguel Perez de Almazan.

Le lecture de cette instruction a un certain intérêt; elle donne une idée de l'exclusivisme et de l'absolutisme de l'autorité royale. La couronne garde tout pour elle et, si elle autorise des exceptions, c'est à des conditions draconiennes; avec quel soin, quelle minutie de précautions elle se prémunit contre les détournements! Quelles peines excessives elle édicte contre les délinquants! la confiscation des objets cachés ou détournés et la saisie de leurs biens!

Et vraiment elle n'a pas la main heureuse dans le choix de ses mandataires. Ici encore, ce Francisco Porras, qui est chargé de la garde de toutes les richesses résultant des échanges, devient avec son frère, le capitaine d'un des navires, l'un des chefs de la conjuration qui, à la Jamaïque, tente d'assassiner Colomb! C'est à l'égard du malheureux amiral, le confrère de Roldan, de Ojeda, de Bobadilla et d'Ovando! Aux mains de quels sauvages, notre éminent navigateur était tombé! (Voir notre récit de la révolte de la Jamaïque.)

Note du Traducteur.

### *Lettre de LL. Altesses pour le capitaine de la flotte du Roi de Portugal.*

Nous le Roi et la Reine de Castille, de Léon, d'Aragon, de Sicile, de Grenade, etc. Nous vous adressons nos salutations, à vous... (1), capitaine du Sérénissime roi de Portugal, notre fils, et nous vous faisons savoir que nous envoyons l'amiral **Don Cristoval Colon**, porteur de celle-ci, avec plusieurs navires, où ils ont coutume d'aller, et leur voyage est vers le couchant, et comme nous avons appris que le dit roi de Portugal, notre fils, vous envoie, avec un certain nombre de navires, du côté du Levant, et qu'il pourra survenir que vous vous rencontriez en route, nous avons donné ordre au dit amiral, Don Christoval Colon, si vous vous rencontrez, de vous traiter l'un et l'autre comme amis, et comme capitaines des sujets de rois entre lesquels il existe tant de devoirs, d'amour et d'amitié, et conséquemment, nous vous prions d'agir ainsi de votre côté.

A Valencia de la Torre, le quatorzième jour de mars 1502.

Moi le roi,                                    Moi la reine.

ALAMAZAN, secrétaire.

Ensuite il fut envoyé une autre lettre de la même teneur que celle ci-dessus.

(1) Le nom du capitaine destinataire est en blanc dans l'original.

# RELATION DU VOYAGE

*A la terre nouvellement découverte par l'amiral
Christophe Colomb.*

L'amiral mit à la voile, de la baie de Cadix, avec les quatre navires qu'il emmena, le mercredi, onzième jour de mars 1502, et prit la route des îles Canaries et de l'île de Fer (1). L'amiral donna ordre de détourner à l'ouest quart sud-est, pour aller dans les Indes, et il se dirigea de là vers ces îles, le vingt-six du dit mois.

Le mercredi matin, le quinzième jour du mois de juin, il prit terre dans une île qui s'appelle *Matinino* (2), l'une des principales îles des Indes, située à 300 lieues avant d'arriver à la *Española* et, dans la route, l'amiral demanda à ses hommes ce qu'il leur semblait de la mer, et il leur rendit compte comment et par où il comptait suivre sa route : il se dirigeait sur la route de la *Española*, là il s'arrêta quelques jours sans marcher et sans entrer dans le port de Santo-Domingo. Mais lorsqu'il eut envoyé un de ses hommes à terre, dans l'île, on ne sait pas ce qui survint, mais on quitta le mouillage, en aval du port où résidait le gouverneur.

L'amiral partit de cette île le jeudi, quatorzième jour de juillet, et prit la route de l'ouest; le samedi suivant, il arriva à l'île de la Jamaïque (3), d'où il devait auparavant prendre route pour aller à la découverte. Il ne s'y arrêta pas; il suivit pendant quatre jours la route de l'ouest quart sud-est, sans rencontrer d'autre terre; pendant deux autres jours, il navigua au nord-ouest et, durant deux autres jours, au nord. Le dimanche, vingt-quatrième jour du même mois, on vit la terre; les navires avaient beaucoup plus dérivé qu'on ne pensait à cause des courants. On alla reconnaître une île basse (4) d'où on suivit sa route pour aller à la découverte. De cette île, qui avait été déjà découverte et qui est contiguë à l'île de Cuba,

---

(1) Il arriva à la grande Canarie le 20 mars.
(2) L'île de Sainte-Lucie.
(3) Aux Cayis de Moianto.
(4) Ile Caïque longue.

la flotte prit son essor pour aller à la découverte. Elle partit de là le vingt-septième jour du dit mois, un mercredi. Elle traversa un petit golfe dont l'étendue était d'environ 90 lieues; la route fut suivie au sud quart sud-ouest.

Le samedi suivant, on vit la terre. C'était une île (1), et ce fut la première terre qu'on découvrit; elle est petite, d'environ 20 lieues, et elle n'a rien de bien avantageux. Les Indiens montrèrent à l'amiral des grains d'or et des perles; ils étaient émerveillés des poils de nos barbes et ils demandaient à en avoir; ce sont des hommes de guerre, armés d'arcs et de flèches et gens de belle stature.

De cette île, on apercevait une autre terre très élevée (2) et voisine, on y arriva par le sud; elle est à peu près à 10 lieues de l'île. Là, on prit un Indien pour prendre langue à cette grande terre, et celui-ci indiqua les noms de quelques provinces de cette terre; l'amiral entra dans le port, et il appela cet endroit Punta de Caxinas (3). De cette pointe, il commença ses découvertes, sur cette côte et, comme les vents étaient contraires, on marcha très peu; pendant le jour, on ne s'éloigna jamais de la côte et, la nuit, on se rapprochait tout près de la terre; la côte est très dangereuse ou elle le parut ainsi, cette année, étant très sujette aux tempêtes, les eaux tumultueuses et le ciel en courroux; en voyant la terre, il marchait avec plus d'assurance, comme quelqu'un qui partirait du cap Saint-Vincent, pour aller au cap Finistère, irait avec facilité, en ne perdant pas la terre de vue.

A quinze lieues en avant de la pointe ci-dessus mentionnée, il fit prendre possession de la terre, en entrant dans une grande rivière qui débouchait de la haute région, et qu'il nomma rivière de la possession (4).

Passant de là plus avant, la terre se trouva très basse, avec des gens très sauvages, et offrant peu d'avantages. Presque à l'extrémité de cette terre basse, il découvrit un cap auprès duquel la navigation fut la plus difficile qu'on eût rencontrée jusque-là; il lui donna le nom de *Gracias á Dios* (5).

Il passa devant et il arriva à une province qu'on appelle *Cariai* et qui est une terre d'une hauteur considérable (6).

(1) Ile Guanaya.
(2) La côte de Trujillo.
(3) La pointe de Castillo et le port de Trugillo.
(4) Rio Tinto.
(5) Il arriva à ce cap le quatorzième jour de septembre.
(6) La côte des Mosquitos, d'où il partit le 25 novembre.

On y trouva des habitants ayant de très bonnes dispositions, très fins et très curieux de savoir; ils s'étonnaient à l'extrême, à la moindre des choses qu'on leur montrait; quelques-uns d'entre eux nous firent voir quelques grains de *guani* (1); ils avaient des tissus de coton; ils vont tous entièrement nus, sur toute cette côte, seulement les hommes et les femmes couvrent leurs parties honteuses avec des morceaux d'une espèce de toile qu'ils font avec des fils d'écorce d'arbres; ils ont tous le corps et le visage peints comme les Barbaresques; nous avons vu, dans cet endroit (2), des porcs et des chats des montagnes, très grands, et on en apporta aux navires; on prit également là des Indiens pour interprètes, qui se montrèrent quelque peu mécontents (3).

De là, l'amiral passa plus avant, et, comme il allait à la recherche d'un détroit qu'il pensait trouver par là, il inspectait les baies et les rivières, et il arriva à une grande baie (4); le nom de cette terre est Cerabaro (5). C'est là qu'on trouva le premier échantillon d'or fin qu'un Indien portait sur la poitrine et qui avait la forme d'une patène; on en fit l'échange; on prit là également quelques Indiens, pour obtenir d'eux des informations relativement aux lieux où se trouvait cet or. Là commencèrent les échanges qui se continuèrent sur toute la côte.

D'après les renseignements que lui fournirent les Indiens, il arriva à une grande baie (6) que l'on appelle *Abuama*. A cet endroit la terre était très élevée et raboteuse; les populations étaient établies dans les montagnes; on trouva là un Indien qui dit que plus avant, en allant sur la côte, à demi journée de marche, il y avait ce que nous cherchions. Les habitants de toute cette côte sont tellement sauvages et si défiants dans chaque province, qu'à 20 lieues de distance, ils ne se comprennent pas les uns les autres.

De cette baie il arriva à une rivière qui se nomme Guyga (7), d'où sortirent, en canot, un grand nombre d'Indiens, armés de lances et de flèches, et quelques-uns d'entre eux portaient des miroirs en or placés sur la poitrine; ces populations sont d'un naturel à regretter

---

(1) Le *Guani* ou *Guanin* est un or à bas titre.
(2) Dans les ports de Blewfield et Saint-Jean-de-Nicaragua.
(3) Voir le récit que fait à ce sujet Don Fernando Colomb, qui était également présent, chapitre 91 de son histoire. — Nous avons aussi donné ce récit. Voir notre *Histoire*, page 489.
(4) Baie de l'amiral et embouchure *del Toro*.
(5) Don Fernando Colomb l'appelle *Zerabora*.
(6) La lagune de *Chiriqui*.
(7) La rivière de Veragua, Don Fernando Colomb l'appelle *Guagi*.

les échanges dès qu'elles les ont faits, et paraissaient préférer leurs joyaux aux nôtres; cette terre est anfractueuse du côté de la mer, elle est couverte de bois épais; il n'y a aucune population sur la côte; on n'en trouve qu'à deux ou trois lieues dans les terres, et elles ne peuvent aller par mer près des villages et seulement par les rivières, dans leurs canots.

De là, il passa plus avant et arriva à une autre province qui s'appelle *Cobraba* (1) et, dans le moment, comme il n'y avait pas de fort, on se contenta de prendre un Indien pour interprète et on ne s'y arrêta pas plus longtemps; il parcourut toute cette côte de Veragua à l'aller, sans en connaître l'intérieur; il se borna à aller en avant pour découvrir plus de terres, et après avoir dépassé ce point, il semblait qu'il y avait moins d'or.

La dernière découverte, fut une terre où l'on trouva un port très petit que l'on appela *Puerto del Retrete* (2) et là les Indiens ne portaient que des anneaux d'or à bas titre. Déjà, en cet endroit, apparaissaient des traces nombreuses des coutumes et des usages des Indiens de la Côte des perles; et dans quelques cartes marines, cette terre était placée tout près de celle qu'avaient découverte Hojeda et Bastide; qui est la Côte des perles, c'est en résumé la terre dont Colomb a découvert à présent 350 lieues.

De ce port, il retourna à la terre qui était restée en arrière, car, d'après les informations de l'Indien qui lui servait d'interprète, et qui disait que plus loin il n'y avait plus d'or, les mines se trouvaient dans la contrée de *Veragua;* il arriva à la rivière de *Veragua* et, comme il n'y avait pas d'entrée pour les navires, il se trouva très près de là une autre rivière qui s'appelle Cobraba (3) et il y fit entrer les navires qui coururent de grands dangers. Ce fut le mardi, dixième jour de janvier 1503, que les navires firent leur entrée dans cette rivière, dans la terre même de *Veragua.*

L'amiral s'informa bientôt, auprès du cacique, où se trouvaient les mines; celui-ci les lui indiqua de très bonne volonté, et il agit de même en envoyant deux de ses fils avec les chrétiens, pour leur indiquer les mines; ils témoignèrent un extrême bon vouloir envers les chrétiens, et les mines furent découvertes vingt-six jours après

---

(1) Don Fernando Colomb l'appelle *Cabrara.*

(2) Le port des Écrivains, où il entra le samedi 26 novembre.

(3) Don Fernando Colomb dit que les Indiens l'appelaient *Kiebra.* L'amiral l'appela de *Belen*, parce qu'il y mouilla près du jeudi de l'Épiphanie, et le lundi, 9 janvier 1503, il entra dans cette rivière avec deux de ses navires. Les deux autres entrèrent le jour suivant.

l'entrée des navires dans cette rivière; elles sont éloignées de huit lieues du port que l'on nomme *Santa-Maria de Belen :* c'est une terre rugueuse, couverte de montagnes et sillonnée de nombreux cours d'eaux; une de ces rivières traverse trente-neuf fois la route qui y conduit. Nous trouvâmes plusieurs mines ouvertes par ces mêmes Indiens et creusées à moitié des filons; ils sont très habiles pour l'extraction de l'or. Nous y allâmes soixante-quinze hommes et, dans le travail d'un jour nous recueillîmes, sans aucun appareil, 263 castellanos, et cela dans les mêmes mines que les Indiens avaient exploitées; l'or est en très petits morceaux. Nous n'y sommes pas retournés. Le point le plus éloigné où l'on est allé à l'intérieur des terres est à 10 lieues environ. On n'apprit rien de plus des mystères de cette terre, sinon qu'il y avait, dans l'intérieur, des villes plus importantes et, comme les habitants étaient des gens peu véridiques, l'amiral ne jugea pas à propos d'aller les visiter.

L'amiral, peu de temps après, fit prendre le cacique et on lui causa de grands dommages; son village fut brûlé; c'était le plus considérable de la contrée, et qui possédait les plus belles maisons construites en bon bois toutes couvertes de feuilles de palmier; on prit également ses fils, et on en amena quelques-uns aux navires, ce qui mécontenta toute la contrée (1); je ne peux pas rendre compte de ceci, sinon que cela se fit par ordre et au su de tout le monde.

On quitta ce pays, parce que les Indiens, après qu'on eut pris le cacique, se ruèrent sur l'établissement des chrétiens, où ils entrèrent et en blessèrent plusieurs; un des navires resta abandonné, ne pouvant sortir à cause de sa trop forte calaison; un autre périt sur la côte, ayant été plus endommagé que les autres par le mauvais temps, parce qu'il était plus vieux; et avec les autres deux, on se dirigea vers la *Española* que l'on disait n'être éloignée de là que de 150 lieues (2); il dut s'arrêter à une terre dépendante de *Cuba*, à plus de 100 lieues (3) au-dessous de la *Española;* les marins n'avaient pas alors de cartes marines, l'amiral les ayant toutes prises pour lui; on dit alors que l'erreur qui avait été commise au début, avait été la cause d'une grande confusion pour les découvertes.

(1) Voir, pour la cause de la prise du cacique, et pour les événements qui en furent la conséquence, les chapitres 97 à 99 de l'histoire de Don Fernando Colomb. — Voir également notre récit, page 518.

(2) La véritable distance est de 225 lieues.

(3) C'était 150 lieues, et l'endroit où l'on arriva était un groupe d'iles situé au sud de Cuba que l'amiral, dans un autre voyage, avait appelé le jardin de la Reine.

On suivit cette côte de Cuba jusqu'au cap de la Croix, à 50 lieues de la *Española*, et l'on pouvait très bien aller jusque-là, le voyage aurait été plus court, et on n'aurait pas eu le dommage que l'on subit pour aller à cette île de la Jamaïque, où nous restâmes quatorze mois (1), les gens de l'équipage gagnant leur solde sans rien faire, et les navires ne faisant aucun service; la cause de cette relâche à la Jamaïque, il n'y a personne qui la connaisse mieux que celui qui l'a résolue (2). On arriva à San-Lucar, le jeudi 7 novembre de l'année 1504.

Bien que ce récit succinct reproduise à peu près, et souvent en les travestissant, les principaux faits de ce quatrième voyage si désastreux, il nous a paru intéressant de mettre sous les yeux de nos lecteurs cette relation émanant de l'un des ennemis de l'amiral; la fin en est très caractéristique, en ce que l'auteur a mis à la charge du caprice de Colomb cette relâche à la Jamaïque, alors qu'il savait bien que les navires, pleins d'eau, coulaient bas et ne pouvaient pas aller plus loin; il commet donc sciemment une contre-vérité, quand il dit qu'on pouvait facilement, du point où on se trouvait, aller à la *Española*, qui était à plus de cinquante lieues de là et, qu'à chaque moment, les navires pouvaient couler à fond.

Le lecteur pourra, avec ce résumé, reconstituer, sur une carte marine, ce voyage émouvant et se rendre compte de ses terribles péripéties.

Remarquons, en terminant, que Porras ne signale nullement les tourmentes, les tempêtes et les coups de vent qui avaient assailli la petite flotte; qu'il ne parle, en aucune façon, des détériorations que les navires avaient subies, par les piqûres des vers, et qui furent les principales causes de la relâche et du long séjour à la Jamaïque, où les bâtiments ne restèrent pas hors de service, puisque, après leur échouage, ils furent disposés pour servir d'habitation aux naufragés; mais Porras avait besoin d'excuser sa révolte, et les mauvaises causes se plaident avec toute espèce d'arguments, vrais ou faux!

(1) Ce doit être douze mois et cinq jours, car on arriva à Puerto-Bueno le 23 juin de 1503 et on partit pour la Española le 28 juin de 1504.

(2) Cette relation fut publiée par Diego de Porras et on a bien su que celui-ci et son frère Francisco furent les chefs de la rébellion contre l'amiral à la Jamaïque. — Voir notre récit, pages 536 et suivantes.

## ROLES DES ÉQUIPAGES

*Des caravelles que l'amiral Christophe Colomb conduisit à la découverte des Indes Occidentales. Quatrième voyage.*

### CARAVELLE CAPITANE.

Diego Tristan, capitaine, mort le jeudi 6 avril 1502.
Ambrosio Sanchez, maître d'équipage.
Juan Sanchez, pilote major de la flotte, mort le 17 mai 1504.
Anton Donato, contre-maître.

*Marins.*

Martin Dati.
Bartotomé Garcia, mort le dimanche 28 mai 1503.
Pedro Rodriguez, mort le jeudi 6 avril 1503.
Juan Rodriguez.
Alonzo de Almagro.
Pedro de Toledo.
Pedro de Maya, mort le jeudi 6 avril 1503.
Juan Gomez.
Diego Roldan.
Juan Gallego.
Juan de Valencia, mort le samedi 13 janvier 1504.
Gonzalo Rodriguez, mort le mardi 4 avril 1503.
Tristan Perez Chinchorrero.
Rodrigo Vergayo.

*Écuyers.*

Pedro Fernandez, colonel.
Francisco Ruiz.
Alonzo de Zamora.
Guillermo Ginoves.
Maestre Bernal, physicien.

*Mousses et servants de bord.*

Diego Portogalete, mort le mercredi, 4 janvier 1503.

Martin Juan.
Donis de Galve.
Juan de Zumados.
Francisco de Estrada.
Anton Chavarin.
Alonzo, domestique de Mateo Sanchez, mort le jeudi, 6 avril 1503.
Gregorio Sello, mort le mercredi 27 juin 1504.
Diego el negro.
Pedro Sanchez.
Francisco Sanchez.
Francisco de Moron.
Juan de Murcia.
Gregorio, Ginoves.
Ferrando Davila.
Alonzo de Leon.
Juan de Miranda, mort le mardi 11 avril 1503.
Garcia de Morales; resté malade à Cadix, serviteur de l'Amiral.
Juan Garrido, mort le 27 février 1504.
Baltazar Daragon.

## Maîtres ouvriers du bord, etc.

Martin de Arriera, tonnelier.
Domingo Vizcaïno, calfat, mort le 6 avril 1503.
Diego Frances, charpentier.
Juan Barba, canonnier, mort le 20 mai 1504.
Mateo, canonnier, mort le jeudi 6 avril 1503.
Juan de Cuellar, trompette.
Gonzalo de Salazar.

## CARAVELLE SANTIAGO DE PALOS.

Francisco de Porras, capitaine.
Diego de Porras, écrivain et secrétaire de la flotte.
Francisco Bermucer, maître.
Pedro Gomez, contre-maître.

### Marins.

Rodrigo Simon.
Francisco Domingo, mort le samedi, 4 février 1503.
Juan de Quijo.
Juan Rodriguez, mort le 6 avril 1503.

Juan de la Feria.
Juan Gamacho.
Juan Grand.
Juan Reynaltes, mort le jeudi 6 avril 1503.
Diego Gomez.
Diego Martin.
Alonzo Martin.

### Écuyers.

Francisco de Farias.
Diego Mendez.
Pedro Gentil.
Andrea Ginoves.
Juan Jacome.
Batista Ginoves.

### Mousses.

Gonzalo Ramirez.
Juan Baudrojin, mort le 23 octobre 1503.
Diego Ximon.
Aparicio.
Donis, mort le jeudi 1er juin 1503.
Alonzo Escarraman, mort le 23 février 1504.
Francisco Marques.
Juan de Moguer.
Ces trois derniers touchent la solde de deux mousses.
Alonso de Cea.
Pedro de Villatoro.
Ramiro Ramirez.
Francisco Davila.
Diego de Mendoza.
Diego Cataño.

### Maîtres ouvriers du bord.

Bartolomeo de Milan, canonnier.
Juan de Noya, tonnelier.
Domingo Darana, calfat, mort le jeudi, 6 avril 1503.
Machin, charpentier.

## NAVIRE GALLEGO.

Pedro de Terreros, capitaine, mort le mercredi, 29 mai 1504.

Juan Quintero, maître d'équipage.
Alonso Ramon, contre-maître, mort le jeudi, 6 avril 1503.

### Marins.

Rui Ferrandes.
Luis Ferrandes.
Gonzalo Garcia.
Pedro Mareos.
Julian Martin, mort le jeudi, 6 avril 1503.
Diego Cabezudo.
Diego Barranco.
Diego Delgado.
Rodrigo Alvares.

### Écuyer.

Gonzalo Gamacho.

### Mousses.

Pedro de Flandes.
Bartolome Ramirez, mort le jeudi 6 avril 1503.
Anton Quintero.
Bartolome Dalza.
Gonzalo Flamenco.
Pedro Barranco.
Juan Galdil, mort le 9 septembre 1504.
Alonzo Penac.
Esteban Mateo, page.
Diego de Santander.
Garcia Polanco.
Juan Garcia.
Francisco de Médina; s'enfuit à la Española et on n'en entendit plus parler.
Juan de San Martin.

## NAVIRE VISCAINA.

Bartolomé de Fresco, Génois, capitaine.
Juan Perez, maître d'équipage, mort le samedi 7 octobre 1503.
Martin de Fuentarabia, contre-maître, mort le 17 septembre 1502.

### Marins.

Pedro de Ledesma.

Juan Ferro.
Juan Moreno.
San Juan.
Gonzalo Diaz.
Gonzalo Gallego, s'est enfui à l'île Española et on a dit qu'il était mort.
Alonzo de la Calle, mort le mardi, 23 mai 1503.
Lope de Pego.

*Écuyers.*

Fray Alexandro, faisant fonctions d'écuyer.
Juan Pasau, Génois.

*Mousses.*

Miguel de Lariaga, mort le samedi 17 septembre 1502.
Andres de Sevilla.
Luis de Vargas.
Batista, Génois.
Francisco de Levante.
Francisco de Cordova, entré faisant fonctions d'écuyer, serviteur de l'amiral, pendant son séjour à Séville. S'est enfui à la Española, à l'aller, et il y est resté.
Pedro de Montesel.
Rodrigo de Escobar.
Domingo de Barbasta ou Narbasta, mort le mardi, 26 mars 1504.
Maren Sargano, mort le mercredi 11 septembre 1504.
Cheneo ou Checcoleo, page.
Pascual de Ausurraga.

## LETTRE ÉCRITE PAR CHRISTOPHE COLOMB

*Vice-roi et amiral des Indes, aux très chrétiens et très puissants roi et reine d'Espagne, nos seigneurs, où il leur notifie tout ce qui lui est arrivé dans son voyage, et les terres, provinces, villes, rivières et autres choses merveilleuses, et où il y a des mines d'or en grande quantité, et d'autres objets de grande richesse et valeur.*

« Sérénissimes et très hauts et très puissants princes, roi et reine, nos seigneurs.

« De Cadix, je suis arrivé aux Canaries, en quatre jours et, de là aux Indes, en seize jours; d'où je vous ai écrit. Mon intention était de donner toute célérité à mon voyage, pendant que les navires étaient en bon état, les équipages en bonne disposition, et les approvisionnements frais et suffisants; ma route était vers l'île de la Jamaïque et j'ai écrit ceci de la Dominique. Jusque-là j'ai eu un temps à bouche que veux-tu? La nuit de mon arrivée, a été signalée par une tourmente très grande, et, depuis, le mauvais temps m'a toujours poursuivi. Quand j'arrivai près de la *Española*, j'envoyai le paquet de lettres, et je demandai, comme faveur, d'acheter un navire à mes frais, parce que l'un de ceux que j'avais était hors d'état de naviguer et ne portait pas la voile. Ils prirent les lettres et les intéressés sauront s'ils ont reçu les réponses. Quant à moi, il me fut ordonné de la part de là-bas, que je ne passasse ni abordasse à terre. Les gens qui venaient avec moi perdirent courage, par la crainte que je ne les emmenasse loin, en disant que, si quelque circonstance périlleuse leur survenait, ils ne trouveraient point là un refuge, après y avoir reçu un pareil affront. L'on dit également, à qui voulut l'entendre, que le commandeur aurait à approvisionner les terres que je gagnerais. La tourmente était terrible et, pendant cette nuit, elle me désempara mes navires; chacun fut emporté de son côté, sans espoir de salut, sauf la mort; chacun d'eux considérait comme certain que les autres étaient perdus, quel est celui qui, une fois né, sans en excepter Job, ne verra pas la mort avec désespoir? que, pour mon salut, celui de mon fils, de mon frère et de mes amis, il me fût défendu, par un tel temps, d'aborder la terre et les ports que moi-même, avec la volonté de Dieu, j'avais conquis à l'Espagne, à la sueur de mon sang?.....

« Je reviens aux navires que la tourmente m'avait ainsi emportés et qui m'avaient laissé seul. Dieu me les rendit quand il lui plut; le navire mis en suspicion, avait, pour fuir le temps, couru jusqu'à l'île *Gallega*; il avait perdu sa barque et une grande partie de ses provisions. Quant au navire que je montais et qui était merveilleusement équipé, Notre-Seigneur l'a sauvé, sans qu'il ait perdu une paille.

« Mon frère était sur l'autre et c'est lui qui, après Dieu, fut le sauveur et, avec cette tourmente, j'arrivai ainsi, sans encombre, à la Jamaïque; là eut lieu un changement : la mer soulevée se calma; mais un courant violent me porta jusqu'au Jardin de la Reine sans voir la terre. De là, dès que je le pus, je me dirigeai vers la terre ferme, et je fus assailli par des vents contraires; je rencontrai un terrible courant opposé à ma marche; pendant soixante jours, je luttai contre les courants, et je ne pus enfin les dompter qu'après 70 lieues.

« Pendant tout ce temps, je n'entrai dans aucun port; je ne pus point le faire; la tourmente, le ciel en feu, l'eau soulevée, les trombes et les éclairs continuels ne m'ayant pas laissé un moment de repos; on se serait cru à la fin du monde.

« J'arrivai au cap de *Gracias à Dios*, et là, Notre-Seigneur m'accorda un vent prospère, et des courants favorables.

« C'était le 12 septembre; il y avait quatre-vingt-huit jours que l'épouvantable tourmente ne m'avait pas quitté, tellement que, pendant ce temps je ne vis en mer ni le soleil ni les étoiles. Mes navires étaient ouverts, mes voiles rompues, des ancres perdues, ainsi que des agrès, des câbles, des barques et une grande quantité des provisions; mes équipages étaient malades, attristés, tous en prières, et il n'y avait pas un homme qui ne formât des vœux et ne projetât un pèlerinage. Il leur était arrivé plusieurs fois de se confesser les uns les autres. J'ai vu d'autres tourmentes, mais jamais je n'en ai vu durer si longtemps, ni causer tant d'épouvante; beaucoup d'hommes s'évanouirent, que nous considérions comme très courageux, cela arriva plusieurs fois. La douleur de mon fils que j'avais avec moi, m'arrachait l'âme, et surtout le voyant si jeune, treize ans, exposé à une si grande fatigue, et pendant si longtemps; Notre-Seigneur lui inspira un tel courage qu'il animait les autres, et, pour la manœuvre, il travaillait comme s'il avait navigué quatre-vingts ans, et lui-même me consolait; j'avais été plusieurs fois, dans mon adolescence, en contact avec la mort; d'une petite chambre que j'avais fait construire, je commandais la marche.

« Mon frère se trouvait sur le plus mauvais navire et le plus en danger : Ma douleur était extrême, et d'autant plus grande que je l'avais emmené contre sa volonté. Et, pour mon *bonheur* (1), vingt ans de service que j'ai accomplis, avec tant de fatigues et au milieu de tant de périls, ne m'ont pas beaucoup profité; car actuellement je n'ai pas en Castille une tuile pour m'abriter. Si je veux manger ou dormir, je n'ai que l'hôtel ou la taverne, et, la plupart du temps, je n'ai pas de quoi payer l'écot.

« Un autre chagrin me déchirait le cœur, c'était mon fils Diego, que j'avais laissé en Espagne, orphelin, si dépossédé de mes honneurs et de mes biens, bien que j'eusse la certitude que mes honorés princes si justes, les lui restitueraient même avec des augmentations pour le tout.

« J'arrivai à la terre de *Cariai* où je m'arrêtai pour réparer les navires et renouveler mes provisions, ainsi que pour donner quelque repos, à mes gens, dont un grand nombre étaient malades.

« Moi, qui, comme je l'ai déjà dit, avais été plusieurs fois en présence de la mort, je trouvai là des renseignements, la province des mines d'or de *Ciamba* que je cherchais. Deux Indiens me conduisirent à *Carambara*, où les gens vont tout nus et portent au cou un miroir en or; mais ils ne voulaient ni le vendre ni l'échanger. Ils me nommèrent plusieurs endroits des côtes au bord de la mer, où ils me disaient que se trouvaient des mines d'or; le dernier lieu était *Veragua* et au loin, à vingt-cinq lieues environ aux alentours; j'étais parti avec l'intention d'explorer toutes ces contrées, et arrivé au centre, j'appris que les mines étaient à deux journées de marche; je décidai d'envoyer les reconnaître, la veille de saint Simon et Judas, qui devait être le jour de notre départ; pendant cette nuit, la mer se souleva et le vent devint si violent qu'il fallut fuir devant la tempête, là où elle voulut nous amener, et l'Indien qui nous conduisait aux mines resta avec moi.

« Dans tous ces endroits, où j'étais déjà allé, la vérité de ce qui m'avait été dit me fut confirmée : ceci me convainquit qu'il en est de même dans la province de *Ciguare* qui, selon ces dires, est située à neuf journées de marche par terre, du côté du couchant; on dit ici qu'il y a là beaucoup d'or; que les habitants portent à leur tête des ornements de corail, des anneaux d'or aux pieds, et des bracelets de même métal à leurs bras, et tous ces ornements gros et lourds; on dit aussi qu'ils confectionnent des chaises, des meubles, des tables, qu'ils garnissent et décorent avec des ornements faits de ce même métal. Enfin, on ajoute que les femmes portent autour de leur

(1) Il va sans dire que le mot *bonheur* est employé là par dérision.

tête de grands colliers qui retombent sur leurs épaules. Les gens de ces contrées s'accordent tous à affirmer tout ce que je dis là, et ils assurent également, que je serais très content d'en avoir le dixième; ils connaissent aussi tous le poivre. Dans le pays de *Ciguare*, ils font le commerce des marchandises, et ils ont des marchés pour traiter les affaires; les gens d'ici me l'ont ainsi raconté, et m'ont indiqué la manière et le mode de leurs échanges. Ils disent également que leurs navires ont des canons, que les hommes sont armés d'arcs, de flèches, d'épées et de cuirasses, qu'ils portent des vêtements, que, dans le pays, ils ont des chevaux, qu'ils font la guerre, qu'ils portent de riches costumes et ont de très belles choses. Enfin ils affirment que la mer baigne le pays de *Ciguare* et, qu'à dix journées de là se trouve le fleuve le *Gangues* (1). Il paraît que ces terres sont à l'égard de Veragua, comme Tortose envers Fontarabie, et Pise vis-à-vis de Venise. Quand je suis parti de *Carambara* et quand je suis arrivé dans les lieux que j'ai cités, j'ai trouvé les gens avec les mêmes usages, sauf en ce qui concernait les miroirs en or; celui qui en avait les donnait pour trois grelots de cuivre, pour chacun, bien qu'ils pesassent de 10 à 15 ducats.

« Pour leurs autres usages, ce sont ceux des Indiens de la *Española*. Ils recueillent l'or par d'autres procédés; mais, ni les uns ni les autres, ne sont rien auprès de ceux des chrétiens.

« Ce que j'ai dit là, c'est ce que j'ai entendu. Ce que je sais, c'est, qu'en l'année 94, j'ai navigué par le 24$^{me}$ degré à l'ouest, pendant neuf heures, et il ne put y avoir d'erreur, puisqu'il y eut une éclipse: le soleil était dans la Balance et la lune dans le Bélier; aussi ce que j'appris là en pratique, je l'avais appris tout au long dans les livres. Ptolomée a cru avoir bien rectifié Marino, et aujourd'hui il se trouve que ses écrits sont seulement près de la vérité. Ptolémée place *Caligara* à 12 lignes loin de son occident, qu'il met sur le cap de Saint-Vincent en Portugal, à deux degrés et un tiers. Marino, en Éhtiopie,

---

(1) Il semble évident que Colomb fait ici allusion à sa croyance que cette terre était une extrémité de l'Inde asiatique; il nous paraît bien extraordinaire qu'il ait pu penser trouver là *le fleuve le Gange?* Mais il est probable que les descriptions des Indiens concernaient le royaume du Pérou dont les rivages étaient baignés par l'océan Pacifique, à moins qu'ils ne citassent les côtes du Brésil? Mais d'où venaient ces navires armés de canons, ces guerriers portant des cuirasses et des épées, ces hommes couverts de riches vêtements? *Il paraît*, dit Colomb, *que cette terre est, relativement à Veragua, comme Tortose avec Fontarabie; ou Pise à l'égard de Venise.* C'est un champ ouvert aux conjectures !...

inscrit, sur l'Indus, la ligne équinoxiale au-dessus du 24ᵐᵉ degré, et maintenant les Portugais, qui naviguent sur ce fleuve, en constatent la vérité. Ptoloméc dit que la terre la plus australe est le premier point de départ, et ne s'abaisse pas à plus de 15 degrés et un tiers. Et le monde est limité; son étendue se divise en six parties, et la septième seule est couverte d'eau : l'expérience a confirmé ce fait et je l'ai déjà écrit dans d'autres lettres, sous l'autorité des saintes Écritures, avec le siège du Paradis Terrestre, sous l'approbation de la sainte Église : je dis que le monde n'est pas aussi grand que le dit le vulgaire, qu'un degré de la ligne équinoxiale est de 56 milles 2/3; et ceci se touche du doigt.

« Je dis cela, et toutefois ce n'est pas de ma compétence de traiter ces sortes de matières, mais bien de rendre compte de mon rude et fatigant voyage, quoi qu'il soit le plus appréciable et le plus productif.

« J'ai dit que, la veille de saint Simon et Judas, je courus au gré du vent, sans qu'il me fût possible de lui résister. Je passai dix jours dans un port pour me dérober à une grande tempête et à de graves perturbations célestes, et là, je résolus de ne pas retourner en arrière pour revenir aux mines, les considérant comme notre conquête; je partis de ce port, avec la pluie, pour suivre mon voyage; j'arrivai au port des provisions, où j'entrai, mais non de mon plein gré. La tempête et les courants violents me forcèrent de m'y réfugier, et j'y restai quatorze jours, et j'en sortis par un temps qui était loin d'être beau; lorsque j'eus fait quinze lieues, je fus contraint de me mettre à l'abri du vent et des courants qui m'entraînaient avec fureur, et je retournais au port que je venais de quitter, quand je découvris le port d'el *Retrete* où je me réfugiai, non sans péril et sans ennui; et nous étions tous fatigués, moi, comme les navires et les gens. Je restai là quinze jours, subissant la volonté d'un temps terrible et, quand je crus que c'était fini, il fallut recommencer. Là je changeai de résolution, quant à mon retour aux mines, afin de faire quelque chose jusqu'à ce que le temps redevînt favorable à la navigation; à peine avais-je fait quatre lieues que la tourmente reprit, et elle nous causa tant de fatigues que je ne savais quel parti prendre. Ici se raviva la plaie de ma souffrance; je marchai pendant neuf jours sans espoir de salut; mes yeux n'ont jamais vu une mer si soulevée, si sombre et si écumante; le vent ne soufflait pas pour aller en avant, et il ne portait pas de façon à atteindre quelque cap; il me retenait dans cette mer, rouge comme du sang, et bouillante comme une chaudière chauffée à grand feu; jamais je n'ai vu le ciel aussi effrayant; une fois, à la nuit, il était enflammé comme une fournaise, et la lame s'élevait si haut, illuminée par les éclairs, que, chaque fois, je regardais si elle ne m'avait pas enlevé les hunes avec les voiles; elle fondait sur nous avec une telle furie et si effroyable, qu'à chaque moment, nous croyions tous que les navires allaient être engloutis. Pendant tout ce temps, l'eau du ciel ne cessait pas de tomber, et ce n'était pas dire qu'il pleuvait, mais bien que nous étions assaillis par un nouveau déluge. Les hommes étaient si affaissés qu'ils demandaient la mort pour sortir d'un si terrible martyre. Les navires avaient déjà perdu deux fois leurs barques, leurs ancres, leurs agrès, et ils étaient ouverts et sans voiles.

« Lorsqu'il plut à Notre-Seigneur, je tournai vers *Puerto-Gordo*, où je fis, comme je pus, la réparation des navires. Je retournai une autre fois du côté de *Veragua* pour continuer mon voyage, bien que je ne fusse pas en situation pour cela; et les vents et les courants étaient encore contraires; j'y arrivai comme auparavant, et, là encore, les vents et les courants me furent défavorables; je fus contraint une seconde fois de retourner au port, car je n'osai pas espérer l'opposition de Saturne, contre une mer si démontée, sur cette côte inhospitalière, attendu que la plus grande partie du temps, elle est fertile en tempêtes et en coups de temps. Ceci se passait le jour de la Nativité, à l'heure de la messe.

« Je retournai donc une autre fois à l'endroit d'où j'étais parti, avec une grande fatigue, et, le nouvel an étant commencé, je revins à mon refuge, car, alors même que le temps eût été favorable pour mon voyage, mes navires étaient devenus innavigables et mes équipages malades et déjà réduits par quelques morts. J'arrivai à *Veragua*, le jour de l'Épiphanie, à bout de forces; heureusement Notre-Seigneur m'offrit là une rivière et un port sûr, bien qu'à l'entrée il n'y eût que 10 palmes de fond; j'y pénétrai avec peine, et le jour suivant, la bonne fortune n'eût pas persisté, car si j'étais resté dehors je n'aurais pas pu entrer à cause de la barre. Il plut sans cesse jusqu'au 14 février, et il n'y eut aucun moyen de pénétrer dans les terres ni de faire la moindre réparation. Étant mouillé solidement, le 24 janvier, la rivière crût à l'improviste et le courant devint si violent qu'il rompit nos amarres et nos appuis, et il fallut retenir les navires qui se trouvèrent plus en péril que jamais.

« Notre-Seigneur vint à notre secours, comme toujours. Je ne sais pas s'il y a eu un autre homme qui ait souffert tant de martyres.

« Le 6 février, avec la pluie, j'envoyai 70 hommes à terre, pour reconnaître l'intérieur; à environ cinq lieues de là, ils trouvèrent de nombreuses mines; les Indiens qui les guidaient les amenèrent dans un endroit montagneux très élevé, et, de là, leur montrèrent le pays d'alentour, tant que la vue pouvait s'étendre, en leur disant que, de tous côtés, ces terrains étaient remplis de mines d'or, et que vers le couchant, la région minière s'étendait à 20 journées de marche; et ils leur citaient les noms des villes et des villages, où il s'en trouvait plus ou moins. J'appris depuis que le *Quibian* ou cacique qui avait mis ces Indiens au service de mes hommes, leur avait donné l'ordre de leur indiquer des mines éloignées et appartenant à un de ses ennemis; tandis que, dans l'intérieur de sa contrée, un homme, quand il voulait, pouvait recueillir, en une dizaine de jours, une masse d'or; j'emmenai avec moi les Indiens ses sujets, témoins de ces faits. Les barques abordèrent à son village. Mon frère revint avec ses hommes, et tous avec de l'or qu'ils avaient ramassé pendant quatre heures qu'ils avaient passées dans cet endroit. La qualité de cet or est très belle; aucun de nos hommes n'avait cependant jamais vu de mines, et la plus grande partie ne connaissait pas l'or; le plus grand nombre étaient des gens de mer et presque tous des mousses ou des matelots.

« J'avais beaucoup d'appareils et de matériaux pour bâtir, et les vivres ne nous manquaient pas. J'établis là un village et je fis de nombreux présents au *Quibian;* c'est ainsi qu'on nomme le seigneur de cette terre. Mais je savais bien que la concorde ne devait pas durer longtemps; les Indiens étant très sauvages et les nôtres très importuns, et je m'emparais d'un endroit de leur contrée; dès que le cacique vit les choses faites et le trafic bien en train, il résolut d'y mettre le feu et de nous tuer tous; mais son dessein tourna contre lui; il fut fait prisonnier, lui et ses femmes, ses enfants et ses serviteurs; mais son emprisonnement dura peu; il s'échappa des mains d'un homme honorable à qui on avait confié sa garde, et les fils furent remis à un maître d'équipage, avec bonne recommandation.

« En janvier, l'embouchure de la rivière s'était fermée. En avril, les navires étaient dévorés par la vermine et ne pouvaient se maintenir sur l'eau. A ce moment, il se fit à la barre de la rivière un chenal par où je pus faire sortir trois des navires à grand peine; les barques revinrent à l'intérieur pour prendre du sel et de l'eau. La mer devint laide et mauvaise; les Indiens vinrent en grand nombre, et réunis ils attaquèrent nos gens et les tuèrent à la fin.

« Mon frère et les autres hommes étaient tous sur un des navires qui était resté en dedans de la barre; moi, très isolé sur une côte sauvage, atteint d'une fièvre intense, à la suite de tant de fatigue; l'espoir de se sauver était éteint; j'étais parti ainsi avec la plus vive peine, appelant de toute ma voix, en pleurant abondamment, les officiers des armées de Vos Altesses, demandant du secours à tous les vents, et personne ne me répondit. Je m'endormis de lassitude, et en

démissant, et j'entendis alors une voix très compatissante qui me git : « O insensé, et peu croyant, lent à servir ton Dieu, le Dieu
« de tout le monde? Qu'a-t-il fait de plus pour Moïse, et pour David
« son serviteur? dès ta naissance il t'a toujours eu en grande
« faveur; quand il t'a vu en état de le satisfaire, il a fait merveil-
« leusement retentir ton nom sur la terre. Les Indes, qui sont une
« partie du monde si riche, il te les a données pour toi; tu les as
« départies à qui tu as voulu, et il t'a donné tout pouvoir pour
« cela. Des obstacles qui fermaient avec de si fortes chaînes la mer
« océanienne, il t'en a donné les clés, et tu as reçu obéissance des
« habitants de tant de contrées, et, des chrétiens, tu as joui d'une
« si éclatante renommée! Qu'a-t-il fait de plus pour le grand peu-
« ple d'Israël quand il le fit sortir d'Égypte? Ni pour David que, de
« berger, il a fait roi de Judée? Tourne-toi vers lui et reconnais
« dès à présent ton erreur; sa miséricorde est infinie; tu verras; il ne
« s'opposera pas aux grandes entreprises; il possède de très nom-
« breuses et très grandes successions; Abraham avait passé cent
« ans, quand il engendra Isaac, et Sarah était-elle une jeune fille?
« Tu appelles un secours qui est incertain; réponds! qui a causé si
« souvent ton affliction? Dieu, ou le monde? Les privilèges et les
« promesses que Dieu fait il ne les enfreint pas; et après avoir reçu
« un service, il ne dit pas que telle n'était pas son intention, et que
« cela doit s'entendre d'une autre manière, et il ne vous fait pas
« souffrir pour colorer sa puissance; il prend les choses au pied de la
« lettre. Tout ce qu'il promet, il le remplit surabondamment; c'est
« là sa manière. Je t'ai dit ce que ton créateur a fait pour toi, et ce
« qu'il fait pour tous. Et maintenant, montre-moi la récompense
« que tu as eue de tant de fatigues et de dangers que tu as subis au
« service des autres. » A demi-mort, j'écoutais tout cela; mais je
ne trouvai rien à répondre à des paroles si vraies; je ne pus que
pleurer sur mes erreurs; la voix, quelle que ce fût, acheva de parler
en disant : « Ne crains rien, aie confiance; toutes ces tribulations
« sont gravées sur le marbre, et ce n'est pas sans cause. »

Je me levai, dès que je le pus, et au bout de neuf jours, il y eut
une embellie; mais sans qu'il fût possible de sortir le navire qui
était resté dans la rivière. Je recueillis les hommes qui étaient
demeurés à terre, et nous emportâmes tout ce qu'il fut possible de
transporter des objets laissés à terre, et qui n'étaient pas suffisants
pour y demeurer ni pour la navigation des navires; je serais resté
pour maintenir cet établissement, avec tout mon monde, si Vos
Altesses en avaient été instruites; mais la crainte qu'aucun navire
vînt jamais à cet endroit, me détermina à agir ainsi; sans compter

que, lorsqu'il s'agit de porter secours à quelqu'un, il faut l'approvisionner de tout.

« Je partis, au nom de la très Sainte Trinité, la nuit de Pâques, avec des navires pourris, abîmés, criblés de trous; j'en laissai un à *Belen*, avec d'autres objets; j'en fis autant à *Belpuerto*; il ne m'en resta plus que deux, dans le même état que les autres, sans barques, sans provisions, ayant à traverser 7000 milles de mer et d'eaux, ou mourir en route, avec mon fils, mon frère et tant d'autre monde! Qu'ils répondent maintenant, ceux qui ont l'habitude de blâmer et de critiquer, et qui diront là-bas, étant bien en sûreté : « Pourquoi n'avez-vous pas fait ceci? » J'aurais voulu les voir à pareille journée! Je crois bien qu'une autre préoccupation les empêche de posséder un autre savoir; aucune ne se substitue à notre foi.

« J'arrivai le 13 mai à la province de *Mago* qui fait partie de celle de *Catayo* (1) et, de là, je partis pour la *Española*; je naviguai pendant deux jours avec un beau temps, et ensuite il me fut contraire. La route que je suivais avait pour but d'éviter un très grand nombre d'îles, afin de ne pas m'engager sur leurs bancs de sable. La mer soulevée m'opposa une résistance, et je dus revenir en arrière, manquant de voiles; j'abordai à une île où, d'un seul coup, je perdis trois ancres, et, à minuit, le monde paraissant se dissoudre, les amarres de l'autre navire furent rompues et il vint sur moi; ce fut un miracle que les deux navires n'aient pas été mis en pièces; il ne me resta plus alors d'autre ancre que celle de Notre-Seigneur pour me soutenir. Six jours après, le temps s'étant mis au beau, je repris ma route. Ainsi, désemparé de tous mes apparaux, et mes navires percés par les vers, plus qu'un rayon d'abeilles, les gens des équipages, épouvantés et perdus de fatigue, j'arrivai un peu en avant de l'endroit où j'étais venu une première fois; là, je revins me reposer, comptant sur la fortune; je m'arrêtai dans le port le plus sûr de cette île et, à la fin de juin, j'arrivai à la Jamaïque, et toujours avec des vents de proue, les navires dans le pire des états, sans pouvoir, avec trois pompes, les barriques, les chaudières et tout le monde aidant, arrêter l'envahissement de l'eau qui entrait dans les navires non seulement par les trous des vers, mais encore par d'autres ouvertures. Je pris ma route de façon à me rapprocher le plus possible de la *Española*, qui est à peu près à 28 lieues, et je n'aurais pas

---

(1) Ce nom de *Catayo* vise-t-il, comme on l'a cru, la province du Cathay de l'Inde asiatique, dont parle Marco Polo? Colomb se croyait-il encore à l'extrémité de l'Inde? Cela nous paraît peu probable; ce nom serait alors une simple coïncidence avec celui de la province d'Asie?

voulu l'avoir entrepris. L'autre navire, presque coulant bas d'eau, courait à la recherche d'un port; moi je luttais contre les assauts de la mer en fureur; mon navire se remplit d'eau et s'enfonça, et Notre-Seigneur miraculeusement l'entraîna à terre. Qui croira ce que j'écris là? Je dis que de cent parties, je n'en ai pas dit une dans cette lettre. Ceux qui ont été avec l'amiral pourront l'attester. S'il plaît à Vos Altesses de me faire la faveur de me secourir par l'envoi d'un navire qui dépasse 64 tonnes, avec 200 quintaux de biscuit et quelques autres provisions, cela suffira pour me porter moi et tout ce monde, de la *Española* en Espagne. J'ai dit qu'il n'y a pas 28 lieues de la Jamaïque à la *Española*. Si ce n'était pas moi, des navires seraient bien venus pour cela. J'ai déjà dit qu'il m'a été ordonné, de la part de Vos Altesses, que je n'allasse pas dans cette île. Dieu sait si cet ordre m'a été favorable! J'envoie cette lettre par la voie et aux mains d'Indiens, et ce sera un miracle si elle arrive.

« Pour mon voyage, je dis qu'il est venu avec moi 150 personnes, parmi lesquelles, il y a suffisamment d'hommes aptes au pilotage et à la manœuvre maritime; aucun d'eux ne peut donner une notion certaine de la route que j'ai suivie et comment je suis venu; la raison en est bien simple. Je suis parti dans la direction du port du *Brasil;* à la *Española*, la tourmente ne me permit pas de prendre le chemin que je voulais suivre. Par force, je dus courir où le vent me portait; ces jours-là, je tombai très malade; personne n'avait navigué de ce côté; le vent cessa et la mer se calma durant quelques jours, et la tourmente se changea en calmes et en courants très violents. J'allai aborder à une île qui s'appela *de las Bocas* et, de là, j'arrivai à la terre ferme. Personne ne peut rendre un compte véridique de ce trajet, parce que le raisonnement ne suffit pas pour cela; attendu que j'ai navigué, porté par les courants pendant plusieurs jours sans voir la terre. J'ai suivi ensuite la côte de la terre ferme et ceci a été établi par compas et mesure. Il n'y a personne qui puisse dire sous quelle partie du ciel nous nous trouvions quand je suis parti de là-bas pour venir à la *Española;* les pilotes croyaient que nous devions toucher à l'île de *San-Juan;* et ce fut à la terre de *Mango*, c'est-à-dire à 400 lieues plus à l'ouest que l'endroit qu'ils désignaient. Qu'ils répondent s'ils savent où est située *Veragua?* Je dis qu'ils ne peuvent rendre ni raison ni compte, si ce n'est qu'ils sont allés à une terre où il y a beaucoup d'or et le certifier; mais, pour y revenir, le chemin leur est inconnu et il leur serait nécessaire, pour y aller, d'en faire la découverte comme pour la première fois. Il y a là, un problème et un calcul d'astrologie, très exact; quant à celui qui le connaît, cela lui suffit. Ceci s'assimile à une vision prophétique. Les bateaux des

Indes ne naviguent que la poupe en avant; non par défaut de construction ni parce qu'ils sont solides; les grands courants qui règnent dans ces parages, conjointement avec le vent, font que personne ne se sert de la sonde, parce qu'on perdrait en un jour ce qu'on aurait gagné en sept jours; et une caravelle, qu'elle fût latine ou portugaise, ne s'en acquitterait pas. C'est cette raison qui les porte à ne naviguer que de cette manière et, pour attendre le moment favorable, ils restent quelquefois six ou huit mois dans le port, et ce n'est pas étonnant, puisque cela a lieu en Espagne plusieurs fois.

« Les gens dont parle le pape Pie (1), d'après les lieux et les désignations, ont été découverts mais non pas les chevaux, au poitrail et au frein d'or, et ceci ne serait même point surprenant; mais ici, les terres et la côte de la mer ne réclament que des pêcheurs, et je ne me suis pas arrêté parce que je voulais marcher vite. En *Cariai* et dans les terres des alentours, ce sont de grands magiciens et ils en sont effrayants. On m'eût donné le monde, que je ne me serais pas arrêté là une heure; quand je suis arrivé ici, ils m'ont envoyé de suite deux fillettes très bien parées; la plus âgée avait à peine onze ans et l'autre en avait sept; toutes les deux avaient une désinvolture telle que les filles de joie n'en ont pas davantage; elles portaient des poudres enchantées, qu'elles cachaient. Je donnai ordre de leur mettre quelques parures de nos ornements et je les renvoyai à terre promptement (2).

« J'ai vu là, sur la montagne, une sépulture grande comme une maison et sculptée; le corps, découvert, était placé dans la bière, les yeux ouverts, et à la vue des assistants. On me parla d'autres œuvres d'art encore supérieures. La terre possède des animaux grands et petits. J'eus en ma possession deux porcs, et un grand chien d'Irlande n'osait pas les attendre. Un arbalétrier avait blessé une espèce d'animal qui ressemblait à un chat sauvage, quoiqu'il fût plus grand et qu'il eût un visage d'homme (3); il lui avait traversé le corps d'un coup de flèche, depuis la poitrine jusqu'à la queue et, comme il était très féroce, il dut lui couper un bras et une jambe; dès qu'un des porcs l'aperçut, son poil se hérissa et il s'enfuit; quand

---

(1) Pie II, qui publia un livre dont le titre est : *Cosmographie ou Histoire des choses et description des faits, ainsi que des lieux.* (Rossi).

(2) On est vraiment surpris de trouver, sous la plume d'un homme comme Colomb, de pareilles superstitions; elles dénotent l'esprit du temps, dont les croyances au merveilleux envahissaient même les têtes les mieux organisées!

(3) Les Espagnols ne connaissaient donc pas les singes, à cette époque?

je vis cela, je le fis mettre dans le coin où il avait été placé, et là, avec la flèche encore fichée dans le corps et presque à la mort, il accrocha par le cou le porc, avec sa queue, et se rapprocha de lui, fortement lié, et, de la main qui lui restait, il le saisit par la crinière et l'enleva comme il eût fait d'un adversaire. Cet acte si extraordinaire et cette superbe chasse m'a semblé intéressante, ce qui m'a engagé à vous l'écrire (1).

« Nous vîmes des animaux de plusieurs espèces, mais ils mouraient tous, quand ils étaient pris ou attachés. J'y ai vu des poules en assez grande quantité; elles ont le plumage frisé comme la laine. Il y avait aussi des lions, des cerfs, des chevreuils et également des oiseaux.

« Lorsque je naviguais sur cette mer avec tant de peine, il vint à l'esprit de quelques-uns de nos hommes que nous étions ensorcelés et aujourd'hui quelques-uns le croient encore.

« J'ai trouvé aussi là des hommes qui mangeaient leurs semblables; on les reconnaît à la laideur de leur physionomie.

« On dit qu'il y a là de grandes mines de cuivre dont les naturels font des haches et d'autres objets fondus et ouvragés; il y en avait de soudés, et ils possédaient des forges avec tous les appareils et les outils de l'orfèvrerie, ainsi que les creusets.

« Là les habitants sont vêtus et, dans cette province, j'ai vu de grands draps de coton, ornés de fort gentils dessins; d'autres peints très adroitement, avec de belles couleurs posées au pinceau. On dit qu'à l'intérieur des terres, du côté *del Catayo*, ces draps sont brodés d'or. Faute de connaître la langue du pays, on n'a pu savoir, d'une manière exacte, tout ce qu'il y a dans ces contrées, ni avoir des renseignements sur les terres et leurs productions. Quoique les populations soient denses, chacune d'elles a son idiome; et c'est à un point qu'elles ne s'entendent pas les unes les autres, pas plus que nous avec les habitants de l'Arabie. Je crois qu'il en est ainsi des villages qui sont situés sur la côte et au bord de la mer, mais que c'est autrement dans l'intérieur des terres.

« Quand j'ai découvert les Indes, j'ai dit que c'était la plus grande, la plus riche seigneurie qu'il y ait au monde. Je parlai de l'or, des perles, des pierres précieuses, des épices, ainsi que des marchés et du commerce, et, parce que tout cela ne paraissait pas près d'être recueilli, je fus vilipendé. Cette punition me rend plus réservé, et

---

(1) Cette narration diffère, en quelques points de détail, de celle rapportée par Don Fernando; mais les traits principaux sont les mêmes. (Voir notre histoire, page 490.)

je ne dis aujourd'hui que ce que j'ai entendu dire par les naturels de ce pays. Mais j'ose parler d'une seule chose, parce qu'il y a tant de témoins, qui l'ont vue comme moi, c'est que dans cette terre de Veragua, on a trouvé, en deux jours, plus de traces et d'indices d'or, qu'en quatre ans à la *Española;* que les terres de la campagne ne peuvent être ni plus belles ni mieux cultivées; que les habitants y sont aussi lâches; qu'il y a un bon port, une superbe rivière et qu'on peut le défendre contre les habitants. Tout cela est une grande sécurité pour les chrétiens et une certitude pour une seigneurie, ainsi qu'une sérieuse espérance de gloire et de propagation de la foi chrétienne. La route pour s'y rendre est aussi courte que celle de la *Española*, parce qu'elle doit avoir les vents favorables. Vos Altesses sont aussi bien les seigneurs de ces contrées que de Xérès ou de Tolède. Vos navires, qui se rendront là-bas, iront chez eux. De là, ils rapporteront de l'or; quant aux autres, afin d'avoir de leurs productions, il convient qu'ils en rapportent, afin de ne pas revenir à vide et, sur la terre, il est nécessaire que les hommes aient quelque confiance aux sauvages.

« Quant aux choses dont j'omets de parler, j'ai déjà dit pourquoi je suis réservé; je ne dis pas ici que j'aie affirmé d'une manière positive tout ce que j'ai dit et écrit, ni que j'aie été à la source; les Génois, les Vénitiens, et tous ceux qui possèdent des perles, des pierres précieuses et d'autres objets de valeur, les portent tous jusqu'au bout du monde, pour les vendre et les convertir en or; parce que l'or est excellentissime; qu'avec l'or, on forme un trésor et qu'avec lui, celui qui l'a, fait ce qu'il veut dans le monde, et il en arrive à élever les âmes et à les mettre dans le paradis (1).

(1) Colomb, si religieux et versé dans les Saintes Écritures, a voulu manifester, non pas la valeur des richesses par elles-mêmes, mais que leur bon emploi, en les distribuant en aumônes pour secourir les besoins du prochain, en fondations pieuses, et en exerçant ainsi une charité discrète et prudente, rachète les péchés, après avoir accompli les devoirs que commande la religion. C'est ainsi que doit être entendu ce passage, dont le sens se rapporte à plusieurs passages des Saintes Écritures, et spécialement aux suivants : « Elemosina a morte liberat et purgat peccata et facit invenire misericordiam et vitam æternam (Tob. 12. 8). Beatus vir qui intelligit super egenum et pauperem, in die mala liberavit eum Dominus. Psaume 40. » ( Note de l'éditeur espagnol).

Certes, ce passage si étrange, émanant de Colomb, dont la piété était exemplaire, a besoin d'explication; mais nous n'admettons pas absolument le sens que préconise l'éditeur espagnol; c'est une explication de casuiste. Nous ne croyons pas que l'illustre marin ait voulu sérieu-

Les seigneurs de ces terres de la contrée de *Veragua*, quand ils meurent, enterrent avec eux l'or qu'ils possèdent. On dit aussi : « On apporta à Salomon, d'un côté, 666 quintaux d'or, en outre de « celui remis par les marchands et de ce qui fut payé en Arabie; de « cet or, il fit 200 lances et 300 écus, et il fit le plancher destiné à « être placé au-dessus, et qui était en or et orné de pierres précieu- « ses; il fit aussi un grand nombre d'autres objets en or, des vases « de grandes dimensions et enrichis de pierreries. »

Josèphe, dans sa chronique des antiquités, le rapporte; le Paralipomène et le Livre des Rois l'ont inscrit également; Josèphe prétend que cet or était recueilli dans *l'Aurea* ou la Terre d'or. S'il en était ainsi, je dis que ces mines se rapporteraient à celles de *Veragua* qui, comme je l'ai déjà dit plus haut, s'étendent à l'ouest, à vingt journées de marche, et qui sont à une certaine distance du pôle et de la ligne.

Salomon acheta tout cela, or, pierreries et argent, et ici, Vos Altesses peuvent l'envoyer prendre, si cela leur plaît.

David, dans son testament, laissa à Salomon, 3000 quintaux d'or des Indes, pour l'aider à construire le temple et, selon Josèphe, cet or venait de ces mêmes terres.

Jérusalem et la montagne de Sion doivent être reconstruites par les mains des chrétiens. Ce qui doit arriver, Dieu le dit par la bouche du prophète, dans le quatorzième psaume. Et l'abbé Joachim a dit que cela devait se réaliser par l'Espagne. Saint Jérôme a montré le chemin aux saintes femmes pour cet objet.

Il y a déjà longtemps que l'empereur du *Cathay* a demandé qu'on lui envoyât des sages instruits pour lui enseigner la foi du Christ; quel est celui qui sera chargé de cette mission? Si Notre-Seigneur me ramène en Espagne, je m'engage à l'y transporter sain et sauf avec l'aide de Dieu.

Ces hommes qui sont venus avec moi, ont traversé de terribles dangers et ont subi de cruelles fatigues; je supplie Vos Altesses,

---

sement glorifier la puissance de l'or; mais nous ne croyons pas non plus qu'il ait pu penser que l'or, bien employé, même en aumônes, même en fondations pieuses, avait le pouvoir de *faire entrer une âme au paradis*. Non! il avait trop de raison et de bon sens pour avoir une pareille croyance. Nous pensons que, pour lui, tout ce passage est une ironie amère, éclose, dans son âme ulcérée et découragée, par les injustices et les malheurs qui l'accablaient, et, alors, en flattant ostensiblement la cupidité du roi, il satisfaisait en même temps sa haine pour les vices et les malversations que l'amour de l'or faisait commettre.

*parce qu'ils sont pauvres*, de les faire payer promptement et de leur donner à chacun, des gratifications selon leur mérite, et je certifie qu'à mon avis, ils vous apportent des nouvelles meilleures qu'aucune autre information reçue en Espagne.

L'or que possède le Quibian de *Veragua* et les autres chefs de la contrée, quoique d'une valeur considérable, d'après mes informations, ne m'a pas paru devoir être acquis par un vol; un bon arrangement évitera tout scandale et toute atteinte à notre réputation, et aura lieu de manière que la totalité rentre au trésor, sans en excepter un grain. Avec un mois de beau temps, j'aurais accompli mon voyage; mais, à cause des vices de mes navires, je n'ai pu persister à l'attendre. Pour revenir ici et, pour tout objet tenant à votre service, je mets mon espoir en celui qui m'a créé, et je me trouverai bien.

Je crois que Votre Altesse se souviendra que je voulais faire construire les navires d'une nouvelle façon; la brièveté du temps ne me permit pas de réaliser mon projet, et certainement j'avais bien prévu ce qui devait arriver.

J'apprécie beaucoup plus cette négociation, ces mines, cette escale et cette seigneurie, que tout ce que j'ai fait jusqu'à présent dans les Indes. Ce n'est pas un enfant à confier à une marâtre. Quant à la *Española*, à *Paria* et aux autres terres déjà découvertes, je ne peux pas penser à elles sans verser des larmes; je croyais, moi, que leur exemple devait servir pour qu'on agisse autrement envers ces autres contrées; car elles sont bien malades, si elles n'en meurent pas; le mal est incurable ou du moins bien grand; que celui qui les a amenées à ce point vienne apporter le remède, s'il le peut ou s'il le connaît. Pour détruire chaque chose il est passé maître.

Ordinairement on accorde les faveurs et l'élévation à celui qui a mis ses jours en péril. Il n'est pas équitable que celui qui a été si funeste à cette opération jouisse de ces faveurs, pas plus que ses enfants. Ceux qui ont quitté les Indes pour éviter le travail, qui ont dit du mal de ces contrées et de moi, y sont revenus avec des missions; cela s'est passé ainsi pour Veragua. Mauvais exemple, sans profit pour l'exploitation et sans raison aucune pour la justice en face du monde. Cette crainte et d'autres cas assez nombreux, que je vois clairement, m'ont fait supplier Vos Majestés, avant de partir pour la découverte de ces îles et terre ferme, de me les laisser gouverner en leur nom royal, et il vous plut de me l'accorder; ce fut par privilège et par contrat, avec votre sceau et sous serment, et Vos Altesses me nommèrent vice-roi et amiral, et gouverneur général de toutes ces terres; il fut établi à cet égard une ligne de démarcation, à 100 lieues des îles Açores, et les îles du Cap-Vert furent le point de cette ligne, d'un pôle à l'autre et, sur tout ceci, et sur ce qui se découvrirait de plus, il me fut donné un pouvoir étendu : l'acte le déclare de la façon la plus formelle.

Autre affaire extraordinaire! Les bras étendus, on crie : il est demeuré étranger jusqu'à présent! Durant sept ans, j'ai resté à votre cour royale; et tous ceux à qui on a parlé de mon entreprise ont déclaré que c'était une folie, et aujourd'hui il n'y a pas jusqu'aux tailleurs qui ne sollicitent la permission d'aller à la découverte. On fait croire qu'ils vont à la course, et on leur accorde leurs demandes, et ils en profitent au grand désavantage de ma gloire, et au grand préjudice de mon entreprise. Il est bon de rendre à Dieu ce qui lui appartient et accepter ce qui est à vous. C'est là un principe équitable et de toute justice. Les terres qui sont là-bas sous l'obéissance de Vos Altesses, sont plus grandes et plus riches que toutes les autres terres de la chrétienté. Après avoir, par la volonté divine, mis ces contrées sous l'autorité et la seigneurie de vos royales Majestés, et en état de produire de très considérables revenus, à l'improviste, pendant que j'attendais un navire pour me rendre, en votre haute présence, avec l'annonce d'un grand succès, et d'excellentes nouvelles des mines d'or, très satisfait et me croyant bien en sécurité, je fus arrêté, jeté au fond d'un navire, avec mes deux frères, chargés de fers, le corps presque nu, très maltraités et sans avoir été appelés en justice ni condamnés. Qui croira jamais qu'un pauvre étranger pût, en tel lieu, se révolter contre Vos Altesses, sans aucun motif, sans le bras d'un autre prince pour le soutenir, et, seul, au milieu de vos vassaux et de vos sujets, et ayant mes deux fils dans votre cour? Je suis venu à votre service à l'âge de 28 ans (1), et maintenant je n'ai plus un cheveu sur ma tête qui ne soit blanc;

---

(1) Voici qui jette quelque jour sur l'âge de Christophe Colomb et contredit l'époque de sa naissance, 1435, adoptée par certains historiens : d'autres le font mourir à l'âge de soixante ans, en 1506, ce qui donnerait l'année 1446 pour celle de sa naissance, et ces dates semblent très probables. Cependant, *El cura de los Palacios* prétend qu'il est mort dans *une belle vieillesse*, environ soixante-dix ans plus ou moins, et ce prêtre l'a connu et a eu des relations avec lui. D'un autre côté, Fernando Colomb assure que c'est en 1484 qu'il est parti de Portugal pour l'Espagne; il avait alors certainement plus de vingt-huit ans; même, en adoptant l'année 1446 pour sa naissance, c'est trente-huit ans qu'il avait à son arrivée en Espagne.

j'ai le corps malade et on m'a pris et vendu, à moi et à mes frères, jusqu'à nos vêtements, sans que j'aie été entendu ni vu, et à mon grand déshonneur. Je veux bien croire que ceci n'a pas eu lieu par votre ordre royal. La restitution de mes fonctions, le dédommagement des préjudices qui m'ont été causés, et le châtiment de celui qui les a perpétrés témoigneront de votre royale noblesse; autant pour m'avoir volé les perles que pour les dommages qu'il a fait subir à l'amiralat. Ce sera une très grande vertu, une gloire et un exemple de la part de Vos Majestés, si elles font cela, et il restera en Espagne, un glorieux souvenir de Vos Altesses comme princes justes et reconnaissants.

Les intentions si droites que j'ai toujours apportées au service de Vos Majestés et l'outrage si disparate que j'ai reçu ne peuvent donner lieu, en mon âme, qu'à du ressentiment, bien que ce ne soit pas dans ma volonté; je supplie vos Altesses de me pardonner. Je suis aussi découragé et souffrant que je vous l'ai dit; j'ai pleuré jusqu'ici pour les autres; que le Ciel me fasse miséricorde à présent et que la terre pleure pour moi. Quant au temporel, je n'ai pas seulement une blanche (1) pour aller à l'offrande; quant au spirituel, je suis arrêté ici dans les Indes, comme je l'ai déjà dit, isolé sur cette roche, malade, attendant chaque jour la mort, entouré d'une multitude de sauvages, pleins de cruauté et nos ennemis, et si loin des saints sacrements de notre sainte Église que mon âme sera oubliée, si elle se sépare ici de mon corps; pleurez pour moi, vous qui êtes animé par la charité, la vérité et la justice! Je ne suis pas venu dans ce voyage, pour acquérir de l'honneur ni gagner des richesses; c'est certain; parce que l'espérance à ce sujet était déjà éteinte. Je suis venu vers Vos Altesses avec de saines intentions, avec un zèle dévoué, et je ne mens pas. Je supplie humblement Vos Altesses, s'il plaît à Dieu de me sortir d'ici, de trouver bon que j'aille à Rome et à d'autres pèlerinages.

Que la Sainte Trinité conserve votre vie et accroisse votre haute situation.

Datée des Indes, en l'île de la Jamaïque, le 7 juillet de l'année 1503.

La fin de cette lettre est navrante et, en la lisant, on ne peut se défendre d'un sentiment d'affectueuse compassion pour une si grande infortune !

(1) Blanca. Petite pièce de monnaie valant un demi maravédis.

Nous avons cité, dans le cours de notre récit, quelques passages de cette touchante missive, et nous ne pourrions que répéter ici les appréciations sympathiques dont nous avons fait suivre ces citations. Quel long et douloureux martyre a été la fin de l'existence de cet homme qui a jeté, un seul moment, un si vif éclat dans le monde entier !

Note du Traducteur.

# LETTRES DE CHRISTOPHE COLOMB

## à son fils Don Diego.

Adresse : à mon très cher fils, Don Diego Colon.

« Mon cher fils, j'ai reçu ta lettre par le courrier; tu as bien fait de rester là-bas, afin de porter quelque remède et de veiller à nos affaires. Monseigneur l'évêque de Palencia, dès que je suis arrivé en Castille, m'a toujours favorisé et a désiré mon honneur (1). Maintenant il s'agit de le supplier qu'il lui plaise de remédier à tous mes cuisants ennuis, et d'obtenir de Leurs Altesses l'ordre d'exécution de nos accords, d'accomplissement de leurs lettres patentes et le dédommagement de si grandes pertes, et qu'il ait la certitude que, si Leurs Altesses agissent ainsi, leur fortune et leur grandeur en seront accrues à un suprême degré. Qu'elles sachent bien que ce ne seront plus 40,000 piastres d'or, mais une quantité bien plus considérable qui représenteront les profits de mon entreprise, si les démons ne viennent pas les empêcher de favoriser mes projets; car, lorsque j'ai été chassé des Indes, j'étais en train de recueillir et d'envoyer une somme incomparablement supérieure à 40,000 piastres. Je fais serment, et que ceci soit pour toi seul, que sur les salaires que Leurs Altesses savent m'être acquis, j'éprouve chaque année un préjudice de dix comptes (2), qui jamais ne pourront se rattraper. Juge quelle part reviendrait à Leurs Altesses! et elles ne s'en préoccupent pas. J'écris à Sa Grâce et je me disposerai à partir pour là-bas. L'arrivée et ce qui suivra est aux mains de Notre-Seigneur; sa miséricorde est infinie. Ce qui arrive et ce qui doit arriver, dit saint Augustin, est déjà arrêté avant la création du monde. »

« J'écris également à ces autres personnes que me signale la lettre de Mendez. Sous ses auspices, je me recommande des actes de ma vie, comme je l'ai dit plus haut. Il est certain que je ressens une

(1) Fray Don Diego de Deza, dominicain, depuis évêque de Séville. Voir Ortiz de Zuniga, dans ses *Annales*, année 1505, 53.

(2) Comptes, cuento en espagnol, signifie un million; c'est sans doute un million de maravédis de 34 au réal de vellon.

extrême frayeur, parce que le froid est si contraire à ma maladie, que j'ai peur de rester en chemin.

« J'ai eu un grand plaisir à lire ta lettre et surtout d'apprendre ce qu'a dit le roi notre maître, et pour cela, tu baiseras ses royales mains. Il est sûr que j'ai servi Leurs Altesses avec plus d'amour et de zèle, que s'il s'était agi pour moi de gagner le paradis; et si parfois j'ai commis quelque faute, c'est qu'il m'a été impossible de l'éviter ou que mon savoir et mes forces n'ont pu aller au-delà. Dieu même, dans ces circonstances, n'exige pas des hommes des choses au-dessus de leur volonté.

« J'ai emmené de là-bas deux frères qui s'appellent Porras, sur la prière de M. le trésorier Morales. L'un est venu comme capitaine et l'autre avec l'emploi de comptable; les deux n'ayant pas les capacités de leurs charges; et moi, par amitié pour celui qui me les avait donnés, j'ai fait mon possible pour suppléer à leur insuffisance. Mais aux Indes, ils devinrent plus fiers que ne leur permettait leur situation : cependant j'eus pour eux, plusieurs fois, des politesses plus grandes que celles réservées à des parents, et ils ont agi avec moi de telle façon qu'ils ont mérité des punitions au lieu d'observations en paroles. Enfin ils en sont venus à un point où il m'a été impossible d'éviter ce qui a eu lieu. Les enquêtes démontreront si j'en impose. Ils ont fomenté une révolte dans l'île de la Jamaïque, ce qui m'a causé une surprise plus grande que si les rayons du soleil avaient produit les ténèbres. J'étais alors malade à la mort, et ils m'ont pendant cinq mois, martyrisé sans le moindre motif. Enfin, je les ai tous faits prisonniers et bientôt après je les ai relâchés, sauf le capitaine, que j'emmenais prisonnier à Leurs Altesses.

« Une supplique que les rebelles m'adressèrent avec serment, et que je t'envoie avec cette lettre, te dira surabondamment ce qui a eu lieu, bien que les enquêtes parlent largement; ces enquêtes, avec le greffier, partiront sur un autre navire que j'attends de jour en jour. Quant au prisonnier, le gouverneur l'a gardé à Santo-Domingo. Sa courtoisie lui a imposé cet acte. J'avais, dans mes instructions, un chapitre, dans lequel Leurs Altesses me mandaient que tous m'obéissent et que j'avais droit de justice civile et criminelle sur tous ceux qui étaient avec moi. Mais je n'ai pu en profiter vis-à-vis de celui-ci, qui m'a dit qu'il ne l'entendait pas de cette manière; il l'a donc envoyé à ces messieurs qui sont chargés des affaires des Indes, sans enquête, sans procès-verbal et sans aucun écrit. Ceux-ci ne l'ont pas reçu, et il a été relâché. Je ne suis pas surpris que Notre-Seigneur se charge du châtiment. Ils sont allés là-bas, avec leur mine éhontée. On n'a jamais ouï une telle rébellion et pareille trahison. J'ai écrit à cet égard à Leurs Altesses, dans mon autre lettre, qu'il n'était pas raisonnable de laisser passer une semblable insulte. J'ai écrit également à M. le Trésorier que je le priais en grâce qu'il ne rendît pas la sentence, d'après leurs dires sans m'entendre. Maintenant il sera bien que tu le lui rappelles de nouveau. Je ne sais comment ils osent se présenter devant lui, dans de telles conditions. Je lui écris une seconde fois, et je lui envoie la copie de leur serment, comme je le fais à toi-même, et aussi une autre semblable au docteur Angelo et au licencié Zapata. Je me recommande à la bienveillance de tous, les avisant que mon départ pour là-bas sera prompt.

« Je serai satisfait de recevoir une lettre de Leurs Altesses, afin de connaître leurs ordres. Tu dois t'occuper de voir s'il y a quelque moyen d'obvier à cela; et aussi de me recommander à Mgr l'évêque et à Jean Lopez, en lui rappelant ma maladie et le prix de mes services.

« Les lettres que je t'envoie avec la présente doivent être lues par toi, afin de te conformer à leur contenu.

« Je remercie Diego Mendez de sa lettre; je ne lui écris pas, parce qu'il sera informé par toi de tout, et à cause de ma maladie qui m'en empêche.

« Carbajal et Jeronimo seront bien en cour, pendant ce temps, et il convient de parler à ces Messieurs en notre faveur, ainsi qu'au secrétaire.

« Datée de Séville, le 21 novembre (1).

« Ton père qui t'aime plus qu'il ne peut dire

S
S. A. S.
X M Y
Xpo. Ferens.

« J'écris de nouveau à Leurs Altesses, en les suppliant d'ordonner que l'on pourvoie à la paie des gens qui ont été avec moi, *parce qu'ils sont pauvres*, et qu'il y a trois ans qu'ils ont quitté leurs maisons. Les nouvelles qu'ils apportent sont très intéressantes. Ils ont supporté des périls et des peines infinis. Je n'ai pas voulu rançonner le pays pour ne pas causer de troubles, parce que, raisonnablement, il faut qu'il se peuple auparavant, et alors on obtiendra tout l'or en main, sans résistance. Parle de ceci au secrétaire, à Mgr l'évêque et à Jean Lopez, et à ceux à qui tu jugeras convenable d'en parler.

(1) Cette lettre correspond à l'année 1504, ainsi que les autres jusqu'en janvier et février 1505.

**Adresse :** A mon très cher fils Don Diego Colon, à la cour.

« Mon cher fils ; j'ai reçu tes lettres du 15 de ce mois. Depuis, je t'ai écrit, il y a huit jours, par un courrier, ainsi qu'à d'autres, en nombre suffisant, et je t'ai envoyé leurs lettres ouvertes, pour que tu les lises et, après lecture, pour que tu les remettes fermées.

« Bien que ma maladie me tourmente tant, cependant je me prépare au départ.

« Je désirerais beaucoup avoir la réponse de Leurs Altesses, et que tu t'occupes de l'obtenir. Aussi qu'on pourvoie à la paye de *ces pauvres gens* qui ont supporté d'incroyables fatigues et leur portent de si précieuses nouvelles, desquelles elles doivent rendre grâce à Dieu, Notre-Seigneur, et se trouver si joyeuses. *Si je mens* (1), le Paralypomène, le Livre des Rois et Josèphe, *de Antiquitatibus*, ainsi que d'autres érudits, diront ce qu'ils savent à ce sujet. J'espère que Notre-Seigneur me permettra de partir la semaine prochaine. Mais pour cela, tu ne dois pas laisser de m'écrire avec plus de détails.

« Je n'ai rien su de Carbajal ni de Jeronimo. S'ils sont là, fais-leur mes recommandations. Le temps est de telle manière qu'ils doivent être à la cour, à moins que la maladie ne les en empêche.

« Fais aussi mes recommandations à Diego Mendez : je crois que la vérité, par sa bouche et ses démarches, auront autant de poids que les menteries des Porras. Le porteur de cette lettre est Martin de Gambon et, par lui, j'écris à Jean Lopez et je lui envoie mon sentiment.

« Vois la lettre et remets-la lui ensuite. Si tu m'écris, adresse les lettres à Louis de Soria, parce qu'il me les enverra à l'endroit où je serai ; si je m'en vais en brancard, ce sera par *la Plata* (2).

« Notre-Seigneur t'ait en sa sainte garde.

« Ton oncle a été bien malade ; c'est de la mâchoire et des dents.

« Datée de Séville, le 28 novembre.

« Ton père qui t'aime plus que lui-même.

        S
       S. A. S.
       X M Y
      Xpo. Ferens.

(1) C'est ainsi que s'exprime la lettre originale qui est interrompue après le mot *mens*.

(2) On appelle ainsi la chaussée ou le chemin romain qui va de Mérida à Salamanque.

Adresse : A mon cher et aimé fils Don Diego Colon.

« Mon cher fils. Depuis que j'ai reçu ta lettre du 15 novembre, je n'ai plus eu de tes nouvelles. Je désirerais que tu m'écrivisses très souvent. A chaque heure, je voudrais avoir de tes lettres. La raison doit t'apprendre que je n'ai pas d'autre délassement aujourd'hui. Il arrive plusieurs courriers chaque jour, et les nouvelles ici sont si nombreuses et de telle importance, qu'elles me font dresser les cheveux sur la tête, en les apprenant si contraires à celles que souhaite mon cœur. Plaise à la sainte Trinité de redonner la santé à la reine, notre maîtresse, parce qu'avec elle s'affermira ce qui est déjà en action.

« Je t'ai envoyé un autre courrier le jeudi, il y a huit jours : il doit être déjà en route pour revenir ici. Je t'ai écrit, par lui, que mon départ était certain, et mon espérance en ma bonne arrivée là-bas a été déçue, parce que ma malheureuse maladie est tellement envenimée, et le froid est si propice à l'empirer, que je ne pouvais m'abuser en redoutant d'être forcé de rester dans quelque auberge. Le brancard et tout était prêt, mais le temps était si mauvais qu'il était impossible de sortir avec celui qui commençait à sévir. Il était donc préférable de me soigner et de tâcher de revenir à la santé ici, que de courir à l'aventure, avec connaissance de cause.

« Dans ces lettres, je te disais ce que je te dis aujourd'hui, que j'ai été bien inspiré en te laissant là-bas, en ce temps-là, et que j'avais raison de vouloir m'occuper de nos affaires, et la raison est un bon aide en ceci. Il me semble qu'on doit tenir un grand compte de cette lettre que Leurs Altesses m'ont écrite, où elles déclarent qu'elles s'acquitteront envers moi et qu'elles te mettront en possession de tout; donne-leur cette lettre avec un autre écrit qui déclare : que ma maladie m'empêche d'aller leur baiser les mains et les pieds; que les Indes se perdent et sont en feu de mille côtés; que je n'ai reçu et ne reçois rien des revenus qui me sont dus là-bas; et que personne n'ose aller les réclamer pour moi, et que je vis d'emprunts. Quelque argent que je possédais dans ce pays, je l'ai dépensé pour ramener tout ce monde, parti avec moi, et les rendre à leurs foyers; parce que c'eût été un grave cas de conscience de les laisser là-bas et de les abandonner. Il faut faire part de ces circonstances à M$^{gr}$ l'évêque de Palencia, et lui faire connaître l'extrême confiance que je mets en sa bienveillance, et de même au seigneur Camérier.

« Je croyais que Carbajal et Jéronimo seraient à la cour en cette saison.

« Notre-Seigneur est celui qui est et qui arrangera tout comme il sait que cela nous convient.

« Carvajal (1) est arrivé hier ici; j'ai voulu l'envoyer avec cette commission, mais il s'est excusé, en me disant positivement que sa femme était à la mort. Je tâcherai qu'il y aille, parce qu'il connaît très bien toutes ces affaires.

« Je m'arrangerai également pour que ton frère et ton oncle s'y rendent aussi, et aillent baiser les mains de Leurs Altesses, et leur rendre compte du voyage si mes lettres ne suffisent pas. Tiens ton frère en grande estime; il a une bonne nature, et il est déjà sorti des illusions de la jeunesse. Tu n'aurais pas trop de dix frères : je n'ai jamais eu, quant à moi, à gauche ou à droite, de meilleurs amis que mes frères.

« Il faut manœuvrer de façon à avoir le gouvernement des Indes, et ensuite la disposition de mes revenus. Je t'ai laissé là-bas un mémoire qui indique ce qui m'appartient de ces revenus. Ce que l'on a remis à Carvajal n'est rien et n'a servi à rien. On laisse emporter les marchandises à qui veut les prendre, et alors mon huitième se réduit à néant; puisque je pourrais sans y contribuer en rien, envoyer chercher des marchandises sans rendre compte à personne, ni avoir aucun associé. J'ai assez dit, dans ces derniers temps, que la contribution du huitième se réduisait à rien. Le huitième et le reste m'appartiennent, en raison de la faveur que m'accordèrent Leurs Altesses, comme je te l'ai laissé constaté dans le livre de mes privilèges, et également le tiers et la dîme, de laquelle dîme, je ne reçois rien autre chose que le dixième de ce que reçoivent Leurs Altesses; et cela doit être ainsi de tout l'or et des autres choses qui se recueillent et sont acquises, de quelque manière et sous quelque forme que ce soit, dans cette amirauté, ainsi que le dixième de toutes les marchandises qui vont et viennent là-bas et sortent par les côtes.

« J'ai déjà dit que, dans mon livre des privilèges, se trouve parfaitement claire la mention de tout ceci et du reste; quant au jugement porté ici, à Séville, en ce qui concerne les Indes, il faut travailler à ce que Leurs Altesses répondent à ma lettre et ordonnent de payer les équipages. Par Martin de Gambon, il y aura quatre jours que je leur ai écrit de nouveau, et tu recevras avec la tienne la lettre de Juan Lopez.

« Ici l'on dit qu'il est question de faire nommer trois ou quatre

---

(1) Carvajal ou Carbajal, c'est toujours le même personnage; en espagnol le *b* et le *v* s'emploient indifféremment; Colomb emploie l'un ou l'autre pour désigner le même officier.

évêques pour les Indes, et que Mgr l'évêque de Palencia en a été chargé. Après lui avoir présenté mes civilités, dis-lui qu'il sera bon, pour le service de Leurs Altesses, qui je m'entretienne avec le premier qui dirigera cette mission.

« A Diego Mendez, offre mes recommandations et qu'il voie cette affaire. Ma maladie ne me permet pas d'écrire autrement que la nuit, parce que le jour m'ôte la force des mains.

« Je crois que cette lettre sera portée par un fils de Francisco Pinelo : fais-lui un bon accueil, parce qu'il fait pour moi tout ce qu'il peut avec bonne amitié, grande volonté et avec joie.

« La caravelle qui eut son petit mât rompu en sortant de Saint-Domingue est arrivée aux Algarves : c'est elle qui porte les enquêtes concernant les Porras.

« On n'a jamais vu d'aussi vilaines choses, avec une cruauté si crue. Si Leurs Altesses ne les punissent pas, je ne sais pas qui osera aller au dehors, à leur service, avec des équipages.

« Aujourd'hui c'est lundi. Je m'arrangerai pour que ton oncle et ton frère partent demain. Rappelle-toi de m'écrire très souvent et Diego Mendez, très longuement.

« Chaque jour, il y a ici des messagers venant de là-bas.

« Notre-Seigneur t'ait en sa sainte garde.

« Datée à Séville, 1er de décembre.

« Ton père qui t'aime plus que lui-même.

S<br>
S. A. S.<br>
X M Y<br>
Xpo. Ferens.

---

Adresse : A mon très cher fils, Don Diego Colon, à la cour.

« Mon cher fils. Avant-hier je t'ai écrit longuement, par l'entremise de Francisco Pinelo, et avec la présente lettre, je te remets un mémoire bien complet. Je suis très surpris de ne pas voir une lettre de toi ni d'autre personne. Tous ceux qui me connaissent éprouvent la même surprise. Tous ici reçoivent des lettres et moi, à qui elles sont plus nécessaires, je n'en vois pas. Il était bon de mettre un grand soin à m'écrire. Le mémoire dont je te parle plus haut étant bien suffisant, je ne m'étends pas davantage dans celle-ci. Ton frère et ton oncle vont là-bas; par eux tu sauras ce qui manque dans cette lettre.

« Notre-Seigneur t'ait en sainte garde. Datée de Séville le 3 décembre.

Ton père qui t'aime plus que lui-même.

S<br>
S. A. S.<br>
X M Y<br>
Xpo. Ferens.

*Mémoire de la main de l'amiral.*

« **Mémoire** pour toi, mon très cher fils, Don Diego, concernant ce qui me revient, en ce moment, et sur ce qu'il y a à faire : le principal est de recommander à Dieu, affectueusement et avec grande dévotion, l'âme de la reine notre maîtresse. Sa vie fut toujours catholique et sainte, et prompte à toutes les choses de son saint service ; et pour cela il faut croire qu'elle est dans sa céleste gloire et hors des désirs de ce rude et pénible monde. Ensuite, il faut se dévouer et employer ses efforts au service du roi, notre Seigneur, et faire en sorte de lui éviter des ennuis.

« Son Altesse est la tête de la chrétienté. Écoute le proverbe qui dit : Quand la tête souffre, tous les membres souffrent. Ainsi, tous les bons chrétiens doivent prier pour sa longue vie et pour sa santé, et nous qui sommes obligés de le servir, plus que tous les autres, nous devons nous adonner à cela, avec grand soin et en toute diligence.

« Cette raison m'a porté aujourd'hui, malgré la violence de mon mal, à t'écrire ceci, pour que Son Altesse juge ce qui sera utile à son service, et, pour plus de sûreté, je l'envoie là-bas à ton frère, qui, bien qu'il soit jeune d'années, ne l'est pas pour l'entendement, et je l'envoie aussi à ton oncle et à Carvajal, afin que, si cet écrit ne suffit pas, que tous se joignent à toi pour y suppléer par la parole, et faire en sorte que Son Altesse vous reçoive à son service. A mon idée, rien n'est aussi nécessaire que pourvoir et porter remède à la situation des Indes. Là-bas, Son Altesse doit avoir plus de 40 à 50,000 piastres d'or. J'ai reconnu, quand j'étais là-bas, que le gouverneur n'avait pas grande envie de les envoyer. Dans les autres populations, il est à croire qu'il y aura encore 150,000 piastres, et les mines sont en grand rapport et dans toute leur vigueur. Le plus grand nombre des habitants là-bas sont gens communs et de peu de savoir, et ne se rendent pas compte des choses. Le gouverneur est très mal vu de tous. Il est à craindre que tout ce monde ne tourne quelque jour à l'envers. Si ce cas se réalisait, ce que Dieu ne veuille, il serait très difficile d'y porter remède, et surtout si d'ici ou d'autre part, à cause de la grande renommée de l'or, on procédait, à leur égard, par voie de justice. Mon avis est que Son Altesse doit pourvoir à cela très promptement, comme quelqu'un qui souffre, en envoyant 150 ou 200 personnes, de bonne apparence, jusqu'à ce que tout soit bien assis et ne donne lieu à aucun soupçon. Ce qui peut être effectué en moins de trois mois, et qu'on pourvoie à créer là-bas deux autres pouvoirs.

« L'or qui se trouve là-bas est très aventuré, parce qu'il est léger et qu'il y a peu de monde pour s'en rendre maître.

« Je dis que l'on chante ici un refrain qui dit que le cheval s'engraisse à la vue de son maître. Ici, et où elle voudra, à moins que mon esprit se sépare de mon corps, je servirai Son Altesse avec plaisir.

« Je dis plus haut que Son Altesse est la tête de la chrétienté, et il est nécessaire qu'elle s'occupe et s'arrange pour conserver les chrétiens qu'elle a dans ces contrées et garder toutes ces terres. A ce sujet, le monde dit qu'on ne peut pas pourvoir ainsi toutes les Indes d'un bon gouvernement; qu'elles se perdent et ne produisent pas les fruits attendus, et qu'on n'y crée pas les institutions que la raison demande. A mon avis, ce serait un bon service de se décharger de quelques-uns de ces soins sur une personne à qui il serait pénible de voir les Indes mal gouvernées.

« J'ai écrit à Son Altesse, dès que je suis arrivé ici, une lettre fort longue, remplie par l'indication des besoins qui exigeaient un remède certain, prompt, et d'un bras robuste. Je n'ai reçu aucune réponse et n'ai vu aucun acte pour pourvoir à ces besoins. Quelques navires sont à San-Lucar retenus par le temps.

« J'ai dit, relativement à ces Messieurs du commerce, qu'on devait les retenir jusqu'à ce que le roi, notre seigneur, pourvoie à ce qui les concerne, ou actuellement avec du monde, ou par un écrit. Ceci est très nécessaire, et je sais ce que je dis, et il est indispensable qu'on mande dans tous les ports, qu'on s'assure avec soin que personne n'aille là-bas sans une licence. J'ai déjà dit qu'il y a beaucoup d'or recueilli et enfermé dans des cases en paille, sans défense, et, dans la contrée assez de désœuvrés, et la haine envers le gouverneur, et les légères punitions que l'on inflige et que l'on a infligées à ceux qui ont commis des malversations, lesquels ont été favorisés pour leur trahison.

« Si Son Altesse consent à pourvoir quelque peu à ces nécessités, ce doit être fait bientôt, afin que ces navires n'éprouvent pas de préjudices.

« J'ai entendu dire qu'on était à même de nommer trois évêques pour les envoyer à la *Española*. S'il plaît à Son Altesse de m'entendre avant que ceci se conclue, je dirai de quelle manière Dieu, Notre-Seigneur, aura là-bas un bon service, et comment Son Altesse sera respectée et satisfaite.

A la fin de ce mémoire, il y a écrit aussi de la main de l'amiral, ce qui suit :

« Je me suis arrêté à ce qui concerne les besoins à pourvoir à la *Española*. »

---

Adresse : A mon très cher fils Don Diego Colon, à la cour.

« Mon cher fils. Il y a aujourd'hui huit jours que sont partis ton oncle, ton frère et Carvajal, ensemble, pour aller baiser les royales mains de Son Altesse et lui rendre compte du voyage et également pour t'aider dans tes négociations, pour obtenir ce qui est nécessaire pour là-bas.

« Don Fernando a emporté d'ici 150 ducats à sa discrétion. Il devra prendra là-dessus ses dépenses; il te remettra ce qui lui restera. Il a également une lettre de crédit pour les marchands. Considère qu'il est très nécessaire de faire grande attention à leur égard, car j'ai eu des ennuis avec ce gouverneur, parce qu'ils me disaient tous que j'avais là-bas 11 à 12,000 castellanos, et je n'en ai reçu que quatre.

« Il a voulu, à mon égard, se mêler de me porter en compte des choses auxquelles je n'étais pas obligé, et moi, avec ma confiance aux promesses de Leurs Altesses, qu'ils me feraient restituer tout cela, je consentis à laisser là ces comptes avec l'espérance de les lui réclamer. Ainsi, quoique j'aie là-bas de l'argent, je n'ai personne, à cause de son orgueil, qui ose le lui réclamer.

« Je sais bien qu'après mon départ il a reçu plus de 500 castellanos.

« S'il était possible d'obtenir de Son Altesse une lettre de bonne encre, pour lui, dans laquelle il lui ordonnerait, par l'entremise de la personne que je lui enverrais avec mon pouvoir, de me remettre de suite et sans délai l'argent et le compte complet de ce qui m'appartient, ce serait bien, car sans cela, je ne pourrai donner, ni à Miguel Diaz, ni à Velasquez, rien de ce qui leur est dû, et eux n'osent seulement pas me parler de cela.

« Carvajal saura très bien comment tout cela doit s'arranger; qu'il voic cette affaire! Les 150 ducats que Luis de Soria t'envoya, quand je suis venu, sont payés à sa volonté.

« Par Don Fernando, je t'ai écrit longuement, et je t'ai envoyé un mémoire. Maintenant, y ayant pensé plus sérieusement, je te dis que, puisque Leurs Altesses, à l'époque de mon départ, m'ont dit, sous la foi de leur signature et verbalement, qu'elles me donneraient tout ce qui me revient, d'après mes privilèges, qu'il n'y a pas lieu de réclamer le mémoire du tiers, ni de la dîme, ni le huitième, mais seulement extraire le chapitre de leur lettre où elles m'écrivent, ce que je viens de dire et requérir tout ce qui m'appartient, comme tu l'as par écrit, dans le livre des privilèges, dans lequel se trouve aussi éclaircie la raison pour laquelle je dois avoir le tiers, le huitième et le dixième; car ensuite, il sera toujours temps de réduire la somme à ce que voudra la personne, puisque Leurs Altesses disent, dans leur lettre, qu'elles veulent me donner tout ce qui me revient.

« Carvajal me comprendra très bien, en voyant cette lettre, ainsi que tout autre qui juge assez clairement. J'écris également à Son Altesse, et enfin je lui rappelle qu'elle doit pourvoir aux besoins des Indes, le plus tôt possible, afin que ces gens ne s'inquiètent pas, et je lui rappelle la promesse que je cite plus haut : tu devras voir la lettre.

« Avec cette lettre je t'envoie une autre lettre de crédit pour les dits marchands.

« Je t'ai déjà dit les motifs qu'il y a pour modérer les frais. Pour ton oncle, traite-le avec les égards qui sont raisonnables et, quant à ton frère, tiens-lui le langage d'un frère aîné à l'égard du plus jeune. Tu n'en as pas d'autre et, loué soit Notre-Seigneur, celui-ci est tel qu'il t'est bien nécessaire; il a acquis et acquiert un grand savoir. Civilités à Carvajal et à Géronimo, ainsi qu'à Diego Mendez; je me recommande à tous; je ne leur écris pas, parce qu'il n'en est pas besoin, et le porteur est pressé de partir. Ici on ébruite extrêmement que la reine, que Dieu garde, a recommandé que je sois remis en possession des Indes.

« A l'arrivée du secrétaire de la flotte, je t'enverrai les enquêtes et l'original du procès-verbal concernant les Porras.

« Je n'ai eu aucune nouvelle de ton oncle ni de ton frère, depuis qu'ils sont partis.

« Les eaux ont été si grosses ici que la rivière a débordé et est entrée dans la ville.

« Si Agostin, l'Italien, et Francisco de Grimaldo ne voulaient pas te donner l'argent dont tu auras besoin, cherche là-bas d'autres qui te l'avancent; à présentation de ta signature, je leur paierai sur l'heure, tout ce que tu auras reçu. Ici je n'ai personne, en ce moment, par qui je puisse t'envoyer de l'argent.

« Datée d'aujourd'hui vendredi, 13 décembre 1504.

« Ton père qui t'aime plus que lui-même.

s<br>
S. A. S.<br>
X M Y<br>
Xpo. Ferens.

---

Adresse : A mon très cher fils Don Diego Colon à la cour.

« Mon cher fils. Le cher préfet, ton frère et Carvajal sont partis, il y a aujourd'hui seize jours, pour là-bas. Ils ne m'ont jamais écrit. Don Fernando possédait 150 ducats. Il devra payer ce qui lui sera nécessaire, et il a une lettre de crédit pour les marchands, afin qu'ils te pourvoient d'argent.

« Je t'en ai envoyé une autre depuis, avec la signature de Micez Francisco de Ribarol, par le courrier Zamora, et je t'ai dit que si, en vertu de ma lettre, tu avais été pourvu d'argent, tu n'usasses pas de la lettre de Francisco Ribarol. Et je te dis de même, pour cette lettre que je t'envoie aujourd'hui, avec la signature de Micez Francisco Doria, que je te remets en surabondance, pour que tu ne manques pas d'être pourvu.

« Je t'ai déjà dit combien il est nécessaire d'apporter une bonne règle dans l'emploi des fonds, jusqu'à ce que le roi nous ait fait justice et nous ait remis en position. Je t'ai dit également que j'ai dépensé 1,200 castellanos, pour emmener en Castille tout ce monde, et Son Altesse m'en doit la plus grande partie ; et c'est pour cela que je lui ai écrit pour qu'il ordonnât d'en réclamer le compte.

« Ici, je voudrais, si c'était possible, recevoir des lettres chaque jour.

« Je me plains de Diego Mendez, de ne pas m'écrire ; également de Géronimo et, depuis, je me plains des autres quand ils sont arrivés.

« Il est utile de chercher à savoir si la reine, que Dieu a près de lui, a, dans quelque endroit de son testament, dit quelque chose pour moi, et il est nécessaire de presser les démarches auprès de M$^{gr}$ l'évêque de Palencia, lui, qui est la cause que Leurs Altesses ont possédé les Indes, et que je suis resté en Espagne, car j'étais déjà en route pour en sortir ; et aussi auprès de M. le Camérier de Son Altesse.

« Si l'on en vient à parler de payement, il faut tâcher d'obtenir qu'on voie l'écrit qui se trouve dans le livre des privilèges, et qui donne les raisons pour lesquelles on me doit le tiers, le huitième et le dixième, comme je l'ai dit dans une autre lettre.

« J'ai écrit au Saint-Père, concernant mon voyage, parce qu'il se plaignait de moi, de ce que je ne lui écrivais pas. Je t'envoie la copie de la lettre. Je désirerais que le roi, notre seigneur, la vît, ainsi que Mgr l'évêque de Palencia, qui est le premier à qui j'ai écrit pour éviter les faux témoignages.

Camacho (1) a soulevé mille témoignages. A mon grand regret, j'ordonnai son arrestation. Il appartient aujourd'hui à l'Église. Il dit que les fêtes passées, il ira là-bas s'il le peut. Si je lui dois quelque chose, qu'il prouve pour quel objet? Je fais serment que je n'en sais rien, et ce n'est pas vrai. Si, sans importunité, on pouvait obtenir la licence de voyage par mule (2), je tâcherais de partir pour là-bas, passé janvier, et je le ferai de même sans cela. Cependant, qu'on ne laisse pas de presser les démarches, afin qu'on ne perde pas les Indes, par suite des actes qui s'y commettent.

« Notre-Seigneur t'ait en sa garde.
En date d'aujourd'hui, 21 décembre.
Ton père qui t'aime plus que soi-même.

S<br>S. A. S.<br>X M Y<br>Xpo. Ferens.

A la marge de la lettre, est écrit aussi, de la main de l'amiral, ce qui suit :

« (Ces) dixièmes que l'on me donne, ce n'est pas le dixième qui m'a été promis : Les privilèges le disent : et c'est bien ainsi, on me doit le dixième du profit qui provient des marchandises et de toutes les autres choses, dont je ne reçois rien. Carvajal me comprend bien. — Carvajal se rappelle aussi qu'il existe une lettre de Son Altesse, pour le gouverneur, pour qu'il envoie promptement les comptes et les fonds que j'ai là-bas, et cela sans délai, et pour cela, il serait bon qu'il fût envoyé là-bas un officier de Son Altesse, parce que ces fonds doivent former une somme importante pour moi. Je m'arrangerai pour obtenir de ces Messieurs du commerce qu'ils envoient aussi

---

(1) Gonzalo Camacho, qui avait été écuyer sur le navire Gallego, que commandait Pedro de Terreros.
(2) Il obtint cette licence du roi, le 23 février 1505.

quelqu'un auprès du gouverneur, pour lui dire d'envoyer cette part qui me revient, avec l'or de Son Altesse.

« Qu'on ne laisse pas, pour cela, de porter remède aux autres sujets, en souffrance là-bas.

« Je dis que la somme qui a été reçue aux Indes, depuis que je suis parti, doit dépasser 7 à 8,000 piastres, sans compter les autres sommes qui ne m'ont pas été données.

---

Adresse : A mon très cher fils Don Diego Colon.

« **Mon cher fils** : Par Don Fernando, je t'ai écrit très longuement, et celui-ci est parti pour là-bas, il y a aujourd'hui vingt-trois jours avec le cher préfet, et avec Carvajal, desquels je n'ai reçu depuis aucune nouvelle. Ensuite, il y a seize jours aujourd'hui, je t'ai écrit par Zamora, le courrier; et je t'ai envoyé une lettre de crédit sur ces marchands pour qu'ils te donnent les fonds que tu leur demanderas, avec la garantie de Francisco Ribarol; et plus tard, par un autre courrier, il y a huit jours, je t'ai écrit et remis une autre lettre de crédit de Francisco Doria. Celles-ci ont été adressées à Pantaléon et à Augustin, l'Italien, pour qu'ils te le remettent, et, avec elles, je t'envoie une copie de la lettre que j'ai écrite au Saint-Père, relativement aux choses des Indes, afin qu'il ne se plaigne plus de moi. Je t'envoie cette copie pour la faire voir à Son Altesse, ou à Mgr l'évêque de Palencia, afin d'éviter de faux témoignages. — La paie des gens qui ont été avec moi a été retardée. — Ici, je leur ai avancé ce que j'ai pu. — Ces gens-là *sont pauvres*, et ont besoin d'aller gagner leur vie; ils ont consenti à aller là-bas; là-bas, on leur a dit qu'on leur accorderait toutes les faveurs possibles, et aussi, c'est justice; bien que parmi eux, il y en ait qui mériteraient plutôt des punitions que des grâces; ceci soit dit pour les révoltés. — Je leur ai donné une lettre pour Mgr l'évêque de Palencia; vois-la, ainsi que ton oncle, ton frère et Carvajal. S'il était nécessaire que ceux qui vont là-bas adressassent une pétition à Son Altesse, qu'ils s'appuient de ma lettre pour la rédiger; et aidez-les de tout votre pouvoir; ils ont raison et c'est une œuvre de miséricorde, car jamais personne n'a gagné son argent au prix de tant de dangers et de souffrances, et personne n'a rendu autant de services que ceux-ci. Là-bas, Camacho et maître Bernal (1) disent qu'ils veulent y aller; ce sont deux créatures pour

---

(1) Il était parti en qualité de médecin, ou physicien à bord de la caravelle Capitane.

lesquelles Dieu fait peu de miracles; ces gens-là, plus ils vont et plus ils sont portés à faire le mal plutôt que le bien. Ils sont à peu près impuissants, parce que la vérité triomphe toujours, comme il est survenu à la *Española*: les rebelles sont arrivés avec leurs faux témoignages à ce que, jusqu'à ce jour, on n'a tiré aucun profit de cette île. Ce maître Bernal fut, dit-on, l'organisateur de la rébellion; il fut pris et accusé de plusieurs délits et, pour chacun d'eux, il eût mérité d'être écartelé. A la demande de ton frère et de quelques autres, il fut gracié; mais, au plus petit mot qu'il prononcerait contre moi et mon état, qu'il prenne garde que sa grâce ne lui serve à rien et qu'il soit condamné; je t'envoie le rapport avec cette lettre.

« Pour Camacho je t'enverrai un acte judiciaire; il y a plus de huit jours qu'il ne sort pas de l'église; à l'aide de son astucieuse et fausse langue et de ses impostures, il avait obtenu un testament de Terreros (1), mais les autres parents de ce Terreros en possèdent un autre plus récent qui annule le premier. Je dis ceci relativement à l'héritage, et j'ai été invité à ne tenir compte que du dernier testament, de telle sorte que Camacho aura à restituer ce qu'il a reçu.

« J'enverrai dresser un acte judiciaire, et je te le remettrai, parce que je crois que son châtiment sera un acte de miséricorde; parce qu'il a une langue si perverse qu'il doit recevoir de quelqu'un une punition exemplaire, et il ne sera plus aussi dépourvu de conscience ni aussi dangereux de sa personne. Diego Mendez connaît très bien ce maître Bernal et ses œuvres. Le gouverneur voulait le faire arrêter à la *Española*, et il l'a laissé tranquille à cause de moi. On dit que là-bas, il a tué deux hommes, au moyen de médecines, et cela pour une vengeance relative à une misère qui ne valait *pas trois fèves*.

« Si l'on peut avoir sans peine la licence pour la mule, j'en serai bien aise; il faut une bonne mule. Consulte pour ces affaires tous ceux que je t'ai indiqués, et dis-leur que je ne leur écris pas particulièrement, à cause de la souffrance que j'éprouve dans tout mon être. Je ne dis pas qu'ils agissent de même; que chacun d'eux, au contraire m'écrive et très souvent, car je ressens un grand ennui à voir que tout le monde reçoit tous les jours des lettres de là-bas, et moi rien, quand vous êtes en si grand nombre pour m'écrire.

(1) Pedro de Terreros, capitaine du navire *Gallego*, était mort durant le voyage, le 29 mai 1504. Camacho était écuyer sur le même navire.

« Je me recommande au seigneur *Adelantado*, et fais mes compliments à ton frère, ainsi qu'à tous les autres.

« Datée de Séville le 29 décembre.

« Ton père qui t'aime plus que soi-même.

S<br>
S. A. S.<br>
X M Y<br>
Xpo. Ferens.

Suite, de la main de l'amiral.

« Je dis encore que si nos affaires doivent se terminer par voie de conscience, il faut montrer le chapitre de la lettre que m'écrivirent Leurs Altesses, quand je partis, et dans lequel, elles me disent qu'elles ordonneront de te mettre en possession de mes fonctions. Et ensuite, il faut leur faire voir les prescriptions écrites dans le livre des privilèges qui démontrent, par raison et justice, que j'ai pour moi le tiers, le huitième et le dixième. Là-dessus, il sera toujours temps de faire des réductions.

---

Adresse : A mon très cher fils Don Diego Colon.

« Mon cher fils. Par un courrier qui doit arriver aujourd'hui là-bas, je t'ai écrit longuement et je t'ai envoyé une lettre pour M. le Camérier. J'aurais voulu y insérer une copie de ce chapitre de la lettre de Leurs Altesses où ils disent qu'elles te mettront en possession de mes fonctions et je l'ai oublié.

« Le courrier Zamora est arrivé ; j'ai lu ta lettre, celle de ton oncle et celle de ton frère, ainsi que la lettre de Carvajal, avec un grand plaisir ; j'ai appris ainsi qu'ils étaient arrivés en bonne santé ; car j'étais en une extrême inquiétude à ce sujet.

« Diego Mendez partira d'ici à trois ou quatre jours ; il emportera l'expédition de l'ordonnance ; il aura aussi une longue relation de tous les faits et j'écrirai au seigneur Juan Velasquez. Je compte sur son amitié et sur ses services. — Je crois qu'il est gentilhomme et de grande honorabilité. — Si M<sup>gr</sup> l'évêque de Palencia (1) est arrivé ou

---

(1) D. Juan de Fonseca, qui fut archidiacre et doyen de Séville et successivement évêque du Badajoz et de Cordoue, d'où il fut transféré au siège de Palencia, dont prit possession en son nom, parce qu'il était alors absent et se trouvait en Flandre, D. Alonso de Fonseca, le 6 jan-

arrive, dis-lui combien j'ai été heureux de sa prospérité et que, si je vais là-bas, je dois compter sur sa faveur, alors même que ce serait contre sa volonté; nous devons revenir ensemble au fraternel et primitif amour, et il ne pourra pas s'en défendre, parce que j'agirai, à son égard, de façon qu'il en soit ainsi.

« La lettre du Saint-Père a été écrite, t'ai-je dit, pour lui être montrée s'il se trouvait là-bas, et à Mgr l'archevêque de Séville (1) pour lequel le roi n'a pas encore obtenu d'emploi.

« Je t'ai dit que ce qu'il faut demander à Son Altesse, c'est qu'elle accomplisse ce qu'elle m'a fait écrire relativement à ta mise en possession et au reste qui m'a été promis; et je t'ai dit que cela ne devait pas se retarder et qu'il convient d'agir ainsi, par une infinité de raisons.

« Que son Altesse sache bien que, quoi que ce soit qu'elle me donne, l'accroissement de sa haute Seigneurie et de ses revenus sera de cent pour un, et il n'y a aucune comparaison à établir entre ce qui a été fait et ce qui reste à faire.

« Quant à l'envoi d'évêques à la *Española*, on doit le retarder jusqu'à ce que je me sois entretenu avec Son Altesse; qu'il n'en soit pas ainsi, comme du reste, qu'on a pensé arranger et qu'on a bouleversé.

« Là-bas on a fait des choses ridicules, et on a agi de façon à me décourager, et on le fait encore.

« Je me recommande à la bonne grâce de l'Adelantado. Pour toi et pour ton frère, que le Seigneur vous garde et vous bénisse. Présente mes civilités à Carvajal et à Géronimo. Diego Mendez emportera là-bas le sac plein de documents.

« Pour l'affaire au sujet de laquelle tu m'as écrit, je crois qu'il sera le meilleur agent.

« Les navires des Indes ne sont pas encore arrivés du Portugal. Ils ont porté beaucoup d'or et rien pour moi. Il ne s'est jamais vu une plus grande moquerie, alors que j'ai laissé là-bas 60,000 piastres disponibles. Son Altesse ne doit pas laisser péricliter comme elle le fait cette opération si grande. A présent on envoie au gouverneur

---

vier 1505. (*Silva Palentina* de Alfonso Fernandez de Madrid. M. S. à l'Académie espagnole.

(1) Don Fray Diego de Deza que les rois présentèrent pour l'archiépiscopat de Séville, alors qu'il était évêque de Palencia, en 1504; dont les bulles arrivèrent le 21 décembre de cette même année; il fut mis en possession, au commencement de l'année 1505, bien que son entrée officielle n'eût lieu que le 24 octobre. (Ortiz de Zuniga, *Annales*).

des vivres frais; je ne sais pas à quel propos. J'attends chaque jour des lettres de là-bas. Veille avec beaucoup de soin à la défense; il est convenable d'agir ainsi.

« Datée de Séville, le 18 janvier.

« **Ton père qui t'aime plus que soi-même.**

S<br>
S. A. S.<br>
X M Y<br>
Xpo. Ferens.

---

Adressse : A mon très cher fils Don Diego Colon, à la Cour.

« Mon cher fils,

« Diego Mendez est parti d'ici lundi, 3 de ce mois. Depuis son départ, je me suis entretenu avec Améric *Vespuchy*, porteur de la présente, qui va là-bas pour des sujets concernant la navigation.

« Celui-ci a toujours eu le désir de m'être agréable; c'est tout à fait un homme de bien; la fortune lui a été contraire, comme à beaucoup d'autres; ses travaux ne lui ont pas été profitables autant que la raison l'exigeait (1). Il part pour mon compte, et avec un extrême désir de faire quelque chose qui tourne à mon avantage, si cela est en son pouvoir.

« Je ne sais pas d'ici à quoi je pourrai l'employer qui me soit profitable, parce que j'ignore pourquoi on l'appelle là-bas; il s'en va, bien déterminé à faire pour moi tout ce qu'il lui sera possible de faire. Vois de ton côté en quoi tu pourras lui être utile et profiter de son concours; il fera tout ce que tu voudras, démarches et sollicitations, il mettra tout en œuvre, et que cela se fasse en secret, afin qu'on n'ait aucun soupçon à son sujet.

« Pour moi, tout ce que j'ai pu lui dire qui concerne cette affaire,

---

(1) Améric Vespuce, florentin, venu de Lisbonne, se mit au service de l'Espagne et s'établit à Séville. Fatigué des travaux du commerce, il se lança dans l'étude de la cosmographie et de la navigation, et cette passion enflamma son amitié et ses rapports avec l'amiral, dans la maison de Juan Béraldi, également commerçant florentin. Il s'était d'ailleurs familiarisé et instruit dans la maison de ce négociant son compatriote, avec les armements et les approvisionnements pour les Indes. C'est ainsi qu'en parle Muños, dans le livre 7º encore inédit, de son histoire du Nouveau-Monde.

je le lui ai dit, et je l'ai informé du traitement qui m'a été alloué et qui est d'usage.

« Cette lettre est destinée à être aussi communiquée à l'Adelantado, pour qu'il voie, lui aussi, en quoi il peut nous être utile et pour qu'il en soit informé.

« Que Son Altesse sache bien que ses navires sont allés avec moi, dans les plus belles contrées des Indes et les plus riches; et, s'il lui reste encore quelque chose à apprendre, pour mieux connaître ce pays, je la satisferai verbalement, quand je serai là-bas, parce qu'il est impossible de tout dire par écrit (1).

« Notre-Seigneur t'ait en sa sainte garde.

« Datée de Séville, le 5 février.

« Ton père qui t'aime plus que soi-même.
S
S. A. S.
X M Y
Xpo. Ferens.

---

Adresse de la main de l'Amiral :

« A mon très cher fils Don Diego Colon. A la Cour (2).

« Mon cher fils. Le licencié de Cea est une personne à qui je désire faire honneur. Il est chargé de la cause de deux hommes auxquels la justice a intenté un procès, comme cela résulte de l'acte d'information inclus dans cette lettre. Aie soin que Diego Perez mette cette pétition avec celles que l'on présente à Son Altesse, pendant la semaine sainte, pour obtenir le pardon. Si elle est en bonne forme, c'est bien et, dans le cas contraire, qu'il voie quelle forme elle doit avoir pour être présentée.

« Notre-Seigneur t'ait en sa sainte garde.

« Datée de Séville, le 25 février 1505.

« Je t'ai écrit par Améric Vespuce; fais en sorte qu'il te remette ma lettre, à moins que tu ne l'aies déjà en ta possession.

*Ce qui suit est de la main de l'Amiral.*

A ce que          Ton père.
Xpo. Ferens.

---

(1) Dans ce dernier paragraphe, Colomb semble vouloir se prémunir contre les découvertes ultérieures que pourra faire son recommandé; est-ce une prévision de l'avenir?

(2) Cette lettre est la seule qui ne soit pas écrite en entier de la main de l'amiral; il n'y a que l'adresse, la ligne avant la signature, et la signature qui sont de son écriture, et celle-ci en lettres minuscules.

## INSTITUTION DU MAJORAT.

Au nom de la Très Sainte Trinité, qui m'a mis en tête et m'a donné ensuite la parfaite conception qu'il était possible de naviguer et de passer de l'Espagne aux Indes, en traversant l'Océan, dans la direction du couchant, j'ai communiqué ainsi au roi Ferdinand et à la reine Isabelle, nos seigneurs, mon projet, et je les ai priés de me fournir l'approvisionnement nécessaire, en hommes et en navires, de me nommer leur amiral, dans la dite mer Océanienne, au delà d'une ligne imaginaire qu'ils ont fait désigner, depuis les îles du Cap-Vert et celles des Açores, à cent lieues, passant d'un pôle à l'autre, et, allant de là vers le couchant, de me donner les fonctions de vice-roi et de gouverneur de toutes les îles et de toute la terre ferme que je découvrirai et trouverai, et la succession de ces charges à mon fils aîné et à mes descendants, de degré en degré, pour toujours et à jamais. Et que j'aurais le dixième de tout ce qui se trouverait dans cette amirauté, de tout ce qui s'y produirait de biens ou de revenus, et de tous autres objets, également la huitième partie des terres, ainsi que les salaires qu'il est d'usage d'attribuer aux fonctions d'amiral, de vice-roi et de gouverneur, avec tous les autres droits appartenant aux dites fonctions, comme c'est plus longuement expliqué dans mon privilège et dans le contrat que je tiens de Leurs Altesses.

« Et il a plu à Notre-Seigneur tout-puissant que, dans l'année 1492, j'ai découvert la terre ferme des Indes et de nombreuses îles, parmi lesquelles se trouve la *Española*, que ses habitants appellent Ayte (1), et les singes de Cipango.

« Depuis, je revins en Castille auprès de LL. Altesses, et elles m'accordèrent de nouveau la mission d'une seconde entreprise, pour découvrir d'autres contrées et les peupler comme les premières, et Notre-Seigneur me favorisa encore du succès, en me faisant conquérir et rendre tributaires les habitants de la *Española* qui a 600 lieues environ de circuit, et découvrir une infinité d'îles des cannibales, sept cents à l'ouest de *la Española*, parmi lesquelles se trouve celle de la Jamaïque, et que nous appelons de *Santiago*, et trois cent trente-

---

(1) Il est évident que de ce nom *Ayte*, donné par les Indiens à leur terre natale, est venu le nom actuel Haïti, qui est l'île que Colomb avait appelée *la Española* (l'Espagnole).

trois lieues de terre ferme, du sud à l'ouest, à 107 lieues au delà de la partie nord, que j'avais découverte dans mon premier voyage, avec plusieurs îles, comme on le verra dans mes notes et dans mon journal, ainsi que dans mes cartes marines. Et, comme nous espérons de la grâce du Dieu tout-puissant, qu'il devra se produire, avant longtemps, de grands et beaux revenus, dans ces îles et sur ces terres, dont le dixième m'appartient, par les motifs ci-dessus indiqués, ainsi que le huitième avec les salaires et les droits susmentionnés, et, comme nous sommes mortels, et qu'il est bon que chacun mette ordre à ses affaires et laisse constaté, pour ses héritiers et ses successeurs, ce qu'il possède et doit posséder ; par ces raisons, il m'a paru convenable de constituer, avec cette huitième part de terres, mes salaires et revenus, un majorat, comme je l'indiquerai ci-dessous :

Premièrement, doit me succéder, D. Diego, mon fils, et, si Notre-Seigneur dispose de lui avant qu'il ait des enfants, ce sera mon fils D. Fernando qui me succèdera et, si Notre-Seigneur dispose également de celui-ci, mon frère D. Bartolomé sera mon successeur, et ensuite son fils aîné et, si Notre-Seigneur vient à disposer aussi de lui, sans qu'il ait un héritier, ce sera mon frère D. Diego, s'il est marié ou s'il peut se marier, et son fils aîné lui succèdera et, ainsi de suite, de degré en degré, à perpétuité, pour toujours et à jamais... (Ici l'acte répète l'ordre de succession déjà indiqué et, que nous croyons ne pas devoir réitérer) s'il plaisait à Notre-Seigneur, que ce majorat, ayant resté quelque temps en la possession de l'un des héritiers ci-dessus désignés, se trouvât sans successeur mâle légitime, il sera dévolu au parent le plus rapproché qui en héritera et succèdera au dernier possesseur, aux mains duquel il aura été prescrit, pourvu que ce nouvel héritier soit légitime, qu'il porte et ait toujours porté le nom de son père et de ses ascendants, ayant été appelés du nom des Colomb.

« Ce majorat ne pourra jamais et d'aucune manière avoir pour héritière une femme, à moins, qu'ici et dans le nouveau monde, il ne se trouvât pas un homme de ma véritable lignée, qui se fût appelé et s'appelât encore Colomb du fait de ses ascendants.

« Et, si pareille chose arrivait (ce qu'à Dieu ne plaise ! ce sera la femme la plus proche parente par sa famille et par le sang, en ligne légitime, de la personne qui aura bénéficié du dit majorat, et ceci s'effectuera aux conditions ci-dessous indiquées, lesquelles conditions s'appliqueront, bien entendu à mon fils Diego comme à chacun des héritiers ci-dessus désignés, ou à leurs successeurs, quels qu'ils soient, et ceux-ci rempliront ces obligations, et, dans le cas où ils ne les accompliraient pas, ils perdraient leur droit au dit majorat, qui reviendrait alors au plus proche parent de celui en possession duquel il aurait été prescrit, pour n'avoir pas rempli les conditions que j'indique ci-après; et si celui-ci n'accomplit pas non plus les dites conditions, il perdra également le bénéfice du majorat qui passera, en ce cas, à la personne la plus proche de ma lignée, qui sera prête à remplir ces conditions qui dureront ainsi perpétuellement, dans la forme ci-dessus décrite, à perpétuité. Et cette punition ne doit pas s'entendre pour des minuties qui pourraient être soulevées par des actes processifs, mais bien pour des cas graves touchant à l'honneur, en ce qui concerne Dieu, moi-même et ma descendance; et, afin que s'accomplisse librement ce que j'ai ordonné, tout à fait comme je l'indique, ce que je recommande à la justice, je supplie le Saint-Père qui existe aujourd'hui et ceux qui se succèderont en la sainte Église actuelle, au cas où il arriverait que ce compromis eût besoin, ainsi que mon testament, de sa sainte intervention pour être fidèlement exécutés, qu'il l'ordonne en vertu de l'obéissance qui lui est due et sous peine d'excommunication papale; que, d'aucune façon, il ne soit défiguré; et de même, je prie le roi et la reine, nos seigneurs, et le prince Don Juan, son fils aîné, et notre seigneur aussi, et ceux qui lui succèderont, et ce par les services que je leur ai rendus et parce que c'est justice, qu'il leur plaise et qu'ils tiennent la main à ce que ce contrat de majorat et ce testament ne soient pas modifiés dans leur forme, qu'ils restent et soient tels quels, pour leur teneur et leurs dispositions, comme je l'ai ordonné, pour toujours et à jamais, afin que ce soit au service de Dieu tout-puissant, que ce soit la racine et la tige de ma généalogie, et la mémoire des services que j'ai rendus à Leurs Altesses. Étant né à Gênes, je suis venu en Castille pour leur service, et j'ai découvert, pour elles, à l'ouest de la terre ferme, les Indes et les îles mentionnées ci-dessus. Ainsi donc je supplie Leurs Altesses, que, sans contestation, sans supplique, sans délai, elles ordonnent sommairement que ce privilège et ce testament qui viennent de moi, vaillent et s'accomplissent, tels qu'ils sont et suivant leur contenu; et aussi je supplie les grands seigneurs des royaumes de Leurs Altesses et les membres de leur conseil et tous les autres qui ont ou auront charge de justice ou de gouvernement, qu'il leur plaise de ne pas consentir que cet arrangement, et ce testament émanant de ma volonté, soient sans force ni valeur, et d'ordonner qu'ils s'accomplissent comme je l'ai ordonné, parce qu'il est juste qu'un homme de renom qui a servi son roi, sa reine et leur royaume, voie tout ce qu'il a ordonné avoir sa valeur, et que les dispositions qu'il a faites, par contrat de majorat ou par testament, ne soient pas enfreintes ni en totalité ni en partie.

« Premièrement, Don Diego, mon fils, et tous ceux qui succèderont ou descendront de moi, ainsi que mes frères, Don Bartolomé et Don Diego, porteront mes armes, que je laisserai à la fin de mes jours, sans y ajouter aucun autre signe, et ils signeront avec le sceau de ces armes.

« Don Diego mon fils, ou tout autre héritier de ce majorat, dès qu'il aura hérité et pris possession, usera de ma signature, laquelle m'est aujourd'hui habituelle et qui est un X avec un S au-dessus et un M et, au-dessus de celui-ci un A en lettres romaines; au-dessus un S et ensuite un Y, avec un S au-dessus, avec ses lignes et ses virgules, comme je le fais actuellement et semblables à ma signature dont on trouvera un grand nombre *et par cela même lui ressemblera.*

« Et il n'y mettra d'autre titre que *l'amiral*, en supposant que le roi lui donne d'autres titres ou qu'il les gagne : ceci s'entend pour la signature seulement et non pour ses titres qu'il pourra indiquer en totalité comme il l'entendra; mais, pour la signature, il mettra seulement : *l'amiral.*

« Le dit Don Diego ou tout autre qui héritera de ce majorat, aura mon emploi d'amiral de la mer Océanienne qui se comporte, au couchant, depuis une ligne imaginaire que le roi a mandé de tirer, à cent lieues au delà des îles Açores, et une autre au-dessus de celles du Cap Vert, qui va d'un pôle à l'autre, en avant de laquelle ils m'ont ordonné et créé amiral sur la mer, avec toutes les prééminences que possède l'amiral Don Henrique, dans l'amirauté de Castille, et ils m'ont créé leur vice-roi et gouverneur à perpétuité, pour toujours et à jamais de toutes les îles et terre ferme, découvertes ou à découvrir, pour moi et pour mes héritiers, comme il est dit plus bas et plus au long, en ce qui concerne mes privilèges que je possède, ainsi que pour mes conventions qui sont indiquées ci-dessous.

Item. Le dit Don Diego ou tout autre héritier de ce majorat, distribuera les revenus qu'il a plu à Notre-Seigneur de nous donner, de la manière suivante sous la sanction ci-dessus mentionnée :

Premièrement, il donnera tout ce que ce majorat produira de revenu, actuellement et toujours, ou par lui-même ou qui se recouvreront de son fait, savoir : la quatrième part annuelle à Don Bartolomé Colon, gouverneur des Indes, mon frère, et ceci jusqu'à ce que ce dernier ait, de revenu, un million de maravédis, pour son entretien, et en raison du travail qu'il a accompli et accomplit encore pour le service de ce majorat, lequel million lui sera compté, chaque année, si la dite quatrième part se monte à ce chiffre et s'il ne gagne pas autre chose; mais, ayant, en revenu, une partie ou la totalité de cette somme, il ne recevra plus ce million ni une partie; toutefois, dès à présent, il aura, dans cette quatrième part, jusqu'à concurrence d'un million, si elle atteint ce chiffre, et ce qu'il aura de revenu, en dehors de cette quatrième part, quelque somme de maravédis de rente, comme provenant de ses biens, que cela puisse atteindre, sera décompté et, de cette somme provenant de ses biens ou de ses fonctions perpétuelles, il sera formé une réserve qui servira de dot ou de fonds matrimonial qu'il aura vis-à-vis de la femme avec laquelle il pourra se marier. Ainsi tout ce qu'il possèdera avec la dite femme, son épouse, ne sera pas décompté du dit million, en rien, sauf ce qu'il gagnera ou possèdera au-dessus du fonds matrimonial; et ensuite, s'il plaît à Dieu que lui ou ses héritiers ou ses descendants, aient un million de rente de ses biens ou de ses charges, s'il veut s'en constituer des revenus, comme il a été déjà dit, il n'aura plus, ni lui ni ses héritiers, la quatrième part du dit majorat qui passera au dit Don Diego ou à ses héritiers.

Item. Sur le revenu du dit majorat, une autre quatrième part sera donnée à Don Fernando, mon fils, soit un million annuel, si la dite part atteint ce chiffre, jusqu'à ce qu'il possède deux millions de rente de la même sorte et manière qu'il a été dit pour mon frère Bartolomé, lui et ses héritiers. Ainsi, comme Don Bartolomé, mon frère, et ses héritiers, ils auront un million de revenu, moins la somme qui manquera pour le compléter.

Item. Les précités Don Diego et Don Bartolomé disposeront sur le revenu du dit majorat, en faveur de Don Diego, mon frère, d'une somme suffisante pour qu'il puisse vivre et s'entretenir honnêtement, comme le doit être mon frère à qui je ne laisse pas une part fixe, parce qu'il veut appartenir à l'Église, et ils lui donneront ce qui sera raisonnable et, ceci sera une charge principale, avant qu'il ne soit rien donné à Don Fernando mon fils, ni à Don Bartolomé mon frère, ou à leurs héritiers, et ce sera aussi, selon la somme de revenus que produira le dit majorat; et si, à ce sujet, il s'élevait une discussion, le cas serait soumis à deux de nos parents ou à deux autres personnes de bien choisis, l'un par eux et l'autre par lui et, si ces personnes ne peuvent s'entendre, elles choisiront un autre arbitre, homme de bien, et qui ne soit suspect à aucune des parties.

Item. Tous ces revenus que j'ordonne de compter à Don Bartolomé, à Don Fernando et à Don Diego, leurs seront acquis et donnés, en tant qu'eux ou leurs héritiers seront loyaux et fidèles envers Don Diego, mon fils, ou ceux qui lui succèderont. Et, s'il arrivait qu'ils fussent contre lui pour quelque sujet touchant à son honneur, ou à l'agrandissement de ma descendance, ou l'accroissement du dit majorat, en paroles ou en actions, par suite de quoi paraîtrait ou surgirait un scandale, ou quelque abaissement de ma lignée, ou un dommage au dit majorat, ou toute autre cause venant de leur fait, cela n'aurait aucune conséquence pour l'avenir, en tant qu'ils resteront fidèles à Don Diego ou à ses héritiers.

Item. Attendu que, dans le principe, quand je décidai la fondation de ce majorat, je pensais défalquer ou que Don Diego mon fils, ou tout autre personne lui succédant défalquassent la dixième partie de la rente pour constituer la dîme en commémoration de l'Éternel, Dieu tout-puissant, et en faveur de personnes nécessiteuses, en conséquence je dis aujourd'hui, pour donner suite à mon intention : afin que sa haute Majesté me vienne en aide, à moi et à mes héritiers, en ce monde ou dans l'autre, cette dîme sera payée de la manière qui suit : Premièrement, quant à la quatrième part de ce majorat, dont j'ai disposé en faveur de Don Bartolomé jusqu'à concurrence d'un million de rente, il est entendu que dans ce million, va la dite dîme de tout le revenu du majorat en question. Ainsi, selon que croîtra le revenu de Bartolomé, mon frère, pour qu'il s'agisse de décompter du revenu de la quatrième part du majorat quelque chose ou la totalité, il faudra voir et compter toute la susdite rente pour savoir à combien s'élève le dixième et la partie insuffisante ou celle qui dépassera la somme qui doit revenir à Don Bartolomé pour parfaire un million, sera attribuée aux personnes de ma descendance, en décompte de ce dixième, soit aux plus nécessiteuses et qui en auront le plus de besoin ; en regardant de la répartir entre des personnes qui ne possèdent pas plus de cinquante mille maravédis de rente et, quand celui qui aura moins reçu aura touché de quoi parfaire la somme de cinquante mille, on répartira le reste entre les personnes qui seront à la convenance des deux mandataires choisis à cet effet par Don Diego ou par ses héritiers. Ainsi, qu'il soit entendu que le million que j'ai ordonné de compter à Don Bartolomé lui est acquis, et qu'il y est joint la dite part du dixième de la rente du dit majorat, et que je veux et j'ai ordonné que tous les revenus de ce majorat soient distribués entre mes parents les plus proches, et à ceux qui en auront le plus besoin, et, après que le dit Bartolomé aura touché sa rente d'un million et qu'il ne lui sera plus rien dû de la dite quatrième part. Alors le dit Don Diego, mon fils, ou la personne qui possèdera le dit majorat, verra, ou aura vu auparavant, de concert avec les deux personnes que j'indiquerai ci-dessous, le compte, de manière que le dixième de tout ce revenu soit distribué et mis en possession des personnes les plus nécessiteuses de ma descendance, qui se trouveront là, ou dans quelque autre partie du monde que ce soit, où on les enverra chercher en toute diligence, et, soit de la quatrième part qui doit fournir son million à Don Bartolomé, que je compte et pense pouvoir être déduit du dixième en question, en vertu de ce compte du dixième susdit, dont le montant dépassera les prévisions, surplus qui proviendra ainsi de la dite quatrième part, soit, qu'en cas d'insuffisance, Don Bartolomé y pourvoie jusqu'à ce que, de son côté, il arrive à posséder un million en totalité ou en partie, il faut, comme je l'ai dit, que les plus nécessiteux aient leur part (1).

Item. Le dit Don Diego mon fils, ou son héritier, choisira deux personnes de ma descendance, les plus proches parentes, gens d'esprit et d'autorité, lesquelles examineront la dite rente et vérifieront ses comptes, le tout avec soin et feront payer le dit dixième de la quatrième part qui doit fournir le million en question à Don Bartolomé, aux plus nécessiteux de ma lignée qui se trouveront là ou dans quelque autre partie du monde que ce soit et chercheront à les retrouver avec beaucoup de soin, et sous charge de leurs âmes. Et comme il pourrait se faire que le dit Don Diego ou la personne qui lui succèdera, par un certain respect, relevant de sa bonté, de son honneur, ou tenant au maintien du majorat, ne voudrait pas que l'on connût dans son intégralité le produit du majorat, je lui ai ordonné de payer néanmoins la dite rente, à la charge de son âme, et aux autres j'ai aussi commandé, à la charge de leur conscience et de leurs âmes, de ne pas la divulguer ni la rendre publique, si ce n'est à la volonté du dit Don Diego ou de la personne qui en aura hérité, m'étant seulement préoccupé que le dit dixième soit payé de la façon que j'ai indiquée ci-dessus.

Item. Afin qu'il n'y ait pas de différend, quant au choix des deux parents les plus proches qui doivent assister Don Diego ou son héritier, je dis que, d'ores et déjà, j'élis Don Bartolomé, mon frère, pour l'un d'eux et Don Fernando, mon fils, pour l'autre et ceux-ci, aussitôt qu'ils seront entrés en fonctions, pour cet objet, seront obligés de nommer deux autres personnes, les plus proches de ma descen-

---

(1) Toutes ces dispositions sont, dans le texte, extrêmement confuses, et toutes les explications, minutieuses et diffuses, ne les éclaircissent pas; la langue espagnole, comportant des sous-entendus, prête à l'amphybologie, et il est difficile quelquefois de démêler le sens exact d'une disposition d'un acte authentique, à traduire dans la langue française, la plus précise de toutes les langues, et qui ne se prête pas aux ambiguïtés. Nous avons fait tout ce qui était possible pour reproduire ces dispositions et leur donner la clarté que comporte notre langue; si le sens exact ne se dégage pas toujours de la traduction, c'est que le texte original ne l'a pas permis.

dance, et de la plus grande confiance, et ces derniers auront à en élire deux autres, à l'époque où ils commenceront à s'occuper de cette mission, et il en sera ainsi, des uns aux autres, avec grand soin, comme cela se pratique dans tout gouvernement, en tout bien et tout honneur, et au service de Dieu, ainsi que pour le bien du majorat, pour toujours et à jamais.

Item. J'ordonne au dit Don Diego, mon fils, ou à la personne qui en aura hérité, d'avoir et de maintenir toujours, dans la ville de Gênes, une personne de notre lignée qui ait là sa maison et sa femme, et leur fasse une rente avec laquelle ils puissent vivre honnêtement, comme une personne si proche de notre famille, et qui fasse souche et prenne racine, dans la dite ville, comme native de la cité, parce qu'elle pourra avoir ainsi, de la susdite ville, aide et protection, dans les affaires, et ce, parce que je suis sorti de cette ville et que j'y suis né.

Item. Que le dit Don Diego, ou celui qui héritera du dit majorat, envoie par voie de change ou de toute autre manière qu'il pourra, tout l'argent du revenu qu'il retirera du dit majorat et qu'il fasse acheter avec, en son nom ou au nom de son héritier, des titres que l'on appelle *Logos* que possède le bureau de *San-Jorge*, qui donnent aujourd'hui six pour cent de rente et sont des capitaux très sûrs, et ceci pour ce que je vais dire :

« Item. Attendu qu'il convient à une personne honorable et rentière, pour le service de Dieu et pour son honorabilité, de se pourvoir de façon à bien faire valoir sa fortune, il y a là, à Saint-Georges, certains capitaux très sûrs, et Gênes est une ville noble et puissante par la mer ; et, attendu que, lorsque je suis parti pour aller découvrir les Indes, c'était avec l'intention d'aller supplier le roi et la reine, nos seigneurs, que les revenus que l'on retirerait des Indes fussent employés à la conquête de Jérusalem, et c'est ainsi que je les ai suppliés, et, s'ils le font, ce sera un bon point ; sinon, que le dit Don Diego ou son héritier amasse, dans ce but, le plus d'argent qu'il pourra, pour aller avec le roi notre seigneur, s'il va à Jérusalem pour en faire la conquête, ou pour y aller seul, en rassemblant le plus de forces qu'il lui sera possible ; il plaira ainsi à Notre-Seigneur, s'il a cette intention et s'il la met à exécution, de lui accorder tant de puissance, qu'il pourra réussir et qu'il réussira ; et, s'il ne peut arriver à la conquête totale, il obtiendra au moins d'en avoir une partie ; et, pour cela, qu'il réunisse et forme son capital à Saint-Georges de Gênes ; et qu'il fasse multiplier son trésor là, jusqu'à ce qu'il ait acquis une somme qui lui paraisse et qu'il juge suffisante pour entreprendre cette affaire de Jérusalem ; et je crois que, lorsque le roi et la reine, nos seigneurs, ou leurs successeurs, verront qu'on se décide à cette entreprise, Leurs Altesses seront encouragées à l'exécuter elles-mêmes, ou lui prêteront l'appui et le concours dû à des serviteurs et à des vassaux agissant en leur nom.

« Item. J'ordonne à Don Diego mon fils, et à tous ceux de ma descendance, spécialement à celui qui héritera de ce majorat, qui se compose comme je l'ai déjà dit du dixième de tout ce qui se trouvera ou existera dans les Indes, de la huitième partie, d'un autre côté, des terres et des revenus, ce qui ensemble, avec mes droits, pour mes fonctions d'amiral, vice-roi et gouverneur, forme plus de vingt-cinq pour cent, et je dis : que tous les revenus de ceci et toutes les personnes qui y participeront s'emploient, par obligation, au service de leurs Altesses ou leurs héritiers, bien et fidèlement, jusqu'au sacrifice de leurs vies et de leurs biens, pour leurs dites Altesses, parce qu'elles m'ont donné, après Notre-Seigneur, les premiers moyens de conquérir et de posséder ce majorat, bien que ce soit moi qui suis venu dans leurs royaumes, les convier à cette entreprise, et qu'ils ont attendu fort longtemps, pour me fournir les choses nécessaires pour la réaliser ; mais il ne faut pas s'en étonner, vu que cette entreprise, était inconnue à tout le monde, et il n'y avait personne qui crût à sa réussite, et pour cela, je leur ai la plus grande gratitude, car depuis elles m'ont accordé de nombreuses faveurs et une grande élévation.

« Item. J'ordonne au dit Don Diego, ou à celui qui possèdera le dit majorat, que, dans le cas où il se produirait quelque schisme dans la sainte Église de Dieu, par nos péchés, ou que, par suite de la tyrannie de quelque personne de quelque grade ou état qu'elle soit ou serait, on voulait la déposséder de ses honneurs ou de ses biens, que, sous la sanction déjà mentionnée, il aille se mettre aux pieds du Saint-Père, à moins qu'il ne fût hérétique (ce qu'à Dieu ne plaise), et lui offrir ses services avec toute sa puissance, ses revenus et ses biens, dans le but de détruire ce schisme et empêcher que l'Église ne soit dépouillée de ses honneurs et de ses biens.

« Item. J'ordonne au dit Don Diego ou au possesseur de ce majorat, de s'occuper et de travailler pour l'honneur, la fortune et l'élévation de la ville de Gênes, et qu'il emploie toutes ses forces et tous ses biens à défendre et augmenter les possessions et la gloire de cette république, sans aller à l'encontre du service de l'Église de Dieu, et du grand état du roi et de la reine, nos seigneurs, et de leurs successeurs.

« Item. Que le dit Don Diego, ou son héritier, qui sera en possession du dit majorat, de la quatrième part que j'ai déjà mentionnée plus haut, et dans laquelle doit être réparti le dixième de tous les revenus, à l'époque où Don Bartholomé ou ses héritiers auront acquis leurs deux millions, ou en partie, et qu'il s'agirait de distribuer quelque chose à nos parents, que lui, et les deux personnes de notre parenté, chargées avec lui de cette mission, emploient et distribuent ce dixième à marier des jeunes filles de notre lignée, qui en auraient besoin et à leur accorder autant d'avantages qu'il sera possible.

« Item. Qu'au temps où il se trouvera en situation de le faire, il fasse construire une église qu'il appellera Santa-Maria de la Conception, dans l'île *Española*, à l'endroit le plus propice, et qu'il y ait un hôpital, le mieux disposé qu'il sera possible, comme il y en a en Castille et en Italie; on y construira une chapelle où seront dites des messes, pour mon âme, et pour celles de nos ascendants et descendants, avec une grande dévotion. Qu'il plaise à Notre-Seigneur de nous donner assez de revenus pour que tout ce que je viens d'exprimer ci-dessus puisse s'accomplir.

« Item. J'ordonne au dit Don Diego mon fils ou à ceux qui hériteront du dit majorat, qu'il s'occupe de maintenir à l'île *Española* quatre bons maîtres dans la sainte théologie, avec la mission de procéder aux études nécessaires pour convertir à notre sainte foi tous les peuples de ces Indes et, quand il plaira à Notre-Seigneur que les revenus du dit majorat se soient accrus, on augmentera de même le nombre des maîtres et des personnes dévotes, et on travaillera à la conversion de ces gens à la foi chrétienne, et pour cela on ne devra avoir regret de dépenser tout l'argent qui sera nécessaire et en commémoration de ce que je dis, et de tout ce qui est écrit ci-dessus, on élèvera un monument en marbre, dans la dite église de la Conception, à l'endroit le plus en vue du public, pour conserver continuellement la mémoire de ce que je dis au dit Don Diego et à toutes les autres personnes qui le verront et, sur ce monument, sera gravée une inscription mentionnant ceci.

« Item. J'ordonne à Don Diego, mon fils, et à ceux qui hériteront du dit majorat, que chaque fois qu'ils auront à se confesser, ils montrent d'abord ce compromis ou sa copie à leur confesseur, et qu'ils le prient de le lire en entier, pour qu'il y ait motif à les examiner relativement à son accomplissement, et que ce soit là une cause, un grand bien pour le repos de leur âme.

Jeudi, vingt-deux février, mil quatre cent quatre-vingt-dix-huit.

S<br>
S. A. S.<br>
X M Y<br>
L'Amiral.

## TESTAMENT ET CODICILE

DE L'AMIRAL CHRISTOPHE COLOMB, PASSÉ DEVANT LE NOTAIRE A VALLADOLID LE DIX-NEUF MAI MIL CINQ CENT SIX.

(Acte authentique, conservé dans les Archives du domaine de *Veragua*.)

Dans la noble ville de Valladolid, le dix-neuvième jour du mois de mai, en l'année de la naissance de notre Sauveur Jésus-Christ, mil cinq cent six, devant moi, Pedro de Hinojedo, notaire de la chambre de Leurs Altesses, et notaire de province en leur cour et chancellerie, et leur écrivain et notaire public, par tous leurs royaumes et toutes leurs seigneuries, et les témoins ci-dessous désignés : Le seigneur Don Cristobal Colon, amiral, vice-roi et gouverneur général des îles et terres fermes découvertes et à découvrir, étant malade de son corps, et ayant fait son testament devant un notaire public, a aujourd'hui rectifié, et rectifie le dit testament, l'a approuvé et l'approuve comme bon, et, s'il est nécessaire l'a octroyé et l'octroie de nouveau; et aujourd'hui, en addition à ce testament, il a écrit de sa main et de son écriture que, devant moi, le dit notaire, il a montré et présenté, écrit que je dis écrit de sa main et de son écriture, et signé de son nom qu'il a octroyé et octroie en tout son contenu, devant moi, le dit notaire, selon et par la voie et forme que le dit écrit comporte et, pour que s'accomplissent toutes les dispositions qui y sont contenues et aient leur valeur par suite de sa dernière et ultime volonté. Et pour accomplir son dit testament qu'il avait et a fait et octroyé, ainsi que tout son contenu, pour chaque objet ou en partie, il avait et a nommé pour ses exécuteurs testamentaires de son âme le seigneur Don Diego Colon, son fils, et le seigneur Don Bartolomé Colon son frère, et Juan de Porras, trésorier de Biscaye, pour que tous trois accomplissent son testament et tout ce qui est contenu dans le dit et dans l'écrit susmentionné, ainsi que tous les ordres et legs et obsèques qu'ils renferment.

A cet effet, je dis qu'il a donné et donne tous pouvoirs suffisants et qu'il a octroyé et octroie, devant moi, notaire susdit, tout ce qui est contenu dans le dit écrit, et je dis qu'il a prié et prie les personnes présentes de servir de témoins. Les témoins qui étaient présents, appelés et invités à tout ce qui a été dit ci-dessus, le bachelier Andres

Mirueña et Gaspar de la Misericordia, habitants de la ville de Valladolid, Bartolomé de Fiesco, et Alvaro Pérez, Juan Despinosa, Andra, Hernando de Vargas, Francisco Manuel et Fernando Martinez, serviteurs du dit seigneur amiral. La teneur de la dite écriture qui était écrite de l'écriture et de la main du dit amiral et signée de son nom, *de verbo ad verbum*, contient ce qui suit :

« Quand je suis parti d'Espagne, en l'année quinze cent deux, j'ai fait la disposition et institué un majorat de mes biens et de ce qui alors me paraissait être le devoir de mon âme au service du Dieu éternel, et mon honneur et celui de mes successeurs : et j'en ai déposé l'acte, au monastère de Las Cuevas à Séville, aux mains de Fray Don Gaspar, avec d'autres écrits de moi, mes privilèges et les lettres que je possède du roi et de la reine, nos seigneurs. Lequel acte j'approuve et je confirme par le présent que j'écris pour plus ample accomplissement et déclaration de mes intentions ; que j'ordonne de remplir ainsi que je le déclare et que c'est contenu dans le présent, de manière que ce qui sera accompli en vertu de cet acte ne s'exécute pas en vertu de l'autre, afin qu'il n'y ait pas double emploi.

« J'ai institué mon cher fils, Don Diego, pour mon héritier de tous mes biens et fonctions que je possède de droit et par hérédité et de ce que j'ai inscrit dans le majorat ; et mon fils n'ayant pas d'héritier mâle, mon fils Don Fernando lui succèdera et héritera de la même manière, et ce dernier fils n'ayant pas non plus d'héritier mâle, ce sera mon frère, Don Bartolomé, qui héritera de la même façon et, de même, si celui-ci n'a pas de fils pour héritier, que ce soit mon autre frère, Don Diego, qui hérite et que cela soit ainsi entendu, de l'un à l'autre parent le plus proche de ma lignée, et que ce soit ainsi pour toujours. Qu'une femme n'hérite pas, excepté qu'il ne se trouvât pas d'homme, et, si ce cas se présentait, que ce soit la plus proche de ma descendance.

« Et j'ordonne au dit Don Diego, mon fils, ou à celui qui en héritera, de ne pas penser ni présumer d'amoindrir le dit majorat, mais au contraire de l'augmenter et de le poser ; c'est-à-dire que le revenu qu'il produira serve avec sa personne et son gouvernement, au roi et à la reine, nos seigneurs, et à l'extension de la religion chrétienne.

« Le roi et la reine, nos seigneurs, quand je me suis mis à leur service, pour les Indes ; je dis à leur service, parce qu'il semble que, par la volonté de Dieu, Notre-Seigneur, je leur ai donné ces contrées, comme chose m'appartenant. Je peux le dire, car j'ai importuné LL. Altesses à cause d'elles, ces pays étant inconnus et leur route ignorée de tous ceux auxquels il en a été parlé, et, pour aller à leur découverte, aucun autre n'y songeait sans mon avis ni sans ma personne; LL. Altesses n'ont rien dépensé, ni voulu dépenser pour cet objet, à l'exception d'un million de maravédis, et c'est moi qui ai fourni le reste; c'est pourquoi il a plu à Leurs Altesses que j'eusse pour ma part dans ces Indes, les îles et la terre ferme qui sont à l'ouest d'une ligne qu'elles ont donné ordre de tracer, à cent lieues des îles Açores et de celles du Cap-Vert, et traversant d'un pôle à l'autre, et que cette part se composât du tiers de toute cette région; de plus, du dixième de ce qui existe dans ces localités, comme l'indiquent plus au long mes privilèges et mes lettres de rémunération.

« Attendu que, jusqu'à présent, il ne s'est produit aucun revenu des dites Indes, je peux répartir par suite ce que j'indiquerai plus bas de leurs productions, et il est à espérer de la miséricorde divine qu'elles seront très importantes. Mon intention sera, comme elle est, que mon fils Don Fernando, en reçoive un million et demi de maravédis chaque année. A Don Bartolomé, mon frère, cent cinquante mille maravédis, et Don Diego mon frère, cent mille maravédis, parce qu'il appartient à l'Église. Mais ceci ne peut être fixé d'une façon déterminée, parce que, jusqu'à ce jour, je n'ai pas eu et il n'y a pas de revenu connu, comme cela a été dit.

« Je dis donc, pour plus ample déclaration de ce qui précède, que ma volonté est que le dit Don Diego, mon fils, constitue le dit majorat avec le produit de tous mes biens et de mes fonctions, de la manière que je l'ai indiqué et comme je les ai déterminés, et je dis que, de tout le revenu qu'il recueillera de cet héritage, il fera dix parts, chaque année, et de ces dix parts, une sera répartie entre nos parents, ceux qui paraîtront en avoir le plus besoin et à des personnes nécessiteuses et en autres œuvres pies. Et ensuite, des neuf autres parts, il en prendra deux qu'il divisera en trente-cinq parties, desquelles Don Fernando, mon fils, aura vingt-sept, Don Bartolomé cinq et Don Diego mon frère trois. Et, attendu que, comme je l'ai dit plus haut, mon désir serait que mon fils Don Fernando eût un million et demi, Don Bartolomé, cent cinquante mille maravédis, et Don Diego cent mille, et que je ne sais comment cela pourra se faire, vu que, jusqu'à ce jour, les revenus du dit majorat ne sont pas connus et qu'aucun chiffre n'a été déterminé, je dis qu'on suive l'ordre que j'ai indiqué plus haut, jusqu'à ce qu'il plaise à Notre-Seigneur que les dites deux parts des neuf restant, suffiront et parviendront à un tel accroissement qu'on y trouvera le dit million et demi pour Don Fernando, les cent cinquante mille pour Don Bartolomé et les cent mille pour Don Diego. Et, lorsqu'il plaira à

Dieu que cela soit ainsi, c'est-à-dire si les deux parts, bien entendu, des neuf susmentionnées, arrivent à une somme de un million sept cent cinquante mille maravédis, que tout le surplus appartienne à Don Diego, mon fils, ou celui qui en héritera; et je dis et je prie le dit Don Diego, mon fils, ou celui qui héritera de lui, si la rente du dit majorat s'accroît considérablement, de me faire le plaisir d'augmenter la part de Don Fernando et celle de mes frères qui a été indiquée ci-dessus.

« Je dis que de cette part que j'ai ordonné d'allouer à Don Fernando, mon fils, je fais un majorat en sa faveur, auquel succèdera son fils aîné et ainsi, de l'un à l'autre perpétuellement, sans qu'on puisse le vendre, ni l'échanger, ni le céder, ni l'aliéner en aucune façon, et qu'il soit institué de la même manière et dans la même forme que l'autre majorat que j'ai constitué en faveur de Don Diego mon fils (1).

« Je dis à Don Diego, mon fils, et je lui ordonne que, dès que le dit majorat et l'héritage produiront des revenus suffisants pour l'entretien d'une chapelle qu'il devra construire, et où trois prêtres diront tous les jours trois messes, l'une en l'honneur de la sainte Trinité, une autre à la Conception de Notre-Dame, et l'autre *pour mon âme et pour celles de mon père, de ma mère et de ma femme*. Et, si ses ressources sont suffisantes pour construire la dite chapelle, dans des conditions honorables, il augmentera les prières et les oraisons en faveur de la sainte Trinité, et, si cela peut se faire dans l'île *Española*, que Dieu m'a donnée miraculeusement, il me serait agréable que ce fût à l'endroit où je l'ai invoquée, qui se trouve dans la plaine qui s'appelle la Conception.

« Je dis et j'ordonne à Don Diego, mon fils, ou à celui qui en héritera, de payer toutes les dettes que je laisse ici, dans un mémoire, en la forme que j'ai indiquée ici, ainsi que les autres sommes qui paraîtront justement dues par moi. Et je lui ordonne de prendre en consi-

---

(1) On ne saurait s'empêcher de remarquer les différences qui existent entre les dispositions du majorat et celles de ce codicile, surtout pour les attributions faites à ses frères. Dans le majorat, la répartition se fait par quarts; dans le testament, c'est par dixièmes : du quart des revenus, la part du second fils est réduite aux $27/35^{mes}$ des deux dixièmes. La part de Don Bartolomé, du quart est portée aux $5/35^{mes}$ des deux dixièmes, et le frère Don Diego, qui appartient à l'Église et devait recevoir une somme suffisante pour vivre honorablement, comme membre de la famille Colomb, n'a plus que les $3/35^{mes}$ des deux dixièmes. D'un million de maravédis, la part de Don Bartolomé est réduite à 150 mille, c'est-à-dire à 4411 réaux, soit 2567 f. 15 de rente au lieu de 19,110 f. 50 produit d'un million de maravédis ou 29,411 réaux.

dération ma recommandation en faveur de Béatriz Henriquez, mère de Don Fernando, mon fils ; qu'il pourvoie à ce qu'elle puisse vivre honorablement comme *une personne envers laquelle j'ai contracté de si grands devoirs*. Et que ceci soit fait à la décharge de ma conscience, parce que c'est un poids très lourd pour mon âme. La raison de cela, il ne m'est pas permis de l'écrire ici. Fait, le vingt-cinq août, mil cinq-cent-cinq. Signé Christo Ferens.

Les témoins qui ont été présents et ont vu faire et octroyer, par le dit amiral, tout ce qui est sus-mentionné et selon que cela a été dit ci-dessus : Les dits Bachiller de Mirueña, Gaspar de la Miséricordia, habitants de la dite ville de Valladolid, Bartolomé de Fiesco, Alvar Perez et Juan Despinosa, Andrea et Fernando de Vargas, Francisco Manuel et Fernan Martinez, serviteurs du dit seigneur amiral. Et moi le susnommé Pedro de Hinojedo, écrivain et notaire public, susmentionné, seul, avec les dits témoins, j'ai été présent à tout ce qui est dit ci-dessus. En foi de quoi j'ai fait ma signature comme suit et en témoignage de la vérité.

Pedro de Hinojedo, notaire.

En continuation du codicile, de la propre main de l'amiral, il y avait un mémoire ou une note également de sa main, et de la teneur suivante :

« Récapitulation de certaines personnes auxquelles je désire que l'on donne, sur mes biens, ce qui est contenu dans ce mémoire, sans qu'il en soit déduit aucune chose : Il s'agit de le donner de telle façon, qu'on ne sache pas qui a ordonné de le distribuer. Premièrement, aux héritiers de Geronimo del Puerto, père de Benito del Puerto, chancelier à Gênes, vingt ducats ou leur valeur.

A Antonio Vazo, marchand génois qui avait coutume de résider à Lisbonne, deux mille cinq cents réis de Portugal, qui font sept ducats ou un peu plus, à raison de 375 réis le ducat.

A un juif qui demeurait à la porte de la Juiverie, à Lisbonne, et à qui on enverra un prêtre, la valeur d'un demi-marc d'argent.

Aux héritiers de Luis Centurion Escoto, marchand génois, trente mille réaux de Portugal ; dont le ducat vaut trois cent quatre-vingt-cinq réis, et qui font 75 ducats, un peu plus ou un peu moins.

A ces mêmes héritiers, et aux héritiers de Paulo de Negro, génois, cent ducats ou leur valeur ; soit la moitié aux uns et la moitié aux autres de ces héritiers.

A Baptista Espindola ou à ses héritiers, s'il est mort, vingt ducats. Ce Baptista Espindola est le gendre du susdit Luis Centurion ; il était fils de Micer Nicolao Espindola de Locoli de Ronco, et, pour renseignements, il était en résidence à Lisbonne, en l'année mil quatre cent quatre-vingt-deux.

Lequel dit mémoire ou la susdite décharge, moi, notaire, certifie avoir été écrits de la main propre du dit amiral Don Cristobal, en foi de quoi, je l'ai signé de mon nom.

Signé : PEDRO DE AZCOYTIA.

Nous avons, autant que cela nous a été possible, respecté le langage de l'époque, dans cette traduction des lettres de l'amiral et des rois catholiques, ainsi que des documents qui les accompagnent; il nous est arrivé d'être quelquefois aux prises avec des obscurités, résultant autant de la construction des phrases que des expressions vieillies ou hors d'usage aujourd'hui; mais nous croyons avoir fidèlement dégagé le sens de ces passages, en les appropriant à notre langue si exacte et si claire. Quelquefois, au risque de nous exprimer en un français peu élégant, nous avons traduit mot à mot le texte espagnol, afin de reproduire la véritable expression de la pensée de celui qui a écrit ces documents. Il nous a semblé que, pour des documents authentiques, il était préférable de ne pas risquer d'altérer le sens d'un passage en l'analysant plutôt que de le donner textuellement; la correction ou l'élégance de la forme nous a paru, dans ce cas, devoir être sacrifiée à la vérité et à l'exactitude du fond.

Note du Traducteur.

A. FOURNIER.

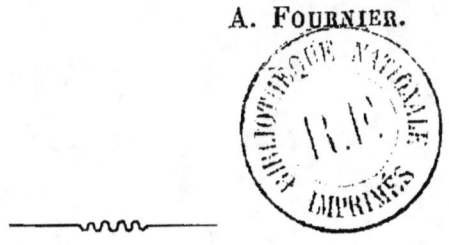

# TABLE DES MATIÈRES.

                                                    Pages

PRÉFACE.................................................. VII à XII
CHAPITRE PREMIER. — Lieu de naissance de Christophe Colomb; sa famille; sa jeunesse........................................ 1
CHAPITRE II. — Jeunesse de Colomb; ses études, les prophéties... 9
CHAPITRE III. — Projets de Colomb. Etat de la science à cette époque. 21
CHAPITRE IV. — Découvertes. Le prince Henry de Portugal........ 31
CHAPITRE V. — Correspondance avec Paulo Toscanelli............. 40
CHAPITRE VI. — Récits de marins. Décision de Christophe Colomb. 47
CHAPITRE VII. — Pourparlers et propositions de Colomb au roi de Portugal................................................... 60
CHAPITRE VIII. — Rupture avec le roi de Portugal. Départ pour l'Espagne...................................................... 69
CHAPITRE IX. — Guerre contre les Maures. Colomb suit les rois catholiques au camp........................................... 83
CHAPITRE X. — Départ de Christophe Colomb, le 3 août 1492, pour son premier voyage........................................ 102
CHAPITRE XI. — Description de l'île San-Salvador et de ses habitants..................................................... 125
CHAPITRE XII. — Voyage à l'île Bechio; découvertes. Description des îles et des habitants....................................... 139
CHAPITRE XIII. — Retour de Christophe Colomb en Espagne....... 155
CHAPITRE XIV. — Arrestation des hommes de Colomb dans leur pèlerinage. Arrivée à Cadix................................. 167
CHAPITRE XV. — Arrivée à Palos et réception de Christophe Colomb. 178
CHAPITRE XVI. — Confirmation du contrat passé avec les rois catholiques, extension des honneurs et privilèges accordés à Colomb. 187
CHAPITRE XVII. — Départ de l'amiral pour son second voyage...... 203
CHAPITRE XVIII. — Arrivée de Colomb à la Española. Désastres à la Navidad.................................................... 216
CHAPITRE XIX. — Fondation de la ville et de la forteresse de la Isabela.................................................... 227

## TABLE DES MATIÈRES.

|  | Pages. |
|---|---|
| Chapitre XX. — Voyage de Colomb aux mines d'or............... | 235 |
| Chapitre XXI. — Retour de Colomb à la Isabela................. | 244 |
| Chapitre XXII. — Départ de Colomb à la recherche de l'île Bayeque. | 254 |
| Chapitre XXIII. — Retour de Colomb à la Española............... | 272 |
| Chapitre XXIV. — Préoccupations de l'amiral et observations..... | 293 |
| Chapitre XXV. — Croyances et pratiques religieuses, usages et coutumes des Indiens................................................ | 302 |
| Chapitre XXVI. — Voyage de Colomb; retour en Espagne......... | 316 |
| Chapitre XXVII. — Arrivée de l'amiral à la cour et sa nouvelle expédition pour les Indes.......................................... | 323 |
| Chapitre XXVIII. — Séjour de Colomb en Espagne avec Aguado... | 336 |
| Chapitre XXIX. — Arrivée de Colomb à la Terre ferme, côte de Paria................................................................ | 350 |
| Chapitre XXX. — Arrivée de l'amiral à Santo-Domingo. Rebellion de Roldan, juge général de l'île................................ | 361 |
| Chapitre XXXI. — Arrivée des trois navires envoyés par Colomb des îles Canaries................................................ | 369 |
| Chapitre XXXII. — Bartholomé Colomb aux mines de l'Ozema; construction du fort de San-Cristoval et de la ville............. | 380 |
| Chapitre XXXIII. — Conséquences de la rébellion de Roldan...... | 401 |
| Chapitre XXXIV. — Calomnies des ennemis de Colomb. Envoi d'un juge à la Espanola................................................ | 419 |
| Chapitre XXXV. — Arrivée de Bobadilla et ses actes............. | 428 |
| Chapitre XXXVI. — Envoi de Ovando à Santo-Domingo pour remplacer Bobadilla et instruire son procès....................... | 444 |
| Chapitre XXXVII. — Proposition de Colomb pour la délivrance du Saint-Sépulcre................................................... | 461 |
| Chapitre XXXVIII. — Voyage de Colomb, exploration de la côte... | 476 |
| Chapitre XXXIX. — Continuation de l'exploration des côtes....... | 486 |
| Chapitre XL. — Départ de Puerto-Bello et découverte du port del Retrete........................................................... | 497 |
| Chapitre XLI. — Établissement dans la rivière de Belen.......... | 508 |
| Chapitre XLII. — Prise du cacique de Veragua et des principaux de ses sujets. Révolte des Indiens............................. | 516 |
| Chapitre XLIII. — Fuite des Indiens prisonniers; Colomb apprend le massacre de Tristan et de ses compagnons................. | 528 |
| Chapitre XLIV. — Installation à la Jamaïque; conventions avec les Indiens........................................................... | 536 |
| Chapitre XLV. — Voyage en canot à la *Española* pour demander du secours: récit de Diego Mendez............................. | 547 |
| Chapitre XLVI. — Voyage de Diego Mendez et de Bartolomé Fiesco, de la Jamaïque à la *Española*.................................. | 560 |
| Chapitre XLVII. — Retour à la *Española* et arrivée en Espagne... | 569 |
| Chapitre XLVIII. — Gouvernement de la *Española*; situation des Indiens........................................................... | 575 |

## TABLE DES MATIÈRES.

Pages.

Chapitre XLIX. — Anacaona, reine de *Xaragua*. Massacre des Indiens.................................................................................. 581
Chapitre L. — Coup-d'œil rétrospectif. Maladie de Colomb......... 595
Chapitre LI. — Colomb à la cour des rois d'Espagne................ 604
Chapitre LII. — Mort de Christophe Colomb....................... 612
Lettre écrite à Luis de Sant-Angel, notaire, au service de Leurs Majestés Catholiques................................................ 625
Troisième voyage de Christophe Colomb : lettre envoyée à Leurs Majestés catholiques de l'île *Española*............................. 632
Lettre à la nourrice (celle qui le fut en réalité) du prince Don Juan. 654
Quatrième et dernier voyage. Le roi et la reine à Christophe Colomb. 666
Instruction pour l'amiral. Le roi et la reine à Christophe Colomb.... 668
Lettre de Leurs Altesses pour le capitaine de la flotte du roi de Portugal.......................................................... 671
Relation du voyage à la terre nouvellement découverte par l'amiral Christophe Colomb, écrite par le capitaine Porras............... 672
Rôle des équipages des caravelles que l'amiral Christophe Colomb, conduisit à la découverte des Indes occidentales. Quatrième voyage. 678
Lettre de Christophe Colomb à Leurs Majestés écrite de la Jamaïque. Quatrième voyage................................................. 683
Lettres de Christophe Colomb à son fils Diego, au nombre de quatre. 701
Mémoire de Christophe Colomb, concernant ses réclamations...... 708
Lettres de Christophe Colomb à son fils Diego Colomb, au nombre de six............................................................. 710
Acte de constitution du majorat en faveur de son fils aîné Don Diego Colomb.................................................... 720
Testament et Codicile de Christophe Colomb...................... 730
Liste des personnes auxquelles Christophe Colomb ordonne de compter des sommes............................................ 734

www.ingramcontent.com/pod-product-compliance
Lightning Source LLC
Chambersburg PA
CBHW060903300426
44112CB00011B/1323